Sport im Wandel

Lars Holger Niese

Sport im Wandel

Eine systemvergleichende Untersuchung des Sports in Ost- und Westdeutschland (vor und nach der Wiedervereinigung) unter besonderer Berücksichtigung der Dachverbände

PETER LANG
Frankfurt am Main · Berlin · Bern · New York · Paris · Wien

Die Deutsche Bibliothek - CIP-Einheitsaufnahme

Niese, Lars Holger:

Sport im Wandel : eine systemvergleichende Untersuchung des Sports in Ost- und Westdeutschland (vor und nach der Wiedervereinigung) unter besonderer Berücksichtigung der Dachverbände / Lars Holger Niese. - Frankfurt am Main ; Berlin ; Bern ; New York ; Paris ; Wien : Lang, 1997
Zugl.: Chemnitz, Zwickau, Techn. Univ., Diss., 1997
ISBN 3-631-31652-6

Ch 1
ISBN 3-631-31652-6

Printed in Germany 1 2 3 4 6 7

VORWORT

Die vorliegende Arbeit ist im Wintersemester 1996/97 von der Wirtschaftswissenschaftlichen Fakultät der Technischen Universität Chemnitz-Zwickau als juristische Dissertation angenommen worden. Gesetzgebung, Rechtsprechung und Literatur sind auf dem Stand von April 1996. Spätere Veröffentlichungen wurden - soweit möglich - noch bis zum Zeitpunkt der Drucklegung berücksichtigt.

Die Arbeit wurde von meinem Doktorvater, Herrn Prof. Dr. Ludwig Gramlich, betreut. Ihm danke ich für die jederzeitige, verständnisvolle Förderung und die zügige Erstellung des Erstgutachtens. Dank gebührt weiterhin Herrn Prof. Dr. Claus Scholl und Herrn Prof. Dr. Gilbert Gornig (Universität Marburg) für die Erstellung der Zweit- und Drittgutachten.

Allen, die durch Ihre Hilfsbereitschaft Fortgang und Fertigstellung der Arbeit unterstützt haben, sei ebenfalls herzlich gedankt, insbesondere Herrn Dr. Volkhard Uhlig für die Durchsicht des DDR-Teils.

Ich widme die Arbeit meiner Mutter, Barbara und Sarah.

Frankfurt a.M., März 1997 | Lars Holger Niese

GLIEDERUNG

Anhang:

Abkürzungsverzeichnis

A.a.O.	Am angegebenen Ort
AA	Anderer Ansicht
Abb.	Abbildung
ABM	Arbeitsbeschaffungsmaßnahme
Abs.	Absatz
ADK	Anti-Doping-Kommission
ADN	Allgemeiner Deutscher Nachrichtendienst
ALR	Allgemeines Landrecht (der Preußischen Staaten) von 1794
AO	Abgabenordnung
Art.	Artikel
ASchO	Allgemeine Schulordnung
BAG	Bundesarbeitsgericht
BAL	Bundesausschuß Leistungssport
BayVBl	Bayerische Verwaltungsblätter
BB	Betriebsberater
Bd.	Band
BDR	Bund Deutscher Radfahrer
BeB	Bereich Breitensport
BFA	Bezirksfachausschuß
BGB	Bürgerliches Gesetzbuch
BGBl.	Bundesgesetzblatt
BISp	Bundesinstitut für Sportwissenschaft
BL	Bereich Leistungssport
BLZ	Bundesleistungszentrum
BMI	Bundesministerium des Innern
BMJ	Bundesministerium der Justiz
BMVg	Bundesministerium der Verteidigung
BRD	Bundesrepublik Deutschland
BT	(Deutscher) Bundestag
BVerfG	Bundesverfassungsgericht
CDDS	Sportlenkungsausschuß des Europarates (*deutsche Übersetzung*)
CDU	Christlich Demokratische Union
DBD	Demokratische Bauernpartei Deutschlands
DBSV	Deutscher Bob- und Schlittensportverband
DDR	Deutsche Demokratische Republik
DFB	Deutscher Fußballbund
DHfK	Deutsche Hochschule für Körperkultur
DKS	Doping-Kontroll-System
DKV	Deutscher Kanu-Verband
DLV	Deutscher Leichtathletik-Verband

DOG	Deutsche Olympische Gesellschaft
DÖV	Die Öffentliche Verwaltung
DRL	Deutscher Reichsbund für Leibesübungen
DRV	Deutscher Ruderverband
DSA	Deutscher Sportausschuß
DSB	Deutscher Sportbund
DSH	Stiftung Deutsche Sporthilfe
DSJ	Deutsche Sportjugend
DSM	Deutsche Sport-Marketing
DT	Deutsche Turnerschaft
DTSB	Deutscher Turn- und Sportbund
DTTB	Deutscher Tischtennis-Bund
DTTV	Deutscher Tischtennis-Verband
DVBl	Deutsches Verwaltungsblatt
DVO	Durchführungsverordnung
e.V.	Eingetragener Verein
Ebda	Ebenda
EK	Erfolgskausalität
ESA	System der Einheitlichen Sichtung und Auswahl
EStG	Einkommensteuergesetz
EVertr	Einigungsvertrag
FA	Fachausschuß
FAZ	Frankfurter Allgemeine Zeitung
FC	Fußballklub
FDGB	Freier Deutscher Gewerkschaftsbund
FDJ	Freie Deutsche Jugend
FES	(In der ehemaligen DDR:) Forschungs- und Entwicklungsstelle für Sportgeräte; (jetzt:) Institut für Forschung und Entwicklung von Sportgeräten
ff.	folgende
FISAS	Finanz- und Strukturanalyse der deutschen Sportvereine
FKS	Forschungsinstitut für Körperkultur und Sport
Fn.	Fußnote
FR	Frankfurter Rundschau
Frankfurt (O)	Frankfurt / Oder
Frankfurt a.M.	Frankfurt am Main
FVA	Führungs- und Verwaltungsakademie (des DSB)
G*	Gründe
GBA	Gesetzbuch der Arbeit
GBl.	Gesetzblatt
GG	Grundgesetz
GGK	Grundgesetz Kommentar
GMS	Gesellschaftlicher Mitarbeiter für Sicherheit
GöV	Gesetz über die örtlichen Volksvertretungen

GST	Gesellschaft für Sport und Technik
h.M.	herrschende Meinung
HA	Hauptabteilung
Hg.	Herausgeber
Hg./V.	Herausgeber (Vorsitz im Kollektiv / federführend)
i.V.m.	in Verbindung mit
IAT	Institut für Angewandte Trainingswissenschaft
IFG	Investitionsfördergesetz
IM	Inoffizieller Mitarbeiter
IMB	Inoffizieller Mitarbeiter (der Abwehr) mit Feindverbindung
IMV	Inoffizieller Mitarbeiter mit vertraulichen Beziehungen zu im Vorgang bearbeiteten Personen
IOC	Internationales Olympisches Komitee
JA	Juristische Arbeitsblätter
JZ	Juristenzeitung
KBLZ	Kombiniertes Bundesleistungszentrum
KFA	Kreisfachausschuß
KJS	Kinder- und Jugendsportschule
KMK	Konferenz der Kultusmininister der Länder der Bundesrepublik Deutschland
KStG	Körperschaftsteuergesetz
LAG	Landesarbeitsgericht
LDPD	Liberal-Demokratische Partei Deutschlands
LG	Landgericht
LPG	Landwirtschaftliche Produktionsgenossenschaft
LSB	Landessportbund
m.w.N.	mit weiteren Nachweisen
MDR	Monatsschrift für Deutsches Recht
MfG	Ministerium für Gesundheitswesen
MfS	Ministerium für Staatssicherheit
mtl.	monatlich
MüKo	Münchener Kommentar
NDPD	National-Demokratische Partei Deutschlands
NJW	Neue Juristische Wochenschrift
NOK	Nationales Olympisches Komitee
NRW	Nordrhein-Westfalen
NS	Nationalsozialismus
NSDAP	Nationalsozialistische Deutsche Arbeiterpartei
NSRL	Nationalsozialistischer Reichsbund für Leibesübungen
NVA	Nationale Volksarmee
o.a.	oben aufgeführt / angesprochen
o.ä.	oder ähnliches
od.	oder

OG	Oberstes Gericht
OSP	Olympiastützpunkt
RdA	Recht der Arbeit
Rdnr.	Randnummer
Rdnrn.	Randnummern
RRL	Rahmen-Richtlinien (des DSB zur Bekämpfung des Doping)
S*	Schlußfolgerung
S.	Seite
s.u.	siehe unten
SBZ	Sowjetische Besatzungszone
SC	Sportklub
SED	Sozialistische Einheitspartei Deutschlands
SKS	Staatssekretariat für Körperkultur und Sport
SM*	Systemmerkmal
SMD	Sportmedizinischer Dienst
SMK	Sportministerkonferenz
sog.	sogenannte(r)
SpuRt	Zeitschrift für Sport und Recht
Stasi	Staatssicherheit
StGB	Strafgesetzbuch
StHG	Staatshaftungsgesetz
StVertr	Vertrag über die Schaffung einer Währungs-, Wirtschafts- und Sozialunion
SZ	Süddeutsche Zeitung
TOP	Tagesordnungspunkt
TZGA	Technisches Zentrum Geräte und Anlagen
Ü*	Übernahme
u.a.	unter anderem
UdSSR	Union der Sozialistischen Sowjetrepubliken
UEFA	Europäische Fußball-Union *(deutsche Übersetzung)*
uM	unterstützende Mittel (bzw. unterstützende medizinische Maßnahmen)
UStG	Umsatzsteuergesetz
VEB	Volkseigener Betrieb
Vgl.	Vergleiche
vH	von Hundert
VO	Verordnung
VVB	Vereinigung Volkseigener Betriebe
VVDStRL	Veröffentlichungen der Vereinigung Deutscher Staatsrechtslehrer
VVS	Vertrauliche Verschlußsache
WTZ	Forschungs- und Entwicklungsstelle für Sportgeräte
ZGB	Zivilgesetzbuch

ZHR	Zeitschrift für das gesamte Handels- und Wirtschaftsrecht
Zit.	Zitiert
ZK	Zentralkomitee
ZLSK	Zentrale Leistungssportkommission
ZPO	Zivilprozeßordnung

Anmerkungen zum Abkürzungsverzeichnis:

1. Es handelt sich nicht in allen Fällen um offizielle Abkürzungen (die mit einem * markierten Zeichen beziehen sich auf die Auswertung im sechsten Teil der Arbeit).
2. Alle hier nicht genannten Abkürzungen orientieren sich an: Kirchner, Herbert, Abkürzungsverzeichnis der Rechtssprache, 4.Auflage, Berlin 1993.

Erster Teil
EINFÜHRUNG UND GANG DER ARBEIT

Der Sport ist ein gesellschaftlicher Faktor mit zunehmender Bedeutung, der „in allen seinen Erscheinungsformen auf Wachstum eingestellt zu sein scheint“.[1] Er ist ein beachtlicher Teil der expandierenden Freizeit- und Werbewirtschaft, Sportveranstaltungen stehen in den Rekordlisten der Fernseheinschaltquoten an erster Stelle.[2] Im Jahr 1995 wurden ca. 1,7 Mrd. DM an Sponsorengeldern investiert (1994: 1,6 Mrd. DM bei Gesamtaufwendungen in allen Gesellschaftsbereichen von „nur“ 2,6 Mrd.).[3] In der Bundesrepublik Deutschland sind direkt oder indirekt nahezu 700.000 Personen im „Unternehmen Sport“ tätig (entspricht 2 % aller abhängig Beschäftigten),[4] ergänzt durch ca. 1,2 Millionen ehrenamtliche Führungskräfte, rund 900.000 ehrenamtliche Betreuer, Schiedsrichter, Übungs- und Jugendleiter sowie mehr als 400.000 nebenamtliche Übungsleiter und Trainer.[5] Ca. 70 bis 75 % der Bevölkerung betätigen sich zumindest gelegentlich in sportlicher Hinsicht.[6]

Dies hat sich auch auf den Organisationsgrad der Bevölkerung ausgewirkt: In den Jahren 1977 bis 1989 wuchs der Mitgliederbestand des Deutschen Sportbundes (DSB), Dachverband des nationalen Sportbetriebs, von 23,0 % auf zuletzt 34,3 % der westdeutschen Bevölkerung.[7] Zur Zeit sind über 26 Millionen Menschen als Mitglieder[8] in fast 86.000 Vereinen erfaßt.[9] [10] In diese Zahlen sind auch viele ehemalige DDR-Bürger einbezogen, die vormals im Einflußbereich der Dachorganisation des DDR-Staates, Deutscher Turn- und Sportbund (DTSB), organisiert waren. Nach der Liquidation des DTSB (1990) sind dessen ehemalige Mitglieder, sofern sie organisiert geblieben sind, über verschiedene Verbände nunmehr dem DSB zuzurechnen.

---

1 Steiner, NJW 1991, S.2729; weiterhin (für das Jahr 1994): „Sport bleibt eine Wachstumsbranche“, Sport Kurier vom 20.02.95. Der Trend ist ungebrochen.

2 Beispielhaft seien nur die Spiele der Fußballweltmeisterschaften angeführt; beim WM-Finale Deutschland - Argentinien 1990 waren mehr als 30 Millionen Zuschauer in der alten Bundesrepublik “live dabei“; beim 1994 folgenden Turnier war das verlorene Viertelfinale der deutschen Mannschaft Jahresspitzenreiter aller Fernsehsendungen.

3 SZ vom 18.01.95 bzw. Der Verein aktuell, Nr.5/94.

4 Abschlußbericht der Forschungsgruppe Sportökonomie an der Universität Paderborn - siehe Weber, Wirtschaftliche Bedeutung, S.41.

5 Gieseler, DSB-Sport, S.6.

6 Weber, Wirtschaftliche Bedeutung, S.44.

7 DSB-Bestandserhebung von 1990, S.11; der Organisationsgrad war nach der Wiedervereinigung bezogen auf die Gesamtbevölkerung rückläufig, ist seit 1991 aber kontinuierlich gestiegen; 1996 entsprach der Mitgliederbestand 32,2 % der gesamtdeutschen Bevölkerung.

8 Zutreffender muß man von “Mitgliedschaften“ sprechen, da eine Vielzahl von Mitgliedern, als Angehörige verschiedener Vereine und Verbände, mehrfach erfaßt sind.

9 DSB-Bestandserhebung 1996: 26.278.392 Mitglieder.

10 Das (allgemeine) Wachstum (im Sport) hat sich auch auf den Bereich der juristischen Periodika ausgewirkt, wie die Einführung der Fachzeitschrift „Sp*u*Rt“ (Sport und Recht) beweist.

Der Sportbereich war (neben dem Sicherheitsapparat) das einzig wirklich funktionierende Subsystem der ehemaligen DDR, der Sport war ein „Staat im Staat".[11] Die DDR repräsentierte eine Sport-Supermacht, die Bundesrepublik alter Prägung allenfalls eine Mittel- bis Großmacht. Die deutsche Wiedervereinigung sorgte für einen Wandel des Sportsektors dergestalt, daß die alten DDR-Strukturen aufgebrochen, die Substanz neu geordnet und, vergleichbar zur gesamtstaatlichen Ebene, in das bestehende westdeutsche Sportgefüge integriert wurde.

Der gesamtdeutsche (Leistungs-) Sport dieser Tage ist insgesamt weniger erfolgreich als der (isoliert betrachtete) DDR-(Leistungs-)Sport; zumindest nominell hat die Wiedervereinigung zu einer Schwächung des Niveaus beigetragen. Wie konnte es dazu kommen? Warum hat sich das erfolgreichere System dem anscheinend weniger geeigneten Gefüge untergeordnet,[12] warum wurden die Strukturen des DDR-Sports nicht übernommen, wäre dies überhaupt möglich gewesen?[13] Ferner: Der DSB ist mitunter beschrieben worden als „unbeweglicher Wasserkopf"[14], „schlafender"[15], „schwacher"[16] oder „zahnloser"[17] Riese. Dem stand der dynamische DTSB gegenüber,[18] in dem bis auf marginale Fehler nichts schiefgelaufen sein soll.[19] Warum wurde also der DTSB und nicht an seiner Stelle der DSB aufgelöst?

Der vollzogene Systemwechsel ist verschiedentlich im obigen Sinne (zumeist ergebnisorientiert) hinterfragt worden; geeignete Antworten, die insbesondere auch den unterschiedlichen rechtlichen und politischen Ausgangslagen der beiden deutschen Staaten Rechnung getragen hätten, sind Mangelware geblieben: Es gibt keine systematisierende Untersuchung, die entsprechende Erklärungsmuster in sachgerechter Weise eruiert und zusammengestellt hätte. Gleiches gilt für die primär juristisch orientierte Betrachtung der deutsch-deutschen Sportsysteme. Nachfolgend soll diesen Defiziten abgeholfen werden. Hierbei bestand das Ziel, die Problematiken der sportlichen Wiedervereinigung aufzubereiten und deren Realisierung (aus mehrjährigem Abstand) zu bewerten. Die Ausarbeitung beleuchtet Gemeinsamkeiten und Unterschiede der deutsch-deutschen Sportstrukturen, untersucht die Gründe

---

11 Catherine Menschner, ehemalige Leistungssportlerin der DDR (Sportart: Schwimmen), in der DSF-Fernsehsendung „Offensiv" vom 21.07.94.

12 "Aktive und Trainer können nicht nachvollziehen, daß die erfolgreichere Methode der weniger erfolgreichen hat weichen müssen", Der Spiegel, Ausgabe 42/94; Franziska van Almsick rühmte den Leistungssport in der DDR als "auf jeden Fall besser", Der Tagesspiegel vom 22.03.95.

13 Bejahend: Friedrich (Leiter des OSP Mecklenburg-Vorpommern), FAZ vom 20.10.94.

14 „Wahlkampfaussage" des späteren DSB-Präsidenten M.v.Richthofen, zitiert in der FAZ vom 28.10.94 (vgl. auch DSB-Presse Nr.47 vom 29.11.94), der versprach, den Wasserkopf abzubauen; in der Vergangenheit wiederholt verlautbart (z.B. in: Der Sport, Nr. 21/94) vom Freiburger Kreis (Vereinigung von 139 deutschen Großvereinen mit mehr als 1500 Mitgliedern, tätig in beratender Funktion, nach eigener Aussage keine Konkurrenz, sondern Ergänzung des DSB).

15 Hannoversche Allgemeine Zeitung vom 29.11.94.

16 (Magazin) Sports, Nr.12/94.

17 Mader, zitiert in Deutscher Sportbund 1986-1990, S.104.

18 So Friedrich (vgl.Fn.13) in der FAZ vom 20.10.94.

19 Manfred Ewald, zitiert in der SZ vom 19.09.94.

des angesprochenen Wandels, vergleicht Ansprüche und Realitäten, Normenvorgaben und Rechtswirklichkeit, das Erhaltenswerte mit dem Gebliebenen.

Einer historischen Einführung folgend werden die Sportsysteme in West- und Ost-Deutschland getrennt voneinander dargestellt; ausgehend von einer allgemeinen Betrachtung geschieht dies exemplarisch anhand der beiden Sportdachverbände, deren Einbettung in das (rechtliche und politische) Korsett des jeweiligen Staatsgefüges und die sich hieraus ergebenden Konsequenzen beleuchtet werden. Im eigentlichen Analyseteil der Arbeit werden die vorgestellten Systeme zunächst (auch erfolgskausal) miteinander verglichen; der Systemvergleich soll die (rechtlichen) Probleme der sportlichen Wiedervereinigung transparent werden lassen. Die in der Phase des Übergangs vollzogene Vernetzung der Sportstrukturen wird anschließend daraufhin überprüft, ob das erzielte Resultat rechtlich geboten war bzw. welche Elemente des DDR-Sportsystems alternativ / kumulativ hätten miteinbezogen werden können.

Zweiter Teil
ENTWICKLUNGSGESCHICHTE

§ 1 Die Gründerzeit - Entwicklungsgeschichte bis 1933

Die moderne Sportbewegung in Deutschland findet ihre Anfänge in den Aktivitäten des Berliner Lehrers Friedrich Ludwig Jahn (1778 -1852); Jahn gilt als der Begründer einer Volksbewegung, die sich dem Turnen (im Sinne von Laufen, Springen, Werfen, Klettern, Schwimmen, Ringen, Wandern und Spielen) verschrieben hatte. Historischer Hintergrund ist der verlorene Kampf Preußens gegen Napoleon Bonaparte.[20] Diese Niederlage hatte allerorten zu Überlegungen geführt, was künftig verändert / verbessert werden könnte. Im Vorfeld der Befreiungskriege,[21] im geistigen Klima gewandelten politischen Bewußtseins, nationaler Begeisterung und schwärmerischer Erneuerungsgedanken entdeckte „Turnvater Jahn" den Sport als eine Form der vormilitärischen Ausbildung, als ein Mittel zur Volkserziehung. Die Turnbewegung verstand sich insofern (auch) als Vorkämpferin für die nationalstaatliche Einheit.[22] Weiterhin wollte Jahn das Lebensgefühl der breiten Masse anheben, der die sportliche Betätigung vormals zugunsten elitärer Oberschichten verwehrt war (Reiten, Fechten, Voltigieren usw. als Ausdruck eitlen Standesbewußtseins). Jahn griff hierbei auf das Bildungsziel der Aufklärung zurück, indem er „die Gymnastik der Philantropen zu einem differenzierten System von Übungen entwikkelte."[23] Der erste „Turnplatz" wurde im Jahre 1811 eröffnet.[24] In der Folgezeit gründeten sich *für jedermann zugängliche* erste Turnvereine. Die Eröffnung einer Turnanstalt am 2.9.1816 in Hamburg gilt als Gründung des ältesten deutschen Turnvereins.[25] In den 30er Jahren des vorigen Jahrhunderts folgten die ersten spezialisierten Sportvereine (Hamburger Ruderclub, 1836).[26] Wichtigste Erkenntnis hieraus: In diese Phase fällt der Beginn des organisierten deutschen Sports. Ergänzend ist (jedoch) anzumerken, daß, nach den gewonnenen Freiheitskriegen, ab dem Jahre 1819, das Jahnsche Turnen „in seiner Urform" (wegen dessen Verbindung mit umstürzlerischen nationalstaatlichen Ideen) in den meisten deutschen Staaten *verboten* war. Lediglich von ideologischem Beiwerk bereinigte Übungsformen hatten die Chance, mit behördlicher Genehmigung und unter polizeilicher Überwachung z.B. an privaten Instituten und höheren Schulen Aufnahme zu finden.[27] Erst in den 40er Jahren des 18.Jahrhunderts, mit der beginnenden Liberalisierung und Indu-

---

20 1806 - Schlacht bei Jena und Auerstädt.

21 Erfolgreicher Kampf Deutschlands und seiner Verbündeten 1813/1815 gegen Napoleon nach dessen Niederlage in Rußland.

22 Holzweißig, Sport und Politik, S.9.

23 Philanthropinismus: Koppelung von Rationalismus, Aufklärung und neuem Naturgefühl; vorherrschendes Bildungs- und Erziehungsziel war der glückliche, gesunde und vernünftige Mensch, vgl. Herder, Das große Buch vom Sport, S.17; Gieseler, DSB-Sport, S.2.

24 Langenfeld, Organisatorische Entwicklung, S.20.

25 Diem, Weltgeschichte, S.933; Lohbeck, Sportverbände, S.8.

26 Gieseler, Abriss der Geschichte, S.17; Langenfeld, Organisatorische Enwicklung, S.21.

27 Herder, Das große Buch vom Sport, S.17.

strialisierung, nach Aufhebung der „Turnsperre“,[28] vermochte sich die Organisationsform des traditionellen Turnvereins durchzusetzen - wenn auch nur langsam. Denn die Forderung des liberalen Bürgertums nach einer die Vereinigungsfreiheit garantierenden Verfassung ließ sich nicht sofort realisieren, so daß die restriktiven, durch Revolutionsängste geprägten Gesetze zunächst nur durch Gründung „unverdächtiger“ Vereine zu umgehen waren. Das Vereinsleben war zu dieser Zeit gekennzeichnet durch gesellige Veranstaltungen, ein Politisieren am Stammtisch, Honoratiorendenken und die Ehrbarkeit der kleinen Leute.[29] Zunehmend gewannen aber fortschrittliches Verbesserungsstreben und soziales Verantwortungsbewußtsein die Oberhand; mitunter wurden auch demokratische Ziele verfochten. Das Mißtrauen der Obrigkeit blieb deshalb noch lange Zeit ständiger Begleiter aufkommender Vereinsstrukturen.[30]

Die nächste Etappe der sich entwickelnden Sportbewegung ist in den Bestrebungen nach übergeordneten Organisationsformen zu sehen. Der „Kampf“ um die Gründung des Turner-Bundes, mithin des ersten Verbandes, begann im April 1848 auf dem Turntag in Hanau, als sich 42 Turngemeinschaften zusammenschlossen.[31] Im Juli 1848 spaltete sich der mittlerweile 172 Mitgliedsvereine umfassende Turnerbund aber bereits wieder, wobei, nach einem fehlgeschlagenen Einigungsversuch, die beiden „Spaltprodukte“ ab 1849 mit einem dritten Turn-Verband konkurrieren mußten.[32] Eine einheitliche organisatorische Form gewann die Turnbewegung erst 1868 auf dem Turnfest in Weimar. Dem war zwar schon acht Jahre zuvor, am 17./ 18.6.1860, ein Zusammenschluß auf dem Coburger Turnfest vorangegangen - jedoch fehlte dort der formal konstituierende Akt.[33] Der erste (auf eine Sportart) spezialisierte Verband war der 1861 gegründete Deutsche Schützenbund; in schneller Folge gründeten sich weitere Verbände.[34]

In den Folgejahren trat in Deutschland neben die Turnbewegung die aus England kommende Sport- und Spielbewegung, die sich, in Anlehnung an die Prinzipien der Industrie, von Leistungssteigerung und Spezialisierung, primär also vom Wettkampfgedanken leiten ließ. Derartiges wurde in Reihen der Turnerschaft als „undeutsch“ apostrophiert, so daß alsbald Separierungstendenzen aufkamen.[35] Die Anhänger der ausgegrenzten Sportarten gründeten daraufhin eigene Gemeinschaften

---

[28] Am 6.6.1842.

[29] Langenfeld, Organisatorische Entwicklung, S.22.

[30] Der umfangreiche geschichtliche Hintergrund, in den die Gründungsaktivitäten im übrigen eingespannt waren, kann hier nicht näher behandelt werden. Die weitere Verzahnung von Sport und Zeitgeschichte in dieser Phase des vorigen Jahrhunderts ist nachzulesen bei Eichel, Geschichte bis 1917, S.151 ff.; Langenfeld, Organisatorische Entwicklung, S.18 ff.

[31] Gieseler, Organisationsleiterhandbuch, Kapitel I.1/2 S.5; Krüger, Sport und Politik, S.19.

[32] Krüger, Sport und Politik, S.20,21; Eichel, Geschichte bis 1917, S.152,153.

[33] Diem, Weltgeschichte, S.935.

[34] Vgl. die Zusammenstellung der Verbandsgründungsdaten bei Gieseler, Organisationsleiterhandbuch, Kapitel I.1/2 S.8 oder Gieseler, DSB-Sport, S.2,3; Diem, Weltgeschichte, S.965.

[35] Krüger, Sport und Politik, S.24; Gieseler, Abriss der Geschichte, S.16; Eichel, Geschichte bis 1917, S.250.

und Verbände (wie z.B. 1883 den Ruder-Verband oder 1884 den Radfahrerbund);[36] die Gesamtverbandsstruktur war mithin wieder zerstört.

Der nunmehr unaufhaltsam fortschreitende Zerfallsprozeß verstärkte sich durch antisemitische Proklamationen[37] sowie durch die Verabschiedung von Wettkampfbestimmungen des Ruderverbandes, die Arbeitern eine Startgenehmigung versagten (z.B.).[38] Konsequenz all dessen war die Neugründung eigener Verbindungen durch die so Diskriminierten. Nach Aufhebung (1.10.1890) der Sozialisten-Gesetze (1878 bis 1890) wurden die Arbeitersportverbände gegründet (wie z.B. der Arbeiter-Turner-Bund, 1893);[39] ebenso wurden jüdische Sportvereinigungen ins Leben gerufen (z.B. die Jüdische Turnerschaft, 1903). Die Fortschreibung der virulenten Anfänge bewirkte im Ergebnis eine starke Aufspaltung der Sportbewegung in alle möglichen Organisationen (u.a. kirchlichen und marxistischen Ursprungs). Aufgrund der zahlreichen Zusammenschlüsse ist die bis zum Ende der Weimarer Republik sich verwirklichende Sportstruktur (rund 300 Verbände) als verworren zu bezeichnen.[40]

§ 2 Entwicklungsgeschichte bis 1945

Ungeachtet seiner Zersplitterung war der Sport bis zum Jahr 1933 (relativ) freiheitlich organisiert - diese Unabhängigkeit geriet nach der nationalsozialistischen Machtergreifung zunehmend in Gefahr: „Im totalitären NS-Staat wurde das gesamte öffentliche und private Leben von der nationalsozialistischen Weltanschauung durchdrungen".[41]

So erhielt der neu berufene Reichssportkommissar den Auftrag, das deutsche Turn- und Sportwesen im Sinne des Nationalsozialismus zu ordnen. Kern dessen war die zwangsweise Auflösung der Verbände bzw. eine „freiwillige" Übertragung von Organisation und Vermögen auf den Reichssportkommissar.[42] Der ersten Liquidationswelle fielen z.B. die „Zentralkommission für Sport und Körperpflege", der 1912 gegründete Dachverband der Arbeitersportbewegung und deren Unterorganisationen anheim.[43] Das gleiche Schicksal erfuhren die parallel zur Arbeitersportbewegung gegründeten konfessionellen Sportorganisationen[44] - auch ihre Einrich-

---

36 Siehe Fn.34.
37 Eichel, Geschichte bis 1917, S.237.
38 Lohbeck, Sportverbände, S.12; siehe auch (zum seinerzeit aristokratisch ausgerichteten Rudersport) Langenfeld, Organisatorische Entwicklung, S.25,26.
39 Vgl. (euphorisch umschreibend) Eichel, Geschichte bis 1917, S.270 ff.: „..errang die deutsche Arbeiterklasse unter Führung der revolutionären Sozialdemokratie einen hervorragenden Sieg".
40 Lohbeck, Sportverbände, S.14,68; von Mengden, zitiert bei Bernett, Sportpolitik, S.25; Gieseler, Abriss der Geschichte, S.20.
41 Langenfeld, Organisatorische Entwicklung, S.32; zur Politisierung und Ideologisierung des Sportes im Dritten Reich siehe Knecht, Partnerschaft, S.9.
42 Gieseler, Abriss der Geschichte, S.21; Lohbeck, Sportverbände, S.46; Krüger, Sport und Politik, S.66.
43 Gieseler, Abriss der Geschichte, S.21; Eichel, Geschichte bis 1945, S.192 ff.,199; Lohbeck, Sportverbände, S.48.
44 Gemäß der „Verordnung ... zum Schutz von Volk und Staat" vom 28.02.33; die Zeittafel bei Bernett, Leibeserziehung, S.13 ff. gibt den Ablauf der Ereignisse im Überblick wieder.

tungen wurden aufgelöst, die Sachgesamtheiten beschlagnahmt, ihre führenden Männer politisch verfolgt.[45] Ebenso erging es dem Deutschen Reichsausschuß für Leibesübungen, der zweiten großen Dachorganisation des bürgerlichen Lagers (seit 1917).[46] Ungeachtet dieser Vorgänge sollte das Endziel einer radikalen Umstrukturierung und völligen Gleichschaltung mit Rücksicht auf die anstehende Olympiade 1936 in Berlin nur schrittweise realisiert werden. Ab 1934 wurde damit begonnen, anstelle der Verbände und Fachverbände alle deutschen Sportvereine, zum Zwecke intensiverer Kontrolle, im straff organisierten „Deutschen Reichsbund für Leibesübungen" (DRL) zusammenzufassen.[47] Dieser setzte sich aus Vereinen und mit Fachamtsaufgaben betrauten Verbänden, den insgesamt 21 Fachämtern, zusammen.[48] Offizieller Zweck des DRL war gemäß § 2 seiner Satzung die „leibliche und charakterliche Erziehung der in den Mitgliedsorganisationen zusammengeschlossenen Deutschen durch planvoll betriebene Leibesübungen und Pflege des Volksbewußtseins im Geiste des nationalsozialistischen Staates".

Viele der bisherigen Fachverbände wurden dadurch ihrer Substanz entkleidet, daß man es ihnen einerseits nahelegte, sich (materiell) aufzulösen und ihr Vermögen dem DRL zu übertragen, andererseits aber auf deren formalen Fortbestand achtete („leere Hülle"), um die Mitgliedschaft des Reiches in den internationalen Verbänden nicht zu gefährden.[49] Ab 1936 wurde den verbliebenen freien Verbänden schließlich untersagt, Beiträge von ihren Mitgliedern zu erheben, was einer indirekten Auflösung gleichkam; bis 1938 waren z.B. DFB, DRV, DLV und DT aufgelöst, das Vermögen übertragen.[50] Aber auch der DRL kam nicht „ungeschoren" davon: Infolge unzureichender Finanzkraft und vergleichsweise geringerer Reputation als Hitlerjugend, SA oder SS waren seine Funktionäre gezwungen, zusätzlich sonstige „Ehrenämter" zu übernehmen; zumindest mittelbar wurde der DRL hierdurch ausgezehrt, so daß dessen Neuorganisation im Dezember 1938, unter Preisgabe seiner letzten demokratischen Strukturen, anstand. Der sodann in eine NS-Organisation überführte und in NSRL umgetaufte Verbund (Nationalsozialistischer Reichsbund für Leibesübungen) stand unter vollständiger Kontrolle und Betreuung durch die Partei. Demokratische Gepflogenheiten alter Prägung waren auch hier dem Führerprinzip gewichen, dessen Ausgestaltung eine von der Reichsbundführung bis zum letzten Einzelmitglied wirkende Befehlskette nach sich zog. Die regionale Gliederung entsprach fortan derjenigen der Partei, NSDAP, mithin einer territorialen Einteilung in Gaue, Kreise und Unterkreise. Die angeschlossenen Vereine wurden ihrer

---

45 Gieseler, Abriss der Geschichte, S.21.

46 Bernett, Sportpolitik, S.25 ff.

47 Nach Krüger (a.a.O., S.67) wurde der DRL am 30.01.34 ausgerufen, gegründet aber erst am 27.07.34 (Gieseler, Organisationsleiterhandbuch, Kapitel I.1/2 S.12; Lohbeck, Sportverbände, S.51; Eichel, Geschichte bis 1945, S.210). Insofern fehlerhaft bei Bernett, Leibeserziehung, S.176, der vom Gründungsdatum 01.01.36 spricht (es gibt allerdings eine DRL-Satzung vom 01.01.36, vgl. Langenfeld, Organisatorische Entwicklung, S.33, die auch bei Bernett, a.a.O. in der Zeittafel erwähnt ist).

48 Krüger, Sport und Politik, S.67; Langenfeld, Organisatorische Entwicklung, S.32.

49 Bernett, Sportpolitik, S.67; Krüger, Sport und Politik, S.67.

50 Lohbeck, Sportverbände, S.48.

juristischen Selbständigkeit beraubt, wobei die Vereinsführer durch die Partei ernannt wurden.[51] Im Ergebnis war damit das Ende des freien Sports begründet, der deutsche Sport nach Liquidierung der genannten Institutionen sowie der Spitzenverbände intentionsgemäß gleichgeschaltet. Diese Struktur hatte bis zum Kriegsende Bestand.[52]

§ 3 Die Verbände im Nachkriegs-Deutschland

Der totale Zusammenbruch des Dritten Reiches führte auch zum völligen Erliegen der deutschen Sportverwaltung. Der Nazi-Einheitsverband NSRL wurde durch die Besatzungsmächte liquidiert. Formal-rechtlich geschah dies gemäß Artikel 1 Nr.2 i.V.m. Anhang Nr.43 des Kontrollratsgesetzes Nr.2.[53] Da das Reichssportfeld in Berlin mit den zentralen Geschäftsräumen infolge der Kriegseinwirkungen völlig zerstört und die Verwaltungseinheit des NSRL schon hierdurch arbeitsunfähig geworden war, bestätigte der Rechtsakt der Auflösung nur den bereits existierenden faktischen Zustand.[54] Mit der Zerschlagung des Nationalsozialistischen Reichsbundes für Leibesübungen wurde gleichzeitig dessen Neugründung verboten, Archive und Akten beschlagnahmt. In der Kontrollratsdirektive Nr.23 über die „Beschränkung und Entmilitarisierung des deutschen Sports"[55] wurde schließlich angeordnet: „Allen vor der Kapitulation in Deutschland bestehenden sportlichen, militärischen oder paramilitärischen athletischen Organisationen (Klubs, Vereinigungen, Anstalten und anderen Organisationen) wird jede Betätigung untersagt, und sie sind bis zum 1. Januar 1946 spätestens aufzulösen".

Es wurde durch die Alliierten aber nicht nur aufgelöst und verboten, sondern auch gestattet, und zwar die Errichtung nichtmilitärischer Sportorganisationen lokalen Charakters.[56] Ziel war es, den Sport in allen vier Besatzungszonen zu demokratisieren und neu zu strukturieren. Hierin lag - nach Wegfall der Rechtsunsicherheit - die Chance eines völligen Neubeginns für den deutschen Sport.[57] Da nach Kriegsende in den westlichen Teilen des ehemaligen Deutschen Reiches ein anderes Gesellschaftssystem etabliert wurde als in der Sowjetischen Besatzungszone, verlief die

---

51 Krüger, Sport und Politik, S.77; Eichel, Geschichte bis 1945, S.211

52 Krüger, Sport und Politik, S.229 ff. verdeutlicht die zeitgeschichtliche Darstellung am Beispiel des Mainzer Turnvereins (von der Gründung 1817 bis zum Wiederbeginn 1945).

53 Amtsblatt des Kontrollrates, Nr.1 vom 29.10.45, S.19 ff.

54 Diem, Weltgeschichte, S.1018 ff.

55 Abgedruckt bei Krüger, Sport und Politik, S.86,87; im Original abgedruckt bei Mai, Kontrollratsdirektive Nr.23, S.98.

56 Vgl. Kontrollratsdirektive Nr.23, Ziffer 4.a.

57 Die oben im Text zitierte (inoffizielle) Übersetzung der Kontrollratsdirektive Nr.23 beinhaltet einen Fehler, wie sich bei einem Verfahren des Vereins Berliner Segler e.V. gegen das Land Berlin vor dem Verwaltungsgericht Berlin gezeigt hat (Az. VG 31 A 17/94). In diesem Verwaltungsrechtsstreit kam es u.a. darauf an, ob der klagende Verein aufgrund der in der Kontrollratsdirektive enthaltenen Auflösungs-Anordnung seinerzeit erloschen war. Bei einem Vergleich der englischen und französischen Fassung der Direktive Nr.23 zeigte sich, daß nur alle *militärischen oder paramilitärischen* Sportorganisationen aufgelöst werden sollten, nicht aber zivile Vereinigungen. Die Kontrollratsanordnung nahm folglich keinen Einfluß auf sonstige sportliche Vereinigungen.

sich anschließende Entwicklung sehr unterschiedlich. Spätestens ab 1948 begann der Sport sich auseinanderzuleben (in diesem Jahr wurde im östlichen Teilgebiet der Deutsche Sportausschuß gegründet, DSA).

I. Die Neuorganisation in (West-) Deutschland

In diesem Territorium waren zum einen viele lokale Sportvereine erhalten geblieben (deren Tätigkeit durch die Militärbehörden der drei West-Mächte genau kontrolliert wurde),[58] zum anderen hatte der Vereinsbereich bereits ab Ende 1945 eine Reihe von Neugründungen zu verzeichnen. Zwischen 1946 und 1949 bildeten sich dann Zusammenschlüsse auf Kreis-, Bezirks- und Landesebene.[59] Die Aufgabe der auf Landesebene operierenden Sportbünde (LSB) bestand unter anderem in der Vertretung der Vereine gegenüber den Behörden. Weiterhin formierten sich ab 1949 in den einzelnen Sparten die Fachverbände zur Gewährleistung eines geordneten Wettkampfbetriebes.[60]

Es lag sodann nahe, die einzelnen sportlichen Gruppierungen in **einer** Dachorganisation zu bündeln. Die Weichen hierzu waren dadurch gestellt, daß die früher durch eigene Sportorganisationen repräsentierten sonstigen gesellschaftlichen Gruppen auf eine Neugründung (z.B. in der Arbeitersportbewegung) verzichteten;[61] die ansonsten latent bestehende Gefahr einer sofortigen / späteren Zersplitterung des zu gründenden Zentralverbandes war folglich gebannt. Weiterhin sorgte das Inkrafttreten des Grundgesetzes (am 23.05.1949) dafür, daß das Argument, keinen zentralen Verband konstituieren zu dürfen, bevor die Bundesrepublik Deutschland gegründet sei, nicht mehr verfing. Allerdings hatte die Direktive Nr.23 (... ausschließliche Zulässigkeit von Organisationen lokalen Charakters ...) des Allierten Kontrollrates zunächst weiter Bestand; sie wurde zwar in den einzelnen Zonen sehr unterschiedlich ausgelegt bzw., wie in der Britischen Besatzungszone, sogar ausgesetzt, beeinträchtigte auch nicht die Gründung der LSB, verhinderte aber bis zu ihrer Aufhebung (am 02.11.1950) einen (nicht lokalen) übergreifenden Gesamtverband.[62] [63]
Als es dann soweit war, die DSB-Gründung erfolgte am 10.12.1950, sollte die oben

---

58 Vgl. Lohbeck, Sportverbände, S.68; Krüger, Sport und Politik, S.87 (anschauliches Beispiel: Borussia Dortmund)

59 Grupe, Neuer Weg, S.20; Gieseler, Organisationsleiterhandbuch, Kapitel I.1/2 S.13.

60 Kregel, Organisation, S.117; die Fachverbandsgründung war nicht unproblematisch, da sie eine Zentralisierung bedeutete, die mit der Direktive Nr.23 nicht in Einklang stand, vgl. Weißpfennig, Neuaufbau, S.770.

61 Mitunter unfreiwilliger Verzicht, wie die Anmerkung Wildungs bzgl. der britischen Zone, „Arbeitersportvereine sind nicht zulässig", beweist - zitiert bei Krüger, Sport und Politik, S.91; Grupe, Neuer Weg, S.18 ff.; Nitsch, Traditionslinien, S.38,39; Lohbeck, Sportverbände , S.68.

62 Nitsch, Traditionslinien, S.57; Weißpfennig, Neuaufbau, S.766 ff.

63 Hier nur kurze Erwähnung finden soll die Arbeitsgemeinschaft für den deutschen Sport (ADS), in der sich Landessportbünde und Facharbeitsgemeinschaften vorübergehend zusammenfanden. Diese war ein von den Besatzungsmächten und den Sportlern gleichermaßen nicht akzeptiertes Provisorium; vgl. Krüger, Sport und Politik, S.92,93; Nitsch, Traditionslinien, S.54,55.

angedeutete Struktur - regionale Gliederung in LSB, Aufgliederung in Fachbereiche -, mit Zustimmung der West-Allierten, kennzeichnend werden für den westdeutschen Sport; gleiches gilt für die Freiheit von staatlichen Lenkungsmaßnahmen.[64] Bestimmende Einflüsse bei der Gründung waren somit keine staatlichen, sondern solche aus dem bürgerlichen und konfessionellen Bereich sowie Vorstellungen aus dem Umfeld der Arbeitersportbewegung; das Fachverbandsprinzip, ethische Prinzipien und das Vereinsprinzip liefen zusammen.[65] Ziel war es, höchst unterschiedliche Gestaltungskräfte zu bündeln, zusammenzuhalten sowie eine Basis für die Zukunft zu schaffen. Die im Oktober 1950 beschlossene, an anderer Stelle näher auszuführende Organisationsform[66] war nicht die Realisierung einer kühnen Utopie, sondern nur der kleinste gemeinsame Nenner - in einer pluralistischen Gesellschaft nichts ungewöhnliches. Die verabschiedeten Strukturen waren (und sind) geprägt vom festen Willen, einen parteipolitisch ausgenutzten und zentralistisch organisierten Verband zu verhindern;[67] der Verzicht (z.B. auf Vollzugsgewalten) war hierbei die Grundlage der Einigung.[68] Im Zeitpunkt der Gründung durch LSB und Spitzenverbände waren im DSB rund 3,2 Mio. Mitgliedschaften in knapp 20000 Vereinen zusammengeschlossen.[69] Im Laufe der folgenden rund 40 Jahre erhöhte sich die Zahl der Mitgliedsverbände vor allem im Fachverbandsbereich beachtlich, verschiedene Sportverbände mit besonderer Aufgabenstellung, Verbände für Wissenschaft und Bildung sowie Förderverbände traten hinzu, die föderale Struktur entwickelte sich. Der entscheidende Grund für die letztlich uneinheitliche Organisation ist in der Anordnung des Allierten Kontrollrates zu sehen (Direktive Nr.23), wonach sich der Sport in den Nachkriegsjahren zunächst nur in den Grenzen der politischen Landkreise organisieren durfte, mit der Folge, daß sich das sportliche Gesamtgefüge nur von den Vereinen ausgehend entwickeln konnte - quasi von „unten nach oben“.

II. Die Neuorganisation in (Ost-) Deutschland

Aufgrund des hierbei einheitlichen Willens der Allierten wurden auch in der sowjetischen Besatzungszone (SBZ) die bestehenden Sportstrukturen aufgelöst (Direktive Nr. 23 Ziffer 1).[70] Schon vor dieser Auflösung war jedoch, ähnlich wie in

---

64 Da Bund und Länder ebenso wie die Besatzungsmächte davon abgesehen hatten, dirigistisch einzugreifen, wurden, um diese Freiheit sogleich zu dokumentieren, zum Gründungsakt des DSB in Hannover weder die Militärregierungen noch Bundes- oder Landesregierungen eingeladen, Kregel, Organisation, S.117; Gieseler, DSB-Sport, S.9.

65 Gieseler, DSB-Sport, S.10.

66 Siehe unten § 4.III.

67 Wie noch zu zeigen sein wird (unten im fünften Teil dieser Arbeit), hatte dies Auswirkungen auf die Konstruktion der sportlichen Wiedervereinigung.

68 Hiermit bietet sich bereits ein geeigneter Ansatzpunkt, die Struktur des „schlaffen Riesen“ DSB zu erklären - daß der DSB nicht übermäßig mit Machtmitteln ausgestattet wurde und insofern „schlaff“ erscheint, ist kein Zufall, sondern war geplant, vgl. Grupe, Neuer Weg, S.19; Gieseler, Deutscher Sportbund, S.48; derselbe in: Gründung, S.38.

69 Vgl. Übersicht in Deutscher Sportbund 1986-1990, S.332.

70 Vgl. aber Fn.57.

den westlichen Zonen, mit Billigung der SBZ-Besatzungsmacht ein lokaler Sportbetrieb wieder aufgenommen worden. Hieran beteiligt waren sowohl ehemalige sozialdemokratische Arbeitersportler als auch kommunistische Funktionäre. Letztere gewannen im Kommunalsportbereich rasch die Oberhand.[71] Andersdenkende mußten damit rechnen, als Sektierer ausgegrenzt zu werden. Dies fiel insofern leicht, als Wiederzulassungsbegehren und Zielsetzungen der bürgerlichen Traditionsvereine dem Bestreben nach einer antifaschistisch-demokratischen Neuordnung zuwiderliefen, zumindest behauptete dies die Propaganda. Vorbild für neuzuschaffende Sportstrukturen war das Beispiel der Zwangsvereinigung von KPD und SPD zur SED (Sozialistische Einheitspartei Deutschlands).[72] Neben den kommunalen Gefügen gründeten sich weitere Sportgemeinschaften innerhalb des Freien Deutschen Gewerkschaftsbundes (FDGB) und der Freien Deutschen Jugend (FDJ - damaliger Vorsitzender: Erich Honecker).[73] Langfristigen Bestand hatten diese Sportorganisationen jedoch nicht: In Absprache mit der Sowjetischen Militäradministration beendete die SED das für wenig effektiv befundene Nebeneinander von Kommunalsport, FDJ- und Betriebssport durch Gründung des oben in § 3 bereits erwähnten Deutschen Sportausschusses (am 1.10.1948).[74] Dieser war dazu ausersehen, im Rahmen der sozialistischen Sportbewegung Dachverbandsaufgaben zu übernehmen und diente in dieser Funktion auch zur Überwachung des gesamtdeutschen Sportverkehrs.[75] Zur Untergliederung wurden nach sowjetischem Vorbild auf Produktionsbasis 18 Sportvereinigungen eingerichtet, die sowohl im Leistungs- als auch im Breitensportbereich agierten.[76] Der für die weitere Entwicklung der (sportlichen) DDR bestimmende Gedanke, daß der Sport nicht Selbstzweck, sondern Mittel zum Zweck einer Verwirklichung der sozialistischen Gesellschaft sei, war geboren. Die entscheidenden Impulse zur gezielten Förderung des Leistungssports gingen hierbei von der Partei selbst aus, primär in Person von SED-Generalsekretär Walter Ulbricht.[77] Der Dachverband entwickelte sich aber trotz aller Bemühungen zur Unzufriedenheit der SED-Führung, die Arbeit der Organisation wurde als nicht hinreichend wirkungsvoll eingestuft.[78] Über mehrere Jahre hinweg wurden auf höchster Parteiebene (Ulbricht) letztlich erfolglose Versuche gestartet, die mangelnde Leistungsfähigkeit zu verbessern. Bis 1957 war es nicht gelungen, eine effiziente Organisationsstruktur bereitzustellen, die eine erfolgreiche Arbeit auf Bezirks- und Kreisebene bewirkt hätte.[79] Nachdem der Deutsche Sportausschuß zudem Defizite

---

71 Knecht, Medaillenkollektiv, S.10 ff.,16; Bernett, Körperkultur, S.59; Krüger, Sport und Politik, S.96

72 Bernett, Körperkultur, S.29,59.

73 Bernett, Körperkultur, S.59.

74 Holzweißig, Diplomatie, S.14; Bernett, Körperkultur, S.59 ff. - vgl. insbesondere die auf S.62 ff. abgedruckten Dokumente (z.B. der Aufruf von FDJ und FDGB).

75 Holzweißig, Diplomatie, S.14.

76 Knecht, Medaillenkollektiv, S.13,14; Holzweißig, Diplomatie, S.14.

77 Vgl. z.B. die von W.Ulbricht vertretenen Grundsätze des politischen Sports, Auszüge bei Bernett, Körperkultur, S.34-36; Knecht, Medaillenkollektiv, S.51 ff.

78 Knecht, Ungleiche Brüder, S.18; Holzweißig, Diplomatie, S.16.

79 Im Zuge dieser Verbesserungsbestrebungen wurden aber gleichwohl bedeutende Bausteine des sportlichen Gesamtgefüges der DDR installiert. Zu nennen sind z.B. die Grün-

in der Zusammenarbeit mit dem Staatlichen Komitee für Körperkultur und Sport aufwies,[80] erging an Ewald der Auftrag, eine kurzfristig angesetzte Kampagne zur Gründung des Deutschen Turn- und Sportbundes (DTSB) zu führen. Der sich daraufhin am 27./28.4.1957 als DSA-Nachfolgeorganisation[81] konstituierende DTSB dürfte (offenes Geheimnis) auch deshalb gegründet worden sein, weil der DSA kein vergleichbares internationales Gewicht wie sein westdeutsches Pendant DSB zu entfalten vermochte.[82] [83]

Der regionale Aufbau des DTSB orientierte sich an der Verwaltungsstruktur des Staates (14 Bezirke und Berlin, aufgegliedert in 220 Kreise); weiterhin erfolgte eine fachliche Einordnung nach Sektionen, ab 1958 in Fachverbände. Der DSA und die Sportvereinigungen wurden aufgelöst, oder, wenn man so sagen will, vom DTSB „geschluckt".[84] In den wichtigsten Sportbereichen kam es zum Bruch mit den alten Traditionen. Die Orientierung auf das Vorbild des deutschen Arbeitersports (i.V.m. den Erfahrungen des sowjetischen Sports) führte zur Neuorganisation des (leistungssportlich orientierten) Breitensports, des Leistungssports (Sportklubs) und zur Ausbildung hauptamtlicher Strukturen mit Trainern und Sportfunktionären.[85] Die Darlegung der weiteren Ausgestaltung ist einem späteren Kapitel überlassen.[86]

---

dung der Deutschen Hochschule für Körperkultur und Sport (Leipzig), Einrichtung der ersten Kinder- und Jugendsportschulen (KJS) und die Bildung von Sportklubs. Letztere gingen aus den Sportvereinigungen hervor, die ihre Leistungssportler dort hineindelegierten; vgl. hierzu auch die (subjektiv gefärbte) Schilderung des ehemaligen DTSB-Präsidenten Ewald in Ewald, Ich war der Sport, S.44 ff.

80 Das Komitee wurde am 24.07.52 dem DSA vorgeschaltet und hatte als staatliche Koordinierungsstelle beim Ministerrat die Aufgabe, das ideologische, organisatorische und fachliche Niveau des Sportes anzuheben; Präsident im Range eines Staatssekretärs war übrigens der vorerwähnte DTSB-Präsident und „Vater des Sportwunders" Manfred Ewald, vgl. Knecht, Ungleiche Brüder, S.116; Kregel, Organisation, S.119,120; Bernett, Körperkultur, S.79.

81 Bernett, Körperkultur, S.141.

82 Holzweißig, Diplomatie, S.16.

83 Auch bzgl. der Aufgabenerfüllung durch das Staatliche Komitee (oben Fn.80) überwog die Unzufriedenheit: Durch Verordnung des Ministerrates (vom 17.06.70) wurde dieses aufgeteilt in ein Staatssekretariat für Körperkultur und Sport (SKS) und ein staatlich-gesellschaftliches Komitee. Dem SKS unterstanden alle sportspezifischen wissenschaftlichen Einrichtungen und Institute, das gesellschaftliche Komitee blieb ohne großen Einfluß; zu den Gründen der Umgestaltung siehe unten § 5.II.2.a.

84 Vgl. Krüger, Sport und Politik, S.112.

85 Ohne den Ausführungen zum DDR-Sport-System (unten § 5) vorgreifen zu wollen, sei bereits an dieser Stelle darauf hingewiesen, daß die (zuvor traditionell ehrenamtlichen) Sportstrukturen in der DDR insofern eine Veränderung erfuhren, als nunmehr hauptamtliche Sportfunktionäre Entscheidungsträger wurden; ehrenamtliche Präsidien berieten fortan allenfalls globale Fragen bzw. sollten einen demokratischen Anschein wahren.

86 Unten § 5.

Dritter Teil
SPORTSTRUKTUREN DER BEIDEN DEUTSCHEN STAATEN BIS ZUR WIEDERVEREINIGUNG

§ 4 Sport in (West-) Deutschland[87]

I. Allgemeiner Aufbau (siehe Abb. auf S.15)

1. Die öffentliche Sportverwaltung

Hiermit sind diejenigen politischen Akteure / Institutionen gemeint, die sportliche Aufgabenstellungen wahrnehmen.

Bundesebene: Der **Bundespräsident** ist traditioneller Schirmherr der deutschen Turn- und Sportbewegung. Er verleiht im Sinne des Sports Ehrenzeichen und Ehrenurkunden (u.a. „Silbernes Lorbeerblatt" und „Sportplakette des Bundespräsidenten").[88] Der **Bundestag** ist im Rahmen des Gesetzgebungsverfahrens mit sportrelevanten Fragestellungen betraut; er kommt hierbei regelmäßig zunächst über seine Ausschüsse mit entsprechender Thematik in Berührung, primär über den **Sportausschuß.** Dieses Gremium ist zwar ein ständiger Ausschuß des Parlaments, personell gehört er aber zu den kleinsten seiner Art (11.Wahlperiode 17 Mitglieder, 12.Wahlperiode 19 Mitglieder).[89] Seine Funktion unterscheidet sich nicht wesentlich von derjenigen der übrigen 23 Ausschüsse (11.Wahlperiode) - Vorbereitung und Erledigung der eigentlichen parlamentarischen Arbeit des betroffenen Bereiches; dennoch ist seine spezifische Bedeutung gering.[90] In der Vergangenheit vermochte er kaum Einfluß auf sportpolitische Weichenstellungen zu nehmen - allenfalls hatten verschiedene Experten-Hearings bereichernden Einfluß für die fachliche Diskussion im Sport.[91]

Das **Bundesministerium des Innern** (BMI) ist die Koordinierungsstelle der Bundesregierung für sportliche Angelegenheiten. Unter Berücksichtigung der jeweiligen Zuständigkeiten werden Maßnahmen gefördert, die der weiteren Verbreitung

---

87 **Vorbemerkung:** In die nachfolgende Ausarbeitung zur westdeutschen Sportbewegung (*vor* der Wiedervereinigung) sind mitunter Gesichtspunkte und Äußerungen eingeflossen, die nach 1990 datieren; da die aktuelle (gesamtdeutsche) Sportszene auf dem westdeutschen Fundament basiert, erschien es (u.a. zur Vermeidung doppelter Sachbehandlung) sinnvoll, Tendenzen, Entwicklungen und Aktualisierungen (im jeweiligen Zusammenhang) bereits in diesem Kapitel anzusprechen.

88 Zur näheren Information siehe Deutscher Sportbund 1990-1994, S.325,326.

89 Zum Vergleich: Der Finanzausschuß hat 41 Mitglieder.

90 „... hatte (der Vorsitzende) ... immer wieder zu dementieren, daß die Sportausschuß-Crew inhaltlich wenig bringt, sich dafür als Reise-Kader bei internationalen Veranstaltungen hervorragend bewährt", FR vom 23.01.95.

91 Digel, Sportverwaltung, S.64 (a.a.O. findet übrigens auch die Deutsche Sportkonferenz Erwähnung, ein Gremium, das sich aus Vertretern von Bund und Land, kommunalen Spitzenverbänden, den Parteien und Vertretern des Sports zusammensetzte - ineffektiv war - und in den letzten Jahren nicht mehr getagt hat).

und Belebung des Sportes im Bundesgebiet dienen; die Mittelbereitstellung erfolgt schwerpunktmäßig für Belange des Spitzensports.[92] Im Jahre 1974 wurde vom BMI mittels des sog. „Leistungssportprogramms" ein differenziertes System entwickelt, das u.a. dazu dient, Top-Athleten mit Medaillenchancen zu fördern.[93]

Das **Bundesinstitut für Sportwissenschaft** (BISp) ist eine nichtrechtsfähige Bundesanstalt im Geschäftsbereich des BMI (seit 1971); Haupt-Funktion dieses Institutes ist die wissenschaftliche Aufarbeitung sportlicher Materien. Durch seine Forschungsförderung im nationalen Bereich soll das BISp die an Universitäten und Hochschulen der Länder betriebene sportwissenschaftliche Forschung verstärken sowie durch Kooperation mit den Ländern die Effektivität der Sportwissenschaft verbessern.[94]

Länderebene: Die sog. Ständige Konferenz der Sportminister der Länder in der Bundesrepublik Deutschland (**Sportministerkonferenz** - SMK) hat insbesondere Koordinierungs- und Lobbyistenfunktionen wahrzunehmen. Dies bezieht sich auf die Sportförderung in den Ländern sowie auf die Wahrnehmung von Länderinteressen im nationalen und internationalen Bereich.[95] An den jeweiligen Tagungen nehmen neben den Sportministern die kommunalen Spitzenverbände und der Deutsche Sportbund regelmäßig teil. Ergänzend hierzu ist auf der Arbeitsebene die **Konferenz der Sportreferenten** eingerichtet, die die Sitzungen der SMK vorbereitet und deren Beschlüsse ausführt.

Auch auf der Ebene der **Kommunalen Spitzenverbände** erfolgt eine Zusammenarbeit von Staat und Sport; insbesondere ist die Kontaktpflege zum Deutschen Städte- und Gemeindebund und dem Deutschen Städtetag zu nennen, dessen Sportausschuß DSB, SMK, BMI und BISp beiwohnen.

2. Die Sportselbstverwaltung[96]

Der **DSB**[97] ist der Dachverband des deutschen Sports, eine Gemeinschaft von 16 Landessportbünden (11 vor der Wiedervereinigung), 57 Spitzenverbänden, 12 Ver-

---

92 Zu den weiteren (Förderungs-) Zuständigkeiten des BMI und der anderen Ressorts des Bundeskabinetts vgl. den Siebten Sportbericht, S.39.

93 Das Förderwesen wird an anderer Stelle (§ 4.II.2) noch ausführlicher Betrachtung unterzogen.

94 Die Bundesregierung mißt dieser Institution beachtliche Bedeutung bei, wie u.a. die ausführliche Abhandlung in einem eigenen Kapitel des Siebten Sportberichts erkennen läßt. Im Zusammenhang mit der wissenschaftlichen Durchdringung der Materie Sport ist ergänzend auf die (allerdings eher an der praktischen Ausbildung orientierte) **Trainerakademie** in Köln sowie die **Führungs- und Verwaltungsakademie** (FVA) des DSB (Berlin) hinzuweisen, die ebenfalls aus Bundesmitteln gefördert werden.

95 Siebter Sportbericht, S.20; siehe auch Schmidt, Förderformen, S.31,32.

96 Hiermit gemeint sind die autonomen Einrichtungen der Sportbewegung, die **nicht**-staatlichen Organisationen des Sports.

97 Da dem DSB unter § 4.III ein eigenes Kapitel gewidmet ist, wird er konkret nur kurz erwähnt.

bänden mit besonderer Aufgabenstellung, 6 Verbänden für Wissenschaft und Bildung und 2 Förderverbänden; über diese Verbände sind in ihm rund 86.000 Vereine zusammengeschlossen.[98] En detail:

Landessportbünde sind überfachliche Zusammenschlüsse auf Landesebene, wobei in jedem Bundesland nur ein Landessportbund (mit der Rechtsform und Organisationsstruktur eines eingetragenen Vereins)[99] existiert. Den LSB gehören im Rahmen der Untergliederung Landesfachverbände, eventuell Regionalsportbünde und gegebenenfalls Vereine an;[100] desweiteren können ihnen Förderverbände und sonstige Verbände mit besonderer Aufgabenstellung als außerordentliche Mitglieder angeschlossen sein. Zu ihren Aufgaben gehört u.a. die Vertretung der Mitglieder auf Landesebene, Ausbildungsförderung, Übungsstättenbau, kulturelle Betreuung sowie die Gewährleistung von Versicherungsschutz. Die LSB sind überwiegend breitensportgeprägt.[101]

Spitzenverbände (Fachverbände) haben gleichfalls den Status eingetragener Vereine;[102] ihre rechtlichen Beziehungen zu den Mitgliedern (eingetragene Vereine) sind jeweils in autonomen Satzungen geregelt. Sie sind, zumindest was die Bundesfachverbände anbelangt, vorwiegend leistungssportorientiert.[103] Die im Verhältnis zu DSB und NOK unabhängigen Spitzenverbände vertreten die Bundesrepublik Deutschland qua Mitgliedschaft in internationalen Organisationen. Sie sind Ausrichter deutscher Meisterschaften, organisatorische Anlaufstelle und Beratungsorgan - ihre Aufgabe ist es folglich, die grundsätzlichen Angelegenheiten der jeweiligen Sportart zu regeln. Die Schulungsarbeit der Spitzenverbände findet überwiegend in den Bundesleistungszentren statt und wird dort u.a. von hauptamtlichen Bundestrainern abgehalten, die regelmäßig Angestellte ihres jeweiligen Verbandes oder des DSB sind.

Der organisatorische Aufbau der deutschen Sportbewegung sieht an seiner Basis die **Vereine** vor - als Grundlage des hochentwickelten Systems im Breiten- und Spitzensport. Diese zentrale Position ist vor dem aufgezeigten historischen Hintergrund (Entwicklung von „unten nach oben“) erklärbar;[104] zahlenmäßig dominiert der Kleinverein (bis 300 Mitglieder) - rund 70 % der Vereine gehören dieser Kategorie an. Die Großvereine mit mehr als 1000 Mitgliedern sind nur zu 5,5 % vertreten, obwohl ihnen rund 30 % aller Mitglieder zuzurechnen sind. In den letzten Jahren hat sich der Trend zu einer zunehmenden Polarisierung der Sportvereinsszene fortgesetzt, wonach den relativ homogenen Kleinvereinen heterogene, komplexe

---

98 DSB-Bestandserhebung 1996.

99 Kennzeichen der gesamten Sportverbandsszene - Ausnahme: Saarland, Körperschaft des öffentlichen Rechts, § 1 der Satzung (vom 01.01.66), basierend auf dem Gesetz über den Vereinssport im Saarland vom 13.07.50 und einer hierzu ergangenen Durchführungsverordnung vom 01.03.53 (seit 1995 umfassend durch Landesgesetz geregelt).

100 Vgl. z.B. § 7 der Satzung des LSB Niedersachsen vom 31.10.92.

101 Vgl. Winker, Verbände, S.70; Semder, Lotstudie, S.35.

102 Siehe Fn.99.

103 Vgl. Winkler, Verbände, S.70.

104 Siehe oben § 3.I; zu den Rechtsgrundlagen siehe § 4.II.1.a.

Großvereine gegenüberstehen.[105] Die Strukturform „Verein" ist gleichzeitig altgedient wie Zukunftsmodell, im Sinne einer „zeitgemäß definierten Solidargemeinschaft".[106] Dieser positiv optimistischen Aussage stehen diverse Außenprobleme gegenüber, deren Aufzählung und Abhandlung den Rahmen dieser Arbeit sprengen würde. Angemerkt sei lediglich, daß gegenüber den neuen gesellschaftlichen Herausforderungen Anerkennung und Förderung eher zurückbleiben. Wie in der Einleitung bereits erwähnt, hat sich die wachsende Bedeutung des Sports auch im Organisationsgrad niedergeschlagen. Dem Wachstum der Vereine und dem der Ansprüche an die Vereine steht keine entsprechend gestiegene öffentliche Anerkennung und Förderung gegenüber.[107] [108]

Die Vereine sind Mitglieder in den **Kreis-, Bezirks- oder Landesfachverbänden** - also den regionalen Untergliederungen der Spitzenverbände.[109] Eine der Hauptaufgaben der Landesfachverbände ist es, den Sportbetrieb innerhalb ihres Bereiches zu organisieren und Landesmeisterschaften in den einzelnen Disziplinen durchzuführen; entsprechendes gilt für den Kreis- und Bezirkssportbereich.[110]

Das **Nationale Olympische Komitee** e.V. (NOK) ist nach seiner Satzung und den Regelungen des IOC (Internationales Olympisches Komitee) eine selbständige Einrichtung innerhalb des selbstverwalteten Sports. Das NOK wurde 1949 als Nachfolger deutscher olympischer Organisationen gegründet, deren Funktion mit Kriegs-

---

105 Alle Zahlenwerte entstammen einer FISAS-Studie (FISAS - Finanz- und Strukturanalyse der deutschen Sportvereine), in der im Erhebungsjahr 1991 rund 5.500 Sportvereine in West **und** Ost befragt wurden. Die Zahlenangabe „70 % Kleinvereine" bezieht sich im gegebenen Zusammenhang nur auf die West-Vereine (Osten: 90 %); Auszüge der FISAS-Studie sind enthalten in den BISp-Informationen, Ausgabe 2/95.

106 Jürgen Dieckert, Präsident des Deutschen Turnerbundes, zitiert in Der Sport, Ausgabe 21/94.

107 Die Fehler der Vergangenheit wirken in die Zukunft: So äußert sich z.B. das hinter der sozialpolitischen und wirtschaftlichen Bedeutung nachhinkende Ansehen der Vereine in der abnehmenden Bereitschaft zum ehrenamtlichen Engagement - welches wiederum dringend notwendig ist, da 95 Prozent aller Sportvereine eine **ausschließlich ehrenamtliche (Führungs-) Struktur aufweisen**. Diese Ehrenamtlichen müßen stärker unterstützt werden, um zu verhindern, daß „sie resignieren und den Kram hinschmeißen", E.Nelle (Vorsitzender des Bundestags-Sportausschusses) in der FAZ vom 14.12.94 / DSB-Presse Nr.50-52 vom 20.12.94); ungeachtet der Führungsprobleme ist zumeist auch die Basis der Vereine betroffen, d.h. mitunter sind *alle* Funktionsträger ehrenamtlich. Die Bedeutung des ehrenamtlichen Engagements tritt am besten hervor, wenn man dessen finanzielle Dimension anhand eines „Schattenlohnes" pro Arbeitsstunde errechnet, laut FISAS-Studie ergeben sich so rund **7** Mrd. DM.
Hilfe zur Lageverbesserung soll die Vereinskampagne des Deutschen Sportbundes bringen, die in den Jahren 1995 - 1998 durch Werbung, Veranstaltungen, Beratung, Ausbildung und politische Einflußnahme u.a. gezielte Öffentlichkeitsarbeit betreibt.

108 Eine wertvolle (und zudem kostenfreie) Unterstützungsmaßnahme des Gesetzgebers könnte darin bestehen, durch Änderung des Wehrpflichtgesetzes (§ 13 a) festzulegen, daß analog der Tätigkeit im Zivil- und Katastrophenschutz auch die mehrjährige qualifizierte Tätigkeit in Sportvereinen einer Einberufung entgegensteht. Dies würde aller Voraussicht nach den Anteil jüngerer, männlicher Mitarbeiter im Ehrenamt erhöhen.

109 Auf überfachlicher Ebene sind die (fakultativ zu bildenden) Stadtsportbünde zu nennen.

110 Die Verbandspyramide vervollständigt sich, wenn man ergänzend noch die internationalen Dachverbände einbezieht.

ende erloschen war. Im Rahmen seiner (gemeinnützigen, § 52 AO[111]) Zweckverfolgung hat es vornehmlich die Aufgabe, olympisches Gedankengut zu verbreiten und Mannschaften zu Olympischen Spielen zu entsenden. Ferner obliegt ihm die Unterstützung von Olympiabewerbungen (z.B. Berlin für das Jahr 2000), der Spiele selbst sowie der olympischen Kongresse. Das NOK arbeitet mit den NOKs anderer Länder sowie dem IOC eng zusammen. Es ist zwar durch das IOC anerkannt, aber nicht dessen Mitglied.[112] Mitglieder des NOK der Bundesrepublik Deutschland sind die deutschen IOC-Mitglieder, die Vertreter der olympischen Fachverbände, der Deutschen Olympischen Gesellschaft und der Stiftung Deutsche Sporthilfe, der DSB-Präsident, aktive Sportler sowie weitere namhafte Persönlichkeiten.

Die **Stiftung Deutsche Sporthilfe** (DSH) ist im Jahre 1967 von DSB und DOG gegründet worden. Sie orientiert sich ausschließlich und unmittelbar am gemeinnützigen Zweck, „Sportlerinnen und Sportler zum Ausgleich für die Inanspruchnahme durch die Gesellschaft und bei der nationalen Repräsentation ideell und materiell durch alle dazu geeigneten Maßnahmen zu fördern".[113] Die für die individuelle Unterstützung[114] der Sportler notwendigen Mittel werden aus Spenden, Veranstaltungserträgen (z.B. „Ball des Sports") und sonstigen Maßnahmen erlöst. Die Stiftung operierte in den letzten Jahren stetig am Rande der Unterdeckung, d.h. es wurde weniger eingenommen, als es dem Förderungsvolumen der rund 3500 geförderten Sportler entsprach. In den Jahren 1993 und 1994 mußte bereits auf Rücklagen zurückgegriffen werden.[115] In letzter Zeit scheint durch zusätzliche Einnahmen eine gewisse Gesundung eingetreten zu sein.[116] Seit ihrer Gründung wurden bislang rund 25000 Spitzensportler unterstützt.[117] Das BMI ist im Vorstand und Gutachterausschuß (für Förderentscheidungen) der Stiftung präsent, um Überschneidungen mit Förderleistungen des Bundes zu verhindern.[118]

Die vorerwähnte **Deutsche Olympische Gesellschaft** (DOG) hat im Laufe der Jahre an Bedeutung verloren;[119] obwohl deshalb nicht (mehr) in obiger Skizze enthalten, sei sie (im Hinblick auf ihre sporthistorische Bedeutung) dennoch kurz angesprochen. Die DOG ist 1951 gegründet worden, um Geld für Olympiamannschaften

---

111 Gemeinnützigkeit als gemeinsames Kennzeichen der organisierten Sportbewegung; siehe auch unten § 4.II.2.c.cc.(2).

112 Vgl. Vedder/Tröger, IOC-Zulassungsregel, S.18/19; Pfister/Steiner, Sportrecht, S.124.

113 § 1 der Stiftungs-Satzung.

114 Hierzu gehören Grundbeihilfen, Verdienstausfallvergütungen, Beihilfen für Studium und Ausbildung, Stipendien, Unterhaltszulagen, Zuwendungen für Sportler in Internaten, Mietbeihilfen, Fahrtkostenzuschüsse, Kosten für Trainingsaufenthalte / Trainingsgeräte usw.

115 FAZ vom 27.10.94 („Jede Mark im Jackpot fehlt der Sporthilfe").

116 Vgl. Kölnische Rundschau vom 03.01.96. Insofern wird die zeitweise diskutierte Einführung einer Rückerstattungspflicht („Bafög-Modell") von Sporthilfegeldern für jene Sportler, die mit Unterstützung der Sporthilfe eine ertragreiche Karriere begründet haben, wohl zunächst ein Gedankenspiel bleiben.

117 DSB-Presse Nr.1-2 vom 10.01.95; Siebter Sportbericht, S.153 (enthält das „Leistungspaket" der Sporthilfe).

118 Nähere Informationen zur Stiftung Deutsche Sporthilfe sind der Broschüre „Das Einmaleins der Sporthilfe-Förderung" zu entnehmen.

119 FAZ vom 01.11.94.

bereitzustellen. Da diese und weitere Aufgaben (Planung und Bau von Sportstätten) mittlerweile von anderen Organisationen wahrgenommen werden, liegt ihr aktuelles Betätigungsfeld nunmehr im ergänzenden Bereich: Fair-Play-Initiative als Partner von DSB/NOK; Diskussionen, Lehrveranstaltungen („Das gute Gewissen des Sports").[120]

II. Rechtliche Grundlagen / Sportpolitik

Sportliche Strukturen werden wie auch die aller sonstigen Lebensbereiche maßgeblich durch ihre Rechtsgrundlagen geprägt; diese Rechtsgrundlagen des Sports gilt es nachfolgend zu ermitteln. Hierbei ist zunächst festzustellen, daß es einen eigenen Zweig „Sportrecht" im westdeutschen Rechtssystem nicht gibt; andererseits befassen sich Normen der verschiedensten Bereiche des „allgemeinen" Rechts (teilweise nur mittelbar) mit sportrelevanter Materie.[121]

Seine oberste Rechtsgrundlage findet der Sport im Verfassungsrecht - ohne jedoch dort unter irgendeinem Aspekt ausdrücklich erwähnt zu werden. Dieser (Schein-) Widerspruch löst sich dahingehend auf, daß „Sport" zwar kein Verfassungsbegriff des Grundgesetzes ist, sehr wohl aber einen Verfassungsstatus[122] besitzt, der weitgehend ein Grundrechtsstatus ist. Dieser Status ist in allgemeinen Grundrechten enthalten, mithin solchen, die nicht dem Sport verbürgt sind, sondern ihm (lediglich) zugute kommen.

1. Grundrechtsstatus[123]

a) Organisierter Sport (Art. 9 I GG)

Das Grundrecht des Art. 9 I GG beinhaltet die Freiheit, sich zu Vereinigungen des privaten Rechts zusammenzuschließen. Ferner unterfällt die Sportausübung in der Gemeinschaft dem Schutz der allgemeinen Vereinigungsfreiheit des Art. 9 I GG.[124] Zu klären ist zunächst, welche Garantien hiermit verbunden sind.

Mit dem Recht, Vereine und Gesellschaften zu bilden, gewährleistet Art. 9 I GG das Prinzip freier sozialer Gruppenbildung.[125] Der Schutz des Grundrechts umfaßt sowohl für die Mitglieder als auch für die Vereinigung die Selbstbestimmung über die

---

120 FAZ vom 30.10.94; zur Fair-Play-Initiative siehe auch „Fair geht vor"-Broschüre der DOG.

121 Neben dem staatlichen Recht gibt es vielfältige interne Regelungen des Sports (in Satzungen, Ordnungen usw.); vgl. Reschke, Sportrecht I, Einführung II; Pfister, Autonomie, S.176 („Der Sport ist kein rechtsfreier Raum").

122 Steiner, NJW 1991, S.2730.

123 *Methodische Vorbemerkung*: Obwohl das Verhältnis von Sport und Staat u.a. auf dem konkret zu behandelnden rechtlichen Fundament des Art. 9 I GG basiert, sollen die wechselseitigen Bezugsfelder erst an (systematisch geeigneter) späterer Stelle angesprochen werden (siehe in § 4 die Gliederungspunkte II.3 bzw. III.7)

124 Unstreitig; der Begriff Verein(igung) im Sinne des Schutzbereiches von Art. 9 I GG wird sehr weit ausgelegt; siehe unten in diesem Abschnitt bzw. Pieroth/Schlink, Grundrechte, § 18 II. Weiterhin: *kein* verbotener Zweck im Sinne von Art. 9 II GG; siehe hierzu im Siebten Sportbericht, S.21.

125 BVerfG in NJW 1975, S.1265.

eigene Organisation, das Verfahren ihrer Willensbildung und die Führung ihrer Geschäfte[126] sowie - unbeschadet der Frage der Rechtsfähigkeit - das Recht auf Bildung und Bestand.[127] Art. 9 I GG schützt so insbesondere vor einem Eingriff in den Kernbereich der Vereine, mit dem Ziel, einen effektiven Grundrechtsschutz zu gewährleisten.[128] Neben der Freiheit des einzelnen zur Gründung von Vereinen und des Beitritts hierzu (*individueller* Aspekt der Vereinigungsfreiheit) ist also insbesondere das Recht ***des Vereins*** selbst (*kollektiver* Aspekt), sich in freier Selbstbestimmung eine eigene innere Ordnung zu geben, prägend für den Schutzbereich des Art. 9 I GG. Letzteres läßt sich als Grundpfeiler der Vereinigungsfreiheit bezeichnen,[129] zusammenzufassen im Begriff der (Vereins-) *Autonomie.* Diese Begrifflichkeit, der Griechischen Sprache entstammend, sich in der Übersetzung in die Worte „selbst" und „Gesetz" untergliedernd, folglich „Selbstgesetzgebung" bedeutend,[130] soll Ausgangspunkt nachfolgender Überlegungen sein.

aa) Träger der Autonomie

Träger des dem kollektiven Aspekt der Vereinigungsfreiheit immanenten Selbstbestimmungsrechts sind (nach dem Wortlaut des Art. 9 I GG) die *Vereine.* Nach der Rechtsprechung des Reichsgerichts ist ein „Verein" ein auf eine gewisse Dauer angelegter, körperlich organisierter Zusammenschluß einer Anzahl von Personen, die ein gemeinschaftliches Ziel verfolgen;[131] vgl. § 2 Vereinsgesetz - weiter Vereinsbegriff des öffentlichen Vereinsrechts - der den Schutzgegenstand des Art. 9 I GG zutreffend umschreibt.[132] Voraussetzung ist, etwas ausführlicher gefaßt und orientiert an obiger Definition, daß sich Personen freiwillig auf unbestimmte Zeit oder zumindest gewisse Dauer mit gemeinsamer Zielsetzung verbinden, organisiert in einer körperschaftlichen Verfassung mit gemeinsamem Namen und unabhängig vom Wechsel der Mitglieder.[133]

Im weiteren Verlauf sollen *Verbände* miteinander verglichen werden. Der Begriff „Verband" wird in Art. 9 I GG aber nicht erwähnt. Darüber hinaus ist der Verbandsbegriff in der Rechtswirklichkeit nicht exakt abgegrenzt. Trotz dieser Zielsetzung erscheint es wenig fruchtbar, in eine vertiefte Diskussion des Verbandsbegriffs einzusteigen, da, soweit ersichtlich, kein Streit darüber besteht, daß Sportverbände, die Vereine i.S. obiger Definition sind,[134] auch dem Schutzbereich des Art. 9 I GG

---

[126] BVerfGE 50, S.290 ff. = NJW 1979, S.699,706.
[127] BVerfG in NJW 1961, S.2251.
[128] BVerfG in NJW 1971, S.1123.
[129] Hilpert, BayVBl 1988, S.161,162.
[130] Creifelds, Rechtswörterbuch, S.127; Werner, Die Aufnahmepflicht privatrechtlicher Vereine und Verbände, S.136.
[131] RGZ 60, S.94,99.
[132] Pieroth/Schlink, Grundrechte, § 18 Rdnr.785.
[133] Sauter/Schweyer, Verein, Erster Teil I; Reichert/Dannecker, Handbuch, Einleitung 1.
[134] Reschke, Sportrecht I, Erläuterungen III S.2; Vieweg, Normsetzung, S.151; Rubresch, Doping-Problematik, S.14; Henne, Organisationstheorie, S.4; zum DSB siehe Subsumtion bei § 4.III.1.

unterfallen (Doppelgrundrecht).[135] Der Versuch einer (weitgefaßten) Definition könnte lauten: Verbände im Sinne des Art. 9 I GG sind körperschaftlich strukturierte, gegenüber ihren Trägern verselbständigte Organisationen, die von keiner (also auch nicht von staatlicher) Seite einem beherrschenden Einfluß unterliegen und vorwiegend durch Private gegründet und getragen werden.[136]

Ein Verband im hier relevanten Sinne ist regelmäßig eine Vereinigung von Vereinigungen, d.h. eine Vereinigung, die andere Verbände oder Vereine zum Mitglied hat; vereinfachend wird im folgenden nicht zwischen Vereins- / Verbandsautonomie unterschieden.

bb) Inhalte und Grenzen der Autonomie

Gegenständlich ist unter Verbandsautonomie eine Selbstregulierungsbefugnis im Sinne der Schaffung objektiven Rechts für eigene Angelegenheiten zu verstehen.[137] Verbandsautonomie ist insoweit Satzungsautonomie.[138] Diese über Art. 9 I GG eingeräumte Befugnis ist ebenso wie die aus Art. 2 I GG abgeleitete Vertragsfreiheit eine Ausprägung der allgemeinen Privatautonomie.[139] Die Einräumung eines Verbandsgrundrechtes rückt Art. 9 I GG in die Nähe von Art.19 III GG; beide Bestimmungen zielen in die gleiche Richtung, die Anerkennung des Eigenwertes selbständiger Organisationen.[140]

Bei einem weiten Verständnis wird neben der Normsetzung auch die Normanwendung und -durchsetzung erfaßt. Dann beinhaltet Art. 9 I GG auch die Selbstverwaltungs- und Streitschlichtungsautonomie. Da Normsetzung und -anwendung funktional eng zusammenhängen, ist zunächst von einem solch weiten Verständnis auszugehen, das später gegebenenfalls einzuschränken sein wird. In seinem „Mitbestimmungsurteil" hat das Bundesverfassungsgericht ein entsprechendes Selbstbestimmungsrecht der Verbände bestätigt.[141] Dies soll allerdings nicht bedeuten, daß jede staatliche Regelung von Organisation und Willensbildung der Vereinigungen durch Art. 9 I GG ausgeschlossen ist. Vielmehr betont das BVerfG die Konkretisierungsbedürftigkeit der Verbandsautonomie, die vom Staat abgeleitet und insofern von dessen Regelungen abhängig ist.[142] Eine selbstdefinierte Verbandsautonomie soll es nicht geben.

Der Vorbehalt einer Konkretisierung hat seine Ausprägung lange vor dieser Rechtsprechung in den §§ 21 ff. BGB gefunden, allerdings wohl kaum in hinreichendem

---

135 Vgl. Vieweg, Normsetzung, S.151; Scholz spricht ausdrücklich vom "Verbandsgrundrecht", in Maunz/Dürig, GGK, Art. 9, Rdnrn.23,24.
136 Vieweg, Normsetzung, S.24.
137 Für viele: Baecker, Grenzen, S.18; Röhricht, Absicherung, S.12.
138 Miterfaßte Quellen des selbstgesetzten Sportrechts sind die Sportordnungen sowie die Spiel- und Sportregeln der Vereine und Verbände.
139 Palandt-Heinrichs, § 25 Rdnr.7.a; Vieweg, Normsetzung, S.151 (m.w.N.); Röhricht, Absicherung, S.13; Pfister/Steiner, Sportrecht, S.17.
140 Stern, Staatsrecht III/1, § 71 I.6.a.
141 BVerfG NJW 1979, S.699,706.
142 Ebda.

Maße, da der BGB-Gesetzgeber in der Endphase des vorigen Jahrhunderts nicht den Art. 9 I GG vor Augen hatte und auch ansonsten von einem grundlegend anderen Vereinsverständnis ausgegangen ist: Für die Ausformungen der §§ 21 ff. BGB stand damals nicht der große Dachverband Pate, sondern der kleine, vorwiegend gesellige Verein mit freiwilliger Mitgliedschaft und lokaler Bedeutung; jedem Mitglied bleibt es, so der Grundgedanke, selbst überlassen aus dem Verein/Verband auszutreten und sich einer anderen Vereinigung anzuschließen.[143] Vor diesem Hintergrund erklärt sich auch eine staatliche Selbstbeschränkung, die ihren Ausdruck darin findet, daß der Gesetzgeber das staatliche Recht punktuell zum Gegenstand dispositiver Normsetzung macht (vgl. etwa § 40 BGB). Die entsprechenden Überlegungen waren seinerzeit sinnreich; insbesondere war es Ziel, die Autonomie vor staatlicher Reglementierung zu schützen. Heute geht es eher darum, den einzelnen vor der übermäßigen Macht der Verbände zu schützen: So führt z.B. der Austritt aus einem Monopolverband[144] dazu, daß sich der betroffene Lebensbereich künftig dem Aktivitätsfeld des Austretenden weitgehend verschließt. Bezugnehmend hierauf kann dann kaum noch von freiwilliger Mitgliedschaft - eher schon von faktischer Zwangsmitgliedschaft - gesprochen werden.[145]

Historischer Hintergrund und vorstehendes Beispiel mögen illustrieren, daß eine zeitgemäße, umfassende Konturierung der Verbandsautonomie von den §§ 21 ff. BGB nicht zu erwarten ist. Ob umfassend oder nicht, bevor der zivilrechtliche ausgestaltete „grüne Bereich" der Autonomie näher beleuchtet werden kann, ist die verfassungsrechtliche Umgrenzung festzulegen; daneben sind die Grundsätze und Normierungen zu ermitteln, die trotz ihres regulierenden bzw. beschränkenden Charakters den Begriff der Autonomie mit Leben ausfüllen.

(1) Obere Grenze (Handlungspflichten des Staates)

Obere Grenze ist das Maximum an Autonomie, das der Staat seinen Verbänden gewähren darf, ohne selbst *verpflichtet* zu sein, einen Sachverhalt gesetzlich zu regeln.[146] Dogmatisch läßt sich eine solche Regelungsverpflichtung (in der die staatliche Schutzpflicht gegenüber dem Grundrechtsträger seine Ausprägung findet) aus der *grundrechtlichen Wertordnung* ableiten, normativ abgestützt in Art. 1 I 2 GG; der Staat hat drohenden Grundrechtsverletzungen entgegenzutreten bzw. muß bereits vorbeugend diese verhindern, „er soll sich schützend vor die Grundrechte stellen." Erfaßt werden sollen Grundrechtsverletzungen sowohl von seiten des Staates selbst als auch solche, die von einzelnen ausgehen.[147]

---

143 Nicklisch, Selbstordnung, S.6,7; Vieweg, Normsetzung, S.154.

144 Verbände mit einer wirtschaftlichen oder sozialen Machtstellung, Palandt-Heinrichs, § 25 Rdnr.8.

145 Vieweg, Normsetzung, S.154; nach Nicklisch, Selbstordnung, S.8 funktioniert der vom BGB-Vereinsrecht vorausgesetzte Selbstregulierungsmechanismus nicht mehr, wodurch sich die Verbandsautonomie als Korrelat gewisse Schranken gefallen lassen müsse.

146 Vieweg, Normsetzung, S.167 spricht deshalb auch von Maximalgrenzen der Verfassung.

147 Zu den Schutzpflichten des Staates Pieroth/Schlink, Grundrechte, § 4 IX.2.

(a) Art. 2 II 1 GG (Art. 1 I 2, 6 II 2 GG)

Eine Regelungsverpflichtung ist unter dem Aspekt des Art. 2 II 1 GG dann gegeben, wenn das Leben oder die körperliche Unversehrtheit bedroht sind. Zu beachten ist aber, daß selbst unter der Prämisse einer besonderen Gefährlichkeit des (spezifischen) Handelns der Eigenverantwortlichkeit des Individuums Rechnung zu tragen ist, mithin dem Umstand, daß jeder Einzelne zunächst einmal sich selbst zu schützen hat.[148] Erst wenn der Einzelne einen solchen Schutz mit zumutbaren Anstrengungen nicht realisieren kann, entsteht eine Schutzpflicht des Staates.[149]

Im Bereiche des Hochleistungssports (erst recht im Breitensportsegment) ist diese Selbstschutzmöglichkeit unter Anrechnung der eigenverantwortlichen Selbstgefährdung des Athleten als vorhanden anzusehen und somit entscheidend für die Verneinung der Schutzpflicht.[150] Weiterhin ist eine Kumulierung von Risikoentscheidungen, aus der Nachteile für die Volksgesundheit insgesamt entstehen könnten, nicht ersichtlich;[151] [152] auch hieraus erwächst folglich keine Regelungsverpflichtung.

Ungeachtet dieser (relativ) klaren Verneinung ist erkennbar, daß die Grenzlinie zwischen verfassungsgebotener staatlicher Obhut einerseits (Untermaßverbot) und verfassungswidriger staatlicher Zwangsfürsorge andererseits (Übermaßverbot) nicht leicht zu ziehen ist.[153]

Insbesondere für den sog. **Kinderhochleistungssport** ist diese Grenzlinie nicht einfach zu bestimmen, denn hier könnte (z.B. aufgrund mangelnder Verstandesreife) die oben angesprochene Selbstschutzmöglichkeit zu verneinen sein.[154] Folglich ist

---

148 Art. 2 I GG schließt das Recht ein, risikobehaftete Sportarten zu betreiben, Pfister/Steiner, Sportrecht, S.75.

149 Hermes, Leben und Gesundheit, S.245 ff.; Steiner, Verfassungsrechtliche Aspekte, S.52.

150 Vgl. Vieweg, Normsetzung, S.168,169; nicht unbestritten - zum Streitstand siehe Steiner, NJW 1991, S.2733,2734.

151 Eine solche Kumulierung ist bejaht worden in den Fällen der (gesetzgeberisch angeordneten) Pflicht zum Tragen von Schutzhelmen für die Führer von Krafträdern (§ 21 a II StVO) bzw. bei der Verpflichtung zum Anlegen von Sicherheitsgurten bei der Benutzung von Kraftfahrzeugen (§ 21 a I StVO); Fritzweiler (SpuRt 4/95, S.157) kommt unter der Prämisse, daß sich ein Eingreifen des Staates an der Häufigkeit und Schwere der Gefahren zu orientieren habe, für den Boxsport zu dem Ergebnis, daß, von Einzelfällen abgesehen, eine schutzpflichtauslösende Gefahrensituation auf breiter Ebene nicht vorliege.

152 Ähnlich (wie im Fall der Kumulierung von Risikoentscheidungen) wäre zu urteilen, sofern ein massenhafter Mißbrauch von Dopingsubstanzen als erwiesen gelten müßte; auch hier wäre der Staat zur Bekämpfung verpflichtet (vgl. Steiner, BayVBl 1995, S.420).

153 Die umfangreiche Diskussion zum Beispiel in Fn.151 (Gurtpflicht) ist Ausdruck der Problematik eines ggf. dem Willen des Einzelnen zuwiderlaufenden, aufgedrängten staatlichen Schutzes. Konkret hat der Gesetzgeber zu Recht die Auffassung vertreten, daß die entsprechende Kollisionsproblematik verschiedener verfassungsrechtlicher Wertentscheidungen (zu Lasten des individuellen Selbstbestimmungsrechts, zugunsten einer Schutzpflicht) gelöst werden durfte, vgl. hierzu Steiner, Verfassungsrechtliche Aspekte, S.53 (m.w.N. zum Meinungsstand).

154 Die Frage, welcher Sportler der Begrifflichkeit „Kind" im vorliegenden Zusammenhang unterfällt, ist nicht eindeutig zu beantworten, da es sowohl auf legislativer Ebene als auch in der Literatur unterschiedliche Ansatzpunkte gibt; hierzu Coester, Familienrechtliche Aspekte, S.16; Pfister/Steiner, Sportrecht, S.92. Der DSB bezieht seine Thesen aus dem Papier „Kinder im Hochleistungssport" (vom 04.06.83) auf Kinder bis zur Geschlechtsrei-

intensiver nachzufragen, ob besondere staatliche Verpflichtungen bestehen und ggf. welche Maßnahmen dafür geeignet wären, einer eventuellen Schutzpflicht Rechnung zu tragen. Beginnend mit letzterem könnte z.B. die gesetzliche Festlegung eines Mindestalters für die Teilnahme am Leistungstraining bzw. an Wettkämpfen erwogen werden. Weiterhin kämen gesetzliche Beschränkungen der Trainingszeiten oder die Verpflichtung zu fachärztlichen Untersuchungen in Betracht; im äußersten Fall könnte ein Verbot des Kinderhochleistungssports auszusprechen sein.

Die Bejahung einer konkreten Regelungspflicht als Ausfluß der besonderen Schutzpflicht des Staates gemäß Art. 6 II 2 GG („Wächteramt") bzw. einer allgemeinen Schutzpflicht aus Art. 2 II 2 GG würde voraussetzen, daß gesundheitliche Schädigungen durch den immer mehr ins Kindesalter verlagerten Beginn des Leistungstrainings entstehen. Voraussetzung für entsprechende Restriktionen wäre, daß es verläßliche und quantitativ abgesicherte Erkenntnisse darüber gibt, in welcher Weise sich z.B. der frühe Trainingsbeginn auf die Kinder auswirkt. Da derartige Erkenntnisse aber (bislang) nicht existieren,[155] ist ein Ruf nach gesetzgeberischen Aktivitäten verfrüht.[156] Denn zu beachten ist, daß Beschränkungen der soeben skizzierten Art einem schweren Eingriff in das Grundrecht der freien Entfaltung der Persönlichkeit (Art. 2 I GG) gleichkämen,[157] mit möglicherweise lebensbestimmenden Auswirkungen, wie z.B. der Beschneidung sozialer Aufstiegsmöglichkeiten, und schließlich auch Minderjährigen in letzter Konsequenz zugestanden werden muß, *freiwillig* selbstgefährdend zu agieren.[158] Diese Freiwilligkeit ist im übrigen auch im Lichte von Art. 1 I 1 GG bedeutsam, da jedes Individuum grundsätzlich autonom darüber entscheiden darf, was seiner Menschenwürde entspricht. Nur

---

fe; bei Mädchen kommt hiernach das 12.Lebensjahr, bei Jungen das 13. Lebensjahr in Betracht.

155 „Man könnte ... bilanzieren, daß ein notwendiger, regelmäßiger oder auch nur wahrscheinlicher Zusammenhang zwischen Kinderhochleistungssport und Schäden medizinischer, psychologischer und pädagogischer Art vorerst nicht auf breiter Basis nachgewiesen ist", Steiner, Verfassungsrechtliche Aspekte, S.51; zumindest im Sinne eines „non liquet" ist ihm zuzustimmen.
Diese Erkenntnis hat sich nunmehr wohl auch das BMI zu eigen gemacht, das einer Langzeitstudie des BISp zur Belastung im Turnen entgegensieht (siehe hierzu unten Fn.449). Ungeachtet des fehlenden Abschlußberichtes haben führende deutsche Sportmediziner bei einer kürzlich vollzogenen Anhörung des Bundestags-Sportausschusses außergewöhnliche Gefährdungen des Kinderhochleistungssports (erneut) in Abrede gestellt (FR vom 08.02.96).

156 Burmeister, Voraussetzungen, S.30 forderte ungeachtet dessen bereits im Jahre 1979 „eine Bereinigung durch den staatlichen Gesetzgeber"; vgl. weiterhin die Ausführungen desselben Autors in DÖV 1978, S.1 ff. zu Schutzpflichten im Hinblick auf die aus den §§ 74,75 des ALR abgeleiteten Aufopferungsgrundsätze.

157 Die freie Entfaltung der Persönlichkeit umfaßt auch das Recht des Kindes zur leistungssportlichen Entfaltung seiner Begabung, vgl. Steiner, Verfassungsrechtliche Aspekte, S.57.

158 Vgl. Fn.148 und Pfister/Steiner, Sportrecht, S.92, die den Kinderleistungssport unter zivilrechtlichen Aspekten diskutieren (§§ 1626, 1627 BGB - entspricht die Entscheidung der Eltern, ihr Kind Leistungssport betreiben zu lassen noch dem Kindeswohl? Bei Verneinung hätte das Vormundschaftsgericht gemäß §§ 1666, 1631 a II BGB geeignete Maßnahmen zu treffen).

extreme Auswüchse dieser Entscheidungen sollten den Staat veranlassen, regulierend einzugreifen (gemäß Art. 1 I 2 GG).[159] Im Rahmen der Abwägung dürfte obige Grenzlinie erst dann überschritten sein, wenn das Kind zum bloßen Objekt herabgewürdigt wird, zum Mittel einer Zweckerreichung fremdbestimmter Interessen.

(b) Rechtsschutzgewährleistungspflicht (Sportgerichte)

Eine weitere Obergrenze der Verbandsautonomie läßt sich aus der allgemeinen staatlichen Rechtsschutzgewährleistungspflicht ableiten.[160] Es handelt sich hierbei um eine spezielle Ausprägung des Rechtsstaatsprinzips[161] (mitunter auch abgeleitet aus dem Rechtsstaatsprinzip i.V.m. Art. 92 und Art. 19 IV GG[162]), die sich in der Bereitstellung eines Kontroll- und Korrekturvorbehaltes durch die Judikative äußert. Anders formuliert: Das Rechtsstaatsprinzip fordert die Verhinderung eines rechtsfreien Raumes, mithin die Gewährung lückenlosen Rechtsschutzes.[163] Auch den Verbandsbeziehungen liegen Rechtsbeziehungen zugrunde - deren gerichtliche Überprüfungsmöglichkeit nicht ausgeschlossen werden darf.

Folglich können Verbände ihre autonomen Normierungsmöglichkeiten zumindest nicht dahingehend ausleben, kumulativ den allgemeinen verbandseigenen und den staatlichen Rechtsschutz auszuschließen;[164] diesbezügliche Anordnungen führten (ansonsten) direkten Weges zur *Unwirksamkeit* der betreffenden Verbandsnormen, es sei denn, ein „Rettungsanker“ wäre in Gestalt der sogenannten geltungserhaltenden Reduktion zu erblicken. Den im allgemeinen Privatrecht bestehenden Neigungen hierzu[165] sind im Verbandsbereich Schranken gesetzt, da der Bedeutung der Autonomie im Sinne des Art. 9 I GG insofern Rechnung zu tragen ist, als dem autonomen Normgeber Gelegenheit gegeben werden muß, seine Angelegenheiten,

---

159 Art. 1 I 2 GG dient einerseits als (allgemeine) normative Grundlage der Lehre von staatlichen Schutzpflichten, z.B. im Hinblick auf den Menschenwürdegehalt vieler Grundrechte, bezieht sich aber speziell auch auf die Garantie des Art. 1 I GG.

160 Teilweise auch als Justizgewährungspflicht bezeichnet.

161 Vgl. Nachweise bei Vieweg, Normsetzung, S.162.

162 Die Ableitung der Rechtsschutzgewährleistungspflicht gegenüber Verbandsakten unmittelbar aus Art. 19 IV GG ist zweifelhaft, da keine öffentliche Gewaltausübung vorliegt; teilweise wird auf die Horizontalwirkung (Drittwirkung) des Art. 19 IV GG abgestellt, vgl. den Hinweis bei Stern, Voraussetzungen und Grenzen, S.28.

163 Herzog in Maunz/Dürig, GGK, Art. 92 Rdnr.167.

164 Einschränkung: Ein Ausschluß aller Rechtsschutzmöglichkeiten liegt nahe für den Bereich der schiedsrichterlichen Tatsachenentscheidungen im Wettkampfgeschehen. Wenn diese Anordnungen nicht der internen Nachprüfbarkeit unterliegen sollen, ist eine Überprüfung durch die ordentliche Gerichtsbarkeit nicht sachgerecht - Argumentum aus der Natur der Sache. Es wäre für den Spielbetrieb sehr schädlich, wenn bei einem nichtgegebenen Foulelfmeter das staatliche Gericht angerufen werden könnte; nach BGH-Rechtsprechung (Urteil vom 30.05.83 - NJW 1984, S.918) reicht es aus, wenn sich aus den verbandlichen Normen ein eindeutiger Ausschluß der Nachprüfbarkeit von Tatsachenfeststellungen ergibt (kritisch Grunsky, Tatsachenfeststellungen, S.68 - der aber gleichzeitig im hier diskutierten Zusammenhang des Wettbewerbssports den Tatsachenausschluß für sachgerecht hält, a.a.O., S.70,71); siehe weiterhin Reichert/Dannecker, Handbuch, Rdnr.1700.

165 Vgl. Nachweise bei Vieweg, Normsetzung, S.254.

gegebenenfalls nach richterlichem Hinweis, selbst zu regeln. Von daher kommt einem staatlichen Gericht die Befugnis zur geltungserhaltenden Reduktion in erster Linie in Eilfällen zu; ansonsten muß vorrangig der Verband Gelegenheit erhalten, sein Regelwerk in eigener Regie abzuändern.[166]

Fraglich bleibt, ob und in welcher Weise die Rechtsschutzgewährleistungspflicht den autonomen Normgeber des deutschen Sportverbandswesens einschränkt, sofern eine Verbands- bzw. Schiedsgerichtsbarkeit installiert ist. Kann ein solchermaßen gewährter Rechtsschutz den staatlichen Rechtsschutz ausschließen? Handelt es sich bei den Sportgerichten um rechtsprechende Gewalt? Allgemein: Wie ist das Verhältnis zur staatlichen Gerichtsbarkeit? Eine Antwort auf diese Fragen ist nur zu finden, wenn zumindest die (Grob-) Strukturen der Sportgerichtsbarkeit in den Verbänden feststehen und geklärt ist, um welche Streitigkeiten es überhaupt geht.[167]

Letzteres ist dahingehend zu beantworten, daß Auseinandersetzungen zwischen den Verbänden und ihren Mitgliedern / Organen (und deren Mitgliedern) zu entscheiden sind bzw. das weite Feld der Verbandsstrafen abzudecken ist.[168] Vorausgeschickt werden muß, daß zur Lösung dieser Streitfälle, soweit ersichtlich, von keiner Seite gefordert wird, Verbände zu verpflichten, streitentscheidende Verfahren bereitzustellen (die gegebenenfalls auch noch mehrzügig ausgestaltet sein müßten); die Verbände sind hierzu also nicht positiv verpflichtet - andererseits besteht ein „gewisser Spielraum", solche Verfahren bereitzustellen. Die Vorzüge eigener Streitschlichtungsgremien liegen auf der Hand: Größere Sachnähe, persönliches Vertrauen zu den „Richtern", beschleunigte Urteilsfindung, Kostenvorteile (usw.). Deshalb sind auch vielfältige gerichtsähnliche Einrichtungen in der Verbandslandschaft anzutreffen; so ist z.B. die Rede von Sportgericht, Rechtsausschuß, Spruchkammer, Disziplinarausschuß, Schiedsgericht, Ältestenrat, Verbandsgericht, Ehrenrat usw.[169] Hinter den Funktionsbezeichnungen dieser Gremien verbergen sich zwar zum Teil sehr unterschiedliche Strukturen, jedoch lassen sich zwei übergeordnete Gruppen bilden: Einrichtungen des Verbands, die keine Organe sind (Schiedsgerichte) und solche, die besondere Organqualität haben (Verbandsgerichte).[170]

---

166 Siehe Exkurs bei § 4.III.4.b dieser Arbeit.

167 Der Terminus „Sportgerichtsbarkeit" soll nachfolgend als Arbeitsbegriff verwendet werden. Zwar ist dies keine feststehende Begrifflichkeit, obwohl in der Tagespresse geläufig, doch muß in Anlehnung an Hans Kauffmann darauf hingewiesen werden, daß sich hinter dem sog. Sportrecht (ohnehin) „ein etwas exzentrisches Kind der juristischen Szene" verbirgt (in: Verbandsrechtsprechung, S.6). Da es für die hier zu untersuchenden Fragestellungen nicht weiterführend ist, wird auf den Bereich der Vereinsgerichtsbarkeit, d.h. z.B. auf Fragen zum Mitgliederausschluß aus Vereinen nicht näher eingegangen; gilt auch für den Bereich der Wettkampfgerichtsbarkeit (z.B. Anordnungen eines Schiedsrichters während des Spiels); hierzu oben Fn.164.

168 Der BGH hat zutreffend erkannt, daß mit der Befugnis zur Normsetzung auch das Recht auf Sanktion (im Falle der Regelverletzung) und deren Durchsetzung verbunden sein muß, BGH NJW 1995, S.584.

169 Vgl. die Zusammenstellungen bei Hilpert, BayVBl 1988, S.161,162, Lindemann, SpuRt 1-2/94, S.17,19 und Kauffmann, Verbandsrechtsprechung, S.9.

170 Organqualität liegt auch dann vor, wenn das Verbandsgericht in der Satzung nicht dezidiert als Vereins-Organ bezeichnet wird, Reichert/Dannecker, Handbuch, Rdnr.2533.

Das Schiedsgericht muß als eine von den übrigen Verbandsorganen unabhängige und unparteiische Stelle organisiert sein, dessen Verfahrensordnung den Anforderungen der §§ 1025 ff. ZPO genügen muß (notwendige Voraussetzung[171]).[172] Es muß durch Satzungsanordnung wirksam eingesetzt sein (§ 25 BGB, §§ 1048, 1025 ZPO), wobei der Bestimmtheitsgrundsatz zu beachten ist (§ 1026 ZPO). Das Schiedsgericht hat eine richterliche Funktion - das Verbandsgericht ist trotz seiner Disziplinargewalt kein Gericht in diesem Sinne, wenn es auch, um Willkürakte zu vermeiden, gewisse allgemein gültige Verfahrensgrundsätze zu beachten hat.[173] Charakteristikum des Verbandsgerichts ist seine Integration in den Verband (Verwaltungseinrichtung; „Richter in eigener Sache");[174] Abhängigkeit und Weisungsgebundenheit sprechen insofern für ein Verbandsgericht, weitreichende sachliche und persönliche Unabhängigkeit der Richter deuten auf ein Schiedsgericht hin. Zur Abgrenzung ist ferner auf den Einfluß der streitenden Parteien hinsichtlich der Zusammensetzung des Sportgerichts abzustellen; wenn die Parteien z.B. jeweils einen Richter selbst bestimmen können (bei einem neutralen dritten Richter), ist dies ein wichtiges Merkmal des Schiedsgerichts.[175] *Beiden Formen ist gemeinsam*: Auch wenn regelmäßig bei sportlichen Verfahren von „Urteil" und „Strafe" die Rede ist, obwohl Schiedsentscheiden die Qualität materieller Rechtsprechung zukommt,[176] handelt es sich hierbei nicht um Akte der rechtsprechenden Gewalt im Sinne von Art. 92 GG. Die verhängten Sanktionen sind keine Strafen gemäß Art. 103 II,III GG.[177] Die entsprechenden Bezeichnungen sind vielmehr „sportüblich" und gehören insofern zum allgemeinen Sprachgebrauch; gleiches gilt auch für den oben verwendeten Begriff der „Sportgerichtsbarkeit".

In § 25 BGB ist geregelt, daß die Verfassung eines rechtsfähigen Vereins durch seine Satzung bestimmt wird. Nach ständiger Rechtsprechung gehören zumindest die wesentlichen Grundentscheidungen, also die bestimmenden Leitprinzipien - auch Strafen zur Verfassung. Wirksamkeitsvoraussetzung der Strafen im erläuterten Sinne ist folglich, daß diese eine Satzungsverankerung finden. Eine Normierung in

---

171 OLG Frankfurt a.M. NJW 70, S.2250,2251; Palandt-Heinrichs, § 25 Rdnr.20.

172 Nach Auffassung von Lindemann (SpuRt 1-2/95, S.17,18) sind Schiedsgerichte im Sinne der §§ 1025 ff. ZPO keine geeigneten Instrumente der Sportgerichtsbarkeit. Er begründet dies mit dem Hinweis, daß derlei Institutionen Individualvereinbarungen zwischen den Streitparteien (Sportler / Verband) voraussetzten, die nicht durch Ordnungen der Sportorganisationen ersetzt werden könnten. Nach ständiger Rechtsprechung von RG und BGH sowie nach herrschender Meinung in der Literatur bestehen gegen satzungsmäßig vereinbarte Schiedsgerichte jedoch grundsätzlich keine Bedenken, vgl. RGZ 144, S.96, 99; BGHZ 38, S.155,161; 43, S.261 ff.; 48, S.35,43; BGH NJW 1984, S.1355; Schwab, Schiedsgerichtsbarkeit, S.276 m.w.N.

173 Sauter/Schweyer, Verein, Rdnr.317.

174 OLG Frankfurt a.M. NJW 1970, S.2250,2251.

175 OLG Hamm NJW-RR 1993, S.1536 (unter Verweis auf BGHZ 88, S.314); Pfister/Steiner, Sportrecht, S.146.

176 BGHZ 98, S.70,72; Reichert/Dannecker, Handbuch, Rdnr.2530.

177 Hilpert, BayVBl 1988, S.161,162; Vieweg, Normsetzung, S.171; Lindemann, SpuRt 1-2/ 94, S.17,19. Ein Merksatz könnte lauten: Sportgerichte sind zwar staatlich anerkannt, aber sie sind keine staatlichen Gerichte - deshalb können ihre „Urteile" auch nicht die Qualität staatlicher Gerichtsentscheide haben.

Nebenordnungen vermag dem nicht zu entsprechen.[178] Zentrale Wirksamkeitsvoraussetzung ist im übrigen, daß die potentiellen Delinquenten der Sanktionsgewalt ihres strafgeneigten Verbandes unterliegen.[179] Diese zu gewährleisten kommt einerseits die sog. *satzungsrechtliche Lösung*,[180] zum anderen eine Unterwerfung per Einzelakt in Betracht (*individualrechtlicher Ansatz*).[181]

Im ersteren Falle ist ein lückenloses System korrespondierender Satzungsbestimmungen vonnöten, d.h. der (Bundes-) Verband muß seine Landesverbände im eigenen Statut dazu verpflichten, ihrerseits satzungsmäßig zu gewährleisten, daß die ihnen angeschlossenen Vereine durch Satzungsanordnung ihre Mitglieder der übergeordneten Sportgerichtsbarkeit unterstellen. Strukturen dieser Art stoßen z.B. in Mehrspartenvereinen (die also verschiedene Sportarten unter einem gemeinsamen Dach betreuen) auf erhebliche Schwierigkeiten. Ferner ist die Überprüfbarkeit bis hinunter zur Vereinsbasis erschwert, wobei insbesondere den Versuchungen einer (unzulässigen) sogenannten dynamischen Verweisung zu begegnen ist, d.h. einer automatischen Normenanpassung, sofern sich auf der „übergeordneten" Verbandsebene etwas ändert.[182]

Alternativ kann auf die Unterwerfung durch Einzelakt zurückgegriffen werden - gemeint ist eine solche rechtsgeschäftlicher oder stillschweigender Art - im Sinne einer individuellen Vereinbarung verbandsdiziplinärer Gewalt. Hierbei wird auf seiten des Sportlers nicht an die Eigenschaft als Vereinsmitglied angeknüpft, sondern an dessen Eigenschaft als Teilnehmer von Sportwettkämpfen.[183]

---

178 Vgl. BGHZ 29, S.352,358; hiernach müssen die Sanktionsarten in der Satzung selbst enthalten sein; BGH NJW 1984, S.1355 und NJW 1992, S.2588,2590; zweifelnd: Kauffmann, Verbandsrechtsprechung, S.14.

179 Die Wirksamkeitsfrage ist vor allem in den Bereichen relevant, in denen (wie bei Dopingvergehen) mittel- bis langfristige Sperren verhängt werden und in denen die Athleten gewillt sind, den Rechtsweg (auch außerhalb des Verbandes) auszuschöpfen.

180 BGH NJW 1995, S.585; Vieweg, NJW 1991, S.1511,1514 und NJW 1992, S.2539,2540; Hilpert, BayVBl 1988, S.161,163.

181 Gesichtspunkt der personellen Reichweite, da Verbandsregelungen nur die unmittelbaren Mitglieder binden. Wie oben bei § 4.I.1 bereits angesprochen, setzt sich die unmittelbare Mitgliederstruktur der Fachverbände und LSB aus Vereinen (juristische, keine natürlichen Personen) zusammen. Natürliche Personen sind nur mittelbare Mitglieder der Verbände und wegen der fehlenden Reichweite der Verbandsregelungen nicht erfaßt.

182 Das „Satzungsmodell" ist überdies durch Entscheidung des BGH vom 28.11.94 zumindest punktuell in Frage gestellt (vgl. NJW 1995, S.583 ff. - exemplarisch die Aussage im zweiten Leitsatz: „... nötige Unterwerfung kann nur durch rechtsgeschäftlichen Einzelakt erfolgen"). Nach Auffassung von Vieweg, SpuRt 3/95, S.99 ist die prinzipielle Zweispurigkeit der Bindung (satzungs- bzw. individualrechtliches Modell) dennoch unbestritten. Die Aussage aus dem zweiten Leitsatz (insbesondere das Wort „nur") beziehe sich ausschließlich auf die im ersten Leitsatz erwähnten *Nicht*mitglieder. Hierdurch werde nicht in jedem Fall die satzungsrechtliche Lösung für unanwendbar erklärt.

183 Reichert, Rechtsfragen, S.2; Nicklisch, Selbstordnung, S.10,11; Röhricht, Absicherung, S.18 ff. Als Beispiel für die Errichtung eines individualvertraglich vereinbarten „Ständigen Schiedsgerichts" mag der DFB-Lizenzfußballerbereich dienen. Für die Installation einer entsprechenden Instanz war kausal die (aus steuerlichen Gründen) nicht gewährleistete Zugehörigkeit der (Lizenz-) Spieler zum jeweiligen Bundesliga-Verein, mithin das Fehlen der ansonsten qua Mitgliedschaft bestehenden Satzungs-Unterworfenheit.

Die meisten Sportverbände haben sich unabhängig von Qualität und Typus ihrer Gerichtsbarkeit eine eigene Verfahrensordnung gegeben,[184] wobei sich das Verfahren zum Teil nach dem Ermessen der jeweiligen Spruchkörper ausrichtet.[185] In der Regel orientieren sich die Verbände an den gleichen Grundsätzen, wie z.B. Gewaltenteilung (sachliche und persönliche Unabhängigkeit / Inkompatibilität von Richteramt und sonstigem Amt im Verband), im voraus festgelegte Zuständigkeit der Richter (analog zu Art. 101 I 2 GG), Trennung von „Strafverfolgungs-und Urteilstätigkeit",[186] festgelegter Instanzenzug, Befangenheitsregelungen, rechtliches Gehör, Mündlichkeit, Öffentlichkeit, Begründungszwang, Beweisregeln nebst einer Möglichkeit zur Aussageverweigerung (etc.). Eine abschließende Aufzählung und Behandlung ist im Rahmen dieses Grundrisses nicht opportun, zumal, wie schon Hilpert in seiner Untersuchung festgestellt hat,[187] nicht jeder Verband sich jeden Grundsatz zu eigen macht und zum Teil auch verfahrensrechtliche Besonderheiten, sogar Kuriositäten, anzutreffen sind.[188] Zum Zwecke größerer Rechtssicherheit ist überwiegend eine zweite Verfahrensstufe vorgesehen, die dann auch echte Tatsacheninstanz ist; völlig auf ein Rechtsmittel verzichtete bislang nur der Deutsche Bob- und Schlittensportverband,[189] teilweise wird auch eine dritte Instanz[190] bzw. die Wahl zwischen Berufung und Revision angeboten.[191] Sofern eine eigene Verbands- oder Schiedsgerichtsbarkeit bereitgestellt wird, tendieren die Verbände dazu, ausschließlich für Streitfragen zuständig sein zu wollen, mithin den Weg zum staatlichen Richter zu blockieren.[192]

Nach allgemeiner Auffassung wird eine Befugnis der Verbände zur Beschränkung des Rechtsweges durch ***Verbands*gerichte** verneint.[193] Zugebilligt wird lediglich die Funktion einer notwendigerweise zu durchlaufenden *Vorschaltinstanz*; demnach wird als legitim anerkannt, daß *erst nach Ausschöpfung des internen Rechtsweges staatliche Gerichte* eingeschaltet werden dürfen.[194] Hieran ist keine Kritik zu

---

184 Die Schiedsgerichtsverfahrensordnung muß entweder in die Satzung aufgenommen werden, oder als gesonderte Verfahrensordnung Satzungsbestandteil sein, Reichert/Dannecker, Handbuch, Rdnr.2544.

185 Vgl. Hilperts (BayVBl 1988, S.164) Untersuchung bei 40 Sportverbänden.

186 Vgl. Kontrollausschuß des Deutschen Tischtennis-Bundes (§§ 17, 34 DTTB-Satzung) und des Deutschen Fußballbundes (§ 47 DFB-Satzung).

187 Siehe Fn.185.

188 Kauffmann, Verbandsrechtsprechung, S.16 wertet die Unterschiedlichkeit der Regelungen als erfreulichen Ausdruck lebendiger Rechtskultur. Zu den Grundzügen des schiedsgerichtlichen Verfahrens vgl. ausführlich Reichert/Dannecker, Handbuch, Rdnrn.2575 ff.

189 § 12 Satzung des DBSV vom 05.05.73 (geändert am 16.05.92 bzw. 30.07.93 - i.V.m. Anlage 1 gibt es nunmehr eine Rechtsmittelinstanz).

190 BDR-Sportordnung/1984, Ziffer 71.1 (jetzt Ziffern 3.6 bzw. 3.7).

191 DKV-Rechtsordnung/1977, § 22 I 2.

192 Vgl. Satzungen der deutschen Sportverbände, teilweise aufgeführt bei Hilpert, a.a.O.; vgl. auch Summerer, Internationales Sportrecht, S.53 ff. der diese Strukturen auf internationaler Ebene untersucht hat.

193 BGHZ 29, S.352,354; Palandt-Heinrichs, § 25 Rdnr.18 (m.w.N. zur Rechtsprechung); Reichert/ Dannecker, Handbuch, Rdnr.1699; Lüke, Rechtsschutz, S.38; Pfister/Steiner, Sportrecht, S.19; Vieweg, Teilnahmerechte, S.43.

194 Vgl. LG Wiesbaden SpuRt 6/94, S.244,245; Sauter/Schweyer, Verein, Rdnr.317.

üben; der Staat muß sich als Ausfluß der Rechtschutzgewährleistungspflicht offenhalten, auf diejenigen Rechtsverletzungen reagieren zu können, die von verbandseigenen Organen ausgehen. Der Vorbehalt einer Überprüfung von Verbandsentscheidungen ist insofern eine obere Begrenzungslinie der Autonomie. Eine anderweitige Interpretation der Justizgewährungspflicht ermöglichte es den Verbänden, den Umfang ihrer Selbstregulierungsbefugnis auch selbst zu definieren; der Verband könnte dann mit endgültiger Wirkung in eigener Sache entscheiden. Gerade bei monopolartig aufgebauten Verbänden (mit zumindest faktischen Zwangsmitgliedschaften) wäre ein solches Zugeständnis fatal.

Fraglich ist jedoch, ob diese Grundsätze auch auf den Bereich des einstweiligen Rechtsschutzes übertragbar sind. Denn im Gegensatz zur staatlichen Gerichtsbarkeit - die durch präsente Berufsrichter jederzeit erreichbar ist (sein sollte) - treten die ehrenamtlichen Verbandsgerichte zumeist ad hoc zusammen. Da die Frage der rechtzeitigen Erreichbarkeit folglich im Vordergrund steht, muß (einschränkend) gelten: Der Rechtsweg gilt bereits dann als erschöpft (im obigen Sinne), wenn es ansonsten für eine positive Entscheidung zugunsten des Antragstellers zu spät wäre (etwa weil das Entschlußgremium nicht mehr rechtzeitig zusammentreten kann).[195] Eine Verweigerung oder ungebührliche Verzögerung des Verfahrens ist gleichfalls zum Anlaß zu nehmen, den direkten Zugang zu den staatlichen Gerichten zu eröffnen.[196]

Zum Teil wird in den Satzungen (als abschließende Instanz) auf die zweite Strukturform der Sportgerichtsbarkeit, die ***Schieds*gerichte**, verwiesen,[197] die in der Zivilprozeßordnung in den §§ 1025 ff. ZPO geregelt sind.[198] Wie bereits erörtert, unterfallen Sportschiedsgerichte nach h.M. grundsätzlich diesen Regelungen, sofern sie die dort normierten Voraussetzungen erfüllen.[199] Diese Auffassung bezieht sich ausdrücklich auf die sogenannten statutarischen Schiedsklauseln des § 1048 ZPO, mithin solche, die eine Satzungsverankerung aufweisen (und nicht etwa i.S.v. §§ 1025,1027 ZPO individualvertraglich[200] vereinbart sind). Das Formerfordernis des § 1027 ZPO gilt nach h.M. nicht für die sonstigen Schiedsklauseln des §1048 ZPO.[201] Dem wird vereinzelt mit dem Einwand entgegengetreten, Vereinsgründung und Aufnahme neuer Mitglieder seien dem in § 1048 ZPO vorausgesetzten Fall einer Rechtsgestaltung durch einseitiges Rechtsgeschäft nicht vergleichbar. Hier lägen eher beidseitige Vereinbarungen vor, mit der Konsequenz, daß die statutarische Schiedsklausel dem Formerfordernis des § 1027 ZPO zu genügen habe. Gefordert

---

195 Roth, Teilnahme, S.10; Vieweg, Teilnahmerechte, S.43; nach AA steht generell *nur* der staatlichen Gerichtsbarkeit das Recht auf Gewährung einstweiligen Rechtsschutzes zu (Palandt-Heinrichs, § 25 Rdnr.19).

196 Vgl. OLG Düsseldorf NJW-RR 1988, 1272.

197 Z.B. beim DFB (§ 14 der Satzung), BDR (§ 28 der Satzung).

198 Zur Unterscheidung zwischen „echten" und „unechten" Schiedsgerichten siehe Fn.211.

199 Zumeist werden jedoch nicht alle Voraussetzungen erfüllt sein, vgl. Kauffmann, Verbandsrechtsprechung, S.8ff. bzw. Stern, Voraussetzungen und Grenzen, S.27.

200 Die individualvertragliche Variante der Schiedsgerichtsbarkeit wurde bereits angesprochen (oben bei Fn.183); vgl. auch Kauffmann, Verbandsrechtsprechung, S.9 ff.

201 RG 153, S.267,270; Thomas/Putzo, ZPO, § 1027 Rdnr.1; Palandt-Heinrichs, § 25 Rdnr. 20; Lüke, Rechtsschutz, S.54,55; Hilpert, BayVBl 1988, S.170.

wird eine besondere Urkunde, die von den Gründungsmitgliedern und allen neuen Mitgliedern zu unterzeichnen sei.[202] Obiger Ansatzpunkt, der § 1048 ZPO wolle einseitige, qua Satzung angeordnete Schiedsklauseln im Vereins-/Verbandsbereich nicht erfassen, ist jedoch unzutreffend, da gerade die Gewährung einer *satzungsfixierten* Streitschlichtungsmöglichkeit (auf der Basis einer Mehrheitsentscheidung) ein Kernelement der Garantie aus Art. 9 I GG - und mithin auch gesetzgeberischer Wille des § 1048 ZPO - ist.[203] Es bestehen hierbei keine Anhaltspunkte dafür, daß bei der satzungsgemäß vorgesehenen Streitentscheidung (überindividuelle Regelung) Vereins- bzw. Verbands- und Mitgliederinteressen nicht sachgerecht gegeneinander abgewogen werden könnten. Im übrigen wäre insbesondere ein Monopolverband in der Lage, einem potentiellen neuen Mitglied die Unterzeichnung einer entsprechenden Urkunde abzufordern.[204] Die Anwendung der Formvorschrift des § 1027 ZPO würde folglich die beabsichtigte (Schutz-) Wirkung gar nicht zeitigen.

Mögliche Unwirksamkeitsgründe lassen sich im Einzelfall aber aus einer nicht paritätischen Besetzung ableiten, so insbesondere dann, wenn nicht der „Angeschuldigte" selbst zumindest einen Schiedsrichter bei Vorhandensein eines neutralen Vorsitzenden bestimmen kann (§ 1028 ZPO). Generell fraglich bei statuarischen Schiedsklauseln ist die Anwendbarkeit des § 1025 II ZPO, wonach ein Schiedsvertrag für den Fall unwirksam ist, daß eine Partei ihre wirtschaftliche oder soziale Überlegenheit (Monopolverband) dazu ausnutzt, den anderen Partner zum Abschluß zu bewegen (unzulässiger „Schiedszwang").[205] Für die Anwendbarkeit des § 1025 II ZPO läßt sich anführen, daß das zehnte Buch der ZPO auch für die außervertraglichen Schiedsgerichte des § 1048 ZPO entsprechend gelten soll.[206] Zwar werden hierbei diejenigen Vorschriften vernachlässigt, die nach ihrem Zweck einen Schieds*vertrag* voraussetzen (so die oben angesprochene Formvorschrift des § 1027 ZPO),[207] das Vorliegen eines Vertrages ist für die Bestimmung des § 1025 II ZPO jedoch *nicht* kennzeichnend. Nach dieser Argumentation wäre § 1025 II ZPO also anwendbar; die Gegenauffassung bestreitet dies.[208] Eine Notwendigkeit zur weiterführenden Thematisierung besteht dennoch nicht, da man auch bei Heranziehung von § 138 BGB, dessen spezialgesetzliche Ausprägung § 1025 II ZPO ist, bei Ausnutzung der Übermachtstellung eines Verbandes zum gleichen Ergebnis gelangt (Nichtigkeit der Schiedsklausel).[209]

Soweit feststeht, daß der Zulässigkeit des jeweiligen Schiedsgerichts keine Bedenken begegnen, ist auf die gesetzlichen Folgen abzustellen: Dies bedeutet, daß die

---

202 Schlosser in Stein/Jonas, § 1048, Rdnr.10 m.w.N.; Nicklisch, Selbstordnung, S.14 fordert diese gesonderte Urkunde nur bei Monopolverbänden.

203 Vgl. Vieweg, Normsetzung, S.267.

204 Nicklisch, BB 1972, S.1286.

205 Unentschlossen: RGZ 144, S.96,102 ff.; bejahend: Nicklisch, BB 1972, S.1285 ff.

206 Thomas/Putzo, ZPO, § 1048 Rdnr.2.

207 Baumbach/Lauterbach, Zivilprozeßordnung, § 1048 Rdnr.4; Thomas/Putzo, ZPO, § 1048 Rdnr.2.

208 Vieweg, Normsetzung, S.268.

209 Hilpert, BayVBl 1988, S.169; Thomas/Putzo, ZPO, § 1025 Rdnr.2.e.

Anrufung ordentlicher Gerichte unter Aussparung des Schiedsgerichtes unzulässig ist (§ 1027 a ZPO). Der Schiedsspruch hat gemäß § 1040 ZPO die Wirkungen eines rechtskräftigen Urteils und kann nur unter den einschränkenden Bedingungen des § 1041 ZPO aufgehoben werden (Aufhebungsklage).[210] Hierdurch ist auch die *Kontrolldichte* vorbestimmt, denn § 1041 Nr.2 ZPO trägt dem verfassungsrechtlichen Erfordernis Rechnung, daß (zumindest) eine materielle Überprüfung der Entscheidung bzgl. ihrer Grundrechtsverträglichkeit erfolgen muß.[211]

Offen geblieben ist bislang die Frage, mit welcher **Kontrollintensität** Entscheidungen der *Verbandsgerichte* („Richter in eigener Sache") zu überprüfen sind. Nach ständiger Rechtsprechung des RG und des BGH unterlagen vereins- bzw. verbandsrechtliche Disziplinarmaßnahmen nur einer beschränkten gerichtlichen Kontrolle. Deren Inhalt war eine Prüfung, ob die verhängte Maßnahme eine Stütze im Gesetz oder in der Satzung hatte, ob das satzungsmäßig vorgeschriebene Verfahren beachtet wurde, ansonsten keine Gesetzes- oder Satzungsverstöße vorlagen und ob die Maßnahme nicht grob unbillig oder willkürlich war.[212] Ausgangspunkt hierfür war die Einschätzung, daß sich das BGB im Gegensatz zum ALR nicht über die Grenzen der Autonomie ausgesprochen hat.[213] Diese restriktive Rechtsprechung ist mittlerweile aufgegeben worden: Der im Vereins- bzw. Verbandsgerichtsverfahren ermittelte Sachverhalt soll umfassend überprüfbar sein, ein rechtsfreier Raum nicht bestehen:

> „Dies gilt umsomehr, als die Vereins- bzw. Verbandsautonomie durch die gerichtliche Nachprüfung der Sachverhaltsermittlung nicht beeinträchtigt wird. Was den Vereinen genommen wird, ist die Möglichkeit, ihren Disziplinarmaßnahmen Sachverhalte zugrunde zu legen, die sich bei objektiver, an rechtsstaatlichen Grundsätzen ausgerichteter Tatsachenermittlung nicht feststellen lassen. Auf diese Mißbrauchsmöglichkeit besteht aber auch im Rahmen der Vereinsautonomie kein Anspruch".[214]

Hiermit wird zu Recht zum Ausdruck gebracht, daß es staatlichen Gerichten möglich sein muß, zu kontrollieren, ob der autonome Satzungsgeber den ihm einge-

---

210 Heimann, Politische Parteien, S.137 ff.,152 verneint zumindest bei politischen Parteien eine den Zivilrechtsweg ausschließende Gerichtsbarkeit. Die diesbezügliche Argumentation greift mangels vergleichbaren öffentlichen Charakters bzw. verminderter staatsrechtlicher Bedeutung im Sportbereich jedoch nicht.

211 Stern, Staatsrecht II, S.922 ff. hat den Vorschlag unterbreitet, einen dem Schiedsspruch eines „echten" Schiedsgerichts gleichstehenden Rechtsprechungsakt auch bei sogenannten „unechten" Schiedsgerichten anzunehmen. Er hält ein „unechtes" Schiedsgericht, unabhängig von den Voraussetzungen der §§ 1025 ff. ZPO, dann für möglich, wenn dieses Sportgericht die Minimalanforderungen an ein Gericht, insbesondere Unparteilichkeit und Neutralität, erfüllt und das Verfahren rechtsstaatlichen Grundsätzen entspricht.
Die Differenzierung zwischen „echtem" und „unechtem" Schiedsgericht wird teilweise in dem Sinne verwandt, daß mit ersterem ein sachlich unabhängiger Entscheidungsträger, der rechtsstaatlichen Anforderungen genügt, gemeint ist und letzteres ein Gremium bezeichnet, das nicht auf der Grundlage der Gewaltenteilung errichtet ist - mithin ein Verbandsorgan (vgl. Summerer, Internationales Sportrecht, S.56).

212 RGZ 49, S.150,151; BGH NJW 1954, S.833; BGHZ 47, S.381 = NJW 1967, S.1657; OLG Frankfurt a.M. NJW 1973, S.2208.

213 So explizit das RG in RGZ 49, S.150,155.

214 BGHZ 87, S.377 ff. = NJW 1984, S.918 ff.

räumten Freiraum mißbraucht hat. Dennoch ist kritisch zu hinterfragen, wodurch, sofern man mit dem BGH die Gefahr der Willkür anerkennt, die vorgenommene Selbstbeschränkung zu rechtfertigen ist:

„Ist der Selbstregulierungsmechanismus der Vereine außer Kraft gesetzt, so sollte dem möglichen Mißbrauch der Vereinsmacht auch durch Subsumtions- und Normenkontrolle eine Grenze gesetzt werden, denn auch bei der Subsumtion unter unbestimmte Rechtsbegriffe muß die Gefahr der Willkür gesehen werden. Der vom BGH gewählte Mittelweg, nur eine Tatsachenkontrolle zuzulassen, kann daher nicht ausreichen".[215]

Wie die Kontrolle konkret ausgestaltet sein muß, beurteilt sich nach der Funktion des bereitzustellenden gerichtlichen Rechtsschutzes - Durchsetzung des materiellen Rechts, d.h. Schutz vor der Verletzung grundrechtlich geschützter Positionen; Ziel ist es, den Grundrechten zu größtmöglicher Wirksamkeit zu verhelfen. Das staatliche Gericht muß prüfen, ob der festgestellte Sachverhalt von der Normanwendung gedeckt ist und ob die Norm selbst grundrechtlich geschützte Positionen verletzt. Eine Grenzziehung dahingehend, daß das staatliche Gericht (neben der Tatsachenkontrolle) nur die Verletzung eigener Verfahrensregeln des erkennenden Sportgerichts sowie von Natur- und Denkgesetzen überprüfen darf,[216] ist abzulehnen, da hierdurch nur unzureichender Grundrechtsschutz gewährleistet werden könnte.[217]

Der BGH hat obiger Kritik punktuell Rechnung getragen; bei Ausschlüssen aus Monopolverbänden / sonstigen sozialmächtigen Verbänden soll nunmehr eine - uneingeschränkte - Subsumtionskontrolle vorzunehmen sein.[218] Im übrigen solle es jedoch bei einer eingeschränkten Kontrolle bleiben,[219] damit weiterhin gewährleistet sei, daß weder die innere Gestaltung des Vereinslebens noch die Vereinspolitik auf staatliche Wertvorstellungen festgelegt werden.[220]

Vieweg möchte die umfassende Tatsachen-, Subsumtions- und Inhaltskontrolle zudem auch auf die Fälle der gerichtlichen Überprüfung eines *Schiedsspruches* übertragen sehen.[221] Bei Aufhebungsklagen erfolge eine Mißbrauchsprüfung bereits gemäß § 1041 Nr.2 ZPO; bei Nachprüfungsklagen müsse diese aber aufgrund der

---

215 Baecker, NJW 1984, S.906,907 (Urteilsanmerkung zu BGHZ 87, S.337 ff. = NJW 1984, S.918 ff.); ähnlich: Westermann, Rechtsprechungsmonopol, S.54 ff.

216 Vgl. hierzu Lindemann, SpuRt 1-2/94, S.22.

217 In diesem Zusammenhang ist darauf hinzuweisen, daß im Einzelfall die Mitglieder eines Verbandes einen (satzungsmäßigen) Grundrechtsverzicht erwägen könnten, vgl. Vollmer, Satzungsmäßige Schiedsklauseln, S.107, was zur Folge hätte, daß die oben für notwendig erachtete Kontrollintensität diesem Verband aufgedrängt wäre. Die Frage der Zulässigkeit eines solchen Grundrechtsverzichts müßte sich daran orientieren, ob das in Rede stehende Grundrecht ein solches ist, das wegen seines über den Schutz des einzelnen Bürgers hinausgehenden Gehalts nicht zu dessen Disposition steht, mithin unverzichtbar ist (statt vieler Pieroth/Schlink, Grundrechte, § 5 I.4 „Grundrechtsverzicht"). Ungeachtet dessen ist konkret entscheidend, daß ein entsprechender Verzicht immer höchstpersönlich sein muß und sich folglich gar nicht (aufgrund bloßer Mitgliedschaft) für generelle Abgrenzungen eignet.

218 BGHZ 102, S.265 (276) = NJW 1988, S.552 (555).

219 „... hält der Senat an seiner bisherigen Rechtsprechung *(BGHZ 87, S.337,344)* fest".

220 Zur Inhaltskontrolle wird auf die Ausführungen zu § 242, unten bei § 4.II.1.a.bb, Textziffer (2) lit. (b) (cc), verwiesen.

221 Vieweg, Normsetzung, S.265 ff.

einzuhaltenden Balance zwischen Autonomie und Justizgewährungspflicht gleichfalls erfolgen. Zwar ist ihm einzuräumen, daß die Frage weder von der Rechtsprechung noch vom Schrifttum bislang abschließend untersucht wurde, so daß Raum für weiterführende Überlegungen besteht, jedoch ist formal entgegenzusetzen, daß die Existenz einer Aufhebungsklagemöglichkeit mit enumerativer Anordnung der zur Überprüfung anstehenden Sachverhalte gerade abschließenden Charakter haben soll. Die insofern bemängelte starre Struktur ist notwendige Folge der angestrebten Klarheit; deren Aufweichung sollte einer Gesetzesänderung vorbehalten bleiben.

Lindemann tendiert in die gegenteilige Richtung. Nach seiner Auffassung sind Tatsachenfeststellungen, Sportrechtsnormen und deren Anwendung für die staatliche Gerichtsbarkeit nicht überprüfbar.[222] Er sieht aufgrund der revisionsähnlichen Struktur lediglich dort eine Grenze, wo das Sportgericht gegen seine eigenen Verfahrensregeln oder gegen die Natur- und Denkgesetze verstoßen hat. Weiterhin ist er der Ansicht, daß die §§ 1025 ff. ZPO der Sportgerichtsbarkeit nicht gerecht werden, diese „demzufolge kaum geeignete Instrumente“ hierfür seien. Analog § 1041 ZPO könne aber (u.a.) die Einhaltung der in der betreffenden Sportgerichtsbarkeit gesetzten materiellen und verfahrensrechtlichen Regelungen überprüft werden. Er resümiert, daß sich auch ohne direkte Anwendung der §§ 1025 ff. ZPO letztlich eine ähnliche Verbindlichkeit wie bei den Entscheidungen der (echten) Schiedsgerichte ergebe. Dem ist nicht zuzustimmen. Eine Tatsachen-, Inhalts- und Subsumtionskontrolle hat, wie im Zusammenhang dargelegt wurde, im Sinne einer Mißbrauchsprüfung zu erfolgen. Die §§ 1025 ff. ZPO sind auch auf Sportgerichte anzuwenden, sofern deren Voraussetzungen erfüllt sind. Der lapidare Hinweis, die §§ 1025 ff. ZPO forderten eine individuelle Vereinbarung zwischen den Streitparteien, dies könne durch Ordnungen der Sportorganisationen nicht ersetzt werden,[223] vermag nicht zu überzeugen. Zur Vermeidung von Wiederholungen wird auf obenstehende Ausführungen verwiesen.

<u>Somit bleibt festzuhalten:</u>

Die Selbstregulierungsbefugnis des über Art. 9 I GG gewährleisteten autonomen Verbandswesens wird durch die staatliche Rechtschutzgewährleistungspflicht als obere Grenze beschränkt.

Normen, die allgemein jeden Rechtsschutz ausschließen, sind unbeachtlich.

Ferner ist eine endgültige Klärung durch Verbandsgerichte unter Ausschluß des (ordentlichen) Rechtsweges nicht möglich. Wirksam ist aber eine Beschränkung der gerichtlichen Kontrolle auf den in §§ 1040, 1041 ZPO vorgesehenen Umfang. Dies setzt die Einsetzung unabhängiger Schiedsgerichte voraus.

Die Verbandsgerichtsbarkeit unterliegt einer Tatsachen-, Inhalts- und Subsumtionskontrolle im Sinne einer Mißbrauchsüberprüfung.

---

222 Lindemann, SpuRt 1-2/94, S.22.
223 Lindemann, SpuRt 1-2/94, S.18.

(2) Inhaltliche Konkretisierungen

(a) Schranken aus grundrechtlichen Bestimmungen

Keinen Einfluß auf die nähere Ausformung des Autonomiebegriffes hat Art. 9 II GG, da die dortige Grenzziehung Sportverbände nicht betrifft.[224]

Ferner können die dem Art. 2 I GG immanenten Beschränkungen bzw. der allgemeine Vorbehalt des Art. 5 II GG nicht auf den Art. 9 I GG übertragen werden, da Anhaltspunkte für einen derartigen Transfer der Verfassung nicht zu entnehmen sind. Zu Recht wird folglich eine solche Eingrenzung von Rechtsprechung und Literatur (nur teilweise bzgl. der Vorbehaltsklausel des Art. 5 II GG) abgelehnt.[225]

(b) Konkretisierungen durch kollidierende Grundrechte Dritter

Regelmäßig stehen sich, wenn grundrechtliche Fragestellungen zu beurteilen sind, nicht Privatrechtssubjekte gegenüber, sondern der Bürger wird mit dem Staat konfrontiert. Dies liegt auch nahe, da nach klassischem Grundrechtsverständnis die Grundrechte in dieser vertikalen Richtung wirken.[226] Die Behauptung fehlender Relevanz im Privatrechtsverkehr setzt aber voraus, daß sich gleichberechtigte Partner gegenüberstehen. Und genau dies ist im Sportverbandswesen, speziell bei Monopolverbänden, in Frage gestellt. Denn hier liegt weniger eine tatsächliche Gleichordnung vor, hingegen mehr ein Über-Unterordnungsverhältnis. Zumindest wenn Vereine und Verbände einen so starken Einfluß auf die wirtschaftlichen Interessen der Mitglieder ausüben, daß diese aufgrund faktischer Zwänge Mitglied bleiben (müssen) und sich dieser Machtausübung folglich auch nicht durch Austritt entziehen (können), ist eine entsprechende Schieflage entstanden, die Identifikation mit ideellen Zielsetzungen ist sekundär geworden. Naheliegend ist es, hier den Vergleich mit hoheitlichen Machtpositionen zu ziehen, weshalb zur Frage der privatrechtlichen Anwendbarkeit der Grundrechte zurückzukehren ist. In Abgrenzung zur gegen den Staat gerichteten vertikalen Grundrechtswirkung liegt hierbei eine solche in horizontaler Richtung vor, die man auch als *Drittwirkung der Grundrechte* bezeichnet.[227]

Seit der *Lüth*-Enscheidung des Bundesverfassungsgerichts[228] rankt die über 20 Jahre fortwährende Diskussion nicht mehr um die Frage des „Ob“ einer Einwirkung von Grundrechtsnormen auf das Privatrecht, sondern Methode und Intensität dieser Einwirkung (das „Wie“) sind fraglich. In Betracht kommt einerseits eine unmittelbare,[229] zum anderen die nur mittelbare[230] Drittwirkung; das BVerfG bezieht (in

---

224 Siehe Fn.124.

225 Vgl. Nachweise bei Vieweg, Normsetzung, S. 176 (dort Fn.47 und 48).

226 Gemäß Art. 1 III GG ist der Staat Verpflichteter in seinen legislativen, exekutiven und judikativen Funktionen.

227 Statt vieler Dürig in Maunz/Dürig, GGK, Art. 1 III (S.64, Fn.1) m.w.N.

228 BVerfGE 7, S.198,205 ff. - zusammengefaßt bei Pieroth/Schlink, Grundrechte, S.51.

229 BGHZ 33, S.145,150 (zu Art. 4 GG); weitere Nachweise zur BGH-Rechtsprechung bei Vieweg, Normsetzung, S.190; Nipperdey, RdA 1950, S.121; Leisner, Grundrechte und

neuerer Rechtsprechung) eine Position, die die mittelbare Drittwirkung von Grundrechten mit der über Art. 1 I 2 GG[231] normativ untermauerten Lehre von den staatlichen Schutzpflichten verknüpft.[232]

Nach der Rechtsprechung des BAG ist die *unmittelbare* Bindungswirkung zu bevorzugen; dies folge daraus, daß einer Reihe von Grundrechten die Qualität von Ordnungsgrundsätzen zukomme, die insofern unmittelbare Bedeutung für den privaten Rechtsverkehr der Bürger untereinander habe.[233] Weiterhin wird die Notwendigkeit einer unmittelbaren Drittwirkung damit begründet, daß ein Machtmißbrauch sozial oder wirtschaftlich starker Vereinigungen dasjenige Mindestmaß an Freiheit bedrohe, das gerade die Freiheitsrechte gewährleisten sollen.[234]

Mitunter sehen die Befürworter einer unmittelbaren Bindungswirkung diese nicht einheitlich für alle Bereiche des Privatrechts vor, sondern teilweise beschränkt auf das Vereins- und Verbandswesen.[235] Eine solche Art der Beschränkung erscheint schon deshalb zweifelhaft, da sie unter der Maxime reiner Praktikabilitätserwägungen erfolgt.[236] Letztlich kann dies aber auch dahinstehen, da eine unmittelbare Drittwirkung sowohl allgemein als auch mit beschränktem Anwendungsbereich abzulehnen ist. Ansonsten bestünde nämlich die Gefahr, daß zur Lösung von Konflikten zwischen „Bürger und Bürger" auf grundrechtliche Wertungen zurückgegriffen wird, die für das Verhältnis „Bürger und Staat" entwickelt worden sind. Die Gleichsetzung der von Staat und Verbänden ausgehenden Gefährdungen ist jedoch unzulässig, da die jeweils zur Verfügung stehenden Instrumentarien völlig unterschiedlich sind.

Nach zutreffender Auffassung von Bleckmann[237] ist ein weiterer Grund für die Ablehnung der unmittelbaren Drittwirkung im Gesetzesvorbehalt zu sehen. Denn der Gesetzesvorbehalt begründet eine primäre Zuständigkeit des *Gesetzgebers* gegenüber dem Verfassungsrichter bei der Konkretisierung von Inhalt und Gewicht der Grundrechte. Die Weiterentwicklung der Theorie von der unmittelbaren Drittwirkung würde in Konsequenz aber dazu führen, daß, da nunmehr alle Tatbestände und Rechtsfolgen des Privat- und Strafrechts aus den Grundrechten abzuleiten wären, jeweils konkretisierende Einzelentscheidungen der *Verfassungsrichter* notwendig würden. Da es sich um nachträgliche Entscheidungen handeln müßte, wäre

---

Privatrecht, S.403; Schwabe, JZ 1976, S.439 ff.; Bleckmann, DVBl 1988, S.938 ff.,943; Meyer-Cording, NJW 1966, S.225, 241.

230 BVerfGE 7, S.198,204 ff.; 66, S.116,135; BVerfG DVBl 1987, S.128 ff.; Hesse, Grundzüge, Rdnr.357; Vieweg, Normsetzung, S.191; Dürig in Maunz/Dürig, GGK, Art. 1 Rdnr.132; Baecker, Grenzen, S.59; MüKo-Säcker, Einleitung I Rdnrn.55 ff.; Pieroth/Schlink, Grundrechte, S.51.

231 Siehe oben § 4.II.1.a.bb, Textziffer (1) lit. (a).

232 BVerfGE 81, S.242 ff.

233 Vgl. z.B. BAGE 16, S.95 ff. (Zusammenfassung bei Pieroth/Schlink, Grundrechte, S.49).

234 Ausführliche Aufbereitung des Streitstandes bei Baecker, Grenzen, S.51 ff.

235 Weiland, Bundesliga, S.86 ff.; vgl. auch Westermann, Verbandsstrafgewalt, S.86 ff. m.w. N., der jedoch keine Erkenntnisse zur näheren Konstruktion der Drittwirkung vermittelt.

236 Vgl. Baecker, Grenzen, S.52.

237 Bleckmann, Staatsrecht II, S.194.

zudem die Rechtssicherheit unerträglich belastet. Im Ergebnis ist somit festzustellen, daß es gewichtige Argumente *gegen* eine unmittelbare Drittwirkung gibt.

Kennzeichen *mittelbarer* Drittwirkung ist, daß die Grundrechte über Generalklauseln und sonstige ausfüllungsbedürftige Rechtsbegriffe („Einbruchstellen") in das einfache Gesetzesrecht einwirken, wobei daneben insbesondere einer grundrechtskonformen Interpretation allgemeiner zivilrechtlicher Bestimmungen Bedeutung zukommt.[238] Hierdurch bleiben sowohl die Rechtssicherheit als auch die Vertragsfreiheit unangetastet, letztlich wird die Privatautonomie geschützt; die Grundrechte werden als Elemente objektiver Ordnung gewürdigt und erlangen Geltung als verfassungsrechtliche Grundentscheidungen für alle Rechtsbereiche. Mit der Rechtsprechung des BVerfG (und der überwiegenden Literaturmeinung) ist insofern auf eine nur mittelbare Drittwirkung abzustellen, wobei den Präzisierungen des BVerfG zu folgen ist: In neuerer Rechtsprechung verfolgt das Gericht (wie oben bereits angedeutet) keine „reine Drittwirkungslehre" mehr, sondern verknüpft diesen Aspekt mit der Lehre von den staatlichen Schutzpflichten.[239] Hierbei wird zutreffend der Ansatzpunkt gewählt, daß die Beziehungen zwischen mehreren Bürgern (mit unterschiedlichen Interessen und konkurrierenden Grundrechtspositionen)[240] nicht nur durch die mittelbare Einwirkung der Grundrechte in zivilrechtliche Generalklauseln ausgestaltet sind, sondern auch durch staatliche Normsetzung beeinflußt werden. Der Staat hat die im Rahmen der Privatautonomie getroffenen Regelungen zwar grundsätzlich zu respektieren; erlangt jedoch einer der Vertragspartner ein so starkes Übergewicht, daß er vertragliche Regelungen einseitig setzen kann, bewirkt dies für den anderen Vertragsteil Fremdbestimmung. Da dieses Kräfteungleichgewicht nicht allein mit den Mitteln des Vertragsrechts ausgeglichen werden kann, müssen staatliche Regelungen ausgleichend eingreifen, um den Grundrechtsschutz zu sichern. Dem Gesetzgeber steht bei der Frage, ob und wie er die Vertragsfreiheit durch zwingendes Gesetzesrecht begrenzt (oder ergänzt), ein besonders weiter Beurteilungs- und Gestaltungsspielraum zur Verfügung. Zu beachten ist, daß jede Begrenzung der Vertragsfreiheit zum Schutze des einen Teils gleichzeitig in die Freiheit des anderen Teils eingreift (und daher den konkurrierenden Grundrechtspositionen ausgewogen Rechnung getragen werden muß); sofern der Gesetzgeber (im Rahmen seiner weiten Gestaltungsfreiheit) keine speziellen Regelungen erläßt, sind ergänzend die zivilrechtlichen Generalklauseln heranzuziehen.

Im Ergebnis verpflichtet die „Ausstrahlungswirkung" der Grundrechte sowohl den Gesetzgeber, spezielle Regelungen zur Verwirklichung seiner Schutzpflichten zu schaffen, als auch, wenn diese Regelungen nicht geschaffen werden, den Richter, zivilrechtliche Generalklauseln heranzuziehen, die als Übermaßverbote wirken (vor

---

238 BVerfG DVBl 1987, S.129; Pieroth/Schlink, Grundrechte, S.51; MüKo-Säcker, Einleitung I Rdnr. 56; Vieweg, Normsetzung, S.190 ff.; Pfister/Steiner, Sportrecht, S.74.

239 BVerfGE 81, S.242 ff.; hierzu Gramlich, Telefon-Marketing, S.48 ff.

240 Zur Lösung dieser Kollisionen ist im Rahmen der Güterabwägung ein möglichst schonender Ausgleich zu finden, der, nach dem Grundsatz praktischer Konkordanz, den kollidierenden Grundrechten zu bestmöglicher Wirksamkeit verhilft. Wirksamer Abwägungsmaßstab ist hierbei der Verhältnismäßigkeitsgrundsatz, Nicklisch, JZ 1976, S.110.

allem die §§ 138, 242, 315 BGB). In der Verknüpfung beider Aspekte ist eine wirksame Beschränkung der Privatautonomie zu sehen.

Ergänzend soll noch auf einige Drittwirkungs-Aspekte speziell im Vereins- und Verbandsbereich eingegangen werden:

Als (Anwendbarkeits-) Voraussetzung wird mitunter eine Parallelität von öffentlich-rechtlichem Gewaltverhältnis und vereinsrechtlichem Mitgliedschaftsverhältnis verlangt.[241] Da solche Parallelen aber z.B. auf der Ebene des Vereinsstrafwesens ohne weiteres bestehen, muß diese Forderung als erfüllt gelten. Von anderer Seite wird daher auch zu Recht darauf hingewiesen, daß (allein) an das Vorliegen dieses Merkmals keine durchgängige Grundrechtsgeltung in allen Vereinen zu knüpfen sei, da die Machtstrukturen z.B. eines Geselligkeitsvereins nicht mit denjenigen eines Monopolverbandes verglichen werden könnten bzw. hiermit nicht gleichzusetzen seien.[242]

Gelegentlich wird auf das Vorliegen eines staatsähnlichen Unterworfenheitsverhältnisses abgestellt.[243] Hiergegen bestehen Bedenken der rechtsstaatlichen Vorhersehbarkeit und Berechenbarkeit, da nicht zweifelsfrei bestimmbar ist, welche Dimension wirtschaftlicher oder sozialer Macht notwendig sein soll, um deren Mißbrauch zu befürchten.[244]

Schließlich wird die Forderung nach einer grundrechtsgeschützten Eigenposition der Verbände (im Verhältnis zu den Mitgliedern) erhoben.[245] Im *Verhältnis zum Staat* ist, wie oben unter Position bb) bereits aufgezeigt, der juristischen Person Verband grundsätzlich eine solche Eigenposition zuzusprechen (Grundrechtssubjektivität aus Art. 9 I GG). Hierdurch wird die freie Entfaltung aller hinter dem Verband stehenden natürlichen Personen gesichert;[246] die Einräumung dieser Grundrechtsposition ist allerdings keine Freiheit zur Willkür bzw. Fremdbestimmung. Die Grenze der grundrechtlich geschützten Eigenposition ist dort zu ziehen, wo grundrechtlich verbürgte Freiheit in Macht umschlägt (siehe oben).[247] *Im Verhältnis zu den Mitgliedern* ist darauf abzustellen, daß die Willensbildungs- und Entscheidungsprozesse der Verbände entscheidend durch die jeweiligen Mitglieder(mehrheiten) beeinflußt und bestimmt werden. Die Grundrechtsausübung der Mitglieder wird durch diese (Mehrheits-) Beschlüsse zur selbständigen Position des Verbandes, ohne daß im Innenverhältnis eine rechtsgeschäftliche Übertragung der (individuellen) Mitglieder-Grundrechte erfolgt wäre. Die Anerkennung einer (durch Art. 9 I GG garantierten) Satzungshoheit und der entsprechend gebildeten Verbandsverfassung legt es nahe, dem Verband nicht nur im Verhältnis zum Staat, sondern auch gegenüber den seine Geschicke beeinflussenden Individuen (Mitgliedern) Grund-

---

241 Jötten, Vereinsmitglieder, S.284 ff.; Baecker, Grenzen, S.52.
242 Baecker, Grenzen, S.53.
243 Leisner, Grundrechte und Privatrecht, S.383 ff.
244 Baecker, Grenzen, S.53.
245 Baecker, Grenzen, S.52 ff.
246 Pfister, Autonomie, S.181.
247 Suhr, Entfaltung, S.185.

rechtssubjektivität zuzuerkennen;[248] die eigenständige Verbandsposition darf bei einer Gegenüberstellung mit den Mitgliederrechten nicht unberücksichtigt bleiben. Letztlich sind somit die unterschiedlichen Grundrechtspositionen von Verband und Mitgliedern gegeneinander abzuwägen (parallele Situation zum allgemeinen Privatrechtsverkehr),[249] die für den allgemeinen Privatrechtsverkehr gefundenen Ergebnisse greifen auch hier.

(c) Einfachgesetzliche Konkretisierungen

Oben wurde angesprochen, daß den §§ 21 ff. BGB wohl nicht der Charakter umfassender Ausprägung und Begrenzung der Autonomie zuzubilligen ist. Dies wird offensichtlich, unabhängig von ihrem Entstehungszeitpunkt, wenn man sich vor Augen führt, daß § 40 BGB verschiedene Anordnungen des Gesetzgebers in die Dispositionsobhut des autonomen Normgebers überführt.

(aa) §§ 25 ff. BGB

Eine wirksame (und nicht abdingbare) Konkretisierung und Begrenzung von Freiheiten beinhaltet § 25 BGB.[250] Hierin wird festgelegt, daß die *wesentlichen* Entscheidungen des Autonomieträgers ihre Grundlage in der Satzung, also der Verfassung des Vereins, finden müssen.[251] Dem ist indirekt zu entnehmen, daß im Bereich der Sportselbstverwaltung[252] noch andere Normierungen in Betracht kommen: Es handelt sich um sog. (Vereins-) Ordnungen,[253] die oft größere Bedeutung als die Satzung haben, da die Vereine dieses (nachrangige) Instrumentarium bevorzugt zur Ausgestaltung ihrer inneren Angelegenheiten benutzen.[254] *Ohne* die Anordnung der §§ 25 ff. BGB wäre es daher möglich, daß der Verein die Satzung mit inhaltsleeren Bestimmungen füllt und alle Kernbereiche in solche Nebenordnungen verlagert; in Betracht kommen z.B. Wahlordnung, Spielordnung, Finanzordnung, Wettkampfordnung, Disziplinarordnung (usw.). Nachfolgend ist zu fragen, was der Sinn dieser Beschränkung ist und was zu den wesentlichen Entscheidungen der Vereinigung gehört.

---

248 Becker, Grenzen, S.59: „Insbesondere das durch Art. 9 I GG gesicherte Organisationsrecht gebietet es, die Position der Vereinigung im Verhältnis zu den Mitgliedern nicht ungeschützt zu lassen, wobei Art. 1 I GG allerdings der Vorrang gebührt".

249 Vieweg, Normsetzung, S.192 (dort Fn.119) gelangt gleichfalls (ohne nähere Begründung) zu dem Ergebnis, daß auch vor dem Hintergrund einer Forderung nach Parallelität des öffentlich-rechtlichen Gewaltverhältnisses und des vereinsrechtlichen Mitgliedschaftsverhältnisses bzw. dem Erfordernis einer grundrechtsgeschützten Eigenposition der Verbände zu ihren Mitgliedern eine mittelbare Drittwirkung der Grundrechte im deutschen Sportverbandswesen zu bejahen ist.

250 Ergänzend sind die weiteren „Begrenzungslinien" der §§ 26 ff. BGB hinzuzuziehen.

251 BGHZ 47, S.172,177; siehe oben § 4.II.1.a.bb, Textziffer (1) lit. (b).

252 Abgrenzungsbegriff zur öffentlichen Sportverwaltung, die sich aus staatlicher Verwaltung und kommunaler Selbstverwaltung zusammensetzt, vgl. Reschke, Sportrecht I, Zu den Grundlagen und Grenzen des Sportrechts II S.1.

253 Sauter/Schweyer, Verein, Rdnr.151.

254 Siehe Fn.138.

Mindestinhalt der Satzung sind zunächst die Bestimmungen der §§ 57,58 BGB. Im übrigen regeln die bereits angesprochenen §§ 26 ff. BGB die Verfassungsinhalte. Nach der BGH-Rechtsprechung[255] ist im Einzelfall zu entscheiden, was für das Vereins- oder Verbandsleben von besonderer Bedeutung (also wesentlich) ist, wobei Leitlinie sein soll, ob Gründe des *Mitgliederschutzes* für eine Satzungsfixierung sprechen. Hierbei wiederum kann relevant sein, ob es sich um nicht selbstverständliche Rechtsnachteile handelt, mit denen ein (eintretendes) satzungskundiges Mitglied regelmäßig nicht rechnen muß. Für den bereits angesprochenen Bereich der Vereinsstrafen ist vor diesem Hintergrund Voraussetzung, daß sowohl die Straftatbestände als auch die angedrohten Strafen in der Satzung festgelegt sind. Die oftmals gewählte Struktur, Strafbestimmungen in Nebenordnungen aufzunehmen, ist nur dann beachtlich (wirksam), wenn die Nebenordnungen Satzungsqualität haben. Da solche Ordnungen nicht zwangsläufig durch das höchste Beschlußorgan verabschiedet werden müssen, kommt ihnen entsprechende Satzungsqualität lediglich für den Fall zu, daß sie durch die Mitgliederversammlung mit hinreichendem Quorum beschlossen und in das Vereinsregister eingetragen werden;[256] die bloße Bezeichnung einer Nebenordnung als Satzungsbestandteil ist für sich genommen irrelevant. Hiermit ist einerseits angesprochen, wie der besonderen Bedeutung der Satzung Genüge getan wird, durch das Erfordernis einer Eintragung von Veränderungen (nach Verabschiedung durch die Mitgliederversammlung) ins Vereinsregister, § 71 BGB, andererseits wird die geringere Bedeutung der Nebenordnungen (mit dem möglichen Verzicht auf dieses formale Kriterium) verdeutlicht.

Die Rechtsprechung zieht den Kreis der von der Satzung zu regelnden, somit nur erschwert veränderlichen Normierungen sehr weit. Dies hat zwar in der Literatur manche Kritik erfahren,[257] jedoch birgt gerade das grundsätzlich weite Verständnis, dessen Berechtigung im Einzelfall zu überprüfen ist, effektiven Schutz vor unüberlegtem Handeln (nachgeordneter Gremien bzw. von Einzelpersonen) in besonders wichtigen Belangen. Im Ergebnis beschränkt diese qualitative Hürde den Autonomieträger in seiner inneren Rechtsetzungsbefugnis und setzt somit eine Grenze der Verbandsautonomie.

---

[255] Siehe z.B. BGHZ 47, S.172 ff. = NJW 1967, S.1268 ff.

[256] Vgl. Lukes, NJW 1972, S.121,127.

[257] So wird eine dogmatisch befriedigende Begründung der BGH-Rechtsprechung vermißt (vgl. Lukes, NJW 1972, S.121 ff., Grunewald, ZHR 152 (1988), S.247 ff., Vieweg, Normsetzung, S.200 ff.). In der Vereinswirklichkeit hänge die Normqualität oftmals von Zufälligkeiten ab, so daß ein formeller Gesichtspunkt als Anknüpfungspunkt des Mitgliederschutzes ungeeignet sei. Das Vereinsinteresse bestimme sich anhand von Gesichtspunkten der Praktikabilität - Nebenordnungen ließen sich zügiger erschaffen, flexibler gestalten und leichter verändern (Lukes, NJW 1972, S.125 ff.). Diese Praktikabilitätsgesichtspunkte dürften nicht unterlaufen werden, indem über den Vereinsordnungen latent das Verdikt formaler Ungültigkeit schwebe; weiterhin solle die Satzung nicht überfrachtet werden. Das objektivierte Verbandsinteresse einerseits und das Interesse der typischerweise betroffenen Mitglieder andererseits müßten miteinander abgewogen werden (Vie-weg, Normsetzung, S.214; Reuter, Verbindlichkeit, S.66,67 stellt auf das überindividuelle Interesse des Vereins ab). Die verfassungskonforme Auslegung des § 25 BGB ergebe insgesamt einen engeren Begriff der Verfassung.

(bb) §§ 134, 138 BGB

Die §§ 134, 138 BGB bilden eine Autonomiegrenze, ungeachtet dessen, daß sie nach Wortlaut und systematischer Stellung eigentlich eine Grenze der Vertragsfreiheit darstellen.[258] Dies ist aber insoweit unbeachtlich, als die Verbandsautonomie als Ausprägung der Privatautonomie zu verstehen ist.[259]

Zumindest diskutabel ist die Forderung nach einer ergänzenden Abwägung von Verbandsinteressen und grundrechtlich geschützten Mitgliederinteressen, die negativ verlaufen müsse, bevor ein Nichtigkeitsverdikt auszusprechen sei.[260] Da für den weiteren Fortgang dieser Untersuchung nicht relevant, wird hierauf nicht näher eingegangen.

(cc) § 242 BGB

§ 242 BGB kommt sowohl als **Kontrollmedium** für *verbandliche Entscheidungen* in Betracht, wie auch als **Konkretisierungs- und Begrenzungsmittel** *verbandsinterner Beziehungen.*

Ersteres ist insbesondere vor dem Hintergrund der vorstehend festgestellten mittelbaren Drittwirkung relevant, da eine Inhaltskontrolle dann hierüber erfolgen könnte („Einbruchstelle" für Grundrechte), vorausgesetzt, daß nicht das speziellere Gesetz (in Gestalt von AGB-Bestimmungen) greift. Ansatzpunkte für eine mögliche Unanwendbarkeit des AGB-Gesetzes bietet dessen § 23 I, wonach sich der sachliche Anwendungsbereich nicht auf gesellschaftsrechtliche Belange erstreckt. Nach einer verbreiteten Meinung sollen verbandsrechtliche Normierungen dieser Ausnahme insoweit unterfallen, als nicht obligatorische Austauschverträge zwischen Verband und Mitglied betroffen sind;[261] zumindest sollen die Grundbeziehungen eines Verbandes (zu seinen Mitgliedern) dem Bereich des Gesellschaftsrechts im Sinne des § 23 AGB-Gesetz zuzuordnen sein.[262] Hiernach wäre das AGB-Gesetz nicht einschlägig.

Der BGH hat sich in neuester Rechtsprechung ebenfalls gegen eine Anwendbarkeit der AGB-Bestimmungen auf Belange des organisierten (Verbands-) Sports ausgesprochen.[263] Zu Recht, denn typischerweise sind die im Verhältnis Verband / Mitglieder anzutreffenden Normierungen *sozial-organisatorischer* Art, ihre Aufgabe besteht nicht darin, Leistungsaustauschbeziehungen mit von vornherein konträren

---

258 BGHZ 47, S.381,384; 21, S.370 ff.; Reichert/Dannecker, Handbuch, Rdnr.299; Pfister/Steiner, Sportrecht, S.18; MüKo-Reuter, § 25 Rdnr.15; Vieweg, Normsetzung, S.227.

259 Siehe oben § 4.II.1.a.bb.

260 Vieweg, Normsetzung, S.228.

261 Staudinger-Coing, § 25 Rdnr.16; MüKo-Basedow, § 23 AGBG Rdnr.9; Baecker, Grenzen, S.36; AA: Erman-Werner, § 23 AGBG Rdnr.8 bzw. differenzierend: Grunewald, ZHR 152 (1988), S.254 ff.; vgl. auch BGH NJW 1988, S.1729 ff. (bzgl. Genossenschaften).

262 Palandt-Heinrichs, § 24 AGBG, Rdnr.4; nach Lindemann (a.a.O., S.20) paßt das AGBG weder auf gesellschaftsrechtliche Verhältnisse noch (in Analogie) auf vereinsrechtliche Beziehungen.

263 BGH NJW 1995, S.583 ff. (585).

Interessen zu regeln.[264] Das AGB-Gesetz wiederum ist prinzipiell auf solche gegensätzlichen Interessen zugeschnitten. Es ist folglich (im konkreten Zusammenhang) nur dann - ausnahmsweise - anwendbar, wenn es im Kern um schuldrechtliche Beziehungen geht. Diese liegen vor, wenn verbandsrechtliche Regelungen entweder nicht gewollt sind oder die gewollte Normierung aus Rechtsgründen scheitert (z.B. keine Satzungsqualität).[265]

Nach Auffassung der Rechtsprechung[266] wie auch gemäß überwiegender Meinung in der Literatur[267] ist es (bei mangelnder Anwendbarkeit des AGB-Gesetzes) sachgerecht, auf § 242 BGB zurückzugreifen und die verbandsrechtlichen Regelwerke einer umfassenden ***Inhaltskontrolle*** auf ihre Angemessenheit unter dem Gesichtspunkt von Treu und Glauben zu unterziehen; die Inhaltskontrolle ist aus Praktikabilitätsgründen[268] und zur Mißbrauchskontrolle[269] notwendig. Der BGH hat zutreffend hervorgehoben, daß es *Monopolvereinigungen* weder offenstehen kann, Mitgliedschaftsbewerber willkürlich abzuweisen, noch sie willkürlichen Satzungsgestaltungen zu unterwerfen.[270] Insofern ist hier eine umfassende Inhaltskontrolle geboten. Zum Teil wird in der Literatur eine weitergehende Position vertreten, die darauf abzielt, eine uneingeschränkte Inhaltskontrolle auch für Vereine oder Verbände ohne entsprechende Machtposition zu fordern.[271]

Der Grundsatz von Treu und Glauben beinhaltet als Kontrollmaßstab das Gebot verantwortungsvoller Interessenabwägung; § 242 BGB stellt insofern die zivilrechtliche Kontaktfläche zur Einbeziehung mittelbarer Drittwirkungen der Grundrechte dar. Grundrechtskollisionen sind nach dem Grundsatz der praktischen Konkordanz zu lösen - letztlich nach Maßgabe des Verhältnismäßigkeitsprinzips.[272] Bei der sorgfältig vorzunehmenden Abwägung von Verbands- und (mittelbaren) Mitgliederinteressen ist es möglich, ansonsten inhaltlich unwirksame Normen abwägungsgerecht zu „reparieren“ und so als rechtskonforme Grundlage einer Verbandsentscheidung zu erhalten. Der BGH hat in neuerer Rechtsprechung bei Verbandsstrafen die volle gerichtliche Nachprüfung der Tatsachenermittlung bejaht.[273] Wie bereits angesprochen, ist ein Mißbrauch der Verbandsmacht auch im Wege unzu-

---

264 BGH NJW 1995, S.585; der BGH vertritt diesen Standpunkt auch bzgl. Nichtmitgliedern.

265 Lindemann (a.a.O., S.20) ist generell der Ansicht, „... daß man sportliche Regelwerke nicht auf das Prokrustesbett des AGB-Gesetzes spannen darf“.

266 Das OLG Frankfurt a.M. (OLGZ 1981, S.391,392) und das OLG Celle (WM 1988, S.495, 496) bejahen dies uneingeschränkt; der BGH (NJW 1989, S.1724,1726 bzw. NJW 1995, S.585 m.w.N.) hat sich bislang nur zu sozialmächtigen Verbänden ausgesprochen.

267 MüKo-Basedow, § 23 AGBG Rdnr.10; Staudinger-Coing, § 25 Rdnr.20; Palandt-Heinrichs, § 25 Rdnr.9 (hiernach kann zur Inhaltskontrolle auch auf § 315 BGB zurückgegriffen werden - ohne daß sich eine andere Rechtsfolge ergibt); AA: Erman-Werner, § 23 AGBG Rdnr.8.

268 Grunewald, ZHR 152 (1988), S.258.

269 Vieweg, Normsetzung, S.234

270 Vgl. BGHZ 105, S.306 (316 ff.) = NJW 1989, S.1724 ff. (1726); bestätigte Rechtsprechung durch Urteil vom 02.12.94 (NJW 1995, S.595).

271 Grunewald, ZHR 152 (1988), S.242,261; Vieweg, Teilnahmerechte, S.45.

272 Pieroth/Schlink, Grundrechte, Rdnr.354.

273 BGH NJW 1984, S.918 ff.; vgl. oben § 4.II.1.a.bb, Textziffer (1) lit. (b).

reichender / falscher Tatsachenfeststellung möglich, so daß eine gerichtliche Tatsachenüberprüfung regelmäßig notwendig ist, um der Rechtschutzgewährleistungspflicht zu genügen. Nicht erforderlich ist dies lediglich bei wettkampfbezogenen, situationsgebundenen und künstlerischen Entscheidungen (Beurteilungsspielraum; bei solchen Tatsachenfeststellungen überwiegt das Bestandskraftinteresse, um nicht z.B. durch Aufhebung von Spielresultaten den Wettkampfbetrieb zu gefährden).[274]

Der BGH hat sich bislang jedoch nicht dazu ausgesprochen, ob die oben anerkannte Notwendigkeit einer Tatsachenkontrolle auch im Rahmen der Prüfung von § 242 Raum greifen soll. Ein derartiger Hinweis wäre zu begrüßen, da das Spannungsverhältnis zwischen Verbandsautonomie und Rechtschutzgewährleistungspflicht durch eine dort lokalisierte Interessenabwägung am besten aufzulösen ist, ferner ein paralleler Kontrollmaßstab zur Inhaltskontrolle angelegt werden kann. Weiterhin spricht viel dafür, die Subsumtionskontrolle nach Umfang und Intensität ebenfalls hier anzusiedeln, denn nur bei gleichbleibender Kontrolldichte lassen sich ansonsten mögliche Wertungs- und Ergebnisdivergenzen beseitigen.[275]

§ 242 BGB kommt ferner als ***Konkretisierungs- und Begrenzungsmittel*** verbandsinterner Beziehungen in Betracht.[276] Die Ergänzung von Verbandsregeln kann insofern relevant werden, als das deutsche Verbandsnormsystem dadurch gekennzeichnet ist, daß es zum Teil lückenhaft bzw. unbestimmt ist; fehlende bzw. mangelhaft konkretisierte Entscheidungs- bzw. Anspruchsgrundlagen sind naturgemäß zur Gewährleistung von Rechtssicherheit wenig geeignet. Für Normergänzungen, hin zu detaillierteren oder abändernden Regelungen, ist zunächst der jeweilige Verband selbst zuständig. Kommt er dieser Verpflichtung nicht nach, ist er notfalls durch Gerichtsinstanzen hierzu anzuhalten.

§ 242 BGB ist nicht die einzige Normierung, die für „Korrekturmaßnahmen" in Betracht kommt. Nach anderer Auffassung sind die Verbände nach einer ggf. am Maßstab der §§ 826 BGB, 27 GWB vorzunehmenden Überprüfung aufzufordern, ihr Regelwerk anzupassen.[277] Im Kern erfolgt auch über diese Vorschriften eine grundrechtlich geprägte Interessenabwägung der Beteiligten. Da diese speziell für die Aufnahmepflicht von Verbänden entwickelte Formel somit keine abweichenden Grenzen der Verbandsautonomie enthält, bedarf es keiner näheren Erörterung, aus welcher Grundlage sich z.B. etwaige Aufnahmeansprüche der Mitgliedschaftsbewerber letztlich ergeben.[278]

(3) Untere Grenze (Wesensgehaltsgarantie)

Die aus der zentralen Vorschrift des Art. 9 I GG abzuleitende Autonomiegewährleistung ist durch vorstehende Ausführungen erläutert und der abstrakte Begriff mit

274 Siehe Fn.164.
275 Vgl. Vieweg, Normsetzung, S.239,240,243.
276 MüKo-Roth, § 242 Rdnr.13; ausführlich Vieweg, Normsetzung, S.238 ff.
277 BGH NJW 1975, S.771 ff. und BGH NJW-RR 1986, S.583,584.
278 Zum Problemkomplex (Aufnahmepflichten des Monopolverbandes DSB) siehe unten § 4.III.4.b.

Leben gefüllt worden. Abschließend sei darauf hingewiesen, daß darüber hinausgehende Konkretisierungen zwar grundsätzlich möglich sind, substantielle Einschränkungen aber aufgrund des Verbots übermäßiger staatlicher Einflußnahme abzulehnen wären. Vor dem Hintergrund der verpönten nationalsozialistischen Gleichschaltung der Verbände ist dies im Tatsächlichen nachvollziehbar und verfassungsrechtlich an der Wesensgehaltsgarantie des Art. 19 II GG zu fixieren.

Art. 19 II GG schützt den Kernbestand jedes Grundrechts in der Weise, daß vom Grundrecht trotz aller Eingriffe noch etwas übrigbleiben muß.[279] Was das im einzelnen ist, kann nur für jedes Grundrecht gesondert beantwortet werden.[280] Im hier interessierenden Zusammenhang des Art. 9 I GG ist auf den Charakter und die Grundsubstanz der Autonomie abzustellen. Zwar hat sich das BVerfG hierzu nicht eindeutig ausgesprochen, jedoch ist dem Mitbestimmungsurteil zu entnehmen,[281] daß die Funktionsfähigkeit der Vereinigung (und deren Organe) sowie das Prinzip des freien Zusammenschlusses und der Selbstbestimmung zu bewahren sind. Nachhaltige Beschränkungen dieses Substrats, die nicht in einem Verbot münden müssen, sind unzulässig. Der so umschriebene Kernbereich ist als untere Grenze der Autonomie mithin unantastbar.

cc) Zusammenfassung

Vorstehend ist deutlich geworden, daß der organisierte Sport in (West-) Deutschland seine wichtigste Grundlage in der Autonomiegewährleistung des Art. 9 I GG findet. Dieses Selbstbestimmungsrecht (als Ausprägung der allgemeinen Privatautonomie) wird jedoch nicht schrankenlos gewährt. Einerseits wird eine *obere Grenze* (also das Höchstmaß an Autonomie, das der Staat maximal gewähren darf) durch die staatliche Rechtsschutzgewährleistungspflicht als wesentlicher Orientierungslinie für die Sportgerichtsbarkeit abgesteckt; zum anderen bestehen sonstige Schutzpflichten des Staates, z.B. aus Art. 2 II 1 GG, die den Gesetzgeber verpflichten können, zum Ausgleich entstandener Schieflagen regelnd einzugreifen (um den Grundrechtsschutz zu sichern). Werden solche Regelungen nicht geschaffen - Gestaltungsspielraum des Gesetzgebers -, ist das Handeln des Sportverbandswesens an zivilrechtlichen Generalklauseln (§§ 134, 138, 242 BGB) zu messen, in die die Grundrechte „ausstrahlen“ (mittelbare Drittwirkung). Der Mantel des Art. 9 I GG wird durch zivilrechtliche Normierungen (§§ 25 ff. BGB) ausgefüllt, die die Autonomie konkretisieren und (freiheits)begrenzend wirken. Über Art. 19 II GG wird ein Kernbereich der staatlichen Einflußnahme völlig entzogen (*untere* Grenze - nicht reduzierbare Mindestgarantien der Autonomie).

---

279 BVerfGE 2, S.266,285; vgl. Pieroth/Schlink, Grundrechte, Rdnr.327.

280 Auf die unterschiedlichen Theorien zum Wesensgehalt (relativer / absoluter Wesensgehalt) soll hier nicht näher eingegangen werden.

281 BVerfGE 50, S.290,354 ff.

b) Individualsport

Obwohl im Rahmen dieser Untersuchung schwerpunktmäßig die organisierte deutsche Sportbewegung betrachtet wird, soll zumindest kurz auch auf die verfassungsrechtlichen Gewährleistungen des Individualsports eingegangen werden.

aa) Art. 2 I GG

Die verschiedenen Facetten sportlicher Betätigung sind, als Ausdruck der freien Entfaltung der Persönlichkeit, sofern sie sich nicht als Berufsausübung qualifizieren lassen,[282] durch das Grundrecht des Art. 2 I GG geschützt.[283] Mit der ständigen Rechtsprechung des BVerfG ist allgemein davon auszugehen, daß jede Form des menschlichen Handelns ohne Rücksicht auf das Gewicht der Tätigkeit für die individuelle Persönlichkeitsentfaltung dem unterfällt.[284] Noch eindeutiger als es der jetzige Grundrechtsartikel zum Ausdruck bringt, hatte der allgemeine Redaktionsausschuß des Parlamentarischen Rates formuliert:

> „Jedermann ist frei, das zu tun und zu lassen, was die Rechte anderer nicht verletzt und nicht gegen die verfassungsmäßige Ordnung oder das Sittengesetz verstößt."[285]

Mithin teilt sich die Freiheit, Sport zu treiben, mit vielen anderen Formen menschlicher Betätigung das „Generalgrundrecht" des Art. 2 I GG. Ergänzend ist darauf hinzuweisen, daß die Schrankentrias des Art. 2 I 2.Hs. GG gewährleistet, daß auch die spezifisch sportliche Betätigung einer Begrenzung unterliegt, die z.B. durch Belange des Naturschutzes, des Nachbarschutzes oder des Baurechts erforderlich werden kann.

bb) Art. 2 II 1 GG

Es wurde bereits auf die Konkurrenzsituation der allgemeinen Handlungsfreiheit (die auch die eigenverantwortliche Selbstgefährdung umfaßt) und die entsprechende Schutzpflicht des Staates hinsichtlich Leben und Gesundheit hingewiesen.[286]

cc) Art. 5 III GG

Der Kunstbegriff tritt grundrechtlich in Erscheinung, wie die Gewährleistung des Art. 5 III 1 GG dokumentiert („*Kunst* und Wissenschaft, Forschung und Lehre sind frei."). In bestimmten Bereichen sind Verquickungen von Kunst und Sport unübersehbar (Tanz, Ballett). Ist Sport also Kunst?

Die präzise Beantwortung dieser Frage würde voraussetzen, daß anhand definitorischer Kriterien eine Subsumtion vollzogen werden kann. Mit der h.M. in Literatur

---

282 Zur beruflich geprägten Sportausübung siehe unten § 4.II.1.b.dd (Art. 12 I GG).
283 Thom, Sportförderung, S.114; Stern, Grundfragen, S.6; Steiner, NJW 1991, S.2729; derselbe in Pfister/Steiner, Sportrecht, S.71 ff.
284 Vgl. BVerfGE 6, S.32,36 ff.
285 Zitiert nach von Münch, in von Münch, GGK, Art. 2 Rdnr.13.
286 Siehe oben § 4.II.1.a.bb, Textziffer (1) lit. (a).

und Rechtsprechung[287] ist jedoch davon auszugehen, daß es unmöglich ist, die Kunst generell zu definieren. Allenfalls ist es möglich, anhand verschiedener Fingerzeige eine *einzelfall*bezogene Antwort zu erarbeiten.[288] Thom hat in seiner Untersuchung die formal-typologische und die materiale Betrachtung des BVerfG zugrundegelegt und ist bei einem (exemplarischen) Vergleich der Sportart Tanzen mit dem (künstlerischen) Bühnentanz zu dem Ergebnis gelangt, daß der Tanzsport einem so verstandenen Kunstbegriff unterfallen muß.[289] Zutreffend weist er jedoch darauf hin, daß mit dieser Einordnung nicht die Frage beantwortet ist, „inwieweit der normale, allgemeine Sport als Form menschlichen Verhaltens in den Schutzbereich des Art. 5 III GG hineingewachsen ist." Diese Frage zu beantworten, würde einerseits bedeuten, einen gemeinsamen Nenner zu finden für alle Erscheinungsformen des Lebensbereiches Kunst, andererseits müßte es gelingen, den Sportsektor in seiner Artenvielfalt entsprechend aufzubereiten. Da eine solch aufwendige Herausarbeitung vorliegend nicht geleistet werden kann, muß an dieser Stelle der Hinweis auf die Notwendigkeit der Thematisierung genügen.[290]

dd) Art. 12 I GG

Die beruflich geprägte Sportausübung findet unstreitig ihren verfassungsrechtlichen Schutz über Art. 12 I GG.[291] Problembehaftet in diesem Zusammenhang ist die grundrechtliche Konfrontation von Vereinsautonomie und reglementierter Ausübung des Sportlerberufes. Im allgemeinen ist nämlich die Zulassung zur beruflichen Ausübung an die Erfüllung verschiedener Verbands- oder Vereinsregularien geknüpft,[292] mithin an subjektive und objektive Zulassungsschranken im Sinne der

---

287 Siehe Fn.288 sowie Nachweise bei Schlink/Pieroth, Grundrechte, § 14 II.1.a. bzw. Thom, Sportförderung, S.121,122.

288 Zwar war das BVerfG noch in seinem „Mephisto-Beschluß" von einer solchen Definierbarkeit ausgegangen (BVerfGE 30, S.173 ff.,188,189), in neuerer Zeit ist das Gericht jedoch von dieser Auffassung abgerückt und hat nebeneinander mehrere Kunstbegriffe (materialer, formaler bzw. offener Begriff) verwandt (BVerfGE 67, S.213 ff.,225). In seinen Beschlüssen vom 07.03.90 (BVerfGE 81, S.278 ff.,291 = NJW 1990, S.1982 ff.) wird auf eine formal-typologische respektive materiale Definition abgestellt; dieser Ansatz soll nachfolgend zugrunde gelegt werden.

289 Thom, Sportförderung, S.117 ff.,142.

290 Allenfalls kann hier die Vermutung geäußert werden, daß wohl nur ein enger Ausschnitt aus dem Spektrum aller Sportarten einem Kriterium wie dem der „freien schöpferischen Gestaltung" genügen würde. Einer Sportart wie „Eiskunstlaufen" gelänge dies eher als z.B. der leichtathletischen Disziplin „Kugelstoßen"; Burmeister, Selbstverwaltung, S.45 formuliert: „... es erscheint angesichts der herausragenden Rolle des Sports als Medium der Unterhaltung sowie des fließenden Übergangs zwischen bestimmten Sportarten und klassischen Formen der darstellenden Kunst (...) durchaus nicht ganz abwegig, *zumindest bestimmte Arten* sportlicher Betätigung der Kunst zuzuordnen." Weitere Nachweise bei Thom, a.a.O.

291 Statt vieler: Steiner, DÖV 1983, S.173 ff.; derselbe in Pfister/Steiner, Sportrecht, S.25 ff.

292 Die durch das „Bosman-Urteil" des EuGH (Urteil vom 15.12.95 - Rechtssache C-415/93) in ihrer konkreten Gestalt für unzulässig erachteten UEFA-Bestimmungen seien hier beispielhaft genannt.

Stufentheorie.[293] In diesem Konfliktbereich stehen den Parteien die grundrechtlichen Bataillone jedoch nicht unmittelbar zur Verfügung, wie die bisherigen Ergebnisse belegen.[294]

2. Förderstatus

Wesentlicher Aspekt der bisherigen Abhandlung war die Autonomiegewährleistung. Hierzu korrespondierend ist der Förderstatus des Sports anzusprechen; hierbei muß speziell das Prinzip der Subsidiarität staatlicher Sportförderung Erwähnung finden.

Der fortlaufende Abschnitt dieser Arbeit ist übertitelt mit „Rechtsgrundlagen und Sportpolitik" - neben der Autonomie und der Subsidiarität der Förderung gehört als dritter Grundsatz die partnerschaftliche Zusammenarbeit zu den elementaren Prinzipien staatlicher Sportpolitik; diese Grundsätze zusammengenommen sind zudem die wesentlichen Kennzeichen des westdeutschen Sportsystems. Die insofern bereits in der Überschrift angedeutete Verzahnung von Recht, Sport und Politik soll nunmehr unter obigen Gesichtspunkten beleuchtet werden.

a) Keine Verfassungsnormierung

Die unter verschiedenen Aspekten realisierte Einbeziehung des Sports in die Grundrechte kann nicht darüber hinwegtäuschen, daß mangels ausdrücklicher Erwähnung hierdurch nur eine Regelung aus „zweiter Hand" geschaffen ist.

Zum Teil wird die Auffassung vertreten, daß der Sport mittlerweile für das Gemeinwesen so wichtig geworden sei, daß er nicht nur von der Verfassung im materiellen Sinne erfaßt werde, sondern sich ihm auch „die Verfassung im formellen Sinne auf Dauer nicht werde verweigern können."[295] Nach anderer Einschätzung hatte und hat der Sport mit seiner Forderung (nach Förderung) keine reelle Chance, als Staatsziel ins Grundgesetz aufgenommen und somit zu einem Verfassungsbegriff zu werden.[296] Gegen eine solche Staatszielbestimmung werden konzeptionelle und kompetenzrechtliche Einwände vorgebracht. Ungeachtet dessen befindet sich der Sport auf dem Weg an die Spitze der Normenpyramide der deutschen Bundesländer - dort hat er als Staatsziel (Sportförderung) bereits in verschiedene Landesverfassungen Einzug gehalten.[297] Da intensive Diskussion und fortlaufende Entwicklung erst mit Beginn der 90er Jahre einsetzten,[298] wird aus systematischen Gründen auf diesen Themenkomplex erst an späterer Stelle näher eingegangen.[299]

---

[293] LAG Berlin NJW 1979, S.2582 ff.; Stern, Grundfragen, S.10,43,44; Reuter, Transferentschädigung, S.649 ff.; Reschke, Sportrecht I, Einleitung S.31.

[294] Siehe oben § 4.II.1.a.bb, Textziffer (2) lit. (b).

[295] Häberle, Sport als Verfassungsthema, S.28.

[296] Steiner, SpuRt 1-2/94, S.2.

[297] Neue Bundesländer, Nordrhein-Westfalen, Berlin.

[298] Steiner, SpuRt 1-2/94, S.2 ff.

[299] Siehe oben bei § 9.

b) Förderauftrag nach dem Sozialstaatsprinzip?

Das Grundgesetz beschreibt den von ihm umrissenen Staat in Art. 20 I GG als „sozialen Bundesstaat“ und in Art. 28 I GG als „sozialen Rechtsstaat“. Da es konkret u.a. um die Frage geht, ob dem Grundgesetz ein, wenn auch nicht ausdrücklich deklarierter, so doch zumindest immanent enthaltener Förderauftrag zugunsten des Sports zu entnehmen ist, soll dies zunächst hinsichtlich des Sozialstaatsprinzips geklärt werden.

Dieses Prinzip hat seine Wurzeln im tatsächlichen Bereich[300] und stellt auf eine aktive und dynamische Gestaltung der sozialen Wirklichkeit ab.[301] Insofern läßt sich hieraus der Auftrag zur Bereitstellung öffentlicher Einrichtungen für das Bildungs- und Gesundheitswesen sowie den Sport ableiten. Als Norm objektiven Rechts richtet sich das Sozialstaatsgebot weiterhin an die staatlichen Organe, berechtigt und verpflichtet alle drei Gewalten. Aber: Dem Sozialstaatsprinzip als solchem sind keine subjektiv öffentlichen Rechte zu entnehmen.[302] Vielmehr hat der Gesetzgeber den Bereich weiter und unbestimmter Vorgaben als Ergebnis eines freien politischen Prozesses erst auszufüllen. Die vorschnelle Festlegung von Leistungsansprüchen würde diesen Willensbildungsprozeß umgehen. Der zwar grundsätzlich weitreichenden Bedeutung des Sozialstaatsprinzips ist folglich nicht zu entnehmen, daß jedwede Förderung des Sports mit dem Hinweis hierauf gerechtfertigt werden könnte.

Zusammenfassend läßt sich sagen, daß das Sozialstaatsprinzip alle drei Gewalten (im Rahmen ihrer jeweiligen Abwägungsprozesse) zur Berücksichtigung sportbezogener Interessen verpflichtet, wenn dies der Förderung des Gemeinwohls dient.

c) Förderung aufgrund Kompetenzzuweisung

Derjenigen Körperschaft, die eine Kompetenzzuweisung besitzt, können in diesem Bereich die Gesetzgebungs-, die Verwaltungs- oder die Finanzierungszuständigkeit oder alle drei Kompetenzen zusammen zustehen.[303] In Ermangelung eines eindeutigen Verfassungsauftrages zur Sportförderung überrascht es aber nicht, daß gleichfalls keine ausdrückliche Kompetenzregelung getroffen wurde. Allerdings ist auch klar, daß Zuständigkeitsduplizitäten nicht gewollt sind:

> „Eine Doppelzuständigkeit, auf deren Grundlagen Bund und Länder ein und denselben Gegenstand in unterschiedlicher Weise regeln könnten, ist dem System der verfassungsrechtlichen Kompetenznormen fremd und wäre mit ihrer Abgrenzungsfunktion auch nicht vereinbar“.[304]

---

300 Forsthoff, VVDStRL 12, S.26 ff.

301 Badura, DÖV 1989, S.492.

302 Maus, JA 1979, S.291; Stern, Staatsrecht I, § 21 III 3; Badura, DÖV 1989, S.495.

303 Kompetenzvorschriften weisen den Staatsorganen Befugnisse zu bzw. grenzen die Zuständigkeitsbereiche verschiedener Staatsorgane voneinander ab, vgl. Stern, Staatsrecht I, § 4 II.3.a.

304 BVerfGE 36, S.193,203.

aa) Kompetenzvermutung nach Art. 30 GG

Nach Art. 30, 70 I GG ist die Ausübung der staatlichen Befugnisse und die Erfüllung der staatlichen Aufgaben grundsätzlich den Ländern zugewiesen; Auffangzuständigkeit bzw. Zuständigkeitsvermutung.[305] Gemäß Art. 30 GG betrifft dies die Bereiche „Rechtsprechung", „Verwaltung" und „Gesetzgebung" - aber auch die Erfüllung (sonstiger) staatlicher Aufgaben.[306] Was sind *staatliche Aufgaben*? Fällt der Sport hierunter? Zunächst soll die grundsätzliche Zuständigkeitsfrage geklärt werden, bevor auf eventuelle Spezialzuweisungen eingegangen wird.

Das Vorliegen einer staatlichen Aufgabe setzt voraus, daß es sich um die staatliche Wahrnehmung einer *öffentlichen* Aufgabe (Oberbegriff) handelt; der Sport müßte mithin eine solche Aufgabe sein.[307] Zwar gehören die „öffentlichen Aufgaben" grundsätzlich zu denjenigen Umschreibungen, deren Eingrenzung schwerfällt,[308] jedoch lassen sie sich zumindest insofern definieren, als es sich um Aufgaben handeln muß, an deren Erfüllung die Öffentlichkeit maßgeblich interessiert ist, die mithin dem Allgemeinwohl dienen.[309] Der so erklärte (grundsätzlich einzelfallabhängige) Gemeinwohlbezug ist überwiegend bei sportlich geprägten Aktivitäten feststellbar, wobei die Weite der Begrifflichkeit die präzise Erfassung erschwert.[310] Diese Einschränkung aufgreifend, besteht Einvernehmen, daß der Sport aus dem privatautonomen Bereich in denjenigen der öffentlichen Aufgabe hineingewachsen ist;[311] auch in denjenigen der staatlichen Aufgabe?

Auf dem Weg zur staatlichen Aufgabe im Sinne von Art. 30 GG könnte sich zunächst eine .Hürde. aus dem sogenannten *Subsidiaritätsgebot* ergeben.[312] Denn per definitionem enthält das der katholischen Soziallehre entlehnte Subsidiaritätsprinzip[313] eine Kompetenzbeschränkung, wonach die staatliche Befugnis zur Wahrnehmung öffentlicher Aufgaben nachrangig im Verhältnis zur Aufgabenwahrnehmung durch private Rechtsträger ist.[314] Hieraus folgt, daß adäquate Eigenlösungen der Sportorganisationen zu bevorzugen sind - der Staat darf erst dann handeln, wenn die gesellschaftlichen Kräfte nicht ausreichen. Anders ausgedrückt: Die kompetenzrechtlich zugewiesene Befugnis des Staates greift nur dann, wenn ein entsprechendes „Hilfsbedürfnis" vorliegt, ansonsten gerät die Eingriffsberechtigung in Wegfall. In diesem Sinne ist die (auch für die Zeit vor der Wiedervereinigung cha-

---

305 Maunz in Maunz/Dürig, GGK, Art. 30 Rdnr.2.

306 Stern, Staatsrecht I, § 19 III.3.

307 Vgl. Maunz in Maunz/Dürig, GGK, Art. 30 Rdnr.4.; Thom, Sportförderung, S.99; Stern, Grundfragen, S.12.

308 Vgl. Thom (Sportförderung, S.99), der darauf hinweist, daß es sich um einen der konturlosesten Begriffe des gesamten öffentlichen Rechts handelt.

309 Peters, Öffentliche Aufgaben, S.78.

310 Zu Definition und Einordnungsproblemen siehe Burmeister, Selbstverwaltung, S.37, 61 ff.

311 Stern, Grundfragen, S.13 (m.w.N. in Fn.53).

312 Das lateinische Wort *subsiduum* läßt sich mit **Reservetruppe** bzw. mit **Beistand** oder **Hilfe** übersetzen - jedenfalls wird eine Ergänzungsfunktion umschrieben; siehe hierzu Madl, Unternehmen, S.124.

313 Gieseler, Institutionen, S.332; Madl, Unternehmen, S.124,125.

314 Vgl. Burmeister, Selbstverwaltung, S.47.

rakteristische) Aussage von Bundeskanzler Helmut Kohl auf der Wiedersehensfeier der Olympiasieger 1991 in Leipzig zu verstehen:

„Unser Verhältnis zum Sport ist getragen von unabdingbaren Prinzipien: der Autonomie des Sports, der partnerschaftlichen Zusammenarbeit und der *Subsidiarität* der Sportförderung. Der Staat hat die *Aufgabe, in Bund, Ländern und vor allem in den Gemeinden günstige Rahmenbedingungen für den Sport zu schaffen. Aber der Staat darf eben nur den Rahmen setzen, den die Sportbewegung eigenverantwortlich ausfüllen muß. Wo der Staat versucht, sich des Sports zu bemächtigen, ist die Freiheit - und keineswegs nur der Sportler - in Gefahr.*“[315]

Die rechtliche Grundlage des Subsidiaritätsprinzips ist nicht abschließend geklärt. Insbesondere ist umstritten, ob das Prinzip eine verfassungsrechtliche Verankerung findet (und wenn ja, welche) oder ob es sich „nur“ um einen verfassungspolitischen Grundsatz handelt. So wird z.B. vertreten, das Prinzip habe seine Grundlage in Art. 2 I GG, im Rechtsstaatsprinzip, in den Leitprinzipien der Verfassung bzw. in den Staatsaufbaubestimmungen des Grundgesetzes.[316] Die Gegenauffassung lehnt eine spezifische (verfassungsrechtliche) Verankerung des Subsidiaritätsprinzips u.a. deshalb ab, weil seine freiheitsschützenden Funktionen bereits von den Grundrechten wahrgenommen würden.[317] Ungeachtet der abschließenden Klärung geht die bisherige Praxis zu Recht von seiner Anwendbarkeit aus.[318] Steiner stellt z.B. darauf ab, daß das Prinzip bereits durch elementare Gegebenheiten festgeschrieben sei. Die praktizierte Rollenverteilung sei von beiden Seiten gewollt und respektiert.[319] Dem ist, die tatsächlichen Abläufe und wechselseitigen Bekundungen von Staat und Sport vor Augen, zuzustimmen. Schließlich ist darauf hinzuweisen, daß die Bedeutung des Prinzips aus faktischen Erwägungen auch nicht zu hoch angesetzt werden darf. Denn im Verhältnis Staat / Sportselbstverwaltung hat angesichts der Vielzahl ehrenamtlicher Helfer in Vereinen und Verbänden der Staat ohnehin keine Chance, den Sport in eigener Regie zu übernehmen. Mangels vergleichbarem personellehrenamtlichem Substrat kann der Staat der Sportbewegung nicht gefährlich werden; auch ist die Teilnahme am internationalen Sportbetrieb an die Mitgliedschaft in internationalen Verbänden gekoppelt, die regelmäßig nur nationalen Verbänden gewährt wird. Ein Übergang des Staates aus der Rolle des Mäzens in die des Organisators ist somit aufgrund der Kraft des Faktischen auszuschließen.[320]

---

315 Zitiert nach: Stern, Grundfragen, S.16.

316 Siehe nur Stern, Staatsrecht I, § 19 II.4 (m.w.N.), nach dem der Bundesstaatlichkeit des Art. 20 I GG der Föderalismus als politische Idee zugrunde liege; der Föderalismus wiederum sei ein Gestaltungsprinzip der Gesellschaft das in enger Beziehung zum Subsidiaritätsprinzip stehe.

317 Statt vieler: Bull, Staatsaufgaben, S.198; Isensee, Subsidiaritätsprinzip, S.116 ff.; Meinungsstand im übrigen aufbereitet bei Thom, Sportförderung, S.103 ff.

318 VerfGH von Rheinland-Pfalz DVBl 1958, S.359,360; Siebter Sportbericht, S.19; Steiner, DÖV 1983, S.176; das BVerfG hat das Subsidiaritätsprinzip zumindest erwähnt (BVerfGE 59, S.83). Aufgrund des breiten Konsenses in dieser Frage wird davon Abstand genommen, in einem eigenen Lösungsansatz zu untersuchen, worin die exakt ausgelotete verfassungsrechtliche Grundlage des Prinzips zu sehen ist.

319 Vgl. Steiner, NJW 1991, S.2730.

320 Vgl. Thom, Sportförderung, S.105; Steiner, NJW 1991, S.2730; Tettinger, Subventionierung, S.38.

Fazit: Das Subsidiaritätsgebot ändert nichts an der grundsätzlichen Zuständigkeit der Länder (so sie denn zuständig sind - siehe unten), sie sind jedoch nur nachrangig zuständig - dann, wenn ein entsprechendes Hilfsbedürfnis vorliegt.[321]

Fraglich bleibt noch, ob sich der Sport innerhalb des Oberbegriffes „öffentliche Aufgabe" weitergehend einordnen läßt, schließlich ist in Art. 30 GG von *„staatlichen* Aufgaben" die Rede. Gegen die Einordnung als Staatsaufgabe (sofern diese Gleichsetzung vollzogen wird[322]) bestehen erhebliche Bedenken; denn kennzeichnend für eine Staatsaufgabe ist deren unmittelbare oder zumindest mittelbare Wahrnehmung durch staatliche Organe.[323] Und gerade dies ist (beim Sport) vor dem Hintergrund von Autonomiegewährleistung und Subsidiarität nicht der Fall: Die Sportbewegung nimmt ihre Aufgaben (verwaltend und regulierend) in eigener Regie wahr - folglich kann es auch keine Staatsaufgabe „Sport" geben.[324] Die (sportliche) Aufgabenwahrnehmung durch den Staat ist nur dann unbedenklich, wenn sie ausschließlich in den Bereichen erfolgt, die entsprechender Hilfe benötigen. Im Falle sinnreicher Eigenlösung durch die Sportorganisationen bewirkt das Subsidiaritätsgebot die Notwendigkeit staatlicher Zurückhaltung.

Im Ergebnis ist der Sport demnach **nicht** als Staatsaufgabe anzusehen, sondern nur, wie oben festgestellt, als öffentliche Aufgabe. Hieraus ist aber nicht abzuleiten, daß deshalb die Zuständigkeitsvermutung der Länder gemäß Art. 30 GG für den Sportsektor nicht greifen würde. Denn mit der Rechtsprechung des Bundesverfassungsgerichts[325] (und der herrschenden Meinung in der Literatur[326]) ist davon auszugehen, daß bereits die Befassung des Staates mit einer (öffentlichen) Aufgabe zur Folge hat, daß diese zu einer staatlichen Aufgabe im Sinne des Art. 30 GG wird. Das Bundesverfassungsgericht führt hierzu zutreffend aus:

„... Unter die Kompetenznorm des Art. 30 GG ... fällt diejenige Betätigung des Staates, die der Erfüllung öffentlicher Aufgaben dient, und zwar ohne Rücksicht darauf, ob Mittel des öffentlichen oder des privaten Rechts verwendet werden."[327]

Unter der Voraussetzung, daß das Grundgesetz keine Rechtspflicht enthält, materielles Recht in der Verfassung zu regeln,[328] spielt der Gesichtspunkt des Verfas-

---

321 Konkret geht es um eine Beschränkung der Länderkompetenz - das Prinzip hat aber Gültigkeit für alle staatlichen Ebenen.

322 Vgl. Steiner (NJW 1991, S.2732), der den Begriff Staatsaufgabe ohne differenzierende Betrachtung verwendet.

323 Siehe Peters, Öffentliche Aufgaben, S.878,879.

324 So zu Recht Stern, Grundfragen, S.14; Bull, Staatsaufgaben, S.218 ff. (unklar - schlägt neue Begrifflichkeit der „Sicherung von Entfaltungsmöglichkeiten" vor, S.220); AA: Thom, Sportförderung, S. 105 ff.

325 BVerfGE 10, S.89,103; 12, S.205,243,244; 38, S.281,299.

326 Steiner, NJW 1991, S.2732; Maunz in Maunz/Dürig, GGK, Art. 30 Rdnr.4; Tettinger, Subventionierung, S.37; Stern, Grundfragen, S.16; derselbe in Stern, Staatsrecht I, § 19 III.3. Ergänzend ist anzumerken, daß auch die Bundesregierung (unproblematisch) bei Erfüllung der „staatlichen Aufgabe" Sport die Kompetenznorm des Art. 30 GG zugrunde legt, vgl. Siebter Sportbericht, S.22.

327 BVerfGE 12, S.205,244.

328 Hesse, Grundzüge, Rdnr.34.

sungsvorbehalts hier übrigens keine Rolle, da dieser für Aufgaben mit Gemeinwohlbezug nicht greift.[329] Auf Länderebene ist die Sachlage ohnehin eindeutig, da die Länderverfassungen einen Verfassungsvorbehalt für öffentliche Aufgaben oder Staatsaufgaben nicht vorsehen.[330]

bb) Sport als Teil der Kultur?

Neben der vermuteten Zuständigkeit gemäß Art. 30 GG muß noch eine weitere grundsätzliche Kompetenzzuweisung angesprochen werden - der Sport könnte zum Kernbereich der Länderzuständigkeiten gehören, dann nämlich, wenn er dem Kulturbereich unterfiele.[331]

Die Zuordnung zu einem *weiten* Kulturbegriff wird mit unterschiedlichen Begründungen, im Ergebnis aber übereinstimmend, anerkannt.[332] Da der Sport zur Gesamtheit der Lebensäußerungen einer Gemeinschaft gehört (Kerngedanke des weiten Kulturbegriffs), ist dem zuzustimmen. Mitunter wird die Problematik auch ganz unterschlagen.[333]

Probleme bestehen bei der Einbeziehung in den *engen* Kulturbegriff des öffentlichen Rechts (Bereiche der geistig-schöpferischen Betätigung).[334] Nicht zu verkennen ist in diesem Zusammenhang die enge Verzahnung des Sports mit den Kernbereichen der Kultur, nämlich Bildung, Kunst und Wissenschaft. Der Bildungsbereich umfaßt das Schulwesen, dieses wiederum den Sport; in der Kunst sind, wie oben bereits angedeutet, § 4 II.1.b.cc, in den Bereichen Eiskunstlauf, rhythmische Sportarten, Tanz und Ballett Überschneidungen anzutreffen; im Bereiche der Wissenschaft sind mittelbare (Hochschulsport) und unmittelbare (Teilbereich Sportwissenschaft) Bezüge vorhanden. Aufgrund dieser Verknüpfung mit den Kernbereichen der Kultur läßt sich die Auffassung vertreten, daß der Sport selbst Teil der Kultur ist.[335] Als Teil des Kernbereichs der Kultur kommt dann aber auch die Zuordnung zum engen Kulturbegriff des öffentlichen Rechts in Betracht.

Folgt man dieser Einordnung, so unterfällt der Sport also dem Kernbereich der Länderkompetenzen. Dennoch bedeutet dies nicht, daß die Kultur (und somit der Sport) ausschließlich Sache der Länder wäre, da es sich (wie bereits eingangs erwähnt) erneut nur um eine grundsätzliche Zuweisung, mithin um eine „Restho-

---

[329] Burmeister, Selbstverwaltung, S.45; vgl. auch BVerfGE 10, S.355,363 ff. und 44, S.353, 374; Sachstand näher aufbereitet bei Thom, Sportförderung, S.100 ff.

[330] Vgl. Stern, Grundfragen, S.13.

[331] Zum Kernbereich zählen: Kulturbereich, Kommunalrecht, Beamtenrecht, Polizei- und Ordnungsrecht sowie die Planung und Organisation ländereigener Aufgaben, vgl. Gubelt in von Münch, GGK, Art. 30 Rdnr.2; Stern, Staatsrecht I, § 19 III.3.

[332] Vgl. Burmeister, Selbstverwaltung, S.45; Steiner in Isensee/Kirchhof, Staatsrecht III, S. 1257 ff.; Thom, Sportförderung, S.162 ff. m.w.N. (der sich auch mit der Rechtsprechung des BVerfG zum Kunstbegriff auseinandersetzt, S.120 ff.); Stern, Grundfragen, S.15 ff. (m.w.N.).

[333] Siebter Sportbericht, S.22.

[334] Stern, Grundfragen, S.17.

[335] Vgl. die Untersuchung von Stern (vorstehend), der weitere Indizien zusammenträgt.

heit",[336] der Verfassung handelt. Diese systematische - nicht qualitative oder quantitative - Einordnung hat die weitere Folge, daß nunmehr vorrangig zu ermitteln ist, welche spezielleren Zuweisungen dieser Resthoheit vorangehen.

cc) Sportförderung des Bundes

(1) Gesetzgebungskompetenzen

Spezielle Zuständigkeiten des Bundes (die nicht begriffsnotwendig sportspezifisch ausgeprägt sein müssen) ergeben sich aus folgenden Kompetenznormen:

Art. 74 I Nrn.1,3,12,13,18,20,24 GG: Der Bund kann in den nach Ziffern aufzuschlüsselnden Sachgebieten von seinem Recht auf vorrangige (Sport-) Gesetzgebung (im Sinne von Art. 72 I GG) Gebrauch machen.

Art. 75 I Nr.1 a GG: Über die allgemeinen Grundsätze des Hochschulwesens können sportwissenschaftliche Fragen (mit)geregelt werden.

Art. 75 I Nr.3 GG: Im Rahmen der Regelungsmaterie Naturschutz können Umwelt- und Sportbelange gesteuert werden.

Art. 104 a III GG: Dieser Art. bietet dem Bund die Möglichkeit, durch ein entsprechendes Gesetz förderfähige Investitionen zu bestimmen.

Art. 105 II GG: Steuerhoheit (relevant u.a. bei der Realisierung des Vereinsförderungsgesetzes, 01.01.90).

(2) Finanzierungskompetenzen und Fördergegenstände

Die für die unmittelbare Einflußnahme durch den Bund interessanteren Kompetenztitel[337] sind die Finanzierungszuständigkeiten:

Art. 32 GG: Der Bund fördert im Rahmen der Pflege der Beziehungen zu auswärtigen Staaten internationale Sportbeziehungen. Hierbei können mit anderen Völkerrechtssubjekten sportrelevante Tatbestände - einschließlich sportbezogener Entwicklungshilfe - staatsvertraglich geregelt werden.[338]

Art. 87 GG bietet u.a. eine Finanzierungszuständigkeit für den Betriebssport in bundeseigenen Verwaltungen,

Art. 87 a,b GG bezieht sich auf die Bildung von Sportkompanien der Bundeswehr.

Art. 91 a Nr.1 GG: Nach dieser Vorschrift beteiligt sich der Bund am Aus- und Neubau von (Sport-) Hochschulen,[339] spezielles Förderobjekt ist z.B. auch das Bundesinstitut für Sportwissenschaft.

---

336 Begriff geprägt von Steiner, NJW 1991, S.2731.

337 Interessanter insofern, als die zuvor angesprochenen Gesetzgebungskompetenzen keine unmittelbare bzw. eine „noch mittelbarere" Beeinflussung des Sports ermöglichen.

338 Einordnung als Finanzierungskompetenz zwar zunächst zweifelhaft, mit Schwerpunkt auf der sportbezogenen Entwicklungshilfe aber zulässig (siehe Stern, Grundfragen, S.24; Tettinger, Subventionierung, S.40).

339 Liesegang in von Münch, GGK, Art. 91 a Rdnr.12.

Art. 91 a Nr.2 GG eröffnet Möglichkeiten zur Verbesserung der regionalen Wirtschaftsstruktur, mithin z.B. der Bezuschussung (aus Gemeinschaftsaufgabenmitteln) von Hallen- und Freibädern, Kunsteis- und Rollschuhbahnen, der Infrastruktur etc. zugunsten des Fremdenverkehrs.

Art. 91 b GG: Im Unterschied zu Art. 91 a GG verpflichtet Art. 91 b GG Bund und Länder nicht zur sportpolitischen Zusammenarbeit; die entsprechende Kooperation ist eine Folge freiwilliger Übereinkunft. Sportrelevanter Inhalt des Art. 91 b GG ist die eventuelle Bundesbeteiligung an Modellversuchen und Forschungsvorhaben des Sports im Bildungswesen.

Art. 104 a IV GG: Die zum 31.12.1987 ausgelaufene Investitionshilfenermächtigung galt für Finanzhilfen im Sinne von § 71 Städtebauförderungsgesetz und hatte (da bei den dort aufgeführten Sanierungsmaßnahmen / Entwicklungsaufgaben enthalten) Bedeutung für die Schaffung von Sportanlagen.

Die Kompetenzzuweisungen des Bundes sind mithin „bunt gemischt",[340] ohne daß sie sich insgesamt zu einem einheitlichen und geschlossenen Bild zusammensetzen würden.

Der Bund reklamiert für sich weiterhin (in wichtigen sportrelevanten Sachbereichen) eine ungeschriebene Finanzierungszuständigkeit aus der Natur der Sache[341] bzw. kraft Sachzusammenhangs (siehe unten). Der von einer Bund / Länder-Verhandlungskommission erarbeitete Entwurf einer Verwaltungsvereinbarung über die Finanzierung öffentlicher Aufgaben von Bund und Ländern stellt nach Auffassung der Bundesregierung eine zutreffende Verdeutlichung des Verfassungswillens dar und konkretisiert die Finanzierungsbefugnisse des Bundes im gesetzesfreien Raum.[342] Anzumerken ist, daß die entsprechenden Gespräche nicht zu einer politischen Verständigung von Bund und Ländern geführt haben. Die die Zustimmung verweigernden Länder sind der Ansicht, daß das sog. Flurbereinigungsabkommen keine Grundlage für die weitere Bundesförderung darstellen könne. Der insofern noch immer umstrittene Entwurf sieht Finanzierungsbefugnisse des Bundes vor allem für folgende Fallgruppen vor:

- gesamtstaatliche Repräsentation (z.B. Olympische Spiele, Welt- und Europameisterschaften),
- Auslandsbeziehungen,
- gesamtdeutsche Aufgaben (bis zur Wiedervereinigung),
- Förderung von Maßnahmen nichtstaatlicher zentraler Organisationen, die für das Bundesgebiet als Ganzes von Bedeutung sind und durch ein Land allein nicht wirksam unterstützt werden können,
- ressortzugehörige Funktionen.

---

340 Vgl. Steiner, NJW 1991, S.2731, der von einem „Mosaik" spricht.

341 BVerfGE 22, S.180,217 („... Schlußfolgerungen aus der *Natur der Sache* ... begriffsnotwendig sein (müssen) und eine bestimmte Lösung *unter Ausschluß anderer Möglichkeiten ... zwingend erfordern* ... "); vgl. auch Maunz in Maunz/Dürig, GGK, Art. 30 Rdnr.22.

342 Vgl. Siebter Sportbericht, S.22; Maunz in Maunz/Dürig, GGK, Art. 30 Rdnr.14.

Ungeachtet dieser Unstimmigkeiten haben die Sportreferenten von Bund und Ländern, unter Wahrung der unterschiedlichen verfassungsrechtlichen Auffassungen, für Bereiche und Umfang der Sportförderung eine praxisorientierte Abgrenzung als Basis der weiteren Sachbehandlung vorgenommen.[343] Weiterhin: Die angeführte gesamtstaatliche und nationale Repräsentanz nach innen und außen wird durch Athleten wahrgenommen, die dem Bereich des Hochleistungssports zuzurechnen sind. In Anlehnung hieran nimmt der Bund die Förderkompetenz für den Hochleistungssport für sich in Anspruch. Zu Recht?

Stillschweigende Kompetenzen stellen darauf ab, daß der Verfassungsgeber zwar eine abschließende Regelung der Zuständigkeiten angestrebt hatte, der Kompetenzkatalog aber den sich verändernden gesellschaftlichen Bedürfnissen nicht dauerhaft gerecht wird. Nach früherer Rechtsprechung des BVerfG kann die Kompetenz kraft „Sachzusammenhangs" dann reklamiert werden, wenn es sich um eine (dem Bund) ausdrücklich zugewiesene Materie handelt, die nicht geregelt werden könnte, „ohne daß zugleich eine nicht ausdrücklich zugewiesene Materie mitgeregelt wird."[344] Allerdings hat das BVerfG dies später wieder eingeschränkt, indem schon die Eigenart einer Regelungsmaterie[345] oder die enge Verzahnung mit einer Bundeskompetenz[346] als ausreichend zur (Mit-) Regelung durch den Bund angesehen wird. Von daher ist nicht verwunderlich, daß die Zuständigkeitswahrnehmung für den Hochleistungssport durch den Bund mittlerweile allgemein anerkannt wird.[347] Steiner hält dies gar für dessen „Kompetenzglanzstück". Zwar dürfe man die Anerkennung einer solchen Bundeskompetenz als einigermaßen sensationell empfinden, da es bereits die natürlichen Kompetenzen des Bundes im gesamtstaatlichen Kompetenzsystem des Grundgesetzes schwer hätten; die wahrgenommene Förderung des Hochleistungssportes sei aber wegen der gemeinschaftsbildenden Gesamtstaatsprofilpflege vielfach, auch populärpublizistisch, bestätigt.[348] Dieser Aussage ist grundsätzlich zuzustimmen, wenn auch ergänzend darauf hingewiesen werden muß, daß das BVerfG Kompetenzen kraft Sachzusammenhangs dann besonders eng auslegt, wenn Länderkompetenzen berührt sind - und diese Länderzuständigkeiten sind zumindest im Hinblick auf den Kulturstatus des Sports zu erwägen.[349] Eine diesbezügliche Überprüfung (durch das BVerfG) ist bislang nicht erfolgt.

Abgesehen davon läßt sich die Bundeskompetenz Hochleistungssport aber auch aus der sog. Annexkompetenz herleiten. Es handelt sich hierbei um eine Zuweisung, die nicht die Grenzen zugewiesener Kompetenzen überschreitet, sondern innerhalb be-

---

343 Abgedruckt bei Dellmann, Sportförderung (Bund), S.144 (Anhang III.2).

344 BVerfGE 3, S.407,421.

345 BVerfGE 36, S.193,202 ff.,211.

346 BVerfGE 22, S.180,217: „überregionaler Charakter" / „nicht durch ein Land allein zu fördern".

347 So explizit Stern, Grundfragen, S.26; etwas vorsichtiger formuliert von Steiner, NJW 1991, S.2731 („... verfassungsrechtlich wohl nicht mehr ernsthaft bestritten"); Tettinger, Subventionierung, S.33,42; Dellmann, Sportförderung (Bund), S.112.

348 Steiner, NJW 1991, S.2731.

349 Siehe auch Thom, Sportförderung, S.51.

stehender Kompetenzen wirkt und deren Verbreitung und Durchführung betrifft.[350] Wie oben aufgeführt, hat der Bund gemäß Art. 73 Nr.1 GG („auswärtige Angelegenheiten") und Art. 87 I GG („auswärtiger Dienst") für den Bereich der nationalen Repräsentation originäre Zuständigkeiten; hieraus ist eine Annexkompetenz (als Unterfall der Kompetenz kraft Sachzusammenhangs) für Fragen der nationalen Repräsentation durch sportliche Darbietungen ableitbar; *„Annex-Verbandskompetenz"*. Ungeachtet dieser Zuordnung nimmt dennoch nicht etwa das Auswärtige Amt (von Ausnahmen abgesehen - Sportförderung im Rahmen der auswärtigen Kulturpolitik) die Funktion eines ausführenden Organs wahr (im Sinne einer *„Annex-Organkompetenz"* / *„Annex-Ressortkompetenz"*); ausführende und koordinierende Stelle der Bundeszuständigkeit Hochleistungssport ist vielmehr das BMI. Die Bündelung von Zuständigkeiten im Innenressort (auch im Sinne der Übertragung einer Art Richtlinienkompetenz) ist deshalb als sachgerecht zu erachten, da es zur Erzielung größtmöglicher Effektivität[351] eine (z.B. die Mittelvergabe an die Sportverbände) überwachende und koordinierende Stelle geben muß - und hierbei das BMI auf breiter Ebene sachnah fungieren kann. Im übrigen erfolgt die Koordinierungsfunktion des Innenministeriums unbeschadet der sonstigen Ressortzuständigkeiten.[352] Die vom BMI zu betreuende Infrastruktur basiert auf einem Netz von 15 Olympiastützpunkten,[353] 27 Bundesleistungszentren, 66 Landesleistungszentren mit Bundesnutzung und 179 Bundesstützpunkten.[354] Seine Aufgabenwahrnehmung erstreckt sich weiterhin auf die Belange des leistungsbezogenen Behindertensports, von Sportmedizin und Sportwissenschaft, des Sportstättenbaus, auf den Sport im Bundesgrenzschutz und die internationalen (Sport-) Angelegenheiten.[355]

Ergänzend ist anzumerken, daß die Wahrnehmung der „Bundeskompetenz Hochleistungssport" bislang nicht zu einer entsprechenden Gesetzgebung geführt hat.[356] Vielmehr erfolgt die Vergabe der Fördermittel nach wie vor auf der Grundlage all-

---

350 Maunz in Maunz/Dürig, GGK, Art. 30 Rdnr.26; Gubelt in von Münch, GGK, Art. 30 Rdnr. 15.

351 Ob diese bei den bestehenden Strukturen immer erreicht wird, sei dahingestellt.

352 Wie in Fn.92 bereits angedeutet, sind neben dem BMI noch (zwölf) weitere Ministerien mit Fragen des Sports befaßt; vgl. im einzelnen: Siebter Sportbericht, S.39, Achter Sportbericht, S.27,28 (14 Ressorts für die Zeit ab 1990) bzw. Zusammenstellung bei Madl, Unternehmen, S.138,139.

353 ... die bis 1990 allerdings nur zum Teil errichtet waren. Ziel des Stützpunktsystems ist es, in Kooperation mit der Wirtschaft den Athleten u.a. personell gut ausgestattete Service-Stationen zu bieten; bzgl. Struktur und Grundlagen der Olympiastützpunkte wird sowohl auf eine entsprechende Analyse des BAL (Bundesausschuß Leistungssport) aus dem Jahre 1992, als auch auf die Abhandlung unten bei § 4.III.4.d.bb, Ziffer (1) verwiesen.

354 Siebter Sportbericht, S.41.

355 Es wird im übrigen in dieser Arbeit darauf verzichtet, alle Bereiche aufzulisten, in denen der Bund eine Fördertätigkeit entfaltet; stattdessen wird auf die seit 1970 erstellten Sportförderberichte der Bundesregierung verwiesen. Diese enthalten eine Zusammenstellung der Grundsätze staatlicher Förderpolitik und eine Bilanz der Sportförderung. Auf die Leistungssportförderung wird bei der Abhandlung des DSB (unten § 4.III) noch gesondert eingegangen.

356 Wie eingangs (bei § 4.II) bereits erwähnt, findet der Sport weder Erwähnung in der Verfassung noch gibt es eine (Bundes-) Sportgesetzgebung.

gemeiner Verwaltungsvorschriften (Richtlinien) - begründet mit dem Vorteil größerer Flexibilität und rascherer Anpassung an sich wandelnde Verhältnisse. Ausdruck dessen ist das Leistungssportprogramm des BMI (Richtlinie), in dem u.a. der Bereich Förderung nebst anzuwendender Kriterien niedergelegt ist.[357]

In diesem Zusammenhang ist zu fragen, ob, trotz Fehlens einer ausdrücklichen Vorgabe des Grundgesetzes, eigentlich eine Normierung durch Parlamentsgesetz erfolgen müßte.[358] Der Parlamentsvorbehalt bedeutet einen durch das Delegationsverbot gesteigerten bzw. verschärften allgemeinen Gesetzesvorbehalt. Mit der Rechtsprechung des BVerfG ist davon auszugehen, daß ein Parlamentsgesetz nur für wirklich grundlegende und wesentliche Lebensbereiche vorzusehen ist. Neben den Kodifikationen des Zivil- und Strafrechts sind die Bedingungen der Ordnung, Sicherheit und Wirksamkeit des Staates sowie des Daseins nebst der Entfaltungsmöglichkeiten seiner Bürger zu nennen.[359] Hieran gemessen, bedarf die Materie „Förderung des Hochleistungssports" keiner gesetzlichen Regelung.

Wenn man das angesprochene kompetenzrechtliche Aufbegehren der Länder vernachlässigt, ist im übrigen einzuräumen, daß der Bund, rein praktisch gesehen, für alle Bereiche der Bundesförderung auf einen weitgehenden Konsens verweisen kann.[360] Fraglich ist hierbei nur, in welcher Ausdehnung er beispielsweise Aktivitäten im Umfeld des Hochleistungssports entfalten darf, ohne dieses Einvernehmen mit den Ländern zu gefährden. Der Bund, dauerhaft am Konsens interessiert, scheint seine Antwort schon gefunden zu haben, indem er betont, künftig für seine Zuständigkeiten strenge Maßstäbe anzulegen und sich aus Randbereichen zurückzuziehen.[361] Da dem Sport aber immer neue Bereiche zuwachsen, sind zumindest

---

357 Abgedruckt im Siebten Sportbericht, Anhang 2.

358 Orientiert an der „frühen" Rechtsprechung des BVerfG wäre diese Frage nicht zu problematisieren, da hierin ein Gesetzesvorbehalt für die Zuständigkeiten und das Verfahren der leistungsgewährenden Verwaltung verneint wurde (BVerfGE 8, S.155 ff.,166); später wurde die Frage des Vorbehalts des Gesetzes für die Leistungsverwaltung offengelassen (BVerfGE 33, S.303 ff.,337). Heute ist es ständige Rechtsprechung, daß der Gesetzgeber verpflichtet ist, unabhängig vom Merkmal eines „Eingriffs", in grundlegenden normativen Bereichen alle wesentlichen Entscheidungen selbst zu treffen (vgl. BVerfGE 49, S.89 ff.,126).

359 Vgl. Stern, Staatsrecht II, § 37 I.4.b.

360 Unter der Prämisse, daß ungeachtet aller Überlegungen zur Begründung einer Bundeszuständigkeit dennoch originäre Länderkompetenzen betroffen wären, ließe sich der angeführte Konsens (im Sinne einer politischen Absprache) auch als eine Variante des sog. kooperativen Föderalismus einstufen (mit einer Übertragung punktueller Länderkompetenzen auf den Bund). Die administrative Zusammenarbeit der Länder wird (obwohl häufig praktiziert) vom Grundgesetz weder verboten noch ausdrücklich erlaubt; sie ist Ausdruck des dem Bundesstaatsprinzips immanenten Grundsatzes, daß die Länder ihre Kompetenzen eigenständig ausüben dürfen (Grenze: Gemeinschaftliche Erledigung aller oder fast aller Aufgaben, da hier eine zweite Bundesebene entstehen würde). Es ist nicht ersichtlich, warum im Einzelfall die Zusammenarbeit nicht dergestalt ausgeübt werden sollte, daß dem Bund für eine bestimmte Materie die Administration übertragen wird. Vgl. zum kooperativen Föderalismus Stern, Staatsrecht II, § 41 IV.9.

361 Vgl. hierzu insbesondere den Fünften Sportbericht, S.12, in dem sich die Bundesregierung mit der Kritik des Bundesrates auseinandersetzt.

dort künftig Konflikte zu erwarten, wo das Terrain neu sondiert und abgesteckt werden muß.

Neben der (spektakulären[362]) unmittelbaren Förderung ist die mittelbare Förderung anzusprechen. Zu erwähnen ist insbesondere der Bereich der mittelbaren Förderung von Sportvereinen. Hierbei steht ein viel größeres Finanzvolumen in Rede, als dies bei der unmittelbaren Förderung der Fall ist. Bedeutsam sind Fragen des Gemeinnützigkeitsrechts (Gemeinnützigkeit als Voraussetzung zur Gewährung von Steuervorteilen, §§ 14, 51-69 AO),[363] des Körperschaftsteuer-, Gewerbesteuer- und Umsatzsteuerrechts.[364] Mit der zunehmenden Kommerzialisierung des Sports und der Übernahme vielfältiger sozialer Aufgaben durch die Vereine ist bei diesen ein stark gestiegener Finanzbedarf hervorgetreten.[365] Folge ist, daß bei den meisten Sportvereinen die klassischen Finanzierungsformen (z.B. über Mitgliederbeiträge) zugunsten wirtschaftlicher Aktivitäten mehr und mehr zurückgedrängt werden. Als Teilnehmer des Wirtschaftslebens stehen sie dann in Konkurrenz zu gewerblichen Unternehmen und gefährden ggf. ihre Gemeinnützigkeit. Der Berufssport / bezahlte Sport wirft diesbezüglich besondere Probleme auf.[366] Diese hier nicht zu vertiefenden Problemstellungen sind (zum Teil) in einem Gesetzespaket aufgegriffen worden; Vereinsfördergesetz, seit 01.01.1990 in Kraft.[367] Hierin wird u.a. bestimmt,

---

362 Die zur Förderung des Hochleistungssports bereitgestellten Beträge (in dreistelliger Millionenhöhe) sind „schlagzeilenträchtig“ und „geistern“ zumindest zu Zeiten der Beratung des jeweiligen Haushaltsansatzes regelmäßig durch die Presselandschaft.

363 Zu den Voraussetzungen der Gemeinnützigkeit siehe Pfister/Steiner, Sportrecht, S.66 ff.

364 Bei den Steuervergünstigungen für Sportvereine sind (z.B.) anzusprechen:
- die Besteuerungsgrenze für steuerpflichtige wirtschaftliche Geschäftsbetriebe,
- der Zweckbetrieb sportliche Veranstaltungen,
- der erniedrigte Körperschaftssteuersatz,
- der Freibetrag bei der Körperschaftssteuer,
- der erniedrigte Steuersatz bei der Umsatzsteuer,
- der Freibetrag beim Gewerbeertrag usw.

Die Möglichkeit der Spender, ihre Zuwendungen an (gemeinnützige) Sportvereine steuerlich absetzen zu können, bzw. die den Vereins-Übungsleitern gewährte steuerfreie Aufwandsentschädigung (bis zur Höhe von 2.400,- DM - § 3 Nr.26 EStG) sind weitere Vergünstigungen, die (indirekt) auch den Vereinen zugute kommen. Anzumerken ist allerdings, daß sportliche Spenden(zwecke) gegenüber anderen Spendenzwecken (kirchliche, mildtätige ... vgl. § 10 b EStG) benachteiligt sind und die Übungsleiterpauschale seit ihrer Einführung nie (z.B. inflationsbedingt) angepaßt worden ist.

365 Gemeint ist sowohl die Vermarktung des Spitzensports wie auch die „Kommerzialisierung von unten“ - diejenige des Breitensports, vgl. Rittner, Interessenobjekt, S.165.

366 Zu nennen ist z.B. der Problemkomplex des sogenannten Nebenzweckprivilegs. Hiermit ist gemeint, daß der wirtschaftliche Geschäftsbetrieb eines (Ideal-) Vereins (im Rahmen seiner ideellen Zwecksetzung) nur Nebenzweck sein darf, mithin dem ideellen Hauptzweck untergeordnet sein muß. Die wirtschaftliche Tätigkeit der Vereine der (exemplarisch zu benennenden) Fußball-Bundesliga dürfte den Bereich des durch das Nebenzweckprivileg Zulässigen wohl bereits deutlich überschritten haben; neben der möglichen Folge (eines Verlustes der Rechtsfähigkeit) droht hier auch der Entzug des Gemeinnützigkeitsstatus, da die Förderung des Berufssports kein förderungswürdiges gemeinnütziges Ziel ist (vgl. hierzu Fuhrmann, SpuRt 1-2/95, S.12 ff.).

367 Das Gesetz zur Verbesserung und Vereinfachung der Vereinsbesteuerung vom 18.12.89 beinhaltete Änderungsvorschriften z.B. zum EStG, UStG, KStG bzw. zur AO.

daß die (teilweise) Förderung des bezahlten Sports für die Gemeinnützigkeit eines Sportvereins unschädlich ist.[368] Auf dem Weg zur Novellierung mußten zahlreiche Widerstände ausgeräumt werden; z.B. hatte eine vom BMF eingesetzte unabhängige Sachverständigenkommission (zur Prüfung des Gemeinnützigkeits- und Spendenrechts) für die Abschaffung von Steuervorteilen votiert. Die dann beschlossene, dem Gutachten zuwiderlaufende Gesetzesfassung stellte eine nachhaltige Entlastung für das Gros der Vereine dar.[369]

dd) Sportförderung in den Bundesländern

Oben wurde bereits festgestellt: Mit Ausnahme der spezielleren Bundeszuständigkeiten besitzen die Länder eine umfassende Sportkompetenz, die sich strukturell auf Leistungs-, Breiten- und Freizeitsport, also auf alle Bereiche des Sports, erstreckt.[370] *Aber:* Das „Kompetenzszenario" wird durch kommunale Zuständigkeiten weiter „bereichert"; die Grenzen zwischen kommunaler und Landesverantwortung sind hierbei fließend. *Grundsatz:* Die Länder werden nur in den Bereichen aktiv, in denen die Kommunen insbesondere aufgrund ihrer finanziellen Möglichkeiten nicht tätig werden können; dies bezieht sich z.B. auf überregional bedeutsame Sportanlagen oder überregionale Veranstaltungen. Insofern gilt im Hinblick auf die kommunale Allzuständigkeit gemäß Art. 28 II GG eine ähnliche Relation wie im Verhältnis Bund / Land. Diese „Doppelabgrenzung" ist ständig präsent zu halten.[371]

Neben der (punktuellen) Spitzensportförderung nehmen die Länder insbesondere Aufgaben im *Breitensportbereich* wahr. Sie legen dort ihren traditionellen Schwerpunkt auf den Sportstättenbau, den Schul- und Hochschulsport sowie die Förderung von Sportorganisationen (in institutioneller und projektmäßiger Hinsicht).[372] Ferner werden besondere Zielgruppen „bedient".[373]

Soweit bisher zu ersehen war, ist der bei weitem wichtigste Aspekt sportlicher Aufgabenwahrnehmung derjenige der Sport*förderung*. Diesen Förderaspekt aufgreifend haben sich in den einzelnen Bundesländern völlig unterschiedliche Förder-

---

368 Die Kollisionen mit dem in Fn.366 angesprochenen Nebenzweckprivileg sind hiermit allerdings nicht beseitigt.

369 Der DSB hatte sich entschieden gegen die Inhalte des Gutachtens (vom 24.03.88) zur Wehr gesetzt. Die diesbezügliche Argumentation ist bei Gieseler, DSB-Sport, auf den Seiten 33 ff. abgedruckt. Nach nunmehr fünf Jahren seiner Existenz (1995) sollte „das Gesetz" auf eventuelle Schwachstellen überprüft werden (so E.Nelle, Vorsitzender des Bundestags-Sportausschusses, DSB-Presse Nr.50-52 vom 20.12.94).

370 Im Hinblick auf diese geteilte „Kompetenzlandschaft" (im Vergleich zur umfassenden Zuständigkeit von Bundesfachverbänden und des DSB) spricht Steiner, NJW 1991, S.2731 deshalb auch von einer Asymmetrie zwischen der Ordnung der staatlichen Sportkompetenzen und der gesellschaftlichen Sportorganisation.

371 Auf das Spektrum kommunaler Sportbefassung wird nachfolgend ee) eingegangen.

372 Schmidt, Sportförderung i.d. Bundesländern, S.152; das Fördervolumen der deutschen Bundesländer belief sich im Jahre 1990 auf rund 1,2 Mrd. DM, Weber, Wirtschaftliche Bedeutung, S.50.

373 Z.B. Behinderte, Ausländer, Aussiedler, Strafgefangene, Rehabilitanden.

strukturen entwickelt.[374] Im Interesse einer chancengerechten Behandlung vergleichbarer Tatbestände haben einige Bundesländer Sportfördergesetze erlassen.[375] In den meisten anderen Ländern erfolgt eine Förderung auf Basis einfacher ministerieller Richtlinien.

Fraglich ist, ob aus der gesetzlichen Grundlage (neben dem Gleichbehandlungsaspekt) auch eine materielle Besserstellung erwächst - etwa im Sinne eines (einklagbaren) Leistungsanspruchs des Sports. Dies ist mit dem Hinweis darauf zu verneinen, daß die jeweiligen Fördergesetze unter dem Vorbehalt stehen, daß finanzielle Leistungen aufgrund dieser Gesetze nur im Rahmen der jährlichen Haushaltsgesetze (die die Haushaltspläne festlegen) umzusetzen sind. Der Haushaltsplan einer Gebietskörperschaft als solcher stellt die Einzelheiten nachvollziehbar dar, entfaltet jedoch keine Verbindlichkeit nach außen.[376] Selbst wenn also durch Benennung eine Sportorganisation zur konkreten Förderung ansteht, wird hierdurch kein Rechtstitel erzeugt. Verbindlichkeit erwächst aus dem Haushaltsplan nur nach innen, d.h. die Verwaltung wird hieran gebunden. Gleiches gilt für auf Grundlage der Gesetze erlassene detaillierte Verwaltungsvorschriften zur Regelung der Sportförderung. Dem steht auch nicht entgegen, daß z.B. das Sportfördergesetz in Rheinland-Pfalz vorsieht, daß die Nutzung staatlicher / kommunaler Sportanlagen im Lande für die Vereine und Verbände kostenfrei erfolgen kann; eine direkte Mittelausschüttung erfolgt hierdurch nicht, lediglich wird eine „Ersparnis“ verbrieft.[377]

Die öffentlichen Hände sind nicht verpflichtet, alle Sportarten zu berücksichtigen oder gleichmäßig zu fördern, jedoch gebietet Art. 3 I GG die willkürliche Versagung von Subventionen. Demnach sind Differenzierungen in der Förderung an das Postulat sachlicher Gründe geknüpft (Anspruch auf ermessensfehlerfreie Behandlung).[378] Die Beachtung des Gleichheitsgrundsatzes ist anhand der Umstände zu überprüfen, die im einzelnen als gleich bzw. als ungleich gewertet wurden. Kritisch zu betrachten ist hierbei die (im Sinne von § 36 II VwVfG / Bund) zur Zuwendungsbedingung erhobene Mitgliedschaft in einem Landesfachverband, in einem LSB oder dem DSB. Durch Aufstellung derartiger Fördervoraussetzungen wird zwar der Gedanke der partnerschaftlichen Zusammenarbeit mit den Verbänden betont und deren Stellung gestärkt, jedoch sollte es grundsätzlich dem einzelnen Verein überlassen bleiben, ob und wie er auf Landes- bzw. Bundesebene organisiert sein will; die aus Art. 9 I GG abzuleitende verfassungsrechtliche Garantie der negativen Vereinigungsfreiheit, also das Recht, sich nicht an einer Vereinigung zu beteiligen, könnte ansonsten unterlaufen werden. Jedoch wird hiervon erst im Falle einer faktischen Zwangsmitgliedschaft zu sprechen sein, dann also, wenn die Frage der Förderung so bedeutsam geworden ist, daß dem Förderungswilligen faktisch

---

374 Vgl. Übersicht zur Sportförderung der einzelnen Bundesländer bei Reschke, Sportrecht II, Gruppe 53 Rdnrn.1 ff.

375 Siehe z.B. Sportfördergesetze in Rheinland-Pfalz (ältestes - seit 01.01.75) oder Bremen (vom 29.07.76).

376 Normiert u.a. in § 3 II BHO; siehe hierzu auch Tettinger, Subventionierung, S.52.

377 Vgl. Schmidt, Förderformen, S.21.

378 Reschke, Sportrecht I, Erläuterungen III S.37; Tettinger, Subventionierung, S.52.

nichts anderes übrig bleibt, als seine Mitgliedschaft zu beantragen. Problematisch wird dies insbesondere dann, wenn es um den Einlaß in einen Monopolverband geht, der nicht zur Aufnahme des potentiellen neuen Mitgliedes bereit ist.[379] Hierauf ist unten (bei § 4.III.4.b) noch zurückzukommen. *Fazit in Anbetracht obiger Bedenken:* Auch wenn übergeordnete Sportorganisationen die Kriterien für eine öffentliche Sportförderung wohl zumeist optimal erfüllen, und die Mitgliedschaft hierin insofern ein geeigneter Ansatzpunkt sein kann, ist bei Nicht-Mitgliedschaft die Förderung gemäß Art. 3 I GG nicht einfach abzulehnen, sondern dann ist in eine Einzelfallprüfung einzutreten, ob dennoch Förderungswürdigkeit besteht.

Zurück zum Ausgangspunkt: Wenn aus den Sportfördergesetzen auch keine unmittelbaren Ansprüche ableitbar sind, so eignen sie sich doch sehr gut zur Normierung anderer Grundsätze; so kann dort die unentgeltliche Nutzung öffentlicher Sportanlagen, die Absicherung einer funktionierenden Sportmedizin, die gesetzliche Beschreibung der Funktionen von anerkannten Sportorganisationen usw. Platz greifen. Pauschal läßt sich sagen, daß die Fördergesetze in erster Linie Ordnungsfunktionen erfüllen.[380] Lediglich ergänzend ist zu erwähnen, daß auch aus sonstigen Normierungen keine pekuniären Verpflichtungen der öffentlichen Hand für den Sport herleitbar sind; insbesondere gewähren die Art. 2 I, 9 I und 12 I GG kein Leistungsrecht dieser Art.[381]

ee) Sportförderung der Gemeinden

Wie oben bereits angeklungen, ist unbestritten, daß die Sportförderung der Gemeinden in ihrem bundes- und landesverfassungsrechtlichen Auftrag mitenthalten ist, die Angelegenheiten der örtlichen Gemeinschaft zu regeln.[382] Hierbei muß ergänzend hervorgehoben werden, daß der Sport *keine kommunale Pflichtaufgabe* ist, sondern nur im Rahmen der freiwilligen Leistungen Berücksichtigung findet. Auf der Grundlage kommunaler Haushaltspläne (und teilweise spezieller Förderrichtlinien) umfassen die Gemeindeaktivitäten das gesamte sportliche Spektrum mit einer Vielzahl von Organisations-, Sach- und Finanzhilfen.[383] [384] Im Mittelpunkt stehen

---

379 Tettinger, Subventionierung, S.53.

380 Wenn § 2 I des Sportfördergesetzes (Bremen) dem Sport „Anspruch auf Förderung durch Staat und Gesellschaft" zubilligt, so ist damit nur programmatisch die öffentliche Aufgabe der Sportförderung angesprochen.

381 Steiner, NJW 1991, S.2733 führt hierzu aus, daß der Sport durch das Abwehrrecht des Art. 9 I GG dort „stark" sei, wo er dieser Stärke gar nicht bedürfe. Denn der rechtliche faßbare Staatseingriff in die Autonomie des Sports sei im freiheitlichen System der Bundesrepublik eher theoretischer Natur - die Begrenzung öffentlicher Sportförderung sei die eigentliche juristische Herausforderung. Diese verlange verfassungsrechtliche Offensivkräfte, mit denen das Grundgesetz den Sport aber nicht ausgestattet habe.

382 Blank, Sportförderung der Gemeinden, S.177; Steiner, DÖV 1983, S.178.

383 Die Netto-Sportförderung der Kommunen belief sich im Jahre 1990 auf rund 5,5 Mrd. DM, Weber, Wirtschaftliche Bedeutung, S.50,51.

384 Zu den verschiedenen kommunalen Fördermaßnahmen bzw. zum Zuschußwesen siehe Klein, Organisationsleiterhandbuch, Kapitel IV.1 S.6,7 bzw. IV.2 S.1,2; Tettinger, Subventionierung, S.39; Digel, Sportverwaltung, S.66; Schmidt, Förderformen, S.19-22.

die öffentliche Vereinsförderung sowie, damit in Zusammenhang stehend, der Bau und Unterhalt von Sportstätten (die den Vereinen zumeist unentgeltlich überlassen werden). Hierzu ist anzumerken, daß im Jahre 1960 der sog. „Goldene Plan" von DOG und DSB vorgelegt worden ist, der die systematische Errichtung von Sport-, Spiel- und Freizeitanlagen vorsah. Dieser Plan wurde zur Richtschnur kommunaler Sportpolitik.[385] Bis Ende der 70er Jahre erfolgte in Übereinstimmung mit seinen Vorgaben eine kontinuierliche Realisierung.[386] Die Länder beteilig(t)en sich am Sportstättenbau durch entsprechende Zuschüsse.

Die kommunale Sportförderpolitik zielt primär auf die Vereine. Der mitunter intensiven Förderung steht in der Regel aber auch ein ähnlich ausgeprägtes ehrenamtliches Engagement gegenüber, so daß ein ordnungspolitisch akzeptables Verhältnis von Eigenleistung und öffentlicher Hilfe vorliegt; diese Form der Kooperation bewirkt eine nachhaltige Hilfe für den Vereinssport. Sie beeinträchtigt aber auch die Freiheit des Sportes insofern, als die Einwirkungen auf die Förderungsempfänger zunehmen, wenn die geförderten Maßnahmen sich in das allgemeine Gemeindekonzept einfügen. Oftmals werden Förderbescheide erst dann wirksam, wenn der Förderungsempfänger sein Einverständnis mit den zugrunde gelegten Bedingungen erklärt hat;[387] so kann z.B. die Mitgliedschaft in einem bestimmten übergeordneten Sportverband zur Bedingung erhoben werden (s.o).

ff) Zusammenfassung

Die öffentliche Aufgabe Sportförderung wird durch Bund, Länder und Gemeinden zwar umfassend, regelmäßig aber nur aufgrund genereller, seltener aufgrund spezieller Zuweisung wahrgenommen. Es gibt überlappende Zuständigkeiten, die aber auch nicht zu vermeiden sind, da mitunter an Sachgesichtspunkte anzuknüpfen ist, die gar nicht sportspezifisch sind (und gegebenenfalls nur mittelbare Auswirkungen haben). Das System der westdeutschen Sportförderung ist von daher in sich durchlässig, was Nachteile hat und mitunter zu Reibereien führt,[388] funktioniert aber (bislang) im großen und ganzen. Mit ein Grund hierfür dürfte sein, daß Sportkompetenzen schwerpunktmäßig Sportförderkompetenzen, also Finanzierungskompetenzen sind. Das „Wer regelt, bezahlt"-Prinzip bewirkt, daß eventuelle Profilierungsneurosen und Ressortegoismen nur eingeschränkt ausgelebt werden.

---

385 Digel, Sportverwaltung, S.66.

386 Schmidt, Förderformen, S.19,20; *Anmerkung:* Dieses effektive Modell (so Digel, Sportverwaltung, S.66) animierte dazu, nach der Wiedervereinigung eine Fortsetzung zu finden - insofern wurde der „Goldene Plan Ost" ins Leben gerufen (vgl. Memorandum des DSB); dessen Realisierung steht allerdings noch aus (mehr hierzu unten bei § 8.III).

387 Vgl. Pfister/Steiner, Sportrecht, S.191,192, die verschiedene Auflagen und Bedingungen aufzeigen. Die an freiheitsbeschränkende Maßnahmen geknüpfte Vergabe von Fördergeldern wird unter dem Aspekt „Goldener Zügel" im nachfolgenden Kapitel (§ 4.II.3) ausführlich angesprochen.

388 Digel (Sportverwaltung, S.67) beklagt z.B., daß die Forschungsmöglichkeiten des BISp vornehmlich auf Belange des Hochleistungssports ausgerichtet sind - andere Bereiche würden aufgrund ungeklärter Zuständigkeiten vernachlässigt; siehe auch Fn.392.

3. Verhältnis Sport und Staat / Verhältnis Sport und Wirtschaft

In wechselnden Regierungserklärungen und Sportberichten der Bundesregierung ist jeweils nachzulesen, daß auch weiterhin der Förderung des Sports besondere Aufmerksamkeit gewidmet werde, ohne den Grundsatz zu vernachlässigen, den Sport von staatlicher Bevormundung freizuhalten. Dieser einführende Satz weist bereits darauf hin, daß nach Definition der politischen Führung sowohl die staatliche Förderung als auch die Unabhängigkeit des Sports tragende Säulen des wechselseitigen Verhältnisses sein sollen. Grundlage dessen ist, so bringen es z.B. der siebte und achte Sportbericht der Bundesregierung bereits auf den jeweils ersten Seiten zum Ausdruck, „daß der Sport und die ihn tragenden Sportorganisationen ... in der Bundesrepublik Deutschland zu den stabilisierenden und wertevermittelnden Institutionen des gesamten Staatswesens gehören." Als Beispiele hierfür werden z.B. die Leistungen des Sports in den Bereichen Gesundheitsvorsorge, Gesundheitserziehung und Rehabilitation genannt. Der Sport vermittle und lehre Einstellungen, die abstrakt nur unvollkommen lehrbar seien, er biete die Möglichkeit zur Identifikation, ermögliche lokale und nationale Repräsentation. Sport stehe für Prinzipien wie Leistung, Wettbewerb und Chancengleichheit. Wichtigster Träger des Sports (und seiner Prinzipien) seien die Vereine. Sie gehörten zu den wertebildenden und weitervermittelnden Institutionen, in denen lebendige Demokratie praktiziert werde.

Die Liste von Leistungen und Prädikaten der somit positiv hervorgehobenen Sportbewegung ließe sich weiter verlängern[389] - um eine Quintessenz herauszufiltern, reicht aber bereits diese Auswahl: *Der Staat und seine wichtigsten Vertreter akzeptieren die gesellschaftspolitische Bedeutung des Sports.*

Die Anerkennung seines hohen gesellschaftspolitischen Ranges wird (naturgemäß) von seiten der Sportbewegung begrüßt. Zugleich fordert sie aber, daß die staatlichen Instanzen (endlich) dafür Sorge tragen mögen, daß die notwendigen stabilen rechtlichen und sachlichen Voraussetzungen der Sportausübung geschaffen werden. Nicht jeder Haushaltsengpaß dürfe dazu führen, daß obige Erkenntnis ins zweite Glied rücke - in der Bildungs-, Gesundheits-, Sozial- und Steuerpolitik bestehe zudem immer noch ein erheblicher Nachholbedarf.[390] Versuche staatlicher Hilfestellungen hätten in der Vergangenheit oftmals in größere Bürokratie gemündet, so daß die „bürokratischen Fesseln" vergangener Tage heute dazu führten, daß man solchen Regelungsversuchen nunmehr mit Skepsis gegenüberstehe. Der Gefahr einer Überforderung des ehrenamtliches Apparates müsse begegnet werden, staatliche Regelungen müßten zumindest sportverträglich sein.[391] Die Kurzanalyse hier lautet: *Der Sport ist sich der staatlichen Wertschätzung bewußt, fordert aber deren sachgerechte Ausgestaltung.*

---

389 Siebter Sportbericht, S.14-17; Achter Sportbericht, S.15-17.

390 Gieseler, DSB-Sport, S.4.

391 Vgl. zu diesem Komplex die jeweiligen Lageberichte der DSB-Präsidenten in den Berichten zum DSB-Bundestag, z.B. in Deutscher Sportbund 1986 - 1990, S.102 ff. (Zitat W. Weyer: „Von Worten allein kann keiner satt werden").

So könnte auch ein *Zwischenfazit* lauten: Grundsätzlicher Konsens von Staat und Sportbewegung bei der Einordnung der gesellschaftlichen Position des Sports, gewisse Mißklänge hinsichtlich der gesellschaftspolitischen Umsetzung.[392]

Die Bundesregierung läßt sich nach eigener Aussage bei der Sportförderung von den bereits angesprochenen Grundsätzen von Autonomie und Subsidiarität leiten und betont zudem die partnerschaftliche Zusammenarbeit mit den Sportorganisationen. Was bedeutet ***Partnerschaft*** in diesem Zusammenhang? Zunächst einmal ist festzuhalten, daß es sich um ein politisches Prinzip handelt, ohne eigentlichen verfassungsrechtlichen Gehalt.[393] Es wird hiermit zum Ausdruck gebracht, daß die einzelnen Teile der Sportbewegung nicht unmittelbar in das Staatsgefüge (in den Verwaltungsaufbau) integriert sind; es handelt sich (wie aufgezeigt) um außerhalb dieser Strukturen stehende Verbindungen, die ebenso wie der Staat als Teilhaber eines gemeinsamen Ganzen fungieren. Trotz dieser beiderseitigen „Teilhaberschaft" sind partnerschaftliche Verhältnisse nur schwierig zu realisieren, da eine Beziehung in diesem Sinne a priori voraussetzen würde, daß kein Partner „allmächtig" ist, da andernfalls eine Ohnmacht des anderen Partners entstünde.[394] Annähernd gleiche Stärkeverhältnisse sind zwischen Staat und Sport aber *nicht* zu erzielen - in Betracht kommt lediglich, unter der Maxime der Subsidiarität, ein partnerschaftlich ausgerichtetes Verhältnis von *vorrangig und nachrangig* Agierenden; Agierende von seiten der Sportbewegung sind, in organisatorischer Hinsicht, primär die (zumeist) ehrenamtlichen Funktionäre. Je besser der Sport in die Lage versetzt wird, diese (ehrenamtlichen) Helfer zur Mitwirkung in seiner Bewegung zu veranlassen, z.B. durch die staatliche Bereitstellung von Anreizen materieller und immaterieller Art, umso besser kann der Sport eine aktive Rolle in der Gesellschaft spielen.[395] Eine entsprechende Initiativkraft ist aber nicht alleine durch Anreizwirkungen zu erzie-

---

392 Mißklänge, politische Ungereimtheiten o.ä. sind (neben einem gewissen Maß an Harmonie) ständige Wegbegleiter des Verhältnisses von Staat und Sport; besonders sensibel sind die Bereiche, in denen Entscheidungsbefugnisse des Staates den Sport machtlos stellen (z.B. Besetzung der BISp-Direktorenposition).

393 Steiner, BayVBl 1995, S.419.

394 Vgl. W.Weyer in Deutscher Sportbund 1986 - 1990, S.103: „Nie war die staatliche Exekutive mächtiger als heute". Diese schon einige Jahre zurückliegende Aussage ist nach wie vor aktuell.
Die Wachsamkeit der Sportbewegung ist stets gefordert, wie das Beispiel des LSB Saarland beweist (Körperschaft des öffentlichen Rechts - vgl. Fn.99): Die neue Rechtsgrundlage für den LSB (Landesgesetz statt Verwaltungsverordnung) beinhaltet die Rechtsaufsicht des Landes über die Sportorganisation; insoweit keine Beanstandung. Im Vorfeld der Verabschiedung wurde jedoch auch der Ansatz diskutiert, das Land eine *Fachaufsicht* über den LSB ausüben zu lassen. Hiermit wäre ein klarer Eingriff in die Selbstverwaltungsbefugnis des Sports verbunden gewesen, die Grundsätze von Autonomie und Partnerschaft wären massiv beeinträchtigt worden; der Plan wurde schließlich aufgrund nachhaltiger Interventionen seitens des LSB aufgegeben; vgl. Saarbrücker Zeitung vom 18.11.95.

395 In materieller Hinsicht kommen z.B. steuerliche Anreize oder die Einbeziehung ehrenamtlicher Tätigkeiten in die Rentenberechnung in Betracht; ein immaterieller Vorteil wäre z.B. in der Möglichkeit zu sehen, den (Wehr-) Ersatzdienst auch durch langjährige ehrenamtliche Tätigkeit ableisten zu können.

len (der ehrenamtliche Bereich versteht sich nicht als „zweiter Arbeitsmarkt"). Mindestens genauso wichtig ist es, daß sich die Helfer für den Sport begeistern können, daß sie in der Lage sind, das Bewußtsein zu entwickeln, aus eigenem Antrieb in einer freien Bewegung mitzuwirken, zur Teilnahme hieran nicht gezwungen zu sein. Die Autonomie des Sports ist insofern ein wesentliches Motiv zur Eigenleistung. Ein unfreier Sport, dessen Linienführung durch das „staatliche Gängelband" bestimmt wird, vermag freiwillige Helfer nicht zu motivieren;[396] die Verknüpfung des Begriffes „Partnerschaft" mit den Begrifflichkeiten „Subsidiarität" und „Autonomie" wird insofern deutlich.[397]

Fazit insoweit: Partnerschaftliches Zusammenwirken (wie vorstehend definiert) bedeutet, die freiheitlichen Kräfte des Sports (und damit die Stärkeverhältnisse) zu bewahren, indem die (sportliche) Handlungsfreiheit durch regulierende Maßnahmen und Einmischungen nur sparsam[398] eingeschränkt wird. Das Miteinander beider Partner lebt von einer selbstbewußten Sportbewegung, die sich gleichzeitig zur politischen Mitverantwortung bekennt. Da regelmäßig kein Leistungsanspruch des Sports gegenüber dem Staat besteht,[399] der Staat aber ein Interesse an einer starken Sportbewegung als Stütze der Gesellschaft besitzt, ist die Aufrechterhaltung der Partnerschaft auch durch Fördermaßnahmen politisch aber nicht juristisch geboten.

Den bisherigen Ausführungen - innere Angelegenheiten des Sports betreffend - war stets das Gebot staatlicher Zurückhaltung zu entnehmen. Diese Zurückhaltung kann in ein aktives Handeln, eine Inpflichtnahme des Sports übergehen, sobald der *fördernde* Staat erkennen muß, daß ein von ihm festgestelltes (gravierendes) sportinternes Regelungsbedürfnis von den Sportorganisationen nicht hinreichend in Angriff genommen wird. Gemäß der Politik des „Goldenen Zügels" wird in einem solchen Fall die weitere Zuwendung von Fördermitteln davon abhängig gemacht, daß der organisierte Spitzensport geeignete Schritte zur Bewältigung der Aufgabe einleitet oder sich zumindest bestimmten Vorgaben unterwirft;[400] geschieht dies nicht,

---

396 Kernproblem des „Staatssports" einer Diktatur - hier ist allenfalls mit der Hilfe der „Parteigänger" zu rechnen, bzw. kann, wie im Fall der DDR noch zu sehen sein wird, durch Ausübung von sozialem Druck auf die Mitarbeit in Organisationen hingewirkt werden (z.B. in Massenorganisationen). Das Mitglied wird dann z.B. qua Statut zu „freiwilliger Tätigkeit" angehalten.

397 Hierauf Bezug nehmend sind die fortwährenden Bekundungen z.B. der Bundesregierung zu verstehen, daß man das große ehrenamtliche Engagement der Mitarbeiter und Helfer des Sports sowie deren zeitliches und finanzielles Engagement anerkenne und man bei der Bewältigung der entsprechenden Aufgaben flankierende Hilfe leisten wolle. Man sei gewillt, lediglich die Rahmenbedingungen zu setzen - in denen sich der freie Sport entfalten könne; man wolle den Sport von staatlicher Intervention und Bevormundung freihalten, vgl. Siebter Sportbericht, S.19,232 und 254 und Achter Sportbericht, S.90.

398 Siehe unten - Politik des „Goldenen Zügels".

399 Sofern nicht konkrete Leistungszusagen bestehen, ist ein solcher Anspruch lediglich aus dem Verbot willkürlicher Versagung von Subventionsgunst herzuleiten (Art. 3 I GG), Pfister/Steiner, Sportrecht, S.190,191; siehe im übrigen Stern, Grundlagen, S.48 ff. sowie oben Fn.376.

400 Im Übereinkommen des Europarates gegen Doping, dem die Bundesrepublik beigetreten ist (am 28.04.94), hat sich jedes Land verpflichtet (Art.1), die Anwendung von Dopingwirkstoffen / Dopingmethoden im Rahmen seiner Möglichkeiten zu unterbinden. Um dies

werden die Mittel gesperrt.[401] Schlußfolgerung: Der Staat respektiert die grundsätzliche Freiheit des Sportes, schränkt aber ggf. dessen Bewegungsspielraum ein, sobald staatliche Mittel in Anspruch genommen werden. Hier (in dieser Rolle als Zuwendungsempfänger) verläßt der Sport ein Stück weit den Schutzbereich des Art. 9 I GG, hat zumeist keinen (unmittelbaren) Leistungsanspruch (s.o.), und muß sich folglich gefallen lassen, genauso behandelt zu werden wie alle übrigen Leistungsempfänger (die ebenfalls staatlichen Steuerungseinflüssen unterliegen[402]).[403] Konkret ist zudem anzuführen, daß der Staat, der (u.a.) mit dem Ziel eines Prestigegewinns in den Spitzen-Sport investiert, dann, wenn eigene Ansehensverluste drohen,[404] über ein probates (Lenkungs-) Mittel verfügen muß, diesen entgegenzuwirken. Hierfür ist auch tatsächliche Akzeptanz zu beobachten,[405] weil als „normal" gilt, „daß derjenige, der bezahlt, auch bestimmt". Da sich weiterhin der Wille des staatlichen Geldgebers bislang nur in der Vorgabe bestimmter Richtungen manifestiert hat, ohne beherrschenden Einfluß zu nehmen, ist die Kritik am „Goldenen Zügel" bis dato verhalten geblieben. Hervorgehoben sei aber nochmals, daß die staatliche Förderung nur Ergänzung zur Eigenleistung sein soll (Hilfe zur Selbsthilfe) - und dementsprechend keine (Finanzierungs-) Verantwortung auf den Staat verlagert werden darf.[406] Die (eigennützigen) Fördermotive des Staates, z.B. unter

---

umzusetzen, hat der Bund angeordnet, daß Fördermittel durch die Spitzensportverbände nur noch dann bezogen werden können, wenn sie sich dem Doping-Kontrollsystem von NOK und DSB unterwerfen, vgl. Achter Sportbericht, S.82 bzw. S.127 (Punkt 1.10 des Leistungssportprogramms des BMI). Der „goldene Zügel" kommt in den verschiedensten Formen und gesellschaftlichen Bereichen zur Anwendung. So wird z.B. durch Zweckzuweisungen im Verhältnis Land / Kommunen vorbestimmt, wie die Kommunen in bestimmten Bereichen ihre Mittel einzusetzen haben.

401 Die vom Bund (im Frühjar 1995) verhängte Haushaltssperre von fünf Millionen Mark (siehe FR vom 30.03.95, FAZ vom 01.04.95) ist in diesem Zusammenhang zu sehen. Denn die Entsperrung der eingefrorenen Mittel wurde an die Vorlage (durch den Bereich Leistungssport des DSB) eines neuen (zukunftsweisenden) Konzepts zur Gesamtsituation der Bundesleistungszentren geknüpft. Die Verhängung der Sperre sollte dazu dienen, die strukturellen Überlegungen von Seiten des Sports zu beschleunigen - und schränkt(e) dessen Bewegungsspielraum (in zeitlicher, aber auch inhaltlicher Hinsicht) nachhaltig ein. Gleiches muß grundsätzlich auch für die Boykottentscheidung zur Olympiade von Moskau 1980 gelten - die (möglicherweise drohende) Konsequenz, bei einer Teilnahme an den Spielen Mittelkürzungen hinnehmen zu müssen, verkürzte den Handlungsspielraum der Entscheidungsträger (siehe unten im konkreten Kapitel, § 4.II.3. bzw. Fn.415).

402 Z.B. im Bereich der Wirtschaftssubventionen.

403 Vgl. die haushaltsrechtlichen Vorgaben der §§ 23, 44 BHO (in den §§ 88 ff. BHO ist die Überprüfung der gesamten Haushalts- und Wirtschaftsführung des Bundes durch den Bundesrechnungshof angeordnet).

404 Die Verknüpfung Staat / Sport entsteht dadurch, daß sich der Sport bei seinen internationalen Auftritten staatlicher Symbole bedient, so daß zu beanstandende Verhaltensweisen des Sports (z.B. mangelnde Dopingbekämpfung) letztlich auf den Staat zurückfallen.

405 Tatsächliche Akzeptanz sowohl allgemein in der Bevölkerung als auch (speziell) in der Sportbewegung.

406 Der Staat wehrt sich auch gegen diese Rolle. So wurde von seiten des BMI im Hinblick auf die Krise im Deutschen Volleyballverband (Konkursgefahr) Anfang 1995 bekundet, daß die Förderung für einen Verband ggf. auch erhöht werden könne (im Interesse der internationalen Wettbewerbsfähigkeit), der Bund aber kein „Sanierungsinstitut" sei (SZ vom 16.2.95).

dem Aspekt nationaler Repräsentation (s.o.), dürfen hieran anknüpfend nicht dazu führen, den „Goldenen Zügel" so eng anzulegen, daß der Sport zum bloßen Vollzugsgehilfen des Staates degeneriert; eine solche Ausweitung bedeutete das Ende der o.a. Partnerschaft zwischen Sport und Staat. Strenge Vorgaben (ein „enger Zügel") wären konkret dann geboten, wenn ein Sportverband (z.B. aufgrund skandalöser Praktiken) deutlich an öffentlicher Reputation verlöre - dann wäre auch das „internationale Ansehen" des Staates gefährdet (s.o.).

Konkretisierend bringt das schon erwähnte Leistungssportprogramm des BMI obige Grundsätze zum Ausdruck, indem es in seinem Punkt 1.2 bestimmt, daß die Organisationen des Sports die Verantwortung für die Erfüllung und Finanzierung ihrer Aufgaben selbst tragen. Dem so „in die Unabhängigkeit entlassenen" Sport wird wenig später zugestanden, daß er vom BMI gefördert werden kann (Punkt 1.3). Da die Eigenmittel des Sports zur Erzielung internationaler Leistungsstärke bei weitem nicht ausreichen,[407] ist die Förderung notwendig - begründet aber gleichzeitig das angesprochene Maß an Abhängigkeit, da die Bewilligung von Fördermitteln an die Erfüllung von Bedingungen gekoppelt ist (vgl. im einzelnen Abschnitt 2 und 3 im Leistungssportprogramm). Das BMI orientiert sich an einem abgestuften Förderkonzept, wonach zum Beispiel olympische Sportarten Vorrang haben (Punkt 2.3), erfolgreichere Sportarten / Sportler umfangreicher gefördert werden / Olympiastützpunkte vorrangig Gelder erhalten (Punkt 2.7). Intermediäre Instanz in diesem Verteilungsprozeß ist der DSB. Zu verdeutlichen ist hierbei (vgl. unten § 4.III.7.), daß Anbindungen an den Staat nicht nur Beschränkungen, sondern auch Möglichkeiten zur Einflußnahme auf staatliche Entscheidungsprozesse erbringen.

Vorstehend war (u.a.) von (einseitiger Finanzierungs-) Abhängigkeit des Sports die Rede - letztlich handelt es sich jedoch um wechselseitige Abhängigkeiten, zumindest Interessenverknüpfungen, denn der Staat (stellvertretend das BMI) ist (ebenso wie der Sport selbst) an Erfolgen der Athleten interessiert - (auch) aus Gründen nationaler Repräsentation - und räumt dies in Punkt 1.6 und 3.2.1[408] auch relativ „ungeniert" ein. Die Formel „Ohne (geförderte) Sportler kein (erfolgreicher) Sport, ohne (erfolgreichen) Sport keine Mehrung nationalen Ansehens" wird explizit nicht ausgesprochen; wäre eine so verlautbarte Sichtweise aber überhaupt zu beanstanden? Wohl kaum. Es ist schließlich illusorisch, anzunehmen, daß ein demokratischer Rechtsstaat kein Interesse an nationaler Repräsentation hat. Auch wenn er den Sport nicht zur Demonstration der Überlegenheit seines Gesellschaftssystems zu mißbrauchen sucht, bietet sich jedenfalls ein geeignetes Forum, um Außenwirkung zu erzielen; diese Art von Außenwirkung ist auch ungleich leichter zu akzeptieren als ihre militärische oder (macht)wirtschaftliche Variante.[409] Ideale Möglichkeiten

[407] Von Ausnahmen abgesehen, z.B. im Fußball-, Tennis-, Motorsportbereich.

[408] ... des Leistungssportprogramms ...

[409] In diesem Zusammenhang ist aber ergänzend anzumerken, daß die Außenwirkung nicht immer positiv sein muß, daß es auch Formen der negativen Sport-Repräsentation gibt; Beispiele: Das Foul des deutschen Fußball-Nationaltorwarts Schumacher (bei der Weltmeisterschaft 1982) am französischen Spieler Battiston „bestätigte" im Ausland das Bild vom „häßlichen Deutschen"; durch Ausschreitungen von „Hooligans" und „Skinheads"

in diesem Sinne bieten z.B. die Olympischen Spiele; Willy Brandt zur Bedeutung der Olympischen Spiele in München 1972: „Wir haben damit die Chance, der Weltöffentlichkeit das moderne Deutschland vorzustellen".[410] Von daher verwundert es nicht, wenn die deutschen Olympiamannschaften und die Bewerbungen zur Ausrichtung Olympischer Spiele vom Bund gesondert gefördert werden. Weiterhin ist der positive Begleiteffekt für den Sport nicht von der Hand zu weisen, daß die erfolgreiche Selbstdarstellung bei derartigen Großveranstaltungen sowohl den Sport insgesamt als auch die einzelnen Sportarten positiv zu beeinflußen vermag. Die wechselseitige Interessenverknüpfung wird hierbei deutlich.

Im Bemühen, die Ergebnisse der weiteren Arbeit nicht vorwegzunehmen, ist dennoch an dieser Stelle bereits anzumerken, daß die DDR-Führung davon ausging, daß Sporterfolge Indikatoren für die Leistungsfähigkeit politischer Systeme darstellen. Gerade die erwähnten Spiele von 1972 boten dem ostdeutschen Staat eine ideale Möglichkeit, auf westdeutschem Boden die Überlegenheit des eigenen Systems zu demonstrieren. Die westdeutsche Gesellschaft (Staat und Sport) nahm diese Herausforderung an - dies ist mit ein Grund dafür, daß in den Jahren nach 1968 die Sportförderung des Bundes erheblich ausgeweitet wurde.[411] Die erhöhten Mittelzuwendungen sind vom Sport dankbar aufgenommen worden. Gleichzeitig werden aber Gefahren evident, die Schwelle zum Mißbrauch des Sports für eigentlich sportfremde Zwecke zu überschreiten. Ein besonders krasses Beispiel in diesem Zusammenhang ist der Olympiaboykott des Jahres 1980. Nach dem Einmarsch der UdSSR-Armee in Afghanistan im weiteren Vorfeld der Olympischen Spiele von Moskau solidarisierten sich eine Vielzahl westlicher Staaten - und blieben dem Sportgroßereignis fern; präziser muß es lauten, solidarisierten sich eine Vielzahl unabhängiger Sportorganisationen und beschlossen, dem Ereignis fernzubleiben. Mit dieser Präzisierung darf die Schilderung aber nicht enden, denn der Verzicht erfolgte nicht aus autonomen, rein sportlichen Motiven. Die Frage, ob der Sport bei der Boykottentscheidung noch „Herr seiner Entschlüsse" war,[412] muß erlaubt sein. Ohne den Versuch zu unternehmen, hierauf abschließend zu antworten, aber um eine vorsichtige Annäherung bemüht, ist darauf hinzuweisen, daß die Sportführer starker psychologischer Einflußnahme aller gesellschaftlichen Kreise, insbesondere staatlicher Stellen, ausgesetzt waren.[413] Der Staat seinerseits konnte aufgrund der tiefen

---

kann ein (den-Sport-begleitendes) Negativ-Image geprägt werden (weitere Beispiele bei Madl, Unternehmen, S.182).

410 Zitiert nach Winkler, Verbände, S.60.

411 Ebda.

412 Im übertragenen Sinne des Strafrechts; dort wird diese griffige Formel angewandt, um die Freiwilligkeit eines Rücktritts vom strafbewehrten Versuch zu überprüfen.

413 Mitunter wird die These vertreten, der Sport habe, sobald er bei derartigen Fragen die Grenze zur Politik überschreite, Entscheidungen der (kompetenteren) Politik selbst zu überlassen (Stichwort:: „Die Boykottfrage überfordert den Sport"); ein solches Rollenverständnis sollte sich der Sport jedoch nicht zu eigen machen. In konsequenter Verfolgung dessen, hätte es dann z.B. auch keine Olympiaabstimmung des NOK geben dürfen, was in dieser Auswirkung zu einem beachtlichen und nicht mehr hinnehmbaren Autonomieverlust führte.

Verflechtung der Bundesrepublik ins westliche Staatenbündnis (und entsprechender Solidarität insbesondere zu den USA) nicht anders reagieren; insofern bestand ein geradezu klassischer Interessenkonflikt, bei dem der autonome Sport nur verlieren konnte; die Annahme einer die Freiwilligkeit des Sports ausschließenden Zwangslage liegt nahe. Eine das vorstehend definierte Verhältnis zum Staat verinnerlichende Aussage müßte dagegen lauten: Der Sport war sich seiner politischen Mitverantwortung bewußt[414] und wollte ferner sein partnerschaftliches Verhältnis zum Staat nicht gefährden. Da Mittelzuwendungen und sportfreundliche Gesetzgebung (auch) „Gunstbezeugungen" sind, die bedroht schienen,[415] war es das kleinere Übel, die Boykottentscheidung sportintern, d.h. nach innen, „verkaufen" zu müssen.[416]

Generelles Konfliktpotential ist im übrigen darin zu sehen, daß der steuerbegünstigte Sport gemeinnütziger Sport sein soll. Diese Verpflichtung gegenüber dem Gemeinwohl bedeutet gleichzeitig die Übernahme einer öffentlichen Aufgabe, daher die Besetzung eines Aufgabenfeldes, das originär dem Staat zufällt (vgl. oben § 4.II.2.c.aa). Der Sport tritt also in Konkurrenz zum Staat; da diese Konkurrenz aber vom Staat gewollt ist, verliert die Situation an Schärfe, der Sport zahlt vielmehr den „Preis der Förderung", der in der gemeinwohlorientierten Verengung seines Handlungsspielraums zu sehen ist.

Ein weiteres *Zwischenfazit* muß daher lauten: Der Staat ist für den Sport ein zentrales Objekt seiner (nicht nur finanziellen) Interessenartikulation. Der Sport wiederum hat eine (den staatlichen Interessen entsprechende) Verstärkerfunktion für das bestehende gesellschaftliche Normen- und Wertesystem. Die Sportbewegung ist durch die wechselseitige Interessenverknüpfung allerdings auch an den staatlichen Sektor gebunden. Dies ist vorteilhaft, sofern ihr hiermit eine Einflußnahme ermöglicht wird, nachteilig insoweit, als Inpflichtnahmen für staatliche Zwecke erleichtert werden; der Staat erhält Gelegenheit, auf die Ausführung öffentlicher Funktionen des Sports und seiner Organisationen zu drängen bzw. über den „Goldenen Zügel" lenkenden Einfluß zu nehmen.

Gemäß Punkt 1.4 des Leistungssportprogramms des BMI werden die Sportorganisationen ausdrücklich ermuntert, ihre Eigenkapitalausstattung zu verstärken und die bestehenden Kooperationsmöglichkeiten mit der **Wirtschaft** und den **Medien** auszuschöpfen. Mit gleicher Tendenz wurde eine Große Anfrage an die Bundesregierung beantwortet;[417] das Subsidiaritätsprinzip betreffend wurde versichert, daß die

---

[414] Ellwein, zitiert bei Winkler, Verbände, S.242 zur politischen Dimension der Mitverantwortung des Sports: „Die Boykottentscheidung ... war eine durch und durch politische Entscheidung,... die man nur politisch verstehen und rechtfertigen kann."

[415] „Die Anwendung finanziellen Zwangs fand Andeutung. Damit wurden die früheren vollmundigen Erklärungen über die Autonomie des Sports völlig desavouiert", Pfeiffer, Boykott, S.415.

[416] Willi Weyer in Deutscher Sportbund 1986 - 1990, S.106: „Eine harte Belastungsprobe für den Sport"; Pfeiffer, Boykott, S.416 wirft Weyer in diesem Zusammenhang eine Zurückstellung sportpolitischer Verpflichtungen gegenüber (partei)politischen (FDP-) Vorgaben vor.

[417] Abgedruckt auf S.231 ff. des Siebten Sportberichtes (Antwort zu Frage 2, S.233).

Erschließung zusätzlicher Geldquellen bei einzelnen Fachverbänden lediglich zu einer Umverteilung (zugunsten weniger bemittelter Verbände) und nicht zu einer Reduzierung der auszuschüttenden Mittel führe. Die Loslösung aus staatlicher Förderung bedeutet einerseits Unabhängigkeit,[418] andererseits die Inkaufnahme neuer, andersgelagerter Zwänge (keine Wirkungsneutralität). So besteht die Gefahr der Einflußnahme durch Sponsoren,[419] die sich gegebenfalls zu einer bestimmenden Dominanz ausweiten kann[420] und sich in Versuchen äußert, sportliche Regeln zu verändern, beispielsweise, um durch eine andere Unterbrechungsfrequenz bei Fußballspielen mehr Fernseh-Werbezeiten verkaufen zu können.[421] Hier besteht das Risiko, daß der Sport mißbraucht wird und zum reinen Medienspektakel bzw. zur Werbeveranstaltung verkommt.[422] Dies wiederum kann zu einer Verarmung der Sportlandschaft führen, da die Konzentration auf medienwirksame (insbesondere telegene) Sportarten voraussehbar ist.[423] [424]

Ein Austausch der Förder-Verbindung Sport / Staat durch eine Kombination Sport / Wirtschaft wäre risikobehaftet. Denn „Nutzen und Schaden" lägen hierbei so eng beieinander, daß nicht nur die Autonomie, sondern letztlich auch die Identität von Vereinen und Verbänden gefährdet schiene.[425] Das gesamte Wertgefüge des Sports

---

418 Im Verhältnis zur Eigenleistung hat die staatliche Unterstützung fortlaufend und nachhaltig zugenommen. Die Zuschüsse machen mittlerweile im Durchschnitt ca. 11 % (im Osten 27 %) der Vereinseinnahmen aus; jeder zehnte Verein (im Osten über 25 %) deckt mit den staatlichen Zuschüssen ein Viertel seines Etats ab. Ohne diese Einnahmen müßten die Mitgliedsbeiträge jeweils deutlich erhöht werden (vgl. FISAS-Studie 1991). Eine teilweise Verlagerung auf andere Finanzierungsquellen erscheint notwendig, um die Abhängigkeit nicht zu groß werden zu lassen, vgl. Digel, Sportverwaltung, S.68 bzw. Rittner, Interessenobjekt, S.172 (mit Hinweis auf die DSM - Deutsche Sportmarketing GmbH - der gemeinsamen Verwertungsgesellschaft von NOK und DSH).

419 Vgl. Die Welt vom 11.03.96 („Eklat bei den Dressurreitern - fordert Sponsor Mitspracherecht bei Einladung der Wertungsrichter?").

420 Nach Steiner, NJW 1991, S.2733 - dort Fn.40 - steht die Frage der Abhängigkeit des Sports von den nichtstaatlichen Geldgebern (mittlerweile) zu Recht im Mittelpunkt der Diskussion; derselbe in DÖV 1983, S.180.

421 Selbst unter Beibehaltung der bisherigen Regeln wird in das Erlebnis Sport (seine „Sinnlichkeit") bereits jetzt nachhaltig eingegriffen, wie das Beispiel des Boxsports beweist; hier können die Fernsehzuschauer in den Ringpausen nicht die erschöpften Kämpfer sehen - sondern werden mit Werbespots konfrontiert.

422 Grunsky, Werbetätigkeit, S.13.

423 Gieseler, DSB-Sport, S.55: „Insbesondere durch die Verflechtung von Sport und Wirtschaft gerät die Autonomie der Sportorganisationen in Bedrängnis"; dem ist hinzuzufügen: Insbesondere ist hierdurch die Autonomie der telegenen Sportarten gefährdet (vgl. Interview mit dem Freiburger Fußballtrainer V. Finke in „Der Spiegel" vom 02.01.95, nach dessen Angaben der DFB die Terminierung der Bundesligaspiele kaum noch selbst bestimmen könne).

424 Mitunter bewirken kommerzielle Einflüsse aber, daß trotz der unbestreitbaren Autonomiegefährdung auch positive „Renovierungseffekte" entstehen (z.B. ist unstreitig, daß ohne Einfluß des Fernsehens die Farbe des Kampfanzuges eines der beiden kämpfenden Judoka auf lange Sicht nicht verändert worden wäre; von der optischen Hervorhebung profitiert nunmehr auch der Hallenbesucher, FR vom 18.01.95).

425 Ein positives Beispiel ist die Sponsoring-Philosophie der Firma Opel: So ist z.B. in dem anläßlich einer FVA-Veranstaltung (23.09.95) schriftlich verteilten Konzept wörtlich nachzulesen: „Opel respektiert die Autonomie des Sports". Gleiche Tendenzen sind einem im

könnte (zumindest theoretisch)[426] ins Wanken geraten. Der gestiegene Geldbedarf des kommerzialisierten Sports hat bereits jetzt zur Folge, daß die wirtschaftlichen Aktivitäten einzelner Sportarten / Vereine / Verbände nicht mehr freiwillig erfolgen können (sondern Notwendigkeit zur Existenzsicherung geworden sind);[427] sportinterne Konflikte zwischen verdienstorientierten Sportlern und (eher konservativen) Sportorganisationen sind vorprogrammiert.[428]

Eine gewisse „Selbstregulierung" tritt im Falle des Sportsponsoring dadurch ein, daß die Wirtschaft das Ziel verfolgt, ihre Produkte mit dem Sportimage aufzuwerten. Dies ist nur so lange möglich, wie dem Sport ein von der Wirtschaft unabhängiges Image zukommt. Agierte der Sport in den Augen der Zuschauer nur noch als Marionette der Wirtschaft, wäre der beabsichtigte Imagetransfer zum Scheitern verurteilt. Der Sport ist folglich nur so lange ein wertvoller Partner der Wirtschaft, wie er (zumindest relativ) autonom bleibt. Dennoch können in diesem Bereich zunehmend Kontrollaufgaben für den Staat erwachsen - um im Interesse der Unabhängigkeit des Sports Mißbräuche zu verhindern.[429] Wie aber staatliche Stellen ihrer Verantwortung (z.B. mit dem Ziel, die Vielfalt der Sportlandschaft zu erhalten) künftig gerecht werden sollen, ist bislang nicht hinreichend artikuliert worden.

Kicker Sportmagazin vom 18.04.96 veröffentlichen 10-Punkte-Grundsatzkatalog des General-Motors-Vizepräsidenten Gäb zu entnehmen; so lautet z.B. Ziffer 4: „Mischen wir uns als Sponsor nicht in sportfachliche Dinge ein". Im Konfliktfalle ist auf diese Aussagen zurückzugreifen. Als negatives Beispiel kann das Verhalten des ehemaligen H(amburger) SV-Sponsors (TV-Spielfilm) benannt werden: Dieser versuchte in der Fußball-Bundesliga-Saison 1994/95 unter Androhung (und späterer Realisierung) von Konsequenzen nachdrücklichen Einfluß auf die HSV-Vereinspolitik zu nehmen.

[426] „Theoretisch" deshalb, weil die Wirtschaft für die meisten Vereine *z.Zt. noch keine* ergiebige Finanzquelle darstellt. Im Durchschnitt erreichen Einnahmen aus Werbung, Sponsoring und Fernseh-Übertragungsrechten nur einen geringen Prozentanteil am Gesamtbudget. Nur wenige, vornehmlich im (Semi-) Profisport tätige Vereine vermögen das privatwirtschaftliche Finanzierungsinstrument intensiver zu nutzen. Die weitaus meisten Vereine werden auch mittel- bis langfristig auf ehrenamtliches Engagement und Einnahmen aus Mitgliedsbeiträgen angewiesen bleiben.

[427] Solche Prozesse werden auch dadurch unterstützt, daß die staatlichen Förderstrukturen auf erfolgreiche Leistungssportausübung gerichtet sind; so kann eine verringerte Förderleistung bei nachlassenden Erfolgen zwar einerseits für größere Leistungsanreize sorgen, führt aber auch dazu, daß die sonstigen Finanzierungsquellen stärker ausgeschöpft werden müssen. Eine (aus der kommerziellen Perspektive) unattraktiv erscheinende und vermindert erfolgreiche Sportart kann sogar - z.B. aufgrund entsprechender Nachwuchs (förder)probleme - in ihrer Existenz bedroht sein.

[428] Die Verbände sind gefordert. Der DLV hat z.B. dem im Jahr 1994 aufgetretenen Problem, daß Athleten wie H.Drechsler und D.Baumann eine private Leichtathletik-Veranstaltung einem Einsatz im Nationalteam vorzogen, mit einer sogenannten „Athletenvereinbarung" (standardisierte Individualvereinbarung) zu begegnen versucht.

[429] Vgl. auch die Antwort der Bundesregierung zu Frage 5 (siehe Fn.417), worin es heißt, daß (u.a.) sportliche Großveranstaltungen durch Subventionen der öffentlichen Hand vor einseitiger Abhängigkeit privater Sponsoren geschützt werden müßten. Es müsse eine bessere Steuerung des Prozesses der zunehmenden Kommerzialisierung durch entsprechende Rahmenbedingungen geleistet werden. Dies sei jedoch weitgehend im Rahmen der Autonomie der Sportverbände zu lösen.

Zunächst ist festzustellen, daß (auch) in Anbetracht der unterschiedlichen Kompetenzzuordnungen auf keiner staatlichen Ebene ein (spezial)gesetzliches Instrumentarium zur Verfügung steht, um eventuelle Bedrohungen abzuwenden. Eine (zukünftige) allgemeine oder spezielle Ermächtigung wäre zudem daran zu messen, ob und in welchem Umfang Selbstverwaltungskompetenzen beschnitten würden.[430] So ist es z.B. originäre Vereins- oder Verbandsangelegenheit zu entscheiden, ob und in welchem Umfang bei den durchgeführten Veranstaltungen Werbung betrieben wird (Ausfluß der Autonomie). Zu beachten wäre weiterhin, daß spezialgesetzliche Anordnungen (oder auch Erweiterungen bestehender Einwirkungsmöglichkeiten, z.B. im Rahmen des UWG, GWB bzw. der Medienaufsicht) leicht als unerwünschte Einmischung in das freie Spiel der marktwirtschaftlichen Kräfte (miß) verstanden werden könnten;[431] Normierungsversuche des Gesetzgebers stoßen danach auf Schwierigkeiten. Andererseits ist auch kein verfassungsrechtliches Gebot ersichtlich, das den Staat zum Handeln zwingen würde. Zwar sind im Grundgesetz verschiedene Schutzpflichten normiert, die ggf. staatliche Aktivitäten bedingen,[432] das in Rede stehende Schutzgut - der unabhängigen und vielfältigen Sportlandschaft - wird jedoch nicht erfaßt. Sonstige Verpflichtungen (in diesem Zusammenhang) sind nicht ersichtlich; Art. 3 I GG bietet „lediglich" den erwähnten Schutz vor willkürlicher Subventionsversagung, „vor sportpolitischen Torheiten schützt er den Sport nicht."[433]

Trotz der fehlenden Handlungsverpflichtung hat der Staat ein Interesse daran, „mit wachem Auge" die weitere Entwicklung der Kommerzialisierung zu verfolgen; die gesellschaftspolitische Bedeutung des Sports ist zu groß, um möglichen Auswüchsen tatenlos zuzusehen. Zur Bekämpfung eventueller Mißstände stehen (ungeachtet des Mangels an spezifischen Eingriffsermächtigungen) allgemeine Lenkungsmaßnahmen zur Verfügung - insbesondere im Rahmen der Steuergesetzgebung. So kann durch eine Verringerung oder Erhöhung steuerlicher Abzugsmöglichkeiten z.B. im o.a. Sponsoringbereich auf das Verhalten der Sportorganisationen (und ihrer Wirtschaftspartner) Einfluß genommen werden. Der Staat kann außerdem aus Gründen legitimer öffentlicher Zwecksetzung in gezielter Weise subventionieren (so z.B. auch „schwächere" Sportarten fördern) bzw. bei den schon bestehenden Fördermaßnahmen geeignete Bedingungen vorgeben. Im übrigen sind die Sportorganisationen selbst gefordert, wirtschaftliche Abhängigkeiten (in jeder Richtung) möglichst gering zu halten bzw. die (noch) vielfältige Sportlandschaft nicht „austrocknen" zu lassen; einseitige Abhängigkeiten lassen sich durch finanzielle Misch-

---

430 Die polizeirechtlichen Generalklauseln, die den Ordnungsbehörden Eingriffsbefugnisse zuerkennen, sind nicht einschlägig, da die in Rede stehenden Einflüsse wohl kaum als „Gefahren für die öffentliche Sicherheit und Ordnung" zu bezeichnen sind.

431 Anders, wenn *bereits bestehende* Rechtsgrundlagen (z.B. des Wirtschaftsrechts) eine Handhabe zum Eingriff bieten. Zu erwähnen ist z.B. das an den DFB ergangene kartellrechtliche Verbot zur zentralen Vergabe von Fernsehrechten im Europapokal - hierin einen unzulässigen Eingriff in das Selbstverwaltungsrecht des Sports zu sehen, so die SZ vom 11.01.95, geht zu weit.

432 Siehe oben bei § 4.II.1.a.bb, Textziffer (1) lit. (a).

433 Steiner, NJW 1991, 2732,2733.

kalkulationen vermeiden; die Vielfalt der Sportszenerie ließe sich z.B. durch konzertierte (Solidar-) Aktionen der Sportverbände gegenüber den Fernsehanstalten[434] oder durch Einrichtung eines Finanzpools (zugunsten „ärmerer" Sportarten)[435] aufrechterhalten.[436] Besondere Gefahren könnten dann erwachsen, wenn die beiden „Finanzpartner" des Sports - Staat und Wirtschaft - zusammenfänden und unheilige Allianzen zu Lasten des Sports bildeten; Konsequenz wäre in jedem Fall eine stärkere Abhängigkeit des Sports.[437]

Fraglich ist, wie die personenbezogene Verflechtung staatlicher Stellen bzw. von Wirtschafts- und Medienrepräsentanten zum Sport / zu Sportfunktionären beurteilt werden muß. Die Antwort könnte nicht typischer sein: Es kommt darauf an! Und zwar darauf, ob diese Verflechtung im Interesse der Sache oder zu Zwecken der persönlichen Bereicherung ausgeübt wird.[438] Einem Vereins- oder Verbandspräsi-

---

434 Die bisherige Praxis individueller Vertragsverhandlungen der telegenen Sportarten mit den Sendern bewirkt, daß diese Sportarten einerseits über hohe Einnahmen, zum anderen über eine hohe Bildschirmpräsenz verfügen. Minder populäre Sportarten leiden bei ihren Vertragsabschlüssen hingegen sowohl unter den entsprechend geleerten Sender-Kassen als auch unter den geringen Ausstrahlungsfrequenzen; häufig verschwinden diese Sportarten (außer bei Olympia) ganz vom Bildschirm, da es nicht gelingt, z.B. mit den öffentlich-rechtlichen Rundfunkanstalten feste Sendezeiten zu vereinbaren (was wiederum negative Auswirkungen auf die Sponsoren-Akquisition hat); die (solidarisch motivierte) Einbeziehung von weniger populären Sportarten in die Kontrakte populärerer Sportarten könnte (zur Beseitigung dieser Schieflagen) einen enormen Fortschritt bedeuten. So ist es z.B. im Filmbereich durchaus üblich, dem Verkauf von Highlights der letzten Kinosaison auch sog. „Ladenhüter" beizufügen (mit Ausstrahlungsverpflichtung).
Den Gefahren eines Autonomieverlustes beim Vertragsschluß mit Wirtschaftspartnern wäre hierdurch freilich nur bedingt zu begegnen (vgl. Fn.423 und 425).

435 „Solidaritätsabgabe" der wohlhabenderen Verbände zugunsten finanzschwacher Vereinigungen. Wurden entsprechende Überlegungen in der Vergangenheit zumeist als realitätsfern bezeichnet, so zeigt die aktuelle Entwicklung, daß derlei Strukturen durchaus realistisch sind: So soll (ein vergleichbares) „Pool-Modell" nach dem Willen der Fußball-Erstligisten künftig dafür sorgen, die Auswirkungen des Bosman-Urteils (Fn.292; u.a. Wegfall der Transferentschädigungen) für die Liga abzumildern.

436 Ungeachtet dieses Beispiels, aber in Anlehnung an obige punktuell unerwünschte Kommerzialisierungstendenzen, sind Fälle aus der Vergangenheit präsent, in denen einzelne Sportverbände (intern) probate Lösungsansätze zur Abwehr gefunden haben; vgl. Satzungsänderung des DFB im Fall „Jägermeister Braunschweig", BGH NJW 1987, S.1811 ff.; hierzu Grunsky, Werbetätigkeit, S.13 ff.

437 Dieser Ansatz findet (noch) keine reale Bestätigung. Die vom TV-Sender SAT 1 bezahlte Kanzler-Reise zum Finale der Fußball WM 1994 in die USA verdeutlicht aber ein Gefahrenpotential, nämlich die augenfällige Verzahnungsmöglichkeit von politischer Macht und Medienmacht; mittel- bis langfristig könnte der Sport hierdurch in seiner jetzigen Struktur, z.B. hin zu einer staatlich *ungebremsten* Schwerpunktsetzung auf kommerzrelevante Sportbereiche, negativ beeinflußt werden. Es handelt sich um potentielle Gefahrenherde, die (nur) von der westlichen Struktur ausgehen, künftig aber die östlichen Landesteile genauso betreffen.

438 Vgl. FAZ-Artikel vom 24.12.94 bzw. 27.12.94 („Allein mit der Versuchung"), in denen über den Strafprozeß von Verbandsfunktionären berichtet wird, die sich beim (Grundstücks-) Verkauf von Verbandseigentum bereichert hatten; der Artikel „Sportfunktionäre" (Untertitel: „Keiner braucht sie, aber sie sind immer dabei") in der Zeitschrift Wiener, Ausgabe 2/1992 beleuchtet auf süffisante Weise das Funktionärswesen und deren Verbindungen (Funktionärs-Zitat S.30: „Ja, mei, ich hab´ halt internationale Spezln").

denten, der über gute Kontakte zur Wirtschaft verfügt, wird es eher gelingen, für seine Organisation lukrative Verträge abzuschließen. Daß diese personengebundenen Außenkontakte deshalb auch erwünscht sind, äußert sich u.a. darin, daß ihr Vorhandensein häufiger als Auswahlkriterium bei der Besetzung von Präsidiumspositionen herhalten muß.[439] Dies ist grundsätzlich auch nicht zu beanstanden, zumindest solange nicht, wie die gewonnenen Finanzmittel der Unabhängigkeit förderlich sind und die zu erfüllenden Bedingungen nicht zu neuen, möglicherweise stärkeren Abhängigkeiten führen. Ein Sportvertreter, der sich hingegen bei einem solchen Abschluß persönlich materiell oder immateriell zu bereichern sucht, wird in der Regel seiner Institution schaden, da er im Ergebnis Abstriche machen muß. Es bleibt in solchen Fällen die Hoffnung, daß er hierfür bei den nächsten demokratischen Vereinswahlen die Quittung erhält; ähnlich verhält es sich im übrigen auch bei der Verflechtung des Sportes mit staatlichen Instanzen - hierauf wird beim DSB zurückzukommen sein. Weiterhin gilt dies für die nicht personenbezogenen, sondern sachlichen Verflechtungen im weiteren Sinne (Kontakte zum Sportausschuß des Bundestages, Sportkonferenzen etc.).

Da der thematische Schwerpunkt dieser Arbeit nicht ausschließlich um den Sport in der Bundesrepublik rankt, ist es nicht möglich, alle Gesichtspunkte des Verhältnisses von Staat und Sport zu behandeln. Abschließend soll aber noch auf die Aspekte „Staatliche Individualförderung" sowie auf die bereits oben bei § 4.II.1.a.bb, Textziffer (1) lit. (a) angesprochene Problemstellung „Kinder im Leistungssport" eingegangen werden: Eine unmittelbare Förderung einzelner Sportler durch die öffentlichen Hände erfolgt nicht (ungeachtet der haushaltsrechtlichen Beurteilung wäre in der Bevölkerung kein Verständnis für derartige Alimentierungsmaßnahmen - zumal bei Berufssportlern -anzutreffen). Mittelbare Hilfen des Staates, der die früheren / künftigen Verdienste seiner Sportler immateriell honorieren möchte, finden hingegen in der Öffentlichkeit zumeist positiven Anklang (beispielhaft genannt seien der „Studienplatzfall" Ulrike Meyfarth oder die Nichteinberufung zum Wehrdienst bei Boris Becker). Als mittelbare Fördermaßnahme ist wohl auch der Fall zu beurteilen, daß ein aktueller / ehemaliger Athlet aufgrund seiner sportlichen Verdienste eine Anstellung beim Staat findet.[440] [441] Bestimmte Formen der mittelbaren „Vorteilsgewährung" für Sportler werden in der breiten Öffentlichkeit jedoch zunehmend kritischer gesehen. So wird insbesondere der erleichterte Zuzug (Einbürgerung) ausländischer Spitzensportler beanstandet.[442] Nach BMI-Angaben sind in den Jahren 1988 bis 1993 in 79 Fällen ausländische Spitzensportler bevorzugt

---

439 Heinemann/Horch, Strukturbesonderheiten, S.114.

440 Derartige Beschäftigungsverhältnisse sind insbesondere bei der Bundeswehr anzutreffen. Hierauf wird unter § 4.III.4.d.bb, Textziffer (1) zurückzukommen sein.

441 Anstellungsverhältnisse mit öffentlichen Arbeitgebern werden im Einzelfall begründet; Rechtsansprüche auf Einstellung (aufgrund sportlicher Verdienste in der Vergangenheit) sind, auch im Hinblick auf die Grundsätze des Art. 33 II GG, nicht ersichtlich. Es wird zu überprüfen sein, ob im DDR-(Sport-)System hier abweichende Modalitäten vorherrschten.

442 „Einbürgerungswelle", FAZ vom 11.02.95; „... wirkt demotivierend auf deutsche Nachwuchssportler", Neue Rhein-Zeitung vom 02.06.95; „Immer mehr ausländische Stars drängen derzeit in die deutsche Nationalmannschaft", Berliner Morgenpost vom 26.03.95.

eingebürgert worden (die Zahlen der Jahre 1994 und 1995 entsprachen mit 15 bzw. 16 dem arithmetischen Querschnitt). Exemplarisch zu benennen ist die (beschleunigte) Einbürgerung der rumänischen Hochspringerin Alina Astafei.[443] Im einzelnen: Gemäß § 8 RuStAG[444] sind zum Erwerb der deutschen Staatsangehörigkeit bestimmte Mindestvoraussetzungen zu erfüllen - Geschäftsfähigkeit, unbescholtener Lebenswandel, Wohnung / Unterkommen am Niederlassungsort, die Fähigkeit, sich und seine Angehörigen zu ernähren. Beim Vorliegen dieser Standards ist die Einbürgerung ins Ermessen der zuständigen Verwaltungsbehörde gestellt, deren Ermessensausübung sich an den sog. Einbürgerungsrichtlinien (EinbRL) orientiert. Diese fordern vom Bewerber u.a. Grundkenntnisse der staatlichen Ordnung, die angemessene Beherrschung der deutschen Sprache sowie eine 10jährige Mindestaufenthaltsdauer in Deutschland. Letzteres Erfordernis kann gemäß Nr.3.2.3.1 EinbRL umgangen werden, sofern es sich um einen Sportler handelt, dessen Einsatz in der Nationalmannschaft konkret vorgesehen ist.[445] Und hier liegt das Problem - sozusagen die „Soll-Bruchstelle des Systems". Denn staatliche Stellen sind nur unzureichend in der Lage, entsprechende sportfachliche Prognosen abzugeben. Insofern bedient man sich der gutachterlichen Hilfe der Sportorganisationen / des DSB - die hierdurch allerdings der Versuchung ausgesetzt werden, günstige Prognosen im eigenen (Medaillen-) Interesse abzugeben. Auch (vermeintliche) Vorteile der Vereine können eine Rolle spielen: So hat die SMK vor kurzem verlauten lassen, es bestehe der begründete Verdacht, daß unter dem Vorwand des öffentlichen Interesses die bestehenden Ausländerklauseln der Sportverbände umgangen und eine größere Zahl von Ausländern in den Mannschaften eingesetzt werden sollten.[446] Um diesen Vorwürfen zu begegnen, hat insbesondere der DSB (in Absprache mit dem BMI) verkündet, sich künftig (u.a. vor dem Hintergrund negativer Auswirkungen auf die Nachwuchsentwicklung) zurückhaltender zu äußern.[447]

Die Frage, ob der Staat im Bereiche des Kinderhochleistungssports zum Handeln verpflichtet ist, wurde oben vor dem Hintergrund fehlender gesicherter Erkenntnisse über die Gefahren und Belastungen zunächst verneint. Jedoch ist offensichtlich, daß in diesem sensiblen Bereich Probleme erwachsen können / erwachsen sind, deren Lösung (im Lichte von Autonomie und Subsidiarität) anscheinend dem Sport selbst obliegt.[448] Hierdurch wird der Staat aber nicht von seiner Pflicht entbunden,

---

443 SZ vom 22.12.94.

444 Reichs- und Staatsangehörigkeitsgesetz (vom 22.07.1913).

445 In Betracht kommen auch aussichtsreiche Nachwuchssportler, die mindestens dem Jugendkaderbereich des betreffenden Spitzenverbandes angehören oder für den Einsatz in der Schüler- oder Jugendnationalmannschaft vorgesehen sind.

446 Ergebnisniederschrift der 7.(19.) SMK, S.54.

447 Vgl. FAZ vom 11.04.96. Zielsetzung soll sein, künftig nicht mehr als 10 Athleten/Jahr „bevorzugt" einzubürgern.

448 Dies wird auch vom Sport so gesehen. Im Jahre 1983 ist die (schon angesprochene, Fn. 154) Grundsatzerklärung des DSB zum Thema „Kinder im Hochleistungssport" veröffentlicht worden, die als Kerninhalt den kindgerechten Leistungssport betont. Verwiesen wird aber auch auf die individuelle Verantwortung von Eltern, Trainern usw., die durch die aufgestellten Regeln nicht in Wegfall gerate. Zum Thema vgl. Burmeister, Voraussetzungen, S.32,33; Steiner, Verfassungsrechtliche Aspekte, S.54; Fritzweiler, SpuRt 4/95, S.157.

dann helfend einzugreifen, wenn der Sport seine Angelegenheiten nicht selbst zu regeln vermag.[449] Insofern handelt es sich um eine abgestufte, aber letztlich beiderseitige Verantwortlichkeit für die körperliche Unversehrtheit der den Leistungssport betreibenden Kinder. Die Wahrnehmung dieser Verantwortung kann mithin nur abgestimmt-**partnerschaftlich** erfolgen. Hierdurch wird nicht ausgeschlossen, daß der Staat z.B. durch bestimmte Auflagen bei der Gewährung von Finanzhilfen die Erfüllung seiner Vorstellungen bzw. verfassungsrechtlichen Verpflichtungen durchzusetzen sucht.[450] Nicht legitim wäre es aber, Fördermittel zu streichen, um damit eine Einschränkung des Kinderhochleistungssports zu bewirken, die nach den oben bei § 4.II.1.a.bb, Textziffer (1) lit. (a) getroffenen Feststellungen verfassungskonform mit gesetzlichen Mitteln zur Zeit nicht zu erzwingen wäre.[451]

III. Der Dachverband - DSB

Ausführlich betrachtet werden soll nunmehr der DSB. Neben der intendierten exemplarischen Besprechung eines westdeutschen Verbandes kann an späterer Stelle auch der Vergleich mit dem DDR-Gegenstück DTSB vollzogen werden.

1. Rechtsform

Der Deutsche Sportbund ist gemäß § 1 seiner Satzung[452] ein rechtsfähiger Verein. Diese (der bisherigen Untersuchung zugrunde gelegte) Rechtsform ist kennzeichnend für das deutsche Sportverbandswesen. Die breite Öffentlichkeit assoziiert mit dem Vereinsbegriff dennoch eher lokale „Gebilde" wie Bayern München oder den Hamburger SV. Hinsichtlich des DSB besteht mitunter die Vorstellung, es handele sich um eine staatliche oder „halbstaatliche" Behörde. Um diesem Mißverständnis zu begegnen, soll kurz verdeutlicht werden, daß auch Vereinigungen von Vereini-

---

[449] Wie die vom Deutschen Turner-Bund gezogenen Konsequenzen aus dem Zwischenbericht zur Studie „Belastungen und Risiken im Kunstturnen (weiblich)" belegen (nämlich die Hinzuziehung dämpfender Weichmatten bei allen nationalen Wettkämpfen), ist der Sport zum Handeln bereit; vgl. hierzu die SZ vom 29.03.95 bzw. Der Spiegel, Ausgabe 52/94. Der soeben zitierte Zwischenbericht bringt übrigens gesicherte Erkenntnisse zur Schädlichkeit des Kunstturnens nicht in dem Maße hervor, wie sie bei einem tatenlosen Verharren des DTB notwendig wären, um eine Handlungspflicht des Staates auszulösen. Da es es sich um eine Langzeitstudie handelt (Zeitraum 1992 - 1997), bleibt deren endgültiges Ergebnis abzuwarten.

[450] Z.B. aus Art. 6 II 2 bzw. 2 II 1 GG.

[451] Das „Wächteramt" des Art. 6 II 2 GG könnte allenfalls so ausgelegt werden, daß dem Staat eine Vorbildfunktion zukommt, die ihn bereits wegen der *möglichen* Risiken des Kinderhochleistungssports generell darin beschränkt, diesen zu fördern, vgl. Fahlbusch-Wendler, Förderung des Kinderhochleistungssports, S.39 („... fraglich, ob legitime Staatsaufgabe"). Eine solche Forderung ist aufgrund der nicht hinreichenden (tatsächlichen) Erkenntnislage aber zu weitreichend, zumal gerade Förderauflagen sehr gute Steuerungsmöglichkeiten bieten, die den harten „Sanktionen" einer gesetzlichen (Verbots-) Regelung allemal vorzuziehen sind.

[452] Zur „Wende-Zeit" hatte die Satzung des Jahres 1988 Gültigkeit. Nachfolgend wird jedoch zumeist die Satzung vom 03.12.94 zugrunde gelegt; ev. Hinweise auf die ältere Satzung sind besonders gekennzeichnet.

gungen, wie es beim DSB ja der Fall ist, Vereinsstatus im Sinne des BGB besitzen können.[453]

Der DSB ist eine freiwillige „Gemeinschaft freier Turn- und Sportbünde und Sportinstitutionen", die ihrerseits wieder zumeist (rechtsfähige) Vereine sind (§ 1 der Satzung). Es handelt sich hierbei um den Zusammenschluß korporativer Mitglieder; der so begründete Vereinsverband kann Vereinsstatus besitzen.[454] Als Begründung hierfür mag angeführt werden, daß etymologisch Verein und Verband ohnehin die gleiche Bedeutung haben, demnach eine Verbindung von natürlichen Personen zum gleichen Zweck; unzweifelhaft setzt sich der Verband DSB aus einer Vielzahl von natürlichen Personen zusammen. Vom Vereinsbegriff ausgenommen werden kurzfristig angelegte Personenvereinigungen[455] - der DSB ist jedoch erkennbar langfristig angelegt. Die Satzung stellt die körperschaftliche Verfassung dar, mithin die Grundlage der körperschaftlichen Organisation. Der Verein Deutscher Sportbund tritt unter diesem Namen als verselbständigte Organisation im Außenverhältnis auf. Seine Existenz ist nicht dadurch in Frage gestellt, daß die Mitglieder wechseln (Negativabgrenzung z.B. von der Gesellschaft des bürgerlichen Rechts).

2. Zweck, Aufgaben, Grundsätze

Die oben (bei § 4.II.1.1 - Vereine) angesprochene „Vereinskampagne des DSB" bietet eine geeignete Überleitung zur Aufgaben- und Zweckbeschreibung des DSB. Anhand dieses Beispiels läßt sich nämlich die konkrete Aufgabenwahrnehmung durch den Dachverband aufzeigen, die zentrale Verfolgung eines Zieles, das am wirkungsvollsten (bundes)einheitlich umgesetzt werden sollte. Abstrakt gesehen führt die DSB-Satzung in ihren §§ 2 und 3 verschiedene (multifunktionale) Zwecke und Grundsätze auf, die dort im Sinne von Förderung, Koordination, Regelung und Interessenvertretung umschrieben sind. So soll u.a. die Stellung der Turn- und Sportbewegung gegenüber Staat und Gemeinden verbessert, die wissenschaftliche Forschung auf sportlichem Gebiet protegiert und die internationale Zusammenarbeit ausgebaut werden.[456] § 4 weist hierzu zahlreiche Realisierungsformen nach, wobei nur die Zusammenarbeit mit staatlichen Stellen (z.B. durch gutachterliche Tätigkeit oder die Mitarbeit bei Gesetzentwürfen) und der interne Austausch innerhalb der Mitgliedsorganisationen genannt seien. Der DSB gibt vor, bei der Erfüllung seiner Aufgaben die Einigkeit im deutschen Sport anzustreben (§ 3 I). Die präambelgeeignete Formulierung deutete (in den frühen Satzungswerken nicht nur im Nebenaspekt) auf die staatliche Wiedervereinigung hin, als Voraussetzung einer sportlichen Vereinigung; heute ist hiermit die innere Einheit des Sports gemeint,

---

453 Die entsprechende Definition wurde bereits bei § 4.II.1.a.aa angesprochen und sei hier nur aus Gründen besserer Übersicht wiederholt: Nach der Rechtsprechung des Reichsgerichts ist ein Verein ein auf eine gewisse Dauer angelegter, körperlich organisierter Zusammenschluß einer Anzahl von Personen, die ein gemeinschaftliches Ziel verfolgen.

454 Reichert/Dannecker, Handbuch, Rdnr.3; Palandt-Heinrichs, Einführung vor § 21 Rdnr.20 (statt vieler).

455 Reichert/Dannecker, Handbuch, Rdnr.4.

456 Siehe auch Gieseler, DSB-Sport, S.11.

die auch in einem vereinigten Land ständig anzustreben und zu vollziehen ist. Einer der wichtigsten DSB-Grundsätze ist die Anerkennung der **organisatorischen, fachlichen und finanziellen Selbständigkeit** seiner Mitgliedsorganisationen (§ 3 II 1 DSB-Satzung), als direkter Ausfluß des historisch bedingten Verzichts auf ein Weisungsrecht. Trotz des ebenfalls in § 3 II fixierten Hinweises auf die Förderung der freundschaftlichen Zusammenarbeit aller Mitglieder, und der insofern unstreitigen Zugehörigkeit zum Aufgabenbereich, sind den „durchgriffsfreien" Vermittlungsbemühungen des DSB bei „rivalisierenden Verbänden" letztlich enge Grenzen gesetzt. Da in der breiten Öffentlichkeit das „unentschlossene Handeln" des DSB mitunter getadelt wird, ist festzustellen, daß es sich um ein (bereits in der Satzung angelegtes) „Mißverständnis" handelt: Es liegt vielfach nicht am fehlenden „Willen" des DSB, nachdrücklich zu handeln, es fehlt vielmehr zumeist an der Befugnis (am „Können") hierzu.[457] [458]

Resümierend läßt sich sagen, daß der DSB entsprechend seiner Aufgabenbeschreibung einerseits ein Dienstleistungsorgan für seine Mitglieder ist, andererseits Multiplikatorenfunktion hat und zudem ein Alleinvertretungsrecht des Sports in überfachlichen und überverbandlichen Angelegenheiten für sich in Anspruch nimmt. Der DSB fungiert hierbei als Sprecher der Verbände, verfügt aber über keine (begleitenden) Weisungs- und Durchgriffsbefugnisse. Anzumerken bleibt auch, daß die Monopolstellung im Rahmen der Interessenvertretung bewirkt, daß primär die Spitzenverbände gehalten sind, nicht ihrerseits den DSB zu schwächen, da ein schwacher DSB eine schwache Position gegenüber dem Staat beziehen müßte (was wiederum z.B. die Fördersituation der Verbände verschlechtern könnte; vgl. unten § 4.III.7). In diesem Umstand liegt ein gewisser Zwang zur Selbstdisziplin (der Verbände) begründet.[459]

3. Mitgliedschaft

Die Mitgliederstruktur des DSB ist oben bei Gliederungspunkt II.2 bereits aufgezeigt worden: Mitglieder sind die LSB (16),[460] Spitzenverbände (57), Sportverbände mit besonderer Aufgabenstellung (12), Verbände für Wissenschaft und Bildung (6) sowie zwei Förderverbände, § 5 I DSB-Satzung.[461]

---

457 Die Weisungsfreiheit ist ein prägendes Merkmal der gesamten westdeutschen Sportbewegung; es gibt von daher nur wenige Möglichkeiten, sportintern-lenkend auf die Organisationen einzuwirken. Ein - dem NOK zur Verfügung stehendes - Druckmittel sei genannt: Die Nichtnominierung ganzer Verbände zur Teilnahme an den Olympischen Spielen. So steht es der NOK-Vollversammlung frei, per Beschluß den Fachverbänden vorzuschreiben, bestimmte Auflagen zu erfüllen, z.B. dem Dopingkontrollsystem von DSB und NOK beizutreten. Wird diese Auflage nicht erfüllt, kann die angesprochene Nicht-Nominierung die Folge sein.

458 Im Hinblick auf die Vielzahl sonstiger Grundsätze und Aufgaben wird auf die §§ 3 und 4 der DSB-Satzung(en) verwiesen.

459 Vgl. Semder, Lotstudie, S.136, der hierin das Verhältnis des DSB zu seinen Mitgliedern umfassend aufbereitet.

460 Vor der Wiedervereinigung: 11.

461 Auf die Skizze (oben Seite 11) wird verwiesen.

Die Aufnahme neuer Mitglieder ist in § 5 III der Satzung i.V.m. den Aufnahmerichtlinien (AR) des DSB (Satzungsbestandteil, § 5 III 3) geregelt. Beispielhaft erwähnt seien die Kriterien zur Aufnahme neuer Spitzenverbande im DSB: Notwendig ist u.a. die vorgeschaltete Mitgliedschaft (über die Landesfachverbände) / Stellung eines erfolgversprechenden Aufnahmeantrages in mindestens der Hälfte der LSB (§ 4 I a der AR), eine Mindestmitgliederzahl von 10.000[462] (§ 4 I b AR) sowie die Gemeinnützigkeit des Bewerbers (§ 4 I c AR).[463]

4. Organe

Zur Erfüllung der angesprochenen Aufgaben bedient sich der DSB nachstehender Organe: der *Mitgliederversammlung*, des *Hauptausschusses* und des *Präsidiums*; als weiteres Organ ist die *Ständige Konferenz von LSB und Spitzenverbänden* installiert.[464] Die einzelnen Organe bestehen unabhängig voneinander, wobei die funktionsabhängige Aufgabenerfüllung mitunter abgestuft erfolgt (z.B. in der Relation von Mitgliederversammlung und Hauptausschuß).

a) Mitgliederversammlung

Dieses als „Bundestag“ bezeichnete Gremium ist das *oberste Organ* des Deutschen Sportbundes, § 9 IV 1 DSB-Satzung. Der Bundestag tritt alle zwei Jahre zusammen und setzt sich zusammen aus den von den Mitgliedsorganisationen entsandten Vertretern, dem Präsidium, den Vorsitzenden der Ständigen Konferenzen und den Vorsitzenden der Bundesausschüsse (soweit nicht bereits dem Präsidium zugehörig). Der Bundestag beschließt über grundsätzliche Fragen und Angelegenheiten der deutschen Turn- und Sportbewegung (vgl. § 9 IV 2 DSB-Satzung). Die Mitglieder haben insofern Gelegenheit, bei wesentlichen Fragen unmittelbaren Einfluß auf die Entscheidungen auszuüben. Das den Beschlußvorlagen (auf dem Bundestag) vorgeschaltete Prozedere nimmt regelmäßig enorme Ausmaße an. Denn ungeachtet der (zumeist hauptamtlichen) Vorbereitung und einer Bewertung in den Ausschüssen müssen sowohl auf DSB-Präsidiumsebene als auch in den Mitgliedsorganisationen (nach mitunter kontroversen Diskussionen) Meinungen herausgebildet werden. Die tiefe Gliederung der Mitgliederebene läßt diese Willensbildungsphase entsprechend zeitintensiv ausfallen. Der vorgelagerte Prozeß der Entscheidungsfindung, der ausgeprägte Diskussionen auf dem Bundestag zumeist nicht aufkommen läßt, birgt zudem die Gefahr, daß die Mitgliederversammlung zu einem Repräsentativorgan verkommt.[465] Die Stimmanteile im Parlament des Sports orientieren sich an der

---

462 „... sofern nicht eines der betreuten Fachgebiete in das offizielle Wettkampfprogramm der Olympischen Spiele aufgenommen wurde“.

463 Zuständiges Gremium zur Beschlußfassung in Aufnahmeangelegenheiten ist der Hauptausschuß des DSB (§ 5 IV DSB-Satzung). Die mit der Aufnahme neuer Mitglieder verbundene Rechtsproblematik wird im Zusammenhang mit diesem Organ angesprochen (siehe unten § 4.III.4.b).

464 §§ 8-12 der DSB-Satzung; vgl. weiterhin die Skizze auf Seite 11.

465 Henne, Organisationstheorie, S.38.

jeweiligen Größe der Mitgliedsverbände (bis zu 25.000 Mitgliedern 1 Stimme, bis zu 50.000 Mitgliedern 2 Stimmen, bis zu 100.000 Mitgliedern 3 Stimmen, für jede weiteren angefangenen 100.000 Mitglieder eine zusätzliche Stimme), § 7 II DSB-Satzung.

b) Hauptausschuß

Der 1964 geschaffene, alternierend zur Mitgliederversammlung alle zwei Jahre tagende[466] Hauptausschuß des DSB beschließt ebenfalls über Angelegenheiten von grundsätzlicher Bedeutung (soweit sie nicht der Mitgliederversammlung vorbehalten sind, § 10 II a DSB-Satzung - abgestufte Aufgabenwahrnehmung). Der Hauptausschuß kann als verkleinerte (und daher arbeitsfähigere) Mitgliederversammlung bezeichnet werden. Er setzt sich zusammen aus Vertretern der Mitgliedsorganisationen (die bei Abstimmungen die Stimmrechte ihrer Verbände auf sich vereinigen), dem Präsidium, den Vorsitzenden der Ständigen Konferenzen von LSB und Spitzenverbänden sowie verschiedenen Bundesausschußvorsitzenden, § 10 I DSB-Satzung. Dem Hauptausschuß obliegt die Genehmigung der Jahresrechnung in den Jahren, in denen keine ordentliche Mitgliederversammlung stattfindet; ferner hat eine Beratung und Beschlußfassung über den jährlichen Haushaltsvoranschlag sowie die Nachwahl von Mitgliedern des Präsidiums zu erfolgen. Der Ausschuß hat sich insgesamt als wirksam erwiesen, wie eine lange Reihe wichtiger Entscheidungen dokumentiert.[467] Eine bedeutende Funktion kommt ihm z.B. durch seine Entscheidungsbefugnis über die Aufnahme neuer Mitgliedsorganisationen zu. Diese grundlegende Aufgabe wird nicht von der Mitgliederversammlung selbst wahrgenommen, da diese als Kontrollinstanz über die Beschlüsse des Hauptausschusses wachen soll.[468] Der Komplex Aufnahmeentscheidungen hat im gesamten Verbandsbereich (nicht nur beim DSB) dadurch unrühmliche Popularität erlangt, daß eine Reihe autonomer Beschlüsse von staatlichen Gerichten wieder *aufgehoben* worden sind.[469] Zur Verdeutlichung[470] und im Hinblick auf die (auch sportpolitisch) enorme Relevanz sollen die zentralen Problemstellungen, der Kern des Streites, nachfolgend (als **Exkurs**) aufbereitet werden:

Zunächst ist davon auszugehen, daß jedermann das Recht hat, sich mit Gleichgesinnten zu (einem) Verein(en) zusammenzuschließen bzw. schon bestehenden Vereinen beizutreten. Letzterenfalls besteht allerdings keine automatische Aufnahmeverpflichtung der Vereine, da diese in der Festlegung ihrer Zugangsvoraussetzun-

---

466 Sofern nicht außerordentlich einberufen, § 10 III DSB-Satzung.

467 Siehe Aufzählung bei Gieseler, Deutscher Sportbund, S.38.

468 Vgl. § 5 V der Aufnahme-Richtlinien des DSB.

469 BGH NJW 1975, S.771 ff. (Rad- und Kraftfahrerbund (RKB) Solidarität ./. DSB); BGH (RKB Solidarität ./. DSB, Urteil vom 19.12.77, Az. II ZR 8/76); OLG Frankfurt a.M. (Aikido-Verband ./. LSB Hessen, Urteil vom 16.09.82, Az. 6 Kart. U 185/81); BGH NJW-RR 1986, S.583,584 (Aikido-Verband ./. LSB Niedersachsen); OLG Frankfurt a.M. WRP 5/86, S. 281 ff. (Aikido-Verband ./. DSB); Kammergericht Berlin (Pool-Billard-Bund ./. DSB, Urteil vom 01.10.86, Az. 1 Kart. U 302/86).

470 Siehe Hinweise in Fn.166, 278 und 463.

gen autonom sind. Aufgrund der allgemeinen Vertragsfreiheit ist die inhaltliche Gestaltung von Aufnahmebestimmungen (weitgehend) in das körperschaftliche Belieben gestellt; geneigte Bewerber können die entsprechenden Bedingungen akzeptieren oder nicht - letzterenfalls wird ihnen eine Aufnahme wohl verwehrt bleiben. Speziell Verbände sind daran interessiert, Konkurrenzsituationen im Mitgliedsbereich zu verhindern, Arbeit und Aufgaben übersichtlich zu erhalten, hiermit einer Zersplitterung vorzubeugen, um letztlich die eigene Entscheidungsfähigkeit nicht zu beeinträchtigen. Das Recht der Vereine / Verbände, ihre personelle Zusammensetzung und damit die eigene „Persönlichkeit" zu bestimmen, geht regelmäßig dem Begehren von Aufnahmewilligen vor. Selbst bei Erfüllung der Aufnahmevoraussetzungen besteht keine Aufnahmepflicht.[471]

Hiermit ist sozusagen die „Grundstruktur" umschrieben; es kommen aber verschiedene Ausnahmekonstellationen in Betracht, vor allem solche, in denen in internationale Verbandshierarchien eingebettete Sportfachverbände für ihren speziellen Bereich *monopol*artige Positionen einnehmen.[472] Denn Vereine, in denen wettkampfmäßig Sport betrieben werden soll, müssen sich nahezu zwangsläufig übergeordneten Organisationseinheiten anschließen, dem Umstand folgend, daß die Anhänger der meisten Sportarten verbandsmäßig organisiert sind. Ein außerhalb dieser Gefüge bestehender Wettkampfbetrieb besteht nicht. Zumindest insofern liegt eine *Machtposition* der Sportfachverbände vor.[473]

Gleiches gilt auch für den DSB. Nachfolgend soll dies (in Anlehnung an seine Aufgaben- und Zweckbeschreibung, vgl.oben § 4 III.2) kurz skizziert werden. Wie der BGH in seinem Urteil vom 02.12.74 erkannt hat, nimmt der DSB „für den Sport allgemein bedeutsame und höchst vielgestaltige Funktionen wahr".[474] So wird von ihm gemäß seiner Zweckbestimmung eine umfassende Beratungstätigkeit in allen überfachlichen, für die Vereinsarbeit wesentlichen Fragen wahrgenommen. Weiterhin ist eine Vertretungsfunktion für die angeschlossenen Mitgliedsorganisationen nach außen (auch gegenüber staatlichen Institutionen) gewährleistet. Wesentlich ist die Mitwirkung bei der finanziellen und sonstigen Förderung der Sportler und Sportverbände; das Bundesinnenministerium, das die von ihm zur Verfügung gestellten Sportfördermittel zum Teil unmittelbar an die Verbände vergibt, wird hierbei vom DSB beraten. Ferner ist das Ansehen (und die Werbewirkung) eines Verbandes nicht unerheblich durch die Mitgliedschaft im DSB beeinflußt, da dieser seinerseits im In- und Ausland über entsprechendes Renommee verfügt und nahezu alle Spitzensportverbände in ihm organisiert sind. Letztlich wird deutlich, daß die Mitgliedschaft im DSB von hohem Interesse ist, was umgekehrt zu einer (überragenden) Machtposition des Deutschen Sportbundes führt.[475] Ausgehend von dieser

471 Vgl. Röhricht, Inhaltskontrolle, S.79.

472 Siehe Fn.144.

473 Vgl. Vieweg, Teilnahmerechte, S.46.

474 Urteil abgedruckt in NJW 1975, S.771 ff. (vgl. Fn.469): Der BGH hat hierin umfassend dargelegt, woraus die Monopolstellung des DSB resultiert.

475 Neben dem DSB sind im Sportbereich bislang Fachsportverbände und LSBs als Monopolverbände eingestuft worden; vgl. hierzu Röhricht, Inhaltskontrolle, S.80

unbestrittenen Monopolstellung hatte der BGH über die Klage des Rad- und Kraftfahrerbundes Solidarität zu entscheiden, der für seinen Verband (mit 400 Mitgliedsvereinen und 30.000 Mitgliedern) die Aufnahme als ordentliches Mitglied beim DSB beantragt hatte. Diese war ihm unter Hinweis auf § 5 II DSB-Satzung verweigert worden,[476] da der Radsport innerhalb des DSB schon durch den „Bund Deutscher Radfahrer e.V." vertreten war. Die Ausgangsinstanz hatte die Klage abgewiesen, das Berufungsgericht urteilte, daß der DSB den Kläger aufzunehmen habe. Der BGH entschied gleichfalls im Sinne des Klägers. Das Verfahren spitzt(e) sich auf die Frage zu, **unter welchen Voraussetzungen die autonome Aufnahmeentscheidung des Monopolverbandes** DSB **beschränkt ist**, mithin unter welchen Voraussetzungen sich eine Aufnahmemöglichkeit in einen Aufnahmezwang umwandelt bzw. ob trotz entgegenstehender Satzungsbestimmungen gleichfalls dieser Aufnahmezwang besteht.

Der BGH hat hierzu (abstrakt gesehen) ausgeführt, ein Monopolverband könne die Aufnahme eines Mitgliedschaftsbewerbers unter Bezugnahme auf eine satzungsmäßige Aufnahmebeschränkung nicht ohne weiteres ablehnen. Sei der Zweck der Satzungsbestimmung an sich sachlich berechtigt, so könne die von ihr ausgehende Aufnahmebeschränkung gleichwohl unwirksam sein, wenn die vom Monopolverband verfolgte Absicht auch durch eine „mildere" Satzungsgestaltung erreicht werden könnte, die die Mitgliedschaft des Bewerbers ermöglichen würde. Die nach Zurückverweisung an den Berufungssenat von diesem getroffene (für den DSB negative) Entscheidung wurde nach erneuter Revision endgültig zu Lasten des DSB vom BGH beschieden und wie folgt begründet: Das „Ein-Platz-Prinzip" habe in der Satzung in einer Form Niederschlag gefunden, die zu einer steten Quelle der Diskriminierung und Benachteiligung gleichartiger Sportverbände werden könne, da der zufällig zuerst Gekommene sogar dann den Vorrang habe, wenn ihn der Außenstehende an Bedeutung überrage. Im Hinblick hierauf sei es Sache des DSB, diesem Prinzip eine Gestalt zu geben, die die diskriminierenden Folgen ausschließe. Nur dann und insoweit sei das „Ein-Platz-Prinzip" sachlich gerechtfertigt.

Dieser Entscheidung ist zuzustimmen. Der autonome Normgeber ist grundsätzlich berechtigt, Normen nach seinen Vorstellungen zu konstruieren. Er hat insofern eine Selbstregulierungsbefugnis, um sein internes System zu gestalten. Der Staat darf nach dem Subsidiaritätsprinzip nur nachrangig tätig werden. Die Rechtsschutzgewährleistungspflicht berechtigt und verpflichtet aber den Staat, eine Mißbrauchskontrolle auszuüben.[477] Wenn im Rahmen dieser Mißbrauchskontrolle festgestellt wird, daß nach Abwägung der beiderseitigen Interessen die Verbandsentscheidung (z.B. obige Verweigerung der Aufnahme) trotz zutreffender Anwendung verbands-

---

[476] Der in Bezug genommene § 5 II 4 formuliert(e): "Besteht für ein Fachgebiet bereits ein anerkannter Spitzenverband im DSB, so kann kein anderer Verband als Spitzenverband für dieses Fachgebiet in den DSB aufgenommen werden". Es handelt sich hierbei um das sog. Ein-Platz-Prinzip, dessen Existenz historisch und anhand der beschriebenen Zweckmäßigkeitserwägungen zu erklären ist; vgl. Vieweg, Teilnahmerechte, S.25; Pfister, Autonomie, S.172; Gießelmann-Goetze, Das Ein-Platz-Prinzip, S.15 ff.

[477] Siehe oben § 4.II.1.a.bb, Textziffer (1) lit. (b).

interner Normen unbillig ist, kann diese Rechtsetzung keinen dauerhaften Bestand haben. Der in Gestalt der (rechtswidrigen) Norm bestehende „sachliche Grund" für die getroffene Verbandsentscheidung ist in letzter Konsequenz durch Umgestaltung der Norm auszuräumen, wobei die beanstandete Vorschrift als Ausprägung des Subsidiaritätsgedankens nicht durch das staatliche Gericht zu ändern ist. Vielmehr ist dem betroffenen Verband eine angemessene Frist einzuräumen, die betroffene Passage seiner Satzung zu ändern. Kommt er dem nicht nach, ist eine Entscheidung zu seinen Lasten zu fällen, da die Chance zur endgültigen Selbstregulierung vertan wurde.

In Ablauf und Ergebnis verdeutlicht die Entscheidung exemplarisch die Verzahnung der oben beim Grundrechts- und Förderstatus aufbereiteten Gewährleistungen und Prinzipien: Ein Verband macht von seiner Rechtsetzungsbefugnis Gebrauch und verweigert einem Bewerber die Aufnahme (Autonomiegrundsatz); diese Entscheidung wird von staatlichen Gerichtsinstanzen überprüft - Rechtsschutzgewährleistungspflicht nebst Inhaltskontrolle - und nach einer Interessenabwägung (Ansatzpunkt für die verfassungsrechtlich gebotene Drittwirkung der Grundrechte) unter Wahrung der Subsidiarität aufgehoben (Autonomiebeschränkung).[478]

Der BGH orientiert sich bei der Prüfung, ob eine Satzungsbestimmung nicht oder nur eingeschränkt anwendbar ist, an der Vorschrift des § 826 BGB bzw. an einer an die Tatbestandselemente des § 27 GWB[479] angelehnten Formel.[480] Trotz der auf den ersten Blick ungewöhnlichen Konstruktion, eine Vorschrift aus dem Kartellrecht zur Beurteilung eines (sport)verbandlichen Sachverhaltes heranzuziehen, ist diesem Ansatz zuzustimmen.[481] Die isolierte Beurteilung nach § 826 BGB wäre verfehlt, da eine vorsätzliche sittenwidrige Schädigung in der Ablehnung einer Aufnahme wohl kaum zu sehen sein wird.[482] Der eigentliche Grund des Aufnahmeanspruchs liegt in der Kollision und Bewertung von Grundrechtspositionen der Verbände, die sich jeweils auf Art. 9 I GG berufen, bzw. auf das Verbot der Diskriminierung (Art. 2 I GG i.V. m. Art. 3 I,III) abstellen. Diese Grundrechtspositionen

---

478 Hier wird der (theoretische) Subsidiaritätsgedanke auf der Rechtsprechungsebene praktisch.

479 In § 27 GWB ist ein Diskriminierungsverbot positiviert, das es der Kartellbehörde erlaubt, in Fällen sachlich nicht gerechtfertigter ungleicher Behandlung die Aufnahme von Unternehmen in Wirtschafts- / Berufsvereinigungen (zur Vermeidung unbilliger Benachteiligungen) anzuordnen.

480 Andere Ansätze fußen auf der Anwendung von §§ 826, 249 Satz 1 BGB, 1004 BGB bzw. einer Analogie zu § 27 GWB i.V.m. §§ 35 GWB, 823 II, 1004 BGB. Da in Rechtsprechung und Literatur darüber ein Konsens besteht, daß jedenfalls eine Interessenabwägung vorzunehmen ist, folgt aus der Anwendung anderer Normen keine praktische Konsequenz; vgl. Vieweg, Teilnahmerechte, S.28. Nach Röhricht, Inhaltskontrolle, S.80 hat sich die aus §§ 826 BGB, 27 GWB abgeleitete Formel mittlerweile „selbständig gemacht".

481 So ist darauf hinzuweisen, daß insbesondere im sogenannten Berufssport, und hier wiederum besonders im Fußballbereich, Streitigkeiten häufiger eine kartellrechtliche Dimension haben (weiter Unternehmensbegriff des GWB; vgl. hierzu Traub in WRP 11/85, S. 591,593); auf Fn.431 wird verwiesen.

482 Vgl. OLG Frankfurt a.M., Urteil vom 10.05.85 - 2 U 23/85; Nicklisch, JZ 1976, S.105,107; Gießelmann-Goetze, Das Ein-Platz-Prinzip, S.20.

sind in Ausgleich zu bringen, das entsprechende Spannungsverhältnis ist aufzulösen. Nur vor diesem Hintergrund ist der dem Urteilsspruch innewohnende Eingriff in die Verbandsautonomie zu rechtfertigen. Die Mitberücksichtigung der Formel aus § 27 GWB führt zu einer umfassenden Interessenabwägung, deren Einbeziehung geeignet ist, einem „Patt" gleichwertiger Grundrechte zu begegnen.[483] Ergänzend ist darauf hinzuweisen, daß dem Vorschlag von Nicklisch[484] gefolgt werden sollte, wonach nicht nur ein Monopolverband nach den zuvor dargelegten Grundsätzen zur Aufnahme verpflichtet ist, sondern jeder Verband, bei dem ein Machtgefälle mit deutlichem Übergewicht der Vereinigung besteht. Dies folgt schon daraus, daß die Funktionsvoraussetzungen der Privatautonomie im Bereich der Vereinigungen heutzutage nicht mehr so recht passen. Denn die Überlegung der Väter des BGB, Vereine müßten sich um Mitglieder bemühen, da ansonsten ein Ausweichen zu anderen Gruppierungen erfolge,[485] geht bei vielen Institutionen, bei denen über die Mitgliedschaft nicht mehr völlig frei zu entscheiden ist, mittlerweile fehl.

Als Konsequenz der zuvor erörterten Rechtsprechung wurde im DSB das Aufnahmeverfahren abgeändert, insbesondere das Verfahren bei *konkurrierenden* Verbänden. Die vom BGH[486] angemahnte mildere Gestaltung des Ein-Platz-Prinzips ist im Jahre 1988 (über spezielle Aufnahmerichtlinien - als Satzungsbestandteil) Realität geworden.

c) Konferenz der LSB und Spitzenverbände

Es handelt sich hierbei um (organschaftlich erst nach - aber nicht aufgrund - der Wiedervereinigung) installierte Gremien, § 12 DSB-Satzung, mit (u.a.) Beratungsfunktion ihrer Mitglieder. Das Bestreben, die ständigen Konferenzen bedeutungsmäßig aufzuwerten (eigentliche Intention der Satzungsänderung), wäre auch (z.B. durch verbale Hervorhebung in der Satzung) ohne die Verleihung von (DSB-intern umstrittener) Organqualität realisierbar gewesen. Jedenfalls sind originäre Funktionen, wie sie z.B. beim Präsidium des DSB anzutreffen sind, nicht erkennbar.

d) Präsidium

Das Präsidium ist das *Exekutivorgan* des DSB. Es ist verantwortlich für die Durchführung der Beschlüsse des Bundestages und des Hauptausschusses, § 11 VI DSB-Satzung. Weiterhin soll es eine wirksame Vertretung des deutschen Sports auf nationaler und internationaler Ebene wahrnehmen. Das Präsidium besteht aus dem Präsidenten, dem / den Ehrenpräsidenten, den Vizepräsidenten für Leistungs- und Breitensport, zwei Vizepräsidenten für besondere Aufgaben, dem Schatzmeister,

---

483 Vgl. Traub, WRP 1985, S.591 ff.,595,598, der zusätzlich auf den Gesichtspunkt abstellen möchte, ob es sich um die Verweigerung der Aufnahme in Wirtschafts- oder Berufsvereinigungen handelt.

484 Nicklisch, JZ 1976, S.105,109.

485 Nicklisch, Selbstordnung, S.7.

486 Zuletzt in der Entscheidung vom 01.10.86 (Kammergericht Berlin), vgl.oben Fn.469.

dem Generalsekretär, dem NOK-Präsidenten, dem DSJ-Vorsitzenden sowie der Vorsitzenden des Bundesausschusses Frauen im Sport.[487] Das Präsidium tagt mehrfach jährlich (je nach Bedarf). Vorsitzender des Präsidiums ist der Präsident des Deutschen Sportbundes. Dieser vertritt den DSB nach außen (§ 11 IV 4 DSB-Satzung - Vorstand im Sinne des § 26 BGB ist der Präsident i.V.m. z.B. einem Vizepräsidenten). Er übt seine Funktion unter Wahrung eines korporativen Führungsstils aus (hiervon ist auch ohne explizite Satzungserwähnung auszugehen).[488] Durch die überwiegend[489] ehrenamtliche Präsidialstruktur sollen die Mitgliederinteressen hinreichend, repräsentativ und unbeeinflußt zur Geltung kommen.

Zur vorbereitenden und unterstützenden Wahrnehmung seiner Aufgaben bedient sich das Präsidium verschiedener *Ausschüsse* sowie der *Hauptverwaltung* des DSB.

aa) Ausschüsse

Die Bundesausschüsse sind eingerichtet für die Bereiche Ausbildung und Weiterbildung, Bildung, Gesundheit und Wissenschaft, Frauen im Sport, Recht, Steuern und Versicherungen, Finanzen sowie Umwelt, § 13 I DSB-Satzung. Die Ausschüsse werden im Rahmen ihrer Aufgabenbereiche unter Aufsicht des Präsidiums eigenverantwortlich tätig.[490] Hierbei sind sie an Beschlüsse der Mitgliederversammlung, des Hauptausschusses und des Präsidiums gebunden (§ 13 IV DSB-Satzung). Die Ausschußsitzungen werden durch die Hauptverwaltung vorbereitet, die auch die jeweilige Beschlußlage umsetzt. Die (maximal sechs) Ausschußmitglieder werden vom Präsidium berufen (Ausnahme: der Ausschußvorsitzende wird von der Mitgliederversammlung gewählt, § 13 II DSB-Satzung).[491] Das Präsidium ist berechtigt, zur Vorbereitung von Entscheidungen, die nicht in die alleinige Kompetenz von Bundesausschüssen fallen, Kommissionen zu bilden (Beispiel: Anti-Dopingkommission), § 11 VI 2 DSB-Satzung. Desgleichen sind die Bundesaus-

---

[487] Nach der zur Wende-Zeit gültigen Satzung (von 1988) untergliederte sich das Präsidium in ein geschäftsführendes Präsidium und das Gesamtpräsidium. Das geschäftsführende Präsidium bestand aus dem Präsidenten, drei Vizepräsidenten, dem Schatzmeister, dem Präsidenten des Nationalen Olympischen Komitees, dem Vorsitzenden der Stiftung Deutsche Sporthilfe sowie dem Generalsekretär. Im Gesamtpräsidium waren neben den Mitgliedern des geschäftsführenden Präsidiums der/die Ehrenpräsidenten und die Vorsitzenden der sieben Bundesausschüsse vertreten. Gemäß § 11 Ziffer 9 DSB-Satzung erfolgte die Zuständigkeitsabgrenzung der beiden präsidialen Untergliederungen durch eine Geschäftsordnung. Weiterhin wurde die Aufgabenverteilung durch § 11 Ziffer 6 der Satzung und die Geschäftsordnungen der Deutschen Sportjugend und derjenigen der Bundesausschüsse bestimmt. Die neue Struktur ist vor dem Hintergrund der Verkleinerung von Gremien geschaffen worden, um größere Effektivität / bessere Arbeitsgrundlagen zu schaffen.

[488] Vgl. Gieseler, DSB-Sport, Rdnr.2.2.1.c.

[489] Ausnahme: der (hauptamlich fungierende) Generalsekretär, § 11 I,III DSB-Satzung.

[490] Neben der Zweckbestimmung, „präsidiumsunterstützend" zu wirken, ist die Hauptfunktion der Ausschüsse darin zu sehen, als Dienstleister und Meinungsbildner gegenüber den Vereinen, Verbänden und einer breiteren Öffentlichkeit zu agieren.

[491] Sonderregelung u.a. für den Bundesausschuß für Frauen im Sport, vgl. § 15 II DSB-Satzung.

schüsse berechtigt, zur Erledigung von Teilaufgaben mit Zustimmung des Präsidiums Fachausschüsse zu berufen, deren Vorsitzende Mitglieder des Bundesausschusses sein müssen (Beispiel: Wassersportkommission), § 13 V DSB-Satzung.

Die Rechtsnatur von Ausschüssen (im Sportbereich) ist nicht ganz eindeutig: So kommt entweder die Rechtsstellung eines fakultativen Vereinsorgans oder die einer Hilfseinrichtung, die ein bestimmtes Vereinsorgan unterstützt, in Frage.[492] Ersteres setzt eine satzungsgemäße Bestimmung voraus, denn die Organeigenschaft gehört zu den Grundentscheidungen eines Vereins und muß mithin in der Satzung ausgewiesen werden.[493] Im DSB-Falle ist gerade dies nicht gegeben (vgl. § 8 der Satzung), so daß den Bundesausschüssen Hilfscharakter (zum Präsidium) zukommt.

bb) Hauptverwaltung

Die in Frankfurt a.M. ansässige Hauptverwaltung übernimmt ebenfalls Hilfsfunktionen zum Präsidium. Hier werden in Zusammenarbeit mit den Ausschüssen u.a. Programme und Zielvorstellungen erarbeitet und im Auftrag des Präsidiums realisiert; weiterhin wird das gesamte Handeln des DSB koordiniert und werden die Arbeitskontakte mit Mitgliedern / staatlichen Stellen geknüpft. Die Verwaltung untergliedert sich in Stabsreferate und Geschäftsbereiche (die wiederum aus einzelnen Abteilungen bestehen). Sie wird vom Generalsekretär geleitet, der (als Bindeglied) Mitglied des Präsidiums ist.[494] Die einzelnen Geschäftsbereiche beziehen sich auf die jeweiligen DSB-Themenfelder, also *Leistungssport*, *Breitensport* und *Jugendsport*.

(1) Leistungssport

Der (Geschäfts-) Bereich Leistungssport (BL)[495] des DSB wird geleitet von einem (hauptamtlichen) Direktorium und einer (ehrenamtlichen) Führung (mit Bundesvorstand, Vollversammlung und Beiräten), § 16 II DSB-Satzung. Die Funktion des BL läßt sich wie folgt beschreiben: Unterstützung der Sportfachverbände bei Planung, Organisation und Durchführung ihrer sportlichen Maßnahmen, Beratung (auch des BMI) und Koordinierung von Maßnahmen zur Förderung des Spitzensports.[496] Um einerseits diese beratende / unterstützende Funktion transparent werden zu lassen und um andererseits die bislang zwar rechtlich hergeleitete, aber ansonsten nur abstrakt bezeichnete Bundesförderung (des Spitzensportes) konkreter zu machen, ist es notwendig, das westdeutsche *Leistungssportsystem* zu skizzieren.

---

[492] Reichert/Dannecker, Handbuch, Rdnrn.731 ff.,734.

[493] Reichert/Dannecker, Handbuch, Rdnr.737.

[494] Siehe oben Fn.489. Zur grundsätzlichen „Reibung" von Haupt- und Ehrenamtlichkeit (und zur negativ ausgefallenen Effizienzanalyse des DSB) siehe Henne, Organisationstheorie, S.71 ff.

[495] Entspricht dem früheren BA-L (Bundesausschuß Leistungssport), § 15 der DSB-Satzung (1988).

[496] Seine Richtlinien- und Entscheidungskompetenz leitet der BL vom DSB-Präsidium bzw. den Ständigen Konferenzen der LSB und Spitzenverbände ab, § 16 I DSB-Satzung.

Kernbestandteil dieses Systems sind die Bundessportfachverbände, die, wie bereits aufgezeigt, als Träger des Hochleistungssports fungieren; diese Verbände (mit ihren zentralen Leistungssportmaßnahmen) sind folglich primäre Adressaten der Bundesförderung. Die Finanzierung bezieht sich auf

- Trainings- und Wettkampfprogramme,
- Fachpersonal (Trainer, Sportdirektoren),
- Ausrichtung von (sowie Beteiligung deutscher Sportler an) internationalen Sportveranstaltungen,
- Trainingswissenschaftliche, sportmedizinische sowie soziale Betreuungsmaßnahmen,
- Bau und Unterhaltung von Sportanlagen usw.[497] [498]

Die (exemplarisch aus obiger Auflistung herausgegriffenen) Trainingsprogramme der Spitzenverbände beinhalten sowohl das Stützpunkttraining als auch die Durchführung zentraler Lehrgänge. Bei ersterem werden die (Kader-[499])Athleten mehrfach in der Woche zu Trainingseinheiten (möglichst ortsnah) herangezogen;[500] bei letzterem finden (u.a. zur Wettkampfvorbereitung) Lehrgänge in den Bundesleistungszentren statt. Die 44[501] Bundesleistungszentren sind vom BMI anerkannte Sportstätten zur Durchführung *zentraler* Trainings- / Lehrgangsmaßnahmen, konzipiert entweder für einzelne oder mehrere Sportarten.[502] Da im Hochleistungssport Intensität und Qualität des Trainings eng verbunden sind mit einer umfassenden Betreuung, sind weiterhin sog. Olympiastützpunkte eingerichtet worden. Hierbei handelt es sich um Serviceeinrichtungen für die olympischen Spitzenverbände,[503]

---

497 Siehe Achter Sportbericht, S.42 bzw. S.128 (Punkt 3 des Leistungssportprogramms des BMI).

498 Keine unmittelbaren (Bundes-) Zuwendungen erhalten die Sportler selbst - diese werden z.B. durch die Sporthilfe / Sponsoren unterstützt.

499 Es gibt A,B,C und D/C-Kader. Dem A-Kader gehören Sportler der internationalen Spitzenklasse an, dem B-Kader Athleten der nationalen Spitzenklasse und dem C-Kader Nachwuchssportler, die zum Aufrücken in den A und B-Kader eine Perspektive besitzen. Die D/C-Kader bilden auf Landesebene den leistungssportlichen Unterbau der Bundeskader.

500 Bundesstützpunkte werden auf Antrag des jeweiligen Spitzenverbandes von DSB und BMI unter Beteiligung der zuständigen Landesregierung anerkannt. Voraussetzung zur Anerkennung ist z.B. das Vorhandensein einer disziplinspezifisch ausreichenden Zahl von Spitzensportlern der Bundeskader (A und B bzw. des Bundes-(nachwuchs-)Kaders C - siehe Fn.499). Bis Ende 1993 gab es insgesamt 240 Bundesstützpunkte. Ergänzt wird dieses Stützpunktsystem durch eine größere Zahl von Landesleistungszentren bzw. Landesleistungszentren mit Bundesnutzung (letzteres liegt vor, wenn in einem Landesleistungszentrum auch Maßnahmen eines Bundessportverbandes durchgeführt werden), vgl. Achter Sportbericht, S.59.

501 Bis zum Jahr 1990 gab es 27 Bundesleistungszentren (z.B. Tauberbischofsheim - Fechten). Im Zuge der Wiedervereinigung kamen 17 weitere hinzu (z.B. Oberhof - Wintersportarten).

502 Die Bundesleistungszentren befinden sich zumeist in Trägerschaft der Standortgemeinden oder Spitzenverbände; ferner bestehen jeweils sog. Kuratorien, denen die Zuwendungsgeber (Bund - BMI) und Vertreter der beteiligten Sportorganisationen angehören.

503 Vgl. Fn.353; im Jahre 1994 gab es 20 Olympiastützpunkte (davon 7 ostdeutsche).

„um eine interdisziplinäre, umfassende Trainingsbegleitung für Spitzen- und Nachwuchsathleten sowie deren Trainer und Betreuer durch qualifiziertes Personal und sportartspezifische Gerätschaften zu organisieren und sicherzustellen“.[504] Für die sportmedizinische Betreuung stehen den Athleten die Einrichtungen des Olympiastützpunktes oder einer kooperierenden sportmedizinischen Institution zur Verfügung.

Im Jugendbereich ist auf die Sportinternate hinzuweisen. Hiermit wird versucht, dem Umstand Rechnung zu tragen, daß im modernen Spitzensport (zumindest in bestimmten Sportarten, z.B. Turnen, Eiskunstlauf) bereits im frühen Alter ein hoher Trainingsaufwand erforderlich ist. Dieser kann am besten erbracht werden, wenn Schulunterricht, Training und ergänzende Betreuung koordinativ miteinander verknüpft sind. Die Sportinternate sind zumeist an vorhandene Sportzentren (oder an internatsmäßig betriebene Schulen) angegliedert, wobei die Trainingseinheiten in den Sportzentren, der Schulunterricht in den ansässigen staatlichen Schulen und die pädagogischen Betreuungsmaßnahmen in den Internatsräumen stattfinden.[505] Im Zusammenhang hiermit ist generell der Komplex *„Talentsuche / Talentförderung“* anzusprechen. Hierbei ist grundsätzlich eine enge Zusammenarbeit zwischen Eltern, Vereinen und Schulen (z.B. zur frühzeitigen Erkennung sportlicher Talente) vonnöten. Auch wenn es verschiedene staatliche Maßnahmen gibt (auf Bundesebene sind neben der Förderung von Sportinternaten u.a. die Förderung des Bundeswettbewerbes der Schulen „Jugend trainiert für Olympia“ sowie die Stützpunktförderung im D/C-(Jugend-) Kaderbereich zu nennen), fehlt es im wesentlichen gerade an einer hinreichenden Zusammenarbeit der (oben benannten) wichtigsten Ansprechpartner für jugendliche Talente.[506]

Integrative Bestandteile des westdeutschen Leistungssportsystems sind im übrigen die Sportfördergruppen der Bundeswehr.[507] Hierbei werden (wehrpflichtige) kaderzugehörige Spitzensportler (auf Antrag ihrer Fachverbände) in diejenigen Fördergruppen einberufen, die ihrer Sportart entsprechen.[508] Außerdem besteht die Mög-

504 Achter Sportbericht, S.48; Träger der Olympiastützpunkte sind privatrechtliche Vereine, LSB, kommunale Gebietsköperschaften oder auch Kapitalgesellschaften (GmbHs). Dem Träger obliegt die rechtliche Verantwortung, dem Leiter des Stützpunktes die organisatorische Sicherstellung und Koordination. Das jeweilige Kuratorium hat eine beratende Funktion. Die Finanzierung der Olympiastützpunkte erfolgt über Zuwendungen des Bundes (BMI), der Länder (bzw. von LSB und Kommunen) und über Marketing- und Sponsoringaktivitäten.

505 Bei den sog. Sport-Teilzeitinternaten wohnen die Sportler nicht im Internat, sondern behalten ihren allgemeinen (meist elterlichen) Wohnsitz bei.

506 Die staatlichen Maßnahmen beschränken sich in erster Linie auf die Talentförderung, die Talenterkennung ist nicht systematisiert. Im Rahmen der Untersuchung des Leistungssportsystems der DDR wird das dort praktizierte Modell der Talentauslese anzusprechen sein.

507 Die generell große Bedeutung der Sportförderung durch das Bundesverteidigungsministerium (BMVg) wird insbesondere mit Blick auf das Jahr 1986 deutlich, als die Fördermittel des BMVg diejenigen des BMI überstiegen.

508 Zu Entstehung und Rechtsgrundlagen der Sportfördergruppen vgl. FAZ vom 26.04.95: „Als nach den trüben Erfahrungen der Olympischen Sommerspiele 1968 in Mexiko die Lage des Sports in der Bundesrepublik kritisch reflektiert überdacht wurde, beauftragte der Deutsche Bundestag die Regierung, zur Förderung bundeswehrangehöriger Spitzen-

lichkeit, neben der „bloßen" Ableistung des Wehrdienstes, durch eine Verpflichtung zum „Soldaten auf Zeit"[509] oder über freiwillige sportspezifische Wehrübungen die Zugehörigkeitsdauer zur Bundeswehr zu verlängern. Die Sportfördergruppen sind grundsätzlich in der Nähe von Olympiastützpunkten oder Bundesleistungszentren eingerichtet (die Bundeswehr verfügt bis auf wenige Ausnahmen über keine eigenen, bedarfsgerechten Anlagen).

Die Anbindung an die zivilen Trainingsstätten macht eine enge Kooperation der Bundeswehr mit den jeweiligen Trägern, Kuratorien,[510] mit dem DSB und den Fachverbänden nötig; weiterhin sind Abstimmungsprozesse erforderlich bzgl. Anzahl und Platzverteilung der (in die Bundeswehrfördergruppen) einberufenen Sportler; auch hieran ist der DSB (über den BL) beteiligt.[511] Losgelöst vom Spezialfall Bundeswehr ist der BL (allgemein) für die Fachverbände von wesentlicher Bedeutung, da er durch entsprechende Struktur- und Finanzierungsgespräche die Sportförderung des BMI und somit die Mittelverteilung an die Verbände koordiniert. Der BL berät die Mitglieder bei allen Sportfördermaßnahmen und übt gleichzeitig eine Gutachtertätigkeit aus, da er die Planungen der Verbände und die Einstufung in Förderklassen für das BMI bewertet.[512] [513] Sofern eine Maßnahme sich hierbei als berücksichtigungsfähig erweist, mithin eine Bundeszuwendung in Aussicht gestellt werden kann, erarbeiten die Spitzenverbände eine mit dem BL abgestimmte Planung. Nach Abschluß der Planung entscheidet das BMI über die Höhe der Förderung. Die endgültige Bewilligung sowie die Auszahlung und Prüfung der Verwendung[514] erfolgen durch das Bundesverwaltungsamt.

---

sportler bei der Bundeswehr Fördergruppen einzurichten. Per Erlaß von 1971 wurden 18 (*heute 25*) Sportfördergruppen und zwei Sportlehrkompanien gegründet, in denen regelmäßig 543 (*heute rund 700*) erfolgreiche Athleten ihren Grundwehrdienst ableisten können".

509 Die Tätigkeit als „Soldat auf Zeit" bedeutet gleichzeitig eine finanzielle Absicherung für den Sportler - ggf. auch über die Zeit als Leistungssportler hinaus.

510 Das BMVg ist in den Kuratorien jeweils vertreten.

511 Es gibt eine (mit der Förderung von wehrdienstleistenden Sportlern) vergleichbare Regelung für zivildienstleistende Athleten. In Absprache mit dem DSB werden geeignete Zivildienstplätze bereitgestellt, um diesen Sportlern ähnliche Trainings- und Wettkampfbedingungen zu ermöglichen. Im Bereich des Bundesgrenzschutzes wird in entsprechender Weise verfahren.

512 Beispiele für die Gutachtertätigkeit sind abgedruckt bei Winkler, Verbände, S.214 ff. Angemerkt werden muß, daß der BL bzw. BAL Zeit seiner Existenz immer wieder Kritik erfahren hat. Kritisiert wurde u.a. dessen Eigenmächtigkeit, der mißlungene Spagat (Zwitterstellung) als Mittler zwischen BMI und den Verbänden (die Begutachtung der Mittelvergabe führe letzten Endes zu einer Eigenbewertung), die mangelnde Eignung als sportfachlicher Kursbestimmer (da nur verwaltungstechnisch gedacht und gehandelt werde - ohne den großen Überblick zu besitzen) usw.; vgl. die Zusammenstellung in der FR vom 15.03.95 („Fehlkonstruktion zwischen den Mühlen der Interessen und Systeme"). Ohne diese Vorwürfe im einzelnen bewerten zu wollen, ist zumindest eine gewisse Schwerfälligkeit des BL erkennbar, neue Strukturen und Konzepte (mit zukunftsweisendem) Charakter zu entwickeln (vgl. oben Fn.401 / unten Fn.1281).

513 Die Förderkriterien des BMI sind oben (bei § 4.II.3) angesprochen worden.

514 Prüfung auf Einhaltung der haushaltsrechtlichen Vorschriften - jährliche Verpflichtung der Verbände zur Offenlegung ihrer Bilanzen („Ein Angsttermin", SZ vom 16.02.95).

(2) Breitensport

Der Bereich Breitensport (BeB) besitzt (analog zum Leistungssport) eine haupt- und ehrenamtliche Führungsstruktur (letztere mit Bundesvorstand und Bundeskonferenz), § 17 II DSB-Satzung. Gemäß § 17 I der Satzung entwickelt und koordiniert der BeB im Auftrag des Präsidiums und der Mitgliedsorganisationen die Strategien und Maßnahmen im Breitensport. Hierzu gehört z.B. die Ausarbeitung und Begleitung einzelner Kampagnen mit dem Ziel, breite Bevölkerungskreise an sportliche Betätigung heranzuführen bzw. in die Sportvereine zu integrieren.[515] Seit dem Jahre 1987 stellt der DSB (federführend der BeB) die Vereine in den Mittelpunkt der Breitensportarbeit; hiervon zeugt auch die bereits mehrfach zitierte aktuelle Kampagne.[516] Notwendige Voraussetzung für den Vereinssport ist u.a. ein hinreichender infrastruktureller Unterbau, z.B. in Gestalt ausreichend vorhandener, gut ausgestatteter bzw. in gutem Zustand befindlicher Sportstätten. In anderem Zusammenhang ist bereits auf den sog. „Goldenen Plan" hingewiesen worden, der erfolgreich dazu beitrug, die Sportstättensituation zu verbessern.[517]

(3) Jugendsport

Die Jugend der Mitgliedsorganisationen des DSB ist in der Deutschen Sportjugend (DSJ) zusammengeschlossen, vgl. § 14 DSB-Satzung. Die DSJ (und entsprechend der DSB-Geschäftsbereich Jugendsport) vertritt die Interessen der Kinder und Jugendlichen in den Vereinen sowie der Jugendleitungen der Mitgliedsorganisationen auf Bundesebene gegenüber allen entsprechenden Institutionen. Die DSJ ist zwar in den DSB integriert, findet jedoch keine Finanzierung im Rahmen des DSB-Haushalts, sondern wird *institutionell* und projektbezogen durch den Bund gefördert.[518]

5. Schiedsgericht

Gemäß § 19 DSB-Satzung ist zur Entscheidung von Streitigkeiten zwischen dem DSB und seinen Mitgliedsorganisationen sowie für Streitigkeiten der Mitglieder untereinander ein Schiedsgericht vorgesehen. Dieses tritt nur ad hoc zusammen. Eine Entscheidung der Instanz hat (mangels Inanspruchnahme) bislang keiner rechtli-

---

[515] 1970-1974 Motivationskampagne „Trimm dich durch Sport"; 1975-1978 Ausdauerkampagne „Ein Schlauer trimmt die Ausdauer"; 1979-1982 Spielkampagne „Spiel mit - da spielt sich was ab"; 1983-1986 Gesundheitskampagne „Trimming 130 - Bewegung ist die beste Medizin"; 1987-1994 Vereinskampagne „Im Verein ist Sport am schönsten"; 1995-1998 Vereinskampagne „Sportvereine für alle ein Gewinn". Ergänzend ist auf bewährte (bzw. neu hinzugetretene) Breitensport-Programme zu verweisen - Sportabzeichen, Spielfeste, Lauf-Treffs, Trimm-Trab ins Grüne, Volkswandertag, Challenge Day usw.

[516] Siehe oben Fn.107.

[517] Wenn auch kein Optimal-Zustand erreicht wurde, so ist die Sportstättensituation in (West-) Deutschland doch als (relativ) gut zu bezeichnen; zum „Goldenen Plan" siehe oben § 4.II.2.c.ee.

[518] Die DSJ durchlebt bei den aktuellen Strukturen immer eine gewisse Gratwanderung zwischen relativer Eigenständigkeit (im Bereich Führung und Finanzen), auf Basis der Bundesförderung, und der Eingliederung in die „Erwachsenenorganisation" DSB.

chen Prüfung unterlegen, so daß die Frage ungeklärt ist, ob es sich um ein echtes Schiedsgericht im Sinne von §§ 1025 ff. ZPO handelt. Die Formulierung „... unter Ausschluß des ordentlichen Rechtsweges ..." (§ 20 I 1 DSB-Satzung) deutet auf eine entsprechende Intention des Normgebers hin. Das Schiedsgericht ist kein Organ des DSB, wobei die Schiedsrichter persönlich und sachlich unabhängig sind.[519] Insofern ist dessen Einstufung als neutrale Instanz naheliegend (Grundsatz der Überparteilichkeit).[520] Im Hinblick auf das Vorliegen der beiden wichtigsten Voraussetzungen eines außervertraglichen Schiedsgerichtes im Sinne von § 1048 ZPO stehen seiner Anerkennung als solches keine grundlegenden Bedenken entgegen;[521] im übrigen ist auf die ausführliche Besprechung oben bei § 4.II.1.a.bb, Textziffer (1) lit. (b) zu verweisen.

6. Einzelproblem: Doping

Es erscheint kaum möglich, sich in Anbetracht der damit verbundenen Probleme in einer Abhandlung wie dieser zum Thema Doping kurz zu fassen. Bis zum Jahr 1990 kann die Situationsbeschreibung dennoch in nur wenigen Worten erfolgen: In der Bundesrepublik alter Prägung wurde gedopt, es wurde nicht systematisch und staatsgelenkt gedopt, aber in durchaus verstärktem Ausmaß auf weitgehend eigeninitiativer Basis.[522] In der breiten Öffentlichkeit wurde Doping erst nach 1988 (Fall Ben Johnson, Olympische Spiele in Seoul) zu einem heiß diskutierten Thema. Parallel hierzu erwuchs die allgemeine Erkenntnis, daß mit Wettkampfkontrollen allein dem Problem nicht beizukommen war.[523] Denn empirisch hatte sich ergeben, daß nur regelmäßige Trainingskontrollen eine gewisse Gewähr dafür boten, daß das „Allheilmittel"[524] gegen die Aufdeckung bei Wettkampfkontrollen, nämlich das rechtzeitige Absetzen verbotener Substanzen, nicht weiter greifen konnte.[525] Mit Datum vom 01.10.1989 startete deshalb ein Projekt, in Verwirklichung der Beschlüsse des Hauptausschusses des Deutschen Sportbundes (vom Dezember 1988), mit dem Dopingkontrollen im Training eingeführt, begleitet und überwacht wurden. Die Initiative hierzu kam aus allen Bereichen des Sports - daher sowohl von den Aktiven als auch von den Fachverbänden, DSB und NOK.[526] Ab Anfang /

---

519 § 20 III DSB-Satzung.

520 Reichert/Dannecker, Handbuch, Rdnr.2531.

521 So auch Hohl, Nominierung, S.13; Kregel, Organisation, S.125, der davon spricht, daß es sich „eindeutig um ein Schiedsgericht im Sinne der §§ 1048, 1025 ff. ZPO" handele.

522 Vgl. hierzu Berendonk, Doping, Kapitel 18; Reiter-Kommission, S.11.

523 Der Bericht der Reiter-Kommission geht davon aus (S.12), daß sich sportintern entsprechende Erkenntnisse schon früher abzeichneten: „... daß die Verantwortlichen im deutschen Sport spätestens seit 1976 Vermutungen und auch Kenntnisse vom Anabolika-Mißbrauch im deutschen Leistungssport hatten. Forderungen nach einem energischen Vorgehen wurden nur halbherzig erfüllt; insbesondere das Problem der Kontrollen in der Trainingsphase wurde zunächst nicht angegangen".

524 Die Anführungszeichen beziehen sich auf „Pannen" des Absetzens (vgl. Fall B.Johnson).

525 Kein Athlet soll eine kalkulierbare Chance haben, unkontrolliert / unentdeckt zu bleiben.

526 Die Bundesregierung hatte sich unter Hinweis auf die Autonomie des Sports stets geweigert, auf dessen Entscheidungsprozesse (hin zu Trainingskontrollen) Einfluß zu nehmen,

Mitte 1990 wurden gemeinsam mit Vertretern des DTSB Überlegungen gestartet, dieses System auf die noch nicht vereinigten Verbände auszudehnen. Ab Juli 1990 wurden dann gemeinsame Kontrollen durchgeführt. Dieses (schon) gesamtdeutsche Modell soll an späterer Stelle im Zusammenhang beleuchtet werden.

7. Verhältnis zum Staat

Der DSB fungiert u.a. als intermediäre Instanz zwischen Umwelt und Mitgliedern. Intermediär bedeutet hier eine Betätigung im Umfeld von Parteipolitik und staatlicher Administration einerseits sowie eigener und fremder Interessenvertretung auf der anderen Seite.[527] Inhalt dieser Vertretungsfunktion ist beispielsweise der Versuch einer Einflußnahme auf die Willensbildung des Gesetzgebers. Dies geschieht u.a. in der Form, daß bei staatlichen Stellen durch Präsidium, Ausschüsse oder Hauptverwaltung gegen sportfeindliche Gesetzesvorlagen interveniert wird bzw. im Vorfeld hierzu Vorstellungen des Sports in die Beratungen eingebracht werden. Der DSB vermag insofern auch als Ideen- und *Informations*lieferant für staatliche Stellen zu wirken; hierdurch ist in einem gewissen Umfang sein Einfluß in der „Politszene" zu erklären. Diese Beteiligungs- und Anhörungsrechte werden ergänzt durch aktive Politik (Bereitstellung eigener Konzepte). Ansprechpartner sind (neben dem Bundeskanzler, selten[528]) überwiegend die jeweiligen (Fach-) Minister / Ministerien, insbesondere Innen- und Finanzminister(ium). Mitunter ist diese praktische Arbeit schwierig, da staatliche Stellen dazu neigen, die Sensibilität einzelner Materien zu überschätzen, sich in „Geheimniskrämerei" wiegen oder Informationen nur zögerlich bzw. verspätet herausgeben (so daß die Mitwirkung im Vorfeld von Entscheidungen erschwert ist).[529]

Die Möglichkeit, eine offensive Politik gegenüber staatlichen Stellen zu führen, ist nur dann eröffnet, wenn der Verfechter dieser Politik unabhängig ist. Und genau diese Unabhängigkeit des DSB schien lange Zeit durch eine zu enge haushaltsrechtliche Verzahnung mit dem BMI gefährdet.[530] So erklärte der damalige Präsident Willi Weyer 1977 in seinem Bericht vor dem Hauptausschuß des DSB:

---

vgl. Antwort des BMI auf eine Kleine Anfrage im Deutschen Bundestag - abgedruckt im Siebten Sportbericht, S.210.

527 Vgl. Winkler, Verbände, S.236; Henne, Organisationstheorie, S.11.

528 Aktuell hat sich der Kanzler als Moderator für den sogenannten „Runden Tisch" zur Verfügung gestellt, siehe unten Fn.1374.

529 Umgekehrt wird dem Sport mitunter die Fähigkeit zu kreativer Aktivität in Abrede gestellt. So wurde seitens des BMI wiederholt vorgebracht, die Bürokratie des Sports sei überbetont, langfristige Konzepte fehlten (vgl. P.Busse, zitiert in der Stuttgarter Zeitung vom 17.11.94). Derartige Aussagen sind zwar nicht überzubewerten (zumal keine entsprechenden Äußerungen der Ressortminister vorliegen), vermögen im dargestellten Kontext aber aufzuzeigen, daß sich mit Sportbewegung und Staat zwei Partner gegenüberstehen, deren Beziehung in der Alltagsarbeit nicht immer harmonisch verläuft.

530 Vgl. auch die (Lot-) Studie von Semder (S.117), der direkte Abhängigkeiten des DSB feststellt(e). Der Autor hält (aufgrund des dominierenden Staatswesens) eine gleichrangige Partnerschaft für unmöglich; der DSB sei nur so bedeutsam, wie der Staat diesem an Bedeutung zukommen lasse.

„Der Deutsche Sportbund ist ein institutioneller Zuwendungsempfänger des BMI. Der Etat des DSB wird in hohem Umfang aus Bundesmitteln gedeckt. Dies ist fiskalisch zwar ein recht sicherer, aber politisch ein nicht erwünschter Zustand. Der DSB benötigt wenigstens für seinen ordentlichen Haushalt ... die finanzielle Unabhängigkeit vom Bund. Wer die Freiheit für den Sport fordert, wer sich staatlichen Dirigismus durch das BMI verbittet, und wer politische Einmischung durch den Sportausschuß des Deutschen Bundestages zurückweist, der darf sich nicht vom Staat aushalten lassen, wenn er gehört werden will. Wie soll der DSB die ihm satzungsmäßig aufgegebenen gemeinsamen Interessen des Sports oder die gemeinschaftlichen Maßnahmen seiner Mitgliedsorganisationen gegenüber dem Bund nachdrücklich vertreten, wenn jeder seiner Verhandlungspartner weiß, daß vom ordentlichen Haushalt des DSB gerade .. aus Beiträgen gedeckt werden können? Der DSB ist durch seine finanzielle Abhängigkeit vom Bund auf dem besten Wege, eine nachgeordnete Behörde des BMI zu werden."[531]

Diese Kritik ist seinerzeit zwar vom BMI zurückgewiesen worden - dennoch kam es zur Trennung. Nach erfolgter Beitragserhöhung für die Mitgliedsverbände und Wiedereinführung der Lotterie Glücksspirale war bis Mitte 1978 der Weg geebnet, der öffentlichen Subventionierung (mit Ansätzen zu staatlicher Lenkung) zu entgehen. Seither wird der DSB nur noch projektbezogen vom BMI gefördert.[532] Die Einnahmeseite des ordentlichen DSB-Haushaltes setzt sich im wesentlichen zusammen aus den Zweckerträgen der Glücksspirale, den Mitgliederbeiträgen und den sonstigen Einnahmen (z.B. Vermarktungserträge, Spenden).[533] Mittlerweile wird auch vom BMI anerkannt, daß sich die Projektförderung im Gegensatz zur institutionellen Förderung bewährt hat. Hierzu ist in den Jahren 1986 -1990 jeweils ein Millionenbetrag aufgewendet worden (darüber hinaus sind über 100 Bundestrainer beim DSB beschäftigt, die den einzelnen Fachverbänden zur Verfügung gestellt und vom Bund bezahlt werden).[534]

Die faktische Einschränkung der Autonomie bedingt, durch die institutionelle Förderung, hätte auf lange Sicht zu einem verringerten Engagement der Mitglieder sowie zu einem Verlust der demokratischen Legitimation geführt.[535] Dies aufgreifend ist nunmehr zu fragen, ob durch die unabhängige Finanzierung die Gefahr des Autonomieverlustes gebannt ist. Die Antwort muß weiterhin „Nein" lauten, denn auch ohne institutionelle Förderung ist die Autonomie allein schon durch die intermediäre Funktion des DSB gefährdet. Jede Übernahme einer öffentlichen Aufga-

---

531 Abgedruckt bei Winkler, Verbände, S.55.

532 Der DSB erhält zur Erfüllung bestimmter bundeszentraler Aufgaben (aber nicht zur Finanzierung seiner Personal- und Sachkosten) Bundesmittel gemäß §§ 23,44 BHO. In Betracht kommen z.B. Zuwendungen zu Trainingsprogrammen, biomechanischen Untersuchungen, Fort- und Weiterbildungsseminaren oder leistungssportlichen Publikationen.

533 Vgl. Haushaltsplan des DSB.

534 Vgl. Siebter Sportbericht, S.48. Ein Rechtsgutachten geht nunmehr allerdings davon aus, daß wegen Verstoßes gegen §§ 1 II, 9 Ziffer 1, 10 I des Arbeitnehmerüberlassungsgesetzes die Bundestrainer als unmittelbar beim jeweiligen Fachverband (und nicht weiter beim DSB) beschäftigt anzusehen sind.

535 Wenn oben in Fn.530 davon die Rede war, der DSB könne kein gleichrangiger Partner des Staates sein, und unterschwellig als Begründung hierfür dessen materielle Subventionierung ins Feld geführt wird (Lotstudie, S.116), ist nunmehr, da die existentielle Grundlage des DSB anderweitig gesichert ist, dieses Argument verpufft.

be[536] vermindert die Fähigkeit, Anregungen von außen nach eigenen Regeln zu verarbeiten, vermindert mithin die Autonomie. Ein hoher Autonomiegrad ist (wie bereits angesprochen) jedoch nötig, um die Integrationskraft gegenüber den Mitgliedern nicht zu verlieren. Insbesondere im Hochleistungssport ist der Staat gezwungen, die Verwendung der zur Verfügung gestellten (nicht unerheblichen) Mittel zu kontrollieren. Stärkere Kontrolle unterhöhlt die Subsidiarität, da sie Intervention bedeutet und wiederum zu einem Autonomieverlust führt.[537] [538]

Fazit insoweit: Richtlinien zur Förderungswürdigkeit und die Vergabemodalitäten öffentlicher Gelder schränken die Handlungsfreiräume der Sportorganisationen ein. Insbesondere für den DSB besteht aufgrund seiner intermediären Funktion zwischen Staat und Vereinen / Verbänden die Gefahr, zu einem Quasi-Vollzugsorgan staatlicher Instanzen zu werden.

Der eigentliche Initiator der Herauslösung aus der Bundesförderung, Willi Weyer, ist im übrigen ein gutes Beispiel für die persönliche Verzahnung von Politik und Sport, gleichzeitig aber auch ein Beispiel für die Skepsis des Sports gegenüber der Politik: Der Politiker und Landesportführer Willi Weyer (u.a. Innenminister in Nordrhein-Westfalen; Präsident des LSB Nordrhein-Westfalen) wurde erst Bundessportführer (DSB-Präsident), als er seinen Abschied aus der Parteipolitik versprach - die politischen Kontakte blieben natürlich. Diese konnte Weyer auch im positiven Sinne nutzbar machen.[539] So erklärt es sich auch, daß während seiner Amtszeit der Versuch, einen Lobbyisten des DSB am Sitz der Bundesregierung zu installieren, nie intensiv verfolgt wurde - schließlich standen Weyer alle Türen offen.[540] Nach Ende seiner Amtszeit hat es lange gedauert, bis die Diskussion diesbezüglich in Schwung gekommen ist - erst zum Ende der Amtszeit des Weyer-Nachfolgers Hansen wurde ein solcher benannt (übrigens mit ausdrücklicher Unterstützung des Präsidenten). Lobbyist wurde der langjährige Vorsitzende des Sportausschusses des Bundestages - erneut ein Beweis für die punktuelle und persönliche Verzahnung von Sport und Politik bzw. Staat.[541] Es wird im übrigen auch nicht als „unschicklich" angesehen, daß z.B. hohe ministerielle Beamte ehrenamtliche Funktionen in DSB-Gremien wahrnehmen. Verquickungen dieser Art sind üblich und nicht zu be-

---

536 Zu den DSB-Funktionen im Bereich der Projektfinanzierung, Winkler, Verbände, S.240.

537 Vgl. Digel, Sportverwaltung, S.74.

538 Diese Feststellung trifft für alle Sportverbände zu, die Förderleistungen in Anspruch nehmen und somit zum Kontrollobjekt werden. Gieseler (zitiert bei Digel, Sportverwaltung, S.74) ist zuzustimmen, wenn er (allgemein) davon spricht, daß (z.B. kommunale) Schwerpunktsetzung bei der Daseinsvorsorge gleichzeitig zu vermehrter Einflußnahme auf die Sport-Autonomie führt.

539 Weyers Selbstverständnis („Ich bin ein politischer Präsident") war durch die Politik geprägt - gleichwohl wie seine Erkenntnis: „Eine Millionen-Bewegung wie der Sport muß heute ein eigenes politisches Selbstverständnis von der Spitze des DSB bis in den letzten Dorfverein hinunter haben, wenn sie Gehör finden und ihre Absichten umsetzen will", zitiert nach Deutscher Sportbund 1986 - 1990, S.102.

540 Ebda S.104.

541 Dieser Vorgriff auf die Zeit nach der Wiedervereinigung vermag die getroffene Feststellung quasi zeitlos zu untermauern. Ein beeinflussender Zusammenhang mit gesamtdeutschen Abläufen ist nicht ersichtlich.

noch sich als Gegenpole definieren; sie sind gelebte Wirklichkeit des partnerschaftlichen Verhältnisses von Staat und Sport.[542] Weiterhin unterhält der DSB fortwährend intensive Kontakte zum Sportausschuß des Deutschen Bundestages, führt Gespräche mit den Präsidien der politischen Parteien und den Bundestagsfraktionen.[543] Er nimmt das Mandat für den deutschen Sport in der Sportministerkonferenz sowie in Zusammenarbeit mit den kommunalen Spitzenverbänden wahr. In diesen Gremien ist eine direkte Durchmischung von autonomen Sportvertretern und solchen staatlicher Organe gewährleistet - in deren Beschlüsse fließen von daher unmittelbar Vorstellungen und Bedenken von Seiten des Sports mit ein.[544] Die soeben erwähnten politischen Parteien sind grundsätzlich als „dankbare" Ansprechpartner des Sports einzustufen; sie sind ihm wohlgesonnen, wie ein Blick auf die (merkwürdig übereinstimmenden) Sportprogramme der in ihren Aussagen sich ansonsten ausgeprägt unterscheidenden Gruppierungen zeigt.[545] Unisono wird dem Sport hierbei eine gesellschafts- und staatspolitische Bedeutung ersten Ranges beigemessen. Ein Grund für diese sportfreundliche Grundstimmung könnte in der bereits angesprochenen personenbezogenen Durchmischung von Sport und Politik zu sehen sein, hierbei entstehen wechselseitige Kontakte, Wissen wird vermittelt und - nicht zu unterschätzen - es bestehen / entstehen vielfältige Personalunionen.[546]

Abschließend noch zu einigen Aspekten des Zusammenwirkens von DSB / Staat: Der Staat ist daran interessiert, den sozialen Frieden zu sichern. Ein diesbezüglicher Brennpunkt ist der Themenkomplex Fremdenfeindlichkeit. Die soziale Aufgabe Integration von Ausländern oder Aussiedlern bietet folglich für den DSB ein reichhaltiges Betätigungsfeld (z.B. auf BMI-finanzierter Projektbasis - Sport mit Aussiedlern[547]); die instrumentalisierte Funktion (Lösung des Problemfeldes der Randgruppen) ist in diesem Fall nicht zu beanstanden.

Ein weiteres Aufgabenfeld unmittelbarer Mitwirkung ist (war) der (an andererer Stelle noch zu besprechende[548]) innerdeutsche Sportkalender. Es handelte sich um einen jährlichen Wettkampfkalender auf der Grundlage des Abschnitts II Ziffer 8 zu

---

542 Siehe Krüger, Sport und Politik, S.226, der verschiedene Beispiele zu Personalunionen aufführt.

543 Vgl. Präsidiumsberichte des DSB bzw., exemplarisch, den bei Winkler, Verbände, S.241 abgedruckten Berichtsauszug.

544 Zu Beschlüssen und Empfehlungen vgl. die SMK-Broschüre aus dem Jahre 1988.

545 Auf die sportrelevanten Inhalte der Parteiprogramme von CDU, CSU, SPD und FDP wird verwiesen; eine Ausnahme bildete (bislang) lediglich die Partei der Grünen (erst der „Präsidentenwechsel" bot Anfang 1995 Anlaß zur ersten Begegnung der Grünen/Bündnis '90 mit dem DSB; der neue Sportsprecher der Fraktion artikulierte zwischenzeitlich zudem verschiedene Ansätze der Partei, aus denen ein differenzierteres / positiveres Verhältnis zum Sport deutlich wird, Stuttgarter Zeitung vom 21.12.94); vgl. im übrigen die in der DSB-Presse Nr.26/94 veröffentlichten Auszüge des CDU-Sportprogramms zur Bundestagswahl 1994.

546 Krüger, Sport und Politik, S.189.

547 Das Projekt „Sport mit Aussiedlern" wird weiterhin fortgesetzt; das Gesamtfördervolumen seit 1989 beläuft sich auf über 55 Mio. DM. Die Sportvereine (als Stützpunkte) stehen hierbei im Mittelpunkt, die bundesweite Koordination liegt beim DSB.

548 Unten bei § 5.IV.8.d.cc.

Art. 7 des Zusatzprotokolls zum Vertrag über die Grundlagen der Beziehungen zwischen der Bundesrepublik Deutschland und der DDR; vorausgegangen war dem ein Protokoll über die Regelungen der Sportbeziehungen zwischen DSB und DTSB. Während sich der Sportverkehr mit dem westlichen Ausland in der Regel direkt zwischen den zuständigen Verbänden und ihren Vereinen abspielte, blieben die Beziehungen des bundesdeutschen Sports auch zum sonstigen sozialistischen Ausland von Vereinbarungen des DSB mit den zuständigen Organisationen abhängig.[549]

Der internationale Sport hat letztlich immer im Spannungsfeld der Politik gestanden (und dies wird wohl auch in Zukunft so bleiben). Der DSB war sich dessen (nach eigener Einschätzung) bei seinen Vereinbarungen bewußt. Soweit als möglich habe er sich hierbei vom Grundsatz leiten lassen, die Konzeption internationaler Sportpolitik an der freiheitlich demokratischen Grundordnung unseres Staates zu orientieren.[550] Die Verzahnung von Sport und Politik und die entsprechende Zusammenarbeit findet auch darin ihren Ausdruck, daß auf europäischer Ebene verschiedene Institutionen gleichermaßen durch sportliche und staatliche Vertreter beschickt werden (so erfolgt z.B. im Sportlenkungsausschuß des Europarates, CDDS, die deutsche Interessenvertretung durch DSB und BMI auf diese bipolare Weise).[551] Weiterhin werden die Treffen der Sportminister im Rahmen des Europarates oder (weltweit) auf UNESCO-Ebene unter Einbeziehung von Delegierten der jeweiligen Sportorganisationen abgehalten. Die gemeinschaftliche Gestaltung des internationalen Feldes durch Vertreter der „Partner DSB und Staat" hat sich bislang bewährt. Da die Interessenlage annähernd gleich ist, kann insofern (hier) von echter Partnerschaft gesprochen werden. Dies wird auch von der Bundesregierung so gesehen: „Die Bundesrepublik hat ... aktiv mitgestaltet. Ihre Empfehlungen und Vorschläge fanden Eingang in alle wichtigen Konferenzergebnisse. Die Zusammenarbeit mit den Vertretern der Bundesländer und des deutschen Sports (DSB) hat sich in diesem Zusammenhang positiv entwickelt".[552]

Ein weiteres (inter)nationales Betätigungsfeld, in dem Staat und Sport notwendigerweise zusammenarbeiten (müssen), ist der Bereich „Gewalt im Sport". Gemeint sind hiermit vornehmlich die durch konfliktbereite „Fans" im Zusammenhang mit Fußballspielen heraufbeschworenen Gefahrensituationen. Seit 1985 - Katastrophe im Brüsseler Heysel-Stadion - sind verstärkte Bemühungen zur Problembewältigung unternommen worden, wobei z.B. die guten Sicherungsmaßnahmen bei der Europameisterschaft 1988 in der Bundesrepublik Ausdruck praktischer polizeilicher und sportpolitischer Zusammenarbeit waren. Die Sicherheit konnte hierbei durch langfristige Abstimmungen zwischen Vertretern des DFB (als zuständigem Fachver-

---

549 Formulierung ungeachtet der Tatsache, daß die DDR von der Bundesrepublik nicht als Ausland im Rechtssinne anerkannt wurde.

550 Vgl. Gieseler, DSB-Sport, S.54, wonach der Sport Willenserklärung der Sportler sei und kein staatliches Instrument werden dürfe.

551 So hat der Verfasser (als DSB-Vertreter) an einem vom CDDS veranstalteten Seminar zusammen mit einem Vertreter des BMI teilnehmen und den deutschen Sport „repräsentieren" dürfen.

552 Siebter Sportbericht, S.167.

band) und von sechs Bundesländern gewährleistet werden.[553] Unverkennbarer Ausdruck der fortdauernden Problemexistenz ist das allwöchentlich zu beobachtende Polizeiaufgebot bei Spielen der Fußball-Bundesliga. Die vielfältigen Maßnahmen zur Gefahrenabwehr finden ihre Rechtsgrundlage in den Polizeigesetzen der Länder.[554]

Im Hinblick auf sonstige gesellschaftliche Gruppen ist anzumerken, daß der DSB bereits seit langer Zeit intensive Kontakte zu den Kirchen und den Wohlfahrtsverbänden unterhält, wie z.B. die Existenz der regelmäßig tagenden Kommission Kirche und Sport beweist;[555] die Gewerkschaften sind ebenso Ansprechpartner wie die Arbeitgebervereinigungen, ohne daß sich im Laufe der Jahre ein allzu inniges Verhältnis entwickelt hätte. Im Hinblick darauf, daß der DSB in gewisser Weise seine Existenz (auch) der Solidarität des Arbeitersports (und somit indirekt den Gewerkschaften) verdankt, ist die bislang wenig kooperative Struktur verwunderlich.[556]

8. Zusammenfassung

Der DSB ist der Dachverband der freien Sportbewegung in der Bundesrepublik, der zwar als Sprecher des Sports[557] sowie als Dienstleister und Interessenvertreter für seine Mitgliedsverbände agiert, hierbei aber über keinerlei Weisungs- oder Durchgriffsrechte verfügt. Der DSB ist nicht in den Staatsaufbau integriert, finanziert sich weitgehend unabhängig[558] und tritt staatlichen Stellen mit einer autonomen Politik gegenüber. Der Leistungssport in der Bundesrepublik wird in den Vereinen, Verbänden und Stützpunkten eigenständig betreut, wobei der BL des DSB (in eingeschränktem Umfang)[559] Lenkungs- und Koordinierungsfunktionen wahrnimmt.

---

553 Vgl. Bericht zum Beschluß des Deutschen Bundestages zu „Sport und Gewalt" vom 04.12.86 (BT-Drucksache 10/6610), abgedruckt im Siebten Sportbericht, S.266 ff.

554 In diesem Bereich gibt es Überlegungen, dem Sport die Bereitstellung staatlicher Schutzleistungen (z.B. den Polizeieinsatz zur Absicherung sportlicher Großveranstaltungen) in Rechnung zu stellen. Die Sportvereine und -verbände (allen voran der DFB) lehnen eine Kostenbeteiligung ab und verweisen auf die gesetzlichen Verpflichtungen zur Gefahrenabwehr bzw. fordern das Recht ein, gleichbehandelt zu werden mit den Veranstaltern anderer Großereignisse (Demonstrationen, Musikveranstaltungen usw.). Die praktische Bedeutung des Streits ist aus den Kostenvolumina abzulesen: Beim o.a. Beispiel der Absicherungsmaßnahmen zur Fußball-EM 1988 betrugen die Einsatzkosten der Polizei allein im Bundesland Nordrhein-Westfalen über 17 Mio. DM; zur Thematik Pfister/Steiner, Sportrecht, S.130,132 ff.

555 Zum Verhältnis zu den Kirchen vgl. Digel, Sportselbstverwaltung, S.96 ff. (mit Datenübersicht).

556 In jüngster Zeit ist versucht worden, näher zusammenzurücken, wie u.a. ein Spitzengespräch des DSB-Präsidenten mit dem DGB-Vorsitzendem belegt, DSB-Presse Nr.9 /95.

557 „Anwalt des gesamten Sports" - also nicht nur bezogen auf die Mitgliedsverbände.

558 Allenfalls der Bezug von Zweckerträgen aus der Glücksspirale rückt den DSB in die Nähe eines staatlichen Zuwendungsempfängers; die Projektfinanzierung ist isoliert zu betrachten (vgl. Fn.532).

559 Vgl. § 16 I DSB-Satzung.

§ 5 Sport in (Ost-) Deutschland

I. Einführung

Als These sei vorangestellt: Das Sportsystem in Ost-Deutschland war von gänzlich anderen Strukturen geprägt als sein westdeutsches Gegenstück. Ohne den eigentlichen Systemvergleich vorwegnehmen zu wollen, aber bemüht, die **abweichenden** Organisationsformen bereits frühzeitig zu verdeutlichen, sei kurz, auf die Kernaussage reduziert, das unter § 4 aufgezeigte Sportsystem zusammengefaßt:

Der Sport „im Westen" zeichnet sich aus durch eine unabhängige Sportbewegung, wobei staatliche Institutionen zwar verschiedene (Förder-) Funktionen wahrnehmen, jedoch der autonome Bereich die eigentlich tragende Systemsäule ist.

Da die staatlichen Strukturen als bekannt vorausgesetzt werden konnten, durfte sich die Skizzierung des allgemeinen Aufbaus darauf beschränken, „öffentliche Sportverwaltung" und „Sportselbstverwaltung" nur funktionell anzusprechen. Hiervon wird nachfolgend abzuweichen sein.

Beim „Sportsystem Ost-Deutschland" muß einerseits beachtet werden, daß Aufbau und Verzahnung von Partei- und Staatsapparat selbst dem geneigten Beobachter teilweise unbekannt geblieben sind, andererseits das Wissen um bestimmte Grundlagen zum Verständnis der in das Gesamtgefüge eingebetteten Sportlandschaft unabdingbar ist. Bedeutsam ist ferner, daß die in § 4 geschilderte Struktur auf einem Rechtsstaat basiert, daher auf einer Ordnung, in der das Recht allem staatlichen Handeln übergeordnet ist. In der DDR kam dem Recht eine grundlegend andere Funktion zu. Denn nach marxistisch-leninistischem Verständnis findet das Recht seine Grundlage in den materiellen Lebensbedingungen - die durch die Produktionsverhältnisse (und dem Eigentum hieran) bestimmt werden. Jede Änderung dieser Verhältnisse bedingt hiernach eine Veränderung der Rechtsanschauung, mithin ein eigenes (neues) Recht.[560] Die geänderte Anschauung wiederum wird zum (geänderten) Willen der Arbeiterklasse und aller Werktätigen erhoben. Das Recht kann folglich nur eine diesen gesellschaftlichen Veränderungen nachfolgende, untergeordnete Kategorie sein, ein *Mittel* zur Verwirklichung marxistisch-leninistischer Theorien (wobei sein Instrumentalcharakter die logische Schlußfolgerung oben beschriebener Annahme ist, im Recht komme der Wille der herrschenden Klasse - der Arbeiterklasse - zum Ausdruck, die es zur Realisierung ihrer Zielsetzungen benutzt).[561]

Wenn das Recht nur noch ein Produkt des Staates ist, ist es vollständig von diesem abhängig.[562] Diese Abhängigkeit des Rechts mündet (im Umkehrschluß) in rechtli-

---

560 Das Recht (in diesem Sinne) ist also dynamisch, es verändert sich als Bestandteil und Ausdruck der permanenten Entwicklung der Gesellschaft; vgl. Melchert, Sport/Recht, S.15; Brunner, Einführung, § 1; Lieser-Triebnigg, Recht in der DDR, S.7,8; Ebert-Stiftung, Die Grundrechte, S.10.

561 DDR-Lehrbuch „Marxistisch-leninistische Staats- und Rechtstheorie", S.87/88, zitiert bei Mampel, Verfassung, Art.19 Rdnr.49: „Recht ist Staatswille der herrschenden Klasse"; Schütz, Politisches Wörterbuch, S.795.

562 Mampel, Verfassung, Art.19 Rdnr.50; Ebert-Stiftung, Honeckers Verfassung, S.36.

cher Ungebundenheit der politischen Machthaber und eröffnet hierdurch die Möglichkeit uneingeschränkter politischer Handlungsfreiheit - zu Lasten der Rechtssicherheit (erste Funktion); daneben befriedigt das Recht das Bedürfnis der politischen Machthaber nach Ordnung und Sicherheit (zweite Funktion).[563] Eine Harmonisierung dieser eher gegensätzlichen Funktionen wurde in der ehemaligen DDR durch das Prinzip der sozialistischen Gesetzlichkeit bewirkt (vgl. Art.19 I 2 DDR-Verfassung).[564] Es handelt sich hierbei um einen Grundbegriff der marxistisch-leninistischen Rechtslehre, der besagt, daß die Staatsorgane, alle gesellschaftlichen Organisationen und die Bürger an die Gesetze und anderen Rechtsnormen gebunden sind. Zudem dient die Gesetzlichkeit der Aufrechterhaltung der Macht der herrschenden Klasse und der Durchsetzung ihres Willens. Hiermit wird das Postulat allgemeiner Bindungswirkung des Rechts mit der Forderung verknüpft, die

„Rechtsnormen so zu formulieren und anzuwenden, daß sie der Verwirklichung der Ziele dienen, die von der Partei jeweils für maßgeblich erklärt werden".[565]

II. Allgemeiner Aufbau

In Anlehnung an die Einführung sind den (an dieser Stelle eigentlich zu erwartenden) Ausführungen zum Sport solche zum politischen System voranzustellen.

1. Politisches System

Wenn das Recht in der DDR also keinen Vorrang hatte, bleibt fraglich, wem denn dann der Primat gebührte. Nach Art. 49 I DDR-Verfassung waren vollziehende und rechtsprechende Gewalt zwar an die Gesetze gebunden,[566] das rechtsetzende Organ, die Volkskammer,[567] mußte sich jedoch an den Entscheidungen der politischen Führung orientieren: Denn alle Macht wurde von den Werktätigen „unter Führung der Arbeiterklasse und ihrer marxistisch-leninistischen Partei ausgeübt".[568] Anders ausgedrückt: Der Primat gebührte der Politik! Wer bestimmte die Richtlinien der Politik?

Als (naheliegende) Antwort kommt in Betracht: Die Sozialistische Einheitspartei Deutschlands (SED). Denn die SED definierte sich nach den einleitenden Sätzen ihres Statuts als „den bewußten und organisierten Vortrupp der deutschen Arbeiterklasse und des

563 Brunner, Einführung, § 1; siehe auch Schütz, Politisches Wörterbuch, S.796.

564 Verfassung der DDR vom 6. April 1968 in der Fassung des Gesetzes zur Ergänzung und Änderung der Verfassung der DDR vom 7. Oktober 1974 (sofern nicht näher bezeichnet, wird diese nachfolgend zugrunde gelegt).

565 Vgl. Mampel, Verfassung, Art.19 Rdnr.47 („Ausdruck der Arbeiter-und-Bauern-Macht", „wichtige Voraussetzung für den Sieg des Sozialismus"); Schütz, Politisches Wörterbuch, S.869; Brunner, Einführung, § 1; Lieser-Triebnigg, Recht in der DDR, S.10.

566 „... durch Gesetze und Beschlüsse endgültig und für jedermann verbindlich ..."; vgl. insoweit auch Art. 20 III GG.

567 Nach Art. 48 II war die Volkskammer „... das einzige verfassungs- und gesetzgebende Organ ..."

568 Vgl. Art 1 und 2 DDR-Verfassung (jeweils Satz 1).

werktätigen Volkes".[569] Dort seien die „fortschrittlichsten Angehörigen der Arbeiterklasse, der Genossenschaftsbauern und der Intelligenz vereint". Hieraus wurde abgeleitet, daß die SED die *alleinige* Fähigkeit besitze, die jeweiligen Anforderungen der Gesetzmäßigkeiten der gesellschaftlichen Entwicklung richtig zu erkennen.[570] Aus diesem Erkenntnismonopol wurde sodann gefolgert, daß dementsprechend ein **Führungsmonopol** der Partei in Staat und Gesellschaft erwachse. Schlußfolgerung (aus SED-Sicht):

1. Die SED war das Willensbildungsorgan der herrschenden Klasse.
2. Die SED bediente sich des instrumentalisierten Rechts zur Durchsetzung dieses Willens.

Fraglich ist nur, ob die Selbsteinschätzung der Partei eine verfassungsrechtliche Entsprechung gefunden hat. Oben wurde darauf hingewiesen, daß sich die Volkskammer als oberstes *staatliches* Machtorgan der Republik[571] an den Entscheidungen der Führung der Arbeiterklasse und ihrer marxistisch-leninistischen Partei zu orientieren hatte.[572] Daß hiermit die SED gemeint war, erwähnte die Verfassung explizit an keiner Stelle; die Bezugnahme ist dennoch recht offensichtlich.[573] Selbst wenn man aber dem Schweigen des (formellen) Verfassungstextes Bedeutung beimäße,[574] kann es keinen Zweifel an der (materiell) verfassungsrechtlichen Normierung geben: So wies das *Parteistatut* die SED als die Avantgarde der Arbeiterklasse aus.[575] Zwar ist auf den ersten Blick hieraus nur eine schwache Normativität abzuleiten; zu Recht weist Meissner aber darauf hin, daß diese schwache Normativität eine allgemein für das materielle Verfassungsrecht[576] zutreffende Eigenschaft ist.[577] Nachfolgendes Zitat vermag dies noch zu verdeutlichen:

> „Die Verfassung, die *wirklich gilt*, ist größtenteils nur eine De-facto-Verfassung, keine Rechtsverfassung. Dem formell gültigen Verfassungsrecht fehlt die Geltungskraft in der Wirklichkeit, und dem wirklichen Verfassungsrecht fehlt die rechtliche Geltung".[578]

---

569 In der Fassung vom 22.05.76 (wird nachfolgend zugrunde gelegt).

570 Nach Ulbricht ist es die Partei, „die allein weiß, was in jedem Augenblick der Entwicklung die objektive Gesetzmäßigkeit verlangt", vgl. Mampel, Verfassung, Art. 19 Rdnr.11.

571 Vgl. Art. 48 I 1 DDR-Verfassung.

572 Siehe Verfassungen von 1968 und 1974; die Gründungsverfassung vom 07.10.49 enthielt hierüber keine Festlegungen.

573 Meissner, Rechtsstellung, S.29 mutmaßt zur Verfassungsreform von 1968: „Es mögen taktische Erwägungen gewesen sein, die Ulbricht davon abgehalten haben, die SED bei ihrem Namen zu nennen. Vielleicht wollte er damit einer späteren Umbenennung der Partei nicht vorbeugen".

574 Zur 1949er Verfassung vgl. Fn.572; die 1968er / 1974er Verfassungen sprechen von „Partei". Im Gegensatz zur Verfassung war in der einfachen Gesetzgebung zumeist explizit verankert, daß die Staatsorgane das SED-Programm und deren Organbeschlüsse zu beachten hatten (vgl. Mampel, Verfassung, Art. 47 Rdnr.6).

575 So bereits SED-Statut von 1950 (hierzu: Mampel, Herrschaftssystem, S.119). Der Grundsatz, daß die kommunistische Partei die Avantgarde sei, die Führerin und Lenkerin der Massen, wurde von Lenin geprägt (vgl. Glaeßner, Partei und Staat, S.84).

576 Außerhalb der formellen Rechtsverfassung.

577 Nach Meissner, Rechtsstellung, S.26,28 ist die materielle Rechtsverfassung der DDR wesentlich weiter gefaßt gewesen (als die formelle), da sie auch verfassungsrechtliche Normen außerhalb der Staatsverfassung im engeren Sinne umfaßt habe.

578 Drath, zitiert nach Mampel, Herrschaftssystem, S.121.

Als „wirkliches Verfassungsrecht" in diesem Sinne war die Parteiverfassung in Verbindung mit der formellen Verfassung anzusehen, die sich zu einer politischen „Gesamtverfassung" ergänzten.[579] Hierdurch war die Suprematie der SED staatsrechtlich abgesichert. Die Aufnahme des Führungsanspruchs der marxistisch-leninistischen Partei ins formelle Verfassungsrecht konnte mithin nur deklaratorisch wirken bzw. allenfalls insofern ein konstituierendes Element enthalten, als die politische Macht- und die materielle Verfassungslage ins formelle Verfassungsrecht transformiert wurden.

Das politische System der DDR gliederte sich in verschiedene Subsysteme: Partei (SED) und Staat sowie (abgeschwächt) gesellschaftliche Organisationen. Nachfolgend sollen diese Subsysteme betrachtet werden.[580]

a) Die SED

Die Führungsrolle der SED wurde bereits angesprochen; die Rolle der Partei als alleiniger Sachwalter der gesamtgesellschaftlichen Interessen war das *entscheidende* Strukturmoment im Gesamtsystem der DDR. Die organisatorische und institutionelle Absicherung dieses Führungsanspruchs soll nunmehr skizziert werden.

Die Organisationsstruktur der Partei war gekennzeichnet durch das Prinzip des *demokratischen Zentralismus*. Dieser Grundsatz läßt sich durch mehrere bestimmende Merkmale charakterisieren:[581]

- die Wählbarkeit der Führungsorgane von *unten nach oben*;[582]
- Willensbildung von *oben nach unten*, einheitliches Handeln, Verbindlichkeit einmal gefaßter Beschlüsse für alle Organisationsgliederungen;[583]
- regelmäßige Rechenschafts- und Berichtspflicht der Parteiorgane.[584]

Die Anwendung des Prinzips bewirkte eine (gewollt) straffe Parteidisziplin; die Dominanz der zentralistischen Komponente wird in der Degradierung der nachgeordneten Parteiorgane zu Befehlsempfängern besonders deutlich (Befehlsgeber waren die „Politprofis" aus der Führungsspitze).

---

579 Vgl. Mampel, Herrschaftssystem, S.118 ff. und Meissner, Rechtsstellung, S.28. Die formelle Rechtsverfassung vom 07.10.49 sah ein Mehr-Parteien-System vor, das keine Partei bevorzugte; der materielle Gehalt der Verfassung stand der SED-Vorrangstellung (zunächst) entgegen. Im Parteistatut von 1954 hat sich die SED erstmals als die führende Kraft der staatlichen Organisationen bezeichnet, im „Gesetz über die örtlichen Organe der Staatsmacht" (1957) ist die Suprematie zum ersten Mal auch in einem Satz des positiven Rechts hervorgehoben worden.

580 Partei (SED) und Staat werden behandelt unter den „Hauptgliederungspunkten" a) und b); die gesellschaftlichen Organisationen / Organe / Einrichtungen sind angesprochen bei § 5.II.1.a.cc bzw. § 5.II.2.c.

581 Siehe auch unten, Fn.628.

582 In der Praxis waren die Wahlen durch Kooptation oder Ernennung ersetzt, vgl. Brunner, Einführung, § 5 Ziffer 1.a.

583 DDR-Handbuch, S.250; Ebert-Stiftung, Zentralismus, S.20.

584 Eine (recht längliche) Definition des demokratischen Zentralismus ist abgedruckt bei Glaeßner, Partei und Staat, S.84,85; vgl. auch Punkt 23 des Parteistatuts von 1976.

Fazit insoweit: Die SED war eine bürokratisch zentralisierte Apparatpartei, die von hauptamtlichen Funktionären beherrscht wurde.[585] Der demokratische Zentralismus war darüberhinaus ein gesamtgesellschaftliches Prinzip, eine Hierarchie der Elemente des politischen Systems - an dessen Spitze die SED stand.[586]

aa) Zentrale Parteiorgane

Die Leitungsorgane der SED waren das Zentralkomitee (ZK), das Politbüro und das Sekretariat des ZK. Das höchste Parteiorgan war der Parteitag.[587]

Mit Ausnahme des Sekretariats waren alle Organe als Beschlußgremien angelegt, zwischen denen ein innerer Delegationszusammenhang bestanden hat; das jeweils höherrangige größere Organ bestellte hierbei ein ihm zuzurechnendes kleineres Organ, welches in den Zeiträumen zwischen den Tagungen des größeren Organs dessen Befugnisse wahrnahm. Da die Kompetenzen jeweils nur geringfügig beschnitten wurden, führte dies letztlich zu einer Machtkonzentration beim kleinsten Organ, dem Politbüro. En detail:

Gemäß Ziffer 39 des Statuts sollten die Leitlinien der Politik durch den **Parteitag** der SED festgelegt werden. De facto bestand seine Funktion darin, die an anderer Stelle (ZK, Politbüro) bereits getroffenen Richtungsentscheidungen nachträglich zu legitimieren. Ferner bot der Parteitag ein geeignetes Forum zur Selbstdarstellung der SED und ihrer Führung. Aus der niedrigen Frequenz der Zusammenkünfte (alle fünf Jahre) und der hohen Delegiertenzahl (über 2000) läßt sich nahezu zwangsläufig die Handlungsunfähigkeit des Organs für alle „laufenden Geschäfte" ableiten.

Formal nachgeordnet war das **ZK** (156 Mitglieder); dieses hatte die Aufgabe, zwischen den Parteitagen ständige Führungsfunktionen wahrzunehmen. Da es aber in der Regel nur vier Tagungen im Jahr abhielt,[588] ist auch hier die mangelnde Eignung zur Erledigung laufender Angelegenheiten evident. Das (eine Schlüsselstellung bekleidende - s.u.) **ZK-Sekretariat** fungierte als allgemeines Vollzugsorgan der Beschlußgremien, hatte also z.B. Parteitagsbeschlüsse selbst durchzuführen bzw. deren Ausführung zu kontrollieren. Das Sekretariat bildete die organisatorische Spitze des Parteiapparats (bestehend aus ca. 1500 Mitgliedern);[589] geleitet wurde es vom Generalsekretär und weiteren zehn Parteisekretären.[590]

Das eigentliche zentrale Entscheidungsgremium war das vom ZK gewählte **Politbüro** (17 Mitglieder, 8 Kandidaten). Laut Statut hatte es zwischen den ZK-Tagun-

---

585 Brunner, Einführung, § 5 Ziffer 1.a.

586 Glaeßner, Partei und Staat, S.72; Mampel, Verfassung, Art. 47 Rdnrn.9,10. Über die Normierung des Art. 47 II DDR-Verfassung war die Suprematie der marxistisch-leninistischen Partei im politischen System abgesichert.

587 SED-Statut Ziffer 39.

588 Vgl. Ziffer 40 SED-Statut (wonach sogar nur zwei Zusammenkünfte jährlich „verpflichtend" waren) sowie Glaeßner, Partei und Staat, S.78; Meissner, Rechtsstellung, S.42.

589 DDR-Handbuch, S.952; Meissner, Rechtsstellung, S.42; Glaeßner, Partei und Staat, S.78.

590 Anzahl schwankend - zwischen 6 und 11 Personen.

gen (in Vertretung) dessen Arbeit zu leisten - in praxi traf es auf seinen wöchentlichen Sitzungen *fortwährend* alle entscheidenden Beschlüsse. Von daher ist es gerechtfertigt, das Politbüro als *oberstes Beschlußgremium* zu bezeichnen.[591] Dessen Machtfülle war lediglich durch die eigene Ermessensentscheidung begrenzt, ob eine Angelegenheit für wichtig genug befunden wurde, zur Politbürosache erklärt zu werden. Die geringe Personenzahl gewährleistete die Möglichkeit effektiven Handelns. Das ZK als formal übergeordnetes Organ hatte (gleiches Prinzip wie beim Parteitag) die Aufgabe, „Entscheidungen des Politbüros zu bestätigen und ihnen den Schein höherer Legitimation zu verleihen".[592]

Der Generalsekretär bildete zusammen mit den Parteisekretären die *organisatorische Spitze des ZK* und der Parteiapparate auf Bezirks- und Kreisebene (siehe unten bb).[593] Personell waren Politbüro und ZK-Sekretariat fast vollständig verwoben,[594] da die ZK-Sekretäre regelmäßig einen Sitz im Politbüro hatten. Die oben angedeutete Schlüsselstellung des Sekretariats bestand von daher darin, in die Vorbereitung und Durchführung der Politbüro-Beschlüsse eingebunden zu sein und *gleichzeitig* als unmittelbare Verbindung zum Parteiapparat zu fungieren. Die einzelnen ZK-Sekretäre waren unter Leitung des (dominierenden) Generalsekretärs in abgegrenzten Sachgebieten tätig, wobei die ihnen zugeordneten ZK-Abteilungen mit ihren Untergliederungen den eigentlichen zentralen Parteiapparat bildeten.

bb) Örtliche Parteiorgane

Die weitere Aufgliederung der SED erfolgte nach dem *Territorial*- bzw. *Produktions*prinzip: Gemäß dem *Territorial*prinzip war das Staatsgebiet der DDR zwei- bis dreistufig unterteilt. Die oberste Stufe bildeten die 15 Bezirksorganisationen (14 Bezirke nebst Ost-Berlin); dem folgten 241 Kreisparteiorganisationen und gegebenenfalls weitere Stadtbezirks- und Ortsorganisationen (dritte Stufe).[595] Die Gestaltung dieser mittleren Parteiebene ähnelte dem System der oben unter aa) aufgeführten zentralen Parteiorgane.[596] Das Parteigefüge war weiterhin am sog. *Produktions*prinzip ausgerichtet - der organisatorischen Erfassung am Arbeitsplatz; die sog. Betriebspartei- oder Grundorganisationen stellten die kleinsten Einheiten des Parteiaufbaus dar (untere Stufe).[597] Die Strukturen der DDR Sportbewegung orientierten sich (wie noch zu zeigen sein wird, § 5.II.2.b) an den gleichen Prinzipien.

---

591 Brunner, Einführung, § 5 Ziffer 1.b; Meissner, Rechtsstellung, S.42 („Führende und lenkende Kraft", „Oberster Träger der Kompetenzgewalt"); DDR-Handbuch, S.952; Ebert-Stiftung, SED von A-Z, S.35.

592 Brunner, Einführung, § 5 Ziffer 1.b.

593 „Die ausführende Gewalt in der SED liegt in der Hand der Sekretäre", Ebert-Stiftung, SED von A-Z, S.39.

594 Meissner, Rechtsstellung, S.41 spricht von einer „Kommandozentrale".

595 Glaeßner, Partei und Staat, S.77; Brunner, Einführung, S.51,52.

596 Unterschiedlich waren primär die Bezeichnungen (Delegiertenkonferenz statt Parteitag bzw. Parteileitung statt Zentralkomitee - ein Politbüro gab es allerdings auf der Mittelebene nicht, die Macht konzentrierte sich hier auf den 1.Sekretär).

597 Bei rund 2,2 Mio. SED-Mitgliedern gab es ca. 54000 Grundorganisationen; 22% aller Berufstätigen waren in der Partei organisiert, Stand: 1981 (die Nichtberufstätigen und Rent-

cc) Instrumente zur Durchsetzung des Führungsanspruchs

Die SED bediente sich eines komplizierten Systems von Apparaten und Bürokratien, von Organisationen und Institutionen, um ihre selbstdefinierte Führungsrolle zu behaupten und abzusichern.

Das wichtigste Instrument zur Durchsetzung von Parteientscheidungen war hierbei der **Staat**(sapparat).[598] Im nächsten Kapitel[599] sollen der Staatsaufbau und die Mechanismen zur Übertragung des Parteiwillens noch näher erläutert werden. Bereits an dieser Stelle ist aber darauf hinzuweisen, daß die SED sowohl die politischen Leitlinien erarbeitete, anhand derer die staatlichen Institutionen zu agieren hatten, als auch die Umsetzung der Direktiven streng überwachte.[600] Eine stromlinienförmige Entwicklung des Gesamtsystems war gewährleistet durch parteiseitige Beeinflussung der staatlichen Personalpolitik, personelle Verschmelzungen sowie Kontrolle und Anleitung aller mit der Wirtschaftsplanung befaßten Institutionen. Mit Hilfe von **Organisationen** und **Massenorganisationen** ist es gelungen, auch außerhalb unmittelbarer Einwirkung weite Teile der Bevölkerung im SED-Sinne zu steuern.[601] [602] Bei der Zuordnung wurde angeknüpft an gesellschaftliche Situationen, Interessen und Aktivitäten. Die Mitgliedschaft war (formal betrachtet) zwar freiwillig, gleichzeitig wurde aber ein beachtlicher sozialer bzw. politischer Druck auf den einzelnen Bürger ausgeübt, zumindest einer, besser mehreren Massenorganisationen beizutreten.[603] Der *DTSB* war (orientiert an den vorbezeichneten Kriterien) als Massenorganisation einzustufen. Insofern kann nunmehr die eingangs aufgestellte Behauptung, zum Verständnis der Sportstrukturen seien Kenntnisse des Politsystems notwendig, mit einem Hinweis auf die „wechselseitige Verwobenheit" abgefedert werden: Die SED bediente sich des DTSB als Transmissionsriemens; sie benutzte den Dachverband dazu, (wie ein Treibriemen bei einer Maschine) ihren (Par-

---

ner waren in den sog. Wohnparteiorganisationen zusammengefaßt), vgl. Glaeßner, Partei und Staat, S.77.

598 Wobei die Regelungsinhalte des Art. 47 I,II DDR-Verfassung verhinderten, daß sich die Staatsorganisation zu einer eigenständigen Größe entwickeln konnte; vgl. Mampel, Verfassung, Art. 47 Rdnr.6; DDR-Handbuch, S.952; Ebert-Stiftung, Zentralismus, S.21 ff. und Honeckers Parteiprogramm, S.53.

599 Unten § 5.II.1.b.

600 Nach Mampel, Verfassung, Art. 47 Rdnr.5 (unter Verweis auf das Lehrbuch „Staatsrecht der DDR") diente der Staat der „Entfaltung der Macht der Arbeiterklasse".

601 So war es z.B. Aufgabe der Volksbewegung *Nationale Front*, die politischen Parteien (siehe Fn.602) mit den Massenorganisationen zusammenzuführen, Öffentlichkeitsarbeit zu leisten sowie die Wahlen vorzubereiten und durchzuführen; vgl. Brunner, Einführung, § 5 Ziffer 3.b, der von „propagandistisch-agitatorischen Aufgaben" spricht; Schütz, Politisches Wörterbuch, S.644.

602 Als Organisationen mit Alibifunktion (Wahrung demokratischen Anscheins) sind die übrigen DDR-Parteien zu bezeichnen. Zu nennen sind: CDU, LDPD, NDPD, DBD, denen von vornherein „auferlegt" war, die führende Rolle der SED anzuerkennen (vgl. Zitat bei Glaeßner, Partei und Staat, S.75).

603 Der soziale Druck zum Beitritt (zu einer Massenorganisation) war stärker als derjenige, an ihren Veranstaltungen teilzunehmen, Mampel, Verfassung, Art. 29 Rdnr.17; Nichtmitgliedschaft bedeutete hingegen regelmäßig den Verlust von Aufstiegs- und Qualifikationsmöglichkeiten, Ebert-Stiftung, Die Grundrechte, S.17.

tei-) Willen in der (sportlich organisierten) Gesellschaft umzusetzen. Aufgabe des DTSB war es hierbei, durch Agitation und Propaganda die Ziele der SED zu fördern, ferner, im Sinne sozialer Kontrolle, Lebensführung und Aktivitäten der Mitglieder zu beobachten (und zu lenken).[604]

Wichtige Aufgabe aller Massenorganisationen war es, als „Schule des Sozialismus“ zu wirken, den politischen Prozeß von unten nach oben zu fördern. Der Bevölkerung sollte einerseits das Gefühl vermittelt werden, am politischen Prozeß mitwirken zu können, andererseits konnte auf dieser Basis eine „Kaderauslese“, mithin Nachwuchsselektion betrieben werden. Weiterhin darf die Kontroll- und Informationsfunktion nicht unterschätzt werden: Die Organisationen vermochten Stimmungen und Erwartungen der in ihnen organisierten Bevölkerungskreise „hautnah“ auszuloten, und somit der Partei eine breitere Informationsgrundlage für ihre künftige Strategie zu verschaffen.[605] Der DTSB war, auch wenn er aufgrund der sportrechtlichen Themenstellung dieser Arbeit bevorzugt erwähnt wurde, nicht die größte und wichtigste Massenorganisation - diese Position wurde vom **FDGB** eingenommen. Zum einen hatte der Gewerkschaftsbund das größte Mitgliederaufkommen aller Organisationen (ca. 8,4 Mio.), zum anderen konnte er sich auf eine besondere verfassungsrechtliche Verankerung stützen (vgl. Art. 44,45); seine spezielle Aufgabe bestand darin, die Arbeiterschaft zur Erreichung der Produktionsziele zu mobilisieren. Im übrigen ist die **FDJ** zu nennen, die als einheitliche Massenorganisation der Jugend (14 - 25jährige) fungierte. Die im Jahre 1985 rund 2,3 Millionen Mitglieder starke, streng hierarchisch gegliederte Organisation, in deren Aktionen und Leistungsvergleiche sportliche Betätigungen verstärkt einbezogen waren (u.a. Sportabzeichenerwerb, Jugendsportfeste),[606] bildete ein starkes Nachwuchsreservoir für die SED.[607] Beide Organisationen (FDGB und FDJ) hatten ihren Platz im Sportsystem der DDR (siehe unten bei § 5.II.2.c). Mit Hilfe der **Massenpropaganda** sollte bei den DDR-Bürgern schließlich ein „sozialistisches Bewußtsein“ geschaffen bzw. verfestigt werden. Mittel hierzu waren z.B. Agitation am Arbeitsplatz, Plakate, Massenliteratur, Versammlungen, ein planmäßig strukturiertes Pressewesen (die meisten Presseerzeugnisse wurden von der SED herausgegeben), staatlich geführter Rundfunk, monopolisierte Nachrichtenverbreitung (über ADN) usw.[608]

b) Der Staat

Wie bereits angedeutet, war der Staatsapparat das wichtigste Instrument zur Durchsetzung von (auch den Sport beeinflussenden) Parteientscheidungen; insofern sind dessen innere Strukturen hier relevant.

---

604 Glaeßner, Partei und Staat, S.75.

605 Vgl. Ebert-Stiftung, Überwachung, S.38 ff.; Brunner, Einführung, S.74.

606 Schlegel/Hiller, Wort zum Sport, S.100.

607 Ein Überblick über die sonstigen Massenorganisationen (zusammengestellt nach ihrer spezifischen Aufgabenstellung) ist zu finden bei Brunner, Einführung, S.75.

608 Zum Propagandaapparat der SED vgl. Brunner, Einführung, § 5 Ziffer 4; zur Kontrolle sämtlicher Massenmedien durch die SED vgl. Messing/Voigt, Gesellschaftliches System, S.899.

Das Staatswesen der DDR setzte sich zusammen aus den Volksvertretungen, den exekutiven Staatsorganen und der Gerichtsbarkeit. Auf den ersten Blick ließe sich hieraus zwar eine parallele Struktur zur Bundesrepublik ableiten, de facto waren aber weder Legislative, Exekutive noch Judikative vergleichbar herausgebildet. So gab es insbesondere *keine Gewaltenteilung*,[609] mit der Begründung, diese sei ohnehin nur Fiktion und diene in Wahrheit zur Durchsetzung der ökonomischen und politischen Interessen der Bourgeousie.[610] Stattdessen wurden die Gewalten bei den Volksvertretungen konzentriert.[611]

aa) Zentrale Staatsorgane

Die zentrale Ebene der „ersten beiden Gewalten" wurde gebildet einerseits durch die Volkskammer, andererseits durch den Staatsrat und den Ministerrat.

Die **Volkskammer** war nach der Verfassung der DDR (Art. 48 Abs. I 1) oberstes staatliches Machtorgan, bildete folglich die Grundlage des Systems der übrigen Organe. In dieser Funktion hatte sie auch über die wichtigsten Fragen der Staatspolitik zu entscheiden; hierin ist kein Widerspruch zur führenden Rolle der SED zu sehen, zumindest dann nicht, wenn man den Staat als Hauptinstrument zur Durchsetzung des Parteiwillens (also auch des Führungsanspruchs) betrachtet.[612] Die Bestimmung, „das einzige verfassungs- und gesetzgebende Organ" zu sein (Art. 48 II),[613] brachte die Gesetzgebungsbefugnis in formeller Hinsicht zum Ausdruck.[614] Dane-

---

609 Ebert-Stiftung, Zentralismus, S.20; Mampel, Verfassung, Art.19 Rdnr.27. Ausdruck dessen war z.B. das Fehlen jeglicher Verwaltungs- und Verfassungsgerichtsbarkeit. Verwaltungsrechtsschutz, der in der Verfassung von 1949 (Art. 138) durch Bereitstellung einer Verwaltungsgerichtsbarkeit vorgesehen war, wurde vom Obersten Gerichtshof der DDR mit der Begründung abgelehnt, dies widerspreche der marxistisch-leninistischen Rechtsauffassung. Diese Rechtsauffassung erlaube es nicht, daß die Rechtsprechung gegenüber den anderen Staatsorganen Kontrollbefugnisse wahrnehme (vgl. Brunner, Einführung, § 1(3) und § 6 Ziffer 3.a: „Der Rechtsschutz des Einzelnen gegenüber der Staatsgewalt ist äußerst mangelhaft ausgestaltet").

610 Zum Begriff der „Gewaltenteilung" siehe Schütz, Politisches Wörterbuch, S.339,340.

611 Zur Volkskammer vgl. Art. 48 II 2 DDR-Verfassung (Grundsatz der Einheit von Beschlußfassung und Durchführung) und Art. 89 III 2 (Entscheidung über Zweifel an der Verfassungsmäßigkeit von Rechtsvorschriften); Brunner, Einführung, § 5 Ziffer 2.a weist zu Recht darauf hin, daß die Gewaltenkonzentration bei der Volkskammer (De-jure-Lage) nicht mit der De-facto-Situation übereinstimmte. Die Anwendung der Prinzipien von sozialistischer Gesetzlichkeit und demokratischem Zentralismus führte auch im staatlichen Bereich zu entsprechenden Machtverschiebungen hin zum zentral durch die Partei geleiteten Staatsapparat; vgl. auch Schmid, Verfassungssysteme, S.63,78,82,91.

612 Schmid, Verfassungssysteme, S.61.

613 Siehe Fn.567.

614 Hiermit war jedoch keine Aussage zur Wertigkeit der formellen Gesetze getroffen - im Rechtsetzungsbereich standen an erster Stelle die Parteitagsbeschlüsse. Deren Merkmal war es zwar, daß sie nur Verbindlichkeit für die Staatsorgane entfalteten und ähnlich wie im westdeutschen System die Verwaltungsvorschriften keine unmittelbare Bindungswirkung beim Bürger zeitigten. Ungeachtet dessen hatten sie faktisch in jedem Bereich die führende Rangposition inne, was sich z.B. daraus ableiten läßt, daß nahezu alle Beiträge der sportlichen oder juristischen Literatur mit einer Repetition der für die Problematik als relevant erachteten Passage aus Parteitagsbeschlüssen eingeleitet wurde. Im Rahmen

ben waren verschiedene andere Organe zur Setzung sonstiger Normen befugt.[615] Ausschließlich der Volkskammer vorbehalten waren Wahl und Abberufung der obersten Verfassungsorgane (Art. 50) sowie die Befugnis zur Verfassungsänderung (Art. 106). Die Volkskammer setzte sich zusammen aus 500 Abgeordneten, von denen 434 in den 14 Bezirken der DDR über Einheitslisten der Nationalen Front alle fünf Jahre direkt gewählt wurden;[616] weitere 66 Delegierte wurden von der Stadtverordnetenversammlung von Ost-Berlin entsandt.[617] Die konkrete Aufgabe der Abgeordneten bestand primär darin, per Akklamation die vorgelegten Gesetzesentwürfe und politischen Entschließungen zu bestätigen („Abstimmungsmaschine").[618] Eine etwas größere Bedeutung kam den häufiger zusammentretenden Ausschüssen der Volkskammer zu.[619] Der Grundsatz einheitlicher Beschlußfassung und Durchführung bedeutete, daß neben der Vorbereitung von Entscheidungen auch die Beauftragung zur Ausführung in die Zuständigkeit der Volksvertretung fiel; ausführende Organe der Volkskammer (neben den soeben angesprochenen Ausschüssen) waren u.a. der Staatsrat und der Ministerrat.

Die Zuständigkeitsverteilung der Verfassung von 1968 wies dem **Staatsrat**[620] der DDR eine Schlüsselrolle zu: Er vertrat die DDR völkerrechtlich (Art. 66 II 1), hatte bestimmenden Einfluß auf das Gesetzgebungsverfahren (Art. 70), fungierte gemäß Art. 65 II als Hüter der Verfassung und konnte selbst rechtsetzend wirken, Staatsratserlasse - Art. 71 I 1. Mit dem Ministerratsgesetz von 1972 / der Verfassungsreform von 1974 verlor der Staatsrat wesentliche Kompetenzen - und damit die Funktion eines Leitorgans (vgl. Art. 66 - 75);[621] insbesondere betonte die Verfassung

---

der Rangordnung von Rechtsetzungsakten mit Allgemeinverbindlichkeit rangierte die Verfassung an oberster Stelle, gefolgt von Volkskammergesetzen und -beschlüssen; hierzu Schmid, Verfassungssysteme, S.78.

615 So der Ministerrat (Verordnungen und Beschlüsse, Art. 78 II) bzw. die örtlichen Volksvertretungen für ihr Gebiet (Beschlüsse, Art. 82 I 1); vgl. Aufstellung bei Mampel, Verfassung, Art. 48 Rdnr.14.

616 Die Einheitslisten standen zur Disposition der zentralen SED-Parteiführung und wurden insofern nur formal von der Nationalen Front aufgestellt.

617 Die genauen Stärkeverhältnisse der einzelnen Fraktionen sind einer Übersicht bei Glaeßner, Partei und Staat, S.80 zu entnehmen; auffallend ist hierbei zunächst, daß die SED „nur" 127 Mandate auf sich vereinigte. Da aber diverse Massenorganisationen mit hohen Mandatsanteilen von SED-Funktionären durchsetzt waren, wurde die offizielle SED-Fraktionsstärke bei weitem übertroffen.

618 Roggemann, DDR-Verfassungen, S.62. Die mangelnde Arbeitsfähigkeit des Gremiums ist (auch) auf eine geringe Tagungsfrequenz (3 - 4 mal jährlich) zurückzuführen.

619 Die (etwas) größere Bedeutung der 15 (Fach-) Ausschüsse lag darin begründet, daß diese im Rahmen der Sachdiskussion Vorarbeiten leisten und hierdurch weiterführende Anregungen geben konnten. Wichtige Rechte der Ausschüsse bestanden ansonsten im Bereich von Information und Kontrolle, da z.B. der Ministerrat verpflichtet war, sie über Fragen der Durchführung staatlicher Politik zu informieren und die Ausschußergebnisse in seine Arbeit einzubeziehen hatte; vgl. Roggemann, DDR-Verfassungen, S.63; Schmid, Verfassungssysteme, S.69; DDR-Handbuch, S.1143.

620 ... der verfassungsrechtlich ähnlich konstruiert war wie der Oberste Sowjet ...

621 Die Vorrangstellung des Staatsrates war verknüpft mit der Person des Parteichefs Walter Ulbricht. Der Staatsrat wurde geschaffen, um diesem eine zusätzliche Machtbasis im

von 1974 in ihrem Art. 66 I dessen gegenüber der Volkskammer nachrangige Position. Ferner wurden die (zwischen den Volkskammertagungen) auf den Staatsrat delegierten Entscheidungsgewalten zurückgenommen und die totale Abhängigkeit des Ministerrates vom Staatsrat beseitigt.[622] Die Sitzungen des Staatsrates sind in der Folgezeit selten geworden; eine (einflußlose) aber (völkerrechtlich) bedeutsame Stellung vermochte er nur noch in seiner Funktion (als eine Art kollektives) Staatsoberhaupt wahrzunehmen.

Der **Ministerrat**, ein (Kollegial-) Organ der Volkskammer,[623] dessen Rechtsstellung in den Art. 76 - 80 der Verfassung sowie in besonderen Gesetzen geregelt war,[624] bildete die Regierung der DDR.[625] Der Ministerrat hatte die Funktion eines (gegenüber der Volkskammer verantwortlichen) zentralen staatlichen Planungs- und Koordinierungsorgans, dem auch die Durchführung der in den zentralen Parteiorganen vorformulierten politischen Grundsatzentscheidungen oblag. Ihm zuzuordnen waren Ministerien, Staatssekretariate, Ämter, Kommissionen und Verwaltungen.[626] Der Ministerrat war (im Zusammenwirken mit der Staatlichen Plankommission)[627] die oberste Entscheidungsinstanz des zentral gelenkten und geleiteten Wirtschafts- und Gesellschaftssystems. Alle grundlegenden Entscheidungen über politische und wirtschaftliche Fragestellungen wurden durch ihn gefällt - mit Verbindlichkeit für alle nachgeordneten Instanzen (demokratischer Zentralismus, vgl. Art. 47 II).[628] Die klaren und strikten Unterordnungsverhältnisse wurden mit der Notwendigkeit zur einheitlichen Leitung des gesamten Staatswesens begründet; die praktische Handhabung des demokratischen Zentralismus führte auch im staatlichen Bereich zu den Machtkonzentrationen und bürokratischen Befehlsstrukturen, die bereits für die SED prägend waren; Ausfluß dessen (und des Grundsatzes der „Sozialistischen Gesetzlichkeit") war die faktische Machtlosigkeit der Volksvertretungen nebst verstärkter Anleitung des Staatsapparates durch die Partei.[629]

---

staatlichen Bereich zu verschaffen; beginnend mit der Entmachtung Ulbrichts (1971) lag es auf der Hand, daß die Vorrangstellung beseitigt wurde.

622 Vgl. Lapp, Ministerrat, S.52 (Machtverlagerung vom Staatsrat auf den Ministerrat); Ebert-Stiftung, Honeckers Verfassung, S.25 ff.

623 ... die ihn ebenso wie den Staatsrat wählte, Art. 50 Satz 1 bzw. 76 DDR-Verfassung.

624 Der Inhalt der Regierungs- und Vollzugstätigkeit war in den §§ 1 - 9 des *Ministerratsgesetzes* (von 1972) aufgeführt.

625 Die Veränderungen der staatlichen Machtstrukturen seit 1971 werteten den Minsterrat in einer Weise auf, daß die Bezeichnung „Regierung" nunmehr angemessen war (zuvor fiel ihm die Funktion eines obersten staatlichen Vollzugsorgans zu); vgl. Brunner, Einführung, § 5 Ziffer 2.b.

626 Näheres ist den Art. 76 - 80 (insbesondere Art. 78) DDR-Verfassung zu entnehmen.

627 Die staatliche Plankommission hatte (als eine Art Generalstab des Ministerrates) die Aufgabe, die (jährlichen) Volkswirtschaftspläne zu entwickeln (neben den Fünfjahresplänen bildeten diese die zentralen Pläne), vgl. Brunner, Einführung, § 7.

628 Es sei daran erinnert, daß das auf der Gewalteneinheit basierende Prinzip Elemente der Wählbarkeit (von unten nach oben), der Berichts- und Rechenschaftspflicht gewählter Organe, unbedingter Verbindlichkeit von Beschlüssen sowie Disziplin und Unterordnung beinhaltete (vgl. auch Schmid, Verfassungssysteme, S.64).

629 Vgl. DDR-Handbuch, S.250.

Die Führung der Fachressorts oblag den Ministerien und sonstigen zentralen Staatsorganen. Eines dieser Ministerien erlangte Zeit seiner Existenz (und erst recht im Rahmen der Nachbetrachtung) einen geradezu legendären Ruf - das am 8.2.1950 gegründete MfS (Ministerium für Staatssicherheit).[630] In der (Ost-) Berliner Normannenstraße beheimatet, direkt dem ZK der SED (Abteilung Sicherheit) zugeordnet,[631] stellte es das wichtigste (und gefürchtetste)[632] Instrument des inneren Systemschutzes dar, unterteilt u.a. in Bezirksverwaltungen, Kreisdienststellen und ein weitverzweigtes Netz von Beauftragten in den Betrieben und sonstigen geheimen Informanten. Offizielle Aufgabe des MfS war es, durch präventive Überwachung „staatsfeindliche" Bestrebungen aufzuspüren und diese operativ zu bekämpfen; letztlich wurde u.a. die eigene Bevölkerung in einem nicht für möglich gehaltenen Ausmaß bespitzelt (Überwachungsstaat) und selbst nebensächlichste Details in- und ausländischer Beobachtungen registriert und aufgezeichnet;[633] die Datenbestände der (in der Nach-Wende-Zeit eingerichteten) Gauck-Behörde[634] legen hiervon ein eindrucksvolles (auch sportrelevantes) Zeugnis ab.[635] Lapp weist darauf hin, daß das MfS auf eigenartige Weise so etwas wie ein gesamtdeutsches Ministerium gewesen sei, da es seine Aktivitäten fast ausschließlich auf den Osten *und* den Westen Deutschlands konzentriert habe.[636]

Benennung, Funktion und Struktur der sonstigen mit Fachfragen betrauten zentralen Staatsorgane waren recht unterschiedlich[637] - eingegangen werden soll hier nur auf die *Staatssekretariate*: Es handelte sich um zentrale Staatsorgane, die vom Ministerrat der DDR gebildet wurden, diesem unterstellt waren und in dessen Auftrag für die staatliche Leitung und Planung bestimmter Bereiche des wirtschaftlichen

---

630 Schon der Gründungsakt war ungewöhnlich: Ohne jede Aussprache wurde ein aus nur zwei Paragraphen bestehendes Gesetz durch den damaligen Innenminister kurz vorgestellt und durch die provisorische Volkskammer verabschiedet. Wesentlicher Inhalt des Gesetzes war die Herauslösung der bisherigen Hauptverwaltung zum Schutz der Volkswirtschaft aus dem Innenministerium (durch Umgestaltung in ein eigenes Ministerium); vgl. Lapp, Ministerrat, S.98; Ebert-Stiftung, Überwachung, S.19 ff.

631 Erich Mielke, der „Stasi-Minister", gewährleistete als Mitglied des Politbüros des ZK auch personell die unmittelbare Verzahnung.

632 Die gezielte Verunsicherung der DDR-Bürger - mitunter verstärkt durch vom MfS selbst verbreitete Gerüchte - war ein Stilmittel, eine spezielle Form von Prävention und Herrschaftssicherung, Ebert-Stiftung, Überwachung, S.22.

633 Geiger, Wortprotokoll BT, S.51: „... immenser Aufwand von seiten des MfS ..."; „... extremes Mißtrauen gegenüber der eigenen Bevölkerung ..." Immens war insbesondere der Personalbestand des Ministeriums: 75.000 hauptamtliche Mitarbeiter und 110.000 IMs (1988).

634 Benannt nach ihrem Leiter, Joachim Gauck, der als Bundesbeauftragter für die Unterlagen des Staatssicherheitsdienstes fungiert.

635 Da die sachgerechte Auseinandersetzung mit dem MfS (in gesamtstaatlicher Hinsicht) so umfänglich ausfallen würde, daß sie Gegenstand einer separaten Forschungsarbeit sein müßte, weiterhin dessen Bedeutung im Hinblick auf die Sportszene ohnehin noch zu beleuchten sein wird (siehe unten § 5.IV.8.c), sollen Struktur und Tätigkeit des Ministeriums hier nicht näher untersucht werden.

636 Lapp, Ministerrat, S.103.

637 Z.B. Staatssekretariate, Staatliche Ämter, Staatliche Komitees, Staatliche Verwaltungen und Banken.

und gesellschaftlichen Lebens verantwortlich zeichneten. Der jeweilige Staatssekretär war befugt, wie ein Minister Anordnungen und Durchführungsbestimmungen zu erlassen.[638] Eines dieser Sekretariate war das Staatssekretariat für Körperkultur und Sport; auf untenstehende Ausführungen (bei § 5.II.2) wird verwiesen.

bb) Örtliche Staatsorgane

Als Folge der Verwaltungsreform von 1952, die die DDR zu einem zentralistischen Einheitsstaat umfunktionierte, wurden die zuvor herausgebildeten Länder durch Bezirke und Kreise ersetzt.[639] [640] Als regionale bzw. kommunale Vertretungsorgane agierten fortan Bezirks- und Kreistage, Stadtverordnetenversammlungen, Gemeindevertretungen bzw. Stadtbezirksversammlungen (Art. 81 I). Gemeinsames Merkmal war eine geringe Kompetenzdichte,[641] zumal sich alle Gremien bei der Wahrnehmung ihrer Aufgaben an gesamtstaatlichen Interessen zu orientieren hatten.[642] Eine gemeindliche Selbstverwaltung nach westlichem Muster gab es nicht.[643] Da nach marxistisch-leninistischem Vorbild die einheitlich strukturierte Gesellschaft nur einen Gemeinwillen besaß, durften keine intermediären Gewalten wirken.[644] Alle Volksvertretungen zusammen wurden als Einheit aufgefaßt, als Bestandteil eines Gesamtgefüges, was noch zusätzlich durch Anwendung eines einheitlichen Wahlsystems für alle Ebenen betont wurde.[645]

Die Exekutivaufgaben des Staatsapparates wurden auf lokaler Ebene durch die jeweiligen *Räte* und die Fachabteilungen der Bezirke und Kreise wahrgenommen.[646]

---

638 Lapp, Ministerrat, S.250,251.

639 Die Länderkammer wurde formal erst am 08.12.58 aufgelöst; die Aufgaben der bisherigen Länder gingen jedoch bereits mit Gesetz vom 23.07.52 auf die Bezirksorgane über, vgl. Mampel, Verfassung, Art. 81 Rdnr.3.

640 Die bezirklichen Organe (Bezirkstag und der Rat des Bezirks) nahmen zwar die Aufgaben der ehemaligen Länder wahr, jedoch mit anderen Funktionen. Die Bezirke waren keine Gebietskörperschaften, sondern Territorien des Einheitsstaates; auch die Kreise, die Stadtkreise, die Städte, die Gemeinden und die Stadtbezirke hatten nur territorialen Status im vorgenannten Sinne, vgl. Mampel, Herrschaftssystem, S.124,125 und Mampel, Verfassung, Art. 81 Rdnrn.3 ff.

641 Zu den Kompetenzen vgl. §§ 1 - 4 GöV.

642 Vgl. § 2 I 2 GöV; DDR-Handbuch, S.615; Brunner, Einführung, § 5 Ziffer 2.c; Mampel, Verfassung, Art. 81 Rdnr.45 (67): „Es gibt keine Angelegenheiten, für die die unteren Organe ausschließlich zuständig waren". Es handelte sich vielmehr um eine „erste" Zuständigkeit, die aufgrund der Eingriffsmöglichkeit der höheren Organe beschnitten war.

643 Mampel, Herrschaftssystem, S.124: „Mit der Beseitigung der Länder wurden die letzten Reste der kommunalen Selbstverwaltung beseitigt". Anzumerken bleibt auch, daß es vor allem die Anwendung des Prinzips des demokratischen Zentralismus war, die bewirkte, daß die Volksvertretungen der verschiedenen Ebenen einander unterstellt wurden - was zur nachhaltigen Blockierung von Selbstverwaltungstendenzen führte (vgl. DDR-Handbuch, S.250: „Negation der Selbstverwaltung").

644 Rutsch, Kommunale Selbstverwaltung, S.47; Mampel, Verfassung, Art. 81 Rdnr.10 ff.

645 Dementsprechend ging es bei diesen Wahlen nicht darum, politische Alternativen bereitzustellen; vielmehr handelte es sich um eine Art plebiszitäre Bestätigung der ohnehin bereits getroffenen Entscheidung zur Machtverteilung; vgl. Mampel, Verfassung, Art. 81 Rdnr.18 ff.; Schmid, Verfassungssysteme, S.62.

646 Deren Struktur gleichfalls einheitlich geregelt war, vgl. §§ 9 - 12 GöV.

Die Mitglieder der Räte wurden hierbei durch die Volksvertretungen gewählt.[647] Ein Ausfluß des Prinzips des demokratischen Zentralismus bestand in der Methode sozialistischer Leitungstätigkeit, von Anleitung und Kontrolle, die im Staatsapparat ihre besondere Ausprägung im Prinzip der *doppelten Unterstellung* der örtlichen Räte und ihrer Fachorgane fand. Danach waren die Räte ihrer Volksvertretung *und* dem übergeordneten Rat für ihre Tätigkeit verantwortlich und rechenschaftspflichtig. Der übergeordnete Rat hatte die nachgeordneten Räte bei der Durchführung ihrer Aufgaben anzuleiten (Weisungskompetenz)[648] und zu kontrollieren.[649]

Zusammenfassend läßt sich das hierarchische System so kennzeichnen, daß das jeweils untere Organ dem jeweils oberen Organ strikt untergeordnet war; die Organe von den Bezirken abwärts wurden „örtliche Organe der Staatsmacht" genannt, um jeden Autonomiegedanken im Keim zu ersticken.[650] Wie noch zu zeigen sein wird,[651] waren vorbezeichnete Merkmale in der vertikalen Struktur der Sportorganisation in entsprechender Weise anzutreffen.

cc) Organe der Rechtspflege

Das Gerichtssystem war dreistufig aufgebaut. An erster Stelle stand das Oberste Gericht, dem Bezirksgerichte folgten; auf der dritten Ebene agierten die Kreisgerichte. Daneben waren gesellschaftliche Gerichte (Schiedskommissionen) und Militärgerichte anzutreffen. Das Prinzip des demokratischen Zentralismus beherrschte auch die Justiz. Die (persönliche) richterliche Unabhängigkeit war zwar in Art. 96 I 1 der Verfassung garantiert, hatte aber keinen Bestand, da der Richterstatus wichtiger Elemente entbehrte (keine Unabsetzbarkeit bzw. Unversetzbarkeit); aufgrund der führenden Rolle der Partei und der Leitungskompetenz der übergeordneten Gerichte konnte auch von sachlicher Unabhängigkeit keine Rede sein. Die vom Justizministerium kontrollierte Rechtsprechung der Kreis- und Bezirksgerichte sollte den Vorteil gleichmäßiger Rechtsprechung, mithin größere Rechtssicherheit, erbringen - ein teuer erkaufter Vorteil.[652] Ein richterliches Kontrollgremium zur Gesetzgebung gab es nicht - die Aufgaben des Verfassungsgerichts wurden zunächst vom Staatsrat, später von der Volkskammer übernommen.[653] Es liegt auf der Hand, daß Gesetzgebungsakte somit in praxi nicht kontrolliert wurden.[654]

---

647 Brunner, Einführung, § 5 Ziffer 2.c; zur Wahl der Fachabteilungen und zum weiteren Verwaltungsaufbau siehe Kapitel F.IV im DDR-Handbuch, S.1031.

648 Der Ministerrat als höchstes Exekutivorgan hatte insofern ein unbegrenztes Weisungsrecht, Rechts- und Fachaufsicht, vgl. Roggemann, DDR-Verfassungen, S.64; „Lückenlose Befehlskette von oben nach unten", Brunner, Einführung, § 5 Ziffer 2.c.

649 Mampel, Verfassung, Art. 47 Rdnr.13; Brunner, Einführung, § 5 Ziffer 2.c. Entsprechendes galt für die Fachorgane, vgl. DDR Handbuch, S.45.

650 Mampel, Herrschaftssystem, S.125.

651 Unten bei § 5.IV.4.

652 Heuer, Rechtsordnung, S.65.

653 Ebert-Stiftung, Honeckers Verfassung, S.32 ff.

654 Da für das Sportsystem der DDR nur mittelbar relevant, wird hinsichtlich näherer Ausführungen auf Brunner, Einführung, § 5 Ziffer 2.d; Schmid, Verfassungssysteme, S.80 und Lieser-Triebnigg, Recht in der DDR, S.13 ff. verwiesen.

Eine spezielle Sportgerichtsbarkeit war nicht installiert. Da auch die ordentliche Gerichtsbarkeit sich sportrelevanter Fallgestaltungen nicht annahm, ist festzustellen, daß die staatliche Gerichtsbarkeit im Sportwesen keine Rolle spielte.[655]

c) Innerstaatliche Willensbildung

Nachdem vorstehend auf die SED- und Staatsstrukturen eingegangen wurde, ist nunmehr deren Verknüpfung zu dokumentieren; Kernstück ist hierbei der Führungsanspruch der SED. Wie bereits aufgezeigt, hat die SED eine uneingeschränkte Führungsrolle in der DDR wahrgenommen; insofern ist weniger die Frage des „Ob" relevant, sondern vielmehr die praktische Ausgestaltung dieser innerstaatlichen Einflußnahme zu untersuchen.

Anzusprechen ist zunächst die sog. **Außenleitung**; gemeint ist hiermit, daß nach Abschluß der innerparteilichen Willensbildung (im Politbüro) die Ministerialbürokratie des Staatsapparates angewiesen wurde (über das Sekretariat des Zentralkomitees), die Parteibeschlüsse entsprechend umzusetzen. Der hauptamtliche Parteiapparat[656] war hierzu in Fach- und Sachgebiete unterteilt, wobei jede Abteilung des ZK einen oder mehrere Bereiche des Staatsapparates anleitete. Diese Anleitung erfolgte über mündliche / schriftliche Weisungen an die „nach dem Geschäftsverteilungsplan" zuständigen Fachkollegen; zur Optimierung der Befehlswege fanden die inneren Strukturen der Fachabteilungen des ZK bzw. der (Ministerial-) Verwaltungen eine nahezu identische Ausgestaltung.[657]

Die **Innenleitung** erfolgte über die mit dem Staatsapparat vernetzte Parteiorganisation: Die SED unterhielt in der Staatsverwaltung eigene Kreisleitungen und Betriebsparteiorganisationen. Diese hatten in den Ministerien, den anderen zentralen und örtlichen Staatsorganen und Einrichtungen das Recht, die *Kontrolle* über die Tätigkeit des Apparats bei der Verwirklichung der Beschlüsse von Partei und Regierung, bei der Einhaltung der sozialistischen Rechtsnormen, auszuüben. Weiterhin bestand für die Parteiorganisationen die Verpflichtung, so weit wie möglich (nötig) *Einfluß* auf die Arbeit und das Mitarbeiterverhalten zu nehmen; Parteimitglieder überwachten einander wechselseitig. Die Kontrollbefugnis bzw. Verpflichtung zur Einflußnahme fand ihre inhaltliche Ausgestaltung z.B. darin, daß einheitliches Handeln sowie die persönliche Verantwortung insbesondere der Leiter und Staatsfunktionäre zu überwachen waren. Ziel des Kontrollrechts war es, die Parteibeschlüsse zur „unumstößlichen" Grundlage staatlicher Tätigkeit zu machen.[658] Darauf hinzuweisen ist, daß bei diesem Zusammenspiel von Partei- und Staatsapparat gewisse systembedingte Friktionen nicht ausblieben; andererseits ist nicht zu

---

655 Hierzu näheres unten bei § 5.IV.7.

656 Siehe oben § 5.II.1.a.aa.

657 Anders ausgedrückt: Der Staatsapparat war entsprechend dem SED-Apparat organisiert; vgl. Ziffer 39 SED-Parteistatut und Lapp, Ministerrat, S.12 (der in einer Tabelle die Abteilungen des ZK denen der einzelnen Ministerien gegenüberstellt) sowie Roggemann, DDR-Verfassungen, S.61.

658 Ebert-Stiftung, Überwachung, S.9; DDR-Handbuch, S.1031,1032.

widerlegen, daß die Lenkung des Staatsapparates durch die Partei und das Zusammenwirken insgesamt recht gut funktionierte - möglicherweise gerade deshalb, weil der Staatsapparat zumindest in allen wichtigen Fragen „an der kurzen Leine" gehalten wurde;[659] die angesprochenen Reibungspunkte bedingten sich eher dadurch, daß im Laufe der Zeit die Differenzierung zwischen „wichtig" und „unwichtig" zunehmend verwässerte. Das „ständige Hineinregieren" in die Staatsmaschinerie bewirkte so eine gewisse Paralysierung des *arbeitsteiligen* Handelns (ohne daß andererseits eine vollständige Übernahme des staatlichen Verwaltungshandelns durch die Partei beabsichtigt gewesen wäre[660]).[661] Mit ein Grund dafür, warum ein „Hineinregieren" ohne Eskalation möglich war, ist darin zu sehen, daß sich die übergroße Mehrheit der Staatsbediensteten aus den Reihen der SED rekrutierte.[662] Des weiteren waren die Spitzen von Staat und Partei in ausgeprägter Weise miteinander verschmolzen, leitende Staatsfunktionäre nahmen regelmäßig auch hohe Parteiämter wahr. Ferner hatte die sogenannte „Kaderpolitik" der SED bestimmenden Einfluß auf das Funktionieren der Staatsbürokratie. Ideologisch geschulte Parteimitglieder erhielten hierbei aufgrund der SED-Nomenklatur Ämter im *Staatsdienst* - wobei man sich bei „leitenden Kadern" besonderer Eigenschaften versicherte (z.B. unbedingte Treue zur SED, strikte Einhaltung von sozialistischer Gesetzlichkeit, Ordnung und Sicherheit usw.).[663] Die politische Bevorzugung der Parteigänger, unter Benachteiligung der sonstigen Bewerber, war einerseits nur mühevoll in Einklang zu bringen mit der Bestimmung des Art. 21 I DDR-Verfassung, der für in gleicher Weise Qualifizierte grundsätzlich auch gleichen Zugang zum Staatsdienst verhieß - letztlich entsprach die Anknüpfung an erweiterte Voraussetzungen aber der Verfassungswirklichkeit im Rahmen der politischen Gesamtverfassung. Im Ergebnis bestand das wichtigste Ziel der (Kader-) Politik darin, die „marxistisch-leninistische und fachliche Bildung" der Kader zu erhöhen, und zu gewährleisten, daß die künftigen „Lenker" langfristig vorbereitet, linientreu und zuverlässig waren.[664]

d) Zusammenfassung

Die politische Struktur der DDR wurde nur zum Teil durch die geschriebene Verfassung bestimmt, ihre Wesenszüge erhielt sie durch die SED-Parteiverfassung. Das

---

659 Lapp, Ministerrat, S.15 vertritt die Auffassung, daß es eher von Nutzen gewesen wäre, wenn die Partei sich darauf konzentriert hätte, nur die *grundsätzlichen* strategischen und taktischen Fragen von Politik und Volkswirtschaft zu steuern.

660 DDR-Handbuch, S.1032.

661 Nach Rudolf Bahro (zitiert bei Lapp, Ministerrat, S.15) war die Partei in der Realität nicht nur „Motor", sondern auch „Steuermann" der sozialen Entwicklung - der Staat mithin nur Erfüllungsgehilfe - ein Werkzeug; nach seiner Auffassung war „die Diktatur des Politbüros ... eine verhängnisvolle Übersteigerung des bürokratischen Prinzips".

662 Die SED stellte 227 der 235 höchsten Staatsfunktionäre (1977), Lapp, Ministerrat, S.16.

663 Zum Nomenklatursystem vgl. Mampel, Verfassung, Art. 1 Rdnr.38.

664 Zur "Kaderpolitik" vgl. DDR-Handbuch, S.572 ff.; Ebert-Stiftung, SED von A-Z, S.19; Rossade, Sport und Kultur, S.120,121. Das Nomenklatursystem bewirkte im Ergebnis, daß die Spitzenpositionen aller gesellschaftlichen Bereiche - so auch die des Sports - einer SED- Kontrolle unterlagen.

von Gewalteneinheit geprägte System äußerte sich in einseitiger Machtballung zugunsten der marxistisch-leninistischen Partei, deren Richtlinien Vorrang hatten vor dem gesetzten Recht (einschließlich des Verfassungsrechts). Die Partei bediente sich eines umfangreichen Instrumentariums staatlicher und gesellschaftlicher Institutionen zur Durchsetzung und Erhaltung ihres Machtanspruchs. Die staatlichen Organe hatten nur untergeordnete Funktionen. Dennoch: Ein reines Willkürsystem wie zur NS-Zeit gab es in der DDR nicht.

2. Das Sportsystem

In der Einführung zu § 5 ist auf die Verzahnung des Sports mit dem politischen System hingewiesen worden. Vorstehende, primär politisch geprägte Ausführungen vermochten eine entsprechende Verwobenheit bereits im Ansatz zu belegen. Nachfolgend wird dies zu vertiefen sein, wobei (im Sinne der bei § 4.I gewählten Gliederung) zunächst zu bestimmen ist, welche Bereiche des öffentlichen Lebens mit der Entwicklung von *Körperkultur und Sport*[665] befaßt waren. Danach wird der allgemeine Aufbau der „Sportselbstverwaltung" anzusprechen sein.[666]

a) Die öffentliche Sportverwaltung

Das öffentliche Leben in der DDR wurde dominiert durch die **SED** (vgl. oben § 5.II.1). Der Sport fungierte als Teil des Herrschaftssystems, in dem die führende Rolle der Partei perfekt umgesetzt wurde.[667] Die Zielvorgaben für den Sport ergaben sich aus Erklärungen des Generalsekretärs der SED, aus Entschließungen des Politbüros bzw. ZKs oder waren Bestandteil von Parteitagsbeschlüssen. Ein Parteisekretär (faktisch der zweite Mann nach dem Parteichef, zuletzt Egon Krenz) war direkt für den Sport verantwortlich. Die Realisierung der politischen Vorgaben erfolgte auf Parteiebene durch eine eigene Abteilung „Sport" des Zentralkomitees der

---

665 Im offiziellen Sprachgebrauch war zumeist dieses Begriffspaar anzutreffen, im Sinne eines parteisprachlichen Ausdrucks; vgl. Rossade, Sport und Kultur, S.3 und S.33 (kulturpolitisch wurde so differenziert: *Sport* ist der Bereich geregelter, systematischer Körperübungen, in dem es um bestimmte Leistungen geht - *Körperkultur* geht mehr auf Erhaltung und Ausbildung der physischen Leistungsfähigkeit auf allen Altersstufen, somit auch auf Körpererziehung. Sport erscheint als höchste Stufe der Körperkultur).

666 Da die SED (wie bei § 5.II ausgeführt) den totalen Führungsanspruch in allen gesellschaftlichen Bereichen erhoben hatte, kann von einer Selbstverwaltung nach Verständnis des Grundgesetzes nicht gesprochen werden; deshalb ist der Begriff „Sportselbstverwaltung" in Anführungszeichen gesetzt worden. Auch wenn sich keine dem westdeutschen System direkt vergleichbare Sportbewegung entwickeln konnte, ist dennoch, in Anlehnung hieran, nachfolgend eine Unterteilung in „Öffentliche Sportverwaltung", also sportliche Aufgabenwahrnehmung durch staatliche Institutionen, und „Sportselbstverwaltung", Funktionserfüllung durch Sportorganisationen, vorgenommen worden.

667 Zum Beweis der Behauptung mag an dieser Stelle einerseits der Hinweis auf die enormen **Erfolge** der DDR im Sport genügen, die in keinem anderen gesellschaftlichen (oder staatlichen) Bereich ihre Entsprechung fanden; die Aussage läßt sich andererseits z.B durch den Hinweis auf Hiller (Wortprotokoll BT, S.21 ff.) belegen, der als ehemaliger Leiter der internationalen Abteilung des DTSB dem Parteieinfluß unmittelbar ausgesetzt war.

SED, die dem Sekretär des ZK als Stabsorgan zur Verfügung stand. Das eng mit dieser Abteilung zusammenarbeitende *Staatssekretariat für Körperkultur und Sport* (SKS) war als Staatsinstitution (formal, s.u.) dem *Ministerrat* unterstellt; das SKS muß neben dem *DTSB* und dem *NOK* der DDR als eine der Spitzenorganisationen (und insofern als erster Adressat der SED-Anweisungen) im Sport angesehen werden (vgl. auch nachfolgende Abbildung). Neben der sachlichen Beeinflussung war die SED-Vorherrschaft im Sport noch zusätzlich dadurch personifiziert, daß der Abteilungsleiter Sport des ZK der SED gleichzeitig Mitglied des Bundesvorstandes des DTSB und seines Sekretariats sowie Vizepräsident des NOK der DDR war.[668] Beim DTSB läßt sich die wechselseitige Vernetzung vor allem anhand seines Präsidenten, Manfred Ewald, belegen, der zugleich Mitglied des ZK der SED und der Volkskammer gewesen ist. Ewald war als ZK-Mitglied „praktisch mit allen Vollmachten zur Umsetzung der Parteilinie ausgestattet",[669] dem ZK-Abteilungsleiter protokollarisch übergeordnet, punktuell aber gegenüber dem Parteisekretär weisungsgebunden (z.B. in Fragen der Außen- und Deutschlandpolitik und der Finanzpolitik). Die **Volkskammer** beschäftigte sich in eher geringem Umfang mit sportlichen Aufgabenstellungen;[670] Berührungspunkte ergaben sich am ehesten über die Ausschüsse, hier insbesondere über den Jugendausschuß. Der formal als Staatsoberhaupt fungierende **Staatsrat** hatte in sportlicher Hinsicht primär repräsentative Aufgaben (z.B. Verleihung von Orden und Ehrenzeichen).[671] Der **Ministerrat** legte unter Führung der SED (und in Abstimmung mit dem Bundesvorstand des DTSB) die staatlichen Aufgaben von Körperkultur und Sport fest. Hierzu wurden Jahres- und die für alle staatlichen Organe verbindlichen Fünfjahrespläne erarbeitet, die Zielvorgaben personeller und materieller Art enthielten. Für die Durchführung dieser Aufgaben war das SKS verantwortlich. Daneben waren weitere Ministerien, Ämter und Komitees sowie örtliche Organe mit Sportaufgaben befaßt. Zur Verdeutlichung sei auf Abb. 2 (S.117) verwiesen.

Wie bereits in der historischen Einführung angemerkt, wurde das Staatliche Komitee für Körperkultur und Sport 1970 aufgelöst und in neue Strukturen überführt; Ziel war es, eine oberste staatliche Sportinstanz zu schaffen, die für Leitung und Planung staatlicher Aufgaben verantwortlich zeichnete. Die vormaligen Leitungsstrukturen erschienen nach dem VII. Parteitag der SED, der eine Konzentration der Staatsmacht postuliert hatte, zu „unhierarchisch" und nicht mehr ausreichend zu sein. Die Verordnung des Ministerrates vom 17.6.1970 führte von daher zur Gründung des „mit allen Vollmachten ausgestatteten" **Staatssekretariats**[672] und des -

---

668 Zu den Personalunionen vgl. Rossade, Sport und Kultur, S.14. Auffallend hierbei war der seltene Wechsel in Führungspositionen (Kontinuitätsaspekt).

669 Hiller, Wortprotokoll BT, S.22.

670 Zur entsprechenden Materie brachten vorwiegend der Ministerrat, einzelne Ministerien und der DTSB Normierungen hervor, vgl. Zusammenstellung bei Melchert (Sport/Recht, S.40 ff.).

671 Auf den Themenkomplex „Auszeichnungen" wird an anderer Stelle noch zurückzukommen sein (unten § 5.IV.6); vgl. im übrigen hierzu DDR-Handbuch, S.1016.

672 Inhalt der Verordnung war primär das als Rechtsgrundlage dienende SKS-Statut; vgl. Bernett, Körperkultur, S.133.

gesellschaftlichen - Komitees für Körperkultur und Sport (siehe unten), das sich auf unverbindliche Empfehlungen zu beschränken hatte. Das SKS war ein „Regierungsorgan", welches auf der Grundlage von SED-Beschlüssen und Gesetzen vom Staatssekretär nach den Prinzipien von zentraler Führung und kollektiver Beratung verwaltet wurde; seine innere Struktur entsprach derjenigen anderer Staatssekretariate und Ministerien (unterstützt durch verschiedene Beiräte und Arbeitsgruppen, geleitet vom Staatssekretär). Die bereits angedeutete Aufgabenstellung des SKS konzentrierte sich auf

- die Entwicklung von Sportwissenschaft und Sportmedizin;
- die Aus- und Weiterbildung von Sportkadern;
- die Vervollkommnung der materiell-technischen Bedingungen;
- die Gewährleistung der sportmedizinischen Betreuung;
- die Gestaltung und Vervollkommnung des Sportabzeichenprogramms;
- die Betreuung von Maßnahmen internationaler Zusammenarbeit;
- die Unterstützung und Anleitung der örtlichen Räte.[673]

Abb.2

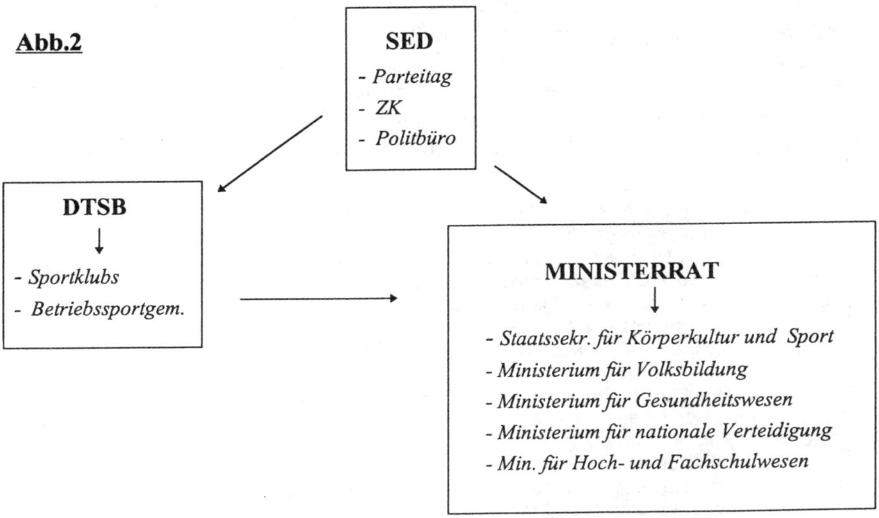

[673] Zu den Aufgaben vgl. § 1 des Statuts; zum Staatsekretariat selbst siehe DDR-Handbuch, S.1041; Bernett, Körperkultur, S.133.

Wenn oben gesagt wurde, daß das SKS als oberste Instanz und staatliches Leitungsorgan des DDR-Sports fungieren sollte, so fand diese formale Position dennoch keine reale Entsprechung. Denn obwohl der Staatssekretär (offiziell) einem der beiden ersten Stellvertreter des Vorsitzenden des Ministerrates unterstellt war, erhielt er in praxi seine Anweisungen vom Sport-Sekretär des Politbüros.[674] Die formale Leitungsaufgabe wurde in der Praxis umgewandelt in eine reine Exekutivfunktion, zur Abwicklung materieller / finanzieller Belange. Die Behörde war per Statut angehalten, mit dem DTSB und anderen staatlichen und gesellschaftlichen Organen zusammenzuarbeiten (siehe § 2 III des SKS-Statuts).[675]

Nach dem Grundsatz der Kollektivität wurden die Entscheidungen des Staatssekretariats durch den ***Wissenschaftlichen Rat*** vorbereitet. Dieser hatte als oberste Planungsbehörde des DDR-Sports[676] vornehmlich die Funktion, weisungsgemäß mittel- und langfristige Forschungspläne auszuarbeiten.[677] Ungeachtet periodischer Vollversammlungen (vom Staatssekretär geleitet, an ZK-Direktiven orientiert), oblag die inhaltliche Arbeit hierbei dessen Fachkommissionen, die jeweils mit prominenten sportwissenschaftlichen Spezialisten besetzt waren.[678] Die Anleitung der Arbeit des Wissenschaftlichen Rates gehörte zu den bedeutsamsten Tätigkeiten des Staatssekretariats;[679] die entsprechenden Forschungsprojekte zum Hochleistungssport waren als „Staatsplanthemen“ oder „Staatsplanaufgaben“ ausgewiesen.[680]

Das (vom staatlichen) in ein staatlich-gesellschaftliches ***Komitee für Körperkultur und Sport*** umgewandelte Gremium[681] mußte beim Zusammenwirken von SKS und Wissenschaftlichem Rat auf ein Mitspracherecht verzichten. Unter Ausklammerung der Aufgaben des Rates und jeglicher Vollzugskompetenz blieben Teile der alten Struktur aber erhalten: Als *Beratungs*gremium trug das Komitee die Verantwortung für das übereinstimmende Agieren aller auf Körperkultur und Sport ausgerichteten

---

674 Holzweißig, Sport und Politik, S.47; Hiller, Wortprotokoll BT, S.24 erhob (in praktischer Sicht) den Staatssekretär (für den staatlichen Sektor) zum *Stellvertreter* des DTSB-Präsidenten; im Hinblick auf die Einflußnahmemöglichkeiten des DTSB-Präsidenten (Vorschlagsrecht) bei der Besetzung des Staatssekretärsposten (im Jugendgesetz verankert, § 38 I 3) erscheint dieser Ansatz nicht verfehlt.

675 DTSB (als Massenorganisation) und SKS (als staatliches Organ) bildeten in gewissem Sinne eine Einheit, die so auch nach außen in Erscheinung trat, vgl. Hiller, Wortprotokoll BT, S.28.

676 Messing/Voigt, Gesellschaftliches System, S.913 (dort Fn.15).

677 Zum organisatorischen Teil siehe § 4 des Statuts des Wissenschaftlichen Rates (abgedruckt bei Bernett, Körperkultur, S.135).

678 Bernett, Körperkultur, S.133.

679 Lutz, Sportsoziologie, S.76 betont den Charakter als „Hilfsorgan“ des Staatssekretariats: Das Staatssekretariat berief sämtliche Mitglieder des Wissenschaftlichen Rates, bestimmte den Generalsekretär, benannte Vorsitzende und Mitglieder der Fachkommissionen und legte Inhalt und Richtung der zu leistenden Tätigkeit fest; der Wissenschaftliche Rat untermauerte das Prinzip des „Demokratischen Zentralismus“.

680 So z.B. das streng vertrauliche „Staatsplanthema 14.25“ der Dopingforschung; siehe hierzu unten § 5.IV.8.d.aa, Textziffer (1).

681 Dessen Statut nicht veröffentlicht wurde - vgl. (zur Aufgabenbeschreibung) Bernett, Körperkultur, S.137; siehe auch „Empfehlungen“ des Komitees bei Melchert, Sport/Recht, S.288 ff.

Organisationen.[682] Zu den Mitgliedern des Komitees zählten u.a. DTSB, FDGB, FDJ, diverse Ministerien und die eigene Nachfolgeinstitution, das SKS - mithin alle verantwortlichen Institutionen.[683] Da der Staatssekretär auch den Vorsitz im Komitee hatte, war eine hinreichende staatliche Kontrolle jedenfalls gewährleistet.

Der Wissenschaftliche Rat bildete das zentrale Beratungs- und Koordinierungsgremium aller Organe der Körperkultur. Die dem SKS unterstellte ***Deutsche Hochschule für Körperkultur*** (DHfK) in Leipzig war die zentrale (international renommierte) Lehr- und Forschungsstätte der DDR.[684] Die DHfK brachte eine Vielzahl gut qualifizierter Sportwissenschaftler, Hochschullehrer und Funktionäre hervor.

Der DHfK angegliedert war das ***Forschungsinstitut für Körperkultur und Sport*** (FKS). Dieses hatte den Auftrag (Auftraggeber zumeist: DTSB), sportartenspezifisch die Trainingsmethodik weiterzuentwickeln (unter besonderer Berücksichtigung von Ergometrie, der Biomechanik und des Krafttrainings).[685] Die meisten der von der DDR geförderten Verbände unterhielten hier eine eigene Forschungsgruppe, deren Leiter Mitglied des jeweiligen Sport(fach)verbandes war. Das FKS fungierte in dieser Hinsicht als fachlich-inhaltliches Leitzentrum des DDR-Sports.

Im konkreten Zusammenhang zu erwähnen sind noch die ***Forschungs- und Entwicklungsstelle für Sportgeräte*** (FES), weiterhin das ***Technische Zentrum Geräte und Anlagen*** (TZGA) sowie das ***Wissenschaftlich-technische Zentrum für Sportbauten*** (WTZ). Aufgabenstellung war die Forschung auf dem Gebiet der Sportbauten (WTZ),[686] Entwicklung von Trainingsgeräten und Meßelektronik (TZGA) und die Erfindung nebst Erprobung spezieller Sportgeräte für ausgewählte Sportarten (FES). Insbesondere das FES ist durch seine Entwicklungen (mit „stromlinienförmiger" Gestalt) z.B. im Bobsportbereich und bei Rennbooten bekannt geworden.

Der berühmt-berüchtigte[687] ***sportmedizinische Dienst*** in der DDR (SMD) hatte als Einrichtung des SKS zur Aufgabe, die medizinische Betreuung des Leistungssports zu sichern.[688] Hierzu wurden in jedem Bezirk der DDR sportmedizinische Hauptberatungsstellen und in jedem Kreis Kreisberatungsstellen (deren Tätigkeit sich pri-

---

682 Inhaltlich jedoch beschränkt auf Empfehlungen, daher ohne die Möglichkeit zu rechtsverbindlicher Beschlußfassung, für die langfristige Planung, vornehmlich im Breiten- und Jugendsportbereich (z.B. „Empfehlung zur weiteren Entwicklung der physischen Leistungsfähigkeit der jungen Generation" vom 04.12.80), durch Auswertung wissenschaftlicher Erkenntnisse; vgl. Holzweißig, Sport und Politik, S.49.

683 Die vollständige Liste der Mitgliedsinstitutionen ist abgedruckt bei Melchert, Sport/Recht, S.293 bzw. (optisch aufbereitet) bei Schlegel/Hiller, Wort zum Sport, S.17.

684 Gieseler, Leitungssystem, S.125; DDR-Handbuch, S.1014; Wokalek, Transformationsprozeß, S.18.

685 Die Forschungsstelle der DHfK zählte weltweit zu den führenden Einrichtungen dieser Art, vgl. Messing/Voigt, Gesellschaftliches System, S.896, wobei die für den Aufschwung des DDR-Sports mitverantwortlichen Forschungsergebnisse strengster Geheimhaltung unterlagen, Wokalek, Transformationsprozeß, S.19.

686 Für die Planung, Vorbereitung, Kontrolle und Durchführung der *Leistungs*sportbauten war das ***Zentrale Investitionsbüro für Sportbauten*** *Berlin* zuständig.

687 So die SZ vom 17.06.94.

688 Zum SMD siehe auch dessen Statut vom 10.09.63.

mär auf die sportmedizinische Nachwuchsbetreuung erstreckte) installiert. Die wissenschaftliche Arbeit erfolgte überwiegend im Zentralinstitut des sportmedizinischen Dienstes bzw. im zentralen Dopinglabor in Kreischa (zur Zeit seiner Entstehung, 1979, war es das modernste der Welt, so daß auch im Bereich der Erprobung, Anwendung und Kontrolle von Dopingmitteln die notwendigen wissenschaftlichen Voraussetzungen vorlagen).[689]

Der Kompetenz des ***Ministeriums für Gesundheitswesen*** (MfG) waren verschiedene Medizinische Dienste - sogar in gesundheitlichen Grundfragen - entzogen, so auch der Sportärztliche Dienst des SKS. Hieraus läßt sich ableiten, daß die SED der Sportmedizin (im Hinblick auf die Erbringung sportlicher Höchstleistungen) besondere Bedeutung zumaß. Diese Verselbständigungs- und Abgrenzungstendenzen des Leistungssports waren insgesamt nicht unproblematisch;[690] ansonsten, also in den anderen Sportbereichen (Volks- und Gesundheitssport), hatte das MfG zumindest ein Mitwirkungsrecht,[691] wobei Maßnahmen der Vorbeugung, Therapie und Rehabilitation für die Gesamtbevölkerung im Vordergrund standen.

Das ***Ministerium für Volksbildung*** war gleichfalls mit Sportaufgaben betraut, wobei diese Behörde für die Gewährleistung der körperlichen Bildung und Erziehung von Schülern und Vorschulkindern, also für den gesamten Schulsportbereich, verantwortlich zeichnete.[692] Für leistungssportlich geeignete Schüler sicherte das Ministerium ein enges Zusammenwirken mit den ***Kinder- und Jugendsportschulen*** (KJS), die ihrerseits eng mit den Sportklubs (SC) und den Fußballklubs (FC) kooperierten. Die dem SKS (oder Spezialträgern, wie z.B. der NVA) unterstehenden 25[693] KJS waren als Sportsonderschulen bereits seit den 50er Jahren[694] auf Internatsbasis errichtet worden und betrieben langfristig angelegte Nachwuchsarbeit für den Leistungssport.[695] Die ideologische Komponente der Ausbildung wurde in diesen Lehrinstituten besonders betont. So wurde bereits bei der Auswahl der Schüler nicht nur auf hohe sportliche Befähigung Wert gelegt, sondern auch den Leistungen

---

689 Ebda (Fn.687) wird der SMD als „Ausführungs- und Kontrollorgan der staatlich verordneten Joints“ bezeichnet; auf die Doping-Problematik wird im Rahmen der Erörterungen zum DTSB noch einzugehen sein.

690 Vgl. Lutz, Sportsoziologie, S.78 (Stichworte: Gefährdung der Wissenschaftskooperation, Hemmung des Integrationsprozesses innerhalb der Sportwissenschaft, Minderung von Forschungseffizienz und deren Umsetzung in die Praxis).

691 DDR-Handbuch, S.732.

692 In Ausübung dieser Verantwortung, auf Grundlage des Gesetzes über das einheitliche sozialistische Bildungswesen vom 25.02.65, hat das Ministerium zahlreiche Anweisungen, Richtlinien, Direktiven, Mitteilungen und Hinweise zu Erziehung und Bildung erlassen (aufgeführt bei Melchert, Sport/Recht, S.137 ff.). Der außerschulische Sport fand im Jugendgesetz (vom 28.02.74) ausgeprägt Berücksichtigung; auf dieses Gesetz wird bei den Rechtsgrundlagen (unten § 5.III) näher einzugehen sein.

693 Wokalek, Transformationsprozeß, S.17; Helfritsch/Becker, Dokumentationsstudie, S.14.

694 Mit Beginn des Schuljahres 1952/53 wurden in Berlin, Leipzig, Brandenburg und Halberstadt die ersten KJS eröffnet, Helfritsch/Becker, Dokumentationsstudie, S.12.

695 „Rückrat des Sportsystems der DDR“, Wokalek, Transformationsprozeß, S.17; Rossade, Sport und Kultur, S.161.

in den anderen Unterrichtsfächern Bedeutung beigemessen;[696] ferner fand bei der Aufnahmeentscheidung die Aktivität in den offiziellen Kinder- und Jugendorganisationen Berücksichtigung.[697] Den selektierten Schülern wurden sämtliche Sportutensilien (Kleidung, Gerätschaften usw.) kostenlos zu Verfügung gestellt; das wöchentliche Sportprogramm umfaßte verschiedene Sportunterrichtseinheiten, teilweise auf die Wehrkrafterhöhung ausgerichtet, Spielnachmittage und mehrfache wöchentliche Unterweisungen in den Patenschaftsclubs (zur Schulung der Spezialdisziplin). Die Tätigkeit in den Kinder- und Jugendorganisationen eingerechnet, hatte jeder Schüler wöchentlich rund 60 Ausbildungsstunden zu „verkraften" (neben der Teilnahme an Meisterschaften o.ä.); die an einer solchen Schule erfolgreich bestandene Reifeprüfung verhieß andererseits aber auch eine ideale Ausgangsposition zum Karrierestart in Staat oder Gesellschaft. In vorstehendem Zusammenhang ist dem DDR-Sport bereits an dieser Stelle zu bescheinigen, über ein lückenloses Talentfindungssystem verfügt zu haben. Beginnend mit dem Vorschulalter[698] wurden in den ***Kinder- und Jugendspartakiaden*** breitensportliche Aktivierungen mit der Talentauslese verbunden. Die Endkampfteilnahme an den Wettkämpfen (kombiniert mit obigen Kriterien der Förderungswürdigkeit) bildete die „Eintrittskarte" zur Aufnahme in die KJS.[699] Spartakiadeveranstaltungen gab es auf der Schul-, Kreis-, Bezirks- und der nationalen Ebene.

Das ***Amt für Jugendfragen*** war verantwortlich für die (restliche) Jugendarbeit; es kontrollierte in Verwirklichung des Jugendgesetzes die planmäßige Erweiterung der materiellen Basis des Sports.[700] Das Amt für Jugendfragen war eine Einrichtung des Ministerrates - einem Beauftragten des Ratsvorsitzenden direkt unterstellt.

Nur kurz erwähnt werden sollen das ***Staatssekretariat für Berufsbildung*** und das ***Ministerium für Hochschul- und Fachschulfragen***, die sich mit der Durchführung

---

696 Vgl. DDR-Handbuch, S.1017 bzw. Ehrich, Leistungssport DDR, S.32, wonach die Turn-Note mindestens gut (2,0) sein mußte und die Durchschnittsnote in den anderen Fächern zumindest den Wert 2,5 zu erreichen hatte. Die Mitgliedschaft z.B. in der FDJ wurde vorausgesetzt - eine Form der offenen Diskriminierung der Nicht-Mitglieder.

697 Spassov-Neufeld, Politischer Auftrag, S.26: „Jede Trainingsgruppe bildete gleichzeitig eine FDJ-Gruppe. Alle Spitzensportler sind in Pionier-Organisationen, FDJ und SED organisiert; das ist selbstverständlich".

698 Bereits im Kindergarten wurde das Bewegungsbedürfnis der Kinder in sportliche Bahnen kanalisiert; in der Schule galt Sport als Hauptfach (mit entsprechend hoher Stundenzahl). In 87 % aller Schulen wurde der Kinder- und Jugendbereich zusätzlich durch Schulsportgemeinschaften gefördert. An diesem außerschulischen Sportunterricht nahmen rund zwei Drittel aller Schüler regelmäßig teil. Die Sportlehrer in der DDR wirkten hierbei (wesentlich häufiger als im Westen) als Vermittler zwischen Schule und Verein(igung), vgl. Messing/Voigt, Gesellschaftliches System, S.898.

699 Zum Themenkomplex KJS und Talentförderung siehe ausführlich unten § 5.IV.6 bzw. DDR-Handbuch, S.1017,1018; Rossade, Sport und Kultur, S.161 ff.; Messing/Voigt, Gesellschaftliches System, S.898, sowie in Ergänzung zu Melchert (Fn.692), Bernett, Körperkultur, S.203 ff., der u.a. verschiedene Durchführungsverordnungen, Lehrpläne und Stundentafeln (u.a. auch das Beispiel eines Eröffnungszeremoniells - "Regieplan" - zur Kreis-Spartakiade) abdruckt.

700 In Verbindung mit der FDJ und „auf Grundlage der Beschlüsse der SED", vgl. DDR-Handbuch, S.42.

des Sportunterrichts der berufsbildenden Einrichtungen bzw. der sportlichen Ausbildung der Studenten (als Bestandteil der staatlichen Studienpläne) zu beschäftigen hatten.[701] Die ***Ministerien für Nationale Verteidigung, für Staatssicherheit und des Innern*** gewährleisteten im Rahmen ihrer Kompetenzen die sportliche Betätigung („Körperertüchtigung") als ein wesentliches Prinzip des sozialistischen Erziehungs- und Bildungsprozesses; daneben förderten sie über ihre dem DTSB angehörenden Sportvereinigungen „Vorwärts" und „Dynamo"[702] auch die außerdienstlichen Sportaktivitäten ihrer Mitarbeiter.

Die **Bezirks- und Kreisorgane** (örtliche Räte) waren (neben der Gewährung vielfältiger Unterstützungsleistungen für alle Instanzen der Sportbewegung) u.a. für die Vergabe und effektive Nutzung der Sporteinrichtungen im Territorium verantwortlich; zur Erfüllung ihrer Aufgaben bildeten sie Fachorgane.[703] Diese hatten sowohl die Ratsentscheidungen vorzubereiten als auch für deren Realisierung zu sorgen. Entsprechend dem Prinzip der doppelten Unterstellung war das Fachorgan Körperkultur und Sport auf Kreisebene seinem Rat und gleichzeitig dem zuständigen Fachorgan des übergeordneten Rates unterstellt.

Sofern sich aus den Politbürobeschlüssen konkrete Aufträge im Sportbereich ergaben, war entsprechend zur Aufgabenverteilung auf Zentralebene der **zweite Partei-Sekretär** der SED im jeweiligen Territorium für die Umsetzung zuständig.

b) Die „Sportselbstverwaltung"[704]

Der **DTSB**[705] war eine „solidarische, staatstragende Massenorganisation, die sich ihres gesellschaftlichen Auftrags bewußt war und stets gegenüber der führenden Partei der Arbeiterklasse Dankbarkeit bekundete."[706] Der DTSB war als Dachverband einerseits der Kopf der in diesem Sinne „freien" Sportbewegung der DDR, andererseits aber auch ein wichtiges Bindeglied für Partei, Staat und Wissenschaft. In ihm waren u.a. Bezirksorganisationen, Sportvereinigungen, Stadtkreis- und Stadtbezirksorganisationen, Sportverbände (38, davon drei Anschlußorganisationen), Sportgemeinschaften und Sportklubs zusammengeschlossen (vgl. Ziffer IV.7 des Statuts).[707] Der DTSB hatte 1989 ca. 3,7 Millionen Mitglieder.[708]

Im Rahmen der territorialen Untergliederung (des DTSB) sind an erster Stelle die 15 **Bezirksorganisationen** zu nennen; diese umschlossen die im Bezirk ansässigen

---

701 Der Studentensport wurde von den Hoch- oder Fachschulsportgemeinschaften geleitet, die dem Präsidium für Hoch- und Fachschulsport im DTSB unterstellt waren; die Wettkampftätigkeit vollzog sich im regulären Wettkampfbetrieb des DTSB.

702 Z.B. war der Fußballklub Dynamo Ost-Berlin als der Stasi-Klub „gebrandmarkt".

703 Z.B. Abteilungen für Volksbildung, Berufsbildung, Jugendfragen, Körperkultur und Sport.

704 Zum Begriff siehe Fn.666.

705 Wie für den DSB an vergleichbarer Stelle gilt auch für den DTSB, daß er im vorliegenden Zusammenhang nur kurze Erwähnung finden kann, da er später (§ 5.IV) in einem eigenen Kapitel gewürdigt wird; zur Entstehung des DTSB siehe oben § 3.II.

706 Bernett, Körperkultur, S.142.

707 DTSB-Statut vom 28.05.78.

708 FAZ vom 04.01.89; Holzweißig, Wortprotokoll BT, S.8.

Stadt-, Kreis- und Stadtbezirksorganisationen, Bezirksfachausschüsse (BFA) sowie die Sport- und Fußballklubs, s.u.[709] Aufgrund ihrer überfachlichen Struktur waren sie den Landessportbünden der Bundesrepublik vergleichbar.

Nach Ziffer VIII des DTSB-Statuts kam den **Sportvereinigungen Dynamo und Vorwärts** der Status einer *Bezirksorganisation* (wie vorstehend) zu;[710] sie waren organische Bestandteile des DTSB - jeweils mit (ihren Organisationsaufbau skizzierenden) eigenen Statuten. Sie hatten vornehmlich die Aufgabe, leistungssportliche Ambitionen ihrer Mitglieder zu fördern. Ursprünglich existierten vier Bezirksorganisationen dieses Charakters (Volksarmee, Volkspolizei, Reichsbahn sowie Wismut-Bergbau), von denen auf Dauer nur zwei „überlebten" („Vorwärts" und „Dynamo").[711] Die Mitglieder dieser beiden Sportvereinigungen mit Sonderstatus rekrutierten sich aus Angehörigen der Trägerinstitutionen, Volksarmisten und Volkspolizisten (nebst deren Familienangehörigen), sowie Kindern und Jugendlichen; de facto war nahezu jeder zehnte DDR-Sportler Mitglied bei „Dynamo".[712]

Die **Stadt-, Kreis- bzw. Stadtbezirksorganisationen** erfaßten und bündelten die in ihrem Territorium bestehenden Grundorganisationen (s.u.) auf überfachlicher Ebene;[713] Stadt- und Stadtbezirksorganisationen konnten hierbei nur in Großstädten gebildet werden.[714] Ferner waren den Territorialgemeinschaften auch die (dem Ministerium für Volksbildung unterstehenden) sog. **Trainingszentren** zugeordnet, in denen das Nachwuchstraining stattfand; von hier aus konnten talentierte Jugendliche (zumeist ab dem 14. Lebensjahr) an die KJS überwiesen werden.

Die 35 dem DTSB angehörenden **Sportverbände** waren für die Entwicklung und Förderung ihrer Sportart sowie für die Vertretung der DDR in den internationalen Sport-Föderationen zuständig.[715] Die einzelnen Verbände regelten ihren Organisationsaufbau und die Leitungsstrukturen zwar grundsätzlich eigenständig, stets aber unter Beachtung des DTSB-Statuts und der (durch die Politik der SED geprägten) DTSB-Beschlüsse,[716] so daß der verbleibende unabhängige Organisationsrahmen

709 Zur inneren Struktur der Bezirksorganisationen vgl. VII. im DTSB-Statut.

710 Begründung: Struktur und Bedeutung ihrer Träger, Bernett, Körperkultur, S.141.

711 Die Sportvereinigung Dynamo war die gemeinsame Sportorganisation von Innenministerium, MfS und Zollverwaltung; Vorsitzender der zentralen Leitung von Dynamo war der „Stasi-Minister" Erich Mielke. Vorsitzender des ASV Vorwärts (NVA-Vereinigung) war der DDR-Verteidigungsminister Heinz Keßler; die besondere Bedeutung der Träger (aus dem Bereich der Schutz- und Sicherheitsorgane / Armeesportbereich) bewirkte, wie angedeutet, den Sonderstatus; vgl. auch Schlegel/Hiller, Wort zum Sport, S.26,27; Wokalek, Transformationsprozeß, S.14.

712 Zuletzt 278.000 Mitglieder in 380 Sportgemeinschaften; MfS-Recherche, S.6; DDR-Handbuch, S.1013; Messing/Voigt, Gesellschaftliches System, S.898.

713 Es gab 220 Kreisorganisationen, vgl. DDR-Handbuch, S.1012.

714 Höchstes Organ war jeweils die Delegiertenkonferenz, die alle drei Jahre zusammentrat; zum inneren Aufbau vgl. Ziffer VI des DTSB-Statuts.

715 Jedoch wurden nur 19 dieser Sportarten gefördert; zu den Gründen siehe unten § 5.IV.5 bzw. IV.8.d.aa, Textziffer (1) sowie bei Wokalek, Transformationsprozeß, S.5.

716 Im einzelnen zu den Sportverbänden siehe Ziffer IX. im DTSB-Statut. Neben den dort namentlich Benannten waren weitere Sportverbände (Motorsport und Angeln, Hoch- und Fachschulsport-Verband) dem DTSB korporativ angeschlossen.

letztlich nur gering sein konnte. Die jeweiligen Fachausschüsse waren als territoriale, sportartgebundene Leitungsorgane (unterhalb des Präsidiums) zuständig für die qualitative und quantitative Entwicklung der Sportart. Insofern trugen sie auch die Hauptlast an Verantwortung zur Realisierung der (vom DTSB vorgegebenen)[717] grundlegenden Aufgaben des entsprechenden Verbandes.

Wie sich gezeigt hat, waren die Fachverbände der DDR mit den westdeutschen Sportverbänden nur begrenzt vergleichbar, insbesondere auch deshalb, weil erstere *ausschließlich* den Leistungssport betreuten;[718] breitensportliche Aktivitäten waren den Sportgemeinschaften überlassen: Die **Sportgemeinschaften** fungierten als (lokale) Zentren des sportlich-kulturellen Lebens der DDR und bildeten dergestalt die Basis des DTSB, sog. Grundorganisationen.[719] Es handelte sich hierbei um Sportgemeinschaften der Betriebe, landwirtschaftlichen und handwerklichen Produktionsgenossenschaften, Verwaltungen, Universitäten, Hoch- und Fachschulen, städtischen und ländlichen Wohngebiete, Nationalen Volksarmee und der staatlichen Schutz- und Sicherheitsorgane.[720] Aufgabe der Grundorganisationen war es, sportinteressierten Kindern, Jugendlichen und Erwachsenen Möglichkeiten anzubieten, sich sportlich zu betätigen;[721] zur Ausgestaltung dessen wurde ein vielfältiger Übungs-, Trainings- und Wettkampfbetrieb bereitgehalten. Die Sportgemeinschaften waren ihrerseits wieder in Sektionen und allgemeine Sportgruppen unterteilt: Die **Sektionen** gruppierten die Sportler einer Sportart und arbeiteten auf der Grundlage der Beschlüsse der Sportgemeinschaft und des zuständigen Sportverbandes.[722] Die **allgemeinen Sportgruppen** hatten ebenfalls den Charakter einer Sektion, diejenigen Bürger vereinend, die im Kreis von Sportfreunden, Arbeitskollegen, mit Bekannten oder Familienangehörigen möglichst abwechslungsreich, nicht sportart-

---

717 Auf die Frage, wie diese „Anleitung" im Verhältnis DTSB / Verbände ausgestaltet war, bzw. wie die Fachauschüsse untergliedert waren, wird bei Erörterung der DTSB-Strukturen näher eingegangen (§ 5.IV.4).

718 So besagt z.B. § 4 a der DSB-Aufnahmerichtlinien (Satzungsbestandteil), daß ein Spitzenverband nicht DSB-Mitglied werden kann, wenn er nur leistungssportlich orientiert ist.

719 Vgl. Ziffer V des DTSB-Statuts und den Beschluß des DTSB-Bundesvorstandes (vom 05.05.77) zu Rolle und weiteren Aufgaben der Sportgemeinschaften des DTSB der DDR.

720 Im Jahre 1990 gab es rund 11.000 Betriebssportgruppen, vgl. Wokalek, Transformationsprozeß, S.8; dies entsprach ca. 70 % der rund 16.000 Sportgemeinschaften, Schlegel/ Hiller, Wort zum Sport, S.41. Die vorgenannte (hohe) Zahl verwundert nicht, da der Betrieb nach SED-Willen Lebens-Mittelpunkt der Bevölkerung sein sollte; die breite Masse der DDR-Bürger engagierte sich demgemäß in sportlicher Hinsicht vorwiegend auf betrieblicher Grundlage, in den letzten Jahren der DDR gewannen jedoch auch die Sportvereinigungen auf territorialer Ebene an Bedeutung, vgl. Mampel, Verfassung, Art. 18 Rdnr.57.

721 Darüber hinaus finden sich unter Ziffer V.1 des DTSB-Statuts mannigfaltige Beschreibungen sonstiger Aufgabenstellungen (im Sinne von Förderung ..., Mitwirkung ..., (Mitglieder-) Werbung ... usw.), deren Aufzählung den vorgegebenen Rahmen sprengen würde; aus dem gleichen Grund wird auch nicht näher auf die innere Organisationsstruktur der Sportgemeinschaften (Mitgliederversammlung, Vorstand usw.) eingegangen, vgl. Ziffer V.2 DTSB-Statut.

722 Die rund 34.000 Sektionen waren den Abteilungen der westdeutschen Vereine vergleichbar.

gebunden, außerhalb des Wettkampfgeschehens der Verbände organisiert sportlich tätig sein wollten.

Gemäß Ziffer V des DTSB-Statuts handelte es sich bei den **Sport- und Fußballklubs**[723] um Leistungssportzentren. Die Zugehörigkeit zu einem der Klubs (mit insgesamt 12.000 Mitgliedern)[724] wurde nicht durch „Beitritt", sondern durch „Delegation" aus den Betriebs- oder Hochschulsportgemeinschaften erworben.[725] Der Wille der DDR zur Teilnahme am internationalen Wettkampfgeschehen setzte das Bestehen auch solcher Organisationsformen nahezu zwangsläufig voraus; Stichwort: Fußballsport - Europapokalspiele. Die Sport- und Fußballklubs gehörten zwar zu den Grundorganisationen, mit der direkten Erfassung über die Bezirksorganisationen wurde jedoch ihrer leistungssportlichen Bedeutung Rechnung getragen.

Oben wurden die Sportgemeinschaften als Zentren des sportlich-kulturellen Lebens der DDR bezeichnet; der organisierte Sport in der Bundesrepublik basiert auf dem Vereinswesen. Der Umstand, daß der Begriff „**Verein**" bei der Schilderung der Organisationsstrukturen des DDR-Sports bislang noch nicht verwendet wurde, ist darauf zurückzuführen, daß „Vereine" im Sinne der §§ 21,22 BGB dort nur eine sehr untergeordnete Rolle gespielt haben. In Anlehnung an die historische Einführung des § 3.II dieser Arbeit sei darauf hingewiesen, daß bereits der frühere Art. 12 der DDR Verfassung Vereinigungsfreiheit vorsah, ihre Ausübung jedoch als „inopportun" galt. Vielmehr wurde argumentiert, daß hierfür kein Bedürfnis bestehe, da die „demokratischen Massenorganisationen den mannigfaltigsten Interessengebieten der Werktätigen Rechnung trügen".[726] Die dennoch existierenden Vereine im Sinne des BGB[727] mußten im Laufe der Zeit nachhaltige Beschränkungen hinnehmen; so machte z.B. eine Verordnung (VO) die Zulässigkeit der Vereinsbetätigung von staatlicher Registrierung abhängig.[728] Nach Einführung des ZGB trat an die Stelle der aufgehobenen §§ 21,22 BGB eine weitere Verordnung (über die Gründung und Tätigkeit von Vereinigungen);[729] hiernach bedurfte die Vereinsaktivität staatlicher Anerkennung, die ihrerseits wieder Voraussetzung zur Rechtsfähigkeit der Vereinigung war (§ 2 I VO). Die bereits zuvor ins Vereinsregister[730] eingetragenen bzw. registrierten Vereinigungen verloren ihre Rechtsfähigkeit, unterlagen einem Tätigkeitsverbot und wurden aufgelöst - es sei denn, sie erfüllten die Voraussetzungen des § 1 II der Verordnung. Hierzu war nötig, daß sie nach ihrem Charakter und ihrer Zielstellung „den Grundsätzen der sozialistischen Gesellschaftsordnung ent-

---

723 Beispiele: **SC** Karl-Marx-Stadt, 1.**FC** Magdeburg

724 Holzweißig, Sport und Politik, S.38.

725 Die Sportklubs bildeten die dritte Förderstufe des Leistungssportsystems (1.Stufe: Trainingszentren, 2.Stufe: KJS); hierauf wird bei § 5.IV.6 näher eingegangen; zu den Sportklubs vgl. DDR-Handbuch, S.1015; Messing/Voigt, Gesellschaftliches System, S.898.

726 Zitiert nach MüKo-Reuter, vor § 21 Rdnr.131.

727 Bis zur Ablösung durch das Zivilgesetzbuch der DDR, ZGB, am 01.01.76 galt das BGB fort (und mithin auch die vereinsrechtlichen Bestimmungen der §§ 21 ff. BGB); das ZGB kannte kein Vereinsrecht.

728 VO vom 09.11.67.

729 Vom 06.11.75.

730 Nach dem 06.11.75 gab es kein Vereinsregister mehr.

sprachen"; ferner mußte „ein geistig-kulturelles oder ein anderes gesellschaftliches *Bedürfnis*" für ihre Tätigkeit bestehen. Es liegt auf der Hand, daß unter diesen restriktiven Bedingungen nur wenige - und dann auch nur ausdrücklich dem sozialistischen Staatswesen dienliche - Vereinigungen bestehen blieben bzw. nur wenigen Institutionen eine entsprechende Anerkennung zuteil wurde.[731] Die bis zur Wende anzutreffenden Vereinigungen hatten deshalb mit einer Vereinslandschaft „im westdeutschen Sinne" nur wenig Ähnlichkeit.[732]

Das **NOK** fungierte als Sachwalter und zumindest dem äußerem Anschein nach als höchster Repräsentant der olympischen Bewegung in der DDR; im Hinblick auf die generelle (vom IOC vorbestimmte) Funktion eines jeden NOKs bestanden verschiedene Parallelen zum NOK der Bundesrepublik. Für eine gewisse Zeit war sogar ein Zusammenwirken mit diesem notwendig, da das IOC das NOK der DDR 1955 zwar provisorisch anerkannt, es aber zur Bildung gemeinsamer Mannschaften mit dem NOK der Bundesrepublik verpflichtet hatte; insofern gab es gesamtdeutsche Mannschaften bei den Olympiaden der Jahre 1956, 1960 und 1964. Im Jahre 1965 wurde das ostdeutsche NOK für das Territorium der DDR vom IOC endgültig anerkannt, so daß seit den Olympischen Spielen von 1968 getrennte Mannschaften auftraten. Das NOK der DDR konnte über die Zusammensetzung der jeweiligen Olympiamannschaften dennoch (auch weiterhin) nicht frei entscheiden, da es sich organisatorisch und sportpolitisch in Abhängigkeit zum DTSB befand.[733]

c) Gesellschaftliche Organe und Einrichtungen

Neben den originären Sportorganisationen besaßen auch andere gesellschaftliche Institutionen konkrete Verantwortung auf dem Gebiet von Körperkultur und Sport - von denen hier nur wenige in aller Kürze angesprochen werden können:[734]

Die Funktion der **Gesellschaft zur Förderung des Olympischen Gedankens** bestand u.a. darin, die Bevölkerung über die imperialistischen Kräfte des Westens, die als der olympischen Idee abträglich empfunden wurden, aufzuklären; weiterhin: Veröffentlichung der offiziellen Standardwerke des NOK der DDR über die Olympischen Spiele und vieler Propagandaschriften.

Die **Gesellschaft für Sport und Technik** (GST) war eine 1952 vom Ministerrat beschlossene paramilitärische Massenorganisation[735] mit der Aufgabenstellung, ih-

---

[731] Vgl. z.B. Anordnung vom 23.03.76, in der 12 Vereinigungen die Rechtsfähigkeit verliehen wurde.

[732] Im Ergebnis trifft das Fazit des Siebten Sportberichts (S.14) zu, wonach „... das Vereinswesen vom SED-Regime weitgehend zerschlagen wurde".

[733] Die organisatorische Abhängigkeit war dem Umstand zuzuschreiben, daß die Sportfachverbände als unselbständige Organe des DTSB fungierten. Die sportpolitische Abhängigkeit resultierte aus der generellen Führungsrolle des DTSB als (sportbezogene) sozialistische Massenorganisation, siehe oben § 5.IV.1 bzw. (zum NOK) DDR-Handbuch, S.759.

[734] Entsprechend sportengagierte Organisationen gab / gibt es auch in der Bundesrepublik Deutschland (z.B. Deutsches Rotes Kreuz, Paritätischer Wohlfahrtsverband); da ihre Bedeutung für das von autonomen Strukturen geprägte westdeutsche Sportsystem aber eher als gering einzustufen ist, wurde auf ihre Benennung dort verzichtet.

re Mitglieder „zur Verteidigungsbereitschaft im Geiste des proletarischen Internationalismus" zu erziehen.[736] Sie diente insbesondere der vormilitärischen und wehrsportlichen Erziehung und Ausbildung Jugendlicher. Bevorzugte Sportarten: Schießen, Flug-, Motor-, See-, Tauch-, Jagd- und Modellsport.[737] In territorialer Hinsicht gliederte sich die GST unterhalb der Zentrale in Bezirks- und Kreisorganisationen, gemäß der administrativen Gliederung der DDR.

Im Rahmen der gewerkschaftlichen Interessenvertretung des **FDGB**, in Zusammenarbeit mit DTSB und **FDJ**, wurden verschiedene massensportliche Veranstaltungen (auf dem Gebiet des Freizeit- und Erholungssports) entwickelt und organisiert; hervorzuheben ist hierbei das „Gemeinsame Sportprogramm" mit mehreren Millionen Teilnehmern.[738] Primäre (sportliche) Aufgabe des FDGB im übrigen war es, mit finanziellen Zuwendungen den Betriebssport zu fördern;[739] die zahlreichen Betriebssportgemeinschaften blieben, unbeschadet ihrer Zugehörigkeit zum DTSB (vgl. Statut des DTSB Ziffer IV.7), auch selbständige Organisationen des FDGB.[740]

III. Rechtsgrundlagen

Charakteristisch für die Rechtsgrundlagen des Sports in der Bundesrepublik war und ist, daß sie nicht auf einem eigenen Zweig des Rechtssystems beruhen. Es gibt kein Sportrecht in dem Sinne, wie es z.B. ein Erb- oder Familienrecht gibt - vielmehr kommen die in allen Rechtszweigen erlassenen Rechtsnormen auf die vielfältigen Erscheinungsformen im Bereich des Sports zur Anwendung.

Diese Aussage kann (mit gewissen Einschränkungen) auch auf die DDR-Rechtslandschaft übertragen werden. Die Einschränkungen beziehen sich darauf, daß zwar keine separate Materie „Sportrecht" existierte,[741] im Gegensatz zum Grundgesetz

---

735 Dementsprechend war der Wehrsport ein wesentlicher Bestandteil des Massensports, wie schon die Losung des (massensportlichen) Sportabzeichens nahelegt - Motto: „Bereit zur Arbeit und bereit zur Verteidigung der Heimat"; zum Massensport siehe im übrigen unten § 5.IV.5.a.

736 Vgl. § 1 der Verordnung über die Gesellschaft für Sport und Technik vom 10.09.68.

737 Eppelmann, Wortprotokoll BT, S.35 verweist auf den Zusammenhang von Massensport und Wehrertüchtigung - Sport als Mittel der Erziehung und Disziplinierung (an der vormilitärischen Ausbildung nahmen z.B. im Jahre 1977 etwa 95% aller männlichen Jugendlichen der DDR im Alter zwischen 16 und 18 Jahren teil). Neben den Aktivitäten in der GST ist diese Wehrertüchtigungskomponente auch durch die Spartakiaden sowie die Turn- und Sportfeste zum Ausdruck gekommen, mit der Möglichkeit, „große Menschenmengen in einer sonst nur aus dem militärischen Bereich bekannten Disziplin zu organisieren"; vgl. weiterhin Wonneberger, Körperkultur/Sport, S.318 ff.; Beuker, Sport für alle, S.25; Rossade, Sport und Kultur, S.140.

738 3,5 Mio.Teilnehmer im Jahr 1978 (4,5 Mio. 1981); vgl. Beuker, Sport für alle, S.30; DDR-Handbuch, S.1016,1017; zu den sonstigen Großveranstaltungen siehe Messing/Voigt, Gesellschaftliches System, S.896.

739 Vgl. Schlegel/Hiller, Wort zum Sport, S.53 ff; zur Bedeutung des FDGB im Rahmen der Sportentwicklung der DDR siehe oben § 3.II.

740 Mampel, Verfassung, Art. 18 Rdnr. 55.

741 Das Neue Forum Leipzig (Arbeitsgruppe Sport) forderte im Januar 1990 in einem Diskussionspapier (zur Reorganisierung des Sports) ein eigenes Sportgesetz für die DDR. Begründet wurde dies damit, daß der Sport rechtlich gesehen in der DDR in einem Vakuum

(und erstmals für eine deutsche Verfassung) die DDR-Verfassung aber verschiedene „Sport-Artikel" enthielt.[742] Im übrigen wurde der Sport in der DDR reguliert über allgemeine Gesetze, spezielle Normierungen z.B. von Volkskammer, Staatsrat[743] und Ministerrat sowie durch interne Festlegungen (z.B. des DTSB), die zwar keinen Rechtsetzungscharakter hatten, aber als interne „Verhaltensnormen" Bedeutung fanden.[744] In Anlehnung an die in § 4.II gewählte Unterteilung soll auch im folgenden zwischen organisiertem Sport und Individualsport unterschieden werden. Erster Ansatzpunkt hierfür ist jeweils die Verfassung der DDR.

1. Organisierter Sport

Den oben als „Sport-Artikel" angesprochenen Bestimmungen der Art. 25 III und 35 II i.V.m. I war gemeinsam, daß sie jeweils den „Bürger" der DDR (und nicht die Gemeinschaft mehrerer Personen) als Adressaten bezeichneten, also nach dem Wortlaut zwar eine *Individual*verbürgung,[745] aber *keine kollektiven Aspekte* beinhalteten; auf diese Normierungen wird deshalb erst unter § 5.III.2 näher eingegangen. Art. 29 der Verfassung hatte keinen sportspezifischen Inhalt, gewährte aber nach seinem Wortlaut den Bürgern der DDR das

> „*Recht auf Vereinigung*, um durch *gemeinsames Handeln* in politischen Parteien, gesellschaftlichen Organisationen, Vereinigungen und Kollektiven ihre Interessen in Übereinstimmung mit den Grundsätzen und Zielen der Verfassung zu verwirklichen".

Ausgehend vom Wortlaut ließe sich bei dieser Bestimmung zunächst ein ähnlicher Schutzbereichsinhalt vermuten, wie dies bei Art. 9 I des Grundgesetzes der Fall ist („Alle Deutschen haben das *Recht, Vereine* und Gesellschaften *zu bilden*").[746] Sollte die Vermutung zutreffen, wäre es gleichfalls naheliegend, daß Art. 29 dann auch die grundlegende Rechtsvorschrift des „freien DDR-Sports" darstellte, aus dem sich dessen Organisationsstrukturen ableiteten. Die Überlegung ist aber sogleich wieder in Frage zu stellen, da die in Art. 9 I GG verbriefte Autonomiegewährleistung den zentralen Ausgangspunkt der westdeutschen Sportstrukturen bildet.[747] Der DDR-Verfassung[748] hingegen waren privatautonome Elemente wesensfremd.[749] Da die-

---

gestanden habe und noch stehe. Dieser recht- und gesetzlose Zustand habe dem Mißbrauch des Sports durch die SED (und dem späteren Ausverkauf durch die SED-PDS) Vorschub geleistet.

[742] Dieser Umstand wurde als „sozialistische Errungenschaft" gefeiert, die Verankerung des Sports in der Verfassung galt als „Ausdruck des humanistischen Wesens der sozialistischen Gesellschaftsordnung", vgl. Melchert, Sport/Recht, S.25.

[743] Der Staatsratsbeschluß vom 20.09.68 stellte dauerhaft eine der wesentlichen Arbeitsgrundlagen des DTSB dar; vgl. Holzweißig, Sport und Politik, S.46 bzw. unten § 5.IV.2.

[744] Vgl. Melchert, Sport/Recht, S.26.

[745] Die beiden Bestimmungen waren systematisch in Abschnitt II, Kapitel 1 der Verfassung eingeordnet, mithin in den Bereich „Grundrechte und Grundpflichten der Bürger".

[746] Die Verfassung von 1949 war in der Bestimmung des Art. 12 den Absätzen 1 und 2 des Art. 9 GG noch weiter angenähert - dort hieß es: „Alle Bürger haben das Recht, zu Zwecken, die den Strafgesetzen nicht zuwiderlaufen, Vereine oder Gesellschaften zu bilden."

[747] Siehe oben § 4.II.1.a.

[748] Nebst aller übrigen Normierungen.

ses prägende (Negativ-) Merkmal auch für Art. 29 Gültigkeit besaß, vermochte dieser a priori keine zu Art. 9 I GG vergleichbare Rechtsgrundlage darzustellen.[750] Andererseits ist aber auch keine sonstige Normierung des Verfassungsrechts ersichtlich, die geeignet gewesen wäre, als Fundament organisierter Sportausübung in der DDR zu wirken; Art. 29 muß also trotz des solchermaßen verengten Schutzbereiches, auch in Ermangelung des Kerninhalts der „westdeutschen Parallelbestimmung“, als Basis der weiteren Betrachtungen angesehen werden.

Art. 29 war Bestandteil des Grundrechtskataloges der DDR-Verfassung. Die Grundrechtskonzeption der Art. 19 ff.[751] basierte auf den sog. „sozialistischen Grundrechten“; der Inhalt dieser Bezeichnung ist vorab zu klären. Abgeleitet aus den Lehren des Marxismus und Leninismus setzten die sozialistischen Grundrechte die Übereinstimmung von gesellschaftlichen und persönlichen Interessen voraus (Interessenharmonie). Der einzelne hatte sich aufgrund dieser prinzipiellen Übereinstimmung (beim „Gebrauch“ der Grundrechte) in die sozialistische Gesellschaft einzuordnen, auftretende Interessenkonflikte waren zugunsten der gesellschaftlichen Interessen zu lösen. Die soziale Funktion der Grundrechte lautete also: Der Grundrechtsträger ist in die Gesellschaft integriert, mithin vergesellschaftet, die Grundrechte dienen diesem Vergesellschaftungsprozeß.[752] Da die sozialistischen Grundrechte nicht die Freiheitssphäre des Bürgers von anderen Sphären abgrenzten, wurde durch sie *kein* Schutz vor Eingriffen des Staates oder von Organisationen (z.B. der SED) bereitgestellt.[753] Entsprechend der nachrangigen Bedeutung des Rechts in der DDR kam den Grundrechten ferner kein „Unveränderlichkeitsstatus“ (im Sinne von Art. 19 II GG) zu, sie waren vielmehr abgeleitete Rechte, die mit der Entwicklung der gesellschaftlichen Verhältnisse einer Veränderung unterliegen konnten.[754]

Wenn die Grundrechte aber nicht das Verhältnis Bürger/Staat betrafen, sondern das Verhältnis Bürger/Gemeinschaft, ist offen, ob und wie die Grundrechte im Verhältnis der Bürger zueinander wirkten (Drittwirkungsproblematik). Zwar wurde diese Frage ausdrücklich von der Verfassung nicht angesprochen,[755] jedoch lassen sich aus der Bestimmung des Art. 19 II geeignete Rückschlüsse ziehen: Hiernach waren „Achtung und Schutz der Würde und Freiheit der Persönlichkeit“ (auch) „Gebot“ für

---

749 Hochbaum, Einführung, S.2.

750 Vgl. Rummelt, Sportsystem DDR, S.7: „Dem autonomen, selbstbestimmten Sportverständnis, wie es in der Bundesrepublik die Regel ist, fehlt(e) - im Hinblick auf die Rechtsgrundlagen - in der DDR bisher der politische Freiraum, der dies ermöglicht“.

751 Die Art. 1-18 der DDR-Verfassung bezogen sich auf die Grundlagen der Herrschaftssicherung, mithin wurde vom System auf den Menschen zugegangen (umgekehrte Konzeption des GG).

752 Poppe, Politische Grundrechte, S.133; Schütz, Politisches Wörterbuch, S.359 ff.

753 Folglich gab es auch kein Organ (Gericht), vor dem der einzelne Verletzungen seiner Rechte (z.B. durch andere Organe) hätte geltend machen können, Ebert-Stiftung, Die Grundrechte, S.11.

754 Ebert-Stiftung, Honeckers Verfassung, S.19.

755 Auch gab es keine Erörterungen im DDR-Schrifttum. Bei Mampel (Verfassung, Rdnr.34) ist eine Entscheidung des OG zitiert, wonach (unter Geltung der Verfassung von 1949) jeder Bürger verpflichtet war, das Recht auf Arbeit eines (anderen) Bürgers zu beachten. Dies deutet auf die Anerkennung einer Drittwirkung hin.

jeden einzelnen Bürger; demnach waren alle Bürger (im Sinne unmittelbarer Drittwirkung)[756] zur Beachtung der sozialistischen Grundrechte ihrer Mitbürger verpflichtet.[757] Zusammenfassend lassen sich folgende Thesen der DDR-Grundrechtsdogmatik aufstellen:

- Die Grundrechte sind zwar *subjektive Rechte* - aber in dieser Funktion keine (Abwehr-) Rechte gegen den Staat; sie sind vielmehr im Sinne einer „Freiheit zum Staat" (denn einer „Freiheit vom Staat") zu interpretieren.[758]
- Die Gewährung der Grundrechte ist mit der sog. Grundpflicht verknüpft, d.h. der allgemeinen Verpflichtung, von der Rechtsposition der Grundrechte zum Wohle der sozialistischen Gesellschaft aktiv Gebrauch zu machen (Einheit von Rechten und Pflichten). Hieraus ist abzuleiten, daß die Möglichkeit zur Geltendmachung von Grundrechten (im Sinne des Grundgesetzes) in einen Betätigungszwang umgedeutet wurde.
- Der Inhalt der Grundrechte erwächst aus ihrer (von der SED festgelegten) gesellschaftlichen Zweckbestimmung; diese bildet zugleich die immanente Schranke aller Grundrechte.[759]

Vor diesem Hintergrund ist nunmehr der Inhalt des Art. 29 der DDR-Verfassung zu ergründen; zunächst ist hierbei der Charakter als sozialistisches Grundrecht konkret herauszuarbeiten

a) Art. 29 DDR-Verfassung

Nach dem oben zitierten Wortlaut der Vorschrift wurde dem einzelnen[760] das Recht zugestanden (Individualfreiheitsrecht), sich mit anderen zusammenzuschließen (*zwecks* Interessenverwirklichung durch gemeinsames Handeln),[761] wobei notwendig war, daß die Zielsetzung der Vereinigung mit den Grundsätzen und der Zielsetzung der Verfassung übereinstimmte (immanente Schranke des sozialistischen Grundrechts).[762]

---

756 Definitorisch ist anzumerken, daß hierbei „Erster" der Bürger, „Zweiter" die Gemeinschaft und „Dritter" ein weiterer Bürger ist; der Staat spielt keine Rolle.

757 Die hieraus abzuleitenden rechtlichen Konsequenzen sind allerdings unklar.

758 Kerngedanke: Die Grundrechte stehen auf der obersten Ebene der Verfassung und werden erst auf der Ebene einfachen Gesetzesrechts in konkrete Ansprüche umgewandelt; hierdurch verändern sich die Grundrechte von subjektiven Berechtigungen zu allgemeinen Rechtsgrundsätzen. Die formale Durchsetzbarkeit als Wirksamkeitskriterium von Grundrechten wurde abgelehnt; vgl. Brunner, Einführung, § 6 I.2.a.

759 Brunner, Einführung, § 6 I.2.a; Mampel, Verfassung, Art.19 Rdnrn.32 ff.; DDR-Handbuch, S.498

760 Genauer: Dem (einzelnen) „Bürger der Deutschen Demokratischen Republik" wurde das Vereinigungsrecht zugestanden; es handelte sich folglich um ein Bürgerrecht, also um ein Recht, das nur DDR-Deutschen eingeräumt wurde - nicht Ausländern oder Staatenlosen; vgl. Mampel, Verfassung, Art. 29 Rdnr.4.

761 Siehe Legaldefinition in § 1 I der Verordnung über die Gründung und Tätigkeit von Vereinigungen.

762 Sorgenicht/Weichelt, Verfassung der DDR, S.118: „Die Vereinigungsfreiheit gehört zu den sozialistischen Errungenschaften der Werktätigen in der DDR; sie Gegnern des So-

aa) Inhalte und verfassungsrechtliche Schranken

Unter „Vereinigung" waren Zusammenschlüsse jeder Art zu verstehen, was sich aus der Wendung „... in politischen Parteien, gesellschaftlichen Organisationen, Vereinigungen und Kollektiven" ableiten läßt.[763] Der im Grundgesetz anzutreffende systematische Unterschied zwischen dem Grundrecht der Vereinigungsfreiheit und der Sonderrolle politischer Parteien wurde (mit einer Ausnahme, nachfolgend) negiert; der Begriff der „Partei" bezog sich auf die anderen Parteien (z.B. CDU oder LDPD), da der Sonderstatus der SED bereits in Art. 1 DDR-Verfassung festgelegt war.[764] Vor dem Hintergrund der im vorstehenden Kapitel bereits beschriebenen politischen und juristischen Wirklichkeit ist die Schlußfolgerung zulässig, daß die o.a. immanente Schranke des Vereinigungsrechts dessen Substanz (unabhängig von der ohnehin fehlenden Autonomiegewährleistung) nachhaltig beeinträchtigte.[765] Die Qualität des Art. 29 als sozialistisches Grundrecht wird besonders deutlich, wenn man dessen Verknüpfung mit den Rechten auf Mitbestimmung und Mitgestaltung (Art. 21) und freie Meinungsäußerung (Art. 27) berücksichtigt. Nach Poppe bestand der spezifische (den Charakter prägende) Inhalt des Art. 29 darin, daß er es dem Bürger ermöglichte, „die Potenzen des organisierten Zusammenschlusses in einer Vereinigung, in Form der Kundgebung, Demonstration usw. für die Meinungsbildung, für den Meinungsaustausch und für die höhere Effektivität seiner gesellschaftlichen und staatlichen Mitwirkung zu nutzen" (Gestaltungsrecht, „Freiheit zum Staat", siehe oben). Die individuelle Mitwirkung an der Leitung von Staat und Gesellschaft (und die Interessenverwirklichung im gemeinsamen Handeln) sollte hiernach zu den unabdingbaren Voraussetzungen und Bestandteilen sozialistischer Demokratie gehören.[766] Das Recht zur Vereinigung, als „Tochterrecht"[767] des Mitgestaltungsrechts aus Art. 21, wurde somit gleichsam - getreu dem Grundsatz der Einheit von Rechten und Pflichten - als „hohe *moralische* **Verpflichtung**" zur Vereinigung eingestuft (Art. 21 III).[768]

---

zialismus zu gewähren, würde die Preisgabe der sozialistischen Errungenschaften bedeuten".

763 Die Koalitionsfreiheit war folglich in Art. 29 miterfaßt, Mampel, Verfassung, Art. 29 Rdnr.7.

764 Sieger, Verfassung DDR, S.79; als privilegierte Massenorganisation muß der FDGB bezeichnet werden (vgl. Art. 44, 45)

765 Die saubere Trennung in „Schutzbereich", „Eingriffe" und „Schranken", wie vom Umgang mit den Grundrechten des Grundgesetzes (Freiheitsrechten) gewohnt, fällt schwer aufgrund der besonderen Struktur der sozialistischen Grundrechte mit ihrer starken Verzahnung; Art. 29 hatte einen primär „schrankengeprägten" Schutzbereich, der nach Mampel, Art. 29 Rdnr.19 zudem keinerlei Garantien enthielt.

766 Poppe, Politische Grundrechte, S.134; Ebert-Stiftung, Honeckers Verfassung, S.19 („Bindung an Grundpflichten"); zum Begriff der „Sozialistischen Demokratie" siehe weiterhin unten Fn.786.

767 Bezeichnung nach Mampel, Verfassung, Art. 29 Rdnrn.3 bzw. 17.

768 Brunner, Einführung, § 6 I.2.a; Ebert-Stiftung, Honeckers Verfassung, S.19; Mampel, Verfassung, Art. 29 Rdnr.17 hält es für folgerichtig, auch eine (über die moralische Komponente hinausgehende) Pflicht zur Vereinigung anzunehmen. Zwar habe die Verfassung eine derartige Pflicht nicht konstituiert. Eine rechtliche Konstituierung sei jedoch unnötig gewesen, da es die sozialistische Gesellschaft (als organisiertes Gemeinwesen) zum Ziel gehabt habe, nach Möglichkeit auch noch den letzten Bürger zu erfassen. Kaum ein Bürger habe sich deshalb dem Druck entziehen können, einer Massenorganisation

Fraglich ist, ob das somit beschriebene sozialistische Grundrecht des Art. 29, trotz der fehlenden Autonomiegewährleistung und ungeachtet des Umstandes, daß die Grundrechte und Grundpflichten der DDR-Verfassung an sich nur das Verhältnis zwischen *Individuum* und Gemeinschaft betrafen, zusätzlich noch kollektive Aspekte beinhaltete - mithin, ob es sich auch um ein kollektives Grundrecht bzw. Grundrecht von Kollektiven handelte.[769] Für die Annahme, daß auch die Vereinigung selbst garantiert werden sollte, spricht, daß sie als Kollektiv zur Interessenvertretung in dieser Eigenschaft auch eigene Interessen hatte. Mampel ist zuzustimmen, wenn er sagt, daß dieses Interesse zumindest dahingehend bestanden haben dürfte, „ungestört zu bleiben"; ein Wertungswiderspruch zur marxistisch-leninistischen Lehre ist hierin wohl kaum zu sehen.[770] [771]

Als *Zwischenfazit* bleibt festzuhalten, daß das Grundrecht der Vereinigungsfreiheit keine klaren Konturen gezeigt hat, dies insbesondere deshalb, weil keine aus dem Schutzbereich ableitbaren Garantien hervorgetreten sind. Dadurch daß **alle** Vereinigungen der DDR Interessen verfolgen mußten, die mit dem Hauptziel der Verfassung, der Verwirklichung des Sozialismus unter Führung der SED, in Einklang standen (Art. 1), war ihre Zwecksetzung beschränkt (und zumindest mittelbar die Suprematie der Partei gewährleistet; siehe auch unten zu Art. 18 III).

Weiterhin bestand für die politischen Parteien und Massenorganisationen (wie den DTSB) eine conditio sine qua non der Zugehörigkeit zur Nationalen Front (Art. 3). Da von den angesprochenen Organisationen einerseits Gefahren ausgingen (politische Parteien), andererseits speziell die Massenorganisationen eine Instanz zur Kontrolle und Beeinflussung des Volkes darstellen sollten,[772] war es notwendig, diese zu steuern und gegebenenfalls zu beschränken. Um ein Ausscheren zu verhindern, durfte es deshalb außerhalb der Nationalen Front keine Partei oder Massenorganisation geben. Das in Art. 3 der Verfassung angeordnete „Volksbündnis" bekam so den (offiziellen) Charakter der „intensivsten Form des Klassenbündnisses ... zur Einigung aller Kräfte des Volkes ...", bot aber vor allem eine Gewähr, die Stellung der angeschlossenen Vereinigungen (einschließlich deren Tätigkeitsaufnahme) jederzeit an der von der SED bestimmten sozialen Wirklichkeit orientieren zu können.[773]

Fazit: Art. 29 brachte auf der Ebene des Verfassungsrechts die grundsätzliche Möglichkeit (ggf. Verpflichtung) der DDR-Bürger zur Gründung von Vereinigungen

---

beizutreten. Insofern kann auch **nicht** von der Gewährung **negativer Vereinigungsfreiheit**, also der Freiheit, sich nicht zu vereinigen, gesprochen werden.

769 Vgl. Mampel, Verfassung, Art. 29 Rdnr.6; verneinend: Poppe, Politische Grundrechte, S.134.

770 Mampel, Verfassung, Art. 29 Rdnr.6.

771 Eine weitergehende Erörterung dieser (in erster Linie theoretischen) Fragestellung kann unterbleiben, da sie mangels expliziter Erwähnung im Gesetz, Vernachlässigung durch die Gerichte und fehlender Literaturdiskussion praktisch nicht relevant wurde; entscheidend war vielmehr - wie Poppe (a.a.O., Seite 135) betont - die Ausgestaltung der Vereinigungsfreiheit auf der Ebene des einfachen Gesetzesrechts.

772 Ebert-Stiftung, Überwachung, S.38 ff.; siehe auch oben § 5.II.1.a.cc.

773 Vgl. Mampel, Verfassung, Art. 29 Rdnr.13.

zum Ausdruck, beschränkte jedoch deren Zwecksetzung nachhaltig.[774] Die Tätigkeiten der Vereinigungen waren nicht durch kollektive Garantien abgesichert.[775] Die „Qualität" als politische Partei oder Massenorganisation führte dazu, sich aufgrund dieses Status in der Nationalen Front zusammenschließen zu müssen. Nachfolgend wird zu klären sein, welche Konkretisierungen das Vereinigungsrecht in der einfachen Gesetzgebung erfahren hat, bzw. (speziell) ob hierin Tätigkeitsgarantien zum Ausdruck kamen.

bb) Einfachgesetzliche Konkretisierungen

Während sich die Aktivität von Parteien und Massenorganisationen ausschließlich an der Verfassung zu orientieren hatte und damit letztlich an der von der SED gestalteten sozialen Wirklichkeit, war die (an anderer Stelle bereits angesprochene) VO des Ministerrates[776] für die sonstigen (auch sportlichen) Vereinigungen maßgeblich. Dauerhafte Auswirkung der die Registrierungspflicht (§ 2 I der VO vom 9.11.1967) ablösenden Anerkennungsnotwendigkeit (gemäß § 2 I der VO, 1975) war es, daß hierdurch endgültig das („freie") Vereinsrecht beseitigt (und aus dem Bewußtsein der DDR-Bürger verdrängt) wurde.[777] Den in § 1 I VO legaldefinierten Vereinigungen wurden in § 1 II VO die bereits oben (§ 5.II.2.b) angesprochenen Schranken auferlegt (wonach u.a. die Zielstellung an der sozialistischen Grundordnung auszurichten war und zur Anerkennung ein Bedürfnis für die Tätigkeit der Vereinigung vorliegen mußte). Hierdurch traten auch in der einfachen Gesetzgebung die Schranken hervor, die dem Vereinigungsrecht durch die Verfassung vorgegeben waren. § 4 der VO enthielt verschiedene Festlegungen zum Inhalt des Statuts der zu gründenden Vereinigung (z.B. Bestimmungen über Charakter, Ziel und Tätigkeit der Organisation).[778] Bereits die beabsichtigte Gründung war beim zuständigen Organ (vgl. § 3 der VO) schriftlich anzumelden; erst nach bestätigter Anmeldung durften Gründungshandlungen vorgenommen werden.[779] Wie bereits aufgrund der vorherigen Ausführungen zu vermuten war, gab es keinen Anspruch darauf, nach bestätigter Anmeldung auch tatsächlich anerkannt zu werden; vielmehr stand die Anerkennung im Ermessen der zuständigen staatlichen Behörde. Ermes-

---

774 Christoph, DtZ 1991, S.235: „Das Grundrecht der Vereinigungsfreiheit ... bestand in der DDR praktisch erst seit der Wende."

775 So ausdrücklich Mampel, Verfassung, Art. 29 Rdnr.19 (oben im Text und in Fn.770 wurde darauf hingewiesen, daß neben dem Recht **zur** Vereinigung auch ein kollektives Recht **aus** der Vereinigung in Betracht kam - in der DDR-Rechtspraxis aber keine Bestätigung gefunden hat); Poppe, Politische Grundrechte, S.134 verweist darauf, daß einer anerkannten Vereinigung aber vielfältiger grundrechtsähnlicher Schutz zuteil wurde.

776 Über die Gründung und Tätigkeit von Vereinigungen (vom 06.11.75), vgl. oben § 5.II.2.b.

777 Beseitigung des Vereinswesens einhergehend mit der Außerkraftsetzung des BGB und der Abschaffung der Vereinsregister. Rummelt, Sportsystem DDR, S.5: „Das Vereinswesen im Sport der Bundesrepublik wird den DDR-Bürgern relativ fremd sein".

778 Allenfalls auf verschiedene Ähnlichkeiten von Satzung und Statut ist die Aussage Brunners (Einführung, S.145) zu beziehen, wonach die Vereinigungen im Sinne der VO „im wesentlichen Idealvereinen" entsprochen hätten.

779 § 2 II der VO legte fest, welches Organ über den Antrag zu befinden hatte.

senssteuernde Kriterien hierzu waren nicht speziell normiert worden - abgesehen von den oben bereits angesprochenen „Hinweisen“ aus der Schrankenbestimmung des § 1 II VO. Vor allem privat initiierte Vereinigungen aus den Bereichen der Menschenrechts- und Friedensgruppen hatten große Probleme, anerkannt zu werden; da ihnen mit größtem Mißtrauen begegnet wurde, bestand für diese kaum eine Möglichkeit, ihre faktische Existenz zu legalisieren.[780]

Wichtigste Folgeerscheinung der Anerkennung war die hiermit verknüpfte Verleihung der **Rechtsfähigkeit** (§ 2 I 2 VO) sowie eine **Tätigkeitsgarantie** (vgl. § 1 II VO bzw. § 2 I 1, III VO). Neben dem „normalen Weg“ zur Legalisierung (Anerkennung) war in § 2 III VO die Möglichkeit vorgesehen, Gründung und Tätigkeit von Vereinigungen auch durch besondere Rechtsvorschriften zu regeln; auf der Grundlage dieser Bestimmungen wurde z.B. durch Anordnung vom 23.3.1976 verschiedenen Vereinigungen *Rechtsfähigkeit* verliehen (z.B. Schriftstellerverband, Verband der Bildenden Künstler usw.).

Zwischenfazit: Die VO vom 6.11.75 verhinderte eine freie Vereinsgründung in der DDR, bewirkte einen radikalen Schrumpfungsprozeß des Vereinswesens und konkretisierte hiermit den (auch in Art. 29 enthaltenen) politischen Willen des Verfassungsgebers. Sämtliche Verein(igung)sgründungen und deren Tätigkeit waren abhängig von (ideologisch gefärbter) staatlicher Erlaubnis (Rechtsfigur des Verbots mit Erlaubnisvorbehalt).

In diesem Zusammenhang muß darauf hingewiesen werden, daß auch weite Teile der (sonstigen) Gesetzgebung mit dieser Rechtsfigur (des Verbots mit Erlaubnisvorbehalt) operierten. Hierbei wurden regelmäßig die Grundrechte eingeschränkt, dergestalt, daß zunächst die grundrechtlich zulässige Betätigung verboten und von einer Erlaubnis im Einzelfall abhängig gemacht wurde. Im Gegensatz zum Untersagungsvorbehalt aus legitimen Gründen, bei grundsätzlicher Gründungs- und Betätigungsfreiheit, begegnet diese Variante verschiedenen Bedenken: Insbesondere ist darauf abzustellen, daß die DDR zu den Unterzeichnerstaaten der Internationalen Konvention über zivile und politische Rechte gehörte.[781] In dieser Konvention hatten sich die Mitglieder (mit jeweils unterschiedlichen Menschenrechtskonzeptionen) auf einen gemeinsamen Text geeinigt. Die Staaten verpflichteten sich, gesetzgeberische Maßnahmen zu treffen, um ihr innerstaatliches Recht in Einklang mit der Konvention zu bringen, Art. 2 II. Nach Art. 22 I der Konvention hat jedermann das Recht, sich mit anderen frei zusammenzuschließen. Zwar enthält Abs. 2 verschiedene Beschränkungsmöglichkeiten, jedoch werden nur solche aufgeführt, die in einer demokratischen Gesellschaft (im Interesse von Sicherheit und Ordnung, zum Schutze der Volksgesundheit oder der Rechte und Freiheiten Dritter) zwingend

[780] Zu den verschiedenen Formen der Repression bei sich faktisch bildenden Gruppierungen vgl. Randelzhofer, Vereinigungsfreiheit, S.94,95.
Im Sportbereich war es zumeist nicht nötig, den faktischen Gruppierungen mit einem repressiven Instrumentarium entgegenzutreten, da das Ausbleiben der als normal empfundenen (finanziellen) Unterstützung bzw. die fehlende Möglichkeit zu wettkampfsportlicher Betätigung diesen Vereinigungen a priori keine dauerhafte Existenz verhieß.

[781] Vom 16.12.66; DDR-Bekanntmachung über das Inkrafttreten vom 01.03.76.

notwendig sind. Die (Beschränkungs-) Zwecke sind (unter Beachtung des Verhältnismäßigkeitsgrundsatzes) abschließend. Aus all dem ist abzuleiten, daß Beschränkungen nur die Ausnahme gegenüber der grundsätzlichen Gewährung von Vereinigungsfreiheit sein dürfen; unzulässig ist jedenfalls die Umkehrung dieses Regel-Ausnahme-Verhältnisses. Daneben ist die Pflicht zur Gewährung negativer Vereinigungsfreiheit hervorzuheben.

Gegen diese Grundsätze hat die DDR verstoßen: Das Vereinigungsrecht wurde nur insoweit gewährleistet, als es den Zielen des Sozialismus diente - war folglich ideologisch-klassenmäßig beschränkt. Das auf der Ebene des einfachen Gesetzesrechts praktizierte Konzessionssystem führte aufgrund des nahezu unbegrenzten Ermessens der Behörde zum oben angesprochenen Vereinigungsverbot mit Erlaubnisvorbehalt. Hierdurch wurde das durch Art. 22 der Konvention vorgesehene Regel-Ausnahme-Verhältnis (d.h. Vereinigungsfreiheit als Regel, die Beschränkung als Ausnahme) in unzulässiger Weise umgekehrt. Zudem stand ein weitreichender Repressionsapparat zur Verfügung,[782] um gegen mißliebige Vereinigungen vorzugehen. Auch diese Qualität der Beschränkungsmöglichkeiten (bis hin zu strafrechtlicher Sanktion) verletzte den in Art. 22 der Konvention vorgebrachten Grundgedanken.[783] Weiterhin hatte die DDR (in Gestalt ihrer sozialistischen Grundrechte) die Grundrechte und Grundpflichten in völkerrechtswidriger Weise miteinander verknüpft. Denn durch die Verpflichtung zur Mitwirkung an öffentlichen Aufgaben sowie der faktischen Zwangsmitgliedschaft in Massenorganisationen war im Ergebnis eine Pflicht zur Vereinigung festzustellen (siehe oben a.aa); dies widersprach dem Gebot, auch negative Vereinigungsfreiheit zu gewährleisten. Hierzu in Widerspruch stehen die Aussagen im DDR-Staatsrechtslehrbuch, wonach der Inhalt der DDR-Verfassung mit den Wirkungsrichtungen der Konvention übereingestimmt habe.[784] Die Verfassungswirklichkeit war jedoch keineswegs, wie aufgezeigt, von den konventionsmäßig verankerten humanistischen Maximen geprägt, sondern widersprach diesen. Die gegenteiligen Aussagen im Staatsrechtslehrbuch sind im Sinne einer „Schutzbehauptung" zu werten.

Fazit: Die Ausgestaltung der Vereinigungsfreiheit durch ein Verbot mit Erlaubnisvorbehalt war nicht durch die internationale Konvention gedeckt und mithin rechtswidrig. Die Be- bzw. Verhinderung einer eigenständigen Vereinslandschaft war (in ihrer konkreten Ausgestaltung) unzulässig.

b) Art. 18 III DDR-Verfassung

Weiterhin zu beachten ist, daß die in Art. 18 III angesprochene Zugehörigkeit von Körperkultur, Tourismus und Sport zur „sozialistischen Kultur"[785] dem Sport be-

---

782 Quellennachweis in Fn.780

783 Mit ähnlicher Argumentation: Mampel, Verfassung, Art. 29 Rdnr.42 ff.; Randelzhofer, Vereinigungsfreiheit, S.77 ff.

784 Akademie, Staatsrechtslehrbuch, S.228.

785 Vgl. Mampel Art. 18 Rdnrn.1-5 (insbesondere Rdnr.4 zum Begriff der „Sozialistischen Nationalkultur"); Rossade, Sport und Kultur, S.14 ff. zum weiten Kulturbegriff der DDR.

sondere Bedeutung beigemessen hat.[786] Denn mit dieser Einordnung waren zugleich auch bestimmte Erwartungen und Aufgabenstellungen verknüpft, die den Sport auf „neue sozialistische Art" zur Sache des ganzen Volkes werden ließ.[787] Folge war, daß die von Natur aus wertneutrale Betätigung im / (in) Sport(vereinigungen) in eine verstärkt politisch relevante Aktivität umgewandelt wurde.[788] Andererseits war es auch sozialistisches Lebensprinzip, mit der sportlichen Betätigung körperliche Vervollkommnung anzustreben;[789] in vorgeblicher[790] gesetzgeberischer Realisierung dessen fielen Körperkultur und Sport einer *umfassenden* Reglementierung anheim.[791]

c) Sonstige Normierungen

Diese umfassende Reglementierung erfolgte, in Ermangelung spezifischer Sportgesetzgebung, anhand allgemeiner Normierungen - mit verschiedentlich sportrechtlichem Einschlag. Nachfolgend sind die wichtigsten angesprochen.

aa) Gesetz über die örtlichen Volksvertretungen (GöV)

Das Gesetz vom 04.07.85 regelte (u.a.) die von den Volksvertretungen gemeinsam mit den Massenorganisationen zu lösenden *staatlichen* Aufgaben auf den Gebieten von Körperkultur, Sport und Erholungswesen, wobei das Gesetz verbindliche Festlegungen bereithielt.[792] Ziel war es, die territorialen Körperschaften zu verpflich-

---

Nach offizieller Definition waren hierunter zu fassen: „Alle objektiven und subjektiven Ergebnisse menschlicher Lebenstätigkeit, die als Bedingungen für eine fortschreitende Entwicklung der Gesellschaft und der Individuen wirken" (S.15); nach Auffassung des SED-Chefideologen Kurt Hager war Kultur nicht irgendein eng begrenztes Gebiet, sondern die Gesamtheit aller Lebensbedingungen (S.16).

786 Vgl. auch Erwähnung der Kultur als Bestandteil des vom Begriff der „Sozialistischen Demokratie" dominierten Art. 2. Die „Sozialistische Demokratie" wurde geprägt durch die zentralen Elemente der Suprematie der SED, das sozialistische Eigentum an den Produktionsmitteln und das Prinzip des Demokratischen Zentralismus. Die Zugehörigkeit des Sports zur Kultur war in der DDR nicht fraglich, da explizit durch die Verfassung angeordnet; eine Auseinandersetzung mit der Kultur-Begrifflichkeit der DDR-Verfassung ist mithin entbehrlich. Zum Kulturbegriff des Grundgesetzes siehe oben § 4.II.2.c.bb.

787 Die Inhalte dieser Aufgaben von Körperkultur und Sport sind dem Beschluß des Staatsrates vom 20.09.68 zu entnehmen; zusammengefaßt bei Mampel, Verfassung, Art. 18 Rdnr.54.

788 Vgl. Mampel, Verfassung, Art. 18 Rdnr.54.

789 Rossade, Sport und Kultur, S.12; Ebert-Stiftung, SED von A-Z, S.40 (zur „Sozialistischen Persönlichkeit").

790 Zu den Vollzugsdefiziten im Verhältnis von gesetzgeberischen Festlegungen und tatsächlicher Ausgestaltung siehe z.B. unten bei § 5.IV.8.d.aa.

791 Vgl. das Werk von Melchert (Sport/Recht), der auf annähernd 300 Seiten sportrelevante Normierungen zusammengetragen hat.

792 § 36 I 1 GöV bestimmte, daß Bezirkstag und Rat des Bezirkes für die Verwirklichung der staatlichen Aufgaben im Sportbereich (dieses Territoriums) verantwortlich zeichneten; Abs. I 2 des gleichen Paragraphen verpflichtete zur engen Zusammenarbeit mit dem DTSB und den gesellschaftlichen Organisationen. In § 36 II - IV GöV wurde festgelegt, daß der Bezirkstag und der Rat des Bezirkes zu vielfältiger Unterstützung verpflichtet wa-

ten, Körperkultur und Sport als unverzichtbares Element in deren *Leitungs- und Planungstätigkeit* so einzubeziehen, daß die jederzeitige und DDR-einheitliche Berücksichtigung dieser Belange gesichert war. Ausgehend von den Beschlüssen der jeweils übergeordneten Ebene waren die nachgeordneten Gremien und Verwaltungseinheiten entsprechend gebunden; so hatte ein Bezirkstagsbeschluß (etwa zum Entwicklungsprogramm von Körperkultur und Sport) die Folge, daß hierauf basierend die Kreistage und Stadtverordnetenversammlungen ihre eigenen detaillierten Aufgaben festzulegen hatten.[793] [794]

bb) Jugendgesetz[795]

Der Kinder- und Jugendsport wurde umfassend über das Jugendgesetz geregelt. Dieses beinhaltete zahlreiche, in Abschnitt IV (§§ 34-38) des Gesetzes detailliert aufgeführte, Verpflichtungen für die staatlichen Leitungen und offiziellen Organisationen (DTSB, FDJ, FDGB, GST usw.); explizit benannt war die staatliche Förderung des jugendlichen Leistungssports (§ 28).[796] Durch die Spartakiadebewegung, die gemäß § 36 staatlicherseits zu unterstützen war, bestand die Möglichkeit, praktisch alle Kinder und Jugendlichen zum Training anzuregen und zu sichten.[797] Fer-

---

ren. Ähnliche Bestimmungen bzgl. Volksvertretungen und Räte in den Kreisen sowie Städten und Gemeinden enthielten die §§ 54, 77 GöV.

793 Vgl. Sommer, Sport überall, S.5 ff., der dies am Beispiel des Bezirkstages Frankfurt (O) verdeutlicht. Dort wurde ein „Programm zur Entwicklung von Körperkultur und Sport" beschlossen, das z.B. Maßnahmen zur Entwicklung des Massen- und Freizeitsports, zur Förderung der Spartakiadebewegung, zur Gewinnung von Übungsleitern bzw. zur Erhaltung und Schaffung von Sporteinrichtungen beinhaltete. Davon ausgehend hatten letztlich die örtlichen Räte / Betriebsleiter die jährlichen staatlichen Aufgaben, die mit den Leitungen der gesellschaftlichen Organisationen, insbesondere mit dem DTSB, dem FDGB und der FDJ abzustimmen waren, zu realisieren. Bei ihren Entscheidungen hatten diese zudem stets darauf zu achten, daß sie sich im Einklang mit der politisch-ökonomischen, sozialen und geistig-kulturellen Entwicklung des Kreises befanden.
Siehe im konkreten Zusammenhang auch den Bericht von Engel, Hauptaufgaben, S.254 ff. zum Bezirk Rostock („Immer besser gelingt es den örtlichen Volksvertretungen und ihren Organen im Bezirk ... die staatlichen Aufgaben ... zum festen Bestandteil ihrer Tätigkeit zu machen und sie in die Beschlüsse, Maßnahmepläne und Konzeptionen zu integrieren").

794 Das verzweigte System von konkreten Aufgabenstellungen dieser Art fand Ergänzung in der „Verordnung über die Aufgaben, Rechte und Pflichten der volkseigenen Betriebe, Kombinate und VVB" vom 28.03.73; vgl. dort § 5 I, Verpflichtung zur Zusammenarbeit mit den örtlichen Räten und Volksvertretungen (entsprechende Vorschrift in § 4 I des GöV).

795 Gesetz über die Teilnahme der Jugend an der Gestaltung der entwickelten sozialistischen Gesellschaft und über ihre allseitige Förderung in der DDR (vom 28.01.74). Es handelte sich hierbei um das dritte Jugendgesetz (nach 1950 und 1964), in dem insbesondere der Abschnitt (VI.) über die „Entwicklung von Körperkultur und Sport unter der Jugend" hervortrat; hierdurch wurde eine (jugend)gesetzgeberische Regelung im gesamten Spektrum der staatlichen Organe, der Betriebe, der Schulen, Hochschulen und Massenorganisationen bewirkt, vgl. Bernett, Körperkultur, S.51.

796 Der bereits oben bei § 5.II.2.a angesprochene Leistungsaspekt des Jugendsportbereichs -Trainingszentren, KJS usw. - wird bei den Ausführungen zu unten § 5.IV.6 noch vertieft.

797 Als entscheidendes Qualifikationsmerkmal galt das Wachstumstempo der sportlichen Eigenschaften. Wer sich nach entsprechender Trainingsvorbereitung bei der Spartakiade

ner erhielten die staatlichen Organe eine Verpflichtung auferlegt, die Teilnahme der Jugend am gemeinsamen Sportprogramm von FDGB und DTSB umfassend zu fördern (§ 37 I). Die Bestimmung des § 37 II sollte die Durchführung der staatlichen Sportlehrpläne auf hohem Niveau absichern.[798] § 38 I betonte die Rolle des DTSB, hervorhebend, daß der Ministerrat jeweils in Abstimmung mit dem Dachverband die staatlichen Aufgaben festzulegen hatte. Das Jugendgesetz ordnete in § 43 weiterhin an, daß sich die örtlichen Räte und Volksvertretungen mit jugendsportlichen Fragestellungen zu befassen hatten. Die territorialen Kommissionen für Jugendfragen waren hierbei in Vorbereitung, Verwirklichung und Kontrolle der Beschlüsse der Volksvertretungen aktiv einzubeziehen; zu nennen ist z.B. die Überwachung von Trainingszentren und Betrieben oder die Einschätzung des Zusammenwirkens mit den örtlichen Staatsorganen.[799]

cc) Gesetzbuch der Arbeit (GBA)[800]

Zur Verwirklichung des Grundrechts der Bürger auf Teilnahme an Körperkultur und Sport war jeder Betrieb nach dem GBA verpflichtet, „die regelmäßige sportliche Betätigung der Werktätigen zu fördern und die Grundorganisation (*Betriebssportgemeinschaft*) des DTSB ... zu unterstützen“ (§ 223 I c GBA).[801] Die Werktätigen hatten das Recht, am sportlichen Leben teilzuhaben, es mitzugestalten (§ 225 I GBA) und die betrieblichen Sporteinrichtungen unentgeltlich zu nutzen (§ 226 II GBA); zur besseren Realisierung dieser Rechte wurde in jedem Betrieb eine Sportkommission eingerichtet.[802] Die großzügigen Freistellungsregelungen der §§ 181 ff. GBA i.V.m. den Bestimmungen der Arbeitsfreistellungs-Anordnung[803] ermöglichten insbesondere den Spitzensportlern eine Teilnahme an Sportlehrgängen und Wettkämpfen.[804] Neben den über sogenannte Kaderstellen geschaffenen Scheinar-

---

nicht im oberen Fünftel etablieren konnte, galt zur Höherqualifikation als nur gering befähigt; vgl. Krüger, Sport und Politik, S.208.

798 Siehe auch: Gesetz über das einheitliche sozialistische Bildungssystem vom 25.02.65; weiterhin: Gesetz über die Teilnahme der Jugend am Aufbau der Deutschen Demokratischen Republik und die Förderung der Jugend in Schule und Beruf, bei Sport und Erholung (1950); Gesetz über die Teilnahme der Jugend am Kampf um den umfassenden Aufbau des Sozialismus (1964).

799 Vgl. die Betrachtungen zum Bezirk Frankfurt (O) bei Sommer, Sport überall, S.10 ff.

800 Vom 16.06.77.

801 Vgl. Art. 25 III DDR-Verfassung; eine weitere Verpflichtung (zur Gestaltung eines vielfältigen gesellschaftlich-politischen und geistig-*kulturellen* Lebens der Werktätigen) folgte aus Art. 41, 46 I DDR-Verfassung.

802 Die Sportkommissionen hatten als beratendes und koordinierendes Organ der Betriebsleitung u.a. die Aufgabe, ein Jahressportprogramm zu erstellen - vgl. Schlegel/Hiller, Wort zum Sport, S.44 ff.; Probleme gab es hierbei insofern, als die Erfüllung der von den Kommissionen aufgestellten Pläne häufig an fehlenden Sportstätten, mangelnder Ausrüstung oder Desinteresse der Arbeitnehmer scheiterte (Holzweißig, Sport und Politik, S.50).

803 Vom 06.08.58.

804 Siehe §§ 1,2 der Arbeitsfreistellungs-Anordnung. Die Arbeitsfreistellung ehrenamtlicher Funktionäre war in § 6 geregelt (hierzu Schlegel, Wort zum Sport, S.51). Die Löhne wurden von den Betrieben fortgezahlt, die diese Aufwendungen vom Staat rückerstattet erhielten (vgl. Bericht der Bundesregierung zur Sportinfrastruktur, S.11).

beitsverhältnissen in der Wirtschaft wurden auch im Studentenbereich Stellen geschaffen, bei denen der Studentenstatus lediglich der formellen Erhaltung der Amateureigenschaft diente.[805] Die Leiter der Betriebe waren dafür verantwortlich, daß wichtige Maßnahmen zur Lösung staatlicher Aufgaben im Sportbereich mit in die betrieblichen Pläne aufgenommen und mit den zuständigen örtlichen Organen abgestimmt und koordiniert wurden.[806] Auch hier wurde wieder das große Bemühen der politischen Führung um Koordination und Gleichschaltung deutlich; alle Lebensbereiche sollten so miteinander vernetzt sein, daß die (u.a. im Politbüro vordefinierten) staatlichen Aufgaben des Sportsektors möglichst effektiv und erfolgreich bewältigt werden konnten.[807]

d) Zusammenfassung

Art. 29 DDR-Verfassung war die Grundlage des organisierten Sports in der DDR, ohne allerdings konkrete Garantien des Vereinigungsrechts bereitzustellen; insbesondere die immanente Schranke der Bindung aller Vereinigungen an Grundzüge und Ziele der Verfassung hatte nachhaltig beschränkenden Charakter. Die Inhalte der Verordnung vom 6.11.1975, als Ausprägung der Grundzüge des Art. 29, behinderte die Bildung und Tätigkeit von Vereinigungen (im Hinblick auf die von der DDR unterzeichnete Konvention über politische und zivile Rechte) in völkerrechtlich unzulässiger Weise. Zu Lasten des weitgehend zerschlagenen Vereinswesens wurde auf der Grundlage des DTSB-Statuts, begleitender Normierungen und hierauf aufbauender Satzungen ein System gleichgeschalteter rechtsfähiger Sportorganisationen geschaffen. Da nach Art. 18 III Körperkultur, *Sport* und Touristik zur sozialistischen Kultur gehörten, waren die (stark reglementierten) Vereinigungen in diesen Bereichen unter die Suprematie der SED gestellt. Die im Gesetz über die örtlichen Volksvertretungen, im Jugend- und Arbeitsgesetzbuch enthaltenen sportspezifischen Regelungen sollten für einheitliche und flächendeckende Berücksichtigung sportlicher Belange sorgen bzw. begründeten zum Teil ausdrückliche Förderansprüche.

2. Individualsport

In § 4.II.1.b wurde anhand allgemeiner Vorschriften (des Verfassungsrechts) aufgezeigt, daß auch die nichtorganisierte Sportausübung grundrechtlichen Schutz genießt (z.B. über Art. 2 I GG - allgemeine Handlungsfreiheit). Da in der DDR-Verfassung speziellere Normierungen eine ähnliche Funktion übernommen hatten, ist

---

805 Rossade, Sport und Kultur, S.168. Die Stuttgarter Zeitung vom 14.08.90 berichtet, der Staat habe mit den Studenten-Sportlern Kontrakte geschlossen, mit der Festlegung, diesen ab dem fünften Semester das Gehalt eines Diplomsportlehrers zukommen zu lassen.

806 Siehe § 2 a-c der Anordnung über die Wahrnehmung der Verantwortung der Betriebe und staatlichen Einrichtungen auf dem Gebiet von Körperkultur und Sport vom 30.11.72.

807 Zu weiteren betrieblichen Aufgaben (gemäß AGB) siehe Übersicht bei Ebert-Stiftung, Arbeitsgesetzbuch, S.56,57; Schlegel/Hiller, Wort zum Sport, S.41 ff. unter Hinweis auf parallele Bestimmungen im LPG (1982).

hier nicht auf allgemeine Vorschriften (z.B. Art. 19 - „Recht zur freien Entfaltung bzw. Verwirklichung der Persönlichkeit") zurückzugreifen.

a) Art. 25 III DDR-Verfassung

Art. 25 III 1 postulierte das Recht aller Bürger auf Teilnahme am kulturellen Leben, womit auch die kulturelle Selbstbetätigung gemeint war. Fraglich ist jedoch, ob sich dieses Recht auch auf die aktive Teilnahme an Körperkultur und Sport erstreckte. Hiergegen spricht einerseits die fehlende explizite Bezeichnung in Art. 25 III 1, wohingegen der Förderauftrag an Staat und Gesellschaft aufgeführt war (Art. 25 III 3). Andererseits wurde in Art. 18 III gleichberechtigt auf Körperkultur, Sport und Touristik als Elemente der sozialistischen Kultur Bezug genommen. Aus dieser (punktuell) legaldefinierenden Beschreibung ist zu schließen, daß das Recht auf Teilnahme am kulturellen Leben im Sinne des Art. 25 III 1 auch die aktive Teilnahme an Körperkultur und Sport umfaßte.[808] Die Schranken dieses Rechts ergaben sich primär aus seiner Zugehörigkeit zu den sozialistischen Grundrechten; die Teilnahme am kulturellen Leben hatte sich an der sozialistischen Nationalkultur[809] (und keinesfalls an der „imperialistischen Unkultur des Westens") zu orientieren. Eine ausdrücklich in Art. 25 konstituierte Rechtspflicht auf Teilnahme am kulturellen (und insofern am sportlichen) Leben bestand nicht; in Anlehnung an die Ausführungen oben zu § 5.III.1 (vor Art. 29) ist aber zumindest aufgrund der marxistisch-leninistischen Theorien von einer moralischen Pflicht hierzu auszugehen.

Zu betonen ist abschließend der Zusammenhang mit Art. 18; das Recht auf Teilnahme des einzelnen am kulturellen Leben, am Sport, Art. 25 III 1, sowie die Pflicht des Staates, diese Teilnahme zu fördern (Art. 25 III 3), wurde ergänzt durch die Existenz-Garantie einer sozialistischen Nationalkultur (Art. 18 I, III) und den Verfassungsauftrag zur Förderung der Künste (Art.18 II). *Fazit*: Das Recht auf Teilnahme am Sport war (mit beschränkter Substanz, siehe oben) garantiert.

b) Art. 35 I DDR-Verfassung

Mit dem in Art. 35 I fixierten Recht auf Schutz der Gesundheit und der Arbeitskraft stellte die DDR-Verfassung im Rahmen der „sozialen Grundrechte" ein solches bereit, das den Bürgern Leistungszusagen des Staates offerierte.

---

808 Vgl. Mampel, Verfassung, Art. 25 Rdnr.17.

809 Kern dessen war, daß es nach DDR-Auffassung keine „außerhalb der Klassen stehende einheitliche deutsche Kultur" gegeben hat. In Abgrenzung zu den kulturellen Erscheinungen in der Bundesrepublik sollte exakt differenziert werden „zwischen den Produkten kapitalistischer Kulturindustrie, die dem Imperialismus unmittelbar dienen, und jenen künstlerischen Anstrengungen, die humanistische und demokratische Positionen ... zum Ausdruck bringen." Entsprechend wurde eine Auswahl betrieben, welche Literatur, Filme usw. aus dem Westen übernommen werden durften. Hier ist eine Verknüpfungsstelle mit der Meinungs- und Medienfreiheit (Art. 27) zu sehen, wobei die Informationsfreiheit (und insbesondere hier diejenige des kulturellen Gebietes) spürbaren Beschränkungen unterlag; im Rahmen dessen war auch der Sport betroffen. Zum Begriff siehe DDR-Handbuch, S.629; Mampel, Verfassung, Art. 18 Rdnr.1 ff.

Die Pflege der Volksgesundheit ist ein Anliegen jeden modernen Staates; dies gilt insbesondere für produktionsorientierte Gesellschaften (wie die DDR eine war). Es dürfte unbestritten sein, daß sportliche Aktivitäten (nicht unbedingt leistungssportliche) zur Verbesserung von Gesundheit und Arbeitskraft beitragen. Da die grundsätzliche Gewährleistung des Art. 35 I in Abs.2 durch verschiedene Verfassungsaufträge ergänzt wurde, die auf den Gebieten des Sozial- und Gesundheitswesens zu erfüllen waren, gehörte hierzu („natürlich") auch die Förderung des Schul- und Volkssports. Auf die nähere Ausgestaltung dieser Verfassungsaufträge in der einfachen (z.B. Arbeitsschutz-) Gesetzgebung kann hier nicht weiter eingegangen werden; festzuhalten bleibt aber, daß die besondere Bedeutung, die der Staat dem Sport (in vielerlei Hinsicht) beimaß, auch darin zum Ausdruck kam, daß er ihm in seiner Ausprägung als Schul- und Volkssport eine Förderzusage gegeben hat. Die Bedeutung einer solchen Zusage ist zwar nicht zu überschätzen, da Leistungsversprechen immer nur im Rahmen der finanziellen Möglichkeiten eines Gesamtsystems realisierbar sind,[810] jedoch wird zumindest die Aufmerksamkeit auf die Sachmaterie der Förderzusage gerichtet; hierdurch ist dann zumindest eine (Mit-) Berücksichtigung im Rahmen des Möglichen besser gewährleistet.

IV. Der Dachverband - DTSB

1. Rechtsform

Der DTSB wurde, wie bereits den Ausführungen zu § 3.II zu entnehmen war, als sozialistische Massenorganisation (in Rechtsnachfolge zum Deutschen Sportausschuß) im Jahre 1957 gegründet. Das Statut des DTSB ist im Zusammenhang zu sehen mit der Anordnung des Ministerrates über die Rechtsfähigkeit des Deutschen Turn- und Sportbundes.[811] Die Anordnung hatte u.a. zum Inhalt, den Status des DTSB als juristische Person zu manifestieren.

Die Rechtsstellung der *juristischen Person* nach DDR-Recht war laut Brunner recht unübersichtlich.[812] Zuzustimmen ist ihm insoweit, als das ZGB keine konstitutiven Regelungen über juristische Personen enthalten, sondern auf die für ihre Tätigkeit geltenden Rechtsvorschriften (vgl. § 11 I ZGB) verwiesen hat. Die Voraussetzungen einer Zuerkennung der Rechtsfähigkeit (zum Begriff siehe unten) ergaben sich folglich auch aus den jeweiligen Regelungsmaterien (z.B. des Wirtschafts- oder Verwaltungsbereichs). Da es also in der DDR keine juristischen Personen des Zivilrechts gab, bezeichnete der Begriff der „juristischen Person" Organisationseinheiten der Volkswirtschaft und anderer gesellschaftlicher Bereiche, die als juristisch selb-

810 Dieses Argument spielt auch bei der an späterer Stelle anzusprechenden Fragestellung, ob der Sport ins Grundgesetz aufgenommen werden sollte, und ob dies überhaupt Auswirkungen hätte, eine Rolle (siehe unten § 9).

811 Vom 12.12.79; Anordnungen hatten die Qualität von Rechtsnormen, wobei die Verfassung ranghöchste Rechtsvorschrift war (siehe oben § 5.III.1.a.bb bzw. Fn.614; Melchert, Sport/Recht, S.20). Die hier in Rede stehende Anordnung nimmt nicht Bezug auf § 2 III der VO vom 06.11.75, was nicht verwundert, da der DTSB zu den in § 14 I VO genannten „Ausnahmeorganisationen" gehörte.

812 Brunner, Einführung, S.144.

ständig anerkannt waren.[813] Die Zivilrechtssubjektivität wurde nicht durch die Eigenschaft als juristische Person begründet, sondern die Organisationseinheiten waren als kraft anderweitigen Rechts rechtsfähige Subjekte auch Subjekte des Zivilrechts.[814]

Unter *Rechtsfähigkeit* wurde „die durch das geltende Recht anerkannte Möglichkeit" verstanden, „selbständig Rechte und Pflichten begründen zu können und somit Träger von Rechten und Pflichten zu sein";[815] Rechtsfähigkeit wurde neben natürlichen und juristischen Personen auch (staatlichen) Institutionen, Betrieben, gesellschaftlichen Organisationen und Teilen dieser Einrichtungen zuerkannt.[816] Die Anordnung vom 12.12.1979, die den rechtlichen Status des DTSB festlegte,[817] enthielt eine diese Erweiterung verdeutlichende Bestimmung, indem in § 2 (u.a.) den Mitgliedsorganisationen des DTSB (also Sportverbänden, Bezirksorganisationen, Sportvereinigungen, Stadt-, Kreis- und Stadtbezirksorganisationen, Sportgemeinschaften und Sportklubs) Rechtsfähigkeit verliehen wurde. Wie Schlegel/Hiller (mißverständlich) zu entnehmen ist,[818] war dies eine direkte Folge der Qualifizierung des DTSB als juristische Person. Anders ausgedrückt: Der Status des DTSB als juristische Person hätte hiernach nicht nur dessen eigene Rechtsfähigkeit bewirkt, sondern auch Rechtsfähigkeit für seine - organschaftlichen ? [819] - Unterorganisationen begründet; dem folgend hätte die Bestimmung des § 2 der Anordnung nur deklaratorischen Charakter gehabt. Aber: Wie angedeutet[820] war dem DTSB-Statut von 1974 zu entnehmen, daß dem DTSB der Status einer juristischen Person zukam - und die Mitgliedsorganisationen (nebst DTSB-Bundesvorstand) Rechtsfähigkeit besaßen. Da die Zweckschöpfung „juristische Person" (im Sinne des BGB -

---

813 Vgl. DDR-Justizministerium, Kommentar zum ZGB, S.38.

814 Vgl. Westen/Schleider, Systemvergleich, S.195.

815 Insoweit der westdeutschen Definition entsprechend; Melchert, Sport/Recht, S.19.

816 Melchert, Sport/Recht, S.19.

817 Da der Status einer Organisation als juristische Person *anerkannt* werden mußte (vgl. Wortlaut des § 11 I ZGB), und, wie ausgeführt, die jeweiligen Rechtsgebiete zur Festlegung der Kriterien hierfür maßgeblich waren, konnte sich insofern keine „feste Form" der Anerkennung herausbilden. Auch kam es vor, daß rechtliche Gebilde als juristische Personen behandelt wurden, ohne daß irgendein Akt der Anerkennung nachweisbar gewesen wäre (z.B. beim FDGB). Solche juristisch inakzeptablen Gründungsakte „qua Behandlung" belegen die Mißachtung des Rechts durch den SED-Staat. Durch die hier in Rede stehende Anordnung vom 12.12.79 wurde der frühere Status des DTSB bestätigt. Denn sowohl die Satzung aus dem Jahr 1974, Ziffer XVIII (vor Abschaffung des BGB; Einführung des ZGB zum 01.01.76) als auch das Statut von 1978, Ziffer XVII wiesen dem DTSB die Eigenschaft einer „juristischen Person" zu; vgl. auch Brunner, Einführung, S.144,145; Christoph, DtZ 1991, S.236.

818 Schlegel/Hiller, Wort zum Sport, S.35: „... wird festgelegt, daß der DTSB juristische Person ist ... **Damit** erhielten ... die Sportverbände ... das Recht selbständig im Rechtsverkehr aufzutreten (...)".

819 Ziffer XVII.5 des Statuts ist so interpretierbar, daß die (rechtsfähigen) Unterorganisationen als Organe des DTSB fungierten; Ziffer XVII.2 führte auf, wer als rechtsfähige Unterorganisation zu gelten hatte (entsprechender Inhalt des § 2 der Anordnung). Die Sportvereinigungen wurden unter VIII.1 explizit „als organische Bestandteile des DTSB" bezeichnet. Weitere Präzisierungen enthielt die Satzung nicht.

820 Fn.817.

wie festgestellt in der DDR bis zum 1.1.1976 fortgeltend) weder vorsieht noch vorgesehen hat, daß Organe bzw. Mitglieder / Mitgliedsorganisationen durch einfache Benennung in der Satzung einer juristischen Person Rechtsfähigkeit erlangen können, mußte die Rechtsfähigkeit dieser Institutionen zumindest *vor* 1976 anderweitig begründet sein, wobei Registereintragungen nicht ersichtlich sind. Wie dem auch sei: Da spätestens mit der Anordnung von 1979 die Rechtsfähigkeit des Bundesvorstandes / der Mitgliedsorganisationen (konstitutiv) begründet wurde, was für die Zwecke dieser Untersuchung entscheidend ist, muß dieser Frage nicht weiter nachgegangen werden.[821]

Darüberhinaus regelte die Satzung (bzw. § 2 der Anordnung) die Rechtsfähigkeit des DTSB-Bundesvorstandes (und diejenige weiterer, assoziierter Verbände); lediglich die Untergliederungen der Mitgliedsorganisationen (Sektionen, Allgemeine Sportgruppen, Abteilungen usw.) waren hiervon ausgenommen. Wenn oben davon die Rede war, daß das Statut des DTSB dessen Rechtsgrundlage darstellte (nebst der Anordnung vom 12.12.1979, auf der Grundlage von Art. 29 der Verfassung), so galt dies in entsprechender Form auch für die sonstigen Sportorganisationen der DDR. Denn das DTSB-Statut beinhaltete zahlreiche detaillierte Regelungen zur Organisationsstruktur der einzelnen Mitgliedsgemeinschaften (vgl. die Ziffern V - IX des Statuts); auf dieser Grundlage beschlossen die Sportverbände ihre eigenen Satzungen (ohne selbst juristische Personen zu sein). Darüberhinaus wurden die Aktivitäten der Mitglieder rechtlich und tatsächlich durch weitere DTSB-Normierungen[822] begleitet bzw. angeleitet.[823]

2. Zweck, Aufgaben, Grundsätze

Der DTSB war als einheitliche sozialistische Sportorganisation der DDR offiziell darauf ausgerichtet, auf freiwilliger Grundlage alle Sportler zu vereinen, Initiator, Mobilisator und Organisator von Körperkultur und Sport zu sein;[824] zumindest genauso wichtig war aber auch seine Funktion als Planungs- und Durchsetzungsorgan

---

821 Auch der Rechtszustand im Zeitraum von 1976 bis zur Anordnung des Jahres 1979 ist nicht unbedingt transparent; hier sei aber erneut ausdrücklich auf das Werk von Brunner (aus dem Jahre 1979), Einführung, S.144,145, verwiesen, der auf die unübersichtliche Rechtsstellung der juristischen Person und das kaum erörterte Problem der Rechtsfähigkeit aufmerksam macht.

822 „Innenrecht", siehe oben § 5.III / Fn.744.

823 Schlegel/Hiller, Wort zum Sport, S.36: „Zur Organisation eines einheitlichen und kontinuierlichen Sportbetriebes ist es unerläßlich, eine Reihe allgemeingültiger und sportartspezifischer Normen zu setzen, mit denen die Wettkampfdurchführung, das Training, das Leben in der Sportgemeinschaft oder im Sportverband geregelt und weitere Komplexe verbindlich ausgestaltet werden." Zu nennen sind z.B. die Sportordnung bzw. der Beschluß des Bundesvorstandes des DTSB vom 05.05.77 (zur Rolle und den weiteren Aufgaben der Sportgemeinschaften in der DDR); siehe im übrigen die Dokumentensammlung des DTSB bei Melchert, Sport/Recht, S.204 ff.

824 Vgl. hierzu Statut des DTSB (Einleitung); Hellmann (Leiter der Abteilung Sport im ZK der SED), zitiert bei Gieseler, Leitungssystem, S.115 spricht vom DTSB als „Inspirator und Organisator" des Sports; Schlegel/Hiller, Wort zum Sport, S.20; Beuker, Sport für alle, S.28; Holzweißig, Sport und Politik, S.35,36

der SED-Sportpolitik.[825] Diese Zwecksetzungen wurden abgeleitet aus den SED-Parteitagsbeschlüssen,[826] der Verfassung, dem Jugendgesetz,[827] dem DTSB-Statut und den Entschließungen seiner Turn- und Sporttage, die er im Zusammenwirken mit den staatlichen Organen und den anderen Massenorganisationen erfüllte. Weitere Arbeitsgrundlage für den DTSB war der oben angesprochene, richtungweisende (nach 1971 zwar „totgeschwiegene" - aber dennoch fortgeltende[828]) Staatsratbeschluß vom 20.9.1968.[829] In Anlehnung an die Verfassungsänderung von 1968, mit der die „Sportartikel" in die Verfassung aufgenommen wurden, war hierin bestimmt:

„... Unter der Bevölkerung ist die Erkenntnis zu vertiefen und überzeugend zu propagieren, daß die regelmäßige sportliche Betätigung von der Jugend bis ins hohe Alter zu den Lebensprinzipien des Menschen der Epoche des Sozialismus gehört ... In der *DDR* erfüllen gesunde, leistungsfähige und durch sportliches Training gestählte Menschen besser die Anforderungen der Landesverteidigung. Sie nehmen damit ein verfassungsmäßiges Recht und ihre Ehrenpflicht wahr, den Frieden zu schützen, das sozialistische Vaterland und das Lebensglück unserer Familien vor den Revanchеplänen des wiedererstandenen Militarismus und Imperialismus in Westdeutschland zu verteidigen".

Neben den hierin zum Ausdruck kommenden politischen Aufgabenstellungen[830] für den Dachverband - auf die später noch näher einzugehen sein wird - beinhaltete das DTSB-Statut eine Reihe allgemeiner Zielsetzungen; z.B.

- den Freizeit- und Erholungswert zu entwickeln und zu gestalten;

---

825 MfS-Recherche, S.2.

826 In Anlehnung an die Ausführungen zu oben § 5.II.2.a ist präzisierend darauf hinzuweisen, daß sich aus den Parteitagsbeschlüssen nicht nur die (abstrakte) Funktion des DTSB ableitete, sondern auch dessen konkrete Aufgabenstellungen; parteipolitische Neutralität (wie beim DSB in § 3 Ziffer 5 seiner Satzung vorgesehen), wollte (und konnte) der DTSB nicht einnehmen.

827 Die Festlegungen im Jugendgesetz - z.B. in dessen § 38 I, siehe oben § 5.III.1.c.bb - verdeutlichten die herausgehobene Stellung des DTSB; das in § 38 I gesetzlich verankerte Recht, konkrete Vorschläge für die volkswirtschaftliche Planung einzubringen, korrelierte hierbei mit der Verpflichtung, gesellschaftliche Verantwortung wahrzunehmen.

828 Die „Nichterwähnung" in der DDR-Literatur war kausal zurückzuführen auf das SED-seitig bewußte Herunterspielen der Bedeutung von Walter Ulbricht in der Geschichte der SBZ/DDR, basierend auf ideologischen Differenzen, z.B. Ulbricht: „Entwickeltes gesellschaftliches System des Sozialismus", Honecker: „Entwickelte sozialistische Gesellschaft"; vgl. zur Entmachtung Ulbrichts bzw. zur Beseitigung der Vorrangstellung des Staatsrates oben § 5.II.1.b.aa sowie Holzweißig, Sport und Politik, S.46,47; Ebert-Stiftung, Honeckers Verfassung, S.5,6.

829 Siehe oben § 5.III / Fn.743.

830 Vgl. auch Ziffer I des DTSB-Gründungsstatuts vom 28.04.57: „Der DTSB nimmt aktiv am Aufbau des Sozialismus teil ...; er unterstützt die demokratischen und patriotischen Kräfte im westdeutschen Sport, die einen mutigen Kampf gegen den Mißbrauch des Sports in Westdeutschland führen. Der DTSB erzieht seine Mitglieder zu sozialistischem Denken und Handeln und *bekämpft* entschieden alle Formen der reaktionären bürgerlichen Ideologie, wie die demagogischen Theorien des Nur-Sportlertums und der *politischen Neutralität des Sports.*" (*Hervorhebungen durch den Verfasser*). Bereits an dieser Stelle ist anzumerken, daß die abändernden Statute der Folgejahre „mildernd wirkten", die politische Grundtendenz jedoch unberührt blieb; der aufgezeigte Inhalt des Staatsratsbeschlusses vermag dies zu verdeutlichen.

- allen sportinteressierten Kindern, Jugendlichen und Erwachsenen die Möglichkeit zu geben, sich sportlich zu betätigen;
- die olympische Idee zu fördern und freundschaftliche Beziehungen zu Sportlern aller Staaten zu pflegen;
- an der Erziehung und Bildung von sozialistischen Persönlichkeiten mitzuwirken (hierin ist auch ein *politischer Aspekt* enthalten);
- die sportlichen Fähigkeiten und Talente der Sportlerinnen und Sportler zu entfalten;
- mitzuhelfen, in Betrieben, Genossenschaften, Institutionen, Wohnbereichen, Naherholungs- und Urlaubsgebieten vielseitige Möglichkeiten zur Ausübung von Sport und Spiel zu schaffen usw.[831]

Von den oben genannten (funktionsbestimmenden) rechtlichen Grundlagen waren insbesondere die Entschließungen der im Sechs-Jahre-Turnus stattfindenden Turn- und Sporttage bedeutsam, da diese (im Rahmen der ansonsten eher allgemeinen Aufgabenstellungen) DTSB-intern für *konkrete* Orientierung sorgten.[832] Da der DTSB darüberhinaus den Auftrag hatte (im Sinne einer gesamtgesellschaftlichen Verpflichtung),[833] neben der Mitgliederbetreuung auch „zur weiteren Ausprägung des Massencharakters von Körperkultur und Sport beizutragen", waren diese programmatischen Dokumente für die gesamte Bevölkerung „von Interesse".[834] Die Entschließungen beinhalteten regelmäßig einen umfangreichen Katalog von Verpflichtungen; auf dem VII. Turn- und Sporttag des Jahres 1984 hatte man sich (in Verwirklichung obiger Aufgabenstellungen) für den Zeitraum bis zum Jahre 1990 u.a. folgende Ziele gesteckt:

- Erhöhung der Mitgliederzahl des DTSB (auf 3,8 Millionen)[835];
- Erhöhung der Anzahl der Sportgemeinschaften und Allgemeinen Sportgruppen;
- Erhöhung der Zahl der Übungsleiter, Kampf- und Schiedsrichter;
- jährlich mindestens 3,5 Millionen Bürger für den Erwerb des Sportabzeichens („Bereit zur Arbeit und zur Verteidigung der Heimat") zu gewinnen;
- bei internationalen sportlichen Höhepunkten die DDR mit hohen Leistungen würdig zu vertreten.[836]

---

831 Hier kann nur eine kleine Auswahl dessen wiedergegeben werden, was an Zweck- und Aufgabenstellungen in der Einleitung des DTSB-Statutes aufgeführt ist; auf dieses wird somit verwiesen.

832 Der Turn- und Sporttag war gemäß Ziffer X. des Statuts höchstes Organ im DTSB (vergleichbar zur Mitgliederversammlung eines Vereins); kurzfristige Orientierungslinien enthielten die jährlichen Sportpläne des Bundesvorstandes, der gemäß drittem Absatz von Ziffer X im Zeitraum zwischen den Turn- und Sporttagen verantwortliche Leitungstätigkeit für den DTSB ausübte.

833 Vgl. Schlegel/Hiller, Wort zum Sport, S.21.

834 Ebda.

835 3,4 Millionen im Jahre 1984 (vgl. graphische Darstellung bei Holzweißig, Sport und Politik, S.37).

3. Mitgliedschaft

Die Mitgliedschaft im DTSB wurde gemäß den Bestimmungen der Ziffer I des Statuts geregelt. Nach deren Nummer 1 konnte jeder DDR-Bürger *unmittelbares* Mitglied des DTSB werden, wobei die Zugehörigkeit durch den Eintritt und die Aufnahme in eine Grundorganisation begründet wurde. Die Mitgliedschaft war mit zahlreichen Rechten und Pflichten verknüpft, die im einzelnen in den Ziffern I.4 und I.5 festgelegt waren.[837] Bis zur Wende waren im DTSB rund 3,7 Millionen Mitglieder organisiert, verteilt auf 35 Sportverbände (nebst 3 Anschlußorganisationen), 15 Bezirksorganisationen, 241 Kreisorganisationen,[838] die Sportvereinigungen Dynamo und Vorwärts, 30 Sportclubs und rund 11.000 Betriebssportgruppen.[839]

Da auf Existenz und Funktion der Mitgliedsorganisationen bereits bei den „allgemeinen Sportstrukturen“[840] eingegangen wurde, sind nachfolgend primär deren nähere Einbindung in das DTSB-System, die Organisations- und Leitungsgrundsätze anzusprechen.

4. Organisations- und Leitungsstrukturen

Nach (DDR-Autor) Wonneberger war „der Organisationsaufbau des DTSB eine wichtige, stabile organisationspolitische Voraussetzung für das einheitliche und zielgerichtete Wirken aller Vorstände und Leitungen.“[841] In diesem Zitat werden die Begriffe „Organisation“ und „Leitung“ unmittelbar angesprochen, wobei eine Rangfolge hervortritt: „Organisation“ wird „nur“ als Voraussetzung für „Leitung“ eingeordnet. Dementsprechend - und da das „Leitungswesen“ in zentralistischen Organisationen immer eine dominierende Rolle spielt (bei eher austauschbaren Organisationselementen) - soll hiermit begonnen werden.[842]

Die Führungsrolle der SED ist bereits bei den Ausführungen zu § 5.II.1.a und II.2.a angeklungen. Hierbei war deutlich geworden, daß die Partei ihren lenkenden Einfluß auch auf den Sportbereich erstreckte, personifiziert u.a. im Leiter der ZK-Sport-Abteilung sowie im DTSB-Präsidenten und ZK-Mitglied Manfred Ewald. Ewald symbolisierte die vollständige politische Synchronisation von Partei, Staat und Gesellschaft, die letztlich andere politische Kräfte paralysierte. Ungeachtet der personellen Verknüpfungen verlief der am Prinzip des demokratischen Zentralismus (Ziffer IV DTSB-Statut, analog zu Art. 47 II DDR-Verfassung) orientierte Leitungsweg auf der höchsten Ebene vom Politbüro zum Staatsrat / Ministerrat, zur

---

836 Vgl. Inhalte des nach Abschluß des VII. Turn- und Sporttages am 20.05.84 an Erich Honecker versandten Grußschreibens, das über die verabschiedeten Zielsetzungen der nächsten sechs Jahre informiert (aufgeführt bei Holzweißig, Sport und Politik, S.36).

837 Da hier nur von untergeordnetem Interesse, wird auf diese Bestimmungen verwiesen.

838 Panorama, Sport in der DDR, S.12.

839 Wokalek, Transformationsprozeß, S.8.

840 Siehe oben § 5.II.2.b.

841 Wonneberger, Körperkultur/Sport, S.361.

842 Zur Hervorhebung des Begriffs der Leitung durch Umkehrung von „Planung und Leitung“ in „Leitung und Planung“ vgl. Ebert-Stiftung, Honeckers Verfassung, S.21.

(eigenen) Abteilung Sport im ZK und zum DTSB.[843] Auf der zweiten Ebene leiteten die genannten „Befehlsempfänger" ihre Direktiven weiter an die einzelnen Ministerien, an das Staatsekretariat für Körperkultur und Sport bzw. an die Sportclubs und Betriebssportgemeinschaften.[844] Da im vorliegenden Zusammenhang vor allem die zum DTSB verlaufende Leitungsachse von Interesse ist, muß nunmehr die innere Aufgliederung des DTSB, der angeschlossenen Verbände und Sportvereinigungen nachvollzogen werden.

Oberstes Organ des DTSB war nominell dessen **Turn- und Sporttag**, Ziffer X Satz 1 des Statuts; dieser wurde alle sechs Jahre vom *Bundesvorstand* einberufen und nahm dessen Rechenschaftsbericht sowie den Bericht der *Zentralen Revisionskommission* entgegen. Auf dem siebten und letzten Turn- und Sporttag im Mai 1984 nahmen 1.200 Delegierte teil, die von den *Verbandstagen* der 35 Sportverbände,[845] von den 15 *Bezirksdelegiertenkonferenzen* und von den *Delegiertenkonferenzen* der beiden Sportvereinigungen „Dynamo" und „Vorwärts" entsandt worden waren.[846] Eine Aufgabe des Turn- und Sporttages bestand darin, neben der Verabschiedung von Grundsatzaufgaben - vgl. die weiter oben bei § 5.IV.2 angesprochenen Entschließungen -,[847] den 150 Personen umfassenden Bundesvorstand (sowie die Revisionskommission) zu wählen.

Der mit eigener Rechtsfähigkeit ausgestattete **Bundesvorstand**[848] hatte die Funktion, zwischen den Turn- und Sporttagen Leitungstätigkeit für den DTSB zu entfalten. Zu seinen weiteren Aufgaben gehörte die Entgegennahme des Berichts eines von ihm zu wählenden *Präsidiums*, die Entscheidung über die Bildung neuer Sportverbände und die grundsätzliche Beschlußfassung über die *Jahressportpläne*. Nach Ziffer X, letzter Absatz DTSB-Satzung waren die Tagungen des Bundesvorstandes im Bedarfsfalle einzuberufen, jedoch nicht weniger als zweimal im Jahr. Der Bundesvorstand setzte sich zusammen aus 25 Mitgliedern des Präsidums und weiteren 125 Repräsentanten, die vom Turn- und Sporttag jeweils für 4 Jahre gewählt wurden (vertreten waren u.a. die Präsidenten der Sportverbände und die Vorsitzenden der DTSB-Bezirksvorstände).

---

[843] Ausgangspunkt waren jeweils einschlägige Politbürobeschlüsse oder sonstige Anweisungen, ggf. auch Parteitagsbeschlüsse.

[844] Vgl. Erläuterungen / Skizze oben bei § 5.II.2.a.

[845] Ergänzend sei darauf hingewiesen, daß die Zahl „35" 33 „reguläre" Mitgliedsverbände und den Motorsport- und Angelverband umfaßte, wobei letztere eine besondere Rechtsstellung innehatten („kooperativ angeschlossen"; „eigene Rechtsfähigkeit", vgl. Ziffer IX des Statuts, letzte Absätze).

[846] Vgl. Ziffer X des Statuts, dort Sätze 7 ff.

[847] Die Mitwirkung interessierter Kreise an diesen Entschließungen darf bezweifelt werden. Zwar wurden die jeweiligen Entwürfe bereits einige Monate vor den Turn- und Sporttagen in der Presse veröffentlicht, „damit alle Sportinteressierten Gelegenheit zu Ergänzungs- und Verbesserungsvorschlägen erhalten sollten" (vgl. Ziffer IV.4 des Statuts), jedoch geschah dies wohl eher zu dem Zweck, den demokratischen Anschein zu wahren. Es ist nicht davon auszugehen, daß abweichende Vorschläge de facto in den Entschließungen berücksichtigt wurden; die bei Schlegel/Hiller, Wort zum Sport, S.21 veröffentlichte, gegenteilige Aussage hat einen ideologischen Beigeschmack und harrt ihres Beweises.

[848] Siehe XVII.2 der DTSB-Satzung bzw. oben § 5.IV.1.

Abb.3

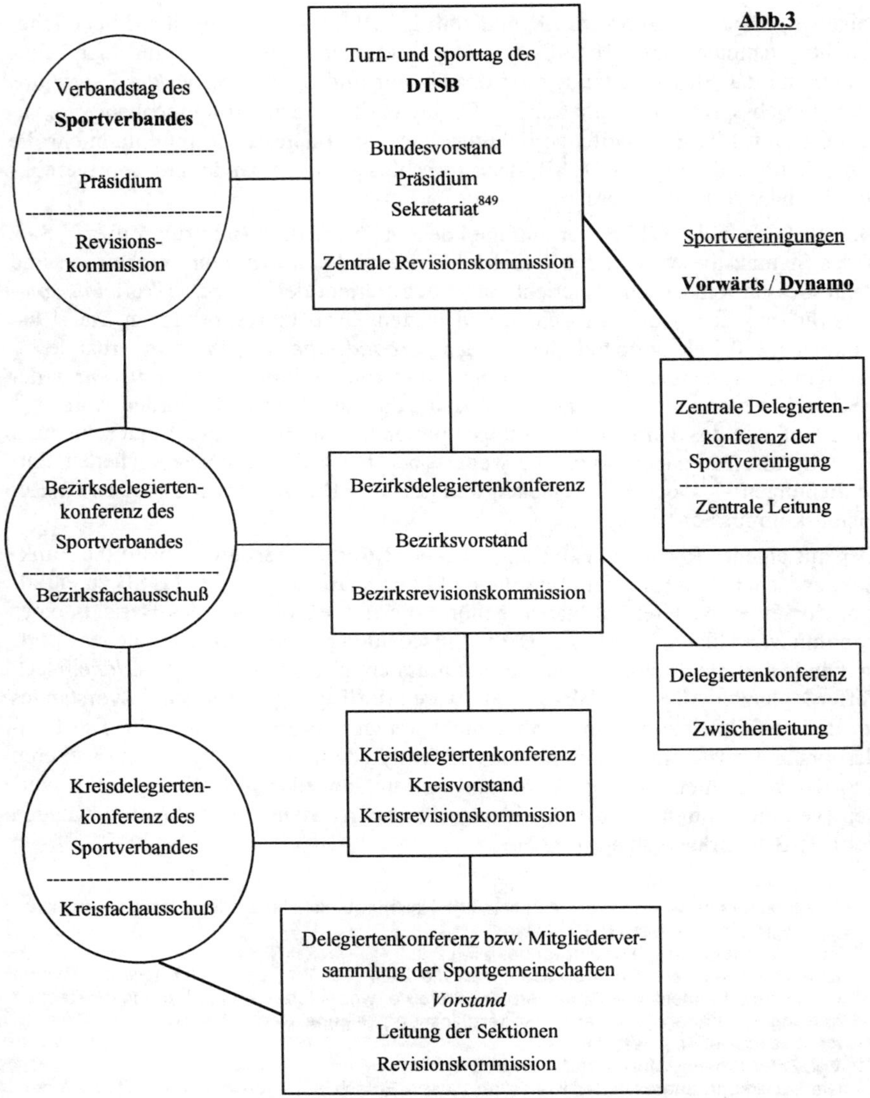

849 Auf die Darstellung der bei den weiteren Organisationen anzutreffenden Sekretariate wurde (um die Graphik übersichtlich zu halten) verzichtet.

Das aus insgesamt 28 Personen bestehende **Präsidium**, mit einem vom Bundesvorstand gewählten Präsidenten an der Spitze, hatte zwischen dessen Tagungen die laufende Organisations- und Vollzugsarbeit zu leisten (Tagungsturnus: alle 6-8 Wochen).[850] Unterstützt wurde das Präsidium durch ein (wöchentlich zusammentretendes) **Sekretariat**. Das Sekretariat setzte sich zusammen aus dem Präsidenten, 9 Vizepräsidenten,[851] dem Staatssekretär (für Körperkultur und Sport) und dem Abteilungsleiter Sport des ZK der SED (als ständigem Gast). Das Sekretariat war zwar das eigentliche Arbeitsorgan des DTSB, es handelte sich hierbei jedoch um kein einheitlich handelndes Gremium, da häufig politische Fragen im Mittelpunkt standen und insofern Abstimmungen zwischen dem DTSB-Präsidenten und dem ZK der SED erfolgten; u.a. aufgrund dieser Sondertätigkeiten erklärt sich die (bereits bei § 5.II.2.a angesprochene) deutlich herausgehobene Position des Präsidenten.

Zwischenfazit: Für die aufgezeigte Organisationsstruktur war kennzeichnend, daß sie analog zu derjenigen der SED verlief (dort: Parteitag, ZK, Politbüro, Sekretariat[852] - hier: Turn- und Sporttag, Bundesvorstand, Präsidium, Sekretariat), mithin eine Verlagerung der tatsächlichen Macht vom größten Beschlußgremium auf das kleinste Gremium erfolgte.

Der DTSB untergliederte sich in territorialer Hinsicht in die Bezirks- und Kreisorganisationen sowie die Sportgemeinschaften als Basisorganisationen.[853] Deren Aufbau erfolgte parallel zu den oben geschilderten Strukturen: Auf Bezirksebene gab es als höchstes Organ eine **Bezirksdelegiertenkonferenz** (entsprechend: **Kreisdelegiertenkonferenz**), bei der die Delegierten alle 6 Jahre auf den Stadt- bzw. Kreisdelegiertenkonferenzen und den Bezirksdelegiertenkonferenzen der Sportverbände gewählt wurden. Zwischen den jeweiligen Konferenzen leitete der **Bezirksvorstand (Kreisvorstand)** die entsprechende Organisation; der Vorstand wählte aus seinen Reihen das Sekretariat, den Vorsitzenden und seine Stellvertreter. Der Vorstand war in seinem Territorium verantwortlich für die Verwirklichung der Ziele und Aufgaben des DTSB und hierüber seiner Konferenz rechenschaftspflichtig. Das Sekretariat leitete - unterstützt durch Kommissionen - zwischen den Tagungen des Vorstandes die Tätigkeit der Organisation.[854]

Alle Ebenen der territorialen Untergliederung konnten (ebenso wie der DTSB) auf eine Vielzahl hauptamtlicher Mitarbeiter zurückgreifen.[855] Diese agierten im Auf-

---

850 Zu erwähnen sind auch die Arbeitsgremien des Präsidiums, die **Kommissionen**, die u.a. in den Bereichen Propaganda / Kultur, Kinder- und Jugendsport sowie Freizeit- und Erholungssport (Massensport) wirkten.

851 Den Vizepräsidenten waren jeweils eigenständige Zuständigkeitsbereiche mit entsprechender Leitungsfunktion (auch in den Kommissionen) übertragen worden; so gab es seit 1986 im Leistungssportbereich jeweils einen Vizepräsidenten für die Sommer- und Wintersportarten, je einen für Agitation, Großsportveranstaltungen und internationale Arbeit.

852 Siehe oben § 5.II.1.a.aa.

853 Siehe oben § 5.II.2.b.

854 Die Grundorganisationen waren wie folgt organisiert: Mitgliederversammlung - Vorstand - Leitung der Sektionen bzw. Leitung der Abteilungen und Sportgruppen.

855 Aufgrund der unterschiedlichen Dachverbandsstrukturen muß jeder Vergleich hinken, dennoch: Der DSB hatte seinerzeit einschließlich der bei den Fachverbänden agierenden

trage der gewählten Vorstände und Leitungen und wurden entsprechend den Beschlüssen der Sekretariate eingesetzt. Die Mitarbeiterschaft setzte sich zusammen aus politischen Mitarbeitern, Spezialisten und technischen Mitarbeitern, deren Arbeitsrechtsverhältnis durch Wahl oder Berufung, für technische Mitarbeiter auch durch Arbeitsvertrag (gemäß GBA) begründet wurde; daneben gab es eine Vielzahl ehrenamtlicher Helfer.[856]

Eine spezifische Stellung - neben den oben genannten traditionellen Kommissionen zur Beschlußvorbereitung - nahmen die auf verschiedenen Ebenen anzutreffenden **Revisionskommissionen** ein. Es handelte sich hierbei um Kontrollorgane, die in ihrem Bereich regelmäßige Prüfungen vollzogen,[857] deren Mitglieder von den jeweils höchsten Organen gewählt und diesen gegenüber rechenschaftspflichtig waren; beim DTSB war die Zentrale Revisionskommission (mit entsprechender Aufgabenstellung) eingerichtet.[858]

Der linke Bereich des vorstehenden Schaubildes verdeutlicht den weitgehend ähnlichen Aufbau der dem DTSB angeschlossenen (und diesem unterstehenden) Sportverbände; wie bereits bei § 5.II.2.b aufgezeigt, übten diese ihre (unselbständige Organ-) Tätigkeit auf der Grundlage des DTSB-Statuts, der Beschlüsse des DTSB sowie der eigenen Satzung und Beschlüsse aus. Strukturelle Unterschiede waren primär darin zu sehen, daß sich der Aufbau des Verbandes auf der nationalen Ebene nur dreistufig abzeichnete (Verbandstag, Präsidium[859] - also keine Aufgliederung in Vorstand / Präsidium - und Revisionskommission) und auf der Bezirks- und Kreisebene nur ein zweistufiger Aufbau (Delegiertenkonferenz und Fachausschuß) anzutreffen war. Die Bezirksfachausschüsse (BFA)[860] und Kreisfachausschüsse (KFA) waren für die allseitige und kontinuierliche Entwicklung der jeweiligen Sportart im Territorium verantwortlich; hierbei sollte eine Zusammenarbeit mit den Sektionen der Sportgemeinschaften gesucht werden.

Dies vorausgesetzt, ist nunmehr auf die Führungs- bzw. Anleitungsstrukturen zurückzukommen: Wie angesprochen war auch innerhalb der DTSB-Organisation der demokratische Zentralismus das tragende Organisationsprinzip, Ziffer IV DTSB-Statut. Es ist nicht davon auszugehen, daß aufgrund der beiden tragenden Säulen des Prinzips (Wählbarkeit aller Leitungen der Sportbewegung von unten nach oben

---

Bundestrainer, 200 - 250 hauptamtliche Mitarbeiter, der DTSB beschäftigte rund 12.000 (Hansen, Entwicklungen, S.8); etwas realistischer wird der Vergleich, wenn man dem DTSB alle Hauptamtlichen des gesamten Sportsektors der (alten) Bundesrepublik gegenüberstellt (rund 2.500 Personen).

856 Beuker, Sport für alle, S.28.

857 Prüfung (u.a) der korrekten Aufgabenerledigung durch Organe und Leitungen eines Verbandes.

858 Vgl. Ziffer XI des DTSB-Statuts bzw. Wonneberger, Körperkultur/Sport, S.368.

859 Das Präsidium umfaßte in der Regel 25-30 Mitglieder, die den (auch bei den Fachverbänden anzutreffenden) Kommissionen vorstanden; präsidiale Zuständigkeit war es zudem, Vorschläge für den Sportplan des DTSB zu unterbreiten.

860 Die weitere Struktur der Fachausschüsse sollte dahingehend ausgestaltet sein, daß ein Büro und (Fach-) Kommissionen (analog zu den beim Präsidium bestehenden) gebildet wurden, vgl. Schiele, Verbandsaufgaben, S.647.

und Verbindlichkeit aller Beschlüsse der übergeordneten Leitung für die nachfolgenden Organe) breiter basisdemokratischer Wirkung Raum verschafft wurde. Vielmehr entstanden nur die gewünschte Ordnung und einheitliche Entwicklung; denn die oben gefaßten Beschlüsse (Willensbildung von oben nach unten - „Diktatur von oben") mußten an der Basis strikt befolgt werden, ohne daß andererseits über freie Wahlen Legitimationswirkung entstanden wäre.[861] Hieraus folgt, daß die überfachlichen Zusammenschlüsse der DTSB-Organisation (z.B. auf Kreis- oder Bezirksebene) dem jeweils übergeordneten Gremium strikt unterstellt waren.

Bei einem Fachverband mußte zusätzlich noch wie folgt differenziert werden: Das Präsidium, die Fachausschüsse und die Leitung der Sektionen waren Leitungsorgane im Gesamtaufbau des DTSB.[862] In Übereinstimmung mit den Beschlüssen des jeweiligen DTSB-Vorstandes also Bundesvorstand oder Bezirks- oder Stadt-, Kreis- bzw. Stadtbezirksvorstand) leiteten sie eigenverantwortlich auf den einzelnen Leitungsebenen die Entwicklung in ihrer Sportart. Gemäß dem Prinzip des demokratischen Zentralismus wurden das Präsidium und die Fachausschüsse aber zu allen grundsätzlichen Fragen vom *jeweiligen* Vorstand des DTSB angeleitet und waren diesem gegenüber rechenschaftspflichtig. Die Fachausschüsse wurden zusätzlich auch vom jeweils übergeordneten Leitungsorgan ihres Fachverbandes angeleitet und unterstanden ihm in spezifischen Fachverbandsfragen.[863] Anders ausgedrückt: Linear war ein BFA dem DTSB-Bezirksvorstand und ein KFA dem DTSB-Kreisvorstand unterstellt, funktionell wurde ein BFA vom Präsidium des jeweiligen Sportverbandes und ein KFA vom zuständigen BFA angeleitet.[864] Aufgrund der engen Verzahnung, der ausgeprägten Weisungsbefugnisse und - nicht zu vergessen - aufgrund der von ihm zu koordinierenden Finanzzuweisungen hatte der DTSB über die Fachverbände unmittelbare Wirkungslinien in die drei Förderstufen des Leistungssports (siehe unten § 5.IV.6). Die Abbildung auf Seite 152 (orientiert am Beispiel des Tischtennissports) verdeutlicht dieses Leitungsgefüge.

5. Planung

Bislang war an mehreren Stellen dieser Untersuchung von „Planung" die Rede (z.B. von den Jahressportplänen des Bundesvorstandes);[865] das entsprechende Instrumentarium soll nunmehr aufgezeigt werden: Als höchstes „Planungsorgan" fungierte der *Turn- und Sporttag des DTSB*, der insofern auch für die höchsten planerischen Entscheidungen des Dachverbandes, dessen Entschließungen, zuständig war.

---

[861] Es gab keine freien Wahlen, da nur die Wahlvorschläge der jeweils übergeordneten Gremien zur Bestätigung in den Versammlungen vorgelegt wurden.

[862] Sog. Territorial-Zweig-Prinzip (zum Territorialprinzip siehe § 5.II.1.a.bb). Neben den territorialen Leitungen auf nationaler, Bezirks-, Kreis- und Sportgemeinschaftsebene existierten verschiedene Zweigleitungen (Sportart als Zweig), die wiederum territorial untergliedert waren; hierzu Wonneberger, Körperkultur/Sport, S.342 ff. Siehe auch das Beispiel des Tischtennisverbandes der DDR bei Schiele, Verbandsaufgaben, S.646.

[863] Schiele, Verbandsaufgaben, S.646.

[864] Prinzip der doppelten Unterstellung; vgl. § 5.II.1.b.bb (staatlicher Bereich - örtliche Räte).

[865] Zu den Jahressportplänen vgl. Ziffern 1.6/2.5 der DTSB-Planungsordnung vom 03.04.79.

Hierzu nahm der Turn- und Sporttag den Rechenschaftsbericht des Bundesvorstandes und der Zentralen Revisionskommission entgegen und beschloß die vom alten Bundesvorstand vorgeschlagenen (und zuvor politisch abgestimmten) Planungsaufgaben der folgenden sechs Jahre, Ziffer X Satz 2 DTSB-Statut; die Entschließung war ihrerseits wieder Grundlage für die nächsten Jahresplanungen (des Bundesvorstandes). Die Inhalte der Entschließungen wurden bereits oben bei 2. für den exemplarischen Fall des VII. Turn- und Sporttages aufgezeigt; im allgemeinen waren abgedeckt die Planungsbereiche Kinder- und Jugendsport, Lehrlings- und Studentensport, Massensport, Leistungssport, politisch-ideologische und kulturelle Arbeit, internationaler Sportverkehr, Sportwissenschaft, materiell-technische Voraussetzungen für den Sport, Qualifizierung und Weiterbildung der Kader.[866] Die Planung im DTSB war in zwei Bereiche aufgeteilt: Planung im allgemeinen Volks- oder *Massensport* (dem Breitensport der Bundesrepublik ähnelnd) und Planung im *Hochleistungssport*.[867]

Abb.4

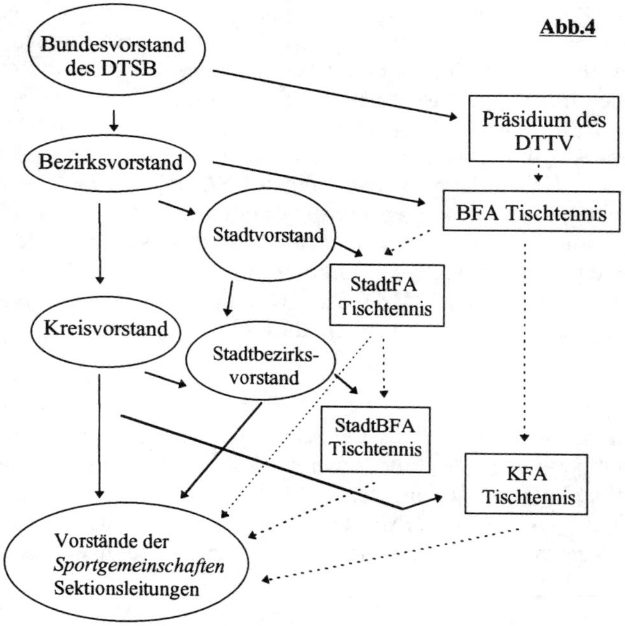

---

866 Vgl. Gieseler, Leitungssystem, S.124.

867 Die offizielle Terminologie tat sich lange Zeit schwer mit der Unterscheidung zwischen Leistungssport und Breitensport. Zur Begründung wurde darauf verwiesen, daß der Spitzensport harmonisch aus dem Massensport erwachse, vgl. Pfetsch, Gesellschaftssystem, S.195; De Marees, Mensch & System, S.17; Kruczek, Wortprotokoll BT, S.146. Dies als zutreffend unterstellt, wäre es um den DDR-Spitzensport übel bestellt gewesen, da der Massensport ein langjähriges Schattendasein fristete.

a) Massensport

Mit zu den wichtigsten Planungsgrößen des Massensports gehörten die zahlenmäßige Entwicklung der organisierten Mitglieder, die Bildung neuer Gemeinschaften und Sektionen sowie die Absolventenzahlen des Sportabzeichens.[868] Insbesondere bei der Planungsgröße „Entwicklung der Mitgliederzahlen des DTSB"[869] gab es immer wieder Rückschläge, wobei zumeist besonders schmerzlich wirkte, daß der Organisationsgrad der im DTSB vereinigten Bevölkerung trotz aller Anstrengungen letztlich deutlich hinter den DSB-Zahlen zurückblieb.[870] Mit ein Grund für diesen nicht wunschgemäßen Organisationsgrad dürfte die fehlende Motivation der Bevölkerung aufgrund zu geringer (und in schlechtem Zustand befindlicher) Platz- und Hallenkapazitäten gewesen sein.[871] Neben der problematischen Sportstättensituation war die gesamte materiell-technische Infrastruktur unterdimensioniert. Gründe hierfür sind zu sehen in der politisch motivierten Betonung des Hochleistungssports[872] - und der hierdurch bedingten mangelhaften Finanzausstattung des insoweit vernachlässigten Breitensportsegments.[873] Da ein erfolgreicher Leistungssport internationale Reputation versprach, bezog dieser auch den weitaus größten Anteil der für den Sport vorgesehenen Staatsausgaben.[874] Die außerordentlich niedrigen

---

[868] Motto: „Bereit zur Arbeit und zur Verteidigung der Heimat" - bereits bei der GST (oben Fn.735 bzw. bei § 5.II.2.c /) angesprochen - vergleichbar zum Sportabzeichen des DSB (mit allerdings dort erhöhtem Anforderungsniveau).

[869] Die Steigerung der DTSB-Mitgliederzahlen gehörte ebenso wie die Zunahme der Absolventenzahlen zu den festen Größen der Jahressportpläne; alle Pläne waren stets auf Zuwachs angelegt. Bernett, Akademieschrift 8, S.74 bezeichnet die Jahressportpläne als langweilig und eher demotivierend, da sie letztlich immer das gleiche - in leicht veränderter Form - von Jahr zu Jahr wiederholten.

[870] Organisationsgrad DSB 31,4 % der Bevölkerung, DTSB 21 % der Bevölkerung (1985); Gieseler, Leitungssystem, S.124,125 (auch unter Hinweis auf den Vergleich der Planerwartungszahlen und der tatsächlichen Entwicklung); Holzweißig, Sport und Politik, S.38; Hinsching, Alltagskultur, S.47.

[871] So waren z.B. im Jahr 1987 für das Gebiet der DDR 330 Sportstadien, 1218 Sportplätze, rund 10500 Spiel- und Übungsplätze, knapp 6000 Sporthallen und Säle sowie 700 Schwimmstadien (nebst 200 Hallenbädern) ausgewiesen; bei 16,5 Millionen Einwohnern (und 3,6 Millionen DTSB-Mitgliedern) war dies viel zu wenig (zitiert nach Holzweißig, Sport und Politik, S.39). Einer Aufstellung der Arbeitsgruppe „Sportstätten" der SMK folgend (vgl. Niederschrift der 5. Sitzung, S.4), hatten die Bestände bis zum Jahr 1990 zwar Zuwachs erfahren, jedoch lag allen Bau- und Sanierungsmaßnahmen der Primat des Leistungssports (gemäß den Vorgaben der 5-Jahrespläne) bzw. die Devise „Quantität vor Qualität" zugrunde, so daß die Situation im Massensport nahezu unverändert blieb.

[872] Siehe ferner unten bei § 5.IV.5.b bzw. § 5.IV.8.

[873] Vgl. im Bericht der Bundesregierung zur Sportinfrastruktur, S.3: „Die vorhandenen Sporteinrichtungen des Leistungssports durften im Freizeit- und Breitensport nicht genutzt werden. Für die wenigen Sporteinrichtungen im Breitensport waren so gut wie keine Gelder für Instandhaltungs- und Renovierungsarbeiten vorhanden, so daß sich diese Sporteinrichtungen teilweise in einem katastrophalen Zustand befanden ..."

[874] Der Sportetat des Jahres 1988 entsprach einem Anteil von rund 0,8 % an den Staatsausgaben (i.H.v. ca. 270 Mrd. Mark); nahezu **90** vH wurden in den Leistungssport investiert, Wokalek, Transformationsprozeß, S.10; Gieseler, Leitungssystem, S.126 ging im Jahre 1983 von einem Verhältnis von **80** : 20 zugunsten des Leistungssports aus. Im gegebenen Zusammenhang sind eher die prozentualen Verhältnisse entscheidend, im übrigen aber gilt: Die *Gesamtaufwendungen* für den DDR-Sport blieben lange im Dunkeln

Mitgliedsbeiträge des DTSB,[875] die aufgrund niedriger Eintrittspreise geringen Erlöse aus dem Verkauf von Eintrittskarten sportlicher Veranstaltungen usw.[876] deckten bei weitem nicht den bestehenden Investitionsbedarf.[877] Die mangelnde Finanzkraft bewirkte zudem, daß bestimmte (investitionsintensive) Sportarten (z.B. Golf, Tennis) kaum oder keinerlei breitensportliche Förderung erfuhren.[878] Im Ergebnis bleibt (wie bereits angedeutet) zu vermuten, daß die zwar hohen - aber einseitig verteilten - finanziellen Zuwendungen für den Sport bei Teilen der Bevölkerung zu Abneigungen führten, sich breitensportlich zu organisieren.[879] Mitunter dürfte sogar eine völlige Abkehr vom Sportgeschehen entstanden sein, da Versuche einzelner, auch außerhalb von Sportvereinigungen „organisationsähnlich" Breitensport zu betreiben, in aller Regel (im Ergebnis kontraproduktive) „Übernahme-Aktivitäten" des jeweiligen DTSB-Kreisvorstandes bewirkten;[880] kontraproduktiv deshalb, weil der DDR-Bürger in seiner Freizeit gerade der ihn ansonsten begleitenden Reglementierung seines Lebens zu entgehen suchte. Als Widerspruch zwischen Anspruch und Wirklichkeit bleibt festzuhalten, daß einerseits nach der sozialistischen Ideologie Arbeit und Freizeit eine dialektische Einheit bildeten, andererseits die Werktätigen in der DDR ihre Freizeit eher als Alternative und Möglichkeit empfunden haben, dem Alltagszwang zu entfliehen und sich selbst zu verwirklichen.

Die Breitensportpolitik des DTSB stand zunehmend in der Kritik;[881] dies machte sich in verschiedenen Teilbereichen bemerkbar - und führte mitunter auch zu Veränderungen: Wie bereits oben zu § 5.II.2.a angedeutet, war ein beachtliches sportmedizinisches Betreuungssystem installiert worden. Die in jedem Kreis existierenden „Sportärztlichen Beratungsstellen" waren zunächst ausschließlich auf den Lei-

(siehe Pfetsch, Gesellschaftssystem, S.195: „vollständige Publikationssperre"; 1975) - und sind wohl auch heute nur zu schätzen; Knecht bekundete 1980 in seiner Schrift „Wege nach Olympia", S.44, bis heute unwidersprochen, daß niemand, „vielleicht nicht einmal Sportpräsident Manfred Ewald", die genaue Höhe der staatlichen Subventionen für den DDR-Sport kenne. Er führte auf, daß neben dem Direktzuschuß aus dem Staatshaushalt auch Subventionen aus den Etats für Volksbildung, Verkehrswesen, Gesundheitswesen, außenpolitische Aufgaben, Nationale Verteidigung, öffentliche Sicherheit und Hoch- und Fachschulwesen sowie aus den Haushaltsplänen der Bezirke und den Fonds der Volkseigenen Betriebe und Kombinate in den Sport flossen. Grobschätzungen zufolge kostete der DDR-Sport den Staat jährlich zwischen drei und vier Milliarden Mark; vgl. auch die MfS-Recherche, S.1.

875 Erwachsene zahlten monatlich 1,30 Mark, Lehrlinge, Schüler, Rentner und Hausfrauen 0,80 Mark, Kinder und Jugendliche 0,20 Mark, siehe Panorama, Sport in der DDR, S.12.

876 Siehe Ziffer XIV des Statuts - "Finanzen des DTSB".

877 Gemäß Ziffer XV.1 des Statuts war vorgesehen, daß sich der DTSB (u.a.) am Bau und Unterhalt von Sportstätten beteiligte.

878 Im Tennis- oder Skisport hätte überdies ein Boom zu ernsthaften Versorgungsproblemen bei den Ausrüstungsgegenständen führen können. Eine Förderung war auch deshalb nicht opportun, Friedrich, Spitzensport DDR, S.23.

879 Es gab rund 5 Millionen Gelegenheitssportler, Schlegel/Hiller, Wort zum Sport, S.11.

880 Vgl. z.B. die „Lauf Dich gesund"-Bewegung; Rummelt, Sportsystem DDR, S.7; teilweise wurden private Iniatiativen zur Behebung des „Sportstättennotstandes" rigoros unterbunden - vgl. Diskussionspapier des Neuen Forums Leipzig, S.94 (keine Genehmigung für private Fitnesszentren).

881 Seitens der Bevölkerung und der SED-Parteiführung, Holzweißig, Sport und Politik, S.45.

stungssport ausgerichtet, wurden später aber auch breiteren Bevölkerungskreisen zugänglich, gegen den Widerstand des DTSB![882] Große Anstrengungen unternahm der DTSB als Organisator öffentlichkeitswirksamer Massensportveranstaltungen. Zu nennen sind hier vor allem die großen Turn- und Sportfeste in Leipzig sowie die regelmäßig alle 2 Jahre abgehaltenen Kinder- und Jugendspartakiaden.[883] Das Turn- und Sportfest des Jahres 1987 geriet zumindest in der Propaganda zu einem Festival der Superlative, an dem über 4 Millionen DDR-Bürger beteiligt gewesen sein sollen. Die hierdurch erzielte Außenwirkung war nicht zu unterschätzen, da bei ausländischen Beobachtern u.a. der (fehlerhafte) Eindruck erweckt werden konnte, daß die Erfolge des DDR-Spitzensports ihre Basis in den breitensportlichen Anstrengungen fanden.[884] Dies war, wie bereits angeklungen ist, nur sehr eingeschränkt der Fall. Richtig ist aber, daß (auch vor dem Hintergrund der oben angesprochenen Kritik) die Partei- und Sportführung in den letzten Jahren des DDR-Staates bemüht war, ihre breitensportlichen Aktivitäten zu intensivieren.[885] Eine breit angelegte Werbekampagne fand ihren Niederschlag u.a. in dem bei § 5.II.2.c bereits angesprochenen gemeinsamen Sportprogramm von DTSB, FDGB und FDJ. Zur Aktivierung der Massen sollten hierbei u.a. Wirksamkeit und Ausstrahlungskraft der Sportgemeinschaften und Allgemeinen Sportgruppen erhöht werden.[886] Auf diesem Feld ergaben sich zahlreiche Kooperationsmöglichkeiten mit den Betrieben, örtlichen Volksvertretungen und Räten; mitunter entstanden (ungeachtet gesetzlicher Mitwirkungspflichten - vgl. die Ausführungen oben zu § 5.III.1.c.aa) konkrete Vereinbarungen mit den staatlichen Organen, darauf gerichtet, die planmäßige Entwicklung zu unterstützen.[887] Eine solche Unterstützung durch kommunale Organe, etwa auf Basis von § 32 I,II GöV, realisierte sich auch bei der Organisation der angesprochenen Großveranstaltungen.[888]

---

882 Vgl. Gieseler, Leitungssystem, S.125; Panorama, Sport in der DDR, S.32.

883 Letzere hatten vor allem auch Bedeutung für den Leistungssport (Talentauslese).

884 Holzweißig berichtet (in: Sport und Politik, S.43; gleicher Autor in Diplomatie, S.7) vom teilweise überschwenglichen Lob westlicher Sportfunktionäre ... die als Früchte einer langfristig angelegten und konzentrierten Vorbereitung zu ernten waren. Beuker, Sport für alle, S.27: „Diese Meinung (*Freizeitsport als Kaderschmiede des Leistungssports)* war ganz sicher falsch." Nach Rossade, Sport und Kultur, S.12,156 bestand ein Ziel der DDR-(Sport)-Außenpolitik darin, die Medaillenausbeute des Leistungssports als auf die vorbildhafte Förderung des Breitensports rückführbar erscheinen zu lassen.

885 So sah es der neu gewählte DTSB-Präsident Eichler als eine seiner Hauptaufgaben an, die bestehenden Niveauunterschiede zwischen Leistungssport und Massensport zu beseitigen. Dies erfordere schleunigst Anstrengungen im Massensport (FAZ vom 04.01.89).

886 Darüberhinaus wurden im Rahmen der Aktionsprogramme Initiativen gestartet, die von der problematischen Sportstättensituation ablenken sollten - Stichwort: „Sportplatz Natur" - die aber mitunter wegen der hiermit verbundenen Verunreinigung der Umwelt ihrerseits wieder problematisch und im Ergebnis der Gesundheit eher abträglich waren. Weiterhin ist festzustellen, daß allein mit dem Slogan „Sportplatz Wald (oder Wiese usw.)" dauerhaft die Menschen nicht zu stimulieren waren, Decker, Wortprotokoll BT, S.162.

887 Sommer, Sport überall, S.18: „Das enge Zusammenwirken der örtlichen Volksvertretungen und ihrer Organe mit dem DTSB ist unverzichtbar".

888 Vgl. Sommer, Sport überall, S.21: „Überzeugende Beweise für die sinnvolle und nützliche Partnerschaft zwischen den örtlichen Räten und dem DTSB der DDR sind neben ... die Ergebnisse politisch und organisatorisch gut vorbereiteter Großveranstaltungen".

b) Leistungssport

Ungeachtet dessen, daß die breitensportlichen Planungsziffern nicht immer eingehalten werden konnten, wurden die Planvorgaben des Leistungssportbereiches erfüllt, [889] mitunter sogar übertroffen - einzigartig für das Planungswesen der DDR. Die wichtigsten Planungsgrößen aus den Entschließungen der Sporttage des DTSB wurden in Jahrespläne umgewandelt. Diese Jahressportpläne waren gemäß Ziffer 1.6 der Planungsordnung auf den verschiedensten Leitungsebenen zu erstellen, also auf zentraler DTSB-Ebene, in den Bezirks- und Kreisorganisationen, den Verbänden sowie in den Sektionen der Sportgemeinschaften.[890] Die jeweils Verantwortlichen waren angehalten, einmal im Jahr über die Planerfüllung ihres Bereiches Rechenschaft abzulegen (s.u.). Der daraufhin erfolgende Soll-Ist-Vergleich machte es möglich, Defizite herauszufiltern und diese gezielt zu bekämpfen; oftmals wurden dann entsprechend bearbeitete Vorgaben in den Plan des Folgejahres aufgenommen. Der Mangel an qualitativ hochwertigen Nachwuchssportlern in bestimmten Sportarten konnte z.B. dazu führen, daß die Bezirks- und Kreisorganisationen die Anweisung erhielten, gezielte „Mitgliederwerbung" zu betreiben.[891]

Zuständig für diese und alle sonstigen wesentlichen Fragen des Leistungssports [892] waren die (Bezirks-) Leistungssportkommissionen mit der **Zentralen Leistungssportkommission** (ZLSK) an ihrer Spitze. Die ZLSK war hochrangig besetzt,[893] formal der Abteilung Sport beim ZK der SED zugeordnet,[894] und hatte u.a. die Aufgabe, Politbürobeschlüsse für die anzustrebende weitere Entwicklung des Leistungssports (Vierjahrespläne für die Olympischen Spiele)[895] vorzubereiten. Da ihr

---

889 Die zur Vorbereitung auf Europa- / Weltmeisterschaften sowie Olympische Spiele erstellt wurden.

890 Vgl. die detaillierten Vorgaben von Ziffer 2.5 der Planungsordnung des DTSB.

891 Friedrich, Spitzensport DDR, S.22.

892 Vgl. zum Komplex Leistungssport und Planung Gieseler, Leitungssystem, S.127 ff.; Holzweißig, Sport und Politik, S.50,51; Spitzer, Sportwissenschaft 1995, S.360 ff.

893 Vertreten waren u.a. der DTSB-Präsident (Leitung), der DTSB-Vizepräsident für den Hochleistungssport, der Abteilungsleiter Sport im ZK, der Staatssekretär für Körperkultur und Sport, der Chefarzt des SMD, ein MfS-Vertreter usw. Im Hinblick auf die Beteiligung verschiedener Ministerien gibt es widersprüchliche Angaben: Sowohl Berendonk, Doping, S.104, Schumann, Wortprotoll BT, S.115, als auch Holzweißig, Wortprotokoll BT, S.8, gehen von der Beteiligung von (bis zu acht) Ministerien aus, Hiller, Wortprotokoll, S.24, bestreitet dies. Da die Mitwirkung von mindestens zwei Ministerien gesichert sein dürfte (vgl. die Zusammenstellung bei Spitzer, Sportwissenschaft 1995, S.367,368), liegt die „Wahrheit" (über die tatsächliche Zusammensetzung der ZLSK) wohl „in der Mitte".

894 Hiller, Wortprotokoll BT, S.24 bezeichnet die Leistungssportkommission als „im wesentlichen eine Kommission des DTSB", die jedoch aufgrund ihrer Anbindung als Parteikommission bezeichnet wurde; hierzu auch Spitzer, Sportwissenschaft 1995, S.360.

895 Der Hochleistungssport wurde zwar (wie erwähnt) in den Entschließungen der Sporttage genannt, unterlag jedoch einer gesonderten Planung; da der Planungszeitraum dem (vierjährigen) Olympia-Zyklus entsprach, konnte er nicht mit dem der Sporttage (alle 6 Jahre) übereinstimmen. Nach Abschluß eines Olympia-Zyklusses wurden die erzielten Resultate einer detaillierten Analyse unterzogen, in Planungsgrößen umgerechnet und als Politbüro-Vorgaben für die künftig anzustrebende Plazierung in der Nationen-Wertung verwertet, vgl. Gieseler, Leitungssystem, S.130, und Sportpläne DTSB, S.70; MfS-Re-

auch die Entscheidungsgewalt über die Zusammensetzung (und Veränderung) der Mitarbeiterschaft in den Sportverbänden, die Auswahl der zu fördernden Sportarten [896] sowie die Ausarbeitung der Pläne zur wissenschaftlichen und materiell-technischen Basis des Leistungssports oblag,[897] kann die ZLSK als operatives Zentrum des DDR-Leistungssportsystems bezeichnet werden.[898] Als Grundlage der Kommissionsarbeit fungierten Beschlüsse des Politbüros und des ZK-Sekretariats sowie die hierauf beruhenden Festlegungen des DTSB-Bundesvorstandes. Diese direkte Koppelung an die politischen Vorgaben, weiterhin der Umstand, daß das höchste Steuerungsorgan des DDR-Sports auf eine Parteientscheidung zurückzuführen ist, [899] bringen den Primat der Politik eindeutig zum Ausdruck.[900]

Die ZLSK-Beschlüsse waren (in horizontaler und vertikaler Richtung - Weisungsrecht!) verbindlich für alle Sportverbände (nebst den Sportvereinigungen Dynamo und Vorwärts), Bezirksleistungssportkommissionen, SC, FC, TZ und KJS.[901] Der DTSB hatte die Beschlüsse der Zentralen Kommission (auf Basis der Politbüro-Vorgaben) auszuwerten und anschließend die Aufgabe, in Zusammenarbeit mit den Generalsekretären der (zu fördernden) Sportverbände, die angestrebte Punkt- und Medaillenzahl nach den jeweiligen Voraussetzungen auf die Verbände zu verteilen,[902] die sie wiederum an die SC / KJS weiterleiteten.[903] Die Bezirksleistungssportkommissionen waren der jeweiligen Bezirksleitung der SED zugeordnet, standen unter deren Vorsitz und waren gegenüber der Zentralen Kommission rechenschaftspflichtig. Ihre Aufgabe war es, die Umsetzung der Vorgaben durch die ihnen gegenüber rechenschaftspflichtigen SC bzw. KJS zu kontrollieren.[904]

---

cherche, S.1 (mit einem auszugsweise abgedruckten Politbürobeschluß - vom 11.12.84 - zum Planvorhaben für den Folge-Zyklus).

896 Zuletzt waren dies, wie erwähnt, 19, vgl. Wokalek, Transformationsprozeß, S.5.

897 Vgl. Arbeitsrichtlinien der Leistungssportkommission (Präambel sowie Ziffern 1-4), Anlage (vom 07.11.67) zur SED-Hausmitteilung Hellmann an Honecker vom 08.11.67, Abdruck bei Spitzer, Sportwissenschaft, S.364 ff.

898 Spitzer tendiert dazu, hier auch das strategische Zentrum der DDR-Sportpolitik auszuloten (Sportwissenschaft 1995, S.373).

899 Vgl. Spitzer, Sportwissenschaft 1995, S.360 ff.,369.

900 Da auch der DTSB in seiner Tätigkeit grundlegende Konzepte, Pläne und Vorgaben dem Politbüro zur Zustimmung vorzulegen hatte, wird der **durch die SED fremdbestimmte Charakter *aller* maßgeblichen Sportinstitutionen deutlich**.

901 Vgl. Anlage zur SED-Hausmitteilung vom 08.11.67, Ziffer 4 (a.a.O.).

902 Hierbei ist zu berücksichtigen, daß die Entscheidungen der ZLSK von M.Ewald (als Vorsitzendem) und seinen Mitarbeitern vorbereitet und maßgeblich beeinflußt wurden (vgl. Spitzer, Sportwissenschaft 1995, S.373), so daß letztlich nur die „eigenen" Beschlüsse auszuführen waren.

903 Die Bezahlung der Funktionäre und Trainer in den Sportklubs und Sportverbänden war erfolgsabhängig; Maßstab war die Erfüllung der vorgegebenen Planwerte (Baustein im System der Leistungsanreize). Der Themenkomplex „Anreize" wird im übrigen bei § 5.IV.6 behandelt.

904 Bei erkannten Mängeln bedienten sich die Kommissionen zur Sicherung ihrer Maßnahmen aller gesellschaftlichen und staatlichen Institutionen (Stichwort: Vernetzung aller Gesellschaftsbereiche zur Vereinheitlichung und Effektivierung). Die an anderer Stelle bereits in Bezug genommenen Vorschriften des Gesetzes über die örtlichen Volksvertretungen bildeten hierfür den rechtlichen Rahmen (z.B.).

Eine Parallelfunktion zur ZLSK übte übrigens das bereits mehrfach angesprochene Komitee für Körperkultur und Sport aus. Die Vielzahl der darin mitwirkenden staatlichen und gesellschaftlichen Institutionen,[905] vor allem aber seine lediglich beratende (empfehlende) Funktion führten dazu, daß der Massensportbereich nicht ähnlich straff (und erfolgreich) organisiert und geführt werden konnte wie der Leistungssport; auf die Ausführungen zu oben a) wird hierbei verwiesen.

6. Fördersysteme und Leistungsanreize

Der Leistungssportbereich wurde bislang primär unter planerischen Aspekten beleuchtet; nunmehr soll die staatliche Förderung des Spitzensports in den Vordergrund treten.

Das Fördersystem des DDR-Spitzensports basierte auf der Ausnutzung des gesamten Bevölkerungspotentials; Ausnutzung des Potentials meint konkret in erster Linie den Rückgriff auf die Ressourcen des Kinder- und Jugendsportbereiches. Das bei § 5.III.1.c.bb angesprochene Jugendgesetz schrieb dementsprechend die Förderung des Leistungssports schon im frühen Alter fest; besonders deutlich tritt dies in § 28 hervor: „... die Heranbildung junger Leistungssportler ... *ist* durch die staatlichen Organe zu fördern". Der leistungsbezogene **Schulsport**[906] erleichterte die Sichtung der Kinder und Jugendlichen (hinsichtlich ihrer körperlichen Voraussetzungen und ihres sportlichen Talentes). In Ergänzung hierzu bewirkte das sogenannte ESA-System (System der *E*inheitlichen *S*ichtung und *A*uswahl), daß im (normalen) Schulsport möglicherweise nicht erkannte, aber gleichwohl vorhandene Talente aufgespürt werden konnten. Realisiert wurde das System durch regelmäßig (z.B. von DTSB-Mitarbeitern) durchgeführte anthropometrische Vermessungen und sportmotorische Leistungstests. Hiergegen gab es keine Abwehrmöglichkeit von seiten der Eltern - die erst gar nicht informiert wurden - oder der Lehrer.[907] Im Zusammenwirken[908] von Schulsport (§§ 27 III, 37 II Jugendgesetz) und außerschulischem Sportunterricht (§§ 35, 37 II a Jugendgesetz) sollten die Fähigkeiten der Schüler entwickelt und ihr Leistungsstreben durch Kinder- und Jugendspartakiaden gefördert werden

---

905 Siehe oben § 5.II.2.a.

906 Die Qualifizierung als Hauptfach bei den Abschluß- und Versetzungsprüfungen (vgl. § 7 III der Verordnung - aus dem Jahre 1953 - über die körperliche Erziehung der Schüler an den allgemeinbildenden Schulen) gewährleistete eine erhöhte Aufmerksamkeit und Bedeutung; in der Bundesrepublik ist der Sport als Nebenfach weitgehend ein Verschiebeobjekt, ein eher ungeliebtes Kind.

907 Vgl. Hummel, Wortprotokoll BT, S.100,130; Ehrich, Leistungssport DDR, S.29; Dreger, Wortprotokoll BT, S.118.

908 Wie bereits an verschiedenen Stellen hervorgehoben, war das „Zusammenwirken" - Vernetzungsgedanke - einer der Kernpunkte des Gesamtsystems; vgl. auch die DDR-Autoren Wonneberger, Körperkultur/Sport, S.345 („Zusammenwirken aller gesellschaftlichen Kräfte unter Führung der SED") und Sommer, Sport überall, S.15,16, der davon spricht, daß dort die besten Ergebnisse zu erzielen waren, „wo die Staatsfunktionäre, Trainer und Übungsleiter in den einzelnen Trainingsjahren auf der Grundlage der von den Sportverbänden erarbeiteten Trainingsprogramme eine zielgerichtete **politisch-ideologische** Erziehungsarbeit leisteten".

(Wettkampfaspekt). Die Spartakiaden bildeten die zweite Vernetzungsstelle (neben ESA) von Schul- und Leistungssport. Die **Schulsportgemeinschaften**, also die Trainingsgruppen außerhalb des normalen Sportunterrichts, können als Vorstufe des nachfolgend zu erläuternden dreistufigen Fördersystems bezeichnet werden.[909]

Der erste Weg eines sich z.B. über eine Schulsportgemeinschaft herauskristallisierenden sportlichen Talentes führte (über Delegation) in eines der in den Kreisen angesiedelten rund 9000 **Trainingszentren** *(erste Förderstufe).*[910] Dort hatten die „Auserwählten“ ein umfangreiches sportliches Programm zu absolvieren (unter hauptamtlicher Leitung, mit wöchentlich drei- bis fünfmaligem außerschulischem Training). Die Trainingszentren waren meist mit einer Sportgemeinschaft des DTSB verbunden, wobei die Kreisvorstände hierbei anleitend und kontrollierend wirkten (Leitungssystem des DTSB). Naheliegende Folge der Konzentrierung in den Stützpunkten war es, daß hierdurch die Entwicklung der Sektionen einzelner Sportarten in den Sportgemeinschaften und Verbänden negativ beeinträchtigt wurden; auch bedingt hierdurch konnten die Grundeinheiten nicht Charakterzüge des westdeutschen „Vereinswesens“ annehmen. Zielsetzung der Sportler in den Trainingszentren war es zumeist, diejenigen Normen zu erfüllen, die zur Delegation (über den DTSB) und die entsprechende Aufnahme in die KJS berechtigten.[911]

Die (aufgrund einer ZK-Entschließung vom 17.03.1951)[912] in jedem Bezirk eingerichteten **Kinder- und Jugendsportschulen**[913] boten als *zweite Förderstufe* opti-

---

909 Wenn oben davon die Rede war, daß der Sport Hauptfachniveau besaß, so drückte sich dies nicht unbedingt in der Anzahl der Übungsstunden aus („nur“ 2-3 wöchentlich), jedoch sorgte der primär über die Schulsportgemeinschaften abzuwickelnde außerschulische Sportunterricht für eine entscheidende qualitative und quantitative Ergänzung; vgl. Schlegel/Hiller, Wort zum Sport, S.96; Ehrich, Leistungssport DDR, S.31.

910 Die TZ wurden oben bei § 5.II.2.b (im Zusammenhang mit den Stadt-, Kreis- und Stadtbezirksorganisationen) bereits angesprochen; vgl. auch Gieseler, Leitungssystem, S.124, 128. Als Auswüchse des Systems sind die punktuell bestehenden „Kindergarten“-Trainingszentren (im KJS-Maßstab, siehe unten) zu sehen, die die vorschulische Leistungssportvorbereitung in den Frühsportarten (wie z.B. Turnen und Eiskunstlauf) übernahmen. Angeblich hat sich selbst Volksbildungsministerin Margot Honecker gegen diese Art der Vorverlagerung ausgesprochen, vgl. Hummel bzw. Dreger, jeweils Wortprotokoll BT, S.101 bzw. 117.

911 Wie oben bei § 5.II.2.a erläutert, waren nicht nur sportliche, sondern auch sonstige Bedingungen zu erfüllen (z.B. Notendurchschnitt in den anderen Fächern, ideologische „Stimmigkeit“); unabhängig von diesen (durch die Sportler zu erfüllenden) Voraussetzungen waren auch die Sportgemeinschaften und Sektionen „in die Pflicht genommen“, ihrerseits eine bestimmte Anzahl von Kindern und Jugendlichen zur Delegation vorzubereiten. Hierzu Gieseler, Sportpläne des DTSB, S.70 und MfS-Recherche, S.2, in der aufgezeigt wird, daß die SED-Führung z.B. im Jahre 1984 forderte, daß jährlich 26.000 Kinder und Jugendliche in die erste Förderstufe aufzunehmen und von dort aus 2.600 (also 10 %) gut vorbereitete Sportler in die zweite Förderstufe zu übergeben waren. Der erfolgreiche Trainer, also derjenige, dem eine Delegation gelungen war, erhielt hierfür eine „Kopfprämie“ (Stichwort: Leistungsanreize, näheres hierzu unten bei § 5.IV.6); Dreger, Wortprotokoll BT, S.120.

912 Hierin sind der demokratischen Sportbewegung politische und organisatorische Ziele gesetzt worden: „Für sportbegabte Kinder sind vom 14. Lebensjahr an ... Jugendsportschulen zu errichten. An diesen wird der allgemeine Schulunterricht durchgeführt, jedoch wird der körperlichen Erziehung ein weitaus breiterer Rahmen eingeräumt (...)“.

male Trainingsbedingungen für die 14 bis 19jährigen.[914] Wie an allen Eliteeinrichtungen der DDR[915] wurde besonders auf ein günstiges Schüler-Lehrer-Verhältnis geachtet. Der Sport dominierte bei den Unterrichtsfächern, theoretische Fächer wurden eingeschoben; neben dem normalen Unterricht gab es drei- bis fünfmal *täglich* ein zusätzliches Training. Aufgrund der Kooperation mit den naheliegenden Sportklubs - dort wurde das Training abgehalten - fungierten die KJS (auch) als Talentquelle / Nachwuchsreservoir für die Klubs.[916] Die Schüler hatten in jedem Schuljahr Leistungszuwächse nachzuweisen. Wurden diese nicht erreicht, erfolgte eine Umdelegierung in die normalen polytechnischen Oberschulen.[917] Die Kasernierung der Schüler in den Internaten,[918] die fortwährende politische Indoktrination und der sportliche Ehrgeiz der Schüler bewirkten, daß systemkritische Denkansätze gar nicht erst aufkamen, bzw. nicht vor dem Verlassen der Schule einsetzten; die Voraussetzungen für ungestörtes sportliches Arbeiten waren also auch insofern gewährleistet.[919]

Den in die **Sportklubs** *(dritte Förderstufe)* hineindelegierten[920] Sportlern standen optimale Trainingsbedingungen (bei einer Trainingsintensität von rund 1600 Trai-

---

913 Die Existenz und nähere Struktur der KJS wurde lange Zeit DDR-seitig nicht publiziert, regelmäßig hatten sogar DDR-Journalisten keinen Zutritt zu diesen Einrichtungen, vgl. Knecht, Akademieschrift 2, S.22. Erstmals, so ist es bei Holzweißig, Politik und Sport, S.54 zu lesen, wurden in der im Ost-Berliner Staatsverlag 1987 (!) erschienenen Broschüre von Schlegel/Hiller, Ein Wort zum Sport (in dieser Untersuchung bereits mehrfach zitiert), S.71 ff. offizielle Angaben gemacht. Diese relative Form der Geheimhaltung sorgte letztlich dafür, daß Details zu den KJS - die in der DDR Gegenstand zentral gesteuerter wissenschaftlicher Forschung und Begleitung waren - im Westen bis zur Vereinigung weitgehend unbekannt blieben, Helfritsch/Becker, Dokumentationsstudie, S.9.

914 Das Aufnahmealter variierte de facto (abhängig von der jeweiligen Sportart) erheblich; z.B. Eiskunstläufer waren in der Regel bereits sehr viel früher KJS-Schüler, vgl. Panorama, Sport in der DDR, S.36.

915 Offiziell wurden die KJS als Spezialschulen ausgewiesen, die etwa Musik- oder Russischschulen gleichzusetzen waren, Schlegel/Hiller, Wort zum Sport, S.72. Hummel, Wortprotokoll BT, S.101, sieht den Schwerpunkt anders gelagert: Da die Sportklubs als Zentren des Leistungssports fungierten, waren die KJS nach seiner Ansicht Hochleistungstrainingszentren mit elastisch angelagerter Schule.

916 Auszug aus einem Vermerk über die Reise einer Delegation des DSB zum DTSB der DDR in der Zeit vom 24. - 27.05.89 nach Ost-Berlin und Rostock: „Unterricht und Training, das beim SC Empor Rostock erfolgt, werden mit bis zu 4 Trainingseinheiten pro Tag (im Schwimmen) ab 6.30 bis 19.00 Uhr aufeinander abgestimmt"; vgl. auch Beispiel des Sportklubs Motor Jena, FAZ vom 25.07.95.

917 Bericht der Bundesregierung zur Sportinfrastruktur, S.2. Die Abgangsquote war beachtlich hoch, 70 %, vgl. Holzweißig, Politik und Sport, S.55, und war neben stagnierenden sportlichen Leistungen z.B. auch auf unerwünschte Westkontakte oder so „diagnostizierte" politische Unzuverlässigkeit zurückzuführen.

918 Die Gesamtzahl der Internatsschüler belief sich auf 50 % aller KJS-Schüler, Helfritsch/ Becker, Dokumentationsstudie, S.23.

919 Spassov-Neufeld, Politischer Auftrag, S.25: „Das Internatsleben ermöglicht die vollständige Kontrolle eines jeden Sportlers. Er ist weitgehend von der Außenwelt abgekapselt und kann so auch leichter an seine Schweigepflicht gebunden werden, zu der er sich mit der Aufnahme ins Internat schriftlich verpflichtet hat. Diese Schweigepflicht bezieht sich auf das gesamte Klub- und Eigenleben. Sie schließt Eltern und Verwandte ein".

920 „Vermittlungsinstanz": DTSB.

ningsstunden pro Jahr)[921] und eine umfassende Betreuung zur Verfügung.[922] Die Hauptaufgabe der in Sektionen unterteilten Klubs bestand darin, Sportler zu Spitzenleistungen bei Euro- und Weltmeisterschaften bzw. Olympischen Spielen zu führen. In den 7 zentralen Leistungssportschulen des DTSB (u.a. in Kienbaum und Oberhof) wurden (ergänzende) Leistungssportprogramme (Lehrgänge) durchgeführt. Geleitet wurde die dritte Förderstufe durch einen DTSB-Vizepräsidenten, der auch für die „organisatorische Vernetzung" zuständig war.[923]

Als Systemvariante ist die Spitzensportbetreuung durch die Sportvereinigungen der bewaffneten Organe - **„Vorwärts"** und **„Dynamo"** - zu bezeichnen. Diese waren personell wie materiell gut ausgestattet und nahmen eine führende Position im Leistungssportsystem der DDR ein. Letzteres liegt auf der Hand, da sich neben der materiellen Dimension auch die sonstigen strukturellen Voraussetzungen (militärischer Drill, gehobene Disziplin usw.) besonders dazu eigneten, einen ertragreichen Nachwuchs- wie Spitzensport-Trainingsbetrieb aufzuziehen; die Vielzahl der errungenen Medaillen legt hiervon ein eindrucksvolles Zeugnis ab.

Diejenigen Sportler, die den „großen Sprung" im Fördersystem der DDR nicht schafften, bildeten zumeist das Reservoir an Nachwuchskräften im Funktionärs- und Trainerbereich. Im Zusammenhang mit dem politischen System der DDR ist bereits auf die Kaderpolitik eingegangen worden. Das Vorliegen der dort genannten Voraussetzungen (z.B. unbedingte Treue zur SED) war auch für die Mitarbeiter des DTSB notwendig, um eine führende Position einnehmen zu können, bzw. um zum auserwählten Reisekaderkreis[924] zu gehören. Auf die Ausführungen zu § 5.II.1.c ist somit einerseits zu verweisen, andererseits ist ergänzend auf das „Einheitliche System der Schulung, Ausbildung und Qualifizierung der Kader im DTSB" hinzuweisen, in dem der DTSB spezielle Schulungsinhalte festlegte.[925] Die Möglichkeit eines Athleten, aus seiner sportlichen Aktivität heraus z.B. eine spätere berufliche Karriere zu starten, war ein Teil des (mit dem Leistungssport in direktem Zusam-

---

921 Gieseler, Leitungssystem, S.128.

922 Auf die (exemplarischen) Unterschiede im Zahlenverhältnis des Trainerstabes im DDR-Leichtathletikverband (594) und seiner westdeutschen Antipode (160 Trainer - SZ vom 12.06.90) ist hinzuweisen, jedoch sind solche Vergleiche bei völlig unterschiedlichen Systemen immer problematisch (Stichwort: Neben den Verbandstrainern sind die Vereinstrainer zu berücksichtigen). Andererseits sind zumindest Hinweise auf die Intensität der Betreuung ableitbar. Abweichend stellte sich die Situation beim sog. Abtrainieren dar, wenn der nicht mehr leistungsfähige Sportler in das normale Leben zurückkehren mußte. Da nur Leute zur Verfügung standen, um eine Leistung zu entwickeln, und nicht um den „hochgezüchteten" Körper auf Normalmaß zurückzuführen, fehlte es hier an jeder Form von Obhut und Betreuung, vgl. Schult, Wortprotokoll BT, S.156.

923 Vgl. erneut Sommer, Sport überall, S.16 ff., der in Bezug auf das „unverzichtbare Zusammenwirken der örtlichen Volksvertretungen und ihrer Organe mit dem DTSB" darauf hinwies, daß das Bemühen dahingehen müsse, „den Kontakt zur zweiten und dritten Förderstufe enger zu gestalten" und (S.17) bei den „Leistungssportlern finde auch die Mitarbeit leitender Staatsfunktionäre in den Sektionsleitungen der Klubs hohe Anerkennung"; im Bezirk Frankfurt (O) wirkten nach diesem Vorbild zahlreiche Ratsmitglieder in den Sektionsleitungen mit.

924 Personen, denen Reisen z.B. ins westliche Ausland gestattet wurden.

925 Siehe hierzu Auszüge bei Bernett, Körperkultur, S.148,149.

menhang stehenden und insofern *leistungsorientierten*) Gratifikationssystems der DDR. Das Leistungsprinzip ist keinesfalls ein ausschließlich dem Kapitalismus zuzuschreibender Grundsatz,[926] wie z.B. dessen Aufnahme ins GBA der DDR bewiesen hat: § 39 III GBA besagte, daß für die Arbeit und den Lohn der Werktätigen das sozialistische Prinzip gelte, „Jeder nach seinen Fähigkeiten, jedem nach seiner Leistung". Unabhängig hiervon muß der real existierende Sozialismus des DDR-Staates aber eher als leistungsfeindlich bezeichnet werden,[927] worin ein (weiterer) Systemwiderspruch - zumindest aber ein Vollzugsdefizit - zu sehen ist. Der „Jeder-nach-seiner-Leistung-Grundsatz" beschrieb die sozialistische Vorstellung von der Leistungsgesellschaft, wohingegen die real existierende Wirklichkeit von einer Realisierung weit entfernt war;[928] einzig der Sportbereich machte hiervon eine klare Ausnahme, denn Leistung zählte - und wurde belohnt.[929]

Als Ausgangspunkt zur Betrachtung des wirkungsvollen Belohnungssystems kann der Begriff des *Mangels* gewählt werden:

„Mangel kann eine der mächtigsten Triebkräfte menschlichen Handelns sein. Die DDR - und das ist hier ausschlaggebend - kann ihren Spitzenathleten individuelle Sonderrechte einräumen, die in westlichen Demokratien längst Allgemeingut aller Bürger sind."[930]

Mangel bestand z.B. an Freizügigkeit, an Reisefreiheit, an Meinungs- bzw. Informationsfreiheit und freier Berufswahl; darüber hinaus sind Begriffe wie „Reizarmut" und „Uniformiertheit" geeignet, den insgesamt standardisierten, festgelegten und eingeschränkten DDR-Lebensspielraum zu charakterisieren. Folge: Der Bedürfnis- und Interessenstau machte die Sportler besonders empfänglich für *Belohnungen*; die Belohnungen bestanden z.B. in dem Privileg, Auslandsreisen (ins Trainingslager oder zu Wettkämpfen) vornehmen zu dürfen;[931] in der Möglichkeit, erleichterte Voraussetzungen zur Aufnahme und Absolvierung eines Hochschulstudiums vorzufinden; weiterhin in der Aussicht, eine politische Karriere als Abgeordneter der Volkskammer oder als Trainer, Sportlehrer oder Sportwissenschaftler realisieren zu können;[932] allgemein in der Gewährung materieller Vorteile;[933] in

---

926 In der Bundesrepublik z.B. in Art. 33 II GG fixiert.

927 Vgl. Lutz, Sportsoziologie, S.116: „Wo sich wirkliches Schöpfertum regt, kommt es sofort mit dem Staat in Konflikt" und Rossade, Sport und Kultur, S.93: „Die Diskrepanzen zwischen Leistung und Ertrag führen dazu, daß nicht Leistung, sondern permanente Leistungsverweigerung bzw. Verzögerung (Bremsen) die Wirklichkeit des sogenannten realen Sozialismus bestimmt."

928 Pfister, Einstellungen, S.47.

929 Vgl. auch FAZ vom 15.07.95, in der in einem Artikel über die marktwirtschaftliche Karriere ehemaliger DDR-Bürger darauf hingewiesen wird, daß es nicht zufällig sei, daß viele, die heute erfolgreich sind, sich schon zu DDR-Zeiten in einer leistungsorientierten Nische der DDR getummelt hätten - dem Sport.

930 Zitiert nach Lutz, Sportsoziologie, S.117

931 Eppelmann, Wortprotokoll BT, S.4: „Spitzensportler und -künstler durften damit rechnen, auch in jüngeren Jahren das kapitalistische Ausland kennenzulernen. Das wurde ihnen von vielen Menschen in der DDR mehr geneidet als die materiellen Vergünstigungen".

932 Holzweißig, Diplomatie, S.149; Kühnst, Der mißbrauchte Sport, S.58. Zu den beruflichen Fördermaßnahmen gehörten auch diejenigen der Nationalen Volksarmee, der Volkspolizei, bzw. des Staatssicherheitsdienstes, vgl. Messing/Voigt, Gesellschaftliches System, S.898; Dreger, Wortprotokoll BT, S.120: „... es war automatisch, daß, wer beim ... ASK

der Bevorzugung bei der Vergabe von Konsumgütern;[934] in der Möglichkeit, sich ganz auf den Sport konzentrieren zu können;[935] in der Möglichkeit, mit Ehren- und Ordenszeichen dekoriert zu werden.[936]

Eher vernachlässigenswert ist der oftmals propagierte Hinweis, Triebkräfte für Athleten aus den sozialistischen Staaten resultierten primär aus dem kommunistischen Bewußtsein einer sozialistischen Persönlichkeit.[937] Sicherlich hat die ideologisch angereicherte Erziehung bei vielen Sportlern dazu geführt, daß diese einen sozialistisch angehauchten Nationalstolz entwickelten, ohne hierbei das für ihre Leistungsentwicklung förderliche System kritisch zu hinterfragen, bzw. hat dazu beigetragen, Bedenken aufgrund der erlangten Vorteile zurückzustellen. Die individuellen Privilegien mögen aber in der hier nur angedeuteten Vielzahl und Vielfalt eher

---

Dynamo war, dann auch eine militärische Laufbahn einschlagen würde. Die Berufsausbildung war dann schon abgedeckt".

933 Kühnst, Der mißbrauchte Sport, S.58; De Marees, Mensch & System, S.18 („wirksames Prämiensystem"); Knecht, Medaillenkollektiv, S.134, stellte (im Jahr 1978) die Vermutung auf, daß die DDR-Sportführung eine Goldmedaille bei Weltmeisterschaften oder Olympischen Spielen mit mindestens 25.000 Mark honorierte; der Bericht der Bundesregierung zur Sportinfrastruktur, S.11, bestätigt diese Annahme (zum Vergleich: Für einen Olympiasieg 1996 in Atlanta schüttet die DSH 15.000 DM pro Person aus). Weiterhin wurden gewährt:
- Ausgleichszahlungen für durch den Sport bedingte Ausbildungsverlängerungen (z.B. im Hinblick auf ein Studium) von bis zu 600 Mark monatlich,
- Verpflegungszuschüsse (60 Mark monatlich),
- Leistungszulagen für Medaillengewinner (bis zu 500 Mark monatlich).

934 Bekanntermaßen mußten Normalbürger auf die Zuteilung einer Wohnung bzw. die Auslieferung eines Kraftfahrzeuges Jahre, mitunter eineinhalb Jahrzehnte warten (vgl. hierzu den Bericht der ungarischen Korrespondenten zur Sportentwicklung in der DDR vom November 1989, S.1,2). Für erfolgreiche Hochleistungssportler verkürzte sich diese Wartezeit auf weniger als ein Jahr, Schult und Decker, jeweils Wortprotokoll BT, S.156 / 163.

935 Wie bereits an anderer Stelle angesprochen (siehe oben § 5.III.1.c.cc), gab es für Leistungssportler die Möglichkeit, finanziell unbelastet von der eigentlichen Arbeitstätigkeit freigestellt zu werden. Hierzu wurden bei den den Sportklubs zugeordneten Trägerbetrieben Kaderstellen (unterschiedlicher Kategorie) geschaffen; so erhielten Kaderstelleninhaber (unabhängig vom Umfang ihrer Freistellung) den vollen Arbeitslohn entsprechend ihrer beruflichen Einstufung, die wiederum parallel zu ihrer sportlichen Leistungssteigerung verlief; vgl. Messing/Voigt, Gesellschaftssystem, S.898.

936 Neben dem ausgeprägten staatlichen Ehrenwesen - vgl. DDR-Handbuch, S.115 ff., in dem Auszeichnungen wie der „Banner der Arbeit" oder der „Vaterländische Verdienstorden" auf beachtlichen 12 Seiten abgehandelt werden - gab es im Sportbereich eigene „Auszeichnungspakete"; vgl. Ziffer XII. des Statuts sowie Beschluß des Präsidiums des DTSB vom 17.12.75 über die „Neufassung der Normen zur Auszeichnung mit dem Ehrentitel - Meister des Sports". Analog zur Auszeichnung von Werktätigen in der Produktion, die für hervorragende Leistungen im „sozialistischen Wettbewerb" den Ehrentitel „Meister" bzw. „Verdienter Meister" erhielten, wurden diese Titel auch an Trainer, Sportwissenschaftlehrer und aktive Sportler verliehen. Der DTSB-Beschluß legte die Kriterien fest, anhand derer die (staatliche) „Meister des Sports"-Ehrung erlangt werden konnte; der DTSB hatte ferner das Vorschlagsrecht. Diese Art von Auszeichnung war regelmäßig mit Prämienzahlungen verbunden, die jedoch teilweise auf Sperrkonten bis zum Ende der Karriere deponiert wurden; Knecht, Medaillenkollektiv, S.134,135.

937 Vgl. Wonneberger, Körperkultur/Sport, S.306,453.

motivationsfördernd gewesen sein als der bloße sozialistische Ehrengedanke;[938] jedenfalls stellte dieser allenfalls einen Teilaspekt der komplexen Sportlermotivation dar.[939]

Nicht zu vernachlässigen ist hingegen der Umstand, in Ergänzung zur Anreizwirkung der Privilegien, daß sich jeder Spitzensportler darüber bewußt sein mußte, daß bei Nichtbefolgung der von der SED und ihren Hilfsorganen ausgesprochenen Anordnungen unweigerlich ein „Absturz in die Tiefen der sozialistischen Produktion" folgen würde.[940] Hierin ist ein beachtliches Pressions-Potential zu erblicken, welches sich im Zwang zur Einnahme von Anabolika (siehe unten § 5.IV.8.d.aa), psychologischen Einflußnahmen jeder Art sowie der totalen Kontrolle und Manipulation der Sportlerpersönlichkeiten äußern konnte (Privilegien und Zwang - Zuckerbrot und Peitsche).[941] In diesem Zusammenhang ist auch zu sehen, daß sich die Sportführung z.B. schriftlich bestätigen ließ, daß die Karriere nicht ohne DTSB-Zustimmung beendet oder unterbrochen werden durfte (z.B. wegen einer Babypause). Hielt sich ein Sportler nicht an diese Vereinbarungen, drohte ihm, daß z.B. eingefrorene Prämienzahlungen wegen „unehrenhaften Aufhörens" dauerhaft gesperrt blieben.[942]

Abschließend ist darauf hinzuweisen, daß zu der oben umrissenen Sonderstellung der erfolgreichen Spitzensportler, insbesondere vor dem Hintergrund der genannten Vergünstigungen, kein Wort in den Publikationen der DDR zu finden war.[943] Es wäre der DDR-Führung wohl auch schwergefallen, die geschilderten Hervorhebungen einzelner Personen / Personengruppen in ihrem zumindest propagandistisch „von der Gleichheit aller Bürger geprägten Staatswesen" ideologisch sauber zu begründen. Daß der „Wink mit dem Glanz des Stars" und dem damit verbundenen Status nach innen unverhohlen erfolgte, während nach außen Kollektiv und Kollektivität betont wurden,[944] ist einer der Widersprüche, in dem sich das DDR-System fortwährend befunden hat. Zumindest zeitweilig mag hierbei auch die befürchtete Kollision mit dem Olympischen Amateurparagraphen (IOC-Regel 26) eine

---

938 Vgl. Holzweißig, Sport und Politik, S.17 ff.: „Die sozialistische Persönlichkeit - ein utopisches Erziehungsideal".

939 Mit ähnlicher Tendenz äußerte sich der Diskuswerfer Jürgen Schult bei seiner Anhörung im Sportausschuß des Deutschen Bundestages (Wortprotokoll BT, S.155). Er wies einerseits auf die jährlich festgesteckten Leistungsziele hin, die als sozialistischer Klassenauftrag der Partei- und Staatsführung deklariert wurden, stellte andererseits aber klar, daß dies sicherlich nicht die Motivation gewesen sei, die die Sportler angetrieben habe, zu trainieren.

940 Lutz, Sportsoziologie, S.118; Ebert-Stiftung, Sport, S.27.

941 Eppelmann, Wortprotokoll BT, S.4: „Die Annahme von Privilegien ist, wie wir wissen, immer eine zweischneidige Sache. Sie bindet den, der sie aufgrund seiner Leistungen empfängt, an den, von dem er sie erhält. Der Dank für empfangene Privilegien wird aber immer auch von der Furcht begleitet, diese Wohltaten wieder zu verlieren"; Holzweißig, Diplomatie, S.51 („gutdotierte Zwangsjacke").

942 Vgl. Schult, Wortprotokoll BT, S.159: „Das hat wohl einige Athleten dazu bewogen, ja zu sagen, obwohl sie nein meinten".

943 So auch Lutz, Sportsoziologie, S.118.

944 Holzweißig, Diplomatie, S.153.

Rolle gespielt haben (der sog. „Staatsamateur" ist von westlicher Seite immer wieder angeprangert worden[945]).[946]

Fazit: Das Zusammenspiel sportlicher Leistungen und individueller Belohnungen (als Gegenleistung - bei vorausgesetzter Linientreue) war ein wichtiger Garant des sportlichen Erfolges in der DDR. Der so umschriebene „Wirtschaftskreislauf des Sports" war in sich selbsttragend - mit dem Gepräge eines marktwirtschaftlichen Systems (im Gegensatz zum sonstigen Wirtschaftsleben in Ost-Deutschland). Es steht zu vermuten, daß gerade dieser „Marktwirtschaftscharakter" dafür verantwortlich war, daß das sportliche Gefüge relativ friktionslos funktionierte.

7. Sportgerichtsbarkeit

Dieser Themenkomplex nahm (u.a.) im Rahmen der Autonomieerörterungen des westdeutschen Sportsystems breiten Raum ein; ungeachtet dessen, daß ein vergleichbarer rechtstheoretischer „Aufhänger" im ostdeutschen Sport fehlte, muß auffallen, daß es auch nur sehr wenige (hiermit in Zusammenhang stehende) Normierungen[947] gegeben hat. Dies verwundert einerseits, da der Sportbereich ja umfassend reglementiert war,[948] wird aber andererseits wieder stimmig, wenn man das andersgeartete Rechtsverständnis des SED-Staates und insbesondere die untergeordnete Rolle der Justiz berücksichtigt.[949]

In West-Deutschland ist jeder Verband autonom dazu berufen, sich eine eigene Rechts- bzw. Schiedsordnung zu geben und den Überprüfungsrahmen durch staatliche Gerichte selbst zu steuern.

In Ost-Deutschland war die Möglichkeit, eigene Verbands-Angelegenheiten nach eigenen Vorstellungen selbständig regeln zu können, nur minimal vorhanden; wie bereits angesprochen, waren u.a. die Festlegungen des DTSB-Statuts für alle Organisationen verbindlich.[950]

Das DTSB-Statut äußerte sich nur indirekt zur Sportgerichtsbarkeit: Ziffer XIII enthielt in diversen Absätzen Anweisungen dafür, welche erzieherischen Maßnahmen

---

945 Obwohl der Staatsamateur östlicher Prägung dem westlichen Profi allenfalls in der Höhe der materiellen Vergütung nachstand, hat die DDR dieses Faktum jederzeit nachhaltig und vehement bestritten, Kruczek, Wortprotokoll BT, S.149.

946 Offiziell wurde hingegen darauf abgestellt, daß die IOC-Zulassungsregel 26 den „dekadenten Kommerzialisierungspraktiken" keinen geeigneten Riegel vorgeschoben habe (so Wonneberger, Körperkultur/Sport, S.184); umso „enttäuschter" zeigte sich die DDR, als der „Amateurparagraph" durch Durchführungsbestimmungen / Richtlinien im Jahre 1981 zusätzlich gelockert wurde und ggf. auch bezahlte Sportler startberechtigt waren. Die mit der Liberalisierung verbundene „Enttäuschung" resultierte in erster Linie aus dem Umstand, daß man befürchtete, olympisch „an (Medaillen-) Boden zu verlieren". Ein offenes Bekenntnis zu den eigenen, profiähnlichen Bedingungen erfolgte nicht (IOC-Regel 26 sowie die entsprechenden Durchführungs- und Zulassungsbestimmungen sind abgedruckt bei Wonneberger, Körperkultur/Sport, S.184,185,189,190).

947 ... geschweige denn Besprechungen in der DDR-Literatur ...

948 Siehe oben § 5.III.1.b,c (zu Art. 18 III DDR-Verfassung bzw. sonstigen Normierungen).

949 Siehe oben § 5.I (Einführung) bzw. § 5.III.1 (Rechtsgrundlagen des organisierten Sports).

950 Vgl. Ziffern V ff. des DTSB-Statutes bzw. Ausführungen zu § 5.II.2.b / § 5.IV.3.4.

gegenüber Mitgliedern zu ergreifen waren, die gegen die „sportlichen Grundsätze und Regeln des Gemeinschaftslebens" verstoßen hatten.[951] Hiermit wurde nur ein kleiner Ausschnitt aus dem weiten Spektrum möglicher sportrechtlicher Fragestellungen geregelt, aber ein solcher, der im disziplinorientierten Gesamtgefüge besonders wichtig war. Die Regelungsinhalte der Ziffer XIII erfaßten sowohl materielle als auch formelle Aspekte; so wurde z.B. sowohl die Sanktionsfrage angesprochen als auch die Verpflichtung, zuvor rechtliches Gehör zu gewähren (Ziffer XIII.3, Satz 4), bzw. auf die Möglichkeit hingewiesen, einen Rechtsbehelf (Einspruch - bei der übergeordneten Leitung) einzulegen. Das offizielle Handbuch „Ein Wort zum Sport" widmet der Sportgerichtsbarkeit ein eigenes, wenn auch kurzes Kapitel.[952] Hierin wird zum Ausdruck gebracht, daß Tatsachenentscheidungen des Sportgeschehens in der Regel nicht überprüfbar waren (mit Ausnahme evidenter Fehlentscheidungen).[953] Letzterenfalls konnte die Angelegenheit durch eine Kampfrichter- oder Rechtskommission des Sportverbandes behandelt werden. Solche Rechtskommissionen wurden in der Regel mit Beschluß des Verbands-Präsidiums gegründet. Gemäß dem oben geschilderten Leitungsaufbau der Verbände handelte es sich bei den Ausschüssen und Kommissionen um Instanzen, die die grundsätzlich präsidialen Leitungsbefugnisse auf der Arbeitsebene aufgriffen (um das Präsidium zu entlasten bzw. zu unterstützen); sie wurden durch ein Präsidiumsmitglied geleitet.[954] Hieraus ergibt sich eindeutig, daß es sich nicht um Gremien handelte, die etwa den Bedingungen der §§ 1025 ff. ZPO genügt hätten. Die Rechtskommissionen wurden auf bezirklicher / zentraler Ebene (Einspruchsstelle) gebildet, höchstes Entscheidungsgremium war jeweils das Präsidium.[955] Die Entscheidungsgewalt der Rechtskommissionen bezog sich auf die o.a. Ausnahmefälle offensichtlicher Fehlentscheidungen im Tatsachenbereich, vor allem auf angefochtene Disziplinarmaßnahmen, wie z.B. Startsperre, Platzsperre oder Funktionsentzug;[956] jedenfalls handelte es sich immer um sportartspezifische Fragestellungen. In übergreifenden Problemfällen war der DTSB (Präsidium) Entscheidungsinstanz.[957] Keinesfalls war es möglich, eine sportliche Streitfrage einem staatlichen Gericht zur Entscheidung vorzulegen, da hierfür nach keiner Norm eine Zuständigkeit gegeben war. Rechtsstaatlich ist ein derart umfassender Kompetenzmangel sicher bedenklich - allerdings reduziert sich auch die Anzahl rechtlicher Problemstellungen, was z.B. daraus zu ersehen ist, daß die oben unter § 4.II.1 erörterten, beim Rechtssystem der Bundesrepublik relevanten Fragestellungen[958] hier keine Rolle spielten.

---

[951] Vgl. Ziffer XIII des DTSB-Statuts.
[952] Schlegel/Hiller, Wort zum Sport, S.38,40.
[953] Insoweit ist eine Parallele zum westdeutschen Sportrecht anzutreffen.
[954] Vgl. hierzu das bereits mehrfach gewählte Beispiel des Tischtennis-Verbandes der DDR, der bei seinen insgesamt 12 Kommissionen auch jeweils eine Rechts- und Kampfrichterkommission aufweisen konnte, Schiele, Verbandsaufgaben, S.647 bzw. 648 (Skizze).
[955] Auch den Kreisfachausschüssen war es erlaubt, eigene Rechtskommissionen zu bilden, z.B. im Tischtennissport, vgl. Schiele, Verbandsaufgaben, S.650.
[956] Schlegel/Hiller, Wort zum Sport, S.40.
[957] Ziffer XIII.6 DTSB-Statut.
[958] Z.B. zur Verbands- und Schiedsgerichtsbarkeit sowie deren Überprüfungsrahmen.

8. Sport und Politik

Beim Sportsystem West-Deutschlands konnte differenziert werden zwischen dem allgemeinen Verhältnis „Sport und Staat" und den speziellen Beziehungen des (neutralen) Dachverbandes DSB zu staatlichen Stellen (vgl. oben § 4.II.3 bzw. 4.III.7). Wie die vorstehenden Erörterungen gezeigt haben, waren im DDR-Sport alle Bereiche derart miteinander verflochten, daß der Komplex „Sport und *Politik*"[959] nur einheitlich betrachtet werden kann. In der Vergangenheit war in der Bundesrepublik die weit verbreitete Ansicht vorherrschend, daß Politik und Sport nicht miteinander verknüpft werden dürften. Lange Zeit hat die westdeutsche Sportbewegung auch versucht, hiernach zu handeln - im Ergebnis erfolglos.[960] Wie ein Blick auf die Historie zeigt, war der Sport zu jeder Zeit politisiert, so daß Versuche zur Trennung von vornherein als zwar ehrenhaft, aber realitätsfern einzustufen waren.[961] Die SBZ- / DDR-Führung hat demgegenüber nie einen Zweifel daran gelassen, daß der Sport (auch) politischen Zwecken zu dienen hatte, mithin instrumentalisierbar war;[962] nachfolgendes Zitat liefert Hinweise auf die Zweck-Inhalte:

> „Der Sport ist nicht nur als ein Lebensbedürfnis, sondern stets auch als eine wichtige politische Waffe zu betrachten und zu handhaben - eine Waffe, die wir *zur Stärkung unserer sozialistischen Heimat, zur Erhöhung des internationalen Ansehens des Sozialismus, zur Erhaltung des Friedens und zur Völkerverständigung einsetzen.* Diesem Gründungsauftrag sind wir immer treu geblieben. Seine verpflichtenden Ziele werden auch weiterhin unser Handeln bestimmen."[963]

Diese sowohl innen- als auch außenpolitische Aspekte beinhaltende Verlautbarung betonte den gesellschaftlichen Charakter des Sports, der mithin keine bloße Privatsache war. Zudem stellte die SED-Sportpolitik darauf ab, daß Sport der Gesundheit diene, Leistungskraft und Leistungswillen der DDR-Bürger stärke und so zur Erhaltung von Arbeitskraft und Wehrertüchtigung beitrage.[964]

---

[959] Der Begriff „Politik" ist hier naheliegender als derjenige des „Staates", da der Staat ja nur Hilfsmittel der parteipolitischen Interessen der SED war.

[960] Willi Weyer im Jahre 1984 zum Verhältnis von Sport und Politik: „... lassen sich nicht voneinander trennen" und zum Olympiaboykott 1980: „Wir haben damals miteinander gerungen und diese folgenschwere Entscheidung *aus eigener politischer Verantwortung* getroffen. Hinterher merkten wir allerdings, daß sie doch wohl nicht ganz richtig war", Akademieschrift 22, S.103.

[961] Vgl. Holzweißig, Wortprotokoll BT, S.5: „Der Sport besitzt in allen Staatsformen, von der Antike bis zur Gegenwart, eine politische Funktion, auch wenn Sportler, Trainer, Funktionäre und das sportbegeisterte Publikum es nicht immer wahrnehmen"; Kühnst, Der mißbrauchte Sport, S.96; Knecht, Wege nach Olympia, S.7,17,18, weist auf die irrige Gleichsetzung der Begrifflichkeiten „parteipolitisch neutral" (§ 3 Nr.5 DSB-Satzung) mit „unpolitisch" hin; Mocker, Sport in der DDR, S.12; siehe auch oben § 1(historische Einführung).

[962] Im Kompendium von Wonneberger (Körperkultur/Sport, S.34) wird der Sport ganz offen in den politischen Zusammenhang gestellt; siehe auch Gründungsurkunde des DTSB vom 27.04.57 (abgedruckt bei Bernett, Körperkultur, S.144) sowie die Ausführungen zu Zweck und Aufgaben des DTSB oben bei § 5.IV.2; weiterhin Rossade, Sport und Kultur, S.34; Mocker, Sport in der DDR, S.12; Ebert-Stiftung, Sport, S.37; Lehmann, Internationale Sportbeziehungen, S.787.

[963] E.Mielke in seiner Eigenschaft als Vorsitzender der Sportvereinigung Dynamo anläßlich deren 30-Jahr-Feier am 25.02.83 (zitiert nach Holweißig, Sport und Politik, S.7).

[964] Siehe oben § 5.III.2.b zu Art. 35 I DDR-Verfassung; Rossade, Sport und Kultur, S.61

a) Innenpolitische Aspekte

In innenpolitischer Hinsicht hatte der Sport die Aufgabe, systemstabilisierend zu wirken, mithin Herrschaftssicherung zu betreiben. Diese Funktion wurde sowohl durch die SED-eigene Propaganda[965] als auch durch prominente *Leistungssportler* ausgefüllt, die, in der Öffentlichkeit zu ihren Erfolgen befragt, das Gesellschaftssystem als deren elementare Grundlage auswiesen - auf daß es der allgemeinen Arbeitsmoral ein Ansporn sei. Es gehörte zum festen Ritual der SED-Parteitage, daß ausgewählte Sportler (als Identifikationsfiguren) dort „im Namen der Bevölkerung" zum vollen Einsatz für den Staat aufriefen, sich mithin für die SED-Führung einsetzten.[966] Auf dieses Rollenspiel waren die Sportler hinreichend vorbereitet, wie u.a. die von der DTSB-Abteilung Propaganda / Kultur veranstalteten Polit-Unterrichtseinheiten bereits für KJS-Schüler belegen.[967] Ungeachtet der Frage, ob alle, die das System nach außen hin positiv darstellten, auch innere Identifikation aufwiesen, wurde von seiten der Sportführung alles versucht, den Klassenstandpunkt der Sportler zu verfestigen bzw. für eine entsprechende Bewußtseinsbildung zu sorgen.[968] Eine methodische Variante hierbei war es, die internatsmäßige Abschottung von äußeren Einflüssen vorausgesetzt, durch bewußte Falschinformation die westlichen Demokratien herabzuwürdigen.[969] Eine dennoch seitens der Sportler am (Leistungssport-) System erhobene Kritik wurde günstigstenfalls zur „westlichen Marotte" bagatellisiert oder als Sache kleiner Sektierergruppen abgetan,[970] zumeist aber sanktioniert.[971] Auch wenn Holzweißig zu Recht darauf hinweist, daß es keine empirisch meßbaren Daten gibt, die eine Stärkung der innenpolitischen Legitimation durch sportliche Erfolge belegt hätten,[972] so ist doch unverkennbar, daß diese zur Ausprägung des DDR-Staatsbewußtseins beigetragen und das Integrations- und

---

965 Eppelmann, Wortprotokoll BT, S.4: „Jeder WM-Titel und jede olympische Goldmedaille wurde als Beweis der Überlegenheit des sozialistischen Lagers gepriesen"; Schumann, Wortprotokoll BT, S.113; Friedrich, Spitzensport DDR, S.15,16; Holzweißig, Staatliche Anerkennung, S.38 bzw. Diplomatie, S.150; Knecht, Wege nach Olympia, S.40.

966 Rossade, Sport und Kultur, S.155; Holzweißig, Wortprotokoll BT, S.12. Der Versuch, insbesondere bei jungen DDR-Bürgern über sportliche Erfolge eine Identifikation mit Staat und Partei zu erzeugen, kommt z.B. auch im Spartakiadeeid des Jahres 1987 zum Ausdruck, in dem die Teilnehmer geloben mußten: „... nach hohen Leistungen zu streben und einen würdigen Beitrag zur Verwirklichung der Beschlüsse des 11.Parteitages der SED zu leisten. In fairem, sportlichen Wettkampf werden wir unsere Kräfte messen und um den Sieg kämpfen zum Ruhme des Sports und zur Ehre unseres sozialistischen Vaterlandes".

967 Es gibt Hinweise, wonach die „permanente Gehirnwäsche" bereits in den Trainingszentren einsetzte, Dreger, Wortprotokoll BT, S.119; siehe auch Schult, Wortprotokoll BT, S.157,158, der eigene Erfahrungen reflektiert.

968 Hiller, Wortprotokoll BT, S.94; Rossade, Sport und Kultur, S.120,121.

969 Vgl. Spassov-Neufeld, Politischer Auftrag, S.27.

970 Der Nachweis ideologischer Schwächen konnte im erzwungenen Abbruch der Leistungssportkarriere münden. Das Recht zur freien Meinungsäußerung (Art. 27 I DDR-Verfassung) wurde offiziell so interpretiert, daß es sich um SED-freundliche Bekundungen handeln mußte. Nachteilige Verlautbarungen wurden als Rechtsmißbrauch betrachtet, hierzu Ebert-Stiftung, Die Grundrechte, S.27 bzw. unten § 5.IV.8.c.cc.

971 Rossade, Sport und Kultur, S.181.

972 Holzweißig, Sport und Politik, S.64,65.

Identifikationsverhalten der Bürger positiv beeinflußt haben; Auftritte prominenter Sportler, die sich zum DDR-Staat bekannt haben, verfestigten dies nachhaltig. Der Ansatz, daß die Erfolge der Sportler im Bewußtsein der Bürger keine politische Botschaft hinterlassen hätten,[973] geht insofern fehl, als die z.B. aus Sportlermund bekundete Rückführung der Erfolge auf das Gesellschaftssystem gerade dieses Bewußtsein erzeugte.[974] Wie aus diesen Ausführungen schon zu vermuten ist, fußte die systemstabilisierende Wirkung des Sports schwerpunktmäßig auf den Erfolgen des Leistungssports. Wenn Walter Ulbricht bereits im Jahre 1969 betonte, daß sich der Sport zum perfektesten aller gesellschaftlichen Bereiche entwickelt habe, dann meinte er damit den Spitzensport - als herausragenden Erfolgsgaranten dessen *Leitung(sstrukturen)* hervorhebend.[975] Wie bereits ausführlich erläutert, wurden die Aufgabenstellungen des Sports (und insbesondere seiner Dachorganisation DTSB) über die SED definiert. Die Partei bestimmte bzw. kontrollierte Auswahl, Einstellung, Aus- und Fortbildung des Personals sowohl in der öffentlichen Sportverwaltung als auch in der Sportselbstverwaltung (ungeachtet der DTSB-eigenen Kaderschulung). Die SED bestimmte das Handeln des so selektierten Personals, wobei sie ihre Beschlüsse und Anweisungen über die geschilderten Leitungsstrukturen an die „Marionetten" in der öffentlichen Sportverwaltung und der Sportselbstverwaltung weitergab. Die so beschriebene „Qualität der Leitung" wurde von Ulbricht auch für die anderen gesellschaftlichen Teilbereiche anvisiert. Wenn die Erfolge in den anderen Bereichen trotz entsprechender Bemühungen dennoch dauerhaft ausblieben, so spricht dies entweder dafür, daß die „Leitung" doch nicht entscheidend war, oder bedeutet, daß die Übertragung der Leitungsstrukturen nicht gelungen ist. Naheliegend ist jedenfalls die Hypothese, daß in Gesamtheit und Breite der DDR-Gesellschaft eben nicht die günstigen Voraussetzungen des geschlossenen „Teilsystems Sport" vorlagen. Möglicherweise war auch die privilegierte Position, die man in erster Linie als Spitzensportler in der im übrigen von Mangel und Restriktion gezeichneten DDR-Gesellschaft erlangen konnte, ein entscheidender (Motivations-) Faktor,[976] der die Sonderstellung des Sports begründete.

Letztlich können die (vermutlich) multikausalen Gründe nicht abschließend hinterfragt werden, da hier nicht die Erfolgsanalyse im Vordergrund steht,[977] sondern der politische Nutzen, der aus den Erfolgen des Spitzensports gezogen wurde. Entscheidend ist, daß der Sport (im Vergleich zu sonstigen Gesellschaftszweigen) unge-

---

973 Ebda.

974 Ähnliche Tendenzen: Hiller, Wortprotokoll BT, S.29; Keller, Wortprotokoll BT, S.78 („... hat der Sport auf das Staatsbewußtsein einen riesigen Einfluß gehabt"; „... Erfolgserlebnis ..., wo es auf anderen Gebieten keine Erfolgserlebnisse gab. Man konzentrierte sich darauf und freute sich"); Kruczek, Wortprotokoll BT, S.149,150 („extrem systemstützend"; „Systemstabilisator"); Lehmann, Internationale Sportbeziehungen, S.796; Kühnst, Der mißbrauchte Sport, S.58; kritisch: Friedrich, Spitzensport DDR, S.15, nur der Sport - nicht der Staat - sei Identifikationsobjekt gewesen, als Folge fehlgeschlagener Isolationspoltik.

975 Die vollständige politische Kontrolle des Hochleistungssports setzte ab 1968 ein (und war bis 1972 vollendet), Mader, Wortprotokoll BT, 126.

976 Siehe oben § 5.IV.6.

977 Siehe hierzu unten den vierten (dort speziell § 7) und fünften Teil.

wöhnlich erfolgreich war, und sich insofern innenpolitisch als Systemrechtfertigung anbot, als Möglichkeit, das Legitimationsdefizit gegenüber der eigenen Bevölkerung abzubauen. Da letztlich auch der Führungsanspruch der SED sowohl gegenüber dem aktiven Sportler als auch gegenüber dem „einfachen" Bürger untermauert wurde, ist die „Stabilisierungsfunktion"[978] des Sports aus dem Mielke-Zitat zu Beginn dieses Kapitels dokumentiert.

Zu erwähnen ist noch, daß der (Spitzen-) Sport nicht nur „stabilisieren", sondern auch „ablenken" sollte; ablenken insofern, als es der politischen Führung eben nicht gelungen war, die Erfolge des Sportbereichs auf sonstige Bereiche zu übertragen (Stichwort: Erhöhung des Lebensstandards). Die Erfolge im Sportsektor waren zwar teuer erkauft, aber in der Relation immer noch preiswerter zu haben, als Mittel notwendig gewesen wären, um z.B. im Wirtschaftswesen ähnliches zu erreichen.[979]

b) Außenpolitische Aspekte

Die (außen)politische Bedeutung des (Hochleistungs-) Sports in Gestalt der Bedeutung, die ihm der DTSB (nach vorheriger Abstimmung mit der SED) beigemessen hat, „Speerspitze der Außenpolitik", wird deutlich am Beispiel des DTSB-Aufrufs zur „Sportstafette DDR 40". Hierin wurden alle Sportler aufgefordert, die Freundschaft mit der Sowjetunion und den anderen sozialistischen Bruderländern zu verfestigen, die Völkerverständigung zu vertiefen, die Ideale der olympischen Bewegung zu bewahren und Solidarität mit den „um ihre Freiheit und Unabhängigkeit ringenden Völkern" zu üben. Das, was sich hier liest wie ein außenpolitischer Aufgabenkatalog, untermauerte den Auftrag, den die Staatsführung ihren Sportlern bereits vor der „Anerkennungswelle"[980] mit auf den Weg gegeben hatte, „Diplomaten im Trainingsanzug" zu sein.[981] Immer war es der SED darum gegangen, einerseits den Staat (zu) repräsentieren (zu lassen), andererseits, dessen Reputation zu verbessern. Kaum ein Feld war hierzu besser geeignet als das „Sportfeld".[982] Hier konnte

---

978 „... Stärkung unserer sozialistischen Heimat ..."

979 Lehmann, Internationale Sportbeziehungen, S.788.

980 Die breite internationale Anerkennung der DDR erfolgte im Zusammenhang mit dem Abschluß des Grundlagenvertrages mit der Bundesrepublik sowie der Aufnahme der DDR in die Organisation der Vereinten Nationen (jeweils 1973). Zuvor hatten die internationalen Sportbeziehungen die Funktion, die Nicht-Anerkennungs- und Alleinvertretungspolitik der Bundesrepublik zu durchbrechen, Lehmann, Internationale Sportbeziehungen, S.788.

981 Weitere Erläuterungen zu dieser (wohl Walter Ulbricht zuzuschreibenden) Formulierung sind im gleichnamigen Werk, „Diplomaten im Trainingsanzug", von Holzweißig, S.3 ff. enthalten. Dort wird auch darauf hingewiesen, daß viele Sportler sich in Ländern, in denen die DDR noch nicht anerkannt war, und in denen es folglich auch keine diplomatischen Vertretungen (Botschaften) der DDR gab, als DDR-Botschafter fühlten. Nach Beendigung der außenpolitischen Isolierung wandelte sich der Sprachgebrauch von den „Diplomaten im Trainingsanzug" in „Botschafter des Friedens".

982 Der Autor des „SED-autorisierten" offiziellen Standardwerkes „Körperkultur und Sport" (Wonneberger) bekundete auf dessen Seite S.185, daß „die internationalen Sportbeziehungen ... bei der Verwirklichung außenpolitischer Zielstellungen eine aktive Rolle" spielten; siehe auch in der MfS-Recherche, S.1: „Die Staats- und Parteiführung der DDR sah im Leistungssport eine hervorragende Möglichkeit, sich international darzustellen"; „...

in Form eines direkten Leistungsvergleiches mit anderen Nationen Aufmerksamkeit und (bei Erfolgen) Anerkennung erworben werden; auf direktem Wege (oder zumindest unterschwellig) bestand die Möglichkeit, für die außenpolitischen Ziele des eigenen Staates zu werben und das internationale Gewicht zu steigern.[983]

Letzte Etappe dieser über Jahrzehnte fortwährenden (durchaus erfolgreichen) Bemühungen um Prestigesteigerung durch sportliche Leistung war das ab Mitte der 80er Jahre augenfällig gewordene Bemühen, die bis dato vernachlässigten Beziehungen zu den westlichen (also kapitalistischen) Ländern zu verbessern. Hierbei darf nicht übersehen werden, daß im Zuge der Gorbatschowschen Reformbestrebungen die zuvor immer mit absoluter Priorität versehene Sportfreundschaft zur Sowjetunion[984] mehr und mehr zum Lippenbekenntnis degenerierte.[985] Über lange Jahre hatte die DDR zuvor stete Verbundenheit und unbedingte Treue zur UdSSR bewiesen - trotz der wohl mißbilligten sowjetischen Militärintervention in Afghanistan im Jahre 1980 bzw. beim ebenso ungeliebten Boykott der Spiele von 1984.[986] Möglicherweise ist die nachlassende wechselseitige Zuwendung der beiden östlichen Staaten auch ein Grund für die erhöhte Aufmerksamkeit der DDR gegenüber den zuvor zu zweit- und drittrangigen Beziehungspartnern abqualifizierten[987] Entwicklungsländern bzw. den Ländern der kapitalistischen Welt. Die Frage, inwieweit das Stadium lediglich „friedlicher Koexistenz“[988] mit diesen Staaten überschritten worden wäre, muß unbeantwortet bleiben - hier kam die Wende dazwischen.

---

wichtiges Feld der Klassenauseinandersetzung“; „... Bedeutung des Leistungssports wird als politischer und ideologischer Faktor hierbei weiter anwachsen“.

983 Lehmann, Internationale Sportbeziehungen, S.781; Holzweißig, Staatliche Anerkennung, S.39 und Diplomatie, S.22,87 - siehe das Beispiel desselben Autors (aus: Sport und Politik, S.96,97), in dem dokumentiert wird, daß der sportliche Erfolg der DDR-Olympiamannschaft (1988) dazu beitrug, die unerwünschte Bezeichnung „Ostdeutschland“ aus „den Köpfen der Menschen“ des Gastgeberlandes (Kanada) zu verdrängen und gegen die Buchstabenfolge „DDR“ einzutauschen; ähnliches Beispiel bei Decker, Wortprotokoll BT, S.161,162. Gerade den Olympischen Spielen ist insofern (nach wie vor) ein hochpolitischer Rang beizumessen, der DDR-seitig prestigebildend zu nutzen gewußt wurde. Andererseits scheute sich der SED-Staat auch nicht, trotz des einerseits unverblümten Hinweises auf die politische Bedeutung des Sports (siehe Fn.962), diese Verknüpfung zu negieren, wenn solches opportun erschien. Als Beispiel hierfür mag die Boykottentscheidung westlicher Staaten zu den Olympischen Spielen von Moskau (1980) dienen; hier bezeichnete die DDR die Verbindung von Sport und Politik als unmoralisch und den olympischen Idealen widersprechend; vgl. Rossade, Sport und Kultur, S.196,207.

984 Siehe Freundschaftsvertrag mit der UdSSR aus dem Jahre 1966 (Bernett, Körperkultur, S.157). Ziel dieser Vereinbarung(en) war es, die Integration in die sozialistische Staatengemeinschaft zu festigen (Lehmann, Internationale Sportbeziehungen, S.790).

985 Vgl. Hiller (der ehemalige Abteilungsleiter für auswärtige Beziehungen des DTSB), Wortprotokoll BT, S.93,94; Wonneberger, Köperkultur/Sport, S.138 ff.,185; Holzweißig, Diplomatie, S.89; Rossade, Sport und Kultur, S.190.

986 Holzweißig, Diplomatie, S.97.

987 Die internationalen Sportbeziehungen der DDR waren in drei Klassen eingeteilt:
1. Die brüderliche Zusammenarbeit mit den sozialistischen Staaten, z.B. mit der UdSSR,
2. Die freundschaftliche Zusammenarbeit mit den nationalbefreiten Staaten,
3. Die Beziehungen zu den kapitalistischen Staaten,
Wonneberger, Körperkultur/Sport, S.138 ff. (3.1./3.2); Gieseler, Kraft des Sports, S.13.

988 So die offizielle Doktrin - vgl. Wonneberger, Körperkultur/Sport, S.135.

Nicht nur ein „Abfallprodukt", sondern ein wichtiger eigenständiger Aspekt des außenpolitischen Sportauftrages der DDR war derjenige des *Klassenkampfes*. Die Partei- und Sportführung war zu propagandistischen Zwecken jederzeit gewillt, in einen Systemvergleich von Sozialismus und Kapitalismus, von Arbeiterklasse und „menschenfeindlicher Ausbeutergesellschaft" einzutreten, bei dem, so die Intention, sich die Überlegenheit des eigenen Systems erweisen sollte.[989] Die schon angesprochenen Polit-Unterrichtseinheiten für Leistungssportler stellten das Thema Klassenkampf regelmäßig in den Mittelpunkt.[990] Der Kapitalismus wurde hierbei als Gegner bzw. Feind betrachtet (die Bundesrepublik war der Hauptgegner), den es auf dem „Schlachtfeld" des sportlichen Wettstreits zu bezwingen galt. Sobald im Einzelfall ein sportlicher Sieg errungen war, wurde sodann darauf abgehoben, daß Erfolge dieser Art nur im Sozialismus möglich seien.[991]

Obwohl also stets (begleitend) die gesamtgesellschaftlichen Vorzüge betont wurden, ist festzustellen, daß dieses Bemühen um Herausstellung der sozialistischen „Errungenschaften" nur mäßig erfolgreich war; die Ungeeignetheit einer (sportorientierten) Beweisführung zur Dokumentation der (vermeintlichen) gesamtgesellschaftlichen Überlegenheit muß nicht weiter hervorgehoben werden.[992]

c) **Ministerium für Staatssicherheit** (MfS)

Eine bedeutende Rolle bei der Durchsetzung der DDR-Sportpolitik nahm das MfS ein - eine Schlüsselstellung sogar, wie sich u.a. den Rechercheergebnissen des Bundesbeauftragten entnehmen läßt.[993]

aa) Aufgaben

Die Wertigkeit des Ministeriums läßt sich am besten darstellen durch Skizzierung einiger seiner wichtigsten (Sport-) Aufgabenstellungen: Eine Aufgabe bestand darin, die bereits angesprochen *„Reisekader"* zu *überprüfen* und ggf. daran zu hindern,[994] „Republikflucht" zu begehen.[995] Der häufigste Realisierungsfall der Republikflucht bestand darin, daß sich Sportler auf ihren Auslandsreisen von der Delegation absetzten und im Reiseland verblieben bzw. von dort aus in Drittländer ausreisten,

---

989 Bericht der Bundesregierung zur Sportinfrastruktur, S.2; Gieseler, Kraft des Sports, S.9; Holzweißig, Diplomatie, S.21 ff.; Ebert-Stiftung, SED von A-Z, S.21; Lehmann, Internationale Sportbeziehungen, S.791; Kühnst, Der mißbrauchte Sport, S.96.

990 Vgl. oben § 5.IV.8.a. bzw. Schult, Wortprotokoll BT, S.160.

991 Spassov-Neufeld, Politischer Auftrag, S.23.

992 Zum weiteren Ziel der DDR-Sportpolitik - Anschein einer Rückführung der Erfolge im Leistungssport auf den Massensport - siehe Fn.884.

993 Vgl. das bereits als „MfS-Recherche" zitierte vorläufige Ergebnis des Bundesbeauftragen für die Unterlagen des Staatssicherheitsdienstes, S.3 ff.

994 Nach Geiger, Wortprotokoll BT, S.45, setzten die Sicherheitskontrollen bereits (präventiv) im Kinder- und Jugendbereich ein, so daß die endgültige Bestätigung als Reisekader nur der letzte Schritt in einer permanenten Kette von Kontrollen war.

995 Vgl. Tatbestand des § 213 StGB-DDR „Ungesetzlicher Grenzübertritt" (in der bis zum 31.07.90 gültigen Fassung vom 14.12.88) - insbesondere dessen Abs.2.

bevorzugt die Bundesrepublik. Die diesbezüglich vielfältigen Bemühungen[996] des MfS resultierten aus der doppelt negativen Konsequenz einer solchen Flucht: Einerseits war der sportliche Verlust zu beklagen - andererseits, was noch schwerer wog, mußte ein beachtlicher Prestigeverlust hingenommen werden, da jeweils vor aller Welt deutlich wurde, daß es sich bei der DDR um einen unfreien, nicht demokratisch legitimierten Staat handelte.[997]

Das MfS hatte ferner *Kontroll- und Überwachungsfunktion* bei im Inland stattfindenden größeren Sportveranstaltungen; insbesondere westliche Gastmannschaften galt es zu observieren und abzuschotten.[998] Ferner sollte verhindert werden, daß pro-westliche-Sympathie- bzw. östliche Antipathiekundgebungen entstehen bzw. Gehör finden konnten (in der Regel war der Inhalt solcher - unorganisierten - Massenregungen aus MfS-Sicht von „unerwünschter Art"). Weiterhin hatte das MfS observativ dazu beizutragen, daß die Medaillenerwartungen der „hauseigenen" Sportler der Sportvereinigung Dynamo erfüllt werden konnten.

Eine der wichtigsten *Geheimhaltungsaufgaben* des MfS bestand darin, zu gewährleisten, daß das „Staatsdoping" der DDR-Sportler nicht publik wurde. Zudem galt es, entsprechende sportmedizinische Forschungsergebnisse zu schützen sowie zu verhindern, daß Daten über Sportgeräte und Trainingsmethoden ausgespäht werden konnten. Der Aspekt der Geheimhaltung gewann gegenüber dem *Aufklärungsauftrag* zunehmend an Bedeutung.[999] Dies ist auf die sozialistische Ideologie zurückzuführen, die u.a. davon ausging, daß die Bundesrepublik dem DDR-Sport Schaden zufügen wollte (z.B. durch Abwerbung). Folglich nahm der Aspekt präventiver Sicherung des eigenen Sportbetriebes breiten Raum ein (in jeder Hinsicht).[1000] Der Breitensport, wie oben festgestellt lange Zeit ein Stiefkind des DDR-Sports, war für das MfS nur wenig interessant - und deshalb ein eher zu vernachlässigendes Objekt der Ausforschung.

bb) Organisation und Rechtsgrundlagen

Mit letzterem beginnend läßt sich feststellen, daß die Gründung des Ministeriums auf einem im Jahre 1950 eigens hierzu geschaffenen Gesetz beruhte; beabsichtigt war, durch Herauslösung aus dem Innenressort operative Eigenständigkeit zu erreichen. [1001] Da es keine sonstigen gesetzlichen Anordnungen zur Tätigkeit des Mini-

996 Zu den Realisierungsformen siehe unten bb. und cc.

997 Holzweißig, Diplomatie, S.28 ff.

998 Siehe hierzu in der MfS-Recherche die Seiten 18 ff., die sich mit der Überwachung von Sportveranstaltungen beschäftigen; insbesondere wird dort auch die Sicherungskonzeption bei Begegnungen mit westdeutscher Beteiligung betrachtet. Ferner wird der enorme Aufwand skizziert, mit der Großveranstaltungen wie z.B. das in § 5.IV.5.a angesprochene VIII. Turn- und Sportfest in Leipzig abgesichert wurden. Zu diesem konkreten Anlaß stand ein Bataillon von 300 jungen MfS-Mitarbeitern bereit, Geiger, Wortprotokoll, S.51.

999 Die nähere Ausgestaltung der MfS-Tätigkeit innerhalb des Themenkomplexes „Doping" wird unter IV.8.d.aa im Zusammenhang beleuchtet.

1000 Geiger, Wortprotokoll BT, S.36,41 ff.

1001 Siehe oben § 5.II.1.b.aa und Fn.630.

steriums gab, müssen die MfS-spezifischen Beschlüsse des SED-Politbüros als ausgestaltende Rechtsbasis der Behörde angesehen werden.[1002] Auf Grundlage der Beschlüsse wurden verwaltungsintern diejenigen Schwerpunktaufgaben festgelegt, die schließlich in verschiedene zentrale Dokumente mit internem Weisungscharakter mündeten;[1003] Inhalt eines solchen Dokumentes konnte z.B. sein, die einzelfallbezogene Überwachung von Leistungssport-Veranstaltungen anzuordnen.[1004] Herausragende Bedeutung erlangte die Dienstanweisung des Ministers Nr.4/71,[1005] auf die (nach Betrachtung der Organisationsstrukturen) noch zurückzukommen sein wird. Weiterhin gab es eine große Anzahl „normaler", nicht sportspezifischer innerministerieller Anweisungen, die als operative Bestimmungen zwar auch Auswirkungen auf den Sportbereich hatten, auf die hier aber nicht näher eingegangen werden kann.[1006]

Die organisatorische Untergliederung des MfS entsprach im wesentlichen derjenigen von Partei und Staat; demnach gab es neben der Zentraleinheit des Ministeriums weitere Außenstellen in den Bezirksverwaltungen und auf der Kreisebene. Im Ministerium war in erster Linie die Hauptabteilung (HA) XX für den Sport zuständig, insbesondere deren Abteilung 3.[1007] Neben den oben bereits angesprochenen zentralen Aufgabenstellungen gehörte auch die interne Überwachung (geheimdienstliche Kontrolle) zum Verantwortungsbereich von XX/3; hier sind z.B. die Sicherung des Bundesvorstandes des DTSB, der angeschlossenen Sportverbände, des NOKs und des Bereichs Leistungssport und Wissenschaft im SKS zu nennen. In den Bezirksverwaltungen wurden abhängig von den örtlichen Gegebenheiten Sachgebiete bzw. Hauptsachgebiete für Sport, entsprechende Referate oder Arbeitsgruppen eingerichtet. Auf Kreisebene war eine etwas geringere Ausdifferenzierung anzutreffen, wobei nur in wenigen (als besonders wichtig erachteten) Kreisen hauptamtliche Mitarbeiter des Sportbereiches agierten.[1008] Ein Wort noch zum *Informationsfluß*: Wie insbesondere den Untersuchungsergebnissen des Bundesbeauftragten zu entnehmen ist, gab es trotz der konspirativen Ansätze / gegenseitigen Ab-

---

1002 Vgl. hierzu exemplarisch die MfS-Sicherungskonzeption zum Sport der Jahre 1989-1994, die sich ihrerseits auf den Politbürobeschluß zur Vorbereitung der Olympiaden 1992 und 1994 (Winterspiele) stützte, Satz 2 der Konzeption, Anlage zur MfS-Recherche, S.95 ff.

1003 Insgesamt 140 Befehle, Dienstanweisungen, Analysen, Konzeptionen, Studien, Informationsschriften, Berichte, Schreiben usw. zum Sportbereich mit der vergleichbaren Rechtsqualität einer (westdeutschen) Verwaltungsvorschrift.

1004 Von den 140 zentralen Dokumenten beschäftigten sich mehr als 20 % nur mit der Sicherung von Sportveranstaltungen; zu nennen ist z.B. die in diesem Zusammenhang grundlegende Dienstanweisung des Ministers Nr. 5/66.

1005 Dienstanweisung vom Dezember 1971 über die politisch-operative Arbeit im Bereich Körperkultur und Sport.

1006 Zu nennen sind z.B. Richtlinien über operative Vorgänge, operative Personenkontrollen und über die Arbeit mit den inoffiziellen (informellen) Mitarbeitern (IMs).

1007 Die seit 1964 bestehende Hauptabteilung XX/3 wurde im Jahre 1981 von ihren weiteren Aufgaben entbunden, konzentrierte sich fortan nur noch auf den Sport und beschäftigte bei ihrer Auflösung 30 Mitarbeiter in 4 Referaten.

1008 Neben HA XX/3 gab es eine Reihe weiterer Hauptabteilungen - u.a. I, VI, VII und XVIII, die in ihren jeweiligen Zuständigkeitsbereichen Sicherungsaufgaben des Sports wahrnahmen; siehe Geiger, Wortprotokoll BT, S.38.

schottungsmaßnahmen eine prinzipiell gut funktionierende Zusammenarbeit aller Diensteinheiten des MfS, so daß die hausinterne Informationsweiterleitung gewährleistet war. Außerhalb des MfS, insbesondere unterhalb der obersten Parteigremien, ebbte dieser Informationsfluß sehr stark ab, so daß „viele nichts, einige etwas und wenige alles wußten." Innerhalb des DTSB muß bzgl. des Informationsflusses gleichfalls differenziert werden: Es gab allgemein im Apparat bekannte Tatsachen, und solche, die nur einzelnen zugänglich waren und strenger Geheimhaltung unterlagen (Stichwort: Doping).[1009] Das Verhältnis von MfS und DTSB kann nicht als abschließend geklärt bezeichnet werden; punktuell dürfte es ein Miteinander, punktuell aber auch nur ein Nebeneinander gegeben haben.[1010] Es ist nicht belegt, daß der DTSB (z.B. über die ZLSK) berechtigt war, dem MfS Weisungen zu erteilen; andererseits dürfte unbestritten sein, daß das MfS zumindest in allen grundlegenden Fragen (politisch-operativer Bereich) unbeeinflußte Entscheidungen treffen konnte - die auch für den DTSB verbindlich waren.[1011]

Die Dienstanweisung 4/71 nahm Bezug auf die Beschlüsse des VIII. SED-Parteitages und betonte in ihrem Vorwort die große Bedeutung sportlicher Erfolge für Ansehen und Autorität der DDR. Die Sportbewegung der DDR sei jedoch gefährdet durch Diskriminierungen bzw. Aufweichungs- und Abwerbungsversuche der „Kräfte des Gegners" (namentlich: der westdeutschen Regierung). Zur Abwehr dessen, zur Organisierung einer „zielstrebigen politisch-operativen Arbeit" wurden die Leiter aller Linien und Diensteinheiten (also z.B. die Leiter der Bezirksverwaltungen) angewiesen, die gestellten Aufgaben von Nr. 4/71 zum „festen Bestandteil ihrer Leitungstätigkeit zu machen."[1012] Die Leiter wurden verpflichtet, unter Federführung der HA XX gezielte „politisch-operative Maßnahmen" des Systemschutzes (insbesondere unter Einbeziehung des „IM / GMS-Systems")[1013] zu ergreifen. Hierzu gehörte z.B., „schädliche" Gruppierungen und Einzelpersonen zu erkennen und deren (durch West-Medien beeinflußtes) Wirksamwerden zu verhindern sowie, als eine der oben angesprochenen Kernaufgaben, Sportler, Funktionäre und Trainer bei Reisen in das nichtsozialistische Ausland abzusichern.[1014] Alle gestellten Aufgaben

---

1009 Hiller, Wortprotokoll BT, S.92.

1010 Die insgesamt nur eingeschränkt glaubhaften Äußerungen von Manfred Ewald in seinem Buch „Ich war der Sport" legen die Vermutung nahe, daß die Interessen von DTSB und MfS nicht immer deckungsgleich waren. Insofern ist es wahrscheinlich, daß es Aktionen des MfS gab, über die der DTSB (Ewald) nicht informiert wurde, vgl. 6. Kapitel in „Ich war der Sport", S.133 ff.
Der DTSB mußte sich ungeachtet aller eventuellen (auch machtpolitischen) Differenzen an einem guten Verhältnis interessiert zeigen; dies folgt schon aus dem Umstand, daß sowohl der Staatssicherheitsdienst als auch die Armee als Geldgeber in Erscheinung traten (mit für die Leistungsentwicklung nicht unwesentlichen Beträgen, über das normale DTSB-Budget hinaus).

1011 Vgl. Hiller, Wortprotokoll BT, S.25; andererseits Holzweißig, Wortprotokoll BT, S.8.

1012 Siehe Abschnitt 1.1 von Dienstanweisung Nr.4/71.

1013 GMS = Gesellschaftlicher Mitarbeiter für Sicherheit.

1014 Die Sicherheitsüberprüfungen der Reisekader bildeten sogar den absoluten Schwerpunkt der MfS-Kontrolltätigkeit; bei neu zu bestellenden Reisekadern hatte zunächst der DTSB (bzw. das SKS) einen Vorschlag zu unterbreiten, der dann vom MfS bearbeitet wurde.

wurden konkreten Adressaten im MfS-System zugewiesen und durch ein umfangreiches Berichts-, Vorlage- und Genehmigungswesen kontrolliert;[1015] Adressaten waren häufig die sogenannten IM.

cc) **Inoffizielle Mitarbeiter** (IM)

Zur effektiven Umsetzung von Regelungsinhalten aus den Dienstanweisungen unterhielt das MfS ein umfassendes Informantennetz, vorwiegend bestehend aus inoffiziellen Mitarbeitern.[1016] Diese „Hauptwaffe des MfS“[1017] wurde gesteuert über eine Vielzahl stringenter Anleitungsvorschriften zu Anwerbung, Einsatz, Qualifizierung, Erweiterung und Überwachung der IM. Die auch hier einschlägige Anweisung 4/71 bestimmte, daß die IM insbesondere zur „allseitigen Aufklärung ..., *zum* rechtzeitigen Erkennen feindlicher Pläne ..., der ständigen Einschätzung der politisch-operativen Situation ... *und* zur wirksamen ... Personenkontrolle von Leistungs- und Nachwuchssportlern und der anderen genannten Personenkreise ....[1018] einzusetzen waren.

Die Mitarbeiterschaft sollte vorrangig durch Personen aus Sportclubs,[1019] Sportschulen, Trainingszentren, Internaten, sportmedizinischen Zentren, Trainer, Ärzte, Masseure, Sportjournalisten, Funktionäre, Sportwissenschaftler usw. ergänzt werden. Demnach muß festgestellt werden, daß sich die bevorzugte Anwerbungs- und Überwachungsklientel aus dem gleichen Bereich, nämlich den eigenen Reihen des Sports, rekrutierte, folglich Kameradenüberwachung beabsichtigt war! So hatte z.B. der Sportler-IM seinen zu überwachenden Sportkameraden dahingehend zu beobachten, ob dessen politisch-ideologisches Bewußtsein und die politische Zuverlässigkeit gewährleistet waren. Hierzu sollten auch die Verbindungen des Ehepartners

---

Ein „Nein“ des MfS hatte hierbei absolute Bindungswirkung - ein „Ja“ des MfS präjudizierte die endgültige Entscheidung in positiver Hinsicht. Bei den Ablehnungen wurden Kriterien berücksichtigt wie z.B. der Verdacht der Republikflucht, (verheimlichte) Westkontakte oder nicht ausreichende Bindungsfaktoren an die DDR. Die Ablehnungen sollten nach Möglichkeit „neutral“ begründet und insbesondere nicht mit MfS-Tätigkeiten in Verbindung gebracht werden.

1015 Siehe Abschnitt 2 („Maßnahmen zur politisch-operativen Bearbeitung von Schwerpunkten“) der Dienstanweisung Nr. 4/71. Hierin sind Hinweise zur Absicherung der Reisekader und von Sportveranstaltungen enthalten; weiterhin beinhalten die Punkte 2.2.6 und 2.2.7 Aufzählungen derjenigen Institutionen, denen das besondere Sicherungsinteresse des MfS gegolten hat - und auf welche Personenkreise sich die vorbeugende Überwachung zu beziehen hatte.

1016 Die MfS-Mitarbeiter waren sich einer Kategorisierung als IM selbst nicht immer bewußt. Zwar ist der Fall anders zu bewerten, wenn durch eine Verpflichtungserklärung (die nicht notwendigerweise schriftlich abgefaßt sein mußte) der Status als IM quasi offiziell begründet wurde, jedoch erfolgte auch dieser Einstieg in die MfS-Tätigkeit nicht immer freiwillig; diverse IMs gingen letztlich den Weg des geringsten Widerstandes. Laut Geiger, Wortprotokoll BT, S.41 standen der HA XX/3 im Jahre 1989 insgesamt 169 IM zur Verfügung; weiterhin stellten 52 Mitarbeiter ihre Wohnung zu konspirativen Zwecken bereit.

1017 Geiger, Wortprotokoll BT, S.38.

1018 Die anderen Personenkreise sind der Anlage zur Dienstanweisung Nr.4/71 (2.2.7) zu entnehmen.

1019 Hiervon zu trennen ist der offizielle „Klub-Stasi“ (Sprachgebrauch von Schaumburg im Wortprotokoll BT, S.143), der Verbindungsoffizier des MfS.

oder der Eltern, das Ehe- und Familienverhältnis, die Verhältnisse zu Freunden und Bekannten sowie die Haltung des Überwachungsobjektes gegenüber westlicher Lebensauffassung ausgespäht werden.[1020] Bei negativem Ergebnis der Kameradenüberwachung, also bei festgestellten ideologischen Mängeln, bei Westkontakten, speziell bei Westverwandtschaft, von der sich der Sportler nicht distanzierte, usw. konnte die Leistungssportkarriere (z.B. durch Ausdelegierung) abrupt beendet sein.

Kurzer Exkurs: Hierbei tritt übrigens ein weiterer Wertungswiderspruch des DDR-Sport-Systems hervor. Denn aus den bereits angesprochenen Bestimmungen des Jugendgesetzes, des DTSB-Statuts, den Bekundungen von SED- und Sportführung, den Eigendarstellungen des DDR-Sports[1021] ist im Kern folgendes herauszulesen:

1. Im Mittelpunkt aller Bemühungen steht immer der Mensch;
2. Die sozialistische Gesellschaft unternimmt alles, damit sich alle Talente voll entfalten können.

Dem ist entgegenzuhalten, daß eine optimale Talententwicklung nur dann möglich war, wenn der Athlet eine Sportart betrieben hat, die dem staatlichen Fördersystem unterfiel, da ansonsten, in weitgehender Ermangelung internationaler Wettkämpfe, bei bescheidenem nationalen Niveau, weder sportlich noch materiell Perspektiven erwachsen konnten. Bereits im Jahre 1968 war der Beschluß gefaßt worden, daß Sportarten, bei denen die Aufwands- / (Medaillen-) Ertragsrechnung nicht stimmte, in ihrer Entwicklung sich selbst überlassen bleiben sollten.[1022] In einer nicht olympischen Sportart, oder einer zwar olympischen, aber ansonsten mit schlechter Kosten-Nutzen-Bilanz behafteten Sportart, war es folglich nicht möglich, (gefördert) Leistungssport zu betreiben. Somit stand nicht der Mensch im Mittelpunkt aller Bemühungen, sondern die Absicht des Staates, mit möglichst geringem Aufwand maximale (Medaillen-) Erträge zu erzielen. Zudem: Noch wichtiger als das sportliche Talent war für eine Förderung die politische Zuverlässigkeit der Person; bei einem Negativtestat in dieser Hinsicht war die sportliche Befähigung nur sekundäres Kriterium - von maximaler Talententfaltung kann so natürlich keine Rede sein.

1020 Oftmals wurden auch „Gruppenaufträge" vergeben, bei denen z.B. ein Trainer seine Trainingsgruppe berichtspflichtig zu beobachten hatte.

1021 Siehe z.B. das bereits zitierte Kompendium von Wonneberger, Köperkultur/Sport, S.16 ff.

1022 Vgl. Hiller, Wortprotokoll BT, S.27. Insbesondere die Spielsportarten hatten es schwer; so fiel z.B. der Eishockeysport (von den Unterstützungsmaßnahmen des Eishockey-Sympathisanten Mielke abgesehen) ganz aus der Förderung. Andere Spielsportarten sollten nur dann bei den Olympiaden vertreten sein, wenn Chancen auf Belegung der Plätze 1-3 bestanden (vgl. Treffbericht des IMV „Technik" vom 08.11.75 - Anlage zur MfS-Recherche, S.126). Aber selbst wenn die Plazierung „stimmte", gab es ironische Seitenhiebe: Von Ewald ist überliefert, daß er den Sieg der DDR-Fußballer bei der Olympiade 1976 abfällig mit dem Hinweis kommentierte, daß 22 Kader von Nöten gewesen seien, um der Statistik lediglich *eine* Goldmedaille hinzuzufügen (Holzweißig, Wortprotokoll BT, S.12). Vor dem Hintergrund der geringen Ausbeute im Mannschaftssport war z.B. die nachhaltige Förderung einer Sportart wie Basketball (aus Sicht der Sportführung) nicht zu vertreten, da hierdurch ggf. viele Talente - die auch in anderen Sportarten dringend benötigt wurden (z.B. standen Basketball und Rudern in unmittelbarer Konkurrenz zum gleichen Athletentypus) - quasi nutzlos gebunden worden wären, Friedrich, Spitzensport DDR, S.23.

Die MfS-Führung legte großen Wert auf die Schulung der IM (durch Führungsoffiziere), wobei Fragen der Geheimhaltung und Konspiration im Vordergrund standen. Eine wesentliche Aufgabe wurde weiterhin in der Vermittlung des Feindbildes gesehen, um hierdurch parteiliche Haltung und erhöhte Wachsamkeit zu erzeugen.[1023] Wie oben bereits angedeutet, unterlagen, entsprechend den Prinzipien geheimdienstlicher Tätigkeit, auch die IM selbst einer Kontrolle durch das MfS. Ziel dieser Überwachung war es, übermittelte Informationen sowie Einstellung und Arbeitsweise der Mitarbeiter zu überprüfen: Hierzu fertigte z.B. ein IM zu einem anderen IM einen entsprechenden Beurteilungsvermerk,[1024] der im Falle gegebener Verdachtsmomente in einer operativen Personenkontrolle (mit intensiver Durchleuchtung) bzw. ggf. in einer Trennung von diesem Mitarbeiter münden konnte.

d) Problembereiche im Umfeld von Sport und Politik

Die soeben vorgestellten geheimdienstlichen Strukturen prädestinierten das MfS dazu, Problembereiche und Gefahren für das sozialistische (Sport-) System auszuloten und zu ihrer Bekämpfung beizutragen. Insofern spielte das MfS auf den nachstehend zu behandelnden Problemfeldern immer eine Rolle.

aa) Doping

Nach offizieller Version hatte der DDR-Sport kein Dopingproblem[1025] - und schon gar keines, das in einem politischen Umfeld zu diskutieren wäre. Daß die Erörterungen zur Thematik dennoch an dieser Stelle erfolgen, hat seinen Grund darin, daß nach gesichertem Erkenntnisstand einerseits im Sportsystem der DDR systematisch und umfassend in staatlichem Auftrag gedopt wurde,[1026] andererseits die Dopingpraxis dem wirkungsvollen (politisch-staatlichen) Geheimnisschutz des MfS unterlag. Wie bereits oben bei § 5.IV.8.c.aa angedeutet, gehörte dieser spezielle Schutzauftrag zu den zentralen MfS-Aufgaben (insofern läßt sich formulieren: „Doping war normal, aber dennoch Staatsgeheimnis“).[1027] Das Dopingsystem der DDR basierte auf der Zusammenarbeit einer Vielzahl von Personen und Institutionen, poli-

---

1023 In den Schwerpunktbereichen der Einsatztätigkeit, vgl. Abschnitt 2 von Anweisung 4/71, also z.B. innerhalb des FKS, war ein großer Teil der Mitarbeiterschaft IM-durchsetzt (z.B. im Jahr 1978 waren rund 20 % aller Arbeitskräfte IM).

1024 Solche Personeneinschätzungen sind regelmäßig in allen IM-Akten zu finden.

1025 „Es ist allgemein bekannt, daß die DDR aus prinzipiellen Gründen gegen jede Art von Doping im Sport ist. Daran wird sich auch in Zukunft nichts ändern“, Deutsches Sportecho (*DDR-Zeitschrift*), 18./19.11.88; „Doping hat es im DDR-Sport nicht gegeben“, so noch im Jahre 1990 DTSB-Präsident Ewald (zitiert nach Berendonk, Doping, S.89).

1026 MfS-Recherche, S.17; Anti-Doping-Bericht der Bundesregierung, S.5; Reiter-Kommission, S.16; Richthofen-Kommission, S.12; Lehner/Freibüchler, SpuRt 1-2/95, S.2; Berendonk, Doping, S.51; Franke, Wortprotokoll BT, S.53 ff. stellt die Frage (S.56), was, wo es doch überall auf der Welt Doping gab, denn die **Besonderheit** im Dopingwesen der DDR gewesen sei - und liefert (zu Recht) die Antwort gleich mit: "Es war das **staatliche System**"! Die DDR ist der einzige (bislang bekanntgewordene) Staat, der sich in fördernder, systematisch-lenkender Weise dieser Materie gewidmet hat.

1027 Berendonk, Doping, S.102; Geiger, Wortprotokoll, S.52.

tisch verantwortlich hierfür zeichnete zumindest in letzter Konsequenz und unabhängig von konkretem Wissen das ZK der SED. Denn die Übernahme politischer Verantwortung für bestehende Mißstände ist in einem demokratischen System als Bestandteil der politischen Kultur normal; für ein totalitäres System kann grundsätzlich nichts anderes gelten (auch wenn entsprechende, offene Bekenntnisse der Regime selten sein dürften). Vorstehende These muß nicht vertieft werden, da unbeschadet einer politischen Verantwortlichkeit hier nicht davon auszugehen ist, daß sich das „Staatsdoping" der DDR ohne billigende Kenntnisnahme des staatlichen Machtzentrums, also unter Umgehung der politischen Beschlußgewalt, vollziehen konnte; dieser (theoretische) Ansatz wiederum ist die zwangsläufige Schlußfolgerung aus den konkret zugrundegelegten zentralistischen Kommandostrukturen des DDR-(Sport-) Systems,[1028] der großen politischen Bedeutung der Materie Sport sowie der hiermit in Zusammenhang stehenden Kausalfaktoren für den Erfolg (von denen Doping unbestritten einer war). Entsprechend unglaubhaft erscheinen die Bekundungen von so manch einem der damals Verantwortlichen, die Dopingpraxis der DDR sei der höchsten Staats- und Parteispitze unbekannt gewesen.[1029] Dies gilt vor allem für die Aussagen des ehemaligen DTSB-Präsidenten und ZK-Mitglieds Manfred Ewald, der sowohl die Existenz eines systematischen Dopings als auch (insofern folgerichtig) Kenntnis hiervon bestreitet;[1030] ihm sei unbekannt gewesen, daß es einen Staatsplan 14.25, der sich mit „uM"[1031] befaßte, gegeben habe.[1032]

[1028] Vgl. oben § 5.II und § 5.IV.4; Pickenhain, Wortprotokoll BT beschreibt die Kommandostrukturen als „militärisch" (S.102) bzw. „repressiv" (S.106), die laut Kruczek, Wortprotokoll BT, S.50 begleitet wurden von „vorauseilendem Gehorsam".

[1029] Vgl. nur: Der Spiegel, Ausgabe 23/95.

[1030] Ewald, Ich war der Sport, S.101 ff. (118).
Problematisch in diesem Zusammenhang ist, daß ein Großteil der Unterlagen aus den „Giftschränken" von MfS, SKS, verschiedenen Forschungseinrichtungen und des DTSB vernichtet wurden und auch heute noch „eine Koalition des Schweigens und der gegenseitigen Rücksichtnahme" besteht (Schumann, Wortprotokoll BT, S.115). Davon ausgehend ist es ferner problematisch, insbesondere auch in juristischen Facharbeiten, wenn sich Kernaussagen auf tatsächlicher Basis nicht belegen lassen (Franke, Wortprotokoll BT, S.53 zieht den Vergleich mit der „Ausschwitz-Lüge"; hiernach sei es gefährlich, wenn bestimmte geschichtliche Tatsachen, die bisherige Generationen für gegeben hielten, mangels exakter Dokumentation künftig im Sinne von „Wo ist das belegt?" hinterfragt werden könnten. Deshalb müsse alles daran gesetzt werden, die geschichtliche Wahrheit aufzuarbeiten.). Zum Thema Doping / Stasi ist dies noch nicht abschließend geschehen. Abgesehen hiervon bieten verschiedene Zeugenaussagen sowie das Akten-Material der Gauck-Behörde, sowohl in ihrer Gesamtheit als auch auf Basis der Einzeldokumente, eine hinreichende Grundlage, um das systematische und flächendeckende Doping belegen zu können; vgl. die entsprechenden Untersuchungsergebnisse verschiedener Kommissionen aus dem Jahr 1991 (Fn.1026). Mittels der peu a peu hinzutretenden weiteren Dokumente läßt sich der Nachweis zunehmend besser erbringen. Der Spiegel, Ausgabe 23/ 95 behauptet sogar, definitiv belegen zu können, „daß die Dopingpraxis der DDR bis in die höchste Staats- und Parteispitze bekannt und von dieser gedeckt wurde."

[1031] So der offiziell-interne Sprachgebrauch - „uM" steht für unterstützende Mittel - die Begrifflichkeit „Doping" wurde vermieden; vgl. Franke, Wortprotokoll BT, S.72 der auf die „kreative" Sprache des Geheimbereichs totalitärer Regime hinweist.

[1032] Ewald, Ich war der Sport, S.118: „Ich kenne das Thema des Forschungsplans unter dieser Nummer nicht"; und später (S.121): „Einbezogen in die sportmedizinischen Forschun-

Was sich hinter der Bezeichnung „Staatsplan 14.25“ verbirgt und wie dieses „Staatsdoping“ strukturiert war, wird nachfolgend aufzuzeigen sein.

(1) Staatsplanthema 14.25[1033]

Bis spätestens zu Beginn der 70er Jahre war im DDR-Sport die Notwendigkeit entstanden, alle Dopingaktivitäten zentral zu koordinieren;[1034] es muß hierbei als gesichert gelten, daß nach Ablauf der erfolgreichen Doping-Experimentierphase, deren Anfänge in die Mitte der 60er Jahre fallen mögen,[1035] die DDR-Sportführung fest entschlossen war, das Projekt „uM“ als dauerhaften Bestandteil des Trainingskonzeptes fortzuführen.[1036] Insofern entstand eine Systematisierungsnotwendigkeit, da einerseits größere Personenkreise (mit unterschiedlichen Zuständigkeiten) als Mitwisser eingebunden werden mußten (Sportler, Trainer, Mediziner, Naturwissenschaftler, Funktionäre usw.), andererseits unkoordiniertes Dopen unter diesen komplexen Voraussetzungen die Gefahr weltweiter Entdeckung beinhaltete. Ferner war man zu der Erkenntnis gelangt, daß maximale Erfolge nur durch eine perfekte Organisation zu erzielen waren.[1037]

Wie bereits mehrfach aufgezeigt, wurde die eigentliche Spitze der sportlichen Entscheidungshierarchie durch das Politbüro / ZK gebildet, formal hatte das SKS die führende (staatliche) Position inne. Diesem unterstanden die großen Sportforschungsinstitute DHfK, FKS und FES sowie der SMD (mit Teilzuständigkeit des MfG). Gemäß Funktionsbeschreibung des SKS[1038] war es dessen Auftrag, die[1039] Sportwissenschaft anzuleiten und zu steuern. Der dem SKS zuarbeitende Wissenschaftliche Rat hatte als oberste Planungsbehörde des DDR-Sports (vornehmlich) die Aufgabe, weisungsgemäß mittel- und langfristige Forschungspläne auszuarbei-

---

gen war ebenfalls die Entwicklung von unterstützenden Mitteln, die anerkannt und erlaubt waren. Diese Forschungen waren nicht geheim, wer sich dafür interessierte, hat sie erfahren können. Dafür könnte der Staatsplan, nach dem Sie fragten, existiert haben“.

1033 Zeitweilig auch als „Komplex 08“ bezeichnet (Franke, Wortprotokoll BT, S.57); vollständige Bezeichnung: Staatsplanthema 14.25 „Zusätzliche Leistungsreserven/Komplex 08 - Unterstützende Mittel“ (MfS-Recherche, S.17).

1034 Vgl. Franke, Wortprotokoll BT, S.57.

1035 Vgl. Kapitel 11 bei Berendonk, Doping, S.131 ff. („Die erste Goldene Pille 1968: Der Geheimbericht ihres Trainers Bauersfeld enttarnt Margitta Gummelt als First Lady des DDR-Dopings“).

1036 „Anabolika als Gewehrkugel des Maschinengewehrs Klassenkampf, es war der i-Punkt, das wurde uns als Trainer immer wieder eingetrichtert. So muß man das ganz eindeutig sehen. Es war eine Waffe im Klassenkampf“ - so Schaumburg *(ehemaliger Leichtathletik-Trainer in der DDR)*, Wortprotokoll BT, S.141.

1037 Berendonk, Doping, S.102: „Hunderte von Sportmedizinern waren damit ebenso befaßt wie Klub- und Verbandstrainer, Trainingswissenschaftler, Wissenschaftler anderer Fachrichtungen und Institute sowie Mitarbeiter der Pharma-Kombinate. Sekretärinnen tippten die Berichte und führten die VVS-Maßnahmen (*vertrauliche Verschlußsachen*) durch, Mitarbeiter mehrerer Ministerien, Regierungsstellen und Sportorganisationen lasen und kommentierten sie. Im nachhinein verwundert am meisten, wie das alles dennoch so erfolgreich geheimgehalten werden konnte“.

1038 Siehe oben § 5.II.2.a zum SKS.

1039 (für den Dopingeinsatz wichtige)

ten. Solche Forschungsprojekte zum Hochleistungssport waren ausgewiesen als „Staatsplanthemen“ oder „Staatsplanaufgaben“; eines dieser Staatsplanthemen war jenes mit der internen Bezeichnung 14.25.

Das koordinierende Forschungsprogramm 14.25 bündelte alles, was mit dem Themenkomplex Doping in sachlicher Hinsicht zu tun hatte und sprach diejenigen Personenkreise an, die zu seiner Ausführung notwendig waren.[1040] Das Gesamtwerk untergliederte sich in verschiedene Unterprojekte, deren jeweilige Zeitintervalle durch die Olympiazyklen vorgegeben waren. Wie der umfassende offiziell-interne Bericht über den letzten Zyklus 1984-1988 beweist, handelte es sich „um eine nationale Forschungsaufgabe, die privilegierte Förderung erfuhr und viele Forscher unter der Fahne des Dopings vereinte“.[1041] Zu den Hauptaufgaben zählten z.B.

- Ermittlung individueller Abklingraten bei 80 Olympiakadern aus 12 Sportarten,
- Ausreisekontrollen (Dopingtests),
- Methodenvervollkommnung und Methodenvergleich,
- Entwicklung und Einsatz neuer Präparate.[1042]

Wenn eingangs der Hinweis erfolgte, daß die Kommandostrukturen zumindest die starke Vermutung nahelegen, daß die DDR-Sportführung über das „Staatsdoping“ informiert war, so gilt dies jedenfalls auch für die Existenz des soeben besprochenen grundlegenden Dokumentes 14.25. Nochmals: Es ist lebensfremd anzunehmen, daß bei den seinerzeit existenten, streng hierarchischen Strukturen, mit dem Sport-Sekretär der SED, dem ZK-Abteilungsleiter, dem Staatssekretär (SKS) und dem DTSB-Präsidenten an der Spitze, ausgerechnet in einem der wichtigsten Bereiche ein untergeordnetes, weisungsabhängiges Gremium an der Führungsspitze vorbei operiert haben soll. Vielmehr war es gerade umgekehrt so, daß die genannten 3 - 4 Personen in alle sportlichen Gremien hineinregierten, daß diese Personen für die Entscheidungsfindung verantwortlich zeichneten - und eine *nachträgliche Legitimierung* durch die Gremien bewirkten. Von dieser Struktur geht auch der Bundesbeauftragte aus, der in seinem vorläufigen Bericht die Verantwortung für Planung und Durchsetzung des Dopingprogramms dem DTSB-Bundesvorstand und dem SKS zuweist und dies aus der Einstufung als Staatsplanthema ableitet.[1043] Die oben von DTSB-Präsident Ewald bekundete Unkenntnis zum Staatsplanthema 14.25 wird vollends ad absurdum geführt, wenn man Aussagen Glauben schenkt, wonach bereits 1975 der erste Auftrag **aus dem Staatsplan** von Manfred Ewald persönlich erteilt wurde (an das FKS).[1044] Weiterhin soll neben Ewald DTSB-seitig vornehm-

1040 Siehe in der MfS-Recherche, S.16; dort werden die (vom MfS abzusichernden) Adressaten verschiedener Staatsplanthemen der Sportforschung aufgeführt, zum Thema 14.25 wird konkret das FKS benannt.

1041 Berendonk, Doping, S.108; nach der ebda abgedruckten „Zusammenfassenden Darstellung der Ergebnisse der Forschungsarbeit zum Staatsplanthema 14.25 im Olympiazyklus 1984-1988“ galt es, die Erforschung / Anwendung verbotener Substanzen zu optimieren.

1042 Vgl. MfS-Recherche, S.16; Richthofen-Kommission, S.14.

1043 Vgl. MfS-Recherche, S.18.

1044 Darstellung von Prof.Dr. Rüdiger Häcker (ehemals Ärztlicher Direktor beim FKS), aufgeführt bei Berendonk, Doping, S.105. Ewald wird weiterhin durch die vom MfS gefertigte

lich der Vizepräsident Leistungssport für die Vergabe von Dopingforschungs-, entwicklungs - und anwendungsaufträgen zuständig gewesen sein.[1045] Das SKS übernahm diesen Part auf staatlicher Seite; als Adressaten fungierten entweder das **FKS** oder der **SMD** (oder beide zusammen).[1046] Im FKS war aufgrund des Beschlusses der Leistungssportkommission im Jahre 1973 ein Laboratorium für Dopingforschung eingerichtet worden.[1047] Aus diesem Umstand ist aber nicht unbedingt zu folgern, daß das ganze FKS in die Dopingpraktiken nebst entsprechender Forschungstätigkeiten eingebunden war; die Errichtung eines speziellen Labors spricht eher für das Gegenteil. Der „eingeweihte" Teil des FKS war jedenfalls im Rahmen des Staatsplanthemas bei Beratungen, Kolloquien und Vortragsveranstaltungen federführend.[1048] Die Wissenschaftler von FKS bzw. SMD entwickelten die Dopingsubstanzen,[1049] wählten diese zur Anwendung aus, gaben Dosierempfehlungen,[1050] legten die Zeiträume der Dosierung fest, überwachten und optimierten das System; ergänzend beteiligt an Erstellung und Realisierung von Forschungs- und Entwicklungsplänen waren ferner die Akademie der Wissenschaften, verschiedene Ministerien[1051] und der industrielle Komplex - hier insbesondere die Firma VEB Jenapharm als massenhafter Erzeuger der Dopingprodukte.[1052] Aufgabe der FKS/SMD-

---

Anlage zum Treffbericht des 20.06.95 schwer belastet; dort ist ein von Ewald geführtes, vertrauliches Gespräch (vom 21.05.85) mit einem IMB (*IM der Abwehr mit Feindverbindung*) wiedergegeben. Inhaltlich war davon die Rede, daß man zu den uM, als Bestandteil des Trainings- und Wettkampfprozesses, schnellstens Überlegungen anstellen müsse, um auf diesem Gebiet voranzukommen. Ferner wurde im Hinblick auf einen vom IMB zu unterbreitenden, weiterführenden Vorschlag u.a. von Blut-Doping gesprochen, welches man nicht nachweisen könne, usw. Auf dieses Gespräch (vgl. Anlage 9 zur MfS-Recherche, S.168,169) wird in der MfS-Recherche (dort S.17) Bezug genommen. Der entsprechenden Zusammenfassung: "Bis ins ZK hinein wußte man von dieser (*Doping-*) Praxis und neigte offenbar eher dazu, das Doping zu verstärken" ist nichts hinzuzufügen; siehe auch Ergebnisse der Richthofen-Kommission, S.15.

1045 Berendonk, Doping, S.113.

1046 Berendonk, Doping, S.105.

1047 Pickenhain, Wortprotokoll BT, S.103.

1048 Schumann, Wortprotokoll BT, S.113; Berendonk, Doping, S.112.

1049 Vor allem das „berühmt gewordene", blau schimmernde Oral-Turinabol, „die einzige Verbindung, die die DDR wirklich spezifisch synthetisiert hat - chemisch war da nicht so viel los, das meiste waren Nachsynthesen bekannter Präparate", Franke, Wortprotokoll BT, S.58. Zur Entwicklung gehörte es z.B. auch, Wege aufzuzeigen, wie bei drogenresistenten Talenten / Dopingunverträglichkeiten dennoch Wirkung zu erzielen war; ferner gehörte hierzu die Erprobung neuer Anwendungsformen, z.B. als Kaugummi oder Nasenspray.

1050 Anhaltspunkte wurden z.B. in der Weise gesammelt, daß im Zusammenwirken von Verbandsarzt und Klubtrainer die Athleten über einen längeren Zeitraum bis zur Wettkampfvorbereitung getestet wurden, um die günstigste Art der Dosierung bestimmen zu können, vgl. Geiger, Wortprotokoll BT, S.50.

1051 Die Beteiligung der Ministerien erfolgte z.B. in der Weise, daß das Ministerium für Wissenschaft und Technik sich mit der Erzeugnisentwicklung anaboler Steroide beschäftigte, Franke, Wortprotokoll BT, S.59; „Doping war Politik auf hoher Ebene, Dopingforschung ressortübergreifende strategische Großforschung", Berendonk, Doping, S.110.

1052 Franke, Wortprotokoll BT, S.57 leitet hieraus folgende Schlußfolgerung zum Dopingwesen in der DDR ab: „... eher ein Verbrechen der Wissen- und Ärzteschaft und der Politiker, der Schreibtischtäter, als derjenigen, die am Ende der Pillen- und Spritzenkette standen, der Sportler und Trainer".

Forscher war es zudem, Methoden zur Störung und Umgehung der internationalen Dopingkontrollen zu entwickeln.[1053] Kernpunkt des letzteren war es, herauszufinden, welche Dopingsubstanzen nicht bzw. ab welchem Zeitpunkt nicht mehr zu analysieren waren; sobald ein entsprechendes Ergebnis feststand, konnten die internationalen Wettkampf-Kontrolleure durch rechtzeitiges Absetzen der verbotenen Substanz überlistet werden. Um möglichen Pannen hierbei vorzubeugen, wurde den Wettkampfeinsätzen eine Testanalyse im Zentralinstitut des Sportmedizinischen Instituts in Kreischa vorgeschaltet;[1054] die Verpflichtung hierzu war im Staatsplan angeordnet, zuständig zu deren Sicherstellung waren FKS und DTSB.[1055]

Letztlich gewährleistete erst die Einführung der präventiven Kontrollen, daß in der Breite der Sportarten und der hierbei gewünschten Intensität gedopt werden konnte, wobei die Anzahl der speziell geförderten (und insofern kostenträchtigen) Sportarten erfolgsorientiert begrenzt war; nur in diesen Sportarten lohnte sich der Einsatz von uM, ohne daß die „Privilegierten" deshalb alle gleich behandelt worden wären. Es gab drei „Dopingkategorien":

- Sportarten, in denen flächendeckend und systematisch gedopt wurde, z.B. Leichtathletik, Eisschnelllauf, Gewichtheben, Kanu;
- Sportarten, in denen zeitweise und experimentell Doping-Mittel eingesetzt wurden, z.B. Boxen, Fechten, Handball, Rudern;
- Sportarten, in denen es nicht zum Einsatz von uM gekommen ist (z.B. Segeln).[1056]

Die konkrete Umsetzung vollzog sich in den dopenden Sportarten wie folgt: In Ausführung des Staatsplans wurden zunächst spezielle (Jahres-) Programme entwickelt (Anwendungskonzeptionen), in denen detailliert festgehalten war, welche Sportler in welchen Sportarten zu welchem Zeitpunkt uM einzunehmen hatten. Die benötigten Dopingsubstanzen wurden dann im Rahmen des Sportmedizinischen Betreuungssystems von der SMD-Zentrale angefordert[1057] und über den jeweiligen

[1053] Franke, Wortprotokoll BT, S.59,70; Berendonk, Doping, S.89.

[1054] Diese „Vorschaltkontrollen", die nur dem „besseren Betrug", nicht der Aufdeckung dienten, bewirkten, daß kein gedopter Athlet für „kontrollgefährdete" Wettkämpfe eine Starterlaubnis bzw. Ausreisegenehmigung erhielt; vgl. Bericht des Trainers Michael Regner (abgedruckt bei Berendonk, Doping, S.70 ff.): „Jeweils eine Woche vor der Abreise zu Wettkämpfen im Ausland mußten sich etwa die Sportler des ASK Potsdam morgens um sechs Uhr im Klub einfinden, um ihre Urinprobe abzugeben. Regelmäßig zwischen sechs und halb sieben fuhr dann ein Kombiauto vor, sammelte die Proben ein und fuhr stracks zurück nach Kreischa. Wenige Tage später wurden dem Klubarzt die Ergebnisse telefonisch übermittelt" (S.74,75); vgl. auch die Anlage zum Treffbericht des IMV „Technik" vom 08.08.78 (Anlage zur MfS-Recherche, S.134).

[1055] Geiger, Wortprotokoll BT, S.49; Dokument 2 A (Niederschrift zu einem Kolloquium am FKS), abgedruckt bei Berendonk, Doping, S.367 ff. (371, letzter Absatz); Information der Hauptabteilung XX/3 des MfS vom 23.05.89 (Anlage zur MfS-Recherche, S.176).

[1056] Richthofen-Kommission, S.14.

[1057] Anforderung direkt beim Hersteller (Jenapharm), bzw., sofern überplanmäßig viel benötigt wurde (was zumeist der Fall war, vgl. Franke, Wortprotokoll BT, S.68), bestellte der SMD über das koordinierende FKS (die Original-Urkunde einer solchen Bestellung ist abgedruckt bei Berendonk, Doping, S.106).

Verbandsarzt und die Bezirksärzte an die Klubärzte der einzelnen Sektionen weitergeleitet, um schließlich, vermittelt durch die Klub-Trainer, in Übereinkunft mit den Verbands-Trainern, zu den „Endverbrauchern", den Sportlern, zu gelangen.[1058] [1059] *Zwischenfazit*: Die Doping-Strukturen der DDR waren aufgrund ihrer wissenschaftlichen Vorbereitung, Betreuung und Weiterentwicklung, ihrer systematischen Durchdringung und bürokratischen Organisation „eine Klasse für sich".

Die (u.a.) aufgrund der präventiven Labor-Kontrollen gewonnene Sicherheit, nicht erwischt zu werden, konnte nach außen hin umgemünzt werden in ein offensives Auftreten vor den internationalen (Sport-) Gremien; dort trat die DDR regelmäßig ein für die „Reinheit und Sauberkeit des Sports" und für „strengste Bestrafung bei Mißbrauch",[1060] fungierte als „Anti-Doping-Apostel". Deutlich wird hierbei eine bemerkenswerte *Doppelstrategie*: Installation des „betrügerischen Dopingsystems" nach innen, offene Ablehnung von Dopingpraktiken nach außen. Hierbei bestand die Vorstellung, durch ein solch offensives Auftreten Zweiflern am dopingfreien DDR-Sport entgegentreten zu können. Paradoxerweise ist der ehemaligen DDR-Sportführung sogar Glauben zu schenken, soweit ihre führenden Vertreter auch heute noch bekunden, seinerzeit mit vollem Ernst das Ziel eines „sauberen Sports" verfolgt zu haben. Denn dies war durchaus in ihrem ureigenen Interesse: Ein sauberer Sport aller (anderen) Nationen hätte das Erfolgspotential der DDR weiter erhöht. Insofern handelt es sich gar nicht um ein Paradoxum - gemeint war vielmehr: Weltweite Anabolikaabstinenz - mit Ausnahme der DDR. Die so auf internationaler Szene vertretene „Saubermann-"Politik hatte allerdings den Nebeneffekt, daß die internen Praktiken keinesfalls nach außen dringen durften. Nachfolgende Zitate (Hervorhebungen durch den Verfasser) mögen dies belegen:

> „Man müsse davon ausgehen, wenn in dieser Richtung etwas schiefgeht *(sinngemäß: die Doping-Praktiken bekannt werden)* bzw. platzt, der gesamte DDR-Sport und die bisher erreichten Ergebnisse in Frage gestellt werden und es darüberhinaus noch zu erheblichen diplomatischen Verwicklungen kommen kann".[1061]

> „Nach Einschätzung des IMV ergibt sich der hohe Geheimhaltungsgrad dieses Forschungsvorhabens in erster Linie aus dem Umstand, daß wir uns damit **im Widerspruch zur offiziellen Sportpolitik** befinden. Mit diesem Forschungsvorhaben als Staatsplanvorhaben wird faktisch bestätigt, daß **unterstützende Maßnahmen** sowie die weitere Suche nach neuen chemischen Mitteln zur künstlichen Leistungssteigerung **von staatlicher und parteilicher Seite gebilligt** werden".[1062]

[1058] Nur die Dosierung wurde vor Ort bestimmt; nach Abschluß eines Trainingsjahres waren die Trainer verpflichtet rückzumelden, welche Menge an Dopingsubstanz sie an die einzelnen Sportler abgegeben hatten; vgl. Bericht des Trainers Michael Regner, in: Berendonk, Doping, S.74.

[1059] Alle weiteren Detailstrukturen sowie die Anwendung im Einzelfall können im Rahmen dieser Arbeit keiner näheren Betrachtung unterzogen werden. Insofern wird insbesondere auf Berendonk, Doping, verwiesen, die im Rahmen ihrer Untersuchung anhand zahlreicher Beispielsfälle den „Doping-Alltag" in der DDR schildert.

[1060] Vgl. Information der HA XX/3 des MfS vom 19.12.75 (Anlage zur MfS-Recherche, S.129); Geiger, Wortprotokoll BT, S.44.

[1061] Aussage von M.Ewald, vgl. Treffbericht vom 11.9.74 (Anlage zur MfS-Recherche, S.116).

[1062] Zitiert aus der Anlage zum Treffbericht IMV „Technik" vom 19.12.78 (Anlage zur MfS-Recherche, S.142).

Ferner wurden Direktiven ausgegeben, für den Fall, daß doch einmal ein Sportler bei einer Wettkampfkontrolle überführt werden konnte:

„Unbedingt muß das Ziel verfolgt werden *(Außenstehende davon zu überzeugen)*, daß die generelle Anwendung von Anabolika im DDR-Leistungssport nicht erfolgt und es sich bei den aufgetretenen Fällen ausschließlich um Ausnahmeerscheinungen handelt".[1063]

Selten dürfte bei einem Staat der Widerspruch zwischen innerem Handeln und äußerem Bekunden, zwischen Anspruch und Wirklichkeit, deutlicher hervorgetreten sein.

Außerdem ist deutlich geworden, *warum* das MfS im Dopingbereich zentrale Geheimschutzaufgaben wahrzunehmen hatte - eine direkte Folge der oben beschriebenen Ablenkungs-, Tarn- und Täuschungspolitik. Aufgrund der Vielzahl beteiligter Personen und Institutionen waren besondere Sicherungsmaßnahmen zu ergreifen.[1064] So mußten sich alle diejenigen, die als punktuelle Mitwisser des Doping-Projektes gelten konnten, schriftlich dazu verpflichten, Stillschweigen zu bewahren; hiervon betroffen waren in erster Linie die Athleten, Klub- und Verbandstrainer sowie Ärzte und Wissenschaftler.[1065] Da der Erfolg des staatlich gelenkten Dopingsystems elementar davon abhängig war, daß der wissenschaftliche Sektor Vorarbeiten leistete bzw. die uM-Anwendung begleitend unterstützte, mithin diverse Wissenschaftler zu beteiligen waren,[1066] ist nachvollziehbar, warum sich das Ministerium speziell um die Abschirmung des Forschungsbereichs kümmerte,[1067] der seinerseits wieder strengen Geheimhaltungsvorschriften unterlag.[1068] Hierbei bediente sich das MfS der „erprobten Methode" zur Einschleusung bzw. Anwerbung von Informanten, die in den jeweiligen Instituten zum Einsatz kamen.[1069]

Da die internen Machenschaften bis zur Wende nicht nach außen gedrungen sind, kann man die langfristige Arbeit des Ministeriums in dieser Hinsicht nur als erfolgreich bezeichnen - die Materie wurde beherrscht. Gefahren einer Aufdeckung drohten primär aufgrund künftiger, nur schwer zu beeinflußender Entwicklungen: Eine Möglichkeit, das „Doping-Lügengebäude" zum Einsturz zu bringen, mithin ein potentielles Schreckgespenst für die DDR-Sportführung, beinhaltete die Diskussion um die Einführung weltweiter Trainingskontrollen (durch unabhängige Kontrolleure); mutmaßlich hätte man sich einem solchen System aber verweigert bzw. hätte versucht, seine Einführung zu verhindern / zu verzögern. Es stand zu erwarten, daß nur einschneidende äußere Zwänge die DDR zu einem Einlenken bewogen hätten,

---

1063 Entnommen einer Information der MfS-HA XX/3 vom 29.12.78 (Anlage zur MfS-Recherche, S.144).

1064 Bzgl. der allgemeinen Überwachungsstrukturen wird auf § 5.IV.8.c.bb und cc verwiesen.

1065 Geiger, Wortprotokoll BT, S.50.

1066 Entsprechend gab es auch eine ganze Reihe von Dissertations- und Habilitationsschriften, die sich mit Doping-Problematiken beschäftigten.

1067 MfS-Recherche, S.15 und Geiger, Wortprotokoll BT, S.38,46,47.

1068 Innerhalb der Informationshierarchie wurden regelmäßig nur Parteigenossen mit geheimen Informationen bedient, Pickenhain, Wortprotokoll BT, S.103.

1069 Im Bereich des FKS hatten 20 % der Mitarbeiter IM-Qualität (Fn.1023), im SKS gab es 100 (!) IM; diese hohe Zahl ist dadurch erklärbar, daß sich hier auch die Leitung des SMD befand (MfS-Recherche, S.8); Geiger, Wortprotokoll BT, S.48.

z.B. wenn die Ratifizierung eines entsprechenden Abkommens zur bindenden Voraussetzung einer Teilnahme an den Olympischen Spielen erhoben worden wäre.[1070] Anzunehmen ist aber ferner, daß für den „Fall der Fälle" die Staats- und Parteiführung auf die Findigkeit der DDR-Sport-Manipulateure hätte vertrauen dürfen.[1071]

Keine (oder nur relativ geringe) Gefahren gingen von den (eingeweihten) Athleten selbst aus. So gab es nur wenige Leistungssportler, die das Doping konsequent verweigerten.[1072] Denn einerseits bedeutete die Doping-Verweigerung aus Sicht des Regimes staatsfeindliches Handeln, ein Verhalten, das der Politik von Partei und Staat zuwiderlief - und mithin (z.B. durch Ausdelegierungen) zu bestrafen war.[1073] Zum anderen war Doping im Laufe der Zeit im Weltsport üblich geworden - man ging allerorten davon aus, die „anderen tun es doch auch ..."; der in der DDR quasi institutionalisierte Zwang zum Siegen nahm dem Doping vollends den Charakter eines ungewöhnlichen Verhaltens. Motto: Erlaubt ist, was Erfolg bringt. Die meisten Athleten waren System-Profiteure, deren sportlicher / sozialer Standard nicht unerheblich davon abhing, daß das Dopingprogramm rund lief. Infolgedessen bestand eher ein Interesse an (heimlich) zu erhöhenden Dosierungen („Viel hilft viel"), an Neuentwicklungen dieses Sektors, an Tendenzen, Training durch Arznei zu ersetzen und unverbrauchte Pillen weiterzuveräußern, denn daran, sich öffentlich zu äußern. Der Erfolg und die Tantiemen des Erfolges wirkten auch hier systemstabilisierend; vor allem im Frauensport ließ sich so bei hoher Dosierung eine gute „Rendite" erzielen (z.B. im Schwimmsport, in der Leichtathletik), ohne daß „undichte Stellen" zu befürchten waren.[1074] Letztlich wird transparent, warum Verlautbarungen zum Thema Doping in der DDR lediglich hin und wieder von (unzufriedenen)

1070 Vgl. Information der HA XX/3 vom 23.05.**89** (Anlage zur MfS-Recherche, S.176): "Ein besonders neuralgischer Punkt sind in diesem Zusammenhang die angekündigten internationalen Kontrollen im Trainingsprozeß. Bei internationalen Wettkämpfen im Ausland ist ein Nachweis bei DDR-Sportlern ausgeschlossen, da grundsätzlich vor der Ausreise eine sogenannte Ausreisekontrolle durchgeführt wird". Interessant auch die Ausage: "Durch diese durch den DTSB praktizierte Verfahrensweise werden zwangsläufig Widersprüche speziell bei den Sportmedizinern auftreten, da auf der einen Seite das generelle Verbot mit der Ankündigung von Sanktionen seitens des DTSB besteht, jedoch auf der anderen Seite dieses **Verbot durch Weisung durchbrochen** wird".

1071 A.a.O. *Für den Fall eines positiven Befundes wurde die Lösungsmöglichkeit erwogen, daß*: „... **dieser oder jener Sportmediziner geopfert** werden müßte." Berendonk, Doping, S.223, 224 weist darauf hin, daß im übrigen eine Fülle von probaten Betrugsmöglichkeiten zur Verfügung gestanden haben (Absetzen leichter entdeckbarer Testosteronkonzentrationen, manipulative Kombination mehrerer Mittel, Einsatz von Fremdurin, Blasenkathedern oder Vaginalsäckchen usw.).

1072 MfS-Recherche, S.17. Zum Fall einer „sich verweigernden" sportärztlichen Mitarbeiterin vgl. Geiger, Wortprotokoll BT, S.48.

1073 Spassov-Neufeld, Politischer Auftrag, S.30.

1074 Franke, Wortprotokoll BT, S.63 (Dosierungs-Beispiel im Frauensport:„... liegt über der doppelten Dosierung, die Ben Johnson genommen hat"). Siehe weiterhin die Tabellen in der Akademieschrift 22, S.19,20, aus denen hervorgeht, daß die DDR-Frauen insbesondere in den stark athletischen Sportarten besonders hohe Medaillen-Zuwachsraten hatten (bei entsprechend zu vermutender Kausalität). Im Männersport gab es seit den 60er Jahren gleichfalls imponierende Zuwachsraten - sie fielen dennoch vergleichsweise deutlich geringer aus.

Republikflüchtlingen abgegeben wurden - und dann regelmäßig auch nicht von erfolgreichen Sportlern, die ja ansonsten ihre eigene Reputation beschädigt hätten.

(2) Rechtsverstöße

Wie also bisher festzustellen war, wurde in der DDR umfassend und systematisch gedopt, in staatlichem Auftrag. Die entsprechenden Vorgänge wurden geheimgehalten, da andernfalls die Sportler durch die internationalen Verbände gesperrt, das internationale Renommee nahezu irreparabel beschädigt worden und das innerstaatliche Vertrauen der Bürger verloren gegangen wäre. Letzteres insbesondere deshalb, weil die DDR mit dem staatlich verordneten Doping gegen die eigenen Gesetze verstoßen hat; nichts ist schädlicher für die innerstaatliche Disziplin und Rechtsmoral, als Rechtsbruch durch eine Staats-Führung selbst.

Betroffen waren die Rechtsmaterien des öffentlichen Rechts, des Zivil- und Strafrechts, wobei, um hiermit zu beginnen, auch nach dem Strafrechtssystem der DDR der einzelne für sein Handeln selbst verantwortlich zeichnete.[1075] Dies bedeutet wiederum, daß sich gegebenenfalls zwar verschiedene natürliche Personen im Sinne des StGB-DDR[1076] zu verantworten hatten (haben), hieraus aber keine eigene strafrechtliche Dimension für das Völkerrechts-Subjekt DDR, die Partei SED oder z.B. den DTSB erwachsen ist. Als handelnde Personen sind in erster Linie Funktionäre, Bedienstete der wissenschaftlichen und medizinischen Einrichtungen, Sportärzte und Trainer zu benennen, die durch *Verabreichung* der uM als vorsätzlich (§ 6 StGB) oder fahrlässig (§§ 7, 8 StGB) agierende Täter oder Teilnehmer (§ 22 I, II StGB) von Körperverletzungsdelikten gemäß §§ 115 I, 116 I bzw. 118 I StGB in Betracht kommen.[1077] Ungeachtet der Frage, wie die konkrete (regelmäßig wohl aus Eigeninteresse abgegebene) Einwilligung der Sportler zur Verabreichung von uM zu werten ist,[1078] wird eine Strafbarkeit zumindest des verabreichenden Arztes

---

1075 Vgl. Schuldbegriff des § 5 StGB-DDR.

1076 Bei der Bennung des StGB ohne gesonderte Kennzeichnung wird in diesem Kapitel vom StGB der DDR ausgegangen.

1077 Vgl. z.B. Turner, MDR 1991, S.573 („Die Verabreichung nahezu aller Substanzen, die auf den Dopinglisten der nationalen und internationalen Sportverbände stehen, führt zu - zumindest zeitweisen - Gesundheitsschädigungen. Damit ist das Tatbestandsmerkmal der Körperverletzung erfüllt"); Franke, Wortprotokoll BT, S.64,65,69.

1078 So kann z.B. die Auffassung vertreten werden, daß die Verabreichung / Einnahme von Dopingmitteln generell sittenwidrig war (ist). Einer Einverständniserklärung wäre dann der legitimierende Charakter genommen (Stand der Diskussion bei Sehling/Pollert/Hackfort, Doping im Sport, S.145; Turner, MDR 1991, S.573). Im DDR-StGB fehlte zwar eine Parallelvorschrift zu § 226 a StGB (BRD), dennoch widersprach auch hier die individuelle Einwilligung zur Gesundheitsbeeinträchtigung durch Dritte dem Rechtssystem (in Gestalt der sozialistischen Gesetzlichkeit bzw. des Rechtsbewußtseins der Bürger) - sofern verwerfliche Motive im Spiel waren, vgl. Humboldt-Universität, Strafrechtslehrbuch, S.421. Dies dürfte bei der wettkampfverzerrenden Dopingmanipulation der Fall gewesen sein.
Selbst wenn man aber der Ansicht sein sollte, daß den Doping-Einwilligungen im Umfeld der Körperverletzungsdelikte ein rechtfertigender Charakter zukam, ist hierdurch mangels Einwilligungsfähigkeit keine Straflosigkeit für den Bereich des moralisch besonders verwerflichen Minderjährigen- / Kinder-Dopings erwirkt. Die Eltern waren regelmäßig nicht in-

dann zu bejahen sein, wenn er seiner Aufklärungspflicht (z.B. über Nebenwirkungen) nicht genügt hat. Denn bei Eingriffen ohne ärztliche Indikation[1079] ist eine umfassende Risikoaufklärung sowohl aus übergeordneten ethischen Gründen[1080] als auch aufgrund normierter Pflichten zu fordern.[1081] Diese Aufklärung ist in praxi zumeist nicht erfolgt.[1082] Die Taten der Ärzte sind verknüpft mit verschiedenen Beteiligungsdelikten von Trainern, Funktionären und sonstigen Betreuern. Bei diesen wird man darauf abzustellen haben, ob Kenntnisse über die Art der verabreichten Präparate bestanden haben oder ob sich ggf. Erkenntnisse über gesundheitsschädliche Aspekte aufdrängen mußten. Die Anknüpfung an Körperverletzungstatbestände in dieser Arbeit kann letztlich nur exemplarischen Charakter haben. Die Verwirklichung weiterer Straftaten (von der „einfachen" Nötigung bis hin zu Tötungsdelikten) ist möglich bzw. wahrscheinlich.

Wenn, wie z.B. vom Sport-Informationsdienst am 4.7.95 gemeldet, das Landgericht Dresden in einem Zivilverfahren gegen zwei Sportmediziner des SMD (Verbands- bzw. Sektionsarzt) erstinstanzlich verkündet, diese hätten nicht im Sinne des hippokratischen Eides gehandelt, sondern eine staatliche Tätigkeit ausgeübt,[1083] so än-

---

formiert - die Minderjährigen wurden sogar dazu angehalten, schriftlich ihre Verschwiegenheit zu versichern, vgl. Franke, Wortprotokoll BT, S.65-67. In diesem Zusammenhang ist auf den **Widerspruch** zwischen vorbildlicher Rechtsetzung (normiert u.a. in den Bestimmungen des Jugendgesetzes - z.B. Präambel und §§ 8 ff. - bzw. den Schutzbestimmungen des StGB, §§ 141 ff.) und der fehlenden Beachtung dieser Gesetze hinzuweisen. Weiterhin war z.B. in den „Voraussetzungen und Bedingungen für medizinische Versuche am Menschen in der DDR" explizit festgelegt, daß Kinder nicht für entsprechende Untersuchungen herangezogen werden durften. Das genaue Gegenteil war der Fall. So ist z.B. darauf hinzuweisen, daß 14jährigen Schwimmerinnen Anabolikapräparate verabreicht wurden, um Wirkung und Umsatz unter hoher Trainingsbelastung messen zu können, zur Verbesserung des zukünftigen Dopings, Berendonk, Doping, S.25,214,215; vgl. § 12 I 2 der 12. Durchführungsbestimmung (DVO) zum Arzneimittelgesetz vom 17.05.76.

1079 Folgende Trennlinie ist zu beachten: Setzen sich Sportler extremen Leistungsanforderungen aus, die zu Gesundheitsschäden führen können, ist medizinische Begleitung indiziert und zulässig; werden hingegen den Sportlern Medikationen ausschließlich zur Leistungssteigerung verabreicht, so liegt (unzulässiges) Doping vor.

1080 Anhaltspunkte dafür, welche ethischen Prinzipien in der Sportmedizin gelten, sind z.B. einer Deklaration des Weltärztebundes von 1981 zu entnehmen, wonach der Arzt aufgefordert wird, „sich allen Methoden zu widersetzen ... die für den Sportler, der sie anwendet, schädliche Folgen haben können" (zitiert nach Turner, MDR 1991, S.571); Franke, Wortprotokoll BT, S.60: „Die ethischen Gesetze sind erstmals nachweislich von der DDR durchbrochen worden".

1081 Das Grundrecht auf Freiheit und Würde der Persönlichkeit (Art. 19 II DDR-Verfassung) dürfte - ungeachtet entsprechender Erwähnung - ein solches Schutzgut (Recht auf Aufklärung) enthalten haben, vgl. Lehner/Freibüchler, SpuRt 1-2/95, S.3. Im übrigen normierte - neben den weltweit gültigen ärztlichen Berufsregeln (die, in Anlehnung an den hippokratischen Eid, u.a. die Verpflichtung zur Vermeidung von Risiken und Schäden für die Patientengesundheit beinhalten) - § 5 IV der Approbationsordnung explizit eine Rechtspflicht der Ärzteschaft zur Aufklärung; ebenso enthalten in § 11 der DVO zum Arzneimittelgesetz.

1082 Berendonk, Doping, S.51 ff. bzw. 71; Spassov-Neufeld, Politischer Auftrag, S.29; Hilsberg, Wortprotokoll BT, S.81; siehe auch die SZ vom 22.06.95.

1083 Urteil des LG Dresden vom 21.06.95 (Az. 6-O-2436/94); zwischenzeitlich (29.02.96) vom vierten Zivilsenat des OLG Dresden bestätigt (Revision zum BGH ist eingelegt).

dert eine solche Feststellung (selbst im Falle tenorierter Rechtskraft) nichts an der grundsätzlichen Strafbarkeit der Mediziner - jeder ist für sich selbst verantwortlich, wirft aber ein bezeichnendes Licht auf den Arbeitgeber - den Staat:[1084] Das zentralistische sportmedizinische Betreuungssystem, das Staatsplanthema 14.25, die Anwendungskonzeptionen hierzu etc. führten die Ärzte, Betreuer usw. auf direktem Wege in die Strafbarkeit: Einerseits wurden Hemmschwellen und Unrechtsbewußtsein reduziert (z.B. über ideologische Indoktrination - Klassenkampfgedanke),[1085] andererseits drohte die berufliche und gesellschaftliche Isolation im Falle der Doping-Verweigerung. Auch wenn nicht zwangsläufig jede Mitarbeit im Sport(medizinischen)-System der DDR in der Verwirklichung von Straftatbeständen münden mußte, so bestand diese Gefahr doch jederzeit, war bekannt, was als weiterer Grund einer absoluten Geheimhaltung dienen mag,[1086] und wurde bewußt inkaufgenommen. Daß hierbei (sozialistischer) Auftrag und (real existierende) Wirklichkeit weit auseinanderklafften, tritt hervor, wenn man dem verfassungsrechtlichen *Anspruch*, der Staat möge auf die körperliche Vervollkommnung aller Bürger hinwirken,[1087] die *Wirklichkeit* einer staatlich gelenkten Verabreichung von Anabolikapräparaten gegenüberstellt, die zu körperlichen (Folge-) Schäden führten. Einen ähnlichen Widerspruch findet man auch hinsichtlich der im Parteiprogramm der SED propagierten „sozialistischen Lebensweise", worin „gesunde Lebensführung, Körperkultur und Sport" ihren festen Platz hatten, einen zentralen Platz sogar.[1088] Wie beispielsweise eine gesunde Lebensweise unter Zuhilfenahme von Anabolika praktiziert werden sollte, bleibt ein Rätsel. Bemerkenswert ist die generelle Mißachtung bestehender Normierungen. Dies gilt z.B. für die ignorierte Bestimmung des § 14 I Arzneimittelgesetz (i.V.m. mit dessen Präambel und der DVO), wonach Arzneisubstanzen[1089] am Menschen experimentell nur dann eingesetzt werden durften, wenn zuvor die gutachterliche Empfehlung des Zentralen Gutachterausschußes für Arzneimittelverkehr (ZGA)[1090] eingeholt und die Genehmigung des Ministeriums für Ge-

---

[1084] Ärzte waren im Gesundheitswesen der DDR regelmäßig im (staatlichen) Angestelltenverhältnis tätig, DDR-Handbuch, S.479.

[1085] Mader, Wortprotokoll BT, S.109 weist darauf hin, daß es für im DDR-System aufgewachsene Ärzte, die diesem System zudem nahestanden, mitunter schwierig gewesen sein mag, nachzuvollziehen, warum die Verabreichung von Hormonpräparaten zur Erzielung sportlicher Höchstleistungen verwerflich sein sollte, wenn im Westen 16jährigen Mädchen hormonale Präparate zur Schwangerschaftsverhütung verabreicht werden.

[1086] Oben bei (1) - des § 5.IV.8.d.aa - war bereits die Rede davon, daß sich die SED / DDR mit ihrer Dopingpraxis auch im Widerspruch zur offiziellen Politik befunden hat.

[1087] Siehe die Ausführungen zu Art. 18 III DDR-Verfassung oben bei § 5 III.1.b; gleiches gilt hinsichtlich des in Art. 35 I garantierten Gesundheitsschutzes (vgl. oben § 5 III.2.b). Eppelmann, Wortprotokoll BT, S.5 weist darauf hin, daß sich die körperliche Manipulation von Menschen schwerlich mit dem ethischen Prinzip des „Sozialistischen Humanismus" vereinbaren ließ, das als ein Leitprinzip des staatlichen und gesellschaftlichen Handelns in der DDR gelten sollte, vgl. z.B. Präambel des Jugendgesetzes bzw. Pfister, Einstellungen, S.48; Schütz, Politisches Wörterbuch, S.377.

[1088] Siehe Protokoll des 9. SED-Parteitages 1976, Bd.2, S.249 ff.

[1089] Arzneimittel waren gemäß § 2 I b Arzneimittelgesetz „Stoffe,... die dazu bestimmt sind,... die Leistungsfähigkeit des Körpers zu beeinflussen".

[1090] Zu dieser Institution siehe § 23 I,II Arzneimittelgesetz.

sundheitswesen erteilt worden war (gemäß § 7 I 1,2 i.V.m. § 5 I und 8 I Arzneimittelgesetz); für keines der experimentell zu erprobenden anabolen Steroide ist jemals auch nur ein entsprechender Antrag gestellt worden.[1091] Dieses Vollzugsdefizit verdeutlicht, daß Gesetzgebung alleine nichts bewirkt - sie muß vor allem beachtet und ggf. durchgesetzt werden. Die bewußte Umgehung konterkarierte den Sinn der Regelungen, nämlich den Menschen zu schützen und zu verhindern, daß dieser zum (Experimental-) Objekt degenerierte.

Ferner ist festzustellen, daß die DDR bzw. deren staatliche und kommunale Organe durch ihre Dopingaktivitäten Haftungstatbestände nach eigenem Recht verwirklicht haben. Gemäß § 1 I des Gesetzes zur Regelung der Staatshaftung (StHG)[1092] bestand[1093] eine Einstandspflicht der Organe / Einrichtungen für in Ausübung staatlicher Tätigkeit (den Bürgern) zugefügte Schäden (hier: Beeinträchtigung der körperlichen Unversehrtheit). Wie zu Recht vom LG Dresden entschieden, war z.B. die Mitarbeit im SKS-geleiteten SMD staatliche Tätigkeit, so daß das (nicht privat initiierte) Verabreichen von Dopingmitteln gleichfalls staatliche Tätigkeit darstellte; auch die dem Verabreichen der uM vorgeschaltete Staatsplan-Beschlußfassung ist als Ausübung hoheitlichen Handelns anzusehen.[1094] Diesem hoheitlichen Handeln stand nicht entgegen, daß ggf. aufgrund des Eigeninteresses der Sportler keinerlei Druck zur Dopingeinnahme ausgeübt werden mußte, da § 1 I StHG zwar eine (rechtswidrige) staatliche Tätigkeit, jedoch kein Verschulden, voraussetzte. Das Moment der Rechtswidrigkeit erforderte die Verletzung von DDR-Recht,[1095] welches z.B. in den bereits angesprochenen Verstößen gegen das Arzneimittelgesetz zu sehen ist.

Im übrigen waren auch zivilrechtliche Haftungsfolgen zu zeitigen. So bestimmte sich die evtl. Haftung der Sportärzte nach den §§ 93, 330 ff. ZGB, wobei die schädigenden Handlungen insbesondere an der Generalklausel des § 330 ZGB zu messen waren.[1096] Hiernach wurde demjenigen eine Schadensersatzpflicht auferlegt, der einem anderen unter Verletzung ihm obliegender Pflichten rechtswidrig

---

1091 Belegt durch Zitate aus Originaldokumenten, vgl. Franke, Wortprotokoll BT, S.68; Berendonk, Doping, S.103 bzw. S. 233 wird deutlich, daß sich FKS-Mitarbeiter der Notwendigkeit einer ZGA-Bewilligung jederzeit bewußt waren.

1092 Vom 12.05.69.

1093 Das Gesetz besteht insofern fort, als im Einigungsvertrag (EVertr) das DDR-Staatshaftungsgesetz von 1969 als Landesrecht in die neuen Bundesländer übergeleitet wurde. Zu den Modifikationen siehe Ossenbühl, NJW 1991, S.1201 ff.

1094 Vgl. Ossenbühl, Staatshaftungsrecht, S.384,401 ff. (insbesondere S.402 zum Haftungsausschluß bei legislativen Kollektiventscheidungen, hier Normsetzungsakt der Exekutive). Nach Lehner/Freibüchler, SpuRt 1-2/95, S.5, war das Merkmal „in Ausübung staatlicher Tätigkeit" aufgrund der staatlich angeordneten und geleiteten Dopingprogramme erfüllt, denn unter staatlicher Tätigkeit sei im Rahmen der Staatshaftung die Ausübung staatlicher Macht zu verstehen gewesen, was im Bereich des Gesundheitswesens staatlich **angeordnete** medizinische Eingriffe beeinhaltet habe (zutreffend).

1095 Ossenbühl, NJW 1991, S.1204.

1096 Vgl. § 14 DVO zum Arzneimittelgesetz, der als Überleitungsvorschrift auf die §§ 330 ff. ZGB fungierte, zum Ersatz von Schäden im Zusammenhang mit der Prüfung von Arzneimitteln am Menschen.

einen Schaden zufügte. Wie bereits im strafrechtlichen Kontext aufgezeigt, waren auch in der DDR die Ärzte zur sorgfältigen Behandlung ihrer Patienten verpflichtet, wobei die ärztlichen Berufsregeln rechtsverbindliche Pflichten zur Risiko- und Schadensvermeidung normierten. Die Rechtspflicht zur Aufklärung und Einholung der Zustimmung des Patienten war in § 5 IV der Approbationsordnung festgeschrieben.[1097] Nicht indizierte Eingriffe (wie regelmäßig bei der Doping-Medikation) waren ungeachtet dessen wegen Verstoßes gegen die ärztlichen Berufsregeln rechtswidrig und schadensersatzpflichtig;[1098] gleiches gilt für den Einsatz nicht genehmigter und überdies schädlicher Substanzen wegen des Verstoßes gegen § 14 I (letzter Satz) des Arzneimittelgesetzes.

Ergänzend ist anzumerken, daß das ZGB in seinem § 331 die individuelle Ersatzpflicht der Mediziner auf deren Arbeitgeber verlagerte,[1099] mit der Konsequenz, daß ausschließlich die staatlichen Gesundheitseinrichtungen Anspruchsadressat gewesen wären.[1100] Nach anderer Auffassung ist die Ersatzverpflichtung der Ärzte gemäß § 330 ZGB nicht durch § 331 ZGB ausgeschlossen worden, da die medizinische Betreuung der „Doping-Sportler" nicht in den staatlichen Gesundheitseinrichtungen - sondern in den Verbänden und Sportklubs - stattgefunden hat.[1101] Nach dritter Meinung war das ZGB in diesen Fällen gar nicht einschlägig, da die Sportärzte keine (dem Zivilrecht unterstellte) Leistung der bloßen Daseinsvorsorge erbracht hätten, mithin keine medizinische Behandlungsleistung mit dem Ziel der Wiederherstellung der Gesundheit, sondern zur Erfüllung des Staatszieles einer Leistungssteigerung im Sport (aus vorrangig politischen und ideologischen Gründen) agierten.[1102] Ein Anspruch gegen SMD-Mitarbeiter sei gemäß § 1 II StHG folglich ausgeschlossen.[1103]

Welcher Auffassung man hierbei folgt, ist nicht entscheidend. Maßgeblich ist im vorliegenden Zusammenhang vielmehr die Feststellung, daß die DDR durch das staatlich verordnete Dopingprogramm über ihre Organe / Institutionen bzw. Be-

---

1097 Berendonk, Doping, S.25 zitiert aus einer DDR-Zeitschrift für klinische Medizin, in der „Empfehlungen zur Wahrung ethischer Grundsätze" *(bei der Erprobung neuer medizinischer Maßnahmen)* aufgeführt wurden: „Eine Erprobung von Verfahren ist nur mit vorheriger schriftlich erteilter Zustimmung des Probanden zulässig. Diese Zustimmung muß freiwillig gegeben worden sein ... Der Proband ist zuvor über Ziel, Art, Umfang, Mittel und Methoden sowie das eventuelle Risiko ... aufzuklären".

1098 Vgl. Lehner/Freibüchler, SpuRt 1-2/95, S.3.

1099 Vgl. § 331 ZGB :"... hat der Betrieb den Schaden zu ersetzen. Eine Ersatzpflicht des Mitarbeiters gegenüber dem Geschädigten besteht nicht." Der Arbeitgeber hatte seinerseits die Möglichkeit eines Innen-Regresses gemäß §§ 260 ff. AGB.

1100 Zumindest theoretisch - praktisch gab es den Fall nicht, daß Betroffene entsprechende Schadensersatzansprüche verfolgt hätten; Anspruchsgegner wären primär das SKS bzw. (im Einzelfall) ein Ministerium gewesen.

1101 Lehner/Freibüchler, SpuRt 1-2/95, S.3.

1102 Im Zusammenhang mit der Anwendbarkeitsfrage des ZGB ist auf den Aspekt einer Verletzung ärztlicher Aufzeichnungspflichten hinzuweisen. Da die Sportmediziner des SMD keine Eintragungen ihrer Doping-Anwendungen in den ärztlichen Karteikarten vorgenommen haben (vgl. Franke, Wortprotokoll BT, S.70), ist hierdurch ggf. ein weiterer (zivilrechtlicher) Haftungstatbestand erfüllt.

1103 Urteil des LG Dresden (s. Fn.1083).

diensteten in mehrfacher Hinsicht einen Rechtsbruch begangen hat, der verschiedene Haftungsfolgen auslöste. Der Verstoß gegen diese Gesetze wiegt deshalb besonders schwer, weil er bewußt erfolgte.

bb) Kommerzialisierung

Eine weitere Gefahr drohte dem DDR-Sport zunehmend durch das westliche Sportsystem und der damit (alternativ) verbundenen Möglichkeit, Profisportler zu werden. Nachfolgende (interne) MfS-Aussage vermag dies zu belegen:

„Vorliegende Erkenntnisse bestätigen, daß die subversiven ideologischen Einwirkungen *(gemeint sind die Kommerzialisierungsfolgen, siehe unten)* bei einem Teil von Personen feindliche und negative Haltungen zur Politik der SED erzeugten und Handlungen insbesondere im Sinne des ungesetzlichen Verlassens der DDR auslösten".[1104]

Die verlockenden, der Kommerzialisierung des Sports / der Sportler immanenten Verdienstmöglichkeiten konterkarierten zunehmend das von MfS und DTSB ausgegebene Erziehungsziel der Bescheidenheit.[1105] Diese Parole (der Bescheidenheit) war gerade vor dem Hintergrund entwickelt worden, daß das für östliche Verhältnisse gut geschnürte Anreizpaket[1106] gemessen an westlichen Maßstäben eher unattraktiv wirkte, „bescheidene Athleten" hingegen sich gegenüber den Verlockungen des Geldes unempfindlich zeigen würden. Die Realisierung des Erziehungszieles war jedoch fortwährend dadurch in Frage gestellt, ungeachtet aller Anstrengungen und ideologischen Infiltrationen, daß gute Athleten (natürlich) ihren internationalen Stellenwert kannten und wußten, welche Antritts- und Siegprämien von den Veranstaltern (an den DTSB) gezahlt wurden.[1107] Die DDR-Propaganda war stets bemüht, das „Überlaufen" prominenter Sportler als auf verwerfliche Abwerbung interessierter westlicher Kreise rückführbar darzustellen (ultima ratio eines zumindest im Einzelfall verlorenen Kampfes). Die restriktive Haltung der Sportführung in Kommerzialisierungsfragen führte zu dem Folgeproblem einer wachsenden internationalen Isolation. So wurde in Fachkreisen davon gesprochen, daß die DDR aus finanziellen Gründen in der Zukunft nicht (mehr) in der Lage sein würde, größere internationale Veranstaltungen mit Beteiligung von Spitzenathleten der nichtsozia-

---

[1104] Zitiert nach MfS-Recherche, S.11. Weiterhin Rossade, Sport und Kultur, S.155: „Die Privilegierung der Spitzensportler in der DDR hat nicht verhindern können, daß eine beträchtliche Anzahl von ihnen den Weg der Flucht aus diesem Staat gewählt hat"; Beispiel bei von Richthofen, Akademieschrift 22, S.55.

[1105] Eines der wesentlichen Ergebnisse aus einem Gespräch zwischen Mielke und Ewald vom 31.03.86 (entnommen der Niederschrift dieser Unterredung).

[1106] Siehe oben § 5.IV.6.

[1107] Wie der MfS-Recherche, S.13, zu entnehmen ist, wurde die spezielle Problematik auf einer zentralen Dienstkonferenz am 25.06.81 angesprochen. Aus einem Schreiben des Vorsitzenden des Ministerrates wird dort wie folgt zitiert: „Die jungen Leistungssportler stellen die größte Gruppe junger DDR-Bürger dar, die mitunter aufgrund der Trainings- und Wettkampfaufenthalte im kapitalistischen Ausland über längere Zeit einer gezielten, systematischen feindlichen Beeinflussung ausgesetzt ist. Nicht selten zeigen sich diese jungen Kader von derartigen gezielten Einflußnahmen beeindruckt".
Im weiteren Verlauf der Ausführungen wird darauf hingewiesen, daß die Aufklärung und Analyse solcher Reaktionen im Mittelpunkt der weiteren Sicherungsarbeit stehen müssen.

listischen Länder durchzuführen. Andererseits war das Problem für die DDR-Sportführung auch nicht einfach zu lösen, da selbst Versuche einer etwas progressiveren Haltung nicht den erhofften Erfolg zeitigten; so hinterließ die sanfte Umstrukturierung (z.B. hin zum Vertragsspieler) des chronisch erfolglosen DDR-Fußballs in erster Linie Unzufriedenheit, da argumentiert werden konnte, „daß die Fußballer, obwohl sie keine Leistungen bringen, viel Geld bekommen, und Sportler anderer Sportarten, die die Weltspitze mitbestimmen, mit ... (*erheblich geringeren Zuwendungen*) ... auskommen müssen".

Im Ergebnis ist die Wende hier einer Problemlösung zuvorgekommen, wobei allerdings bezweifelt werden darf, daß es der DDR-Sportführung dauerhaft gelungen wäre, die Problematik durch Umerziehung / Ignoranz bzw. halbherziges Handeln zu lösen. U.a. hiermit in Zusammenhang stehend ist die in den achtziger Jahren zunehmende Anzahl von Ausreiseanträgen durch Sportler. In diesen Fällen wurde mit Härte reagiert: Die Stellung des Antrages hatte die sofortige Streichung als Reisekader zur Folge (wegen Verdachts der Republikflucht gemäß § 213 StGB / DDR), die sportliche Karriere war zumindest international beendet.[1108] All dies war unabhängig von einer positiven Bescheidung, regelmäßig wurde die Genehmigung sogar verweigert. Sofern das MfS keine außersportlichen Versagungsgründe präsentieren konnte, wurden das SKS sowie der DTSB (zur Prüfung „sportlicher" Versagungsgründe) hinzugezogen, ein Beispiel für die Zusammenarbeit von Staatssicherheitsdienst und Teilen der Sportbewegung. Wie die eingangs zu d) zitierte MfS-Aussage belegt, gab es neben den Versuchen, offiziell auszureisen, auch eine zunehmende Anzahl von Fällen des „ungesetzlichen Verlassens".[1109] Die verbliebenen Angehörigen mußten dann mit nachhaltigen Bespitzelungen und Repressalien rechnen, mit dem Ziel, einerseits den Flüchtling zur Rückkehr zu bewegen, andererseits, um den Angehörigen eine eventuelle „Nachreise" zu erschweren bzw. unmöglich zu machen.[1110]

(cc) Verhältnis DDR / Bundesrepublik Deutschland

Neben den Problemkomplexen Doping und Kommerzialisierung war das Deutsch-Deutsche Beziehungsgeflecht deshalb als besonders brisant einzustufen, weil die wechselseitigen Beziehungen lange Zeit durch politische Spannungen belastet wa-

---

[1108] Im übrigen ist darauf hinzuweisen, daß auch ein entsprechender Antrag durch nahe Verwandte „das Aus" für den Sportler bedeuten konnte. So kam es vor, daß Sportler aus ihrer Förderstufe nur deshalb entfernt wurden, weil ein Elternteil einen Ausreiseantrag gestellt hatte. Hierbei wurde (durch Legendenbildung) in der Ausdelegierungsmitteilung vermieden, eine Bezugnahme auf den Antrag herzustellen.

[1109] Die Anzahl der Republikfluchtfälle unter Sportlern nahm ab 1987 dramatisch zu (bis dahin jeweils 3 - 6 pro Jahr, danach bis zu 20 Personen); vgl. MfS-Recherche, S.26.

[1110] Vgl. die Seiten 26-30 der MfS-Recherche, in denen u.a. die Fälle des Fußballlehrers Jörg Berger und des Rudertrainers Richard Wecke beleuchtet werden; hierin wird auch auf das perfide Zersetzungssystem des MfS (gemäß Richtlinie Nr. 1/76) eingegangen; Ziel war es u.a., den Republikflüchtling (auch) im Ausland nachhaltig zu diskredieren (Stichwort: Organisierung des gesellschaftlichen Mißerfolges); Holzweißig, Diplomatie, S.28.

ren. Wie in der Einführung zu diesem Kapitel (8.) bereits dokumentiert, war die westdeutsche Sportführung nicht gewillt, das Sportfeld zu politisieren; anders die DDR-Führung. Bereits zu Zeiten des DSA[1111] bestanden Tendenzen, das Mißfallen über verschiedene allgemeinpolitische Geschehnisse in sogenannten „Offenen Briefen" (Adressaten: westdeutsche Vereine und Einzelmitglieder des DSB) aufzugreifen, und insofern im sportlichen Umfeld anzuprangern.[1112] Zwar scheiterte letztlich der hiermit verknüpfte Versuch eines Ideologietransfers, dennoch brach der DSB im Jahre 1952 kurzzeitig wegen des „unerträglichen Mißbrauchs des gesamtdeutschen Sportverkehrs und der Sonderbehandlung der West-Berliner Sportler" die Kontakte zur ostdeutschen Sportführung ab - nahm diese nach entsprechenden Vereinbarungen aber später wieder auf. Trotz der Vereinbarungen setzte die Sport-Führung der DDR den Kurs politischer Agitation im gesamtdeutschen Sportverkehr fort, begleitet von ständigen Abmahnungen des DSB. Im Jahre 1961 war es dann soweit: Beeinflußt von der anhaltenden Blockade des West-Berliner Sports durch die Sportorganisationen der DDR, die Errichtung der Berliner Mauer und aufgrund einer weiteren ergebnislosen Aufforderung zur Entpolitisierung der gemeinsamen Sportbeziehungen beschlossen DSB und NOK am 16.8.1961 die Einstellung der Sportbeziehungen. Zwar erfolgte im Jahre 1965 eine Revision dieser Beschlußlage, jedoch dauerte es nahezu eine Dekade, bis erstmalig wieder Verhandlungen zwischen den Führungsspitzen des DSB und des DTSB aufgenommen wurden.[1113] In den beiden Gesprächsrunden des Jahres 1970 erwies sich insbesondere die Berlin-Frage als problematisch; der DTSB forderte jeweils, der DSB solle seinen Zuständigkeitsbereich auf die Bundesrepublik beschränken. Der DSB stimmte einer solchen Isolierung West-Berlins nicht zu. Die auch in der Folgezeit festgefahrenen Verhandlungen wurden nach Unterzeichnung des Grundlagenvertrages[1114] (aufgrund von Bemühungen beider Staaten auf Regierungsebene) fortgesetzt und fanden im Jahre 1974 ihren Abschluß; die volle Zugehörigkeit West-Berlins zum DSB wurde anerkannt.[1115] Die formale Beendigung des jahrzehntelangen Spannungszustandes erfolgte am 8.5.1974 mit der Unterzeichnung des Protokolls über die deutsch-deutschen Sportbeziehungen. Der Jahressportplan (1974) fand fortan eine jährliche Erneuerung.

1111 Vorläufer des DTSB - vgl. die historische Einführung dieser Arbeit (§ 3.II).

1112 Anlässe waren z.B. die Bildung der Europäischen Verteidigungsgemeinschaft (26.05.54), die Pariser Verträge (05.03.55) oder die Einführung der Wehrpflicht in der Bundesrepublik (22.02.57).

1113 Zwischenzeitlich, also in den Jahren zwischen dem Revisionsbeschluß von 1965 und dem ersten Treffen von Delegationen von DSB und DTSB am 02.10.70, gab es insgesamt sechs (resonanzlose) Verhandlungsangebote des DSB an den DTSB der DDR.

1114 Am 21.06.73 in Kraft getretener Vertrag zwischen beiden deutschen Staaten, der die wechselseitigen Beziehungen regelte und in dem die Bundesrepublik u.a. auf den Alleinvertretungsanspruch verzichtete. Dieser Anspruch definierte sich im Sport dahingehend, daß der westdeutsche Sport, auf der Grundlage der historischen Entwicklung und der vorhandenen Strukturen, im internationalen Sportverkehr die Einheit des deutschen Sports zu dokumentieren und seine Teilung nicht zu akzeptieren suchte. Bis zur weltweiten Anerkennung der DDR war ihre internationale Sportpolitik primär Deutschlandpolitik.

1115 Zum Berlin-Problem: Holzweißig, Diplomatie, S.69 ff., Korber, Politische Probleme, S.5 ff.

Obwohl der gesamtdeutsche Sportverkehr somit in geregelten Bahnen verlief, wies die Bilanz der Sportbeziehungen ungeachtet der vertraglichen Vereinbarungen auch weiterhin Defizite auf. Eine wirkliche Normalisierung erfolgte nicht. Dies äußerte sich z.B. darin, daß bei den jährlichen Verhandlungen zum Sportkalender die östliche Seite jeweils nur einen Bruchteil der vorgeschlagenen Wettkampfangebote akzeptierte, und dann auch nur in selektierter Form, nämlich auf der Ebene des Spitzensports.[1116] Während im Laufe der Jahre in den Bereichen Politik, Ökonomie, Kultur und Wissenschaft eine relative Blütezeit der Deutsch-Deutschen Beziehungen einsetzte, hinkten die Sportkontakte hinterher. Gründe hierfür waren u.a. im Konzept des DTSB zu erblicken, in seiner Funktion als zentralistische Sport- und Massenorganisation der SED - ohne den DTSB lief nichts. Insofern war es für die Verbände und Vereine bzw. Grundorganisationen beider Staaten kaum möglich, selbständig solche Begegnungen zu vereinbaren, wie dies ansonsten bei den kulturellen, wissenschaftlichen und kommunalen Partnerschaften üblich war. Die finanziellen Rahmenbedingungen taten ein übriges: Da insbesondere Sportbegegnungen nicht völlig losgelöst hiervon gesehen werden können und im DDR-Sport nur der DTSB entsprechende Valuta besaß,[1117] stellte sich ungeachtet jeder strukturellen Frage die normative Kraft des Faktischen gegen den (z.B. auf Klubebene durchaus beiderseits vorhandenen) Willen zur Intensivierung der Kontakte. Die Umsetzung von Reformüberlegungen des Westens zu den gemeinsamen Sportkalendern war problembehaftet, da zu deren Realisierung entsprechende Absichten beider Partner gehört hätten. Weil es auf östlicher Seite in letzter Konsequenz aber hieran fehlte, konnte bis zur Wende auf diesem Gebiet nichts Entscheidendes bewegt werden. Die Deutsch-Deutschen Sportbeziehungen blieben bis zuletzt unbefriedigend, ein „Neues Denken“ setzte nicht ein - „Glasnost“ und „Perestroika“ blieben für die DDR-Sportführung weiterhin .unbekannte Worte.. Neben Ängstlichkeit und Unsicherheit gegenüber Veränderungen sind die Gründe für diese Starrheit auch darin zu suchen, daß der DTSB gar kein objektives Interesse haben konnte, die Regelungsinhalte der sogenannten Kalendergespräche aus der Hand zu geben. Denn hier bot sich eine Plattform, sportpolitische (oder allgemeinpolitische - Stichwort: NATO-Doppelbeschluß) Differenzen auszutragen, verbunden mit einer Sanktionsmöglichkeit, die Wirkung zeigte:[1118] Aufgrund der drohenden Konsequenz einer direkten Negativ-

---

[1116] Vgl. hierzu Holzweißig, Wortprotokoll BT, S.17. Dort ist auch von einer Verbotsliste Honeckers die Rede, wonach Sportwettkämpfe im allgemeinen Kinder- und Jugendsport außerhalb des Leistungsbereichs, Sportwettkämpfe im Rahmen des kleinen Grenzverkehrs, Fußball-Länderspiele zwischen der DDR und der Bundesrepublik usw. verpönt waren. Gieseler, Akademieschrift 22, S.109, weist auf Versuche des DSB hin, diese Ausgrenzungsstrategien in den Kalendergesprächen durch nachgeschobene Sportbegegnungen auszuhöhlen.

[1117] Die Valuta war ohnehin knapp bemessen - so daß ggf. selbst eine DTSB-seitig anvisierte Erweiterung des Sportverkehrs, ohne Erhöhung des Etatansatzes, auf Schwierigkeiten gestoßen wäre. Besserung konnte vorrangig durch den (anderweitig finanzierten) Sportverkehr im Rahmen der Städtepartnerschaften erfolgen, Hiller, Wortprotokoll BT, S.34.

[1118] Zum Fall des in die Bundesrepublik übergelaufenen ehemaligen DDR-Diskuswerfers Wolfgang Schmidt, der in einem Länderkampf gegen die DDR die bundesdeutschen Farben trug, wurde folgende (von Honecker redigierte!) Meldung verbreitet: „Ungeachtet die-

umsetzung im Sportkalender tat sich die westdeutsche Sportführung schwer, brisante Themen nach außen zu tragen (z.B. solche des Dopingsektors).[1119]

Im Rahmen des instrumentalisierten innerdeutschen Sportverkehrs spielte auch der bereits angesprochene (allgemein)politische Klassenkampfaspekt fortwährend eine Rolle, wobei die *Überlegenheit* des sozialistischen DDR-(Sport-)Systems gegenüber dem ausbeuterischen Kapitalismus der Bundesrepublik demonstriert werden sollte.[1120] Die DDR-Funktionäre achteten darauf, daß die westdeutsche Mannschaft nach Möglichkeit etwas leistungsschwächer als die der DDR war, um sportlich bestehen bzw. eine Niederlage jedenfalls vermeiden zu können.[1121] Ferner war der westdeutsche Sport (und sein Funktionärswesen) bevorzugtes Überwachungsobjekt des MfS; hierbei sollten einerseits sogenannte feindliche Einflüsse auf den Leistungssport der DDR abgewehrt werden, andererseits galt es z.B., (in keinesfalls nur defensiver Ausrichtung) die westdeutsche Sportforschung auszuspähen.[1122] Zudem sollte die Kontaktaufnahme der eigenen Athleten mit Sportlern aus der Bundesrepublik möglichst unterbunden werden; die hierzu notwendigen umfangreichen Observationen[1123] dienten u.a. dem Zweck zu verhindern, daß Athleten, Trainer und sonstige Sport-Mitarbeiter Reisen in den Westen zur Republikflucht nutzten.[1124]

Fazit: Es gab mehrere Phasen sportlicher Beziehungen im geteilten Deutschland: Hier zu nennen ist der Zeitraum der Entsendung gesamtdeutscher Olympiamannschaften, also derjenige der (Zwangs-) Gemeinschaft,[1125] weiterhin gab es Zeiten unüberwindlicher Abgrenzung (in denen der innerdeutsche Sportverkehr zum Erliegen kam) und schließlich die Phase zwar geringer, aber doch geregelter deutsch-

---

ser Provokation und dieses Wortbruchs wird die Mannschaft der DDR in Düsseldorf an den Start gehen. Der DTSB der DDR wird aber die notwendigen Schlußfolgerungen, die sich daraus ergeben, ziehen. Die Vertragsverletzung seitens des Leichtathletikverbandes der BRD wird selbstverständlich in Zukunft bei der Gestaltung der Protokolle über den Sportverkehr mit dem DSB berücksichtigt", zitiert nach Holzweißig, Wortprotokoll BT, S.9; derselbe in Diplomatie S.30 und 65; vgl. auch Deutsches Sportecho vom 18.07.88 („... hierdurch Erreichtes in Frage zu stellen").

1119 Vgl. Mader, Wortprotokoll BT, S.127.

1120 Vgl. hierzu die Rede von Walter Ulbricht aus dem Jahre 1955, abgedruckt bei Bernett, Körperkultur, S.34: „Im Kapitalismus dient der Sport der Erhaltung der Arbeitskraft im Interesse der Sicherung der kapitalistischen Ausbeutung und den Zielen der herrschenden Klasse in Westdeutschland"; weiterhin: „In der DDR steht die Aufgabe nach allseitiger geistiger und körperlicher Entwicklung der Menschen im Interesse des sozialistischen Aufbaus, im Interesse des Wohlstandes und des Glückes des ganzen Volkes"; a.a.O., S.151, ist gleichfalls ein Beschlußpapier des DTSB abgedruckt, in dem der Überlegenheitsgedanke explizit angesprochen ist („... ist anzustreben ... die Überlegenheit der sozialistischen Körperkultur gegenüber Westdeutschland zum Ausdruck zu bringen"); Holzweißig, Diplomatie, S.5.

1121 Dies war auch außerhalb des bilateralen Sportverkehrs entscheidend: „Für die DDR war die BRD der Hauptgegner Nummer 1 im Hochleistungssport. Ob wir bei Olympischen Spielen Platz eins, zwei oder drei belegen, ist nicht so wichtig, wurde immer wieder deutlich gemacht. Hauptsache wir liegen vor denen da drüben", Hiller, Wortprotokoll BT, S.31.

1122 Geiger, Wortprotokoll BT, S.41.

1123 Vgl. Schult und Decker, Wortprotokoll BT, S.179 bzw. 182.

1124 Rossade, Sport und Kultur, S.200.

1125 Siehe oben § 5.II.2.b.

deutscher Sportbeziehungen. Im übrigen erfreute sich die Bundesrepublik fortwährend einer Sonderbehandlung durch die DDR, was sich u.a. in verstärkter Überwachung und der Deklaration zum Haupt-Klassengegner äußerte.[1126]

9. Zusammenfassung

Der DTSB war eine fremdbestimmte Massenorganisation, die im Zusammenwirken mit Partei (SED) und Staat eine wichtige Funktion im Sportsystem der DDR eingenommen hat und dessen Strukturen untrennbar mit dem politischen System der DDR verbunden waren. Ein engmaschiges Leitungssystem, abgesichert durch verschiedene personale Verflechtungen, garantierte eine stromlinienförmige Ausrichtung der insgesamt unfreien Sportbewegung. Der DTSB fungierte als intermediäre Instanz an der Nahtstelle zu den Sportverbänden (und sonstigen Mitgliedsorganisationen), zur Sportwissenschaft und Sportmedizin, als Mittler der politischen Intentionen von Staat und Partei (z.B. im Rahmen der Deutsch-Deutschen Sportbeziehungen). Der erfolgreich (u.a.) vom DTSB gelenkte Leistungssport der DDR basierte schwerpunktmäßig auf der Komponente Talentauswahl, auf der mehrstufigen Förderung, den Leistungsanreizen als wirkungsvoller Triebfeder und dem Dopingsystem; sämtliche Wirkungsfelder unterlagen umfangreicher Überwachungstätigkeit des MfS.

[1126] Ausdruck dieser Sonderbehandlung war z.B., daß die Sportberichte der Bundesrepublik zum Gegenstand eigenständiger DDR-Untersuchungen gemacht wurden. So ist in der „Analyse zum Sechsten Sportbericht der Bundesregierung" (auf S.4) - fälschlicherweise - zu lesen, daß der jeweils gültige Bericht faktisch die Funktion eines Sportgesetzes einnähme; Veränderungen und Entwicklungen im Sport der Bundesrepublik, die man glaubte, dem Kompendium entnehmen zu können, wurden zusammengefaßt und Empfehlungen zur weiteren Sachbehandlung abgegeben (S.12).

Vierter Teil
FORMALER SYSTEMVERGLEICH

Im vorangegangenen Kapitel (Dritter Teil) wurden die Strukturen der beiden Sportsysteme dargestellt, verschiedene Unterschiede sind deutlich geworden. Nachfolgend werden anhand einzelner Stichworte die wesentlichen Abweichungen und Gemeinsamkeiten in kompakter und systematisierter Form zusammengefaßt.

Anschließend (§ 7) sollen die jeweiligen Systemelemente auch erfolgskausal, also z.B. hinsichtlich ihres Anteils am leistungssportlichen Erfolg, betrachtet werden. Eine solche Erfolgsanalyse ist notwendig, um die Frage beantworten zu können, ob der ggf. vorhandene rechtliche Freiraum bei der Zusammenführung der Systeme bzw. ihrer einzelnen Bestandteile (erfolgs)optimal genutzt wurde.

§ 6 Gegenüberstellung der Systemmerkmale

Allgemeine Sportstrukturen / Verhältnis Sport und Staat

Die öffentliche Sportverwaltung in der Bundesrepublik Deutschland ist gekennzeichnet durch eine Aufgabenverteilung auf die Bundes- und Länderebene sowie die kommunalen Bereiche, orientiert an den Kompetenzzuweisungen des Grundgesetzes. Unter Wahrung der verfassungsrechtlich garantierten Autonomie beschränkt sich die Funktionswahrnehmung des Staates weitgehend auf die Rolle des Förderers des ansonsten eigenfinanzierten Sports. Hierbei sind die Grundsätze der Subsidiarität und (soweit möglich) des partnerschaftlichen Zusammenwirkens von Staat und Sport bestimmend, mithin Prinzipien, die verdeutlichen, daß dem Staat im Sportsegment keine lenkende, sondern nur eine ergänzende Funktion zukommt (gewisse Einschränkungen ergeben sich u.a. aus der „Politik des goldenen Zügels").

In der ehemaligen DDR war der Sport hingegen als Bestandteil des SED-geprägten Herrschaftssystems („Führungs- und Erkenntnismonopol der Partei") in das staatliche Gefüge integriert, wobei Staat, öffentliche Sportverwaltung und die „Sportselbstverwaltung"[1127] eine Einheit bildeten. Aufgrund der zentralistischen Struktur des DDR-Staatswesens (demokratischer Zentralismus) fungierten alle Untergliederungen (einschließlich der „Sportselbstverwaltung" und der Wissenschaft) als ausführende Organe der SED-Zentralgewalt. Der Sport war folglich fremdbestimmt, der Staat übernahm gleichzeitig die Aufgabe des „Steuermanns" und des Finanziers. Um eine intensive Kontrolle dieses Bereiches zu ermöglichen, wurde der Sport geheimdienstlich observiert (durch das MfS).

Die politische Relevanz des Spitzensports ist (war) in beiden Staaten in seiner image- und identifikationsfördernden Wirkung zu sehen (Aspekt der nationalen Repräsentation), der Sport allgemein erlangt(e) infolge seiner wichtigen (stabilisieren-

[1127] Die Anführungszeichen beziehen sich auf die oben in § 5 aufgezeigten Beschränkungen der DDR-Sportbewegung.

den) Funktion für das Gemeinwesen Bedeutung. Da der Sport jeweils auch als völkerverbindender Friedensfaktor anerkannt war, sind bei den sportpolitischen Intentionen Gemeinsamkeiten beider deutschen Staaten zu erkennen, wobei die DDR einzelne Aspekte jedoch stärker betonte und den Sport als Mittel des Klassenkampfes einsetzte (zur Demonstration vermeintlicher Systemüberlegenheit).

Rechtsgrundlagen des Sports / Sportgerichte

Zentrale Organisationsnorm der westdeutschen Sportbewegung ist Art. 9 I GG (ohne den Sport explizit zu erwähnen). Neben der Freiheit des Einzelnen zur Gründung von Vereinen und des Beitritts hierzu (*individueller* Aspekt der Vereinigungsfreiheit) wird insbesondere die Rechtsposition der Vereine selbst (*kollektiver* Aspekt), sich in freier Selbstbestimmung eine eigene innere Ordnung zu geben, durch den Schutzbereich des Art. 9 I GG erfaßt. Das Selbstbestimmungsrecht der Vereinigungen (als Ausprägung der allgemeinen Privatautonomie) wird zwar in verschiedener Hinsicht eingegrenzt, z.B. durch die Rechtsschutzgewährleistungspflicht / staatliche Schutzpflichten, bzw. konkretisiert (z.B. durch einfachgesetzliche Regelungen des Zivilrechts), diese Begrenzungslinien stellen jedoch keine nachhaltige Beschränkung der grundrechtlich gewährleisteten Freiheiten dar.

Anders in der ehemaligen DDR: Zwar gab es mit Art. 29 DDR-Verfassung eine grundsätzlich mit Art. 9 I GG vergleichbare Vorschrift, da hierin die (allgemeine) Vereinigungsfreiheit „garantiert" wurde, jedoch hatte diese Bestimmung im zentralistischen DDR-Staatswesen letztlich einen anderen Regelungsgehalt - freiheitliche Garantien waren aufgrund der starken Einschränkungen nur in geringem Maße festzustellen. So hatte die Zweckrichtung aller Vereinigungen u.a. mit den sozialistischen Zielsetzungen (der Verfassung) übereinzustimmen; weiterhin wurde (aufgrund einer ergänzend erlassenen VO) ein vom Staat festzustellendes Bedürfnis zur Gründung und Tätigkeit von Vereinigungen gefordert, wobei ohne dieses Testat keine Anerkennung erfolgte. Dem Staat war es ergo möglich, in diesem Bereich die absolute Kontrolle auszuüben und dafür zu sorgen, daß unerwünschte Tendenzen im Keim erstickt wurden. Im Ergebnis kam dies einem Verbot für alle unerwünschten Vereinigungen gleich. Die zentralistische Staatsstruktur bewirkte im übrigen, daß die anerkannten oder geduldeten Vereinigungen so in das System integriert waren, daß ihnen kaum freiheitlicher Bewegungsspielraum verblieb. Dies galt insbesondere auch für die unterschiedlichen Trägern zuzurechnenden Sportgemeinschaften als Basis der sozialistischen Sportorganisation. Die Einbeziehung des Sports in die sozialistische Kultur (Art. 18 III DDR-Verfassung) politisierte den Sport, stellte ihn unter SED-Suprematie und machte ihn zum Objekt umfassender Reglementierung.

Die DDR-Verfassung enthielt (neben Art. 18 III) weitere Normierungen mit sportrelevanten Passagen, die jeweils durch unmittelbare *Benennung* im Normtext hervortraten (Unterschied zum Grundgesetz) und hierdurch die Bedeutung dieser Materie für das Staatswesen hervorhoben (Art. 25 III 1 i.V.m. Art. 18 III - Recht auf aktive Teilnahme an Körperkultur und Sport - sowie Art. 35 I,II - Recht auf Schutz der Gesundheit und der Arbeitskraft, gewährleistet u.a. durch die Pflege des Schul- und Volkssports). Die individualsportliche Sphäre wird im Grundgesetz, wie gesagt ohne nähere Bezeichnung, durch die allgemeinen Grundrechte geschützt (Art. 2 I, 5 I bzw. 12 I GG bei beruflich geprägter Sportausübung). Ergänzend ist darauf hinzuweisen, daß auch auf einfachgesetzlicher Ebene verschiedene (z.B. im Jugend- und Arbeitsgesetz sowie im Gesetz über die örtlichen Volksvertretungen enthaltene) Regelungen für eine einheitliche und flächendeckende Berücksichtigung sportlicher Belange in der DDR sorgten. Derartige, also sportfreundliche und zugleich einheitliche Regelungen sind u.a. aufgrund der föderalen Strukturen in der Bundesrepublik (außer im Steuerrecht) nicht anzutreffen.

Aufgrund der differierenden Staatsstrukturen und der jeweils unterschiedlichen Bedeutung des Rechts - in der Bundesrepublik allem Handeln übergeordnet, in der ehemaligen DDR Mittel zur Realisierung marxistisch-leninistischer Theorien - sind (sport)rechtliche Problemfelder primär in West-Deutschland transparent geworden. So haben z.B. die dort bedeutsamen Fragen nach Inhalt und Grenzen der Autonomie, nach der Ausgestaltung der Sportgerichtsbarkeit und der Überprüfbarkeit ihrer Entscheidungen durch staatliche Gerichte in der DDR keine Rolle gespielt; die auftretenden Fragestellungen wurden sportintern geregelt oder erlangten ungeachtet der Problemlösung keine weitere Bedeutung (z.B. Rechtsstellung der juristischen Personen, Problem der Rechtsfähigkeit von Vereinigungen),[1128] konnten jedoch keinesfalls einem unabhängigen Gericht zur Entscheidung vorgelegt werden.

Strukturen der Sportselbstverwaltung / Finanzierung

Die Sportbewegung der Bundesrepublik ist überwiegend in (rechtsfähigen) Vereinen, Fachverbänden und LSB organisiert, wobei die Verbände zumeist Mitglied des Dachverbandes DSB sind, der einer Holdinggesellschaft ähnelt. Ergänzende Funktionen übernehmen die DSH (Sportlerfinanzierung) und das NOK. Der DSB erkennt die organisatorische, fachliche und finanzielle Unabhängigkeit seiner Mitgliedsorganisationen an und nimmt primär beratende und unterstützende Funktionen wahr; sein Einfluß ist insgesamt eher gering. Das westdeutsche Sportsystem ist geprägt durch die gemeinnützige Zwecksetzung seiner Vereinigungen, deren ehrenamtliche Führung, die Freiheit und Freiwilligkeit der Sportausübung, parteipolitische Neutralität und weltanschauliche Toleranz.

Das „freie“ Sportsystem der DDR fand sein Fundament in den Sportgemeinschaften und gliederte sich (in überfachlicher Hinsicht) in Stadt-, Kreis- und Bezirksorganisationen, in Sportverbände, Sport- und Fußballklubs sowie die Sportvereinigungen Dynamo und Vorwärts. Der DTSB bildete hierzu die Dachorganisation, in die die weitgehend abhängigen Mitgliedsorganisationen eingebunden waren.[1129]

[1128] Mitunter ist es bis jetzt nicht gelungen, die Rechtsnatur von Ministerratsbeschlüssen bzw. sonstigen Anordnungen zu klären, vgl. Stern/Schmidt-Bleibtreu, Einigungsvertrag, S.134.

[1129] Eine Sonderstellung nahmen die durch ihre Träger „fremdfinanzierten“/ „fremdbeherrschten“ Vereinigungen Dynamo und Vorwärts ein.

Neben dem Prinzip des demokratischen Zentralismus waren weiterhin der Grundsatz hauptamtlicher Führung und die (partei)politische Bindung der Sportvereinigungen prägend für den DDR-Sport.

Ungeachtet der differierenden Mitgliederstruktur ist im direkten Vergleich insbesondere die weisungsfreie und unabhängige *Stellung* der im DSB organisierten Vereinigungen (und des DSB selbst) den organisatorisch wie finanziell abhängigen und weisungsgebundenen DTSB-Organisationen gegenüberzustellen; ergänzend ist darauf hinzuweisen, daß der DTSB vom Politbüro bzw. ZK der SED angeleitet wurde - mithin selbst unfrei war (entsprechendes gilt für das NOK der DDR, s.u.). Die (ergänzende) *Funktion* des DSB als koordinierender Interessenvertreter seiner Mitglieder läßt sich deutlich abgrenzen von derjenigen des DTSB, der nach außen als Initiator bzw. Organisator auftrat und als Planungs- und Durchsetzungsorgan (der SED-Sportpolitik) agierte.[1130] Gemeinsamkeiten gab es wenig, allenfalls ist festzustellen, daß generell der organisierte Sport in beiden Staaten auf die gleichen Wurzeln zurückzuführen ist (historisch betrachtet bzw. aufgrund ähnlicher Basisstrukturen, „Vereine“ bzw. „Sportgemeinschaften“, in Abgrenzung z.B. zum Collegesystem der USA)[1131] und daß (speziell) der DSB als Vorbild für die DTSB-Gründung fungierte; die DSB-"Erbanlagen“ haben sich allerdings nie richtig durchzusetzen vermocht.

Das anscheinend spiegelbildlich zum westdeutschen NOK operierende DDR-NOK blieb de facto ohne größeren Einfluß, da es im Gegensatz zur vom IOC geforderten Unabhängigkeit bei allen Entscheidungen an die Weisungen des DTSB bzw. der Partei- und Staatsführung gebunden war. Insofern hatten trotz der sich äußerlich ähnelnden Strukturen letztlich völlig unterschiedliche Modalitäten der inneren Handhabung Bestand. Eine vergleichbare Organisation wie die DSH hat es im DDR-Sport (auch aufgrund der andersgearteten Finanzierungsstruktur) nicht gegeben: Der DDR-Sport wurde (den geringen Mittelerwerb aus sonstigen Quellen vernachlässigend) in allen Bereichen ausschließlich staatlich finanziert; der freie Sport in der Bundesrepublik ist überwiegend[1132] gemischt finanziert (bezieht also staatliche

---

[1130] Die stark voneinander abweichenden Prinzipien der ehren- bzw. hauptamtlichen Führung, parteipolitischen Neutralität / Bindung usw. sollen im fünften Teil dieser Arbeit gegenübergestellt werden, wenn es darum geht, die Annäherung des DDR-Sports an die westdeutschen Strukturen im Vorfeld der Wiedervereinigung zu dokumentieren.

[1131] Im Hinblick auf weitere, im konkreten Zusammenhang eher unbedeutende Gemeinsamkeiten ist auf Rummelt, Sportsystem DDR, S.13 ff., zu verweisen, dessen allgemeiner Schlußfolgerung (dort Seite 15 oben: „Die Liste der Gemeinsamkeiten zwischen beiden Sportsystemen dürfte länger sein als die Zahl der Unterschiede“) jedoch nicht zu folgen ist, zumal bestimmte Fakten unzutreffend wiedergegeben sind. So ist die Behauptung, der Sport sei die größte Massenbewegung in der DDR gewesen, im Hinblick auf den organisierten Bereich nicht haltbar (der FDGB hatte über 8 Millionen Mitglieder - der DTSB „nur“ rund 3,7 Millionen); weiterhin ist nicht ernsthaft zu behaupten, daß sich die Verantwortlichen des DDR-Sports mit Versuchen zur Bekämpfung des Dopings oder zur Humanisierung des Hochleistungssports besonders hervorgetan hätten.

[1132] Manche (weniger telegene) Sportarten vermögen keine Vermarktungserträge zu erzielen, werden aber staatlich gefördert, andere Sportarten beziehen keine staatlichen Zuschüsse, haben aber hohe Wirtschaftserträge (z.B. Fußball).

Subventionen und erwirtschaftet sonstige Eigenmittel). Der DTSB war dominant in den Verteilungsprozeß der Finanzmittel eingebunden; der DSB übt nur eine gutachterlich-beratende Funktion aus (die Bundes-Fördermittel werden unmittelbar den Verbänden zugeleitet). Die staatlichen Ausgaben für den Sport in der DDR waren deutlich erhöht - zumindest auf der Ebene des Leistungssports - gegenüber vergleichbaren Aufwendungen westdeutscher Staatshaushalte.

Leistungssport / Breitensport

Der Leistungssport in der Bundesrepublik ist im Nachwuchsbereich durch ein bzgl. Talentauswahl und Talentförderung häufig unzureichendes oder uneffektives Zusammenwirken von Elternhaus, Schule und Verein gekennzeichnet (ergänzt durch Kadermaßnahmen bzw. die punktuelle Betreuung in Sportinternaten), „abgerundet" durch das Wettkampfsystem der Fachverbände und die schulischen Wettbewerbe („Jugend trainiert für Olympia"; „Bundesjugendspiele" - mit Abstrichen). Kerngedanke des DDR-Sportsystems war es, das gesamte Bevölkerungspotential leistungssportlich zu nutzen. Deshalb war bereits der Schulsport leistungssportlich ausgerichtet (in der Bundesrepublik ist der Schulsport eher breitensportlich orientiert). In der Verknüpfung des Schulsports / der Schulsportgemeinschaften, des Sichtungs- und Ausleseverfahrens (ESA) mit dem Spartakiadesystem, dem Spiel- und Sportbetrieb der Verbände und dem mehrstufigen Fördersystem (TZ, KJS, SC) sowie der generellen Ausrichtung der schulischen und beruflichen Ausbildung auf die sportlichen Anforderungen bestanden optimale Voraussetzungen, sportliche Talente zu erkennen, sportartspezifisch zuzuordnen und ihre Leistung zu entwickeln.[1133]

Der DDR-Übungs- und Trainingsbetrieb wurde (in jeder Stufe) durch einen großen hauptamtlichen Apparat (Trainer und sonstige Mitarbeiter - auch des verstärkt einbezogenen wissenschaftlichen und medizinischen Bereichs) betreut, der nach abgestimmten Leitlinien, z.B. auf der Basis von Jahressportplänen, handelte. Der (zumindest in Relation) zahlenmäßig schwächere hauptamtliche Mitarbeiterstab des westdeutschen Leistungssports agiert(e) - nicht immer optimal koordiniert - in den Vereinen, Fachsportverbänden bzw. Stützpunkten, wobei die leistungssportlichen Erfolge der Athleten und ihre entsprechende Kaderzugehörigkeit zumeist die Intensität der Betreuung bestimm(t)en. Dem westdeutschen Stützpunktsystem[1134] stand das korrespondierende DDR-"Klubsportprinzip" gegenüber (die Sportklubs fungierten als Zentren des Leistungssports); die Olympiastützpunkte versuch(t)en diesem „Vorbild" der DDR-Sportklubs nachzueifern. Der Unterschied zwischen Ost- und Westdeutschland war hier weniger signifikant als in anderen Bereichen.

In deutlicher Abgrenzung zur Bundesrepublik („Gießkannenprinzip") wurde in der DDR nur eine eng begrenzte Anzahl von Sportarten gefördert (olympische Sportarten), bei denen eine positive Kosten-Nutzen-Relation zu erwarten war.

[1133] Die weitere Bewertung soll bei der Erfolgsanalyse (unten § 7) erfolgen.

[1134] Die Basisarbeit wird in den „Amateur"-Vereinen geleistet; Vereine mit einem Schwerpunkt im Profisportbereich (z.B. in der Fußball-Bundesliga) sind eher die Ausnahme.

In beiden Sportsystemen wurde ergänzend auf das (materielle) Potential der Streitkräfte zurückgegriffen; die Sportförderung in den Sportvereinigungen „Dynamo" und „Vorwärts" fiel hierbei (noch) intensiver aus als in den Sportfördergruppen der Bundeswehr.

Das System der Leistungsanreize im DDR-Spitzensport war (auch aufgrund der Unterschiede in den Gesellschaftssystemen) vielfältiger und motivationsfördernder als das des westdeutschen Gegenstücks (Ausnahme: Profisportbereich). Die materielle Triebfeder aller Beteiligten war somit ein wichtiger Baustein, das ostdeutsche Sportgefüge dauerhaft funktionsfähig zu erhalten.

Die „Sogwirkung" der Leistungsanreize vermochte im übrigen die Anzahl „staatlicher" Zwangsmaßnahmen gering(er) zu halten, da viele Sportler auch ohnedies willens waren, Leistung zu bringen, zu dopen oder zu bespitzeln. Nicht verkannt werden dürfen hierbei aber die „fließenden Übergänge": Die kleinste Verfehlung konnte bedeuten, daß an die Fortführung der Sportkarriere (oder z.B. die Erlaubnis, später ein Studium aufnehmen zu können) Bedingungen geknüpft wurden - z.B. IM-Dienste zu erbringen (Gegenspiel von Anreiz und Druck - psychischer Zwang).

In diesem Zusammenhang ist auf das starke Ausmaß der geheimdienstlichen Überwachung (durch das MfS) sowie den flächendeckenden und staatlich gesteuerten Dopingeinsatz im DDR-Sport hinzuweisen; geheimdienstliche Aktivitäten im westdeutschen Sport sind nicht bekannt, von einem umfangreichen Gebrauch von Dopingmitteln ist (zumindest bis zur Wende) auszugehen (allerdings nicht in flächendeckender und systematisierter Form).

Der (wie die Bezeichnung nahelegt) nur bedingt leistungsorientierte Breitensport in der Bundesrepublik wird durch den DSB und die LSB unter dem generellen Motto „Sport für alle" z.B. durch verschiedene Kampagnen gesteuert; die Sportstättensituation war (ist)[1135] bedarfsgerecht, entsprechende Investitionen werden überwiegend von den Bundesländern bzw. im kommunalen Bereich getätigt. In der DDR trat demgegenüber ein katastrophaler Mangel an geeigneten Sportstätten hervor, da die (zentral zugewiesenen) Finanzmittel überwiegend für leistungssportliche Belange verwendet wurden (Beleg der Unausgewogenheit). Die effektvoll inszenierten Massensportereignisse (z.B. Turn- und Sportfeste in Leipzig) überdeckten (in ihrer Außenwirkung) den insgesamt maroden Breitensportbereich, wobei die ungleiche Verteilung der Finanzmittel (nach innen) eine punktuell ablehnende Einstellung in der Bevölkerung (zum Sport allgemein) bewirkte und die Umsetzung des zumindest theoretisch existenten „Treibt alle Sport"-Grundsatzes behinderte; erschwerend trat hinzu, daß der DDR-Massensport ungeachtet seiner materiellen Probleme vornehmlich leistungs- / wettkampforientiert ausgeübt wurde, sich als unbeschwertes Freizeitvergnügen folglich nur bedingt eignete.

[1135] In den alten Bundesländern.

Ergebnisse des Systemvergleichs in Leitsätzen[1136]

- Bei Erfüllung der staatlichen Aufgaben im Sport der Bundesrepublik orientieren sich Bund, Länder und Gemeinden an den Prinzipien von Autonomie, Subsidiarität und Partnerschaft, wobei die Körperschaften des Staatswesens primär in der Rolle des **Förderers** (des ansonsten frei finanzierten Sports) auftreten.
- *Der Sport in der DDR wurde dominiert vom zentralistischen System des SED-Staates, der gleichzeitig als* ***Finanzgeber*** *und als* ***Lenker*** *aufgetreten ist, dadurch auf jeder Ebene bestimmenden Einfluß ausübte und den Fortbestand dieser Strukturen durch das MfS überwachen ließ* .
- *Beide* deutsche Staaten haben dem Sport eine stabilisierende und wertevermittelnde Wirkung für das Gemeinwesen zuerkannt; der (erfolgreiche) Spitzensport soll(te) zugleich Aufgaben nationaler Repräsentation übernehmen. Die *Unterschiede* lagen in der (DDR-seitig verstärkten) Betonung dieser Wirkungsfelder bzw. in der Verknüpfung sportlichen Handelns mit Aspekten des Klassenkampfes bzw. des gesellschaftlichen Systemvergleichs. Zudem wurden in der DDR die aufgetretenen Wertungswidersprüche[1137] (zwischen offizieller Doktrin / Realität) *verdeckt* gehalten.
- Art. 9 I GG ist in der Bundesrepublik die zentrale Rechtsgrundlage des **freien** (zivilrechtlich ausgestalteten) Vereinswesens, wobei die ehrenamtlich geführten Vereine als Basis der Sportbewegung fungieren.
- *Die Parallelvorschrift der DDR-Verfassung (Art. 29) hatte eher einen verhindernden denn einen gewährenden Charakter und ermöglichte im Zusammenspiel mit einer ausführenden VO die totale Kontrolle über das insgesamt unfreie Verein(igung)swesen.*
- Die föderalen Strukturen und mitunter überlappenden Kompetenzregelungen in der Bundesrepublik sind dafür verantwortlich, daß außer im Spitzensport **uneinheitliche** Normierungsstrukturen (und entsprechend uneinheitliche Regelungen) vorherrschen.
- *Im zentralistischen System der DDR ist hervorzuheben, daß zahlreiche gesetzliche Bestimmungen (mit unterschiedlicher Normqualität) dafür sorgten, daß sportliche Belange* ***einheitlich*** *und flächendeckend auf allen Ebenen des Staatswesen beachtet wurden.*

1136 Leitsätze zum Sport in der Bundesrepublik sind in „normaler" Schriftform gedruckt; *Leitsätze zum Sport in der DDR sind kursiv niedergelegt;* Leitsätze, die beide Staaten in Bezug nehmen, weisen eine verkleinerte Schriftform auf.

1137 Hier nur stichpunktartig benannt; vgl im einzelnen:
- Konventionswidrige Beschränkung der Vereinigungsfreiheit (§ 5.IV.1.a.bb);
- Dialektische Einheit von Arbeit / Freizeit ohne Widerhall in der Bevölkerung (§ 5.IV.5.a);
- Verwirklichung des Leistungsprinzips im Sport (aber nicht in der Gesellschaft); differenziertes Förderwesen bei gleichzeitiger Geißelung der Professionalisierung (§ 5.IV.6);
- Nicht der Mensch stand im Mittelpunkt aller Bemühungen, sondern Kosten / Nutzen-Relationen (§ 5.IV.8.c.cc);
- Offizielle Anti-Dopingpolitik bei internem Staatsdoping (§ 5.IV.8.d.aa.(1));
- Dopingverabreichung bei gleichzeitiger Propagierung einer gesunden Lebensführung; Verstoß gegen diverse Normierungen (§ 5.IV.8.d.aa.(2)).

- Den Sportstrukturen der Bundesrepublik ist es immanent, daß (im Vergleich zur DDR) relativ viele rechtliche Problemstellungen zu gewärtigen sind, die zumeist einem geregelten Verfahren zugeführt werden; anders als in der DDR bleibt die letzte Entscheidung unabhängigen Gerichten vorbehalten.
- Die westdeutsche Sportbewegung wird von einem unabhängigen, parteipolitisch neutralen Dachverband (DSB) angeführt, der für seine unabhängigen Mitglieder (u.a. LSB und Bundesfachverbände) unterstützend und koordinierend tätig wird.
- *Der zentralistisch strukturierte DDR-Dachverband DTSB untergliederte sich in (weisungs)abhängige Mitgliedsorganisationen (u.a. Kreis- bzw. Bezirksorganisationen, Fachverbände und Sportklubs) und fungierte als fremdbestimmtes (SED) Ausführungs- und Durchsetzungsorgan.*
- *Die DDR verfügte über ein erfolgsorientiertes System der Talentsichtung und Talentförderung, dessen Elemente (Schule, Schulsportgemeinschaften, ESA, TZ und KJS) perfekt aufeinander abgestimmt waren.*
- Die Nachwuchsförderung in der Bundesrepublik ist weniger systematisiert - aber auch weniger erfolgreich, da (im Vergleich zur DDR) einzelne Institutionen fehlen und die vorhandenen nicht erfolgsoptimiert zusammenwirken.
- Das Leistungssportsystem beider Staaten fußt(e) gleichermaßen auf intensivem Stützpunkttraining,[1138] wobei die begleitende Betreuung (durch hauptamtliches Personal, wissenschaftliche und sportmedizinische Dienste) in der DDR graduell intensiver war. Letzteres gilt auch für den Einsatz unerlaubter (Doping-) Mittel (in der DDR zudem staatlich gelenkt) sowie die Spitzensportförderung durch die jeweiligen Streitkräfte.
- *Ergänzend zum DDR-Sport ist festzustellen, daß nur Sportarten mit einer günstigen Kosten-Nutzen-Relation gefördert wurden, die Anreizwirkung leistungssportlicher Erfolge vergleichsweise besser hervortrat und der Spitzensport einer fortwährenden geheimdienstlichen Observation unterlag.*
- Der Breitensport in der DDR war dem Leistungssport (u.a. finanziell) untergeordnet, was sich z.B. an der vergleichsweise katastrophalen Sportstättensituation ablesen läßt; der materiell-technisch überlegene westdeutsche Breitensport orientiert(e) sich verstärkt an allgemeiner sportlicher Betätigung (denn an leistungssportlicher Ausrichtung).

§ 7 Erfolgsanalyse

Die zuvor aufgezeigten Merkmale sollen nun unter erfolgsanalytischen Gesichtspunkten betrachtet werden. Einleitend ist kurz zu klären, was unter „erfolgreichem Sport" zu verstehen ist. Im Leistungssportsegment ist die Frage leicht zu beantworten: Erzielte Weiten, gelaufene Sekunden, geschossene Tore, erreichte Plazierungen, gewonnene Medaillen usw. legen ein präzises Zeugnis davon ab, „wer besser war". Orientiert an dieser Meßlatte hatte die DDR zumeist „die Nase vorn", war er-

[1138] In der Bundesrepublik ist im übrigen die Bedeutung des Vereinstrainings hervorzuheben; Fn.1134.

folgreicher als die alte Bundesrepublik (zu den Gründen siehe unten).[1139] Im Breitensportsegment fällt die Beantwortung der Frage, was ein Erfolg ist, schwerer. Beurteilungskriterien können sein: Die Anzahl der aktiv sporttreibenden Personen, deren Sportabzeichenerwerb (bedingt), die Zahl der dem (allgemeinen) Sport zur Verfügung stehenden Sportstätten (und deren Erhaltungszustand), Aktionen, Veranstaltungen und Programme der Sportbewegung, der sportliche Organisationsgrad der Bevölkerung, das Ansehen des Sports in der Bevölkerung usw.; in der Summe dieser Faktoren dürfte eher die (alte) Bundesrepublik führend gewesen sein.

I. Leistungssport

Wenn bislang davon die Rede war, daß die DDR leistungssportlich[1140] erfolgreicher agierte als die Bundesrepublik, so ist ergänzend darauf hinzuweisen, daß es weltweit keinen Staat mit einem vergleichbar geringen Bevölkerungspotential gibt (gegeben hat), der auch nur annähernd die Medaillenausbeute der DDR erzielt hätte.[1141]

- Eine der Hauptursachen hierfür ist in der Jugendarbeit zu sehen, bei der die DDR der eigentlichen Talentförderung ein nahezu perfektes **Sichtungssystem** vorgeschaltet hatte. Mit dem Ziel, die künftige Sportelite planvoll und total aus der sportfreudigen Masse herauszufiltern, wurden die Heranwachsenden in ihren verschiedenen Entwicklungsphasen fortwährend beobachtet und vermessen (ESA). Hierin ist ein wesentlicher Unterschied zu den allermeisten Sport-Nationen (auch zur Bundesrepublik) zu erkennen, die ihre Sichtungsmaßnahmen entweder nicht systematisiert haben, später einsetzen lassen, nicht das ganze Bevölkerungspotential erfassen oder gar keine Maßnahmen zur Talentfindung ergreifen. Im Ergebnis wird in diesen Staaten das vorhandene Potential nicht optimal ausgeschöpft.

  Bei der DDR trat hinzu, daß man sich nicht damit begnügte, Talente zu erkennen, auszuwählen oder überhaupt für den Sport zu begeistern, sondern sich auch bemühte, den sportlichen Werdegang der Nachwuchsathleten zu steuern. Diese Kanalisierung setzte schon bei der Wahl der Sportart ein: Sofern sich aufgrund der Sichtungsmechanismen besondere Begabungen von Kindern und Jugendlichen herauskristallisierten, wurde versucht, diese z.B. durch psychologische Einflußnahmen, Förderaktivitäten[1142] (ggf. auch zielgerichtete Verweigerung der Förde-

[1139] Auf die Ergebnisstatistiken der wichtigsten Großereignisse (Europa- und Weltmeisterschaften, Olympische Spiele) wird verwiesen (eine Übersicht über die Medaillenverteilung bei Olympischen Spielen ist z.B. abgedruckt bei Knecht, Wege nach Olympia, S.57,58). Spätestens seit Beginn der siebziger Jahre war die DDR (im Vergleich zur Bundesrepublik) dominant. Diese Vorherrschaft wurde regelmäßig nur in bestimmten Profisportdomänen (z.B. Fußball) durchbrochen, bzw. in den Bereichen, in denen die DDR erst gar nicht (z.B. Ski-alpin) oder nur vermindert präsent war (z.B. im Tennis).

[1140] Im nachfolgenden Abschnitt wird statt des Begriffes „Leistungssport" mitunter die verkürzende Bezeichnung „Sport" verwendet.

[1141] Mitunter war die DDR in der Nationenwertung sogar vor den „Supermächten" UdSSR und USA plaziert, folglich nicht nur relativ, sondern absolut am erfolgreichsten.

[1142] Zur Erzielung einer Anreizwirkung.

rung) oder Delegation mit geeigneten[1143] Sportarten in Kontakt zu bringen.[1144] Hierdurch sollten Fehlentwicklungen verhindert werden: Es liegt auf der Hand, daß Athleten in den Sportarten, für die sie zwar grundsätzliche Begeisterung mitbringen, aber kein Talent besitzen / anthropometrisch nicht geeignet sind, zumeist nicht optimal erfolgreich sein werden. Zwar steht bei anhaltendem Mißerfolg ein freiwilliger Sportartwechsel zu erwarten, jedoch wird dieser oftmals zu spät erfolgen, um dann noch die notwendigen Grundlagen für spätere Top-Leistungen zu erwerben. Alternativ zu einem Sportartwechsel werden „ungeeignete" Athleten ihrer „fehlbelegten" Disziplin mit Durchschnittsleistungen treu bleiben, einen Wechsel ins „Breitensportlager" bevorzugen oder ganz aufhören - in all diesen Fällen sind die vorhandenen Potentiale dann aber nicht bestmöglich genutzt worden.

In der Bundesrepublik (und in vielen anderen Staaten) wird ein individualistischer Ansatz verfolgt, d.h., daß es mehr oder minder dem Zufall überlassen bleibt, ob ein Talent erkannt wird und welche Sportart es betreibt. Die o.a. Systematisierung der Talenterkennung und Talentsteuerung schließt solche Zufälle weitgehend aus - und ist deshalb erfolgreicher.

- Der zweite große Komplex neben der Talentfindung ist derjenige der **Talentförderung**. Die DDR stellte hierbei darauf ab, daß, eingebettet in die Spartakiadebewegung[1145] und das Wettkampfsystem der Verbände, begleitet vom Stützpunkttraining in den TZ und KJS, vor allem das soziale, psychologische und medizinische Umfeld der Nachwuchssportler stimmig sein mußte, um hervorragende Leistungsentwicklungen zu bewirken. Entscheidender Gesichtspunkt war folglich die Verknüpfung der verschiedenen Lebensbereiche, der Versuch, Eltern, Sport- und Klassenlehrer, Übungsleiter und Trainer als Verbündete einer gemeinsamen Sache (des Erfolgs des Nachwuchssportlers - auch im Sinne eines gesamtgesellschaftlichen Anliegens) zu gewinnen. Im Idealfall gelang es, mit dem (Schul-) Sportlehrer auch außerhalb der Unterrichtszeiten in den Schulsportgemeinschaften zu trainieren, den Trainer als väterlichen Freund zu gewinnen (der sich gemeinsam mit den Eltern auch um die Zensuren in der Schule kümmerte), unter Einbeziehung aller Beteiligten individuelle Trainingspläne aufzustellen, mittel- und langfristige Leistungsziele zu setzen, die im Training in den TZ und KJS, in Trainingslagern und anderen Sporthöhepunkten kontinuierlich verfolgt wurden. Auch wenn nicht in jedem Einzelfall der Idealzustand zu erreichen war, obwohl z.B. die „ideologische Überfrachtung"[1146] und Kasernierung in den „Kaderschmieden" KJS beanstandet

---

[1143] Geeignet in diesem Sinne waren in erster Linie „medaillenträchtige" Sportarten.

[1144] Vgl. Friedrich in der Schweriner Volkszeitung vom 14.09.95: „Wenn in der DDR ein mittelmäßiger Schwimmer ein Super-Kugelstoßer zu werden versprach, wurde er ohne Konkurrenzdenken an einen anderen Sportklub abgegeben".

[1145] Die große Zahl von Olympiasiegern, Welt- und Europameistern, die im Rahmen der Spartakiadewettkämpfe erste Erfolge errangen, belegt, daß hier günstige Voraussetzungen für das rechtzeitige Erkennen (und die zielstrebige Förderung) sportlicher Talente bestanden. Die Spartakiadebewegung war in leistungssportlicher Hinsicht weit effizienter als ihr westdeutsches Pendant „Jugend trainiert für Olympia", hierzu Knecht, Wege nach Olympia, S.35,39.

[1146] So Bundesministerin Claudia Nolte in der FAZ vom 25.07.95.

werden müssen, so bleibt doch festzuhalten, daß es oftmals gerade die umfassende Betreuung war, die es ermöglichte, Talenten zur optimalen Leistungsentfaltung zu verhelfen.[1147]

Wie bereits angesprochen, fehlt in der Bundesrepublik eine punktgenaue Koordination der einzelnen Faktoren; ein flächendeckendes Stützpunkttraining im Sinne der KJS ist nicht gewährleistet (auch nicht durch die Sportgymnasien),[1148] schulische und sportliche Belange werden zumeist nicht sinnvoll miteinander verwoben.[1149] Es ist nicht zu erkennen, daß alle, die an der Entwicklung eines Talents beteiligt sind, an einem Strang ziehen; Kompetenzgerangel, persönliche Animositäten, berufliche Karriereeifersüchteleien oder mangelnde Finanzen bestimmen so mitunter das Bild.[1150] Infolgedessen vermag auch die vergleichsweise materiell-technisch überlegene Infrastruktur nicht kompensierend zu wirken.[1151] Nur in vereinzelten Bereichen ist die Verzahnung besser gelungen, wirken sich die Unzulänglichkeiten der Nachwuchsförderung nicht negativ aus bzw. sind alternative Modelle entwickelt worden. Zu nennen ist hier z.B. der professionalisierte Tennissektor (bei dem die kommerziellen Trainingscamps einen Teil der Nachwuchsausbildung übernehmen) bzw. der Fußballsport. Gerade bei letzterem ist aber zu beobachten, daß die ehemaligen DDR-Spieler eine bessere Grundausbildung erfahren haben.[1152] Daß der DDR-Fußball dennoch nicht sonderlich erfolgreich war,

---

1147 Wie bereits an verschiedenen Stellen dieser Arbeit zum Ausdruck gebracht, bestand die Notwendigkeit, sich in einer förderungswürdigen, medaillenträchtigen Sportart zu betätigen und zudem den politischen Anforderungen zu genügen (vgl. z.B. oben § 5.IV.8.c.cc).

1148 Helfritsch/Becker, Dokumentationsstudie, S.7; siehe hierzu auch unten § 9 („Nachwuchsprogramme").

1149 Gerade eine intensive Zusammenarbeit von Schule und Sport ist wichtig, um Bedingungen zu schaffen, die die leistungssportliche Talentförderung überhaupt erst möglich machen, vgl. Senatsverwaltung Berlin, Modellversuch, S.42.

1150 Das Beispiel in Fn.1144 aufnehmend ist für das (marktwirtschaftliche) West-System festzustellen, daß hier zumeist andere Prioritäten gesetzt werden. So kann z.B. eine höhere Mitgliederzahl einen zusätzlichen Mitarbeiterbedarf im Verein signalisieren und letztlich einen erhöhten Fördermittelbezug bewirken; vgl. die in § 15 I des Gesetzes über die Förderung des Sports im Lande Berlin (vom 06.01.89) aufgeführten zuwendungsfähigen Maßnahmen. Daneben hat jeder Sportler-Erfolg eine rennomeestärkende Wirkung auch für den Verein. Die Weiterleitung an andere Vereine ist deshalb eher unerwünscht. Das obige Fußnoten-Zitat muß für den Westen in so manchem Fall folglich lauten: „... bleibt ein mittelmäßiger Schwimmer dort, wo er ist - und eben mittelmäßig".

1151 Ergänzend ist darauf hinzuweisen, daß sich die quantitativ schlechtere Sportstättensituation für den DDR-Leistungssport nicht negativ auswirkte, da diesem Vorrang bei der Verteilung der Kapazitäten eingeräumt wurde. Zumeist waren die wenigen qualitativ hochwertigen Sportstätten *ausschließlich* für den Spitzensport reserviert - eine Situation, die in West-Deutschland keine Entsprechung findet; vgl. den Bericht der Bundesregierung zur Sportinfrastruktur, S.3 und den von F. van Almsick formulierten Vorwurf: „Früher hatten die Spitzensportler ein Schwimmbecken für sich allein. Heute sind mitunter zehn bis 15 Mann auf einer Bahn", Die Welt vom 20.03.95 bzw. dpa-Meldung vom 23.03.95. Ohne die Aussage überbewerten zu wollen, stützt dies zumindest die These, daß der Spitzensport in der Bundesrepublik de facto keine absolute Vorrangstellung besitzt bzw. daß Abstimmungsprobleme bei der Verteilung der Sportstätten bestehen.

1152 Die meisten Ost-Spieler, die aktuell im Nationalkader stehen, haben noch den Weg über die TZ bzw. KJS genommen. Laut der Leipziger Volkszeitung vom 02.10.95 will sich Bun-

hat andere Gründe;[1153] z.B. dürfte sich der vielbeschworene Kollektivgeist bzw. die teilweise schematische / statische Spielweise negativ ausgewirkt haben, da diese Sportart auch (oder gerade) von ihren Individualisten lebt.

- In der „Männer- und Frauenförderung"[1154] der DDR war (ebenfalls) eine **sinnvolle Verzahnung** der einzelnen Lebensbereiche zu beobachten. Das „Jugend-Modell" fand hier seine Entsprechung, mit dem Unterschied, daß nunmehr die Universitäten usw. an die Stelle der Schulen traten. Wurde in den KJS der Sport jedem anderen Unterricht übergeordnet (die Schulzeiten orientierten sich an den Trainingsplänen), so erleichterte das staatliche Sportförderwesen bei Männern und Frauen z.B. durch umfangreiche **Freistellungen** vom Arbeitsplatz (bei vollem Lohnausgleich) die stringente Fortführung der sportlichen Karriere. Ergänzend trat hinzu, daß unter **hohem Personaleinsatz**[1155] die **sportliche und medizinische Betreuung** im Stützpunkttraining der SC intensiviert wurde - unter Betonung eines optimierten sozialen und pychologischen Umfeldes der Athleten.[1156]

Im Sport der Bundesrepublik sind einzelne Elemente (z.B. Möglichkeiten zur Freistellung vom Arbeitsplatz) in abgeschwächter (und nicht immer ideal verzahnter)[1157] Form ebenfalls anzutreffen - und haben hier ihren Anteil am Erfolg; in ih-

---

destrainer Vogts dafür einsetzen, daß diese Schulen als sportorientierte Gymnasien mit dem Bereich Fußball weitergeführt werden können: „Denn technisch sind die dort ausgebildeten Jungs den anderen noch immer überlegen." Nach Angaben der SZ vom 30.11. 95 ist sogar geplant, in einigen Städten neue „Fußball-Gymnasien" zu errichten, in denen die Eleven von vom DFB bezahlten Jugendtrainern theoretisch und (fußball)praktisch angeleitet werden. Alternativ hierzu erwägen einzelne Vereine der Fußball-Bundesliga eigene Sportinternate zu errichten, bzw. haben diesen Schritt bereits unternommen (Bayern München, Schalke 04 - internationales Vorbild in dieser Hinsicht ist Ajax Amsterdam).

1153 Vgl. Knecht, Wege nach Olympia, S.40,41; der Europapokalerfolg des 1.FC Magdeburg (1974) bzw. der Sieg der DDR-Auswahlmannschaft bei den Olympischen Spielen 1976 hatte eher Ausnahmecharakter.

1154 Ergänzungsbegriff zur „Kinder-, Jugend- und Juniorenförderung", man könnte auch (mißverständlich) von „Seniorenförderung" sprechen.

1155 So gab es neben einer Vielzahl ehrenamtlicher Helfer ein Potential von 5.000 hauptamtlichen Trainern, Krebs, Deutschland-Archiv 1991, 459.

1156 Das mit knapp 4,3 Mio. Einwohnern zahlenmäßig kleine Volk der Norweger ist in den letzten Jahren zu einer der erfolgreichsten Sportnationen aufgestiegen. Dieser „Aufstieg" ist kein Zufallsprodukt, sondern das Ergebnis einer umfangreichen Analyse. Im Bemühen, Mißerfolgs-Faktoren abzustreifen und neue Wege zu gehen, hat man erfolgreich sogenannte „Sieger-Typen" aufgebaut, u.a. dadurch, daß diese in „*ein geeignetes psychologisches und soziales Umfeld*" verbracht wurden, „Das Prinzip des Siegens ist in allen Sportarten gleich", vgl. FR vom 16.11.95. So wurden „Profit-Center" eingerichtet (ähnlich den DDR-SC), in denen z.B. Handballer, Radfahrer und Langläufer eine Einheit bilden, mit dem Ziel, Erfahrungen und Kompetenz quer durch alle Sportarten miteinander auszutauschen, um sich wechselseitig Impulse und Motivation zu holen. Der Sportler steht hierbei im Zentrum aller Bemühungen (nicht die Funktionäre).

1157 Das Problem unterschiedlicher Kompetenzzuweisungen bzw. mangelnder Abstimmung war (ist) z.B. bei der Kaderfinanzierung gegeben, mit einer Zuständigkeit des Bundes für die A-C Kader und einer Länderkompetenz für die D/C-Nachwuchskader. Busse, Erwartungen & Entwicklungen, S.111, weist darauf hin, daß das BMI (das Problem erkennend) nunmehr bemüht sei, an der Schnittstelle zwischen Bund- und Länderzuständigkeit die Trainer für den Nachwuchsbereich mitzufinanzieren.

rer reduzierten Form aber analog auch Anteil am vergleichsweise *geringeren* Erfolg.[1158] Denn es ist leicht nachvollziehbar, daß Sportler, die parallel zu dieser Laufbahn ihren Lebensunterhalt verdienen müssen bzw. Examina zur späteren Existenzsicherung absolvieren,[1159] sich nur noch eingeschränkt auf sportliche Belange konzentrieren können bzw. beim Trainingsumfang Abstriche machen müssen.[1160]

Die für den Sport zur Verfügung stehenden Mittel wurden (werden) in der Bundesrepublik nicht auf wenige Sportarten konzentriert, sondern breitflächig - wenn auch leistungsorientiert - gestreut („Gießkannenprinzip"). Bei gleichbleibendem Mitteleinsatz ist eine Effektivitätssteigerung jedoch nur durch Beschränkung zu erzielen; die DDR hat sich dies zunutze gemacht und Sportarten nur in Abhängigkeit von einer positiven Kosten-Nutzen-Relation gefördert. Das „Gießkannenprinzip" reduziert die im Einzelfall zur Verfügung stehenden Personalmittel; ein geringerer Personaleinsatz vermindert wiederum die Betreuungsleistung, mitunter auch eine wirkungsvolle **Trainings- und Wettkampfsteuerung**. Letztere ist als spezielle Stärke der im physio- bzw. psychologischen Bereich Schwerpunkte setzenden DDR-Trainingswissenschaft anzusehen: Die Athleten waren punktgenau auf die Wettkämpfe eingestellt und vorbereitet. Alle Sportler waren darauf ausgerichtet, nicht die bloße Teilnahme an Wettkampfgroßereignissen als Ziel anzustreben, sondern Medaillen zu erringen.[1161] Hierbei ist einzuräumen, daß Größe und Qualität des Betreuerstabes bzw. die exakte Koordination von Maßnahmen nicht allein dafür entscheidend sind, einen sehr guten körperlichen Zustand[1162] sowie

---

1158 Diese Gesichtspunkte spielen keine (oder eine nur geringe) Rolle in den Profisportbereichen.

1159 Anders in der ehemaligen DDR: Dort war nach dem sportlichen Karriereende regelmäßig die berufliche Laufbahn gesichert (vgl. oben § 5.IV.6).

1160 Finanzielle Sicherheit und soziale Fürsorge sind wichtige psychologische Faktoren. Vgl. hierzu die (auszugsweise in der FR vom 13.11.95 wiedergegebenen) Aussagen von A. Baumert (Leitender BL-Direktor des DSB): „Um in bestimmten Disziplinen Weltspitze zu erreichen, muß man sich nur auf den Sport konzentrieren, weil es die, die das Niveau bestimmen, genauso machen ..."

1161 Die psychologische bzw. planungstaktische Ausrichtung der (gesamtdeutschen) Athleten darauf, die Qualifikation für Großwettbewerbe als eigentlichen Saisonhöhepunkt zu erachten, wurde z.B. bei der wenig erfolgreich verlaufenen Leichtathletik-WM im Sommer 1995 bemängelt.

Ein Grund für die vorgenannten „Ausfälle" ist darin zu sehen, daß ein hartes Controlling fehlt; es wird bislang (durch den BL / die Verbände) nicht hinreichend überprüft, ob z.B. angemeldete Trainings-Maßnahmen in die Jahresplanung eingepaßt sind, oder ob sie konträr laufen zu anderen Aktivitäten.

1162 Eine probate Möglichkeit für (Ausdauer-) Athleten, den körperlichen Zustand zu verbessern, besteht darin, Trainingseinheiten in besonderen Höhenlagen zu absolvieren, um die vermehrte (körpereigene) Produktion der im Ausdauerbereich wichtigen roten Blutkörperchen anzuregen. Da man in der DDR (aus „verständlichen Gründen") kein Interesse daran hatte, die eigenen Sportler fortwährend ins Höhentrainingslager reisen zu lassen, bediente man sich eines Hilfsmittels: In zwei Unterdruckkammern (des streng geheimen Sportzentrums Kienbaum) wurde dünne Höhenluft simuliert (mit Druckverhältnissen, die einem Aufenthalt in einer Höhe von z.B. 3.000 Metern entsprachen). Die Unterdruckkammern galten als Krönung ostdeutscher Trainingswissenschaft, vgl. SZ vom 09.11.94.

nervliche Stabilität zu bewirken, jedoch sind Kleingruppen, Spezialtrainer,[1163] wissenschaftliche Aufbereitung und Unterstützung,[1164] psychologische Beratung usw. wichtige Elemente auf dem Weg zu optimaler Leistungsentfaltung.

Aufgrund der hohen staatlichen Wertschätzung sportlicher Erfolge und des systembedingt wirkungsvoller greifenden, stärker motivierenden und breiter streuenden **Anreizsystems**[1165] [1166] wurde ein für die übrige DDR-Gesellschaft eher untypisches **Leistungsklima** geschaffen.[1167] Dieses Leistungsklima erzeugte ne-

---

1163 Neben der schlechteren personellen Ausstattung war im westdeutschen Sport (zumindest in der Vergangenheit) zu beanstanden, daß z.B. „Bundestrainer und Trainer mit ähnlichen Verantwortlichkeiten ohne entsprechende Ausbildung" eingesetzt wurden (Knecht, Wege nach Olympia, S.36); ein für den DTSB „unvorstellbarer" Zustand.

1164 Zum Themenkomplex „**Wissenschaft**" ist folgendes anzumerken:
1. Die Zusammenarbeit des Leistungssports mit der Sportwissenschaft / den wissenschaftlichen Einrichtungen der DDR war gut und produktiv; die Wissenschaft hat (nicht nur unter Dopinggesichtspunkten) zum Erfolg beigetragen (erinnert sei nur an die Entwicklungsleistungen von FKS und FES).
2. Die Sport-Wissenschaft der DDR konnte u.a. deshalb Besonderes leisten, weil eine generelle Perspektivverengung vorlag, sportwissenschaftliche Fragen ausschließlich unter leistungssportlichen (trainingswissenschaftlichen / sportmedizinisch-biowissenschaftlichen) Aspekten zu fassen. Nachwuchswissenschaftler wurden gezielt für vordefinierte Aufgabenstellungen ausgebildet und eingesetzt. Die Studienbedingungen waren hervorragend. Probleme, eine Anstellung zu finden, gab es nicht (anders als bei den Sportwissenschaftlern und Diplom-Sportlehrern in der Bundesrepublik). Ersteres läßt sich z.B. an der Beschäftigten-Studierende-Relation ablesen (der hohe Personalaufwand ist oben bereits als - allgemeiner - Kausalfaktor erfaßt worden): An der DHfK gab es zur Zeit der Wende rund 1.100 Beschäftigte - bei etwa 2000 Studierenden (Relation ca. 1:2); an der Deutschen Sporthochschule Köln gab es zum gleichen Zeitpunkt bei etwa 300 Beschäftigten und rund 6.000 Studierenden ein Verhältnis von 1:20.
3. Der Anteil an den leistungssportlichen Erfolgen darf andererseits auch nicht überbewertet werden. Tendenzen hierzu könnten dadurch bestehen, daß die DDR-Führung dem Wissenschaftssektor große Bedeutung beigemessen hat und diesem eine besondere Geheimhaltung auferlegte („Legendenbildung"). Krebs, Deutschland-Archiv 1991, S.459, weist zu Recht auf einen in gewisser Weise „überschätzten Forschungsmythos" hin.
Eine gewisse „Legendenbildung" ist auch in sonstigen Bereichen anzutreffen. Die übergroße Geheimhaltung in der ehemaligen DDR gibt Anlaß zu diesbezüglichen Mißverständnissen; vgl. die Aussage des Skispringers Jens Weisflog (Die Welt vom 30.09.95): „Weil wir geheim betrieben, was nicht geheim sein mußte. Jedes billige Fitneßzentrum ist heute besser ausgerüstet als es unsere Trainingseinrichtungen waren."

1165 Die (motivationsfördernden) Wirkungen des „Anreizsystems" (auch unter dem nachfolgend anzusprechenden Gesichtspunkt „Leistungsdruck") sind bereits oben bei § 5.IV.6 - siehe insbesondere Fn. 903 und 911 - erörtert worden.

1166 Im Westen strahlen primär die guten Verdienstmöglichkeiten einiger Profisportarten spezifische Anreizwirkungen aus. Dies war in der DDR anders: Olympiasiege, Weltmeisterschaften und ähnliche Erfolge wurden grundsätzlich *unabhängig* von der Sportart mit jeweils gleicher öffentlicher Aufmerksamkeit und Anerkennung bedacht.

1167 Insofern war die Kommentierung von Radio DDR II vom 25.02.80 (abgedruckt bei Knecht, Wege nach Olympia, S.40) nur teilweise zutreffend. Die Aussage, „Die Summe der Erfolge und die einzelne Leistung haben zu tun mit unserer Lebensweise, auch mit dem Glück, in einem sozialistischen Land aufwachsen zu dürfen, das jeden fordert und fördert. Und in dieser Einheit liegt das Geheimnis so mancher Erfolge", war insoweit richtig, als die spezielle Lebenssituation der (förderungswürdigen) Sportler angesprochen wurde, aber falsch in der Bezugnahme auf die restliche Bevölkerung. Gleiches gilt für die Be-

ben dem starken *Leistungswillen* der Athleten einen hiermit korrelierenden sportlichen *Leistungsdruck*, der primär durch das öffentliche Interesse an erfolgreichem Spitzensport und die hiermit verknüpften Investitionen erzeugt war und ggf. in Drohungen und Repressalien münden konnte.[1168]

- Der (Leistungs-) Sportbetrieb der DDR erhielt fortwährend hohe Zuwendungen aus dem Staatshaushalt, ohne die es nicht möglich gewesen wäre, die umfangreichen Förder- und Anreizmaßnahmen, den Trainings- und Wettkampfbetrieb, den verstärkten Einsatz von Wissenschaftlichkeit usw. zu finanzieren. Den Subventionen ist insofern - zumindest mittelbar - hohe Erfolgskausalität zuzuschreiben. Weniger entscheidend ist, daß der Staat als Zahlstelle fungierte; private Zuwendungen in entsprechender Höhe hätten grundsätzlich in gleicher Weise zum Erfolg beitragen können. Der konkrete Modus unterstützte jedoch den lenkenden Einfluß der Partei, die über den Finanzierungszügel ihren Einfluß manifestierte.
- Der Dachverband (DTSB) und seine Untergliederungen waren in die Koordination und Anleitung als Transmissionsriemen der SED-Sportpolitik zwischengeschaltet. Das (unten noch anzusprechende) Leitungssystem, mit seinen kurzen Leitungswegen (relevante Entscheidungen wurden über wenige Personen vermittelt, die in den verschiedensten Institutionen mitwirkten - Gesichtspunkt der Personalunionen) verknüpft mit dem Prinzip der doppelten Unterstellung, garantierten eine hohe Sicherheit und Effektivität in der Umsetzung der sportpolitischen Vorgaben.

Der mit dem Staat auf partnerschaftlicher Basis kooperierende DSB hat demgegenüber keine Möglichkeit, eigene Vorstellungen / abgestimmte Leitlinien der Politik in den Verbänden bzw. an der Vereinsbasis durchzusetzen, da ihm keinerlei Weisungsbefugnisse zur Verfügung stehen; die Funktion einer *effektiven* Koordinierungsstelle kommt ihm nicht zu.

---

hauptung (Baeskau, Koerpererziehung 1982, S.149): „Lange sprach man von Geheimnissen in der Entwicklung des Leistungssports in der DDR. Zunehmend wird jedoch erkannt, daß es dem Wesen des Sozialismus entspricht, im Sport wie in anderen Bereichen die Fähigkeiten von Talenten optimal zu entwickeln und die spezielle Förderung von Leistungssportlern zielgerichtet mit ihrer allseitigen sozialistischen Persönlichkeitsentwicklung zu verbinden." Auch hier war die Bezugnahme auf andere Gesellschaftsbereiche verfehlt - im Sport war sie in erster Linie für den SED-geneigten Sportler einer förderungswürdigen Sportart zutreffend. Der Umstand, daß DDR-Sportler eine sozialistische Persönlichkeitsentwicklung durchlaufen haben, kann im Rahmen der Erfolgsanalyse nur einen Randaspekt darstellen. Allenfalls dürfte hiermit eine erhöhte Disziplin bzw. die Fähigkeit verbunden gewesen sein sich unterzuordnen; manch einer könnte auch eine Verpflichtung zum Erfolg gegenüber seinem Staat empfunden haben (patriotische Motivation) - im übrigen ist jedoch der leistungsfördernde Charakter sozialistischer Erziehung nicht erkennbar.

1168 Die Sportler waren fortwährend bemüht, den erreichten Status auszubauen bzw. ihre Privilegien nicht wieder zu verlieren. Wer die geforderten Leistungen nicht erbrachte, wurde „ausdelegiert." Negativ ist anzumerken, daß Sportler auch aus kaderpolitischen Gesichtspunkten aus dem Fördersystem entfernt oder gar nicht erst aufgenommen wurden. Die Chance, aus dem einen oder anderen Grund „auf der Strecke" zu bleiben, war relativ groß. Der Leistungsdruck der westdeutschen Sportler ist, ungeachtet aller persönlichen Zwänge, in denen sich die Athleten befinden, vergleichsweise geringer.

Zwischenfazit: Die DDR hat in den benannten Bereichen Standards gesetzt, die von der Bundesrepublik zumeist nicht erreicht wurden (werden).[1169]

- Ein an dieser Stelle zwar notwendig zu erwähnender (aber nicht näher zu erläuternder) Aspekt ist derjenige der medizinisch-pharmakologischen Leistungsbeeinflussung (**Doping**);[1170] die Erfolgsursächlichkeit ist evident. Die systematisierten und zentral gesteuerten DDR-Dopingmaßnahmen waren hierbei insgesamt effizienter als die individuellen Manipulationen westdeutscher Sportler.
- Der Benennung spezieller Kausalfaktoren nachgeordnet bleibt die Frage, ob auch (allgemein) die **politischen und rechtlichen Strukturen** der DDR (zumindest mittelbar) erfolgsfördernde Elemente beinhalteten. Dies ist für die einschlägigen Sport-Verfassungsartikel zu bejahen, da hierdurch einerseits die gesellschaftliche Bedeutung des Sports fortwährend ins Bewußtsein des Gesetzgebers getragen wurde, dieser andererseits eine Rechtfertigung für die Inhalte seiner (einfachgesetzlichen) Normierungen finden konnte. In Anlehnung an die Verfassung wurden so sportliche Belange (im Sinne einer „Checkliste") jeweils mitberücksichtigt (dokumentiert z.B. in den Bestimmungen des GÖV, GBA und des Jugendgesetzes). Die Folgewirkung dieser Einbeziehung ist in materiellen und immateriellen Zuwendungen sowie Fördermaßnahmen der verschiedensten Art zu sehen (die Möglichkeiten zur Arbeits-Freistellung wurden oben exemplarisch angesprochen).[1171] Das den DDR-Staats- und Rechtsstrukturen immanente zentralistische Leitungsprinzip garantierte, daß die gesetzlichen Vorgaben dort auch tatsächliche Verwirklichung fanden, wo dies gewollt war, wo es als notwendig erachtet wurde;[1172] die fortwährende Verfügungsgewalt über Personen und Ressourcen, die Durchgriffsmöglichkeiten vom Zentrum bis zur Peripherie bewirkten hierbei eine mitunter erzwungene, aber nachhaltige Kooperation zwischen den einzelnen Instanzen[1173] und somit eine **hohe Effektivität** der Maßnahmen. Der Sport hatte folglich auch in der Praxis jene exponierte Stellung, die ihm u.a. durch die DDR-Verfassung eingeräumt war.

[1169] Friedrich (in der Schweriner Volkszeitung vom 14.09.95): „Das DDR-Sportsystem war an Funktionalität nicht zu übertreffen"; kritisch: Spitzer, Sportwissenschaft 1995, S.374.

[1170] Auf die Ausführungen oben zu § 4.III.6 bzw. § 5.IV.8.d.aa wird verwiesen.

[1171] Zwar war die (politisch motivierte) Betonung des Spitzensports in der Verfassung nicht explizit angesprochen, die generelle Verankerung des Sports vermochte aber sowohl den im Staatshaushalt ausgewiesenen Sportanteil als auch sportfreundliche Normierungen zu rechtfertigen; die letztlich einseitige Förderung findet keine unmittelbare verfassungsrechtliche Stütze.

[1172] Zum DDR-Alltag vieler Gesellschaftsbereiche gehörte jedoch, daß die Realisierung der gesetzlichen Vorgaben politisch nicht gewollt war. Es würde zu weit führen zu behaupten, daß Gesetze aufgrund der vorhandenen Vollzugsdefizite regelmäßig nichts wert waren, jedoch setzte sich die Führung dann über Normierungsinhalte hinweg, wenn ihr dies als opportun erschien.

[1173] „In der staatlichen Leitungstätigkeit kann davon ausgegangen werden, daß vom Ministerrat der DDR bis zum Bürgermeister einer Gemeinde, vom Minister des Industrieministeriums bis zum Leiter eines Betriebes eindeutige Regelungen und klare Verantwortlichkeiten zur staatlichen Förderung des Sports als Bestandteil ihrer Leitungs- und Planungstätigkeit bestehen", Baeskau, Koerpererziehung 1982, S.146.

In der Bundesrepublik fehlt bereits die Einbeziehung des Sports ins Verfassungsrecht; die Bundesgesetzgebung weist u.a. aus kompentenzrechtlichen Gründen nur geringe Sportbezüge auf (z.B. im Steuerrecht), Länder, Kommunen und die freie Sportbewegung normieren und agieren autonom. Im Ergebnis ist hierdurch sowohl ein einheitliches Handeln als auch die Kooperation untereinander (sowie mit Dritten) erschwert - zu Lasten der Effektivität.[1174]

- Dem DDR-Sport ist eine gewisse **Kritik- und Reformfähigkeit** zuzusprechen, die zu fruchtbaren Veränderungen führte; zwar nicht in dem Sinne, daß das sozialistisch strukturierte Sportsystem als solches (respektive seine Zielsetzungen) zur Disposition gestanden hätte, jedoch dergestalt, daß die aktuelle Leistungsentwicklung fortwährend überprüft wurde, um eventuelle Mißstände schnellstmöglich aufzudecken, abzustellen bzw. das innere System ggf. zu reformieren.[1175] Das zentrale Leitungswesen nebst der (in allen Bereichen zum Einsatz kommenden) **Überwachung**smechanismen (des MfS) erleichterte hierbei ein schnelles und konsequentes Handeln.

  In diesem Zusammenhang ist auch das *langfristige*[1176] DDR-**Planungswesen** (vor allem die *Plankontrolle*) anzusprechen. Zwar haben sich die 5-Jahres-Pläne als wirtschaftliches Steuerungsmittel nicht bewährt, jedoch hat gerade der Leistungssportsektor bewiesen, daß vorgegebene Soll-Ziffern ein sinnvolles Orientierungsmittel sein können. Dies umso mehr, als, verbunden mit dem o.a. Kontrollinstrumentarium, die Überprüfung der Planziffern künftige Wirkungsrichtungen vorgegeben hat.

  In der Bundesrepublik bewirken die föderalen Strukturen eine verlangsamte Entscheidungsfindung, da möglichen (ggf. notwendigen) Veränderungen langwierige Meinungsbildungs- und Abstimmungsprozesse in den verschiedenen Gremien[1177] vorgeschaltet sind.[1178] Die erzielten Resultate werden wiederum - zumindest teil-

[1174] Ähnlich das Fazit von Kühnst, Der mißbrauchte Sport, S.96: „... kann zusammengefaßt werden, daß ein staatlich und parteigesteuerter Sport gegenüber einer pluralistischen Konzeption eine größere politische Durchsetzbarkeit und sportliche Erfolgsquote besitzt." Das Darmstädter Echo (vom 15.02.95) schreibt zu den Sportorganisationen in der Bundesrepublik: „Dieses unüberschaubare, unstimmige Räderwerk zerreibt Effizienz, Professionalität und Wirtschaftlichkeit".

[1175] Ein Beispiel für die Reformfähigkeit in diesem Sinne ist der „Beschluß über die weitere Entwicklung der Körperkultur und des Sports in der DDR" vom 09.02.56. Ein weiteres Beispiel ist die in der DDR vorgenommene Reduzierung der zu fördernden Sportarten. Hierdurch wurde ein Konzentrationsprozeß in Gang gesetzt, der bei gleichbleibendem Mitteleinsatz größeren Erfolg verhieß.

[1176] „Langfristigkeit" bedeutete (nach Bekundungen von M.Ewald, Ich war der Sport, S.228), daß z.B. die Ziele für das Jahr 1960 bereits im Jahr 1953/54 vorbereitet wurden bzw., daß man die Planvorgaben der Olympiade von 1972 bereits nach der Olympiade 1960 abgesteckt habe. Zur Zeit seines Ausscheidens (1988) sei bereits mit der Bildung einer Arbeitsgruppe begonnen worden, die sich mit der Perspektive des Sports im Jahr 2010 beschäftigen sollte.

[1177] Die Gremien in der DDR hatten vornehmlich die Funktion, bereits andernorts getroffene Entscheidungen (nachträglich) zu legitimieren.

[1178] Der Föderalismus treibt mitunter seltsame Blüten; so ist es Realität, daß z.B. eine Handvoll Bundeskader-Athleten in der Leichtathletik des Bundeslandes Rheinland-Pfalz in drei

weise - in unprofessioneller Weise umgesetzt („Hypothek der Ehrenamtlichkeit"); die unterschiedliche Kompetenzverteilung erschwert ein gleichmäßiges Handeln.

Die **hauptamtlichen Entscheidungsträger** des DDR-Sports haben sich mitunter als qualifizierter und (um den Begriff nochmals aufzugreifen) professioneller agierend erwiesen, als das ehrenamtliche Führungspersonal im Westen; negativ ist anzumerken, daß Hauptamtliche aufgrund ihrer abhängigen Beschäftigung leichter zu beeinflußen sind.

Zusammenfassend bleibt festzuhalten, daß in der DDR die perfekte Sichtung und eine konstante, von wissenschaftlichen Erkenntnissen getragene Nachwuchsförderung das Fundament zu sportlichen Höchstleistungen und beachtlicher Leistungsbreite gesetzt haben. Die Beschränkung auf bestimmte Sportarten hat Finanzmittel freigesetzt, die u.a. in eine Vielzahl hauptamtlicher Trainer, Sportmediziner und sonstige Betreuer investiert wurden.[1179] Die wissenschaftlich abgesicherte Trainings- und Wettkampfsteuerung (inklusive der Dopingmaßnahmen), das wirkungsvolle Anreizsystem sowie das sportspezifische Leistungsklima (in einem geeigneten psychologischen und sozialen Umfeld) sind als weitere Kausalfaktoren für den DDR-Erfolg speziell zu benennen. Generell ist zu konstatieren, daß auch die auf verschiedenen Normierungsebenen geschaffenen rechtlichen Voraussetzungen,[1180] die zentralistische Leitungsstruktur, verschiedene Kontroll- und Überwachungsmechanismen sowie die Verzahnung aller Lebensbereiche erfolgswirksam waren, da hierdurch die zuvor benannten Faktoren erst greifen konnten.

Trotz prinzipiell guter infrastruktureller Voraussetzungen in der Bundesrepublik bewirk(t)en eine unzureichende Sichtung, nicht optimierte Förderstrukturen (z.B. gibt es nach wie vor keine Entsprechung zum TZ und KJS-System) sowie ein Leistungsaufbau, der langfristiger, systematischer und abgestimmter sein könnte, daß das vorhandene Potential sowohl in der Spitze als auch in der Breite nicht ausgeschöpft wurde (wird). Das Stützpunktsystem ist insgesamt nicht hinreichend konzentriert, die Betreuungsmaßnahmen (Trainings- und Wettkampfvorbereitung) sind zumindest im Sinne effizienterer Strukturen verbesserungsfähig. Ein konzeptionell abgesichertes und abgestimmtes Handeln von Bund, Ländern, Gemeinden und autonomer Sportbewegung ist vonnöten, um den grundsätzlich hohen Mitteleinsatz für den Sport (durch vermehrte Erfolge) besser zu rechtfertigen; die internationale Wettbewerbsfähigkeit könnte zudem durch einen verstärkten Einsatz von Sportwissenschaft und Sportmedizin (qualifiziertes Personal ist vorhanden) erhöht werden.

Teilverbänden von drei Vorstandschaften (mit jeweils rund 20 Funktionsträgern) „betreut" werden (vgl. Interview mit A.Baumert in: Der Tagesspiegel vom 17.12.95). Der „Beweglichkeit" sind aufgeblähte Funktionärsapparate natürlich abträglich.

1179 Soweit die pauschale Behauptung aufgestellt wird, der westliche Führungsstil sei mehr von Effektivitäts- und Kostendenken durchdrungen, darauf sei es in der DDR nicht angekommen (vgl. FAZ vom 15.07.95), ist dem zu widersprechen, da man hiermit weder dem ost- noch dem westdeutschen Sport gerecht wird. Das Effektivitäts- und Kostendenken der westdeutschen Wirtschaft ist vielmehr nur bedingt auf den Sportbereich zu übertragen.

1180 Ungeachtet mancher Vollzugsdefizite.

In der Summe der beim westdeutschen System zu kritisierenden und beim ostdeutschen System als erfolgsrelevant hervorzuhebenden Faktoren (den verstärkten Dopingeinsatz hierbei berücksichtigend) sind die vergleichsweise bescheideneren Erfolge der Bundesrepublik in den meisten Sportarten erklärbar.

Zusammenfassung in Leitsätzen:

1. Es gibt keinen entscheidenden (Singular-) Kausalfaktor für den leistungssportlichen Erfolg der DDR.
2. Die multikausalen Ursachen liegen primär in der durchschnittlichen Summe aller positiven Begleitumstände.
3. Die erfolgsrelevanten Faktoren können nicht im Sinne eines prozentualen Anteils ausgewiesen werden.
4. Die Leistungsfähigkeit einzelner Institutionen und Faktoren ist bei Integration in das westdeutsche Gefüge, losgelöst vom Gesamtsystem der DDR, zwar nicht erwiesen, bei verschiedenen Elementen (z.B. im Bereich der Nachwuchsförderung) ist eine solche Leistungsfähigkeit aber zu erwarten.
5. Neben einem gewissen Mangelbestand (förderlicher Umstände) ist insbesondere die fehlende Effizienz und Verzahnung sowie der geringere Systematisierungsgrad für den relativen Mindererfolg der Bundesrepublik im Sport verantwortlich.

II. Breitensport

Der Sport in der DDR verfügte über ein hohes Ansehen in der Bevölkerung - im Grundsatz formuliert; bei näherer Betrachtung muß man diese Aussage in erster Linie auf die wettkampfsportlichen Erfolge im internationalen Vergleich beziehen,[1181] weniger auf den Massensport, geschweige denn auf dessen strukturelle Voraussetzungen. Diese waren eher schlecht. Wie aufgezeigt herrschte ein akuter Mangel an hinreichend vielen, sachgerecht ausgestatteten, in gutem Zustand befindlichen und für den Breitensport zugänglichen Sportanlagen, abzulesen im Organisationsgrad der Bevölkerung: Die leistungssportlich enorm erfolgreiche (aber im Sportstättenbereich defizitär ausgestattete) DDR vermochte nur knapp über 20 % ihrer Bevölkerung dafür zu mobilisieren, dem DTSB beizutreten; der Organisationsgrad im DSB liegt hingegen, trotz vergleichsweise verminderter Leistungssportqualität und eines ungleich höheren (sonstigen) Freizeitangebots, aber guter Sportstättensituation bei über 30%.[1182]

[1181] Z.Zt. der Wende war es aber auch hiermit weitgehend vorbei - insbesondere wurden die Privilegien der Spitzensportler angeprangert (vgl. Neues Deutschland vom 30.09.95: „Öffentliche Diskreditierung des DDR-Sports, Verteufelung des Leistungssports"); siehe auch unten Fn.1190.

[1182] Zum Organisationsgrad und zur Sportstättensituation in der DDR siehe oben § 5.IV.5.a, zum Sportstättenbau in der Bundesrepublik („Goldener Plan") vgl. § 4.II.2.c.ee bzw. DSB-Bestandserhebung 1994.

Die Qualität[1183] der Massensportereignisse in der DDR war unbestritten; die westdeutschen Aktionsveranstaltungen, Spiel- und Turnfeste usw. verblaß(t)en demgegenüber etwas. Dieser Umstand darf aber nicht die Sicht dafür versperren, daß Höhepunkte des Sportgeschehens weder ein geeigneter Maßstab zur Bewertung alltäglicher Sportabläufe sind, noch Surrogatfunktion für Defizite in anderen Bereichen übernehmen können.[1184]

Das „Pyramidenkonzept“, wonach der Leistungssport aus dem Breitensport organisch wachsen sollte, blieb in der DDR weitgehend ein Gedankenmodell - ohne spürbare Auswirkungen in der Praxis. Denn weniger der Breitensport führte dem Leistungssport die Talente zu, sondern mehr die angesprochenen frühzeitig einsetzenden Selektionsmechanismen. Für die Bundesrepublik ist die Situation abweichend zu beurteilen, da es (in Ermangelung einer entsprechenden Selektion) hier häufiger / regelmäßig so ist, daß Talente aus ihrer breitensportlichen Aktivität heraus ins leistungssportliche Lager wechseln.

Fazit: Konnten im Spitzensportbereich deutliche Strukturvorteile für die DDR herausgelesen werden, so war dies im Massensport / Breitensport eher umgekehrt. Hier dominierte die (alte) Bundesrepublik. Bei Beantwortung der Frage, welche Elemente des DDR-Sportsystems sich zur Übernahme ins gesamtdeutsche System eignen, kann der „Komplex Breitensport“ folglich weitgehend ausgespart werden.

[1183] (im Sinne äußerer „Schauwerte“).

[1184] Positiv hervorzuheben ist die Spartakiadebewegung, der auch eine breitensportliche Bedeutung zukam, deren bedeutsamste Auswirkungen sich aber im Leistungssportbereich niederschlugen.

Fünfter Teil
PHASE DES ÜBERGANGS - VEREINIGUNG DES SPORTS

Den bisherigen Ausführungen war zu entnehmen, daß den beiden ungleich erfolgreichen Sportsystemen fundamental unterschiedliche Strukturen zugrunde lagen; die vorhandenen Gemeinsamkeiten fielen nicht entscheidend ins Gewicht. Dieses Ergebnis läßt vermuten, daß die Zusammenführung des deutschen Sports nicht leicht zu bewerkstelligen war.[1185] Da, wie eingangs erwähnt, das wiedervereinigte Deutschland nunmehr - zumindest in (leistungs)sportlicher Hinsicht - weniger erfolgreich agiert als die (isoliert auftretende) frühere DDR,[1186] muß als fraglich gelten, ob die Aufgabe zufriedenstellend gelöst wurde, ob die Vorzüge beider Systeme in geeigneter Weise zusammengeführt wurden.[1187]

Im Versuch, dies zu klären, ist zunächst der konzeptionelle Ansatz der Vereinigung aufzuzeigen.[1188] Sodann wird anhand des „Ist-Zustandes" zu überprüfen sein, ob und welche Realisierungsdefizite entstanden sind. Es ist zu fragen, welche Elemente der DDR-Sportstrukturen heute noch anzutreffen sind, welche (rechtlichen) Möglichkeiten bestanden, weitere Teilbereiche zu integrieren bzw. welche Gründe es gab, „auf den Rest zu verzichten". Hierbei ist zu berücksichtigen, daß die Gestaltungsmöglichkeiten der sportlichen Wiedervereinigung durch den Beitritt der DDR gemäß Art. 23 Satz 2 GG (und die hiermit verknüpfte Übernahme der Rechtsordnung der Bundesrepublik Deutschland) beeinträchtigt waren.

§ 8 Verlauf und Ergebnis der Sportvereinigung

I. Tabellarische Übersicht

Die vorangestellte Zeittafel vermittelt einen ersten Eindruck vom Gang der Zusammenführung und gibt einen Überblick über verschiedene Etappen der (sich parallel zur staatlichen Ebene vollziehenden) sportlichen Wiedervereingung:

09.11.89 Fall der Berliner Mauer - Öffnung der innerdeutschen Grenze.

17.11.89 DSB und DTSB stellen fest, daß sich der Sportverkehr zwischen beiden deutschen Staaten nun frei und unreglementiert entfalten kann.

12.12.89 DTSB-Präsident Eichler[1189] tritt nach massiven Protesten aus dem ganzen Land zurück.[1190] Ein Arbeits-Ausschuß und ein Arbeitssekretariat übernehmen die DTSB-Geschäfte.

[1185] Vgl. im Achten Sportbericht (S.12): „Zwei Sportsysteme, die unterschiedlicher nicht sein konnten, waren zusammenzuführen".

[1186] Vgl. FR vom 02.10.95: „... hat sich der Leistungsstand insgesamt auch etwa auf deren Niveau (*der „alten" Bundesrepublik*) oder etwas darüber eingependelt ..."

[1187] So die Zielsetzung - vgl. Hansen, Entwicklungen, S.5,6.

[1188] Hansen, a.a.O.: „Der Sport der ehemaligen DDR war der Struktur des freien Sports in der Bundesrepublik Deutschland anzupassen".

[1189] Nachfolger von Manfred Ewald seit dem 05.11.88.

05.01.90 Ein Runder Tisch des DDR-Sports nimmt die Arbeit auf und sucht nach neuen Wegen und Auswegen (Abschluß der Beratungen im März 1990; in einer Resolution wird die Volkskammer der DDR (erfolgreich) aufgefordert, ein Jugend- und *Sport*ministerium einzurichten).

27.01.90 Die ehemalige Führungsspitze des DDR-Sports wird aus dem DTSB-Bundesvorstand entfernt.

04.03.90 Außerordentlicher Turn- und Sporttag des DTSB mit (erstmals) demokratischer Neuwahl des Präsidenten (Kilian für Eichler).

19.06.90 Der aufgeblähte DTSB-Apparat kündigt eine umfassende Entlassungswelle an (bis zum 30.06.90 wurden 8.000 Mitarbeiter entlassen - rund 2.500 weitere Mitarbeiter erlitten später das gleiche Schicksal).

21.06.90 Beschlagnahme des DTSB-Vermögens und Unterstellung unter Treuhänderschaft.

28.06.90 Vorstellung des von einer überfachlichen Verhandlungs- und verschiedenen Fachkommissionen erarbeiteten Vereinigungspapiers von DTSB und DSB.[1191]

07.07.90 Verabschiedung eines neuen DTSB-Statuts mit föderativen Strukturen und dem Ziel, eigenständige Spitzenverbände / LSB zu ermöglichen, Legislative und Exekutive zu trennen sowie demokratische Organe auszubilden.

22.07.90 Die DDR-Volkskammer beschließt das Verfassungsgesetz zur Bildung von Ländern in der DDR.

17.08.90 Weitgehende Einigung der beiden NOK über den Weg ihrer Vereinigung (am 17.11.90 vollzogen).

15.09.90 Gründung des ersten - ostdeutschen - LSB (Brandenburg); Gründung der weiteren (vier) LSB bis zum 27.09.90.

22.09.90 Der DTSB-Bundesvorstand beschließt die Auflösung der eigenen Organisation (zum 05.12.90).

1190 Der nachhaltige Umgestaltungsprozeß im DDR-Sport setzte zwar erst im Herbst 1989 ein, der Wille zur Perestroika war aber schon längere Zeit verwurzelt; insbesondere die starke Betonung des Leistungssports (zu Lasten des Breitensports) stand zunehmend in der Kritik, vgl. Wokalek, Transformationsprozeß, S.4 („Trotz der Unterdrückung der öffentlichen Diskussion war die Bereitschaft zu Änderungen vorhanden und führte bereits ab November 1989 zu Veränderungen"). Ferner standen der bisherige Mißbrauch des Sports durch Partei und Regierung (vgl. Diskussionspapier Neues Forum) sowie die Privilegien des Leistungssports am Pranger (so Die Welt vom 30.09.95).

1191 Das (unten bei § 8.II besprochene) Vereinigungspapier ist von östlicher Seite massiv kritisiert worden. Zwar billigten die Delegierten des DTSB-Bundesvorstandes nahezu einhellig (bei einer Gegenstimme) das vorgelegte Konzept vom 28.06.90 - dieses, so wurde moniert, enthalte aber verschiedene *(an späterer Stelle anzusprechende)* Schwachpunkte. Im konkreten Zusammenhang wurde sogar von „Westdeutschem Sportimperialismus" gesprochen (vgl. auch Zitat von M.Kilian in der FR vom 09.07.90: „Selbst unsere Spitzentrainer wollen die bundesdeutschen Fachverbände nicht übernehmen. Wir möchten unseren Sport nicht so einfach ausverkaufen").

03.10.90 Vollendung der staatlichen Einheit auf der Grundlage des Art. 23 Satz 2 GG - Beitritt der DDR.[1192]

26.10.90 Antrag auf Beitritt der LSB zum DSB.

05.12.90 Auflösung des DTSB.

15.12.90 Aufnahme der neuen LSB in den DSB (gemäß Beschluß des Hauptausschusses).

II. Konzeptionelle Details der Zusammenführung

Aus Raumgründen können nachfolgend nur die wesentlichen Eckpunkte des Vereinigungsprozesses angesprochen werden, wobei (gemäß der Aufgabenstellung) der Schwerpunkt auf Konzeption und Ergebnis der Zusammenführung zu legen ist.

Wie einleitend angemerkt, ist im Zuge der Wiedervereinigung die alte DDR-Struktur aufgebrochen und die neu geordnete Substanz in das westdeutsche Gefüge integriert worden.[1193] Was damit en detail gemeint ist, läßt sich im autonomen Sportbereich exemplarisch anhand der Verschmelzung der beiden Dachverbände DSB und DTSB aufzeigen - staatliche Stellen haben im Rahmen der Sportzusammenführung weitgehend keine Rolle gespielt.[1194]

Ausgangspunkt für den „Zusammenschluß" von DSB und DTSB war die (in der Tabelle bereits angesprochene) konzeptionelle **Vereinbarung vom 28.06.90**[1195] (die wiederum das Ergebnis verschiedener Beratungen zweier fachübergreifender Delegationen und von vier deutsch-deutschen Fachkommissionen[1196] gewesen ist).[1197]

1192 Im Zeitraum zwischen dem 03.10.90 und dem 14.10.90 hat die DDR als Gliedstaat der Bundesrepublik Deutschland weiterbestanden; nach dem Ländereinführungsgesetz sind die bundesstaatlichen Untergliederungen der DDR erst am 14.10.90 entstanden.

1193 Kohler, Das Parlament 1991 (Nr.7-8), S.17, weist auf die Gemeinsamkeiten aller Fusionsprozesse mit ostdeutschen Partnern hin, die jeweils unter großem Zeitdruck stattgefunden hätten und am Ende eine Vorherrschaft des westdeutschen Verbandes erbrachten.

1194 Dies kommt auch im Bericht der Bundesregierung zur Sportinfrastruktur (S.1,2) zum Ausdruck: „Seit der Herstellung der Einheit Deutschlands galt es, in den neuen Ländern und in Ost-Berlin ein neues, freiheitliches und föderales Sportsystem aufzubauen. *Dies war in erster Linie eine Aufgabe des autonomen Sports.* Die staatliche Sportförderung konnte dabei - wie in der alten Bundesrepublik - im Rahmen der Subsidiarität nur Hilfestellung leisten".

1195 Nachfolgend wird wie folgt zitiert: Ziffer 1.4 (des Konzeptes) meint Abschnitt 1 („Strukturen / Verwaltung / Finanzen"), Randnummer 4 usw.

1196 Fachkommission 1: Strukturen, Finanzen, Verwaltung; Fachkommission 2: Breitensport; Fachkommission 3: Leistungssport; Fachkommission 4: Wissenschaft, Bildung, Ausbildung, Sportmedizin.

1197 Kilian (letzter DTSB-Präsident, vgl. Zeittafel) beschreibt die Kommissionsberatungen als „konstruktiv, zukunftsorientiert und optimistisch". Sie seien geprägt gewesen von großem persönlichen Engagement der Sportfunktionäre, die es sich zum Ziel gesetzt hätten, „das Erhaltenswerte zu bewahren". Als problembehaftet wurde insbesondere angesehen:
- die Umstrukturierung in den Demokratisierungsprozeß des Breitensports einzubauen,
- den DDR-Spitzensport zu erhalten,
- der Personalabbau,

In dieser Vereinbarung wurde im Sinne eines „Ablaufplanes" u.a. bestimmt, daß im Territorium der in der DDR neu zu gründenden Länder entsprechend auch LSB entstehen sollten.[1198] Weiterhin sollten diese LSB im Benehmen mit dem DTSB ihren Beitritt zum DSB beantragen. Der DTSB sollte bis zur staatlichen Vereinigung seine Funktionen wahrnehmen und dann gemäß den Statuten seine Auflösung beantragen.[1199] In der Präambel des Einigungstextes war verzeichnet, daß verschiedene, in der Satzung von DSB und DTSB verankerte Prinzipien, Zwecke, Aufgaben und Mitgliedschaften zugrunde gelegt werden sollten:

- ehrenamtliche Führung,
- föderalistische Strukturen,
- Selbständigkeit der Mitgliedsverbände,
- Freiheit und Freiwilligkeit der Sportausübung,
- parteipolitische Neutralität und weltanschauliche Toleranz,
- Gemeinnützigkeit und Subsidiarität.

Anhand dieses „Fahrplans", unter Heranziehung der aufgeführten Grundsätze, ist im zweiten Halbjahr 1990[1200] dann tatsächlich die Zusammenführung erfolgt: Als erste „Besonderheit" ist hierbei zu vermerken, daß es keine „echte" Fusion der beiden Dachverbände (mit einer neuen gemeinsamen Identität) gegeben hat,[1201] vielmehr haben sich bestimmte Untergliederungen des DTSB (dessen LSB) dem DSB angeschlossen; der DTSB löste sich, da fortan ohne Funktion, schließlich auf. Der DSB ist nicht Rechtsnachfolger des DTSB geworden.[1202]

- die Dopingproblematik.

Versuche, die vorgenannten Problemkomplexe zu lösen, sind in das Vereinigungskonzept eingeflossen, vgl. Kilian, Sportverbände, S.3,4. In Neues Deutschland vom 30.09.95 bekennt er jedoch freimütig, daß der DTSB anfangs nicht damit rechnete, daß die Strukturen des DDR-Sports „Stück für Stück" zerbrechen würden; die Einvernehmlichkeit bei der Konzepterarbeitung basierte insofern auch auf einem durch die Vereinigungsrealität erzwungenen Lernprozeß.

1198 Einzig der LSB Berlin mußte nicht neu gegründet werden; hier vollzog sich die Vereinigung durch den Beitritt des Turn- und Sportbundes Berlin (Ost) zum LSB Berlin (West) - der Wirkungsbereich des westlichen LSB Berlin wurde auf den Gesamtbereich der Stadt ausgedehnt.

1199 In entsprechender Weise sollten sich die Spitzenverbände und übrigen Mitgliedsverbände des DSB vereinigen - „... zu unterschiedlichen Zeiten und in unterschiedlicher Form, aber so zügig wie möglich", Präambel der Vereinigungskonzeption, Ziffer 5.

1200 Hinsichtlich der genauen Daten wird auf die Zeittafel verwiesen.

1201 De facto handelt es sich beim Beitritts-Modell des Sports gar nicht um eine „Besonderheit" - zumindest gemessen am Vereinigungsszenario der übrigen Gesellschaftsbereiche: Denn regelmäßig wurde die Variante gewählt, daß der DDR-Partner (ggf. nach erfolgter Statutenänderung der West-Institution) beigetreten ist. Als Vorbild mag hierbei die staatliche Vereinigung gedient haben, bei der sich ebenfalls die Beitritts-Alternative (nach Art. 23 GG) gegenüber einem Zusammenschluß (gemäß Art. 146 GG) durchsetzte. Wichtig war jeweils, daß der Übergang von zentralistischen Strukturen zur föderalistischen Organisationsform reibungslos vollzogen werden konnte. Zum Prozedere bei den Gewerkschaften: Kohler, Das Parlament 1991 (Nr.7-8), S.18.

1202 Ausschlaggebend für das gewählte Beitritts-Modell war laut Hansen, Entwicklungen und Chancen, S.8, daß „... die Übernahme von 12.000 Mitarbeitern des DTSB den DSB bei

Bei den genannten Prinzipien usw. ist auffallend, daß es sich (ausschließlich) um solche handelt, die prägend für die **westdeutsche** Sportbewegung sind[1203] und die auch in der seinerzeit gültigen DSB-Satzung ihren Niederschlag gefunden hatten.[1204] Da die genannten Grundsätze jedoch keinesfalls mit denen gleichgesetzt werden können, die in der am 28.06.90 noch gültigen Präambel des DTSB-Statuts von 1978[1205] nachzulesen sind, verwundert auf den ersten Blick, daß im Einigungskonzept dennoch gleichlautend auch auf das DTSB-Statut verwiesen wurde. Hierbei ist zu berücksichtigen, daß im Zuge der Umstrukturierung und Demokratisierung der gesamten DDR-Gesellschaft in den ersten Monaten des Jahres 1990 auch eine konkrete Veränderung des DTSB-Statuts *zu erwarten war*. Im Einigungskonzept ist deshalb auf das *künftige* DTSB-Statut verwiesen worden, eine Bezugnahme, die bereits aus „optischen" Gründen sinnvoll erscheint.[1206] Im übrigen wäre ohne die mit Datum vom 07.07.90 beschlossenen Änderungen im DTSB-Statut eine Vereinigung in der gewählten Form gar nicht möglich gewesen. Denn das Statut von 1978 beinhaltete weder die genannten Elementar-Prinzipien, noch waren LSB erwähnt, schließlich war auch kein Verfahren zur Auflösung des DTSB vorgesehen.[1207] Die Änderungen im DTSB-Statut sind folglich ein wesentlicher Bestandteil der Verhandlungen und des Einigungskonzepts gewesen - die oben angesprochene *Erwartungshaltung* ist folglich im Sinne einer „Conditio sine qua non" zu lesen.[1208] Die

---

einer Vereinigung und der damit verbundenen Rechtsnachfolge vor nicht lösbare arbeitsrechtliche Konsequenzen gestellt hätte." Hintergrund ist die Regelung des Art. 17 StVertr, wonach in der DDR die Grundstrukturen der Arbeitsrechtsordnung der Bundesrepublik Deutschland (also auch das Kündigungsschutzrecht) Geltung erlangten.
Die Liquidation des DTSB ist zudem politisch gesteuert worden, da die „Übergangsregierung" de Maiziere zielstrebig die Förderung des DDR-Dachverbandes reduzierte und hierdurch Fakten schuf (vgl. FAZ vom 30.09.95 und M. Kilian, Neues Deutschland vom 30. 09.95: „... lebten wir finanziell von der Hand in den Mund. Wir erhielten vom zuständigen Ministerium nur tröpfchenweise Geld, um den ganz normalen Sportbetrieb wenigstens aufrechterhalten zu können").

1203 Allenfalls beim Gesichtspunkt „Freiwilligkeit und Freiheit der Sportausübung" ist (mit Einschränkungen, z.B. im Leistungssportbereich) einzuräumen, daß dies sowohl dem DTSB-Konzept als auch der DDR-Realität entsprach.

1204 DSB-Satzung in der Fassung vom 04.06.88.

1205 Abgedruckt bei Melchert, Sport/Recht, S.204.

1206 Eine Vereinigung dergestalt, daß nur die wichtigsten Grundsätze eines Partners (DSB) in Bezug genommen werden, hätte eine unerwünschte Außenwirkung in der Öffentlichkeit erzielen können - wie bereits angemerkt, war auch so bereits von „Sportimperialismus" die Rede (vgl. Fn.1191).

1207 Die nachhaltige Veränderung zum Statut von 1978 ist evident; § 6 der Satzung von 1990 beinhaltete eine Passage, wonach die LSB (als Mitgliedsorganisationen des DTSB) dessen Statut anzuerkennen und gemäß dessen Zielen und Grundsätzen zu handeln hatten. Hiermit war sichergestellt, daß es keine Schwierigkeiten bei der späteren Aufnahme der LSB in den DSB geben würde.

1208 Im Einigungskonzept ist darauf hingewiesen worden, daß Änderungen im Satzungswerk des DSB notwendig würden. Entsprechende Korrekturen sind auch erfolgt (auf dem DSB-Bundestag am 15.12.90). Wie aber bereits ein Protokollvermerk aus der 2.Sitzung der Fachkommission „Struktur/Verwaltung/Finanzen" vom 16.06.90 erahnen läßt („Eine wesentliche Veränderung von Struktur und Satzung des DSB wird nicht für notwendig gehalten"), handelte es sich um vergleichsweise geringfügige Änderungen.

Inhalte des neuen Statuts bewirkten eine wesentliche Annäherung an die in der Bundesrepublik seit langem existierenden Sportstrukturen.[1209] Den obigen Systemvergleich vor Augen, wird dies besonders deutlich, wenn man die angesprochenen Prinzipien, Zwecke, Aufgaben und Mitgliedschaften beleuchtet.

Prinzip der ehrenamtlichen Führung

Normiert in:

DSB-Satzung (1988): § 3 I

DTSB-Satzung (1978): (-)

DTSB-Satzung (1990): § 3 II

Da dieses Prinzip weder im Sport noch in einem sonstigen Gesellschaftszweig der ehemaligen DDR vorgesehen war bzw. Anwendung fand - Hauptamtlichkeit dominierte an allen zentralen Entscheidungsstellen - ist die Festlegung ehrenamtlicher Führungsstrukturen im neuen DTSB-Statut als geradezu revolutionär zu bezeichnen. Die an der Sport-Spitze begonnene Kehrtwendung sollte sich auch auf die neu zu gründenden Vereine, Kreissportbünde und LSB erstrecken, in deren „Vorläufer"-Organisationen bis zur Wende ebenfalls hauptamtliche Mitarbeiter des DTSB die Geschicke bestimmt hatten.

Föderalistische Strukturen / Selbständigkeit der Mitgliedsverbände

Normiert in:

DSB-Satzung (1988): § 3 II i.V.m. § 5

DTSB-Satzung (1978): (-)

DTSB-Satzung (1990): § 6 i.V.m. § 3 III

Die Einführung föderalistischer Strukturen im neuen DTSB-Statut bewirkte gleichzeitig die *Abkehr vom zentralistisch geführten Sport.* Hiermit wurde einerseits eines der wichtigsten westdeutschen (auch DSB-) Prinzipien übernommen und zum anderen das wichtigste Prinzip des DDR-Sports (des DDR-Systems überhaupt) abgelegt.

Freiheit und Freiwilligkeit der Sportausübung

Normiert in:

DSB-Satzung (1988): § 3 III

DTSB-Satzung (1978): Verschiedene Hinweise im Präambeltext („... vereint in seinen Reihen auf *freiwilliger* Grundlage ...")

DTSB-Satzung (1990): § 3 IV

[1209] Hierbei ist die Vermutung naheliegend, daß die im neuen Statut vollzogene Abkehr von bestehenden DTSB-Prinzipien durch die sich abzeichnenden (rechtlichen) Vorgaben der staatlichen Vereinigung motiviert waren.

Hiermit ist gemeint, daß alle Bürger selbst bestimmen dürfen, ob und wie sie Sport treiben. Zumindest für den Breitensportbereich bewirkte die Fixierung in § 3 IV des neuen Statuts keine nachhaltige Veränderung des bisherigen Zustandes, ist mithin kein Beweis für die vollzogene Angleichung, da hier ohnehin eine Gemeinsamkeit beider Systeme bestanden hat. Für das Spitzensportsegment ist dies differenzierter zu sehen, da hier die Talente je nach ihrer leistungssportlichen Befähigung den Sportarten (für die sie physisch und psychisch besonders geeignet erschienen) systematisch zugeführt wurden und ein beachtlicher Druck entfaltet wurde, talentierte Sportler „im System zu behalten".

Parteipolitische Neutralität und weltanschauliche Toleranz

Normiert in:

DSB-Satzung (1988): § 3 IV

DTSB-Satzung (1978): (-)

DTSB-Satzung (1990): § 3 V

Das alte DTSB-Statut enthielt im Präambeltext verschiedene politisch gefärbte Aussagen, wobei insbesondere die Ausrichtung als „sozialistische Sportorganisation" politische Nähe und Zugehörigkeit dokumentierte. Das spätere Bekenntnis zu parteipolitischer Neutralität bedeutete hiervon eine klare Abkehr. Da christliche und ethische Weltanschauungen im DDR-Sport dereinst kaum zum Tragen kamen, signalisiert ein entsprechendes Toleranzbekenntnis die Hinwendung zu einer neuen Vielfalt, bei der das Sachinteresse des Sports im Vordergrund steht (stehen muß).

Subsidiarität und Gemeinnützigkeit

Normiert in:

DSB-Satzung (1988): § 3 IX (bzl. Gemeinnützigkeit)

DTSB-Satzung (1978): (-)

DTSB-Satzung (1990): § 4 I,IV

Es bedarf an dieser Stelle keiner näheren Ausführungen dazu, daß beide Prinzipien bei der bis zur Wende vorherrschenden Gesellschaftsstruktur der DDR keine Rolle spielen konnten. Wenn die neue DTSB-Satzung entsprechende Bestimmungen aufgenommen hat, dann ist dies zwar in erster Linie auf das veränderte politische System zurückzuführen,[1210] bedeutete aber jedenfalls eine radikale Abkehr von der bisherigen (Finanz-) Konzeption. Denn hierdurch wurde klargestellt, daß sich der Sport in erster Linie selbst zu helfen hat, daß er z.B. über Mitgliedsbeiträge Eigenmittel aufbringen muß und daß seine Maßnahmen und Programme eben nicht (automatisch) vom Staat finanziert werden.

Die vorgenannten Prinzipien waren wie gesagt die Einigungsgrundlage, inhaltlich hat sich das Konzept mit den Bereichen *Leistungssport* **und** *Breitensport* befaßt:

[1210] Vgl. Fn.1209.

Für das *Breitensportsegment* wurde angestrebt, dem Motto „Sport für alle" künftige gesamtdeutsche Wirksamkeit zu verschaffen. In der DDR gab es vormals keine entsprechende Akzentsetzung, vielmehr mußte sich sogar das „Gütesiegel des Breitensports" - das Sportabzeichen - auf ein eher sportfremdes Ziel, nämlich die „Bereitschaft zur Verteidigung der Heimat", ausrichten. Einbezogen wurden weiterhin die DTSB-seitig bislang vernachlässigten Randgruppen,[1211] also sowohl Behinderte als auch Sportler derjenigen Sportarten, denen ein elitäres, bourgeoises Stigma anhaftete (Surfen, Tennis, Golf usw.) bzw. die mangels Leistungseffizienz zurückgestuft waren. Ein ganz wichtiger Punkt im Rahmen der Umorganisation war die Veränderung der Basisstrukturen; das Fundament des Breitensports (und letztlich des gesamtdeutschen Sports) sollte von den Vereinen (im Sinne der §§ 21 ff. BGB) gebildet werden.[1212] Hierzu war es notwendig, die Sportgemeinschaften der ehemaligen DDR (also z.B. die rund 11.000 Betriebssportgruppen) in selbständige eingetragene (rechtsfähige) Vereine umzuwandeln.[1213] Die Vereine sollten sich in Landesfachverbänden zusammenfinden und diese wiederum in den neu zu gründenden LSB Mitgliedschaften erwerben.[1214]

Da sich das bislang skizzierte Vereinigungs-Modell exakt an der westdeutschen Struktur orientiert(e), mußten dort kaum Veränderungen vorgenommen werden.[1215] So war es problemlos möglich, einerseits die neu gegründeten Landessportbünde in den DSB aufzunehmen,[1216] andererseits die Spitzenverbände zu integrieren. Deren bereits vor der Zusammenführung von DTSB und DSB sukzessiv in Gang gekommener Vereinigungsprozeß[1217] vollzog sich im wesentlichen durch

---

1211 Ziffer 2.1 des Vereinigungs-Konzeptes.

1212 Laut Konzept (Ziffer 2.2) war die Bildung reiner Breitensport-Vereine zu vermeiden - aufgrund der (wertenden) Entscheidung, möglichst eine Verzahnung der einzelnen Bereiche anzustreben (also keine Monostrukturen im Sinne reiner Freizeit-, Breiten- bzw. Leistungssportvereine zuzulassen), vgl. hierzu auch § 4 IV a der DSB-Aufnahmerichtlinien.

1213 Zunächst auf Basis des Vereinigungsgesetzes der DDR (vom 21.02.90), nach dessen Inkrafttreten sich binnen weniger Wochen sowohl die bestehenden als auch Tausende neu gegründeter Vereinigungen zur Registrierung anmeldeten; später, nach dem Wirksamwerden des Beitritts der DDR, gemäß den §§ 21 - 79 ff. BGB, hierzu Christoph, DtZ 1991, S.234 ff. Mit ihrer Umbildung nahmen übrigens die meisten Sportvereine auch wieder ihre alten Vereinsnamen an - die DDR- Namensgebung auf „Produktionsbasis", z.B. „Traktor" für den Bereich der Landwirtschaft, „Turbine" in der Energiewirtschaft - wurde abgestreift.
Ergänzend ist anzumerken, daß einige der ehemaligen DDR-Betriebssportgruppen auch heute noch (in ähnlicher Funktion) existieren - ohne zum e.V. „aufgestiegen" zu sein.

1214 Daneben waren im Rahmen der weiteren Untergliederung auf Landesebene auch Stadt- und Kreissportbünde vorgesehen. Diese mit hauptamtlichen ABM-Kräften ausgestatteten Stellen bildeten in der Übergangsphase wichtige Ansprechpartner für die Vereine (Vereinsberatung).

1215 Vgl. Fn.1208.

1216 Siehe Fn.1207.

1217 Der Zusammenschluß der Fachverbände erfolgte mitunter sogar im Vorfeld / vor Vollendung der staatlichen Einheit (den Anfang machten hierbei die Golfer, Modernen Fünfkämpfer und Turner); Beispiele in zeitlicher Hinsicht: Turner-Bund (03.09.90), Gewichtheber-Verband (30.09.90), Tennisbund (09.02.91). Der Beitritts-Prozeß wurde im April 1991 abgeschlossen (Kanu-Verband, vgl. FAZ vom 22.04.91).

Beitritt der ostdeutschen Landesfachverbände zu den entsprechenden Bundesverbänden.[1218] Dieser Umstand, daß sich also die Ost-Spitzenverbände *bereits bestehenden* westdeutschen Verbänden angeschlossen haben (in diesen aufgegangen sind - und folglich auch gemeinsam finanziert werden), wohingegen die LSB *jeweils neu gegründet* wurden (und - auch - in finanzieller Hinsicht ein „Einzelkämpferdasein“ führen), ist für eine erhöhte Sensibilität der Ost-LSB gegenüber dem Handeln der Spitzenverbände / gegenüber den Ost-Vertretern in den Spitzenverbänden verantwortlich.[1219]

Im *Leistungssportbereich* wurde „eine Optimierung des Leistungssports unter kritischer Würdigung der von beiden Seiten einzubringenden positiven Praktiken und Erfahrungen angestrebt.“ Um dies zu realisieren, wurde in den Vorbemerkungen eines (in das Vereinigungskonzept eingebundenen) 10-Punkte-Planes bestimmt, daß der B(A)L des DSB (auch künftig) das Leitungs- und Steuerungsorgan des (gesamt) deutschen Leistungssports sein würde.[1220] Hiermit wurde festgelegt, daß der bisherige Steuerungsmechanismus des (weniger erfolgreichen westdeutschen) Leistungssports auch in Zukunft für den gesamtdeutschen Leistungssport Anwendung finden sollte, zumindest auf den ersten Blick und unter Optimierungsgesichtspunkten eine „unglückliche“ Entscheidung.[1221] Zu den wichtigsten Aspekten des 10-Punkte-Planes im einzelnen:

- Die Spitzenverbände wurden im Hinblick auf die (im Benehmen mit DSB und BMI) festzusetzenden Fördermittel aufgefordert, eine gemeinsame Planung (zunächst für das Trainings- und Wettkampfjahr 1990/91) zu erarbeiten. Hiermit verknüpft war die Beibehaltung der bisherigen westdeutschen Förderstrukturen. Aus-

---

1218 Die Vereinigung erfolgte *formal* weitgehend reibungslos. Ausnahmen gab es insoweit, als sich der Bogenschützen- bzw. Anglerverband der DDR nicht vom westdeutschen Gegenstück „vereinnahmen“ ließ (zur Folgeproblematik siehe Neues Deutschland vom 27.10. 95). Ferner gab es verschiedene praktische Schwierigkeiten des Zusammenwachsens: Zu nennen sind z.B. die Forderung nach Aberkennung von DDR-Rekorden (aufgrund von Dopingvorwürfen), Fragen der Übernahme hauptamtlichen Personals (z.B. von Trainern) sowie der ehrenamtlichen Führungsriege. Letztere Problemstellung wurde zu beheben versucht, indem die ehemaligen Präsidenten der Ost-Verbände zu Vize-Präsidenten der vereinigten Spitzenverbände gewählt bzw. zur Leitung neu zu gründender „Ost-Ausschüsse“ berufen wurden (Hansen, Entwicklungen, S.9). Allgemein läßt sich sagen, daß im zwischenmenschlichen (psychologischen) Bereich ein nicht zu unterschätzendes Konfliktpotential gelegen hat (liegt), da ehemalige Gegner (unterschiedlichen Erfolges) „plötzlich“ zur Gemeinsamkeit angehalten waren (zumal mancherorts die Auffassung besteht, daß Eigenständigkeit und Eigenarten des früheren DDR-Sports - zu Unrecht - preisgegeben wurden).

1219 So werden z.B. die zu geringen Mitsprachemöglichkeiten der neuen Bundesländer in den Spitzensport-Gremien kritisiert (vgl. Hansen, Entwicklungen, S.5).
Vor diesem Hintergrund ist auch das Gerangel um den (dennoch nicht ausgewiesenen) DSB-Vize-Präsidentenposten-Ost (daher mit einer Zuständigkeit für Ost-Belange) beim DSB-Bundestag 12/94 verständlich: Die Ost-LSB fühlen sich unterrepräsentiert, beklagen die zu geringen Mitwirkungsmöglichkeiten und suchen, an Einfluß zu gewinnen.

1220 Alle Planvorhaben wurden in dem Bewußtsein konzipiert, daß sich die Angleichung der unterschiedlichen Sportsysteme nur auf der Grundlage von Stufenplänen für die kommenden (drei) Jahre vollziehen lassen würde.

1221 Der B(A)L war und ist nicht unumstritten (siehe hierzu auch Fn.1281).

nahme: Der Bundeszuschuß für den Spitzensport wurde um 130 Mio. DM aufgestockt und somit nahezu verdoppelt.[1222]

- Die künftige (gemeinsame) Kaderbildung wurde am bisherigen DSB-Kadersystem orientiert. Hierbei wurde ein Stufenplan zur Anpassung für die A/B-Kader bis 1991 und für die C-Kader bis 1992/93 entwickelt. Weiterhin war vorgesehen, im Territorium der ehemaligen DDR bis zu fünf Olympia-Stützpunkte zu installieren. Es wurde darauf abgestellt, 100 Leistungssport-Sektionen der Sportklubs ins bisherige Stützpunktsystem einzubeziehen, und die Empfehlung abgegeben, einige Leistungssportschulen (des ehemaligen DTSB) mit veränderter Aufgabenstellung (und neuen Rechtsträgerschaften) zu erhalten. Neben einem Hinweis auf künftig benötigte Trainerstellen wurde insbesondere die (dringende) Empfehlung abgegeben, „das System der Kinder- und Jugendsportschulen in modifizierten und weiteren Leistungszentren zu erhalten bzw. einzurichten". Ungeachtet der Frage, ob die skizzierten Planvorhaben tatsächlich realisiert wurden,[1223] ist der angedachten Kaderstruktur und dem geplanten Stützpunktsystem zu entnehmen, daß das „gesamtdeutsche Leistungssport-Modell" sich verstärkt am westlichen und nicht am östlichen Muster orientieren sollte.
- Im Bereich der Talentauswahl wurde eine verstärkte Kooperation von Schule und Sport (Verband/Verein) unter Einbringung der Kultusministerien der Länder für notwendig erachtet. Auf der Grundlage von Kader- und Leistungskonzentrationen sollten weiterhin bei der Talentauswahl und Talentförderung Schwerpunkte gesetzt werden; eine Neukonzeption der Wettkampfsysteme „Spartakiade" und „Jugend trainiert für Olympia" wurde angestrebt.
- Der „Vereinigungsfahrplan" sah ferner vor, eine Arbeitsgruppe zu installieren, die das Projekt „Dopingkontrollen außerhalb des Wettkampfes" betreuen sollte.[1224]
- Dem FKS wurde eine Funktion als künftiges Bundesinstitut für Trainingswissenschaften zugedacht, die wissenschaftlichen Zentren sollten ihre Service-Leistungen in die Olympia-Stützpunkte einbringen. Das FES war (so das Planvorhaben) „durch die direkte Anbindung an den Sport und mit der finanziellen Unterstützung der Industrie (Mischfinanzierung) in die Lage zu versetzen, die Sportgeräte-Ausrüstung der Nationalmannschaften und Spitzenathleten in den materialabhängigen Sportarten auf hohem Niveau zu sichern".[1225]

Fazit: Es ist deutlich geworden, daß sich das Konzept sehr eng an den „bewährten" westdeutschen Strukturen orientierte, nur wenige Elemente des DDR-Sports einbezog und auch kaum neue (gemeinsame) Ansätze enthielt. Frische Impulse, die z.B. geeignet gewesen wären, so manche Verkrustung im westdeutschen Sport aufzubrechen, blieben Mangelware.[1226] Eine Strukturanalyse dergestalt, daß gefragt wor-

[1222] Hansen, Entwicklungen, S.12.

[1223] Dies wird im nachfolgenden Gliederungspunkt dieser Arbeit beleuchtet.

[1224] Zu den weiteren Vorgaben im Bereich Medizin/Gesundheit vgl. Ziffer 3.7 des Konzeptes.

[1225] Ziffern 3.8/3.9 des Einigungskonzeptes; im übrigen wird auf dieses Konzept verwiesen.

[1226] Krebs, Deutschland Archiv 1991, S.458, bemängelt eine fehlende Nachdenklichkeit auf dem „Vereinigungs-Bundestag" des DSB (15.12.90), moniert die fehlenden *neuen* Lö-

den wäre, was war gut / schlecht am DDR-Sport - aber auch, was war gut / schlecht am (bisherigen) Sport in der Bundesrepublik und wie soll auf dieser Basis der neue gemeinsame Sport aussehen, hat soweit ersichtlich, nicht stattgefunden.[1227] Nachfolgend wird zu prüfen sein, welche Realisierung die Konzeptvorgaben fanden.

III. Abgleich des „Ist-Zustandes"[1228] mit dem Vereinigungskonzept

Wie bereits aus der Zeittafel (oben I.) bzw. entsprechenden Anmerkungen (oben II.) ersichtlich, ist der DTSB liquidiert worden, haben sich die neu gegründeten LSB dem DSB angeschlossen und sind die ostdeutschen Landesfachverbände den entsprechenden Bundesfachverbänden beigetreten. Hiermit wurden wichtige organisatorische Vorgaben des Vereinigungskonzeptes erfüllt. Zu den weiteren Vorgaben im einzelnen:

Der Grad an *Hauptamtlichkeit* konnte entscheidend reduziert werden.[1229] [1230] Nur wenige der Anfang 1990 noch ca. 11.500 DTSB-Bediensteten wurden in die DSB-Hauptverwaltung, die Spitzenverbände, die jeweiligen Untergliederungen bzw. die öffentliche Sportverwaltung als Mitarbeiter übernommen. Eine Reihe hochqualifizierter Trainer der ehemaligen DDR haben mittlerweile den Beruf gewechselt oder sind ins Ausland abgewandert. Die zurückhaltende Einstellungspraxis hatte ihre Gründe in der allgemeinen Finanzknappheit,[1231] in arbeitsrechtlichen Bindungen an bisherige Arbeitnehmer,[1232] in psychologisch bedingten Vorbehalten gegenüber ostdeutschen Beschäftigten oder deren Doping- / Stasi-Vergangenheit. Die *„ehrenamtlichen Reihen"* des DSB und seiner Verbände sind regelmäßig auch mit Ost-Vertretern bestückt.[1233] Die Repräsentanz der Ost-Ehrenamtler erweckt allerdings mitunter den Eindruck, daß „Alibi-Ossis" in die Führungsgremien aufgenommen wurden, um die (zumeist inoffizielle) „Quote" zu erfüllen. Die Integration der Ost-

---

sungsansätze, und konstatiert einen bequemen Rückzug in die Selbstzufriedenheit „über offenbar so effektives und nicht in Frage zu stellendes Bewährtes" (vgl. hierzu Fn.1283). All dies - so zumindest der erste Eindruck - läßt sich auch über das Vereinigungskonzept sagen.

1227 Ewald - der sich in seinem Werk „Ich war der Sport" mit zumeist einseitigen und polemischen Aussagen selbst disqualifiziert hat - bemängelt (in diesem Fall) zu Recht das Fehlen eines Systemvergleichs im Einigungsprozeß (S.228).

1228 Bezugsjahr: 1995.

1229 So gab es z.B. im Stadt- und Landkreis Potsdam vor der Wende über 50 hauptamtliche DTSB-Mitarbeiter (inklusive Trainer) - mittlerweile gibt es nur noch einen Kreisgeschäftsführer und 3 ABM-Kräfte, Märkische Allgemeine vom 21.01.95.

1230 Ob eine Reduzierung an Hauptamtlichkeit in erfolgskausaler Hinsicht sinnvoll ist, muß bezweifelt werden. Wie bereits oben bei § 7.I hervorgehoben, ist sowohl auf der Ebene der „Zuarbeiter" als auch bei den „Entscheidern" (Führungskräften) zumindest der höhere Professionalisierungsgrad positiv zu bewerten. Gegen den vermehrten Einsatz hauptamtlicher Kräfte spricht vor allem das Kostenargument (siehe auch unten Fn.1231).

1231 Soweit zuvor „beklagt" wurde, daß hochqualifizierte Trainer ins Ausland abgewandert sind, ist unter finanziellen Aspekten einzuräumen, daß eine Angleichung ans Beschäftigungsniveau der DDR im Trainerbereich jährliche Mehrkosten in dreistelliger Millionenhöhe verursacht hätte.

1232 Siehe unten Fn.1530.

1233 M.v.Richthofen in den Stuttgarter Nachrichten vom 02.10.95.

Funktionäre in die westlichen Gremien erfolgte zudem nicht immer reibungslos.[1234] So mußte es manch gewähltem Vertreter später nahegelegt werden, wegen früherer Stasi-Aktivitäten zurückzutreten.[1235] Ausgangspunkt zur Aufdeckung derartiger Machenschaften war häufig, daß die ehemals Bespitzelten (erstmals) beim Aktenstudium in der Gauck-Behörde mit den Namen der auf sie angesetzten MfS-Mitarbeiter in Berührung kamen - und ihre Erkenntnisse anschließend (über die Medien) publik machten. Um weiteren Schaden von der Sportbewegung abzuhalten, beschlossen die meisten Sportverbände, ihre (leitenden) haupt- und ehrenamtlichen Mitarbeiter gemäß § 19 I 2 i.V.m. §§ 20,21 (jeweils Abs. 1 Nr. 7 d) StUG[1236] überprüfen zu lassen. Kernpunkt der Überprüfung war es, festzustellen, ob die anzufragenden Personen „hauptamtlich oder inoffiziell für den Staatssicherheitsdienst tätig waren". Gemäß DSB-Präsidiumsbeschluß vom 28.02.92 wurde den Verbänden empfohlen, bei positiver Rückmeldung nach folgenden Grundsätzen zu verfahren: Keine leitende Tätigkeit im Sport für

- hauptamtliche Mitarbeiter des MfS,
- IM, die sich durch Unterschrift verpflichtet hatten und für ihre Informationen Geld oder sonstige Vorteile erlangten,
- solche Personen, die durch Denunziation anderen nachweisbar großen Schaden zugefügt haben.

Ferner wurde empfohlen, daß sich die Präsidenten der Mitgliedsverbände als Vertrauenspersonen für die Beurteilung von Einzelfällen zur Verfügung stellen sollten. Die rein verbandsinterne Form der Vergangenheitsbewältigung unterlag allerdings fortwährender Kritik, Vorwürfe der „Vetternwirtschaft", des „Unter-den-Teppich-Kehrens" waren zu vernehmen. Deshalb wurde im Jahre 1993 Einvernehmen erzielt, ein sportartübergreifendes Beratungs-Gremium auf DSB-Ebene zu installieren. Der erste Versuch hierzu verlief jedoch wenig glücklich, da erneut die Besetzung (mit Sport-Funktionären) zu beanstanden war. Seit 1995[1237] ist nunmehr ein unabhängiges Beratergremium[1238] eingesetzt, dessen grob umrissener Auftrag lautet, zu überprüfen, ob bestimmte Personen[1239] (in ihren sportrelevanten Funktionsfeldern) für die anfragenden Verbände - noch - tragbar sind. Als Bewertungsgrundlage dienen Unterlagen der Gauck-Behörde und mündliche Anhörungen;[1240] Maßstab ist hierbei u.a., ob die „Täter" ihren Opfern / dritten Personen wissentlich ge-

---

1234 Vgl. Fn.1218.

1235 Ein solches Schicksal ereilte z.B. die Präsidenten der LSB von Sachsen-Anhalt, Brandenburg und Thüringen.

1236 Stasi-Unterlagen-Gesetz (vom 31.08.91, BGBl. II S.889).

1237 Erste Sitzung: 08.06.95.

1238 Besetzung: H.R.Laurien (ehemalige Präsidentin des Berliner Abgeordnetenhauses), M. Büchner (Politiker des Neuen Forums), V.Uhlig (ehemaliger DDR-Leistungssportler).

1239 In Betracht kommen u.a. ehrenamtliche Funktionäre, Hauptamtler im Sport und Athleten.

1240 Da das StUG keine gesetzliche Handhabe für den DSB / das Gremium bietet, selbständig Unterlagen bei der Gauck-Behörde anzufordern, ist es notwendig, daß diese Materialien durch die Sportorganisationen, Betroffene, Journalisten usw. extern zugänglich gemacht werden.

schadet haben bzw. eine solche Schädigung billigend in Kauf nahmen. Die abschließende Empfehlung der Kommission ermöglicht es den anfragenden Verbänden, auf objektivierter(er) Grundlage ihr weiteres Handeln zu bestimmen. Der mitunter zu vernehmende Vorwurf fehlender Aufarbeitung der Stasi-Problematik[1241] geht insoweit fehl, als er generalisierend erhoben wird. Die Verbände haben in autonomer Verantwortung zwar nicht immer sachgerecht gehandelt, jedoch ist dem Sport in toto ein entsprechender Wille zur Aufklärung und Ahndung nicht abzusprechen, wie zahlreiche Anfragen bei der Gauck-Behörde (Sachverhaltsermittlung) sowie die Arbeit der Kommissionen (Sachbehandlung; „Ausurteilung") belegen. Defizitär mutet allenfalls das nach wie vor fehlende Selbstbefassungsrecht des „Unabhängigen Gremiums" an, d.h. die fehlende Möglichkeit, aus eigener Initiative aktuelle Fälle aufgreifen zu können.[1242]

Zurück zum Ausgangspunkt: Allgemein läßt sich sagen, daß das Prinzip der ehrenamtlichen Führung in den Vereinen und Verbänden der neuen Bundesländer mittlerweile verwirklicht ist, wobei der prozentuale Anteil ehrenamtlicher Mitarbeiter (in Relation zu den Mitgliederzahlen) mit dem der westlichen LSB vergleichbar ist.[1243] Als zunehmend problematisch erweist sich jedoch die Neugewinnung solcher Kräfte. Die oben im dritten Teil[1244] angesprochene Krise des Ehrenamtes tritt im östlichen Teil Deutschlands noch verstärkt hervor. Hier geht es vielen Menschen (verständlicherweise) in erster Linie darum, die eigene Existenz abzusichern, insbesondere die berufliche Tätigkeit (z.B. durch Umschulung oder anderen Qualifikationserwerb) zu festigen - zu Lasten sonstiger Freizeitaktivitäten (in den Sportvereinen).[1245] Der Nachwuchsmangel im ehrenamtlichen Bereich korrespondiert mit dem nicht zufriedenstellenden Zuwachs an Vereinsmitgliedern (der Organisationsgrad im Osten ist erheblich geringer als im Westen)[1246] und der (nach wie vor) bestehenden Finanznot der Vereine. Diese ist zurückzuführen auf zu geringe Zuschüs-

---

1241 Busse in der FAZ vom 09.03.96; wohl auch Schubert in der FR vom 19.12.95.

1242 Der mangelnde Wille, Verbands-Kompetenzen an sportartübergreifende Gremien abzutreten, wird an späterer Stelle in diesem Abschnitt (u.a. bei der Anti-Doping-Kommission von DSB / NOK) intensiver anzusprechen sein.

1243 In der ehrenamtlichen (Führungs-) Riege befinden sich allerdings viele „alte Kader" (FAZ vom 30.09.95), deren Denkweise noch vom DDR-Sportsystem der vergangenen 30 - 40 Jahre beeinflußt ist („Vor der personellen Erneuerung hat die geistige zu erfolgen", FAZ vom 09.11.94; Stuttgarter Zeitung vom 28.09.95). Dies führt u.a. dazu, daß viele Vereine im Osten nach wie vor ausschließlich den Wettkampfsport betonen - und den nicht wettkampfakzentuierten Breitensport (wie zu DDR-Zeiten) ein wenig vernachlässigen (FAZ vom 13.10.95).

1244 Vgl. z.B. Fn.107.

1245 FAZ vom 13.10.95.

1246 Während im Westen über 30 % der Bevölkerung als Mitglieder von Sportvereinen registriert sind, besteht ein solches Mitgliedschaftsverhältnis in den neuen Bundesländern nur bei gut jedem Zehnten. Darüberhinaus besitzt der Osten eine andere Vereinsstruktur mit z.B. 60 - 70 % Kleinstvereinen (mit weniger als Hundert Mitgliedern) bei nur 30 % im Westen. Die Entwicklung im Osten ist u.a. auf viele Neu- und Ausgründungen - über 12.000 seit der Wende - zurückzuführen. Die Mitgliederzahlen steigen nur langsam, in der Gesamtheit wohl auch stetig, jedoch sind die Werte bei 19-25jährigen sogar rückläufig (Hansen, Entwicklungen, S.17,18).

se der öffentlichen Hand,[1247] [1248] die (weiterhin) zu niedrig bemessenen Mitgliedsbeiträge[1249] sowie nicht unbedeutende Schwierigkeiten, zusätzliche Einnahmequellen zu erschließen, z.B. über Sponsoren.[1250] Die nur mäßig ausgeprägte Unterstützungsbereitschaft der umgewandelten DDR-Wirtschaft hat ihren Grund weniger im fehlenden Willen zur Sportförderung, sondern mehr in den Anlaufschwierigkeiten vieler Ost-Unternehmen, im kapitalistischen System Fuß zu fassen.

Exkurs: Die (entsprechend) niedrigen Gewerbeerträge wirken sich nachhaltig auf das Gewerbesteueraufkommen der Kommunen aus,[1251] in denen u.a. aufgrund dieser Mindereinnahmen die Finanzmittel fehlen, marode Sportstätten im Osten zu sanieren bzw. fehlende zu ergänzen.[1252] Hilfe zur Abhilfe sollte eigentlich der sog. „Goldene Plan" (Ost) leisten, der schon der alten Bundesrepublik zu einer bedarfsgerechten Sportstätteninfrastruktur verholfen hatte. Dieses Ziel konnte bislang jedoch nicht erreicht werden, da sich das Manko des „Goldenen Plans", der eine gute Situationsanalyse darstellt bzw. sich als Rahmenplan zur Verbesserung der Ver-

---

1247 Die Finanzzuweisungen der neuen Bundesländer an die Vereine und Verbände betrugen im Vierjahreszeitraum 1991-1994: 66 Mio. DM (Brandenburg), 39 Mio. DM (Mecklenburg-Vorpommern), 96 Mio. DM (Sachsen-Anhalt), 53 Mio. DM (Thüringen) und 108 Mio. DM (Sachsen). Nähere Angaben hierzu (auch zu den Rechtsgrundlagen - Sport-Artikel der Landesverfassungen / Sportfördergesetze / Förderrichtlinien / Grundsätze für die öffentliche Sportförderung) sind der Anlage zu TOP 10 der 6.(18.) SMK, S.8 ff., zu entnehmen.

1248 Die LSB werden analog zum Verfahren in den alten Ländern (siehe exemplarisch § 16 IV 2 des Landesgesetzes über die öffentliche Förderung von Sport und Spiel in Rheinland-Pfalz vom 09.12.74) als „Beliehene Unternehmer" zur Weiterleitung von öffentlichen Mitteln an die Vereine eingesetzt (vgl. § 16 II Thüringer Sportfördergesetz vom 08.07.94). Die Finanzausstattung der LSB steht aufgrund ihres Eigenanteils an den Landesmitteln (nach Maßgabe der Landeshaushaltspläne) bzw. ihrer Beteiligung an Wettspielerträgen (Lotto/Toto) auf relativ soliden Füßen. So bestimmt z.B. § 1 II des Thüringer Staatslotterie- und Sportwettengesetzes (vom 03.01.94), daß der LSB 5,25 v.H. der Überschüsse aus den Wettspielerträgen erhält.

1249 Im Durchschnitt zahlt jedes Mitglied 14,38 DM / mtl. im Westen und 6,- DM / mtl. im Osten, DSB-Presse Nr.38 vom 19.09.95; siehe auch FAZ vom 13.10.95. Als Begründung hierfür wird u.a. angeführt, daß sich die Mitgliedsbeiträge im Osten am durchschnittlichen Einkommen / an der Finanzlage der Bevölkerung orientieren müßten, da sich ansonsten der Organisationsgrad nicht erhöhen lasse.

1250 J.Baur, Mitautor eines Untersuchungsberichtes über die Vereinslandschaft im Osten, hebt in der Stuttgarter Zeitung vom 28.09.95 hervor, daß „Die Vereine noch nicht gelernt haben, Initiativen zu entwickeln".

1251 Die Befugnis, (gewinnorientierte, vgl. § 7 GewStG) Gewerbesteuern zu erheben, liegt gemäß § 1 GewStG bei den Gemeinden.

1252 Stuttgarter Zeitung vom 28.09.95: „... vorhandene (*Sportstätten*) sind überwiegend in einem Zustand, der zu ihrer Schließung führen müßte, würden Maßstäbe wie im Westen Deutschlands angewandt"; siehe auch Hansen, Entwicklungen, S.16. Nach Angaben der Märkischen Allgemeinen (vom 27.09.95) sind z.B. in Brandenburg nur ca. 21 % der 3340 Sportanlagen gut erhalten, bei Sporthallen lediglich 13 % und bei Schwimmhallen sogar nur 8 %. Auf das Gesamtgebiet der ehemaligen DDR bezogen sind rund 90 % der Sportanlagen mängelbehaftet (wiederum Märkische Allgemeine vom 30.01.96). Ungeachtet dessen hat die Finanzmisere der Städte und Gemeinden die Auswirkung, daß selbst für ggf. sanierungsbedürftige Sportanlagen die Erhebung von Nutzungsentgelten erwogen bzw. bereits praktiziert wird (vgl. Dresdner Neueste Nachrichten vom 29.09.95 bzw. Sächsische Zeitung vom 30.09.95).

hältnisse eignet,[1253] aber kein gesichertes Finanzierungsmodell enthält, als gravierend erwiesen hat.[1254] Forderungen des Sports nach einer kräftigen Anschubfinanzierung des Bundes wurden bislang negativ beschieden. Der Bund macht geltend, ausschließlich über Kompetenzen beim Hochleistungssport zu verfügen - konkret stehe hingegen überwiegend die Finanzierung kommunaler Breitensportanlagen in Rede.[1255] Der ursprüngliche „Goldene Plan" (West) habe zudem keine umfassende Bundesfinanzierung vorgesehen, sondern lediglich eine Spitzen- und Anreizfinanzierung mit einem Regelfördersatz des Bundes von 20 % enthalten.[1256] Diese Beteiligung sei nach dem Entwurf des Flurbereinigungsabkommens 1974 ausgelaufen. Der Vorschlag des Bundes, die Förderung des Sportstättenbaus zu einer Gemeinschaftsaufgabe von Bund und Ländern zu machen, sei von den Ländern abgelehnt worden.[1257] Im Ergebnis müsse deshalb festgestellt werden, daß sich der Bund infolge verfassungsrechtlicher Schranken (fehlende Kompetenzzuweisung) nicht beteiligen könne. Dieser Auffassung ist zuzustimmen. Gemäß Art. 39 I 2, II 2 i.V.m. Art. 3 EVertr erfolgt die Förderung des Sports im Rahmen der im Gebiet der alten Bundesrepublik bestehenden Regeln und Grundsätze. Wie an anderer Stelle bereits aufgezeigt, liegen die (Finanzierungs-) Zuständigkeiten im Bereich des Sports regelmäßig bei den Ländern. Art. 104 a I GG setzt bei der Ausgabenverteilung von Bund und Ländern voraus, daß sich die leistungsgewährende Körperschaft im Rahmen ihrer Aufgabenstellungen bewegt. Da eine solche mangels expliziter Grundgesetzerwähnung konkret nicht vorliegt, würden Finanzzuweisungen des Bundes contra legem erfolgen.[1258] Ergänzend tritt hinzu, daß auch keine Kompetenz kraft Sachzusammenhangs bzw. aus der Natur der Sache gegeben ist.[1259] Denn nach den Vorgaben des Bundesverfassungsgerichts müßte ansonsten entweder der „eindeutig überregionale Charakter" von (Sport-) Einrichtungen feststehen, oder es müßte sich um „zentrale Einrichtungen" handeln, deren Wirkungsbereich sich auf das Bundesgebiet als Ganzes erstreckt / zur Erfüllung internationaler Aufgaben dient.[1260] All dies ist nicht der Fall. Da in den angeführten Kriterien zudem der Aspekt einheitlicher Lebensbedingungen im Bundesgebiet seine Ausprägung findet, kann dieser nicht gesondert zur Begründung einer Finanzierungszuständigkeit beitragen.[1261]

1253 Der „Goldene Plan Ost" des DSB gliedert sich in ein Memorandum, in Richtlinien für die Schaffung von Erholungs-, Spiel- und Sportanlagen sowie eine Anleitung zur Sportstättenentwicklungsplanung. Die Bundesregierung stimmt mit dem DSB darin überein, daß der „Goldene Plan" die Notwendigkeit des Aufbaus eindrucksvoll belegt und wichtige Arbeitshilfen für die Sportstättenplanung bereitstellt, vgl. Achter Sportbericht, S.95.

1254 Für die Sanierung und den Neubau von Sportanlagen sollen rund 25 Mrd. DM erforderlich sein, um das Niveau der alten Bundesländer zu Beginn der 90er Jahre zu erreichen.

1255 Nahezu alle Sportanlagen wurden durch den Bund oder die Treuhandanstalt in kommunales Eigentum überführt, Bericht der Bundesregierung zur Sportinfrastruktur, S.20.

1256 Das (in Fn.1253 angesprochene) Memorandum sieht eine 50%ige Bundesbeteiligung vor.

1257 Achter Sportbericht, S.95,96.

1258 Vgl. Katalog der Gesetzgebungs- bzw. Finanzierungskompetenzen des Bundes im Sportbereich oben bei § 4.II.2.c.bb.cc, Textziffern (1) bzw. (2).

1259 Zu den jeweiligen Begriffsdefinitionen siehe unter § 4.II.2.c.bb.cc, Textziffer (2).

1260 BVerfGE 22, S.180,217.

1261 So aber Hansen, Entwicklungen, S.11, und Schmidt, Plenarprotokoll 11/224, S.17719.

Der weiterhin angestellte Vergleich des Sports mit der Kultur verbietet sich, da die vorübergehende Kultur-Förderung des Bundes (im Beitrittsgebiet) expliziter Bestandteil des EVertr (Art. 35 VII) gewesen ist;[1262] [1263] gleiches gilt für die Beteiligungsfinanzierung des Bundes bei den Kindertagesstätten gemäß Art. 31 III EVertr bzw. bei der Übergangsfinanzierung im Behindertensport (Art. 39 III EVertr). Insofern besteht keine Parallelität zum Sportsektor; hier ist es verabsäumt worden (bzw. nicht gelungen), die Sportstättensanierung zum Einigungsvertrag-Gegenstand zu erheben. Schließlich handelt es sich bei den in Rede stehenden Aufwendungen für marode Sportstätten auch nicht um Kriegsfolgeschäden, deren Beseitigung als gesamtstaatliche Aufgabe einzuordnen wäre; Kriegsfolgelasten wären nur diejenigen Lasten, deren entscheidende Ursache im zweiten Weltkrieg zu sehen ist. Dieser Ursachenzusammenhang ist aufgrund der fortgeschrittenen Zeit und der dem DDR-Regime zuzuschreibenden sonstigen Kausalitäten nicht mehr gegeben, eine Einstandspflicht des Bundes somit nicht erkennbar.[1264]

Ein wichtiger „Hoffnungsträger" - die kommunale Investitionspauschale - konnte die Finanzierungs-Erwartungen zum „Goldenen Plan" nicht erfüllen.[1265] Zwar war es gelungen (aufgrund einer gemeinsamen Initiative der Länder, des Bundes und des DSB), in die am 30.06.93 geschlossene Verwaltungsvereinbarung zur kommunalen Investitionspauschale noch nachträglich Neu-, Erweiterungs-, Umbau- und Sanierungsmaßnahmen von Sportanlagen miteinzubeziehen, jedoch vermochten hieraus nur punktuell wirksame Finanzhilfen für die Sportstättensanierung zu erwachsen. Wie sich nämlich in der konkreten Umsetzung der Norm gezeigt hat, ist ohne einheitliche Prioritätensetzung keine grundlegende und sich stetig entwikkelnde Verbesserung der Sportstätteninfrastruktur zu erzielen.[1266]

Ebenfalls fraglich ist, ob das Investitionsförderungsgesetz Aufbau Ost (IFG) wirkungsvolle(re) Hilfe leisten kann.[1267] Denn auch hier ist erst über eine Protokollno-

---

1262 Der Bund hat im Kulturbereich eine Übergangsfinanzierung geleistet, die zwischenzeitlich aufgrund der Einigung über die Finanzausstattung von Bund, Ländern und Gemeinden im Rahmen des Föderalen Konsolidierungsprogramms beendet wurde.

1263 Stern, Grundfragen, S.21,22, weist darauf hin, daß staatsvertragliche Probleme im Zusammenhang mit Länderkompetenzen regelmäßig nach den Grundsätzen des „Lindauer Abkommens" vom 14.11.57 gelöst werden; näheres ist dem Band Staatsrecht I, § 19 III 3e des gleichen Autors zu entnehmen.

1264 Vgl. Antwort der Bundesregierung zur Großen SPD-Anfrage zur Sportstättensanierung.

1265 Insofern (und im Hinblick auf die bislang erst zu 10 % abgeschlossenen Sanierungsmaßnahmen) sind Kommentierungen wie „Goldener Plan Rost" (Neues Deutschland, 12.11.94) nicht verwunderlich.

1266 So bekundet A.Decker (Präsident des LSB Sachsen) in der FAZ vom 30.09.95, daß der Versuch, das Sportstättenproblem mittels der Investitionspauschale Aufbau Ost zu lösen, „voll in die Hose gegangen" sei. Der Sport bekomme kaum etwas ab von dem Geld aus Bonn; M.v.Richthofen im sid-Gespräch vom 27.10.94: „Die Überlegung der Bundesregierung, daß durch systematisches Vorsprechen auf kommunaler Ebene für den Sport viel bewegt werden kann, hat sich als Schuß nach hinten herausgestellt".

1267 Durch das IFG gewährt der Bund für die Dauer von 10 Jahren (ab 1995 - siehe § 1) jährlich Finanzhilfen für besonders bedeutsame Investitionen in den neuen Bundesländern (und im Ostteil Berlins), mit der Zielsetzung, den Erneuerungs- und Anpassungsprozeß zu fördern.

tiz zur Verwaltungsvereinbarung[1268] zum Vollzug des IFG ab dem 01.01.1995 verdeutlicht worden, daß die Instandsetzung von Sportanlagen zu den Förderzwecken zu zählen ist, ohne daß für die Sportstättensanierung (anders als z.B. beim Krankenhausbau) konkrete Finanzmittel bereitgestellt worden wären. Da das IFG (nebst der dazu geschlossenen Verwaltungsvereinbarung) für die genannten Förderzwecke die Schwerpunktsetzung und Verteilung der Mittel im wesentlichen den Ländern überläßt, besteht die Besorgnis, daß die Sportstättensanierung wiederum nicht angemessen berücksichtigt wird.[1269]

Lautstarke Aufrufe der Sportbewegung, nennenswerte Anteile der Fördervolumina (beim IFG immerhin jährlich 6,6 Mrd. DM) in spezifische Sport-Sanierungsmaßnahmen zu investieren (und folglich das Umsetzungstempo des „Goldenen-Plans-Ost" zu beschleunigen), sind im politischen Umfeld zwar nicht völlig ungehört verhallt,[1270] so hat z.B. der Bundeskanzler ein gewisses Engagement bewiesen,[1271] blieben aber dennoch weitgehend erfolglos.[1272] Abschließend ist darauf hinzuweisen, daß der Sport (ohne öffentliche Hilfe) nicht selbst in der Lage ist, eigenfinanziert die zumeist in kommunalem Eigentum befindlichen Anlagen instandzusetzen. Kritisch bleibt aber ebenso anzumerken, daß es keine „aufrüttelnden" Solidaraktionen in den Reihen der Sportbewegung gegeben hat, z.B. eine (publizistisch begleitete) jährliche Umlage aller DSB-Mitglieder, deren appellativer Charakter die öffentlichen Hände stärker in die Pflicht genommen hätte.[1273]

Kurze Anmerkungen zu weiteren Aspekten: Die in Ziffern 1.4 bzw. 1.5 des Konzepts angesprochene Beratungshilfe des DSB hat weitgehend gegriffen: In den relevanten Komplexen (z.B. Fragen des Vereinsrechts, der Sportanlagennutzung, von Ausbildung, Finanzierung und Personal) ist der Informationsstand im Osten dem westlichen Niveau angenähert bzw. entspricht diesem. Hierzu haben viele Paten-

---

[1268] Das IFG enthält in seinem § 3 (Ziffern 1-6) einen abschließenden Förderkatalog der begünstigten Maßnahmen. Gemäß § 6 sind die Einzelheiten des Verfahrens zur Durchführung des Gesetzes durch Verwaltungsvereinbarung zu regeln.

[1269] Das Investitionsvolumen aller neuen Bundesländer lag im Vierjahreszeitraum (!) zwischen 1991 und 1994 bei insgesamt nur rund 400 Mio. DM. Aus den Investitionsprogrammen 1991 und 1993 wurden jeweils ca. 100 Mio. DM in die Sanierung von Sportanlagen investiert - im Hinblick auf die kalkuliert-benötigten rund 25 Mrd. DM lediglich „ein Tropfen auf den heißen Stein." Die Fördermittel des Bundes wurden bislang überwiegend zur Minderung des Defizits in die jeweiligen Landeshaushalte eingestellt, ohne hieraus konkrete Sportstättenprojekte zu fördern.

[1270] Vgl. Ergebnisniederschriften der 6.(18.) und 7.(19.) SMK (jeweils TOP 11). In diesen Konferenzen wurden die Bundesregierung sowie die Finanzminister der Länder aufgefordert, einen konkreten Betrag an Finanzhilfen für die Sportstättensanierung im IFG (oder der Verwaltungsvereinbarung) festzulegen bzw. wurden u.a. die Ministerpräsidenten der Länder gebeten, Mittel entsprechend zweckbestimmt bereitzustellen.

[1271] Stuttgarter Nachrichten vom 02.10.95.

[1272] Bzgl. der im Achten Sportbericht, S.96 enthaltenen Anregung, der DSB möge in den neuen Ländern darauf hinwirken, „daß ab 1995 die Sanierung von Sportanlagen im Beitrittsgebiet einen angemessenen Stellenwert findet", wird auf das Richthofen-Zitat in Fn.1266 verwiesen.

[1273] An Versuchen hierzu hat es nicht gemangelt, jedoch hat sich das strukturelle „Problem" des DSB, über keine Durchgriffsmöglichkeiten zu verfügen, als gravierend erwiesen.

schaften und Partnerschaften zwischen Vereinen und Verbänden in West- und Ostdeutschland (mit)beigetragen;[1274] vereinsübergreifend hat nach der Wende regelmäßig eine Arbeitsgruppe getagt, die sich mit allgemeinen Problemen des Sports in den Neuen Bundesländern auseinandersetzte.[1275]

Gemäß der Zielsetzung „Sport für alle" hat das Vereinigungskonzept vorgesehen (Ziffer 2.1), den bisher benachteiligten Gruppen besondere Aufmerksamkeit zu widmen. In dieser Hinsicht sind ebenfalls Erfolge zu verzeichnen: So können z.B. in Brandenburg interessierte Sportler zwischenzeitlich unter 80 (von den Vereinen angebotenen) Sportarten wählen (vor der Wende waren es nur 36).[1276] Dieses Beispiel belegt, daß der (leistungssportlich bedingten) Ausgrenzung vieler Sportarten in der DDR nunmehr Einhalt geboten ist.

Zwischenfazit: Das Konzept ist (insoweit) zufriedenstellend realisiert. Im *Breitensport*[1277] ist generell der Weg bereitet, um in den nächsten Jahren die aufkommenden Probleme zu lösen.[1278] Dem Aufbau-Ost insgesamt als dienlich erweist sich der Umstand, daß eine (aus der Not geborene) Solidarität untereinander vorherrscht - (noch) anders als im Westen, wo ein materiell-individualistischer Ansatz dominiert.[1279] Keine Lösung in Sicht ist im Sportstättenbereich, da nicht erkennbar ist, wie mittel- bis langfristig die Finanzvolumina aufgebracht werden könnten, um die notwendigen Investitionen zu tätigen. Hierin liegt ein nicht zu kalkulierendes Risiko für eine nur zögerliche Weiterentwicklung der Sportstrukturen.

Ob die Vorgabe, „Optimierung des *Leistungssports* unter kritischer Würdigung der von beiden Seiten einzubringenden positiven Praktiken und Erfahrungen", realisiert wurde, bleibt zweifelhaft. Zunächst muß festgestellt werden, daß der (intern umstrukturierte)[1280] BL auch weiterhin als Steuerungs- und Leitungsorgan fungiert - und (zumindest punktuell) nach wie vor in der Kritik steht.[1281][1282] Insbesondere

---

[1274] M.v.Richthofen in den Stuttgarter Nachrichten vom 02.10.95

[1275] Die Kommission wurde (unter vereinzelter Ost-Kritik - siehe z.B. Neues Deutschland vom 21.12.94: „Affront gegen den erklärten Willen der Mehrheit der Ost-LSB") mit Amtsantritt des neuen DSB-Präsidenten v.Richthofen aufgelöst, da sie sich „überholt hatte", vgl. Der Tagesspiegel vom 27.12.95.

[1276] Märkische Allgemeine vom 27.09.95.

[1277] Gemeint sind vor allem die in den Ziffern 2.1 und 2.2 des Konzepts aufgeführten strukturellen bzw. spezifisch breitensportlichen Fragen.

[1278] Hierzu wird künftig verstärkt gehören, sich von der kommerziellen Konkurrenz (Fitneßstudios, private Sportschulen usw.) abzugrenzen. Diese auch im Gebiet der alten Bundesrepublik spürbare Herausforderung ist im Osten besonders groß, da es hier keine vergleichbar gewachsenen Vereinsstrukturen (mit entsprechendem Zugehörigkeitsgefühl) gibt.

[1279] Vgl. Hansen, Entwicklungen, S.6.

[1280] Der bisherige Leitungsstab wurde durch ein hauptamtliches Direktorium ersetzt (gleichbedeutend mit einer Stärkung des hauptamtlichen Managements); die ehrenamtliche Führungsposition wurde zu einem „Vizepräsidenten Leistungssport" aufgewertet.

[1281] Vgl. FR vom 15.03.95: „Weder ein neuer Name, noch eine neue Geschäftsordnung (*die übrigens im Frühjahr 1996 immer noch nicht verabschiedet ist*) werden die Misere des ... BAL ... ändern, wenn nicht generell über den Kurs des deutschen Spitzensports nachgedacht wird"; SZ vom 13.04.95: „... *wird die Stärkung des BL* ... von zahlreichen Dachverbänden sehr kritisch betrachtet" (entsprechend oben Fn.512); FAZ vom 21.04.95 („... schlechte Noten *für den BL*").

wird (wurde, s.u.) zu Recht angemerkt, daß es bislang nicht gelungen ist, die Strukturen zu straffen und zu effektivieren. Das bisherige System der Verbandsförderung hat im Zuge der Wiedervereinigung - neben einer finanziellen Aufstockung der Bundesmittel - keine wesentliche Änderung erfahren (es beruht nach wie vor auf einer im Jahre 1987 fortgeschriebenen Beschlußfassung des DSB-Hauptausschusses vom Dezember 1977). Dieses Verharren auf hergebrachten Positionen ist problematisch: In einer Zeit, da sich das Wirtschaftswachstum nicht wie gewünscht entwickelt, hohe Arbeitslosenzahlen vorherrschen, Steuer- und Standortdiskussionen an der Tagesordnung sind, die Staatsverschuldung Rekordniveau erreicht, werden alle Staatsausgaben einer besonders kritischen Überprüfung unterzogen. Hier bildet der Sport keine Ausnahme. Dieser ist gehalten, mit dem vom Staat zur Verfügung gestellten Geld „äußerst pfleglich umzugehen".[1283] Insbesondere der Spitzensport ist betroffen, da, obwohl nicht frei von Legitimationsproblemen in der Gesellschaft,[1284] sich der Sportetat des Bundes seit der Wiedervereinigung nahezu verdoppelt hat (1990: 110 Mio. DM, 1995: 210 Mio. DM). Wenn Budgetkürzungen vermieden werden sollen, wenn verhindert werden soll, daß über Haushaltssperren o.ä. dauerhaft auf innere Angelegenheiten der Sportbewegung eingewirkt wird, sind Veränderungen notwendig: Der BL ist mittlerweile, auch im Hinblick auf die nach der Wiedervereinigung erheblich veränderte Situation innerhalb der Spitzenverbände,[1285] dazu bereit.[1286] Mit dem auf breiter Basis[1287] entwickelten „Förderkonzept 2000" wird die Zielsetzung verfolgt, Fördermittel des Bundes gerechter zu verteilen, hierbei leistungsbetonte Akzente zu setzen, eine stärkere Transparenz bei den Fördermaßnahmen zu gewährleisten, das Förderkonzept strikter zu handhaben sowie Automatismen zu vermeiden. In Realisierung dieses Konzeptes sollen die einzelnen Sportarten künftig nach einem differenzierenden Punktsystem bewertet und in unterschiedliche Fördergruppen (Leistungskategorien) eingeteilt werden. Maßstab sol-

---

1282 Trotz dieser Kritik sind Rufe nach einem der ZLSK des DDR-Sports vergleichbaren Gremium kaum laut geworden. Dies mag damit zusammenhängen, daß eine zentralistische Spitze als nicht zu einem demokratisch verfaßten (Leistungs-) Sportsystem passend erkannt wurde.

1283 So Innenminister Kanther im Juni 1995 bei seinem Bericht im Sportausschuß des Deutschen Bundestages, Kurzprotokoll Sportausschuß, S.11/1. Wie dieser Hinweis belegt, ist nicht davon auszugehen, daß kritische Anmerkungen (wie z.B.: „Die Frage nach der Effektivität der Subventionen aus Steuergeldern wurde *bislang* kaum gestellt", Knecht, Versäumnisse, S.28) erneut 25 Jahre unbeachtet blieben (das Zitat entstammt dem Jahr 1970!).

1284 Vgl. Digl im Darmstädter Echo vom 08.07.95; Brauer, Plenarprotokoll BT, S.17720.

1285 Nach der im Kölner Stadt-Anzeiger vom 26.07.95 wiedergegeben Ansicht von Fecht-Bundestrainer Emil Beck werden 60-70 Prozent der Verbände falsch gefördert. Viele bekämen zuwenig, manche zuviel.

1286 Diese Bereitschaft (bzw. deren Umsetzung) hat sich nur zögerlich entwickelt. Wie oben - Fn.401 - bereits angesprochen, wurde die Entwicklung und Fortschreibung des Förderkonzepts durch Verhängung einer qualifizierten Haushaltssperre beschleunigt. Die Sportorganisationen hatten sich zuvor recht viel Zeit gelassen, FR vom 15.03.95 (über die Gründe darf spekuliert werden, vgl. Fn.1298).

1287 Unter Mitwirkung von: Spitzenverbänden, Länderbehörden, Kommunen, LSB, in Abstimmung mit dem BMI, der Sportreferentenkonferenz der Länder und dem DSB-Präsidium.

len die Erfolge bei Olympischen Spielen, Welt- und Europameisterschaften sein; je besser die Aktiven bei diesen Wettbewerben abschneiden, desto höher wird die Punktzahl und die anschließende Einordnung ihrer Sportart (in eine der vier Fördergruppen)[1288] ausfallen. Es bleibt abzuwarten, ob nach erfolgter Verabschiedung auf dem DSB-Hauptausschuß im Dezember 1995 die angestrebte bestmögliche individuelle Förderung der aussichtsreichsten Spitzensportler zu bewirken ist.

Das „Förderkonzept 2000" geht einher mit der „Konzeption zur Weiterentwicklung des Stützpunktsystems" [1289] Hierbei besteht die Zielsetzung, das Gesamtsystem an den Wandel der Zeit anzupassen, zu konzentrieren, hierdurch Mittel freizusetzen, um das Trainingssystem und das Training der Athleten sowie die Beratung und Betreuung zu optimieren. Vereinigungsbedingt war die Zahl der Olympiastützpunkte (OSP, bisher 15) übergangsweise um 7 erhöht worden,[1290] die 27 Bundesleistungszentren (BLZ) hatten eine Aufstockung durch 17 kombinierte Bundesleistungszentren (KBLZ) erfahren, weitere Bundesstützpunkte waren hinzugetreten,[1291] z.B. per Umwandlung (ehemaliger SC-Leistungssportsektionen). Die konzeptionelle Strukturstraffung sieht nunmehr eine Trendwende vor: So ist einerseits beabsichtigt, die bisherige Anzahl der BLZ bzw. KBLZ über das vor der Wende bestehende Maß hinaus zu reduzieren (auf nur noch 13 eigenständige Einrichtungen insgesamt), andererseits sollen die OSP erweiterte Aufgaben übernehmen (unter Umschichtung bisheriger BLZ-Mittel in Richtung OSP-Haushalte). Durch die Reduktion der Zuwendungsempfänger soll eine Verwaltungs- und Steuerungsvereinfachung erfolgen, die z.B. die Reduzierung von Strukturelementen bzw. Gremien ermöglicht.[1292]

Soweit die vorherrschende Systematik in den letzten fünf Jahren bewirken sollte, die Hauptstandorte des Leistungssports in den neuen Ländern zu sichern / zu konsolidieren,[1293] so ist ist **dieses** Zwischenziel im großen und ganzen erreicht,[1294] ei-

---

1288 Fördergruppe I (Spitzenförderung): Systematische und optimierte Förderung zur Stabilisierung der Weltklasse im Spitzen- und Nachwuchssport; II (Anschlußförderung): Systematische Förderung nach den größten Erfolgsaussichten im Spitzen- und / oder Nachwuchsbereich (Grundförderung); III: Systematische Förderung von *Nachwuchs-Disziplingruppen* mit internationaler Perspektive / von Einzelathleten im Spitzenbereich; IV (punktuelle Förderung): Pauschale Förderung zur Sicherung der Leistungssportbasis. Anmerkung: Wenn eine Sportart aufgrund fehlender Erfolge im Spitzensportsegment zurückgestuft wird, müssen die neuen Fördergelder in den Nachwuchsbereich investiert werden.

1289 Vgl. Fn.401.

1290 Zu den OSP / den dort betreuten Sportarten siehe Achter Sportbericht, S.48,49; die Zahl von zunächst 22 OSP wurde 1994 durch Standort-Zusammenlegungen auf 20 reduziert.

1291 Für den Zeitraum bis Ende 1993 waren insgesamt 240 Bundesstützpunkte anerkannt.

1292 Die verwaltungstechnischen Verknüpfungen sollen dort herbeigeführt werden, wo eine räumliche Nähe zwischen OSP und BLZ vorhanden ist und die Zusammenlegung auch sportfachlich sinnvoll erscheint. Beispiel OSP Köln/Bonn/Leverkusen: Die BLZ Hockey und Judo (beide Köln), Fechten (Bonn) und Ringen/Boxen (Hennef) werden dem OSP unmittelbar unterstellt und von dort aus mitverwaltet. Da organisatorisch folglich alles zusammenläuft, ist es möglich, die bisherigen vier Geschäftsführungen, vier Kuratorien, vier Wirtschaftspläne usw. zu einem gemeinschaftlichen Ganzen zusammenzulegen. Die Mittelvergabe wird sich an der tatsächlichen Nutzung orientieren.

1293 Der Wegfall ortsnaher Trainingsmöglichkeiten hätte zu einer nachhaltigen Wanderungsbewegung der Athleten (von Ost nach West) führen können.

ne Aussage über die bisherige Effektivität ist hiermit nicht verknüpft. Zum jetzigen Zeitpunkt geht es darum, Übergangsregelungen abzuschließen und das zukünftige Konzept als bundeseinheitliches System zu entwickeln. Ein Schwerpunkt ist auf die Grundbetreuung in den OSP zu legen. Hierbei sollten die Servicebereiche Sportmedizin und Physiotherapie sowie die allgemeine trainingswissenschaftliche bzw. soziale Betreuung verbessert werden. Es wurde bereits darauf hingewiesen, daß die OSP bei den SC der ehemaligen DDR Anleihen nehmen; insofern verwundert es nicht, daß deren Einrichtung und Unterhaltung selbst von ehemaligen DDR-Sportfunktionären (die zumeist zu den schärfsten Kritikern der konkret realisierten Sportvereinigung gehören) gelobt wurde.[1295] Die aus sportfachlichen, sportpolitischen sowie (bei knapper werdenden finanziellen Ressourcen) aus haushälterischen Gegebenheiten sich entwickelnde Notwendigkeit einer wirkungsvollen Konzentration bietet die Chance, aus weniger mehr zu machen. Denn frei werdende Fördergelder, die bislang in Einrichtungen investiert wurden, die nur eine magere sportliche Rendite abwarfen, können künftig vermehrt den Stellen zugeführt werden, an denen eine ertragreichere Arbeit zu erwarten ist.[1296] Eines der probatesten Mittel, knappe Gelder profitabler einzusetzen, nämlich die Reduzierung der zu fördernden Sportarten (nach DDR-Vorbild), ist jedoch nicht geplant.[1297] Das oben skizzierte Konzept (mit seiner abgestuften Reduzierung von Fördergeldern) bedeutet deshalb zwar eine Annäherung an das „DDR-Begrenzungsmodell", ohne aber die letzte „Streich"-Konsequenz zu ziehen.

Im Ergebnis ist folglich festzuhalten, daß den Vorgaben des Einigungskonzeptes in Sachen Verbandsförderung und Stützpunktsystem weitgehend entsprochen wurde, ohne aber die vorhandenen Mittel ähnlich effizient einzusetzen, wie dies in der DDR der Fall war. Insofern ist zumindest die im ersten Satz zu Ziffer 3 des Konzeptes angestrebte „Optimierung des Leistungssports" nicht erreicht worden. Es steht darüber hinaus nicht zu erwarten, daß die neuen, bereits beschlossenen Konzepte abschließend dafür sorgen können, eine solche Optimierung zu bewirken.[1298] Zwar

---

1294 Vgl. „Bericht zur Entwicklung des Sports in den neuen Ländern von 1991 bis 1994", S.24 der Anlage zu TOP 10 der 6.(18.) SMK. Zwar sind zwischenzeitlich verschiedene Wanderungsbewegungen zu beobachten gewesen, der Trend gen Westen ist mittlerweile aber gestoppt bzw. rückläufig („Go East", vgl. Der Spiegel, Ausgabe 24/94); Busse, Erwartungen & Entwicklungen, S.105.

1295 Vgl. M.Kilian in Neues Deutschland vom 30.09.95: „Manches ist auch in positiver Weise passiert. Im Spitzensport sind Olympiastützpunkte aufgebaut worden, die funktionieren".

1296 Hierbei soll sich die Mittelvergabe auch am Vorhandensein von Nachwuchsentwicklungskonzepten und Nachwuchskaderkonzentrationen (C - D/C-Kader) orientieren. So soll es erstmals möglich werden, Bundes- und Landesmittel auf die durchgängige Nachwuchs- und Talententwicklung zu konzentrieren (siehe hierzu auch Fn.1157).

1297 M.v.Richthofen in der Berliner Morgenpost vom 18.11.95: „In jedem Fall wird es eine Grundförderung geben" - siehe oben Fn.1288, Fördergruppe IV). Vorschläge einer weitergehenden Reduzierung werden zwar diskutiert (z.B. bei Busse, Erwartungen & Entwicklungen, S.115 ff.; NOK-Generalsekretär Henze, zitiert in Neues Deutschland vom 18. 11.95), haben aber noch nicht hinreichend viele Befürworter gefunden.

1298 Ein weiteres „Defizit" im deutschen Leistungssportwesen wird mit der Strukturreform nur gestreift: So sieht U.Feldhoff (DSB-Vizepräsident Leistungssport) die Notwendigkeit, „die Zuständigkeiten für den Spitzensport in Deutschland zu verringern", da bei uns „zu viele

ist von einem Schritt in die richtige Richtung auszugehen, bislang jedoch ist viel zu wenig die Rede von reformierter Saison- und Rahmenplanung, von veränderten Trainingslagersystemen, Traineranleitungen, von der Zusammenführung von Talenten in Trainingszentren usw. - alles Bereiche, in denen der DDR-Sport einiges zu bieten hatte, wo sich eine methodische Übernahme lohnen würde.

Nur ansatzweise ist in obigem Zusammenhang der Bereich der Nachwuchsförderung erwähnt worden, in dem größere Vollzugsdefizite in der Umsetzung konzeptioneller Vorgaben festzustellen sind. So ist nicht erkennbar, daß der Empfehlung, „das System der Kinder- und Jugendsportschulen (KJS) in modifizierter Form und speziell in Verbindung mit Olympia-Stützpunkten und weiteren Leistungszentren zu erhalten bzw. einzurichten" (Ziffer 3.3 des Konzepts), eine hinreichende Realisierung gefolgt wäre. Zwar wurden eine Reihe ehemaliger KJS in Sportinternate oder Sport-Teilinternate umgewandelt, jedoch legt die Existenz von aktuell nur 21 Vollinternaten[1299] im gesamten Bundesgebiet ein beredtes Zeugnis davon ab, daß diese der Kulturhoheit der Länder unterfallende, nicht unmittelbar im Einflußbereich des Bundes[1300] bzw. der autonomen Sportbewegung liegende Aufgabe eben nicht optimal erfüllt wurde.[1301]

Insbesondere den sonstigen Konzeptvorgaben wurde nicht nachgekommen:

- Ziffer 3.2: „Das Fördersystem ... ist ... besonders im Hinblick auf den Nachwuchs-Leistungssport zu modifizieren und auszubauen".

  Ein entsprechend reformiertes System ist bislang nicht installiert.[1302] Die oben bei § 7 umschriebenen DDR-Strukturelemente sind nicht übernommen worden. Vielmehr hat die westliche Situationsbeschreibung nun gesamtdeutsche Gültigkeit.

Leute mitreden, wenn es um den Spitzensport geht" (vgl. SZ vom 17.01.95). So auch M. Ewald, Ich war der Sport, S.232. Folglich liegt hier einer der ganz wenigen Fälle vor, wo ein Mitglied der gegenwärtigen Sportführung, die von Ewald als unfähig gescholten wird (S.227), mit dem früheren DTSB-Chef in der Analyse übereinstimmt.

1299 Mit Internatsunterbringung.

1300 Da in den Sportinternaten überwiegend Nachwuchssportler trainieren, besitzt der Bund, im Gegensatz zu den für den Schulbetrieb zuständigen Ländern, keine Förderkompetenzen. In weiter Auslegung (bzw. unbeanstandeter Überschreitung) seiner Zuständigkeiten (den besonderen Bedingungen in den neuen Ländern Rechnung tragend), hat der Bund der DSH in den Jahren 1991-1993 zweckgebundene Bundesmittel (5 Mio. DM) zur Finanzierung einer athletenbezogenen Internatsförderung zur Verfügung gestellt; vgl. Siebter und Achter Sportbericht, S.64 bzw. 67.

1301 Die Zahl der ehemaligen KJS (25; davon jetzt noch 18 - modifiziert - in Betrieb) war DDR-seitig größer als die Anzahl der nunmehr gesamtdeutsch anzutreffenden Vollinternate (eben 21) - von der Vielzahl an TZ ganz zu schweigen. Diese „Verschlankung" ist auch an den absoluten Schülerzahlen abzulesen: Insgesamt (also ohne Differenzierung nach Vollzeit- / Teilzeit-Internaten) besuchten im Jahre 1992 ca. 4.000 Schüler eine solche Einrichtung (KMK, Sportinternate, S.68); in den KJS der DDR waren es im Jahre 1990 weit über 10.000 Kinder und Jugendliche (Helfritsch/Becker, Dokumentationsstudie, S.24). Im übrigen ist nicht nur ein quantitativer, sondern (aufgrund der Verlagerung des Primates auf die Schule, vgl. DSB-Presse Nr.41 vom 10.10.95) auch ein qualitativer Rückgang im Leistungs- und Ausbildungsniveau dieser Institutionen zu verzeichnen.

1302 Die im „Fördersystem 2000" enthaltene Nachwuchskomponente ist perspektivisch gesehen ein Schritt in die vom Konzept vorgegebene Richtung.

- Ziffer 3.6: „... ist eine verstärkte Kooperation von Schule und Sport ... notwendig. Auf der Grundlage von Kader- / Leistungskonzentrationen werden Schwerpunkte für die Talentauswahl und -förderung angestrebt. Die Wettkampfsysteme „Spartakiade" und „Jugend trainiert für Olympia" sind neu zu konzipieren".

Die Talentsichtung bleibt nach wie vor weitgehend dem „Prinzip Zufall" überlassen, umfassende Betreuungsmaßnahmen sind nicht gegeben. Eine verstärkte Kooperation der einzelnen Sportinstanzen untereinander bzw. von Schule und Sport (in Zusammenarbeit mit den Kultusministerien) ist nicht ersichtlich.[1303] Lehrer in und außerhalb von Sport-Internaten, die zugleich Trainer sind, und deshalb Training, Freizeitgestaltung sowie elterliche Aufgaben miteinander koordinieren können, sind kaum anzutreffen. Es ist deshalb auch nur unzureichend gelungen, den Wegfall der außerschulischen Sportarbeitsgemeinschaften, die von Schulsportlehrern betreut wurden, zu kompensieren. Die angesprochene Schwerpunktbildung (bei der Talentauswahl / Talentförderung) hat genausowenig stattgefunden wie der Wettbewerb „Jugend trainiert für Olympia" (nach Abschaffung des Spartakiadesystems) eine „Renovierung" erfahren hätte.[1304]

Im übrigen: Die in Ziffer 3.2 des Konzepts geforderte Ausweitung der DSH-Athletenförderung auf das gesamtdeutsche Gebiet ist erfolgt;[1305] der in Ziffer 3.3 ausgesprochenen Empfehlung, einige Leistungssportschulen des früheren DTSB zu erhalten und mit neuen Rechtsträgerschaften (z.B der LSB) auszustatten, wurde nachgekommen;[1306] die gleichfalls in Ziffer 3.3 ausgesprochene Forderung nach (Weiter-) Beschäftigung von Trainern fand Beachtung.[1307]

[1303] Z.Zt. gibt es z.B. 22 Landesprogramme zur Kooperation von Schule und Sport, die entsprechend viele (unterschiedliche) Zielsetzungen verfolgen und dennoch wenig bewirken.

[1304] In einer Phase, in der sich die Kultusministerkonferenz eher bestrebt zeigt, Sportstunden generell zu streichen - ungeachtet der 1985 mit dem DSB getroffenen Vereinbarungen („Zweites Aktionsprogramm für den Schulsport") -, denn eine Ausdehnung zu erwägen, durchlebt die Leibeserziehung an den Schulen generell schwere Zeiten - wie auch eine Titelzeile in der FR vom 13.12.95 verdeutlicht: „Der Schulsport in Deutschland nähert sich mit linkischen Sprüngen unaufhaltsam seinem historischen Tiefststand." Ein geändertes Freizeitverhalten der Kinder und Jugendlichen unterstützt diesen Trend - die sportliche Leistungsfähigkeit (und die Bereitschaft zur Leistung) ist deutlich zurückgegangen. Diese Entwicklung umzukehren bedarf es gesamtgesellschaftlicher Anstrengungen. Hinreichende Ansätze sind noch nicht zu erkennen. Hierzu ist anzumerken, daß das Sportsystem der DDR die hohe Zahl sportunfähiger Kinder wohl kaum toleriert, sondern konsequente Gegenmaßnahmen ergriffen hätte (so die Saarbrücker Zeitung vom 29.02.96 bzw. die ehemalige DDR-Sprinterin R.Stecher in der Stuttgarter Zeitung vom 06.03.96).

[1305] Die DSH-Förderung der rund 2000 Spitzensportler aus den neuen Ländern wurde seitens der Bundesregierung in den Jahren 1991-1993 finanziell unterstützt, Achter Sportbericht, S.73.

[1306] Zu den Fördermaßnahmen des Bundes bei den Sportschulen Warnemünde, Lindow, Osterburg, Bad Blankenburg, Rabenberg sowie Kienbaum (als zentrale Einrichtung) siehe im Achten Sportbericht, S.47. Ergänzend ist anzumerken, daß die Landes- bzw. Bundesfördergelder regelmäßig nicht ausreichen, um alle Funktionen aufrechtzuerhalten (bei der Sportschule Lindow z.B. wird die modernste Kunst- und Turmsprunganlage Deutschlands „dem Verfall preisgegeben", so die Berliner Zeitung vom 20.01.95; vgl. hierzu auch Fn.1526).

[1307] Zu den genauen Zahlen siehe im Achten Sportbericht, S.65 ff.

- Ziffer 3.7 des Konzeptes kündigte die Benennung einer Arbeitsgruppe „Dopingkontrollen" an, die (in Ergänzung zu den Wettkampfkontrollen) für das künftige Trainingskontrollsystem zuständig sein sollte (zum Zeitpunkt der Konzeptverabschiedung hatte sich die Wirksamkeit von Trainingskontrollen bereits in einer mehrmonatigen Erprobungsphase erwiesen).[1308] Im Januar 1991 konstituierte sich daraufhin zunächst die sog. Reiter-Kommission,[1309] die es zur Aufgabe hatte, die Dopingsituation zu analysieren und (aufgrund von Erfahrungen aus der Vergangenheit) Handlungskonzepte zur Bekämpfung des Dopings in Zukunft zu entwickeln.[1310] Im Februar 1991 wurde die sog. „ad-hoc-Kommission" zur Beratung in Dopingfragen installiert, die aktuelle (häufig im Zusammenhang mit dem DDR-Sportsystem stehende) Einzelfälle zu untersuchen und die betroffenen Spitzenverbände zu beraten hatte.[1311] Beide Ausschüsse haben ihre Tätigkeit im Laufe des Jahres wieder eingestellt.

Die aufgrund eines DSB-Präsidiumsbeschlusses vom Januar 1991 installierte und seit Auflösung der Richthofen-Kommission einzige Anti-Doping-Kommission (ADK) des DSB[1312] ist mit der Überwachung, Durchführung und Weiterentwicklung des (in seiner heutigen Form seit dem 01.01.1992 bestehenden) Doping-Kontroll-Systems (DKS) betraut.[1313] Die ADK hat den Status einer Präsidialkommission und leitet ihre (eingeschränkten) Befugnisse insofern vom (jeweiligen) Präsidium ab. Die o.a. Empfehlung der Reiter-Kommission, möglichst „eine einheitliche Kontrollinstanz zu schaffen",[1314] konnte sich (aufgrund der Fachverbandszuständigkeiten) von vornherein nur auf das System der Trainingskontrollen beziehen („mehr war nicht drin"). Da zu keinem Zeitpunkt eine weitergehende Kompetenzverlagerung stattgefunden hat, besitzt die ADK weder Zuständigkeiten zur Anti-Doping-Rechtsetzung noch verbandsgerichtliche Befugnisse. Die Kommission hat keine Möglichkeit, selbständig, ohne Auftrag des Präsidiums / der Fach-

---

1308 Vgl. oben § 4.III.6.
Im Zeitraum zwischen Oktober 1989 und April 1990 sind rund 180 Sportler in vier Sportarten kontrolliert worden. Ab dem Jahr 1990 war insgesamt ein starker Anstieg des Probenaufkommens zu verzeichnen (von den 1.895 im Institut für Biochemie in Köln analysierten Proben - aufgrund von Wettkampf- *und* Trainingskontrollen - wiesen allerdings „nur" 6 einen positiven Befund auf). Zur Entwicklung der Trainingskontrollen von 1989 bis 1993 siehe Anti-Doping-Bericht der Bundesregierung, S.8 ff.

1309 Benannt nach ihrem Vorsitzenden Heinrich Reiter.

1310 Der Abschlußbericht der Reiter-Kommission enthält u.a. Empfehlungen zur Doping-Analytik bzw. verschiedene Verbesserungsvorschläge zum Kontrollwesen. Der Bericht bildete die Grundlage einer späteren Generalamnestie für alle Sportler, deren Dopingvergehen bis zum Stichtag 01.01.91 nicht weiter verfolgt werden.

1311 Es handelt sich um das an anderer Stelle als „Richthofen-Kommission" zitierte Gremium.

1312 Vgl. Hinweise zur ADK in Ziffer IV.10 des Abschlußberichts der Richthofen-Kommission. Gemäß Beschluß des DSB-Präsidiums vom 13.12.91 hat die ADK die Aufgaben der Ad-hoc-Kommission mit übernommen.

1313 Mit der Einrichtung der ADK wurde die von der Reiter-Kommission erhobene Forderung erfüllt, daß es innerhalb der Bundesrepublik Deutschland nur eine Kontrollinstanz geben möge (Kommissionsbericht, S.46). Seit Anfang 1993 handelt es sich um eine gemeinsame Kommission von DSB und NOK.

1314 Fn.1313.

verbände ggf. unter Doping-Verdacht stehende Athleten, Trainer usw. anzuhören - im Hinblick auf die Erwartungshaltung in der Öffentlichkeit eine eher unbefriedigende Situation. Diese Einschätzung hat auch dafür zu gelten, daß es zum gegenwärtigen Zeitpunkt weder der ADK noch einem sonstigen Gremium obliegt, die deutsche Doping-Vergangenheit einer systematischen, breitflächigen und fachverbandsübergreifenden Aufarbeitung zu unterziehen, die Geschehnisse aus zeitlichem Abstand zu bewerten bzw. aktuelle Einzelfälle aufzugreifen.[1315] Die Vergangenheit wurde zu früh „für bewältigt erklärt".

Das DKS, dem alle olympischen Spitzenverbände angehören (mit Ausnahme von DFB, Tennisbund und der Deutschen Reiterlichen Vereinigung), beruht auf dem (durch die Trainingskontrollen verwirklichten) Grundprinzip, „daß kein Athlet eine kalkulierbare Chance haben soll, unkontrolliert und damit unentdeckt zu bleiben sowie bei nachgewiesenem Verstoß nicht bestraft zu werden."[1316] Eine von der ADK beauftragte Firma übernimmt hierbei die Entnahme der rund 4.000 Urinproben. Nach ihrer Versiegelung werden die jeweiligen Proben einem der beiden Labore in Köln und Kreischa[1317] zur Analyse zugeleitet; die Auswahl der zu überprüfenden Athleten erfolgt gezielt bzw. nach dem Zufallsprinzip.[1318] Im Falle eines positiven Befundes wird die ADK informiert, die dieses Resultat an den betroffenen Fachverband übermittelt, der wiederum den Athleten unterrichtet.[1319] Der Verband leitet daraufhin ein eigenständiges Verfahren (gemäß seiner individuellen Statuten) gegen den Sportler ein und unterrichtet die ADK vom Ergebnis.[1320] Die Kosten der Analyse werden vom Bund getragen. Die Finanzierung der Probenahmen erfolgt anteilig durch DSB, NOK und DSH bzw. die Spitzenverbände.[1321] Der DSB, bei dem die Geschäftsführung der ADK eingerichtet ist, hat

1315 Die Fachverbände entscheiden autonom und im Einzelfall, ob und in welcher Form eine Aufarbeitung erfolgt. Es ist anzuzweifeln, daß hiermit der beste Weg beschritten wird (wurde), die innere Einheit des Sports voranzutreiben. Die Kritik von Busse (vgl. FR vom 08.03.96), „Intrigen statt Integration", „Die Probleme wurden unter den Teppich gekehrt. Aufgearbeitet hat man nicht", geht dennoch fehl, da hierdurch undifferenziert das mangelnde Aufklärungsverhalten einzelner Verbände zur generellen Praxis erhoben wird.

1316 Anti-Doping-Bericht der Bundesregierung, S.11. Einen Überblick über das DKS gibt eine gleichnamige Broschüre des DSB.

1317 Das frühere zentrale Dopinglabor des SMD ist als (mittlerweile auch IOC-akkreditiertes) Institut für Sportchemie und Dopinganalytik fortgeführt worden; juristischer Träger ist z.Zt. der LSB Sachsen - angestrebt wird die Anbindung als An-Institut der Universität Dresden.

1318 Siehe Ziffer 3.4 („Auswahlverfahren") der DKS-Broschüre. Der z.Zt. gültige Vertrag (mit der die Probenentnahme durchführenden Firma) sieht vor, daß 2.800 Zufallskontrollen durchgeführt werden, ferner 800 Zielkontrollen (mit einer Gesamtdauer unter 48 Stunden) sowie 400 Zielkontrollen mit einer Gesamtdauer über 48 Stunden.

1319 Siehe Ziffer 3.2 der DKS-Broschüre („Auswertung der Proben").

1320 Zumindest ist gemäß Ziffer 4.2 der DKS-Broschüre („Sanktionen") eine Unterrichtung der ADK vom Ergebnis des Verbandsverfahrens vorgesehen; in der Praxis wird dieser „Verpflichtung" nur unzureichend nachgekommen.

1321 Bei der Entnahme der rund 4.000 Urinproben entstehen Kosten von jährlich rund 1 Mio. DM. Hiervon tragen DSB, NOK und DSH insgesamt 540.000 DM. Der Rest wird über die Fachverbände hereingeholt (Sockelbetrag von 5.000,- DM bzw. Einzelabrechnungen je Kontrolle - 100,- DM). Zur Finanzierung siehe ferner im Anti-Doping-Bericht der Bundesregierung die S.12,13.

im Gesamtsystem eine primär koordinierende Funktion. Dieser Aufgabenstellung ist er in der Vergangenheit angemessen nachgekommen - wozu auch die Ausarbeitung einheitlicher Empfehlungen für die Spitzenverbände gehörte (zu nennen sind z.B. die Rahmen-Richtlinien zur Bekämpfung des Dopings (RRL) und die Formulierungsvorschläge für einen Sanktionskatalog zur Bekämpfung des Dopings).[1322] Die Wettkampfkontrollen werden durch die Fachverbände in eigener Regie vorgenommen; eine z.B. zur Koordinierung von Wettkampf- und Trainingskontrollen notwendige Kompetenzübertragung (auf die ADK oder eine sonstige Stelle) hat bislang nicht stattgefunden (und ist auch mittel- bis langfristig nicht zu erwarten). Der jeweilige Sanktionsrahmen (im Falle nachgewiesener Dopingvergehen) orientiert sich zumeist an den Vorgaben der internationalen Verbände[1323] oder an den (im Anhang zu den RRL) aufgeführten DSB-Empfehlungen.

Fazit insoweit: Mit dem bereits im Vorfeld der staatlichen Wiedervereinigung (ab Juli 1990) gesamtdeutsch durchgeführten Projekt der Trainingskontrollen, das in das heutige DKS mündete, wurden die entsprechenden Konzeptvorgaben erfüllt. Die Sportbewegung verfügt nunmehr über ein (von der überwiegenden Mehrzahl der Fachverbände getragenes) wirkungsvolles „Präventions"-System,[1324] das auch den staatlichen Vorgaben Rechnung trägt.[1325] Die Aufarbeitung der Doping-Vergangenheit wäre durch eine dauerhafte Kompetenzübertragung auf die ADK einheitlicher und sachgerechter zu bewältigen gewesen, was letztlich wohl auch die innere Einheit des Sports befruchtet hätte.

- Die eine Fortführung des FKS und des FES ankündigenden Konzept-Ziffern 3.8 und 3.9 sind realisiert worden; hierbei dürfte eine entscheidende Rolle gespielt haben, daß die Weiterführung beider Einrichtungen im EVertr explizit angesprochen ist.[1326] Das FKS wurde zwischenzeitlich umbenannt und firmiert nunmehr unter der Bezeichnung IAT (Institut für Angewandte Trainingswissenschaft). Die in Art. 39 II 3 EVertr in Bezug genommene „angemessene Rechtsform" ist konkret diejenige des eingetragenen Vereins. Neben Vorstand und Mitgliederversammlung fungieren hierbei, als beratende Gremien, ein Kuratorium und ein wissenschaftlicher Beirat; Mitglieder des Trägervereins sind DSB, NOK, Spitzenverbände und LSB. Das IAT (in dessen Arbeit die OSP mit einbezogen sind) hat die Aufgabenstellung, zur Chancengleichheit des deutschen Spitzensports im internationalen

[1322] RRL vom 26.09.70 (zuletzt geändert am 30.11.96); die Formulierungsvorschläge wurden im April 1992 den Spitzenverbänden im DSB zugeleitet.

[1323] Kollisionen mit staatlichem Recht sind möglich; konkret verwiesen sei nur auf die vom internationalen Leichtathletikverband geforderte aber gegen Art. 12 I GG verstoßende 4-Jahres-Sperre für Ersttäter; hierzu Pfister, SpuRt 6/95, S.251; Vieweg, NJW 92, S.2540.

[1324] Nur die Länder Skandinaviens und Großbritannien befinden sich auf ähnlichem Niveau.

[1325] Wie bereits an anderer Stelle angedeutet, wird (in Respektierung der Autonomie) die Verbandsförderung des Bundes davon abhängig gemacht, daß die von den zuständigen internationalen Sportorganisationen erlassenen Anti-Doping-Bestimmungen angewendet werden und die geförderten Verbände dem DKS beitreten (vgl. Anti-Doping-Bericht der Bundesregierung, S.4,13; hierzu auch Weyer, Olympische Jugend 1994, Heft 7, S.6).

[1326] Art. 39 II 3 EVertr: „... werden ... FKS / FES ... als Einrichtungen im vereinten Deutschland in erforderlichem Umfang fortgeführt oder bestehenden Einrichtungen angegliedert".

Vergleich beizutragen.[1327] Das FES wird nach den gleichen Grundsätzen wie das IAT fortgeführt (also in Gestalt eines e.V. mit beratenden Gremien und einem Trägerverein). Das FES entwickelt (nach wie vor) Geräte und Meßtechnik für diverse Sportarten, erforscht neue Werkstoffe, Technologien und Behandlungen mit dem Ziel, dem deutschen Spitzensport optimierte Sportgeräte bereitzustellen.[1328]

Nachdem die dauerhafte Existenz der beiden Institute zwischenzeitlich gefährdet schien,[1329] hat das BMI mittlerweile eine Bestandsgarantie abgegeben (FES und IAT finanzieren sich ebenso wie das BISp aus Bundesmitteln; der Etat von FES und IAT ist zusammengenommen so hoch wie derjenige des BISp).[1330] Für die Zukunft wird eine dauerhafte Verzahnung untereinander bzw. mit dem BISp angestrebt.[1331] Da diese Verbindung auf interner Ebene bislang nicht hinreichend vorangetrieben wurde, ist 1995 seitens des Haushaltsausschusses des Deutschen Bundestages eine qualifizierte Finanzsperre für das BISp verfügt worden.[1332] Konnten FES und IAT „gerettet" werden, so gilt dies nicht für die DHfK; in deren Auflösung spiegelt sich, bei leider auch nur vermindertem Engagement der Sportbewegung, die mangelnde Berücksichtigung im EVertr wieder, womit die (historische) Chance vertan wurde, ein gleichwertiges und (z.B. unter Konkurrenzaspekten) sinnvolles Pendant zur Deutschen Sporthochschule in Köln zu schaffen.[1333]

- Abschließend ist anzumerken, daß der auf Breiten- wie Leistungssportebene in der DDR vernachlässigte *Behindertensport* jetzt auch in den östlichen Landesteilen (z.B. in neugegründeten Vereinen und Verbänden) Berücksichtigung findet. Hierbei hat der Bund gemäß Art. 39 III EVertr für eine Übergangszeit (bis zum 31.12. 92) Unterstützungsleistungen gewährt.[1334]

[1327] Dem IAT obliegt insbesondere die optimale Umsetzung sportwissenschaftlicher Erkenntnisse in die Trainingspraxis (z.B. auf der Grundlage von Projektverträgen mit den jeweiligen Spitzenverbänden), vgl. § 2 II Satzung IAT-Verein bzw. Achter Sportbericht, S.79.

[1328] § 2 II Satzung FES-Verein. Zu den Aufgaben, Projekten und Arbeitsleistungen des FES siehe im Achten Sportbericht, S.81. Dort sind beispielhaft verschiedene Umsetzungsergebnisse aufgeführt (so etwa die Entwicklung aller Boote im Kanurennsport für die Olympischen Spiele 1992 in Barcelona).

[1329] Noch zu Jahresbeginn 1995 hatte der Haushaltsausschuß des BT den FES-Etat mit dem Zusatz „KW" (für künftig wegfallend) versehen; der Vermerk ist zwischenzeitlich gelöscht.

[1330] SZ und FR jeweils vom 23.10.95.

[1331] Eine engere Kooperation (bis hin zum Zusammenschluß - vgl. DSB-Presse Nr.1-3 vom 16.01.96) wird aus Organisations- und Kostengründen anvisiert (um Doppelforschung zu vermeiden).

[1332] In anderem Zusammenhang - Sperre zur Einforderung eines neuen Stützpunkt-Konzepts (oben Fn.401) - ist bereits auf vergleichbare Maßnahmen der öffentlichen Geldgeber hingewiesen worden. Bemerkenswert ist, daß FES und IAT von der Kürzung verschont blieben. Manch ein Kritiker führt dies auf einen (hier *zugunsten* des Ostens verlaufenden) Ost-West-Konflikt zurück. Die Erfolge der DDR hätten bewirkt, daß heute (obwohl z.Zt. nicht transparent sei, was im IAT überhaupt geleistet werde - so DLV-Präsident Digl in der FR vom 28.12.95) ein „kritisches Hinsehen" unterbleibe.

[1333] Sid-Meldung vom 17.06.95: „... Auflösung ... aus heutiger Sicht ein Fehler", ebenso Kilian in Neues Deutschland vom 30.09.95 bzw. Wokalek, Transformationsprozeß, S.4 („... als Motiv *für die Schließung* werden westdeutscher Neid und Konkurrenzangst vermutet").

[1334] Die Festlegung in Art. 39 III EVertr ist - selbst nach Erkenntnislage des Bundes (vgl. Achter Sportbericht, S.12) - mit der Kompetenzverteilung des Grundgesetzes nicht vereinbar.

Fazit: Die Zusammenführung des Spitzensports aus Ost und West ist (nach dem bisherigen Stand der Untersuchung, gemessen am Bestreben, möglichst viel zu erhalten) als „zufriedenstellend gelungen" zu bezeichnen. Den Erfolgen (relativ reibungsfreie Integration des ostdeutschen Leistungssports in das westdeutsche Organisationsgefüge, Absicherung der Sportler über die Sporthilfe, Aufbau eines Dopingkontrollsystems, Einbeziehung von ehemaligen DDR-Leistungssportzentren in das gesamtdeutsche Stützpunktsystem, Erhalt von IAT und FES usw.) stehen beachtliche Defizite in der Übernahme von empirischen Erkenntnissen aus dem erfolgreichen DDR-(Leistungs-) Sportsystem gegenüber. So ist nach wie vor die fehlende Konzentration der Kräfte, die mangelnde Verzahnung von Komponenten sowie die unzureichende Effizienz der Strukturen zu bemängeln; von einer „Optimierung des Leistungssports unter kritischer Würdigung der von beiden Seiten einzubringenden Praktiken und Erfahrungen" kann folglich nur bedingt gesprochen werden. Die neu vorgelegten Förder- und Stützpunktkonzepte lassen ein Bemühen um Verbesserung erkennen, ohne (unter Optimierungsgesichtspunkten) vollends überzeugen zu können. Die Bilanz der Spitzensportzusammenführung wird insbesondere durch die Defizite im Nachwuchssektor getrübt, da hier in nahezu allen Bereichen vom erfolgreichen DDR-"Vorbild" und von den konzeptionellen Vorgaben abgewichen wurde. Erschwerend tritt hinzu, daß weder nachhaltige Ansätze zur Verbesserung noch ernsthafte Kooperationsbemühungen festzustellen sind.

§ 9 (Normative) Bewertung der Vereinigung

Im vorherigen Kapitel (§ 8) wurden Verlauf und Ergebnis der sportlichen Zusammenführung aufgezeigt. Hierbei war festzustellen, daß trotz des Bemühens, „so viel wie möglich vom erfolgreichen DDR-Spitzensport hinüberzuretten",[1335] bestimmte erfolgskausale Elemente (im Sinne von § 7), Kontroll- und Weisungsstrukturen des DTSB, langfristiges Planungswesen usw., keine Berücksichtigung gefunden haben; die Realisierung wichtiger Einigungskonzept-Vorgaben steht zudem noch aus.

Obwohl das leistungssportliche Niveau vergangener DDR-Tage (auch deshalb, siehe oben) gesamtdeutsch nicht mehr erreicht wird,[1336] obgleich die Stimmungslage (die innere Vereinigung) besser sein könnte, wird dennoch die Auffassung vertreten, der Transformationsprozeß des DDR-Sports sei vergleichsweise gut gelungen.[1337] Andererseits sind Stimmen laut geworden, die die sportliche Vereinigung eher

Dennoch: In der Praxis ist weniger die Zuständigkeits- und mehr die Notwendigkeitsfrage relevant (diese konkret bejaht beim Aufbau des Behindertensports); siehe auch Fn.1262.

1335 Hansen, Entwicklungen, S.11,12.

1336 Ein Abstieg von der „Weltmacht" zur „Mittelmacht" zeichnet sich ab (wie bereits mehrfach betont); exemplarisch wird auf die Einführung im ersten Teil verwiesen.

1337 Bericht der Bundesregierung zur Sportinfrastrukur, S.22; Ergebnisniederschrift der 6.(18.) SMK, S.2; Wokalek, Transformationsprozeß, S.21; Hansen, Entwicklungen, S.7,22 (der Sport sei derjenige Bereich, der den Weg zur Vereinigung am schnellsten und effektivsten beschritten habe) bzw. im Kicker Sportmagazin vom 09.10.95; von Richthofen im DSB-Mitgliederrundschreiben Nr.10/95, S.3; Stuttgarter Zeitung vom 28.09.95, zuvor aber am 17.11.94: „Wunsch und Wirklichkeit *differieren auffällig*".

in einem pessimistischen Licht sehen, die sie als fehlgelaufen bezeichnen bzw. behaupten, der Sport habe aus dem Geschenk der Einheit zu wenig gemacht.[1338] Welche dieser konträren Einschätzungen (eher) zutrifft, läßt sich nach dem jetzigen Stand der Untersuchung nicht hinreichend präzise bestimmen, da noch nicht geklärt ist, *worauf* die mangelnde Einbeziehung / Umsetzung bestimmter Elemente des DDR-Sportsystems zurückzuführen ist. Sollten z.B. rechtliche Zwangsläufigkeiten den Gang der Einigung bestimmt haben, wäre den Verhandlungsführern zu den Inhalten von EVertr und Einigungskonzept kein Vorwurf zu machen. Möglicherweise ist die Aussparung einzelner Komponenten aber auch auf (partei)politischen Willen zurückzuführen bzw. liegt die punktuell mangelhafte Umsetzung des Konzeptes in Nachlässigkeiten begründet. All dies wird - en detail - zu prüfen sein:

Zentralistische Strukturen / Integration des Sports

SM:[1339] Der DDR-Sport war als Bestandteil des diktatorisch geführten, zentralistischen Systems in das staatliche Gefüge integriert und letztlich fremdbestimmt.

EK: Die Herrschaftsstruktur, insbesondere das hiermit verwobene Leitungssystem, eröffneten effektivitätsfördernde Durchgriffsmöglichkeiten von oben nach unten; der integrierte Sport profitierte von der fortwährenden Verfügungsgewalt über Personen und Ressourcen und der (mitunter erzwungenen) Kooperation der Instanzen.

Ü: Die vorbezeichneten Merkmale wurden weder im EVertr noch im Einigungskonzept (des Sports) erwähnt und fanden auch insgesamt im Rahmen des Vereinigungsprozesses keine Berücksichtigung; vielmehr sind eine föderalistische Gesamtstruktur, die Selbständigkeit der Sportorganisationen und subsidiäres staatliches Handeln jetzt auf gesamtdeutscher Ebene ausgeprägt.

G: Der Beitritt der DDR (bzw. der hieraus hervorgegangenen Länder) zur (alten) Bundesrepublik vollzog sich auf Basis von Art. 23 GG; mit dem Wirksamwerden des Beitritts wurde das Grundgesetz für die Bundesrepublik Deutschland auch im

---

1338 Vgl. Der Spiegel, Ausgabe 42/94; Neues Deutschland vom 30.09.95; SZ vom 09.11.94 („... ist der Vereinigungsertrag kaum zu sehen"); Hansen, Entwicklungen, S.5,6 (Zusammenfassung verschiedener kritischer Ansätze); Busse in der FR vom 08.03.96; NOK-Generalsekretär Henze räumt (selbstkritisch) ein, daß „nur bedingt und oberflächlich geprüft (*wurde)*, was systembedingt im Osten möglich war und was ggf. davon in unser ... System hinein übertragen *hätte werden können*" (aus Neues Deutschland vom 03.01.96).

1339 *Vorbemerkung bzw. Anmerkungen zur Methodik:*
Nachfolgend wird die „Übernahmetauglichkeit" / Eignung zum „West-Transfer" einzelner Kennzeichen des DDR-(Sport-)Systems isoliert vom gesamtgesellschaftlichen Kontext untersucht. Dies geschieht in dem Bewußtsein, daß letztlich nur das Gesamtsystem und die Verzahnung aller Elemente den umfassenden Sporterfolg der DDR zu garantieren vermochten. Auf die bisherigen Ergebnisse wird wie folgt zurückgegriffen:
Den (zumeist in der Reihenfolge des § 6 - auf die Leitsätze wird verwiesen) angesprochenen Systemmerkmalen (**SM**) folgen kurze Hinweise zur in § 7 untersuchten Erfolgskausalität (**EK**). Danach wird gemäß § 8 dokumentiert, ob die SM übernommen (**Ü**) wurden (bzw. ob zumindest im EVertr / Einigungskonzept eine Übernahme vorgesehen war) und welche Gründe (**G**) es für die Nichtübernahme / mangelnde Realisierung gegeben hat; abschließend erfolgt eine wertende Stellungnahme (**S**).

Gebiet der ehemaligen DDR in Kraft gesetzt (Art. 1, 3 EVertr).[1340] Da sich das Grundgesetz nach allgemeiner Auffassung Zeit seiner Existenz als solide und stabil erwiesen hat, wurde darauf verzichtet, eine neue Verfassung zu konzipieren.[1341] Die Entscheidung zur Beibehaltung beinhaltete gleichzeitig den Verzicht auf Übernahme totalitärer Herrschaftsstrukturen des DDR-Systems. Denn das Grundgesetz verbietet tiefgreifende Veränderungen, die es z.B. zum Ziel haben, einen Zentralstaat zu installieren - argumentum aus Art. 79 III i.V.m. Art. 20 GG („Änderungsfestes Minimum"). Geprägt von den historischen Erfahrungen des Dritten Reichs ist das Fehlen diktatorischer Elemente auf den ausdrücklichen Willen des Verfassungsgebers und weiter Teile der deutschen Bevölkerung zurückzuführen - und insofern als eherner Grundsatz in Art. 79 GG dauerhaft verankert.

Hiervon zu trennen ist die Frage einer Einbeziehung des Sports in den Staatsaufbau.[1342] Zur Realisierung eines solchen Planvorhabens wäre keine (unzulässige) Änderung im Sinne von Art. 79 III GG erforderlich, möglicherweise aber eine „normale" Grundgesetzänderung gemäß Art. 79 I,II GG. Ob die Notwendigkeit hierzu bestünde, soll nachfolgend - zunächst anhand des Maßstabes des Art. 9 I GG - überprüft werden: Wie bereits ausgeführt, wird dem organisierten Sport (in Gestalt seiner Vereinigungen) durch Art. 9 I GG eine grundrechtlich geschützte Eigenposition zuerkannt; diese schützt aber nur das Kollektiv vor einer Einverleibung durch den Staat. Hiermit wird nicht zum Ausdruck gebracht, daß der Sport notwendigerweise gesellschaftsautonom zu organisieren ist. Ein Bereichs- und Bestandsschutz im Sinne der traditionellen Rollenverteilung wird nicht gewährleistet.

Zu berücksichtigen ist jedoch die Einbindung der deutschen Sportverbände in die internationalen Sportorganisationen. Da die Teilnahme am europa- bzw. weltweiten Spiel- und Sportbetrieb regelmäßig nur über eine Mitgliedschaft des nationalen Verbandes in der internationalen Vereinigung möglich ist, läge jedenfalls hierin der Konfliktstoff: Würde nämlich das Bestreben verfolgt, den Sportbetrieb zu verstaatlichen, müßte, zur Mitwirkung deutscher Athleten am internationalen Wettkampf-

---

1340 Stern/Schmidt-Bleibtreu, Einigungsvertrag, S.29,30.

1341 Um der veränderten gesamtdeutschen Verfassungswirklichkeit gerecht zu werden, wurden aber einerseits in Art. 4 EVertr verschiedene Grundgesetzänderungen vereinbart, zum anderen wurde in Art. 5 I EVertr die Einsetzung einer Verfassungskommission (zur Überprüfung / Überarbeitung des Grundgesetzes) empfohlen.
Die mit dem Gesetz zur Änderung des Grundgesetzes (vom 27.10.94, in Kraft getreten am 15.11.94) neu aufgenommenen bzw. abgewandelten Vorschriften sind überwiegend auf Empfehlungen der Verfassungskommission zurückzuführen. Es handelt sich im einzelnen um Art. 3 II GG (Auftrag zur Förderung der tatsächlichen Durchsetzung der Geschlechter-Gleichberechtigung), Art. 3 III GG (Verbot der Benachteiligung wegen einer Behinderung), Art. 20 a GG (Staatsziel Umweltschutz), Art. 28, 29 und 118 a GG. Die Kommissions-Vorschläge zur Stärkung der Länderkompetenzen im Bereich der Gesetzgebung blieben teilweise unerfüllt; näheres hierzu bei Klein in Isensee/Kirchhof, Staatsrecht VIII, Rdnrn. 63 bzw. 75; derselbe in DVBl 1991, S.729.

1342 Eine solche Einbeziehung ist nicht ungewöhnlich - auch nicht für westliche Demokratien; als Beispiel kann ein unmittelbarer Nachbarstaat der Bundesrepublik benannt werden - Frankreich. Dort, bei allerdings zentralistischen Strukturen, leitet der Sport seine Hoheitsbefugnisse vom Staat ab und ist in den Staatsaufbau integriert.

geschehen, auf die Vereine / Verbände eingewirkt werden[1343] - deren Unabhängigkeit hierdurch beeinträchtigt würde, was letztlich auf eine Verletzung der Garantien aus Art. 9 I GG hinausliefe.[1344] Das Subsidiaritätsprinzip stünde, eine Qualifizierung als materielles Verfassungsrecht vorausgesetzt,[1345] der Übernahme weitgehender staatlicher Organisationsaufgaben gleichfalls entgegen. Denn wenn der Sport (organisatorisch) vom Staat betrieben wird, kann von einer „Hilfeleistung im Bedarfsfalle" nicht mehr die Rede sein.[1346] [1347] Schließlich ist darauf hinzuweisen, daß in der föderal strukturierten Bundesrepublik (mit den bestehenden kompetenzrechtlichen Zuordnungen) die Funktionen, die die freie bundesweite Dachorganisation derzeit wahrnimmt, z.B. mit einer Zuständigkeit auch für den Breitensport, zumindest nicht ausschließlich (bundes)staatlich wahrgenommen werden könnten. **S:** Nach dem Ergebnis der rechtlichen Prüfung wäre es somit kaum möglich gewesen, den Sport weitreichend in das staatliche Gefüge zu integrieren. Dies soll abschließend anhand verschiedener Beispielsfälle verdeutlicht werden:

(1) Der Staat tritt **an die Stelle** der Sportorganisationen, übernimmt z.B. kraft gesetzlicher Anordnung eine Reihe von deren Funktionen.[1348]

Hierin läge ein Verstoß gegen Art. 9 I GG, da in jedem Fall in das Selbstverwaltungs- / Selbstbefassungsrecht des Sports eingegriffen werden müßte. Ferner wäre die bestehende Kompetenzordnung verletzt - zumindest wenn der Bund alle Aufgaben der Bundes(fach)verbände übernähme. Schließlich hätte man einen Verstoß gegen das (materiellrechtlich orientierte) Subsidiaritätsprinzip zu verzeichnen (s.o.).

(2) Der Staat errichtet parallel zur freien Sportbewegung einen eigenen Sportbetrieb, tritt also **neben** Vereine und Verbände. Ein Überwechseln der Athleten in den staatlichen Bereich könnte z.B. über .Lock.-Anreize veranlaßt sein.[1349]

Hier wäre eine Verletzung von Art. 9 I GG unter dem o.a. Aspekt naheliegend, daß der Staat für seinen „Nebensportbetrieb" eine internationale Teilnahme wünschte, die letztlich nur durch Einwirkung auf den freien Sport zu erzielen

---

1343 Auch international gilt das „Ein-Platz-Prinzip", hierzu Fn.476. Um dem nationalen „Staatsverband" Zugang zu den internationalen Verbänden zu verschaffen, müßten die bisher dort vertretenen freien deutschen Verbände „zum Verzicht" bewegt werden.

1344 Ohne die Konsequenzen anzusprechen (ansonsten ähnlich) Steiner, NJW 1991, S.2730.

1345 Zum Meinungsstand siehe Fn.316 bis 318.

1346 Steiner, NJW 1991, S.2730 ist der Auffassung, daß das Subsidiaritätsprinzip der Sportbewegung nicht zu einer Primärzuständigkeit für den Sportbetrieb verhilft, „weil es staatsrechtlich keine Geltung beanspruchen kann." Sofern man dem Subsidiaritätsprinzip nur die Bedeutung einer „politischen Klugheitsregelung" beimäße bzw. als „verfassungspolitischen Grundsatz" erachtete, müßte man dem zuzustimmen.

1347 Im Zusammenhang mit dem Subsidiaritätsprinzip wurde oben bei § 4.II.2.c dargelegt, daß faktische Gründe einer Verstaatlichung im Wege stehen.

1348 Hiermit ist nicht notwendig die Auflösung der Vereine und Verbände verbunden. So wäre eine Konstellation denkbar, wonach z.B. der DFB künftig nur noch für den Amateurbereich eine Zuständigkeit hat, der Staat aber für den Ligabetrieb der Profivereine (und deren internationale Aktivitäten) verantwortlich zeichnet.

1349 In diesem Zusammenhang ist jedoch anzumerken, daß der Gewährung finanzieller Anreize haushaltsrechtliche Bedenken gegenüberstehen (vgl. Fn.1355).

wäre. Aus kompetenzrechtlichen Gründen dürfte der Bund ferner auch bei dieser Variante nur eingeschränkte (Dach-) Verbandsaufgaben wahrnehmen. Wie im übrigen schon den Ausführungen weiter oben (§ 4.II.2.c.aa) zu entnehmen war, könnte (zumindest nach dem bisherigen Verständnis der Bundesregierung) von einer staatlichen Handlungsbefugnis nur dann gesprochen werden, wenn die gesellschaftlichen Kräfte (zur Eigenorganisation) nicht ausreichten.

(3) Der Staat tritt weder neben noch an die Stelle des Sports, sondern verwurzelt sich **im** freien Sport - und nimmt dort Einfluß auf dessen Entscheidungen. Dies könnte z.B. dadurch geschehen, daß (normativ verordnet) staatliche Beauftragte in die Vereinsvorstände integriert würden (eine echte Einbeziehung in den Staatsaufbau ließe sich hierdurch freilich nicht bewirken).

Die Behinderung autonomer Vorstandswahlen wäre als Eingriff in die Selbstbestimmung der Vereine, mithin als Verstoß gegen Art. 9 I GG, zu werten.[1350] Ferner läge ein Verstoß gegen das (materielle) Subsidiaritätsprinzip vor, da die privaten Rechtsträger des Sports sehr wohl zur Eigenorganisation fähig sind, somit kein „Hilfsbedürfnis" bestünde.

Im Ergebnis ist festzustellen, daß allenfalls die Modellüberlegungen in Variante (2) ohne nachhaltige Abänderung bestehender Rechtsvorschriften (insbesondere von Art. 9 I GG) realisiert werden könnten; ein solches „konkurrierendes Nebeneinander" von freiem Sport und Staatssport wäre aber eher abzulehnen, da sich kein eindeutiger Nutzen herauskristallisieren läßt.

Der Einigungsvertrag (Art. 39 I 1) hat sich klar für die Beibehaltung der in der alten Bundesrepublik vorherrschenden Aufgabenverteilung ausgesprochen - und dem mit der Anordnung Rechnung getragen, die Sport-Strukturen (in dem seinerzeit in Umwandlung befindlichen Gebiet) auf Selbstverwaltung umzustellen. Die Existenz der Bestimmung verdeutlicht überdies den Willen der Vertragspartner, dem Sport künftig auf gesamtdeutscher Ebene Autonomie, mithin Unabhängigkeit vom Staat, zu verschaffen. Der Hinweis in Art. 39 I 2 EVertr, wonach die öffentlichen Hände den Sport ideell und materiell (gemäß der föderalen Kompetenzverteilung) zu fördern haben, nimmt Bezug auf die (primär durch das Subsidiaritätsprinzip) vorbestimmte Rolle des Staates, nur ergänzend tätig zu werden.[1351] Die so getroffene Entscheidung der Partner des Einigungsvertrages ist zu begrüßen, da der „Freiheit" der Sportbewegung eine hohe Wertigkeit zukommt. Auf die Übernahme der o.a. „DDR-Vorteile" wurde somit (zu Recht) verzichtet. Die durch den Föderalismus und das Nebeneinander von Staat und Sport bedingte Verlangsamung der Entscheidungsfindung, eine gewisse Unbeweglichkeit der Strukturen und die mangelnde Durchgriffsmöglichkeit sind letztlich hinzunehmen.[1352]

1350 Auch die Verletzung zivilrechtlicher Vorschriften (z.B. von § 27 I BGB) kommt in Betracht.

1351 Stern/Schmidt-Bleibtreu, Einigungsvertrag, S. 177.

1352 Dem ob seiner effektivitätshemmenden Wirkungen bislang eher „gescholtenen" Föderalismus ist zu Gute zu halten, daß er aufgrund seiner Fähigkeit, die Eigenarten der unterschiedlichen Regionen zur Geltung zu bringen, einen hohen Eigenwert besitzt (die „eigentliche" Stärke eines freiheitlich-demokratischen Staatswesens).

Staatliche Finanzierung

SM: Der Sport in der DDR war (von geringen Erlösen aus Mitgliedsbeiträgen, Zuschauereinnahmen usw. abgesehen) ausschließlich staatsfinanziert. Die Mittelverteilung erfolgte zentral über den DTSB.

EK: Ein spezifischer Vorteil nahezu ausschließlicher Staatsfinanzierung ist (neben der immanenten Möglichkeit, lenkenden Einfluß zu nehmen) in der stetigen Finanzausstattung der Sportverbände zu sehen, deren Planung / Kalkulation erleichtert wird. Im übrigen dürfte aber (in erfolgskausaler Hinsicht) weniger die Institution relevant sein, die die Mittel erbringt, sondern ist eher die Höhe entsprechender Zuwendungen bedeutsam; insbesondere der DDR-Leistungssport wurde so (durch hohen staatlichen Mitteleinsatz) auf Erfolgskurs gebracht.

Ü: Die Finanzierung des gesamtdeutschen Sports erfolgt nach den Grundsätzen der alten Bundesrepublik; weder der EVertr noch das Einigungskonzept des Sports (mit einem Präambel-Hinweis auf das Subsidiaritätsprinzip)[1353] haben jemals eine abweichende Zielsetzung verfolgt. Ferner wurde nicht versucht, die Mittelvergabe dadurch zu bündeln, daß nur noch eine Gebietskörperschaft Zahlungen anweist; die staatlichen Zuwendungen wurden nicht signifikant erhöht (sondern nur angepaßt).

G: Es ist keine in der (formellen) Verfassung niedergelegte Bestimmung ersichtlich, die einer ausschließlichen Staatsfinanzierung rechtliche Schranken setzte. Die staatliche Mittelverteilung hätte allerdings den kompetenzrechtlichen Zuordnungen des Grundgesetzes Rechnung zu tragen (Art. 104 a I GG), mithin hätten mehrere Kassen (Bund, Länder und Gemeinden) gemeinsam die Finanzierungsleistungen zu erbringen.[1354] Im Sinne materiellen Verfassungsrechts würde allerdings das o.a. Subsidiaritätsprinzip einer originären und ausschließlichen Staatsfinanzierung entgegenstehen. Denn wie die bisherige Praxis gezeigt hat, ist der Sport in der marktwirtschaftlich orientierten Bundesrepublik in vielen Bereichen sehr wohl in der Lage, die erforderlichen Mittel selbst aufzubringen. Eine automatische Staatsfinanzierung könnte gerade nicht auf den Aspekt der Hilfestellung / Ergänzung abstellen. Da selbst eine nachhaltige Erhöhung staatlicher Zuwendungen unter diesem Aspekt betrachtet werden müßte, zudem bei bestehender Normierungslage haushaltsrechtliche Vorgaben entgegenstünden, wäre eine staatliche Förderung in DDR-Größenordnungen unzulässig.[1355]

[1353] Siehe auch oben § 8.II zum Stichwort „Subsidiarität und Gemeinnützigkeit."

[1354] Die von Kilian (Neues Deutschland vom 30.09.95) bemängelte gesplittete Sportfinanzierung (Hochleistungssport durch den Bund / Breitensport durch Länder und Gemeinden) beruht, wie bei § 4.II.2 ausführlich dargelegt, auf den Zuordnungen des Grundgesetzes. Da eine zentrale Vergabe aller Sportfördermittel nur durch den Bund erfolgen könnte und dies diejenige Körperschaft ist, die über die geringsten Kompetenztitel verfügt, wären hierzu revolutionäre Umwälzungen des Kompetenzgefüges der Bundesrepublik notwendig. Die Realisierung eines solchen Planvorhabens erschiene trotz „des (*mitunter vor Ort notwendigen*) Bettelns der Vereine um Geld" bzw. der teilweise subjektiv gefärbten Praxis kommunaler Mittelvergabe als völlig überzogen.

[1355] So sind z.B. gemäß § 7 I 1 BHO bei der Aufstellung von Haushaltsplänen die Grundsätze der Wirtschaftlichkeit und Sparsamkeit zu beachten. Ein bestimmtes Ergebnis (z.B. das

S: Die Staatsfinanzierung des Sports in der DDR war auf deren Gesellschaftssystem zurückzuführen, eine notwendige Folge der totalitären Strukturen. Die Finanzierung bildete ein geeignetes Mittel, lenkenden Einfluß zu nehmen und die Kontrolle auszuüben. Der Staat hatte das Monopol über die Mittel und steuerte das Verfahren der Bedürfnisbefriedigung.[1356] Die (zumindest theoretisch erwägbare) freie Finanzierung des DDR-Sports (z.B. nach marktwirtschaftlichen Gesichtspunkten) hätte diesen Einfluß nachhaltig beeinträchtigt. Somit ist die Gefahr verdeutlicht, die mit einer (ausschließlichen) Staatsfinanzierung in erster Linie einhergeht: Größere Abhängigkeit - die eine freiheitsreduzierende Wirkung beinhaltet und deshalb abzulehnen ist. Die Mischfinanzierung des Sports in der Bundesrepublik (die einseitige Abhängigkeiten reduziert) ist zu Recht angestrebt bzw. beibehalten worden. Da eine bemerkenswerte Erhöhung staatlicher Zuwendungen für den Sport weder erfolgt ist noch z.B. in Gestalt ausschließlicher Staatsfinanzierung (ohne Änderung bestehender Rechtsprinzipien) möglich wäre, sind eine Reihe der nachstehend anzusprechenden Gesichtspunkte (auch) unter dem - einschränkenden - Gesichtspunkt ihrer Finanzierbarkeit zu betrachten.[1357]

Stärkere Überwachung

SM: Soeben ist (auch) der Gesichtspunkt der „Kontrolle“ angesprochen worden; die entsprechende Überwachung erfolgte einerseits im Rahmen des zentralistischen Leitungssystems, andererseits über das MfS.

EK: Erfolgskausalität ist diesem Kontrollsystem insofern zu bescheinigen, als die innere Stabilität - auch der Sportstrukturen - fortwährend überprüft, Gefahren und Mißstände schnell erkannt und abgestellt werden konnten.[1358]

Ü: Weder der EVertr noch das Einigungskonzept des Sports beinhalteten irgendwelche Hinweise zur Übernahme spezieller Kontrollstrukturen - die entsprechend auch nicht vollzogen wurde.

G: Mechanismen der o.a. Art sind (ob offen oder im geheimen agierend) einem freiheitlichen System wesensfremd. Es ist deshalb auch nicht erkennbar, anhand

---

jetzige Niveau im Spitzensport) ist hiernach mit *möglichst geringem Mitteleinsatz* anzustreben (Zweck-Mittel-Relation). Bei der Planung sind u.a. *alternative Lösungsmöglichkeiten*, die Gesamtkosten (einschließlich der *Folgekosten*) sowie die *Dringlichkeit* der Maßnahmen zu untersuchen; ferner ist zu prüfen, ob das Vorhaben nicht außerhalb der Bundesverwaltung wirksamer oder kostensparender durchgeführt werden kann. Letzteres wird noch verdeutlicht durch § 7 I 2 BHO, mit der - politisch motivierten - expliziten Aufforderung, *Möglichkeiten zur Privatisierung* zu eruieren (vgl. Piduch, Bundeshaushaltsrecht, § 7 Rdnrn. 1,5).

[1356] Vgl. Hinsching, Alltagskultur, S.47 und unten Fn.1535.

[1357] Hansen, Entwicklungen, S.12: „Die Probleme beginnen dort, wo die Finanzierung anfängt“.

[1358] Das Beispiel eines hessischen (Multi-) Funktionärs, der sich (Schatzmeister eines Kreises) in seiner Funktion als Kassenwart des Landesverbandes selbst zu kontrollieren hatte - und hierbei „scheiterte“ (wie „unregelmäßige Doppelabrechnungen“ beweisen - vgl. Darmstädter Echo vom 24.01.96) ist kein Einzelfall - und belegt die Notwendigkeit wirkungsvoller Kontrollmechanismen.

welcher Rechtsgrundlagen (Grundgesetz oder z.B. Gesetz über den Zivilschutz, Bundesverfassungsschutzgesetz, StPO, Polizeigesetze der Länder) Überwachungsstrukturen im obigen Sinne - ob speziell für den Sportbereich oder allgemein - in der Bundesrepublik installierbar wären, zumal es zu Kollisionen mit Grundrechten (z.B. Art. 1 I, 5 I, 10 I, 13 GG) der zu observierenden Individuen käme. Vor allem ist aber festzustellen, daß ein freiheitliches System eines entsprechenden Kontrollmechanismusses auch gar nicht bedarf, da die innere Stabilität des Systems weniger gefährdet ist. Andere Institutionen übernehmen es hier, eventuell vorhandene Mißstände aufzudecken (z.B. die freien Medien).

S: Die Aktivitäten des MfS sind als Systemauswüchse entschieden abzulehnen; die fehlende Bezugnahme auf spezifische Kontrollstrukturen im Einigungskonzept war sachgerecht. Es ist im übrigen nicht weiter darauf einzugehen, daß insbesondere bestimmte aus der MfS-Tätigkeit erwachsene „Vorteile" (z.B. Überwachungen - Ausreisekontrollen - im Rahmen des Dopinggebrauchs) zur Übernahme ins gesamtdeutsche Sportsystem völlig inakzeptabel wären.

Übernahme von DTSB-Strukturmerkmalen

SM: Aus dem „Strukturfundus" des DDR-Dachverbandes DTSB wären dessen Koordinierungsfunktionen (einschließlich des vorherrschenden Leitungswesens - Prinzip der doppelten Unterstellung, Durchgriffsmöglichkeit von oben nach unten), das entsprechend straffe, hauptamtliche angeführte Organisationsgefüge, das Planungswesen und - verbunden mit der politischen Aufgabenstellung - der durch Personalunionen abgesicherte Macht- und Einflußbereich des Dachverbandes (seines Präsidenten) zur Übernahme in den DSB in Betracht gekommen.

EK: Da die vom DTSB angeführte Sportbewegung als integraler Bestandteil des zentralistischen DDR-Gemeinwesens fungierte, ist die Effektivität ihres Leitungswesens an den (o.a.) allgemeinen Maßstäben zu messen; so haben z.B. die Weisungsbefugnisse (in die Untergliederungen hinein) die Möglichkeit zu schnellem und effektivem Handeln eröffnet,[1359] und hat die dienstliche / finanzielle Abhängigkeit von Personen (hauptamtliche Führungs- bzw. sonstige Kader) und Organisationen ein stromlinienförmiges Handeln gefördert bzw. die angesprochene Koordinierungsfunktion erst ermöglicht. Die allgemeinen Organisationsstrukturen (innerer Aufbau - z.B. Sportgemeinschaften statt e.V.) treten in ihrer Bedeutung (Erfolgsrelevanz) demgegenüber zurück. Das langfristig angelegte Planungswesen (mit einer umfassenden Erfolgskontrolle) war der Motivation / Koordination und insofern auch der Leistungserbringung nützlich. Die (relative) Machtfülle des DTSB (insbesondere seines Präsidenten - als Mitglied des ZK, des obersten politischen

---

[1359] Der westdeutsche Sport müßte wohl einräumen, daß sich die hinter nachfolgenden Kurzbeschreibungen verbergenden Problemkomplexe - „Possenspiele im Deutschen Eishokkey-Bund", „Konkurssignale im Deutschen Volleyball-Verband", „Gärklima im Deutschen Schwimmverband", „Kraftproben im Deutschen Handballbund", „Davis-Cup-Theater um Boris Becker" (vgl. Darmstädter Echo vom 04.02.95) - in einem straff organisierten, durchgriffsstarken Organisationsgefüge nicht ergeben hätten / einfacher zu lösen wären.

Führungszirkels) dürfte dem Sport vieles erleichtert und manches erst ermöglicht haben. Da das „Gegenmodell" (mit einem einflußarmen Präsidenten) nicht erprobt wurde, wären nähere Angaben hierzu hypothetisch.

Ü: Der EVertr hat sich zu all dem (weil innere Angelegenheiten der Sportbewegung betreffend) nicht ausgesprochen. Das Einigungskonzept hat sich in der Präambel zur ehrenamtlichen Führung, zu föderalistischen Strukturen und zur Selbständigkeit der Verbände bekannt. Eine Übernahme der benannten Strukturelemente des DDR-Dachverbandes ist nicht erfolgt.

G: Eine Neugliederung der sportlichen Gesamtorganisation (im DTSB-Sinne) stand nicht zur Debatte, da man sich hiervon weder Vorteile versprach, noch die verkrusteten West-Strukturen eine nachhaltige Umgestaltung überhaupt zugelassen hätten (siehe unten). Der Aufbau des gesamtdeutschen Sports orientiert sich deshalb am überkommenen West-Modell, was einerseits naheliegt, da das Beitrittsgebiet die Rechtsordnung der alten Bundesrepublik übernommen hat, andererseits aber nicht zwingend ist. Denn wie noch zu belegen sein wird, gibt es keine Normierung des staatlichen Rechts, die es dem deutschen Sport verbieten würde, Anleitungsstrukturen zu verändern, oder seinen Organisationsaufbau z.B. an nicht rechtsfähigen Vereinen, nichtrechtsfähigen Bezirksorganisationen bzw. Sportverbänden auszurichten. Nirgendwo, außer im Reglement vieler Sportorganisationen selbst, ist vorgeschrieben, daß nur rechtsfähige Vereine in Dachverbände aufzunehmen sind / am Wettkampfbetrieb teilnehmen können.[1360] Auch das staatliche Förderwesen hat nicht zwangsläufig auf rechtsfähige „Basisorganisationen" abzustellen, sondern kann z.B. übergeordneten Organisationen (LSB usw.) Finanzmittel zur sachgerechten Verteilung an die Basis zur Verfügung stellen. Dies vorausgesetzt, wurde im Zuge der Vereinigung die **Chance vertan**, das Verbandswesen im DSB bzw. die **Sportstrukturen** insgesamt zu überdenken bzw. **zu reformieren.**[1361] Denn generell muß festgestellt werden, daß sich mit der immer stärkeren Kommerzialisierung und Professionalisierung des Sports das ursprüngliche Rollenverständnis der Verbände überholt hat. Standen früher Aspekte der Beratung, Interessenvertretung und (politischen) Willensbildung im Vordergrund (von der Wettkampforganisation einmal abgesehen), so sind es heute z.B. Sponsoring, Merchandising,[1362] Rundfunk- / Fernsehrechte, Werberichtlinien, Startgelder und Athletenverträge. In diesem Wettlauf der Kommerzialisierung unter der Maxime „Profit heiligt die Mittel" verlieren viele Verbände die Orientierung,[1363] da bestehende Organisationsstrukturen den gewan-

---

1360 Siehe exemplarisch § 2 II d der DSB-Aufnahme-Richtlinien, die vom Aufnahmebewerber die registergerichtliche Eintragung als Beleg der Rechtsfähigkeit fordern.

1361 Vgl. Neues Deutschland vom 14.02.95: „Eine Reform des Sports ist überfällig"; FR vom 14.02.95: „... unstrittig ist ... daß eine Perestroika in vielen Bereichen seit langem überfällig ist"; Darmstädter Echo vom 15.02.95: „Der Sport braucht Reformen".

1362 Exemplarisch sei Turn-Weltmeister (Reck) A.Wecker erwähnt, der sich vor einiger Zeit darüber beklagte, trotz seiner Erfolge noch keinen persönlichen Sponsor gefunden zu haben, und der dem DTB vorwarf, kein klares Konzept zur medienwirksamen Vermarktung seiner Sportart zu besitzen (Neues Deutschland vom 30.11.95).

1363 Die Welt vom 27.03.96 (zum Gebaren des Schwimmverbandes): „Ungeahnte Höhen auf der offenen Skala der Lächerlichkeit"; vgl. im übrigen die Beispiele in Fn.1359.

delten Ansprüchen oftmals nicht gewachsen sind.[1364] [1365] Diverse Verbände haben nicht einmal ein System, mit dem Gelder zentral eingenommen und in die Untergliederungen weitergeleitet werden können - zu viel bleibt „oben" hängen, zu wenig landet dort, wo es nötig ist, bei den Trainern und Athleten.[1366] Es mangelt überdies an Persönlichkeiten, die bereit und qualifiziert genug sind (sowie hinreichendes Zeitpotential mitbringen), Verbände streng nach professionellen Gesichtspunkten zu leiten[1367] - womit ein weiteres Systemmerkmal des DDR-Sports angesprochen ist, das *Prinzip hauptamlicher Führung*: Die hauptamtlichen Entscheidungsträger im DDR-Sport haben sich mitunter als qualifizierter und (um den Begriff erneut aufzugreifen) professioneller agierend erwiesen als das ehrenamtliche Führungspersonal im Westen. Leider war im Einigungsprozeß kein Wille erkennbar, die vorherrschende ehrenamtliche Leitungsstruktur zugunsten verstärkter Hauptamtlichkeit zu durchbrechen.[1368] Rechtliche Bedenken hätten auch hier nicht bestanden: Das Prinzip der ehrenamtlichen Führung hat außer in den Satzungen der Sportorganisationen keine normative Verankerung gefunden: Die Vorschriften der §§ 26,27 BGB (mit Aussagen zu Funktion und Bestellung des Vorstandes usw.) nehmen keinen Bezug auf den Status der Verrichtung. Zwar wird in § 27 III BGB (zur Geschäfts-

---

1364 Die Existenz des in Fn.14 zitierten „Freiburger Kreises" dokumentiert eine gewisse „innere Bindungslosigkeit" der Verbände und belegt, daß aufgrund der Versäumnisse der Sportorganisationen insbesondere die (Groß-) Vereine dazu übergehen, ihre Geschicke selbst bzw. im Rahmen eigener Organisationsstrukturen in die Hand zu nehmen. Vielfach wird gemutmaßt, die Basis könnte bereits heute ohne ihre jeweiligen Dachorganisationen auskommen, Profi-Ligen wären ohne Dirigismus der Fachverbände freizügiger und gewinnbringender zu betreiben (vgl. Darmstädter Echo vom 04.02.95). Im Zeitalter der Tenniscamps und ähnlicher Einrichtungen sticht auch die Karte der Nachwuchsförderung zunehmend schlechter; Sponsoren / Fördervereine könnten an Stelle der Verbände treten. Ohne weitere Beispiele aufzuführen, ist letztlich auch so evident, daß es sich um für die Verbände gefährliche Entwicklungen handelt, denen sich (z.Zt. noch) das verbliebene Faustpfand entgegenhalten läßt - das Startrecht; nur über die Mitgliedschaft läßt sich der Eintritt für nationale wie internationale Wettkämpfe lösen.

1365 Obwohl sich vorstehende Ausführungen primär auf das Fachverbandswesen beziehen, sind die Auswirkungen zunehmender Kommerzialisierung auch an den LSB nicht spurlos vorübergegangen; auch hier ist die Frage aktuell, ob das Funktions- und Leistungsprofil der LSB noch zeitgemäß ist, ob die Beratungsqualität den veränderten Anforderungen noch gerecht wird. Andererseits steht fest: Solange es sportfachliche Untergliederungen heutigen Zuschnitts gibt, solange muß auch das 2-Säulen-Prinzip (LSB / Spitzenverbände) Bestand haben. Denn nur so ist gewährleistet, daß Gruppierungen, die sich nicht fachverbandlich einbinden wollen, ein organisatorisches Auffangbecken finden; z.B. sind die Vereine in Mecklenburg-Vorpommern über die Kreissportbünde dem LSB zuzurechnen; es besteht keine Pflichtmitgliedschaft in den Fachverbänden.

1366 Vgl. Die Welt vom 07.07.95 bzw. die Wochenpost vom 17.08.95 („Arme Verlierer").

1367 Der FR (vom 15.03.95) ist zuzustimmen, soweit davon ausgegangen wird, daß die Zeit der „Kumpel" und „alten Haudegen" mit einem Hang zum Sport vorbei ist, und zunehmend gewinn- und imageorientierte Manager gefragt sind.

1368 Der westdeutsche Sport hätte sich hierbei an „eigenes Gedankengut" (u.a. vom DSB-Kongreß „Menschen im Sport 2000") anlehnen können, also z.B. an den seinerzeit (1987) diskutierten Ansatz, Präsidien künftig nur noch als Aufsichtsräte fungieren zu lassen und hauptamtliche Mitarbeiter in den Rang des Vorstands zu versetzen, vgl. Gieseler, Dokumentationsbroschüre, S.224. Immerhin: Jetzt - also mehr als fünf Jahre nach der Wiedervereinigung - wird dieses „Gedankengut" punktuell aufgegriffen (vgl. Fn.1395).

führung des Vorstandes) auf die Vorschriften des Auftragsrechts verwiesen, jedoch werden speziell nur die §§ 664 - 670 BGB angesprochen (und nicht der § 662 BGB, der Unentgeltlichkeit anordnet). Bei vorhandenem Willen zur Veränderung wäre es folglich zulässig gewesen, die gesamtdeutsche Sportbewegung auf eine ggf. professioneller agierende hauptamtliche Führung umzustellen. Dennoch: Es ist nicht zu spät! Auch wenn die Umstrukturierungsthematik im Rahmen des Einigungsprozesses weitgehend übergangen wurde, so ist zumindest in letzter Zeit eine dynamische Debatte zu beobachten:

- Sportintern wird über die Zusammenarbeit / Verschmelzung von DSB und NOK gesprochen, zur Verschlankung und Effektivierung der Strukturen.[1369]
- Für den Profisportbereich wird über eine Trennung von Spitzenverbänden und nationalen Ligen nachgedacht;[1370] Konsequenz müßte sein, daß die Ligen künftig in Form ausgelagerter Kapitalgesellschaft geführt würden.[1371]
- Nach einem in Norwegen praktizierten Modell sind nicht mehr die einzelnen Verbände für ihre jeweilige Sportart verantwortlich, sondern Manager kümmern sich in verschiedenen „Medaillenschmieden“ um unterschiedliche Sportarten.[1372]

Der umfassendste Reformvorschlag wurde Anfang 1995 von seiten der Wirtschaft vorgebracht. Hiernach soll unter dem Dach einer einzigen (schlanken) Organisation all das realisiert werden, was von DSB, NOK, DSH und teilweise auch von den Sportfachverbänden kostenintensiv nebeneinander geleistet wird. Dieses Papier,[1373] als Gesprächsbasis für den sog. „Runden Tisch“ konzipiert,[1374] sieht z.B. vor, der DSM,[1375] unter dem Dach eines gestrafften DSB, die (von der Wirtschaft stets geforderte)[1376] zentrale Vermarktung aller Bereiche zu übertragen; „Leidtragende“

1369 „Vorbild“ sind die geeinten Organisationen in Italien und Frankreich bzw. - aktuell - in der Schweiz. Das NOK hat sich zu entsprechenden Überlegungen des DSB-Präsidenten reserviert bis ablehnend geäußert, obwohl nach dem Bekunden von M.v.Richthofen eine Abschaffung des NOK gar nicht geplant war (*und nach IOC-Statuten auch nicht möglich wäre*), Stuttgarter Zeitung vom 30.12.95.

1370 Um zu verhindern, daß der basisdemokratisch orientierte, ehrenamtlich geführte Breitensport (weiterhin) störend in den Profibereich hineinwirkt; beispielhaft sei die DEL (Deutsche Eishockey-Liga) genannt.

1371 Raupach, SpuRt 1/96, S.5.

1372 Letztlich wird auf schlagkräftige kleine Gruppen von Trainern, Methodikern und Medizinern gesetzt, die die Athleten individuell voranbringen und zudem helfen, die Strukturen zu verschlanken, hierzu Fn.1156 bzw. Die Welt vom 07.07.95. Finanziert wird dieses Modell im wesentlichen durch Lotto- und Totoeinnahmen.

1373 „Leitlinien für eine Partnerschaft Sport, Politik, Wirtschaft, Medien“; siehe Berichte in Kölnische Rundschau („Das Papier galt als heißeste Verschlußsache der letzten Monate“), FR, Die Welt, FAZ, Darmstädter Echo (14.02.95) bzw. FAZ, FR und SZ vom 15.02.95.

1374 Der „Runde Tisch“ führte am 13.02.96 unter Moderation des Bundeskanzlers ausgewählte Vertreter von Politik, Wirtschaft und Sport zusammen, um Positionen auszutauschen bzw. Aktionsmodelle anzusprechen, die in einem *Initiativkreis* verfeinert und später umgesetzt werden sollen. Das ursprünglich für Mitte 1995 geplante Treffen mußte aufgrund von Unstimmigkeiten in der „Personalzusammensetzung“ mehrfach verschoben werden.

1375 Siehe Fn.418.

1376 Die Geldgeber aus Industrie und Wirtschaft sehen in dem undurchschaubar erscheinenden Netzwerk der 57 DSB-Fachverbände nicht den gewünschten „Ansprechpartner“.

wären einzelne Abteilungen bzw. die Wirtschaftsdienst-GmbHs der Fachverbände, die auf Dauer ihre Existenzberechtigung verlören. Sollte der Vorschlag jemals in ein konkretes Stadium gelangen, wäre bereits deshalb zu erwarten, daß insbesondere die mächtigen Fachverbände dem Konzept ihre Zustimmung verweigerten;[1377] [1378] Folge einer Realisierung wäre jedenfalls (ungeachtet aller Widerstände),[1379] daß die solchermaßen solidarisierten Verbände auf ihre ursprüngliche Rolle als fachspezifischer Dienstleister (für Vereine und Sportler) zurückgeführt werden könnten, angesichts der oben skizzierten Orientierungsprobleme vieler Verbände ein gewichtiges Argument zur Umsetzung.[1380] Ob mit dem Umsetzungsergebnis jedoch die „zentrale Steuerung eines Einheitssports" verbunden wäre,[1381] analog dem DDR-Vorbild, darf mit Fug und Recht bezweifelt werden. Konkret geht es schließlich nur um eine Abtretung von Teilbefugnissen - worin im übrigen aber ein Ansatzpunkt zur (gegenläufigen) Kritik steckt, denn wie das DTSB-Vorbild zeigt, bietet primär die umfassende Zuerkennung von **Weisungsrechten** dem Dachverband eine Chance zu straffer Organisation und größerer Effektivität; die Übertragung von Teilbefugnissen könnte folglich als zu wenig weitreichend abgelehnt werden. Der Einwand *zu geringer* Reformfreudigkeit kann aber sofort wieder vernachlässigt werden, da im Zuge des Einigungsprozesses *überhaupt keine* Veränderungen bestehender Weisungsstrukturen erfolgten, so wurden insbesondere keine Befugnisse auf den DSB übertragen; das Einigungskonzept hat den Bereich nicht nur ausgespart, sondern sogar in der Präambel die Selbständigkeit der Mitgliedsverbände betont.

Zur Begründung dieser Reformunwilligkeit stehen keine rechtlichen Überlegungen Pate: Denn weder Vorschriften des Grundgesetzes noch nachrangiges Recht verbieten es den autonomen Vereinen und Verbänden, Befugnisse abzutreten bzw. sich in Organisationsgefüge einzugliedern, in denen sie Weisungen unterliegen.[1382] In der

---

1377 So hatte z.B. der Kölner Stadt-Anzeiger am 14.02.95 berechtigte Zweifel daran, ob sich der DFB in absehbarer Zeit in die Obhut eines neuen Super-Dachverbandes begeben würde; der DFB war kurz darauf mit der Aussage zu vernehmen, daß man auch in Zukunft eine „eigene Politik betreiben" wolle (FAZ vom 15.02.95). Der Fußballbund möchte im gesamten wirtschaftlichen Bereich „total unabhängig sein" (DFB-Journal 1/95, S.43).

1378 Die einheitliche Vermarktung sollte übrigens (nach den Vorstellungen der Urheber) mit einem (nach dem Vorbild des Länderfinanzausgleichs) konzipierten Solidaritätsbeitrag zwischen den wirtschaftlich erfolgreichen und den nicht telegenen Sportarten (vergleichbar dem oben bei § 4.II.3, bereits angesprochenen Vorschlag) verbunden werden.

1379 Es ist nicht allein ein Problem des Sports, daß neue Ideen immer zusammen mit Ämtern und Machtfragen diskutiert werden; hier tritt die Angst, Posten oder Status zu verlieren, aber besonders deutlich hervor, vgl. Busse, Erwartungen & Entwicklungen, S.100.

1380 Die Leitlinien der Wirtschaft greifen auch einen weiteren Sozialgedanken auf - den des „Sportgroschens", eines eigenen Beitrags aller DSB-Mitglieder zur Finanzierung des „Goldenen Plans Ost" (siehe oben § 8.III).

1381 Die Welt am 14.02.95.

1382 Problematisch vor dem Hintergrund des sog. „Grundrechtsverzichts" - vgl. Fn.217 - wäre hingegen die Abtretung von Befugnissen an den Staat; im übrigen ist auf obige Ausführungen zu Fragen der Integration des Sports in das Staatsgefüge zu verweisen. Die Problematik, den einzelnen vor der Macht der (Monopol-) Verbände zu schützen, ist konkret nicht betroffen bzw. erlangt keine neue Qualität (so ist z.B. der DSB ggf. auch jetzt schon gezwungen, neue Mitglieder aufzunehmen; siehe oben § 4.III.4.b).

Rechtsprechung ist eine solche Möglichkeit, mithin das Selbstverwaltungsrecht von Vereinen satzungsmäßig zu beschränken, als Ausfluß der Autonomie anerkannt.[1383] Innerhalb der einzelnen Verbände, insbesondere im Bereich des Spiel- und Wettkampfbetriebes, sind entsprechende Anweisungsstrukturen bereits seit langem anzutreffen. Entscheidend ist, daß sich die Organisationen freiwillig unterwerfen / freiwillig auf ihre Rechte verzichten, und dieser Verzicht demokratisch legitimiert ist (regelmäßig durch eine Entscheidung der Mitgliederversammlung).

Der Verzicht auf Weisungsrechte, der Wille, die nationale Dachorganisation nicht mit Machtmitteln auszustatten, liegen, wie in der historischen Einführung dieser Arbeit aufgezeigt, in geschichtlichen Erfahrungen begründet (Stichwort: gleichgeschalteter Sport des Dritten Reiches). Die Einstellung der Verbände (zu dieser Frage) ist nicht nur langjährig unverändert geblieben, vielmehr hat sich sogar der Eindruck verfestigt, daß die innere Unabhängigkeit dem Sport bekömmlich ist, daß die auch in sich unabhängige Sportlandschaft einer pluralistischen Gesellschaft gut zu Gesicht steht. Letztlich sind nahezu irreversible Strukturen entstanden, innerhalb derer einzelnen kommerziell erfolgreichen Verbänden (DFB, Tennisbund usw.) beachtliche Machtpotentiale[1384] erwachsen sind. In Ermangelung entsprechender Signale ist auch künftig nicht anzunehmen, daß diese einflußreichen Verbände bereit wären, ihre Potentiale beschränken zu lassen.[1385]

Auch wenn eine gewisse Erfolgskausalität des Sport-Planungswesens und der Plankontrolle oben bejaht wurden, käme eine Übernahme nicht in Frage, da ein zentral aufoktroyierter Sportplan mit Bindungswirkung in die Autonomie der (Fach-) Verbände eingriffe;[1386] individuelle Sportpläne mit Leistungsvorgaben nach DDR-Vorbild wären jedoch unbedenklich.[1387]

Ein größerer Macht- und Einflußbereich des DSB wäre (im Interesse sportfreundlicher Politik) wünschenswert. Vor dem Hintergrund der im DTSB erfolgreich voll-

---

1383 BVerfG (Beschluß vom 05.02.91) NJW 1991, S.2623,2625 (m.w.N.).

1384 Wirtschaftlich wie auch im Sinne politischer Einflußnahme (der Themenkomplex der personalen Durchmischung von Sport und Politik wurde bereits angesprochen).

1385 Siehe obige Ausführungen zu den Reformvorschlägen der Wirtschaft. Der in Fn.1377 namentlich benannte DFB dokumentiert regelmäßig, daß er sich nur höchst widerwillig äußeren Zwängen unterwirft. Dies kann anhand des in Fn.457 abstrakt umschriebenen Falles - Nichtnominierung einer Sportart für Olympia bei mangelnder Eingliederung ins DKS - konkretisiert werden: Der DFB hat sich erst nach langem Zögern dazu bereitgefunden, für seine Mannschaften einer Eingliederung zuzustimmen, beschränkt auf den jeweiligen Personenkreis, bezogen auf den Zeitraum vor und während der Spiele von Atlanta. Danach ist jedwede Kontrollbefugnis wieder an den DFB zurückgefallen.

1386 Vgl. § 3 Ziffer 2 DSB-Satzung, wonach der DSB die Selbständigkeit seiner Mitgliedsorganisationen anerkennt. Erst nach einer - unrealistischen (siehe oben) - Veränderung der Gesamtstruktur, unter Verzicht auf diese Satzungsbestimmung, bei normierten Durchgriffsrechten, wäre die Einführung eines zentralistischen Planungswesens zu erwägen.

1387 Ergänzend ist anzumerken, daß es im Rahmen der Verbandsförderung eine abgestimmte Planung der Spitzenverbände bereits jetzt gibt (vgl. Ziffer 3.1 des Einigungskonzeptes) und insoweit gar kein Bedürfnis auf Übernahme von zyklisch greifenden Planstrukturen im DTSB-Sinne besteht. Allerdings wäre eine langfristige und konsequent verfolgte Planung oftmals wünschenswert.

zogenen Personalisierung der Macht bzw. den vielfältigen Personalunionen müßte versucht werden, sich diesem Ziel z.B. durch eine Aufwertung des DSB-Präsidentenamtes zu nähern.[1388] Bestrebungen hierzu waren in der Vergangenheit nicht zu erkennen. Im Gegenteil - zumeist hat sich der Sport selbst dagegen gewehrt, einen Präsidenten mit aktivem politischem Mandat zu inthronisieren.[1389] Der Einigungsprozeß hat diesem (überholten) Verständnis (leider) keine neuen Impulse verliehen, das Thema wurde ausgeschwiegen; Berührungsängste bzw. Befürchtungen, die Unabhängigkeit des Sports könnte bei einer stärkeren Verzahnung mit der Politik gefährdet sein, sind unnötig bzw. unbegründet, wie die „Durchmischungen" (die es in verschiedenen Bereichen bekanntermaßen schon seit langem gibt) beweisen.[1390] Ein kleiner Fortschritt ist insofern zu vermelden, als der DSB z.Zt. spürbar politischer agiert als noch vor kurzem.[1391] Ungeachtet des Ziels, das Präsidentenamt zu stärken, wäre die automatische Zuweisung einer ähnlich bedeutsamen Funktion, wie sie dem DTSB-Präsidenten mit der Mitgliedschaft im ZK der SED zufiel, allerdings zu weitgehend.[1392]

S: Bislang haben sich die Sportorganisationen erfolgreich gegen alle Reformversuche (von innen und außen) gewehrt; zudem wurde es weitgehend vermieden, eigene Kompetenzen an andere Institutionen abzutreten.[1393] Wie aufgezeigt, erscheint es

---

1388 Eine Aufwertung des Präsidentenamtes könnte dadurch erfolgen, daß dieses künftig mit der *befristeten* Mitgliedschaft in Führungsgremien von Politik und Wirtschaft verknüpft wird (in Betracht kämen z.B. Parteivorstands- bzw. Aufsichtsratsmandate). Die Institutionen müßten solche Positionen (natürlich) freiwillig zur Verfügung stellen; hier liegt das Problem. Auch wenn deshalb einzuräumen ist, daß die Realisierungschancen nicht allzu groß sind, soll zumindest exemplarisch auf das höchste Gremium des Zweiten Deutschen Fernsehens (ZDF) hingewiesen werden - den Fernsehrat. Dieses sich aus Vertretern der verschiedensten gesellschaftlichen Bereiche zusammensetzende Gremium hält bereits jetzt einen festen Platz für den DSB bereit, der zuletzt vom Präsidenten eingenommen wurde - H.Hansen, künftig M.v.Richthofen -, vgl. Staatsvertrag über den Rundfunk im vereinten Deutschland vom 31.08.91, Art. 3, § 21 I lit.m ZDF-Staatsvertrag.

1389 Wie das Beispiel Willi Weyer beweist (siehe oben § 4.III.7 bzw. dort Fn.539).

1390 Die parteipolitische Neutralität des DSB (§ 3 Ziffer 5 DSB-Statut) bliebe bei einer Streuung der politischen Aktivitäten ungefährdet. Unabhängig hiervon könnte / müßte die Satzungsbestimmung abgeändert werden, sofern sie sich als Hindernis einer zeitgemäßen Weiterentwicklung der Institution erweisen würde.

1391 Zum Beleg sind vielfältige Begegnungen des DSB-Präsdiums mit Regierungsmitgliedern, Parteipolitikern, Arbeitgebern, Gewerkschaften usw. anzuführen - ohne daß z.B. der aktuelle Präsident kraft seines Amtes oder eines hiermit verknüpften Mandats unmittelbar Einfluß nehmen könnte; dieser handelt jedoch zumindest „mit deutlich vernehmbarer Stimme" (so Die Welt vom 27.12.95).

1392 Und - zumindest bei einem Staatsamt - rechtlich unzulässig - vgl. z.B. Art. 64 I GG hinsichtlich der Ernennung von Bundesministern (auf Vorschlag des Bundeskanzlers - keine automatische Koppelung möglich). Auch in der DDR war die Verbindung von DTSB-Amt und ZK-Mitgliedschaft nicht normativ begründet; wie M.Ewald bewiesen hat, hat die Koppelung aber faktisch bestanden.

1393 Über die genannten Beispiele hinaus (enge Kompetenzräume für die Stasi- bzw. Anti-Doping-Kommission von DSB/NOK usw.) ist konkret auch der oben bei § 4.II.1.a.bb.(1).(b) ausführlich besprochene Bereich des Schiedsgerichtswesens zu benennen. So hat sich eine deutliche Mehrheit der Verbände *gegen* ein beim DSB zu installierendes Schiedsgericht gewandt, mit dem versucht werden sollte, die Probleme der Sportgerichtsbarkeit in

(dennoch) notwendig, an „Kopf" und „Gliedern" gewisse (zeitgemäße) Veränderungen vorzunehmen. In der neu entfachten Debatte zur inneren Reform der Sportbewegung sind verschiedene Wege aufgezeigt worden, wobei insbesondere das Arbeitspapier der Wirtschaft interessante Perspektiven aufweist.[1394] Der dort angesprochene effektiver operierende „Super"-Dachverband, mit entsprechend erweiterter Zuständigkeit, ist eine Hinführung an die *zentralistische DTSB-Struktur*, ohne daß der neue Verband zur fremdbestimmten Koordinierungsstelle / zum Werkzeug staatlicher Sportpolitik würde. Unabhängig von diesem Modell wird künftig auf allen Ebenen der Aspekt hauptamtlicher Beschäftigung zu betonen sein, wobei es den autonomen Vereinen und Verbänden (auch weiterhin) selbst überlassen bleibt, den Charakter ihrer Führungsriege individuell zu bestimmen; letztlich ist die Entscheidung für Haupt- oder Ehrenamtlichkeit eine *Kostenfrage*. Das hauptamtliche Management (und der künftig zumindest teilweise hauptamtliche Vorstand)[1395] der DFB-Lizenzvereine ist möglicherweise die Vorstufe generell bezahlter Führungsarbeit. [1396] Hieran hat die Fixierung „ehrenamtlicher Führung" im Einigungskonzept nichts geändert. Soweit für den DSB DTSB-Anleitungsstrukturen diskutiert werden, sind die hiermit verbundenen Vorteile zwar zu konzedieren, ist aber gleichzeitig darauf hinzuweisen, daß derartige Strukturen in der Bundesrepublik de facto nicht durchsetzbar wären.[1397] Überdies ist anzumerken, daß dem Argument einer sich besser in das vorherrschende (pluralistische) Gesellschaftssystem einpassenden

---

den Griff zu bekommen. Neben dem Kostenargument und (vordergründig verlautbarten) praktischen Bedenken (daß nicht zu gewährleisten sei, daß die neutralen Schiedsrichter mit den spezifischen Problemen von 57 Sportarten vertraut sind) fehlte bei einer Reihe von Verbänden vor allem der Wille, Befugnisse aus der Hand zu geben.

1394 Wichtig ist, vornehmlich bei einem von der Wirtschaft vorgelegten Umstrukturierungsmodell, daß sportfremde Einflüsse durch die Geldgeber geringgehalten werden. So ist jeder Vorschlag mit Skepsis zu betrachten, der Änderungen im sportlichen Regelwerk zur Anpassung an Medienanforderungen vorsieht; hierbei ist unerheblich, daß ein solcher „Anschlag auf die Autonomie" des Sports nicht von staatlicher Seite erfolgte; vgl. § 4.II.3. Ergänzend ist darauf hinzuweisen, daß eine straffe und schlanke Verwaltungsstruktur *nicht automatisch* zu einer höheren Effizienz und sparsamerem Wirtschaften führt; jeder Reformvorschlag müßte vor seiner Realisierung deshalb kritisch durchleuchtet werden.

1395 Die neuen Lizenzierungsvorgaben des DFB sehen ein ehrenamtliches Aufsichtsgremium und einen (nicht mehr von den Mitgliedern - sondern eben vom Aufsichtsrat) gewählten Vorstand vor, der zumindest auch mit Hauptamtlichen zu besetzen ist (vgl. Berliner Morgenpost vom 20.03.96). Die Anleihen beim Recht der Kapitalgesellschaften sind unübersehbar (vgl. z.B. §§ 76 ff.,84 AktG). Diese Entwicklung ist nur konsequent, denn mitunter ist auch jetzt schon im Profi-Fußballbereich bezahlte Vorstandsarbeit Realität: So ist zu vernehmen, daß die offiziell nur ehrenamtlich fungierenden Bundesliga-Präsidenten mitunter repektable Aufwandsentschädigungen (von über 100.000 DM / jährlich) beziehen.

1396 Der Ausbildungssektor ist bemüht, dem (vermuteten) Bedarf an hauptamtlichen Funktionären Rechnung zu tragen: So ist am Institut für Sport, Freizeit und Touristik (Münster) ein Fernstudiengang „Sportmanagement" eingerichtet worden. Einem Bericht der Stuttgarter Nachrichten vom 02.03.95 folgend, soll an der Universität in Lausanne ein Hauptstudiengang mit dem Abschluß „Diplomfunktionär" angeboten werden.

1397 Am praktischen Beispiel zeigen sich hier die Auswirkungen einer nicht einseitig abhängigen Sport-Finanzierung, was zur relativen Entscheidungsfreiheit vieler Verbände führt, bzw. diese zumindest in die Lage versetzt, nicht aus pekuniären Gründen zur eigenen Entmachtung bei gleichzeitiger Stärkung des Dachverbandes beitragen zu müssen.

Sportbewegung, sofern sie auch intern autonom ist, Bedeutung zukommt. Zentralistische Planungsstrukturen sind (jedenfalls unter den bestehenden Voraussetzungen) abzulehnen. Die politische Basis des DSB-Präsidenten (und letztlich des gesamten Sports) könnte durch eine (von verschiedenen Institutionen frei anzubietende)[1398] Mitwirkung in Führungsgremien gestärkt werden (keine Staats- oder Regierungsämter). Hiermit ließe sich auf einer weiteren Ebene die (wiederum *punktuelle) Annäherung* an ein faktisches Strukturmerkmal des DTSB bewirken; die maßstabsgetreue Beibehaltung der DTSB-Strukturen (unter Auflösung des DSB, vgl. die in der Einleitung angeführte Fragestellung) wäre auf Basis obiger Erkenntnisse jedoch nicht möglich.

Sport in der Verfassung / in der Gesetzgebung

SM: Der Sport hatte in der DDR seinen festen Platz in der Verfassung (Art. 18 III, 25 III, 35 I); die hieraus abzuleitende exponierte Stellung fand auf der einfachen Gesetzesebene ihre Entsprechung.

EK: Als Folge dieser Positionierung sind sportfreundliche Normierungsinhalte verschiedenster Art entstanden, die (z.B. über die Jugendförderung oder durch Arbeitsfreistellungen) insbesondere für Leistungssportler Vorteile zeitigten.

Ü: Der Wunsch auf Einbeziehung des Sports ins Grundgesetz (z.B. in Form einer Staatszielbestimmung)[1399] wird seit langem von Vertretern der (westlichen) Sportbewegung artikuliert[1400] und wurde / wird in gleicher Intensität seitens der Politik stets zurückgewiesen.[1401]

Das Einigungskonzept des Sports hat die mögliche Verfassungsänderung nicht angesprochen;[1402] stattdessen wurde versucht, durch argumentative Einwirkung auf die in Anlehnung an Art. 5 EVertr installierte Verfassungskommission[1403] der avisierten Zielsetzung näherzukommen - letztlich erfolglos.

G: Bevor auf die Gründe (das pro und contra) einer Sportverankerung (und deren Form) näher eingegangen wird,[1404] ist generell anzumerken, daß es auf den selekti-

---

1398 Das „Andienen" der Ämter ließe sich ggf. durch eine spezielle Kampagne (gezielte Öffentlichkeitsarbeit) beeinflussen.

1399 Zum Begriff siehe unten bei den Gründen (G).

1400 Vgl. z.B. Hansen in der FAZ vom 12.06.89; der bevorstehenden Vereinigung entgegenblickend, hat auch der DTSB (mit einem Antrag an die DDR-Volkskammer) die Aufnahme eines Sportartikels befürwortet.
Ein Beleg (für die langjährige Aktualität) der Thematik ist das im Auftrag des DSB erstattete Rechtsgutachten von Ingo von Münch „Die Stellung des Sports in der modernen Verfassungsordung unseres Sozial- und Kulturstaates" (aus dem Jahre 1986).

1401 Eine Ausnahme bildet die Abgeordnetengruppe der PDS, die für die prinzipielle Verankerung des Sports als bedeutendes Kulturgut eintritt.

1402 Ebensowenig wie der Einigungsvertrag zwischen der Bundesrepublik Deutschland und der DDR.

1403 Siehe Fn.1341.

1404 Konkret werden auch die „Pro-Gründe" intensiv zu betrachten sein, da infolge der völlig unterschiedlichen Rechtssysteme nicht ohne weiteres davon auszugehen ist, daß das, was in der DDR bedeutsam war, auch in der Bundesrepublik Wirkung zeigt.

ven und richtungsweisenden Charakter des Grundgesetzes zurückzuführen ist, daß nicht jedes Phänomen gesellschaftlichen Lebens Anspruch auf (verfassungsrechtliche) Beachtung erheben kann. Der Sport akzeptiert diesen Umstand, verweist jedoch auf seine herausragende Wertigkeit, nachhaltig hervorhebend, daß er über besondere Gesundheitsfunktionen verfügt, eine pädagogische bzw. sozial-integrative Bedeutung besitzt und zur Lösung der Zukunftsprobleme der modernen Gesellschaft beitragen kann[1405] - eine Dimension übrigens, die seitens der Politik anerkannt wird. Die Position des Sports als Teil der alltäglichen Lebenswirklichkeit und als bedeutendes Element der Daseinsvorsorge ist unumstritten.[1406] In diesem Zusammenhang kann also vermerkt werden, daß der Sport nach übereinstimmender Auffassung kein beliebiges, sondern ein bedeutendes gesellschaftliches Phänomen darstellt (das eine Berücksichtigung auf höchster Ebene der Normenhierachie „verdient" hätte).[1407]

Sodann ist eine Antwort auf die Frage nach der geeignetsten Form der Verfassungsnormierung zu finden: In Betracht kommen ein eigenes Sport-Grundrecht, eine ausdrückliche Kompetenzzuweisung bzw. die Verankerung als Staatsziel.[1408]

Ein eigenes Grundrecht ist unnötig, da hiermit weder für die individuelle noch für die organisierte Sportausübung Vorteile gegenüber dem bestehenden Rechtszustand verbunden wären. Es ist nicht ersichtlich, inwiefern der Schutzbereich der Art. 2 I, II, 9 I und 12 I GG erweitert werden sollte / müßte.[1409]

Eine Klarstellung der kompetenzrechtlichen Bund/Länder-Zuordnungen wäre zwar wünschenswert, würde jedoch keine spürbaren Auswirkungen (z.B. im Sinne materieller Vorteile für den Sport) hinterlassen. Der Versuch einer Kompetenzverschiebung (zugunsten des Bundes) müßte wegen der hiermit verbundenen Beeinträchtigung föderaler Strukturen am Veto der Länder scheitern (Art. 79 II GG).[1410]

Folglich ist in erster Linie ein „*Staatsziel* Sport(förderung)" zu erwägen.[1411]

Nach zutreffender Begriffsdefinition der Kommission „Staatszielbestimmungen / Gesetzgebungsaufträge"[1412] handelt es sich bei Staatszielen um Verfassungsnormen

1405 Rittner, Stellenwert, S.13,16,17,135.

1406 Ergebnisniederschrift der 6.(18.) SMK, S.3; weitere Quellen oben bei § 4.II.7.

1407 Von Münch, Stellung des Sports, S.23, gelangt zu dem (Zwischen-) Ergebnis, „... daß die große Bedeutung ... eine Verankerung des Sports in den Staatszielbestimmungen (*des Grundgesetzes*) nahelegt".

1408 Die „Variante Gesetzgebungsauftrag" wird weiter unten angesprochen.

1409 Ungeachtet des Umstandes, daß ein Sport-Grundrecht bundespolitisch wohl ohnehin keine Chance hätte, gelangt Stern, Grundfragen, S.62 ff. (im Hinblick auf die nordrhein-westfälische Landesverfassung) zu dem Ergebnis, daß ein abwehrrechtlich formuliertes Sport-Grundrecht mit einem weiten Schrankenvorbehalt zugunsten des Gesetzgebers ausgestattet sein müßte (und insofern wenig nützlich sei). Ein Sportgrundrecht in Gestalt eines Leistungsrechts stößt nach seiner Prüfung auf erhebliche verfassungstheoretische und verfassungspolitische Bedenken (a.a.O., S.66 ff.).

1410 Entsprechende Widerstände wären zu erwarten, sollten die Länder versuchen, dem Bund seine Förderzuständigkeit für den Spitzensport streitig zu machen.

1411 Für Steiner NJW 1991, S.2730, kann es (ohne weitere Ansätze zu diskutieren) ohnehin nur um eine „Sportförderungs- und Sportpflegeklausel" gehen.

„mit rechtlich bindender Wirkung, die der Staatstätigkeit die fortdauernde Beachtung oder Erfüllung bestimmter Aufgaben, sachlich umschriebener Ziele, vorschreiben".[1413]

Dem Gesetzgeber bleibt es (bei vorgegebenener Gestaltungsrichtung) weitgehend überlassen, die Wahl der Mittel, die Art und Weise der Realisierung sowie die Gewichtung gegenüber anderen Staatszielen bzw. den Umsetzungszeitpunkt zu bestimmen.[1414] Zu den sog. *Gesetzgebungsprogramme*n besteht eine gewisse Verwandtschaft, da auch diese keine individuellen Ansprüche begründen.[1415] Ein bedeutender Unterschied ist jedoch darin zu sehen, daß den Programmen normative Wirkungen fremd sind; Staatszielbestimmmungen hingegen binden (primär bei der Auslegung anzuwendender Vorschriften) jedwedes staatliche Handeln, äußern folglich auch gegenüber Exekutive und Judikative unmittelbare Verbindlichkeit.

Vorgenannte Merkmale aufgreifend, ist nunmehr konkret zu fragen, welche Vorteile mit einem „Staatsziel Sport" verknüpft wären. Zunächst ist festzustellen, daß der Gesetzgeber einen **Handlungsauftrag** erhielte: Vor der Schaffung neuer oder der Änderung bestehender Gesetze hätte er stets zu prüfen, inwieweit die geplante gesetzgeberische Aktivität staatszielrelevant ist. Die verbalisierte Präsenz des Sports führte folglich zu einer Bewußtseinsschärfung des Normgebers. Dieser Checklistengesichtspunkt erwies sich (wie oben angesprochen) im (Sport-) System der DDR als förderlich. Da das dort praktizierte Verhalten, aus opportunistischen Gründen vom Gesetzesvollzug z.B. sportunfreundlicher Regelungen abzusehen, in der Bundesrepublik regelmäßig keine Entsprechung findet, ist es hier noch wichtiger, „mißratene" Gesetze möglichst schon in ihrer Entstehung zu verhindern. Dieses Ziel kann besser verfolgt werden, wenn die Aufmerksamkeit des Gesetzgebers erhöht wird. Die Rechtswirklichkeit zeigt jedenfalls, daß sich bei vielen Normierungen erst nach deren Verabschiedung herausstellt, daß auch der Sport tangiert ist, obwohl die Vorschriften eigentlich völlige andere Adressatenkreise im Visier hatten und eine Belastung des Sports insofern gar nicht vorgesehen war.[1416] [1417]

[1412] Sachverständigen-Kommission von BMI und BMJ (1981), die Vorschläge für die Aufnahme von Staatszielbestimmungen unterbreitete, durch die dem Staat in den Bereichen Kultur und Umweltschutz eine spezielle Verantwortung auferlegt werden sollte.

[1413] Bericht der Sachverständigenkommission, vorstehende Fn., S.5 Rdnr.7; nach Klein, DVBl 1991, S.733 hat sich diese Begriffsdefinition seither durchgesetzt. Siehe auch Steiner, SpuRt 1-2/94, S.4; Stern, Grundlagen, S.81,82.

[1414] Stern, Grundlagen, S.81,82; Klein, DVBl 1991, S.733.

[1415] Die objektiv-rechtliche Wirkung wandelt sich dann in eine subjektive Berechtigung um, wenn Staatszielbestimmungen, z.B. durch Bezugnahme auf Grundrechte, begünstigende Schutzzwecke für den einzelnen zu entnehmen sind, vgl. Klein, DVBl 1991, S.733; Stern, Grundlagen, S.86,87.

[1416] So wurde z.B. durch Art. 5 des 1. Gesetzes zur Umsetzung des Spar-, Konsolidierungs- und Wachstumsprogramms das Bundeskindergeldgesetz in § 2 II geändert (vgl. BGBl. 1993, S.2553 ff.,2363). Hierin wurde angeordnet, bei der Gewährung von Kindergeld künftig Kinder nicht mehr zu berücksichtigen, „denen aus dem Ausbildungsvertrag oder einer Erwerbstätigkeit Bruttobezüge in Höhe von wenigstens DM 750,- monatlich zustehen"; die Änderung bezog (zunächst) auch Honorare jugendlicher Übungsleiter ein. Es ist evident, daß dies wiederum (vom Gesetzgeber nicht beabsichtigte) negative Auswirkungen auf die Gewinnung solcher Übungsleiter gehabt hätte.

Der mitunter zu vernehmenden Erwartungshaltung, ein Sportartikel könnte zu einer **finanziellen Besserstellung** führen (z.B. über höhere Fördermittel), ist eher entgegenzutreten. Denn Ausfluß der in den Staatszielen formulierten allgemeinen „Verpflichtungen" ist es nicht, wie oben aufgezeigt, den Bürgern (oder konkret den Organisationen der Sportbewegung) einklagbare Ansprüche zur Verfügung zu stellen.[1418] Vielmehr ist diesen verfassungsrechtlichen Leitgrundsätzen ein appellativer Charakter immanent. Um diesem Appellcharakter Rechnung zu tragen, könnte der Gesetzgeber angehalten sein, vermehrt **Abwägungsgebote** in sportrelevante Gesetze aufzunehmen. Im Rahmen der Abwägung wiederum könnte sich die (gestärkte) Position des Sports erweisen, der (geschriebene) Verfassungsrang als **Auslegungs- bzw. Argumentationshilfe** für die Gerichte[1419] bzw. die Verwaltung[1420] fungieren. Der Bund hingegen ist der Auffassung, daß ein derartiger Vorteil nicht entstünde, da sich bei Kollisionsproblemen mit anderen Verfassungsgütern die Position des Sports nicht verbessern ließe. Denn auch heute schon gelte, daß bei einer Kollision des (ungeschriebenen) Verfassungsgutes Sport mit einem anderen Verfassungsgut beide in ihrem Bestand erhalten blieben, wobei die vorzunehmende Abwägung nach dem Prinzip des schonendsten Ausgleichs zu erfolgen habe.[1421] Dem ist mit Klein[1422] entgegenzuhalten, daß es in der Eigenart des Verhältnisses von Legislative und Judikative begründet liegt, daß letztere die Wirkkraft der (expliziten) Verfassungsnormen desto stärker entfaltet, je mehr der Gesetzgeber „zögert und säumt". Da weiterhin seit dem 27.10.94 der Umweltschutz durch Aufnahme von Art. 20 a ins Grundgesetz eine Aufwertung seiner verfassungsrechtlichen Stellung erfahren hat,[1423] besteht künftig (noch stärker) die Gefahr,[1424] daß administrative

---

1417 Die Problematik, daß Normierungen, die eigentlich für andere Gesellschaftsbereiche geschaffen wurden, dann, wenn sie auch auf den Sport Anwendung finden, dessen Abläufe „durcheinanderbringen", hat sich bei der jüngst ergangenen Entscheidung des EuGH im Fall Bosman (siehe Fn.292) eindrucksvoll erwiesen. So soll die Zugehörigkeit des Berufssports zum Komplex des Wirtschaftsrechts eine Unvereinbarkeit von „Ausländerklauseln" bzw. „Transferbestimmungen" (in ihrer konkreten Gestalt) mit Art. 48 EG-Vertrag zur Folge haben.

1418 In finanzieller Hinsicht ist eher auf den von Stern, Grundlagen, S.88 angesprochenen Aspekt abzustellen, daß ein Staatsziel Sport ggf. verhindern könnte, daß dieser in Zeiten knapper Haushaltsmittel *als erster* bzw. einziger Bereich von Kürzungen bzw. Streichungen betroffen wird.

1419 Im Rahmen der richterlichen Rechtsanwendung wäre die Staatszielbestimmung Sport eine normative Vorgabe für die Auslegung und Fortbildung des Rechts, mithin Richtlinie für
- eine verfassungskonforme Auslegung der Gesetze,
- die Ausfüllung von Kontrollspielräumen z.B. bei der Überprüfung planerischer Entscheidungen,
- die Konkretisierung von Generalklauseln des Zivilrechts.

1420 Ähnlich wie zuvor für die richterliche Rechtsanwendung ausgeführt, erhielte der Sport seinem hohen Rang (Teil der Allgemeininteressen) entsprechendes Gewicht bei der Auslegung der Gesetze, der Konkretisierung unbestimmter Rechtsbegriffe, der Auslegung von Ermessen und der Ausfüllung planerischer Entscheidungsspielräume.

1421 Achter Sportbericht, S.20.

1422 in: DVBl 1991, S.732.

1423 Veränderte Ausgangslage zu den Prämissen von von Münch, Stellung des Sports, S.40, 41 bzw. Steiner, NJW 1991, S.2730 (der auf entsprechende Präjudizierungen für den Fall

und richterliche (Abwägungs-) Entscheidungen im Verhältnis Umwelt und Sport zuungunsten des Sports ausfallen. Eine „Waffengleichheit" kann nur dadurch wiederhergestellt werden, daß auch der Sport eine protokollarische Anhebung erfährt. Erst dann ist sichergestellt, daß zur Lösung des sich ggf. abzeichnenden Zielkonfliktes beider Staatszielbestimmungen ein schonender Ausgleich gesucht wird.

Da über Sinn und Nutzen des Sports in der Bevölkerung zwar weitgehender Konsens besteht, dieser Umstand vom Verfassungstext aber nach wie vor ignoriert wird, könnten über eine ausdrückliche Einbeziehung die **Integrationskraft** des Grundgesetzes gestärkt, die Funktionswahrnehmung durch die Sportorganisationen verbessert sowie die Motivation ihrer ehrenamtlichen Helfer angehoben werden.

Aufgrund einer gewissen „**Vorbildwirkung**" des Grundgesetzes könnte eine Sportklausel auch zur beschleunigten Aufnahme entsprechender Staatsziele in die Länderverfassungen führen, deren Verankerung sich in vielen Bundesländern zur Zeit noch als problematisch erweist.[1425] [1426]

Gegen die verfassungsrechtliche Sport-Verankerung ist zunächst ein **verfassungskonzeptioneller Grund** anzuführen: Das Grundgesetz ist eine stark normativ geprägte Verfassung, deren weitgehender Verzicht auf Staatszielbestimmungen[1427] deshalb sinnvoll ist, weil hiermit sowohl eine Abwertung zum „Lesebuch" als auch die Verengung politischer Handlungsspielräume verhindert werden kann.[1428] Dieses an sich gute (systematische) Argument (gegen eine sportliche Staatszielfixierung) hat dadurch eine Abschwächung erfahren, daß in Art. 20 a GG nunmehr der Umweltschutz entsprechende Berücksichtigung gefunden hat. Dem läßt sich allenfalls entgegenhalten, daß diesem eine noch höhere Bedeutung zukommt als dem

---

einer Umweltklausel hinweist; siehe auch Stern, Grundlagen, S.78, der im Hinblick auf die Einfügung des Art. 29 a in die Landesverfassung von Nordrhein-Westfalen (Schutzgegenstand: Natürliche Lebensgrundlagen) die Befürchtung äußert, daß die Umwelt nunmehr ein solches Gewicht erfahren habe, daß der Sport demgegenüber zurückstehen müsse. Jedenfalls habe die Aufnahme in die Verfassung bewirkt, daß das (bislang ausgewogene) Verhältnis gestört sei.

1424 Zu den Konflikten im Verhältnis Sport und Umwelt siehe Stern, Grundlagen, S.53 ff.; von Münch, Stellung des Sports, S.43 ff. (m.w.N.). Die Novellierung des § 906 I BGB (Einfügung der Sätze 2 und 3 durch Art. 2 § 4 Sachenrechtsänderungsgesetz vom 21.09.94, BGBl. I S.880) wirkt im konkreten Zusammenhang nur punktuell unterstützend.

1425 Außer in Nordrhein-Westfalen beinhaltet in den alten Bundesländern nur die jüngst überarbeitete Berliner Verfassung einen Sport-Artikel. In den neuen Bundesländern sind entsprechende Klauseln stets fixiert; zur Thematik siehe unten.

1426 Nur am Rande sei vermerkt, daß neben den Bestrebungen, das „Staatsziel Sport" verfassungsrechtlich zu verankern, Pläne verfolgt werden, dem Ehrenamt durch entsprechende Positionierung (als Staatsziel) zu mehr Anerkennung zu verhelfen (Munzert in der DSB-Presse Nr.51-52 vom 19.12.95); eine solche (nicht nur den Sport betreffende) Normierung könnte ggf. bei der Akquisition neuer Mitarbeiter hilfreich sein.

1427 Eine Ausnahme bilden die Staatsziele „Republik", „Demokratie", „Sozialstaat", „Rechtsstaat" und „Bundesstaat", die der Bundesrepublik Deutschland ihr elementares Gepräge geben (Art. 20 I, 28 I GG); sonstige Beispiele bei Stern, Grundlagen, S.82.

1428 Steiner, NJW 1991, S.2730: „... *hat* die Bundesrepublik mit dem Verzicht des Parlamentarischen Rats auf Staatsaufgabenkataloge und Sozialversprechen nach Art anderer Verfassungen gute Erfahrungen gemacht"; derselbe in SpuRt 1-2/94, S.3.

Sport bzw. daß die (ausnahmsweise) Einbindung einer Materie durch ausdrückliche Grundgesetz-Benennung nicht dazu führen darf, eine als sachgerecht erachtete Selbstbeschränkung dauerhaft auszuhebeln.

Ein weiteres Argument gegen die Einbeziehung ergibt sich daraus, daß der Bund über die in eine Staatszielbestimmung gekleidete Sportförderklausel Gelegenheit erhielte, Sport-(Förder-) **Kompetenzen** (zum Nachteil der Länder) zu reklamieren;[1429] hierdurch könnte eine allgemeine Sogwirkung bei der Kompetenzverteilung (zugunsten des Bundes entstehen). Dem läßt sich entgegenhalten, daß dieses Problem durch einen klarstellenden Hinweis in der neuen Bestimmung (z.B. einem Art. 20 b GG) gelöst werden könnte. Dort könnte niedergelegt sein, daß mit dem Staatsziel Sport keine kompetenzrechtlichen Verschiebungen verbunden sind.

Der generellen Einschätzung, daß Staatszielbestimmungen eine **unerwünschte Politisierung bzw. Finalisierung** der Verfassung bewirkten, was letztlich einer Einschränkung des gesetzgeberischen Ermessens gleichkäme, ist zu widersprechen. Denn der politische Gestaltungsspielraum wird (wie aufgezeigt) durch Staatszielbestimmungen nicht nachhaltig eingeschränkt, da diese lediglich ein Ziel vorgeben, dem der Gesetzgeber im Rahmen seiner breiten Ausgestaltungsfreiheit nachzukommen hat.[1430] Im Hinblick auf die Tätigkeit der Gerichte und Verwaltungen gilt in gleicher Weise, daß der Vorrang des Gesetzgebers nicht ausgehöhlt wird. Es geht auch hier nur um die Funktion der in den Staatszielbestimmungen zum Ausdruck kommenden Wertordnung, diejenigen Auslegungs- und Entscheidungsspielräume auszufüllen, die *das Gesetz selbst* einräumt;[1431] deshalb ist im übrigen auch ein mit der Staatszielbestimmung verbundener allgemeiner Gesetzesvorbehalt, wie mitunter gefordert,[1432] abzulehnen.

Fazit: Die ausdrückliche Verankerung einer Sportklausel als Staatszielbestimmung des Grundgesetzes wäre aus verschiedenen Gründen für den Sport nützlich. Dem ist primär der verfassungssystematische Einwand entgegenzuhalten, daß es sich beim Grundgesetz um eine „harte" (juristische) Verfassung handelt, mit deren normativen Inhalten die Aufnahme weiterer Staatszielbestimmungen nicht zu vereinbaren wäre. In diesem Zusammenhang ist jedoch zugleich auf den „Sündenfall" des Art. 20 a GG hinzuweisen, der die bisherige starre Linie durchbrochen hat. Im Ergebnis ist deshalb unter Berücksichtigung aller o.a. Argumente festzustellen: Eine Sportklausel im Grundgesetz wäre sowohl sinnvoll als auch verfassungsrechtlich vertretbar.

Da eine politische Mehrheit hierfür jedoch nicht in Sicht ist,[1433] müssen mögliche Alternativen erwogen werden. In Betracht zu ziehen ist in erster Linie die Aufnah-

---

1429 Steiner, SpuRt 1-2/94, S.3.

1430 Stern, Grundfragen, S.83.

1431 Im Handelsblatt vom 19./20.06.92 wird der Sorge Ausdruck verliehen, Gerichte oder Verwaltungen könnten verleitet werden, die Verfassung am Parlament vorbei zu vollziehen. Isensee befürchtet(e) gar einen „Interpretationswettbewerb" (zitiert in Der Spiegel, 6/93).

1432 Vgl. Hinweise bei Klein, ZRP 1991, S.163 und in Der Spiegel, 6/93 (bzgl. der Debatte zum Staatsziel Umweltschutz).

1433 Steiner, SpuRt 1-2, S.2: „Zu keinem Zeitpunkt hatte der Sport ... mit seiner Forderung eine reelle Chance ..., in das Grundgesetz *aufgenommen zu werden*".

me des Sports als Staatsziel der Länderverfassungen. Hiermit läßt sich zwar nicht dem DDR-Vorbild einheitlicher Leitgrundsätze auf höchster Ebene der Normenhierarchie nacheifern (sozusagen der „Königsweg“),[1434] jedoch unterliegt die vorgeschlagene „Ersatzlösung“ zumindest keinen systematischen Bedenken. Denn die Länderverfassungen sind Verfassungen der Staatsziele; die ausdrückliche Erfassung vieler Einzelbereiche - Arbeit, Natur, Denkmalpflege, Landwirtschaft, Wohnungsbau, Erholung usw. - legt hiervon Zeugnis ab. Dementsprechend enthält das Verfassungsrecht aller neuen Bundesländer[1435] (sowie von Nordrhein-Westfalen und - seit kurzem - Berlin) eine Sportförderklausel; in verschiedenen anderen Bundesländern werden entsprechende Schritte erwogen bzw. von den Sportverbänden gefordert.[1436] Die gleichmäßig präsenten Sportklauseln sind in den neuen Bundesländern auf ein geringeres Maß an politischer Befangenheit sowie ein Bekenntnis zur sportlich hochwertigen Leistung früherer DDR-Athleten zurückzuführen.[1437] Hinzu kommt, daß in den Ländern des Beitrittsgebiets ohnehin eine (neue) Verfassung entworfen werden mußte und sich insofern die Gelegenheit bot, die Staatszielbestimmung Sport von vornherein konzeptionell miteinzubinden; im Rahmen eines speziell zu initiierenden Ergänzungsverfahrens wären größere Widerstände zu überwinden gewesen. Denn den Befürwortern einer (nachträglichen) Sportklausel steht zumeist eine breite Solidarbewegung derjenigen gegenüber, die Sport und Kultur nicht als gleichberechtigt eingestuft sehen möchten bzw. bei denen der Sport vor allem in seinen negativen Erscheinungsformen[1438] Beachtung findet.[1439]

Die Vorteile entsprechender Staatszielbestimmungen sind zwar nicht abschließend einzuschätzen, jedoch können die oben bei der Erörterung der Grundgesetzklausel aufgeführten Argumente (im verkleinerten Maßstab des jeweiligen Landesgebiets) analog herangezogen werden. So ist z.B. die erhöhte Aufmerksamkeit des Normgebers (für sportrelevante Belange) im Legislativverfahren besonders hervorzuheben. Ferner wären Auslegungs- bzw. Abwägungssignale vornehmlich in Richtung Sport und Umwelt zu erwarten. Die Integrationswirkung der Verfassung würde gestärkt. Der Sport könnte einen protokollarischen Aufstieg verbuchen, der ihn vom Wechsel der politischen Mehrheitsverhältnisse unabhängiger machen würde. Möglicherweise gäbe ein Staatsziel Sportförderung auch den entscheidenden Anstoß zur Ausweitung der bislang nur zögerlich voranschreitenden Sportfördergesetzgebung.[1440]

[1434] Es liegt auf der Hand, daß selbst eine flächendeckende Verfassungsnormierung in allen Bundesländern nicht für Einheitlichkeit im Bundesgebiet sorgen kann. Denn einerseits sind Bundeskompetenzen zu beachten, zum anderen wird jedes Bundesland den entsprechenden Artikel in Nuancen anders formulieren bzw. interpretieren.

[1435] Vgl. die Landesverfassungen von Mecklenburg-Vorpommern (Art. 16 I 1), Sachsen (Art. 11 I,II), Sachsen-Anhalt (Art. 36 I,III), Thüringen (Art. 30 III) und Brandenburg (Art. 35).

[1436] Baden-Württemberg, Schleswig-Holstein, Hessen, Bayern.

[1437] Steiner, SpuRt 1-2/94, S.3.

[1438] Kommerzialisierter, dopingbelasteter Spitzensport, aber auch geräuschintensiver Breitensport in Wohngebieten (z.B.).

[1439] Steiner, SpuRt 1-2/94, S.3 spricht von einer eigenartigen „Gegen-Allianz“.

[1440] Z.Zt. gibt es in den (alten) Bundesländern Berlin, Bremen und Rheinland-Pfalz entsprechende Fördergesetze; in den neuen Bundesländern ist dies in Brandenburg und Thüringen der Fall. Anzumerken bleibt, daß Sportfördergesetze auch ohne Sportklausel in der

Als weiterer Aspekt wäre zu berücksichtigen, daß der mancherorts gestarteten Initiative, der Gesetzgeber möge den Sport in den Rang einer kommunalen Pflichtaufgabe erheben,[1441] ggf. kräftiger Rückenwind verliehen würde.[1442] Hiervon wiederum ginge ein wichtiges Signal aus, die infolge angespannter Kassenlage bestehenden Rückzugstendenzen der gemeindlichen Sportförderung zu stoppen.[1443]

Im konkreten Zusammenhang ist zudem darauf zurückzukommen, daß der Sport ggf. als Gesetzgebungsauftrag in der (Landes-) Verfassung zu verankern wäre. *Gesetzgebungsaufträge* sind objektiv-rechtliche Verfassungssätze, durch die der Verfassungsgeber den einfachen Gesetzgeber verpflichtet, im Bereich einer Regelungsmaterie in bestimmter Weise tätig zu werden.[1444] Zwar wurde auch zuvor schon (bei den Staatszielbestimmungen) die „programmatische Inpflichtnahme" betont, aber gleichzeitig hervorgehoben, daß Staatsziele die politische Gestaltungsfreiheit des Gesetzgebers nicht beeinträchtigen. Staatszielbestimmungen unterscheiden sich folglich von den Gesetzgebungsaufträgen dadurch, daß die gesetzgebenden Organe nicht zum Erlaß konkreter Regelungen verpflichtet werden sollen.

Gegenstand des Gesetzgebungsauftrages könnte ein Sport(förder)gesetz sein. Trotz des „verlockenden Angebots" müßte (zumindest bei gegebener Alternative „Staatsziel") ein solcher Gesetzgebungsauftrag abgelehnt werden, da hiermit vergleichsweise viele Nachteile verbunden wären: Zum einen würde sich der Auftrag mit seiner Erledigung erschöpfen. Sobald der Gesetzgeber der an ihn gerichteten Weisung nachgekommen wäre, hätte der Sport seine verfassungsrechtliche Bedeutung auch wieder verloren. Das vitale Interesse an einer dauerhaften Wahrung sportlicher Belange bliebe unerfüllt. Zum andern würde der Sport in ungewohnter Weise staatlicher Reglementierung unterliegen; der Gesetzgeber wäre verfassungsrechtlich verpflichtet, in die an sich staatsfreie Sphäre des Sports einzudringen. Dies kann keine

---

Landesverfassung erlassen werden können (wie in Rheinland-Pfalz) bzw., daß es keine Verpflichtung gibt, bei gegebenem Staatsziel Sportfördergesetze zu verabschieden, Steiner, SpuRt 1-2/94, S.4 (auch zu den Inhaltsvarianten); Stern, Grundlagen, S.46.

1441 Dies vor dem Hintergrund, daß zur Erfüllung der Pflichtaufgaben immer größere Anteile der gemeindlichen Haushaltsmittel verwendet werden, so daß für die freiwilligen Leistungen zunehmend weniger übrigbleibt. Konkrete Auswirkungen waren z.B. Anfang 1995 im Bundesland Hessen zu verspüren, als seitens der Bezirksregierung darum gebeten wurde, bis zur Genehmigung der Haushalte keine freiwilligen Leistungen mehr anzuweisen.

1442 Vgl. FR vom 09.09.95 bzw. FAZ vom 29.02.95 zu einer (allgemeinen) Initiative in Hessen bzw. FAZ vom 12.01.96 und DSB-Presse Nr.4 vom 23.01.96 zu einer parteipolitischen (SPD) Initiative; die SPD hat weiterhin bekundet, sich für ein nationales „Sportfinanzierungsgesetz" einsetzen zu wollen (dessen Einzelheiten bis jetzt nicht bekanntgeworden sind; vgl. FAZ vom 24.01.96).

1443 Wie das Beispiel Nordrhein-Westfalen zeigt, bietet die Verfassungsnormierung allerdings keinen hinreichenden Schutz vor Etatkürzungen (in diesem Bundesland wurde unlängst eine rund 30 prozentige Reduzierung der Landesfördermittel für den Sport angekündigt, vgl. Kölner Stadtanzeiger vom 06.06.95). Hiermit bestätigt sich der oben angesprochene Aspekt, daß die Bedeutung von Staatszielbestimmungen nicht primär im fiskalischen Bereich zu sehen ist, daß eine solche Normierung ohne die Komplementärfunktion einer entsprechenden Haushaltswirklichkeit eher einer substanzlosen Hülle gleicht.

1444 Klein, DVBl 1991, S.733; Ossenbühl in Isensee/Kirchhof, Staatsrecht III, § 63 Rdnr.10; Stern, Grundlagen, S.75.

Zielsetzung sein, die der freie Sport vernünftigerweise verfolgen sollte,[1445] insbesondere dann nicht, wenn der Gesetzgebungsauftrag keine Beschränkung auf die reine Fördermaterie enthalten sollte - mithin zum Erlaß eines allgemeinen Sportgesetzes verpflichtete. Da der Staat hier ordnungspolitisch wirken müßte, wäre die fein austarierte (bisherige) Aufgabenverteilung zwischen Sport und Staat obsolet, eine Konsequenz, die es zu vermeiden gilt.[1446] Dieser Ansatzpunkt spielte z.B. bei dem vom Neuen Forum zur Wendezeit vorgelegten Konzept (für ein Sportgesetz der *DDR*) keine Rolle; auf die gesamtdeutschen Strukturen sind die dort niedergelegten Vorstellungen deshalb nur bedingt übertragbar.[1447] Ähnliches gilt für die mitunter zu vernehmenden Rufe nach einer umfassenden Sportgesetzgebung sowie für das z.B. von F.Beckenbauer zu vernehmende Plädoyer für ein nationales Sportministerium.[1448] In all diesen Fällen wird jeweils eine Weichenstellung in Richtung zunehmender Beeinflussung und Lenkung gelegt, ohne dem Strukturmerkmal des staatsunabhängigen freien Sports hinreichend Rechnung zu tragen.[1449]

S: Im Ergebnis ist festzustellen, daß sich unabhängig von einem konkreten Gesetzgebungsauftrag, dort aber besonders deutlich werdend, der Sport bei dem verständlichen Bestreben, in schwierigen Haushaltszeiten eine Absicherung durch Sport(förder)gesetze zu erfahren, auf einem schmalen Grat bewegt. Jede gesetzgeberische Aktivität birgt die Gefahr eines Übergriffs auf die Selbstverwaltung des Sports, verengt zudem die weiteren Handlungsspielräume der Politik.[1450] Deshalb ist der schonendere Weg zugleich der bessere Weg: Staatszielbestimmungen in den Länderverfassungen haben eine autonomiestärkende Wirkung und bieten die dauerhafte

---

[1445] Eine Einschätzung, die auch vor dem Hintergrund gilt, daß keine „Regelungslawine" nach DDR-Vorbild (vgl. oben § 5.III.1.b und c bzw. Fn.791) zu erwarten wäre. Denn neuere Bestrebungen gehen generell dahin, die Normenflut einzudämmen und eher zur Deregulierung beizutragen, vgl. von Münch, Stellung des Sports, S.37.

[1446] Ähnlich Stern, Grundlagen, S.78 ff.; mit gleichem Ergebnis Steiner, BayVBl 1995, S.419. Von Münch, Stellung des Sports, S.37,38 weist ergänzend darauf hin, daß der Sport als Konglomerat ganz unterschiedlicher Betätigungen in Gesetzesform gar nicht sachgerecht zu erfassen wäre und somit ein Sammelsurium von Allgemeinplätzen entstehen müßte.

[1447] Das Diskussionspapier des Neuen Forums basiert auf der These, daß sich der Sport in der DDR in einem rechtlichen Vakuum befunden hat, was wiederum dem SED-Mißbrauch Vorschub geleistet haben soll (vgl. Fn.741) - eine Einschätzung, der kaum zu widersprechen ist. Im Bestreben, diesem Zustand abzuhelfen, wurde konzeptionell ein Sportgesetz entwickelt. Auch wenn einzelne Ansatzpunkte hieraus interessant erscheinen mögen - z.B. jährlicher Pauschalbetrag aus öffentlichen Mitteln, der der Sportgemeinschaft des Sporttreibenden unmittelbar zur Verfügung gestellt wird -, ist das angedachte Gesetzesgefüge zu sehr auf die damalige (im Wandel begriffene) Staatsform der DDR abgestellt.

[1448] Berliner Zeitung vom 20.01.96, SZ vom 22.01.96, FR vom 20.01.96 (mit Replik des DSB-Präsidenten v.Richthofen: „Forderung gegen den Zeitgeist"); Aspekt eines eigenen Sportministeriums ferner angesprochen bei Knecht, Versäumnisse, S.25.

[1449] Neben der mit Einrichtung eines Sportministeriums zunehmenden Bürokratisierung sprechen auch die nur geringen originären Bundeszuständigkeiten dagegen (vgl. E.Nelle im DFB-Journal 1/95, S.43).

[1450] Vgl. Steiner, BayVBl 1995, S.419: „Gesetze machen die politischen Räume (*Gestaltungsspielräume*) enger." Im konkreten Zusammenhang besteht zudem die Gefahr, daß nicht nur die Selbstverwaltung des Sports tangiert ist, sondern ggf. auch in die gemeindliche Selbstverwaltung (gemäß Art. 28 II 1 GG) eingegriffen wird.

Gewähr einer Präsenz dort, wo sie notwendig ist - im Gesetzgebungsverfahren, in Gerichts- und Verwaltungsverfahren, jeweils als (mit) zu berücksichtigender Aspekt. Wie die Beispiele aus den neuen Bundesländern, von Berlin und Nordrhein-Westfalen zeigen, ist die Zielsetzung, eine solche Verankerung zu erreichen, auch realistisch, zumindest z.Zt. realistischer, als der Versuch einer Einbeziehung ins Grundgesetz (dem prinzipiell erstrebenswertesten Unterfangen).

Da weder die nachhaltige Einschränkung / Aufhebung der Autonomie noch der Subsidiaritätsaspekt (als wertvolle „Errungenschaften" des freien Sports) zur Disposition stehen, kann dem DDR-Vorbild nur auf der Ebene des Verfassungsrechts gefolgt werden und, wie aufgezeigt, nur in Gestalt eines Staatszieles.[1451] Sonstige Reglementierungen - ob verfassungsrechtlicher oder einfachgesetzlicher Art - sind abzulehnen. Die Regelungsflut des DDR-Gesetzgebers hat in letzter Konsequenz zwar eine förderliche und vereinheitlichende Wirkung gehabt, der (für den westdeutschen Sport) zu entrichtende Preis spürbarer Autonomiebeschränkungen wäre hierfür aber zu hoch.[1452] Die Gefahr einer Verstaatlichung des Sports ist hier greifbar. Folglich war es richtig, die Wiedervereinigung nicht mit einem oder mehreren Sportgesetzen zu begleiten. Der Kompromiß einer Staatszielnormierung im Grundgesetz oder zumindest der breiteren Streuung in den Verfassungen der Länder wäre hingegen rechtlich nicht zu beanstanden und im Interesse des Sports sinnvoll gewesen;[1453] entsprechendes zu reklamieren wird auch in der Zukunft eine Aufgabe bleiben.

Nachwuchsprogramme

SM: Der Nachwuchssport in der DDR war geprägt von einem erfolgsorientierten System der Talentsichtung und Talentförderung, dessen Elemente perfekt aufeinander abgestimmt waren.

EK: Das am gesamten Bevölkerungspotential orientierte Sichtungssystem (unter besonderer Berücksichtigung der Spartakiadewettkämpfe) vermochte ein Maximum an Talenten aus der sportfreudigen Masse herauszufiltern. Die so ermittelten Talente wurden unter Berücksichtigung ihrer spezifischen Fähigkeiten den Sportarten zugeführt, die eine optimale (Medaillen-) Ausbeute verhießen. Die Förderung der

---

1451 Stern, Grundlagen, S.84 ist zuzustimmen, soweit er davon ausgeht, daß nach einer Aufnahme des Staatsziels Sports in die (Landes-) Verfassung verstärkte gesetzgeberische Aktivitäten nicht zu erwarten wären, da eine Zunahme von Reglementierungen dem Geist und den Vorgaben der Verfassungsergänzung widerspräche.

1452 Eine Vereinheitlichung aller relevanten Bereiche wäre aufgrund der föderalistischen Strukturen der Bundesrepublik ohnehin kaum zu erreichen.

1453 Vgl. entsprechendes Resumee von Stern, Grundlagen, S.89 (zur Aufnahme des Sports in die Landesverfassung von Nordrhein-Westfalen); Steiner, SpuRt 1-2/94, S.5 weist zu Recht darauf hin, daß eine Bestimmung, durch die der Sport (wie in Art. 18 II Verfassung NRW) unter den Schutz des Staates gestellt wird, bedenklich weit gefaßt ist. Denn eine solche „Schutzhaft" des Sports erweckt zumindest den Anschein, daß es dem Staat zufällt, anstelle des Sports problemlösend tätig zu werden. Wäre dies eine zutreffende Interpretation des Norminhalts, müßte sich der Sport hiergegen verwahren, da ein Eingriff in den grundrechtlich abgesicherten Freiheitsstatus naheläge.

entsprechend kanalisierten Sportler erfolgte bei optimaler Verzahnung von Schule und Training in den TZ bzw. KJS. Im Ergebnis wurde hierdurch ein quantitativ und qualitativ hochwertiges Reservoir an Nachwuchskräften bereitgestellt, das als Basis aller leistungssportlichen Erfolge der DDR gelten muß.

Ü: Der Nachwuchssport hat im EVertr keine Erwähnung gefunden. Im Einigungskonzept wurde im Bereich der Talentauswahl eine verstärkte Kooperation von Schule und Sport (Verein/Verband) ebenso für notwendig erachtet wie der Ausbau bzw. die Umgestaltung des Fördersystems (der Länder). Weiterhin wurde empfohlen, das KJS-System in modifizierten und weiteren Leistungszentren zu erhalten oder einzurichten bzw. die schulischen Wettkampfsysteme neu zu konzipieren.

Das Talentsichtungssystem wurde nicht übernommen, eine Kanalisierung im vorbezeichneten Sinne findet nicht statt. Die gesamtdeutsche Talentförderung erfolgt überwiegend dezentral in den Vereinen und auf Lehrgängen bzw. für eine begrenzte Zahl von Nachwuchsathleten in den Sportinternaten (die teilweise aus ehemaligen KJS hervorgegangen sind). Eine verstärkte Zusammenarbeit von Schule und Sport ist ebensowenig ersichtlich wie überarbeitete Wettkampfstrukturen.[1454] Das aktuelle System der Nachwuchsförderung entspricht im wesentlichen dem überkommenen westdeutschen Modell.[1455]

G: Die Gründe dieser Entwicklung sind nicht ohne weiteres nachzuvollziehen. Das bundesdeutsche Schulwesen kommt zwar aufgrund seiner wenig geeigneten Rahmenbedingungen - Sport ist anders als in der DDR ein unbedeutendes Nebenfach - weder hinsichtlich der Selektion noch bei der Förderung (mangels leistungsfähiger Schulsportgemeinschaften) als Hilfsinstitution unmittelbar in Betracht. Im übrigen ist aber nicht auf Anhieb erkennbar, was dagegen spräche, in die Schulen staatliche Beauftragte (z.B. Mitarbeiter des BISp) zu entsenden, die Meßdaten der Kinder und Jugendlichen erheben.[1456] Es wäre weiterhin nicht zu beanstanden, wenn aufgrund dieser Daten Hinweise an die Nachwuchssportler (bzw. an deren Eltern) erfolgten, ob und für welche Sportart eine Eignung vorliegt. Es bestünde schließlich kein Anlaß zur Kritik, wenn im Einzelfall Empfehlungen zum sportlichen Werdegang ausgesprochen würden (z.B., sich aufgrund der spezifischen Eignung einer bestimmten Sportart oder einem bestimmten Verein anzuschließen). Um zu gewährleisten, daß diesen Anregungen in größerem Umfang Folge geleistet würde, könnten Anreize materieller und immaterieller Art geschaffen werden (kleine Belohnungen, kosten-

---

[1454] Vgl. K.Riegert (sportpolitischer Sprecher der CDU/CSU-Bundestagsfraktion) in der DSB-Presse Nr.1-2 vom 10.01.95: „Die Restbestände des DDR-Leistungssports gehen zur Neige, von dem einstigen Talentförderungssystem ist nicht mehr viel übrig geblieben, und eine effektive Talentförderung ist im fünften Jahr nach der deutschen Einheit *nicht erkennbar*"; Neues Deutschland vom 03.01.96 („Modell des Nachwuchssports der DDR blindlings zerschlagen").

[1455] Siehe auch oben § 8.III, wo auf Defizite in der Realisierung des Vereinigungskonzeptes hingewiesen wurde.

[1456] Auch Vertreter der Sportbewegung könnten als Datenerheber zum Einsatz kommen. Aus Raumgründen (u.a. im Hinblick auf datenschutzrechtliche Problemstellungen, die weiter unten angesprochen werden) soll bei den nachstehenden Modellüberlegungen ausführlich nur die Datenerhebung durch *öffentliche* Stellen betrachtet werden.

lose „Schnuppermitgliedschaften" in Vereinen, Hausaufgabenbetreuung, Laufbahnberatung, Stipendien usw.). Zur Finanzierung könnten öffentliche Mittel bereitgestellt bzw. Sponsoren akquiriert werden (Wirtschaftsunternehmen könnten z.B. damit werben, sich der Nachwuchspflege in besonderem Maße anzunehmen).

Vorstehende Überlegungen stehen unter dem Vorbehalt ihrer datenschutzrechtlichen Unbedenklichkeit; nachfolgend soll diese überprüft werden. Es dürfte hierbei außer Frage stehen, daß den konkreten Meßdaten die Qualität personenbezogener Daten im Sinne von § 3 I BDSG zukäme.[1457] Denn die zu ermittelnden Werte (zu Ausdauer, Herzfrequenz, Lungenvolumen, Sprungkraft usw.) würden Hinweise auf persönliche Verhältnisse geben, mithin schützenswerte Informationen über den Betroffenen selbst enthalten.[1458] Die Zulässigkeit der Datenermittlungen hätte sich an § 13 BDSG zu orientieren.[1459] So wäre gemäß § 13 I BDSG die Voraussetzung zu erfüllen, daß die Datenerhebung (nebst Kenntnisnahme hiervon) zur Aufgabenerfüllung der öffentlichen Stelle gehörte. Eine entsprechende Aufgabenstellung müßte folglich für die erhebende Stelle festgelegt werden.[1460] Weiterhin wäre zu beachten, daß personenbezogene Daten grundsätzlich nur beim Betroffenen erhoben werden dürfen (§ 13 II 1 BDSG). Hiermit ist nicht gemeint, daß der Datenermittler den Betroffenen räumlich aufzusuchen hat, sondern „nur", daß der „Datenspender" an der Erhebung mitwirken muß. Dieser ist in die Lage zu versetzen, frei darüber entscheiden zu können, ob er die zu erhebenden Daten preisgeben möchte oder nicht.[1461] Von einer Mitwirkung könnte man bei der Mehrzahl der Kinder (mit Erlaubnis ihrer Eltern) wohl ausgehen. Zumindest liegt eine solche Annahme nahe, da es sich um Untersuchungen handelte, die auch im eigenen Interesse durchzuführen wären. Das Mitwirkungserfordernis wäre ein wichtiger Unterschied zum ESA-System der DDR, welches den Kinder- / Eltern-Willen nicht beachtete.[1462] [1463] Die Datenspeicherung, -nutzung usw. hätte sich nach § 14 I BDSG daran zu orientieren, daß diese

[1457] Konkret wird exemplarisch das Bundesdatenschutzgesetz (BDSG) zugrundegelegt. Gemäß § 1 II Nrn. 1 - 3 BDSG gilt das Gesetz für die Erhebung, Verarbeitung und Nutzung personenbezogener Daten durch öffentliche sowie (in eingeschränktem Umfang auch) nichtöffentliche Stellen.

[1458] Vgl. Beispiele bei Ordemann, BDSG, § 3 Rdnr.2.4; Auernhammer, Bundesdatenschutzgesetz, Einführung Rdnr.47 bzw. § 3 Rdnr.5.

[1459] Vgl.Fn.1456.

[1460] Losgelöst von den „sportrelevanten Befunden" (die ggf. eine Beauftragung aus nationalem Interesse rechtfertigen würden) ließen sich durch entsprechend gezielte Massenuntersuchungen körperliche Fehlentwicklungen, Bewegungsanomalien, Haltungsschäden o.ä. ggf. frühzeitiger erkennen (als dies bislang der Fall ist). Die insofern raschere Möglichkeit einer therapeutischen / medizinischen Behandlung könnte folglich auch als allgemeiner Beitrag zur Volksgesundheit eingestuft werden.

[1461] Ordemann, BDSG, § 13 Rdnr.186; Auernhammer, Bundesdatenschutzgesetz, § 13 Rdnr. 12 („bewußtes Mitwirken"). Zu verschiedenen Hinweispflichten und Formalien im Zusammenhang mit der Einwilligung siehe § 4 II BDSG.

[1462] Die zwangsweise Vermessung würde grundsätzlich in das allgemeine Persönlichkeitsrecht der Kinder aus Art. 2 I GG eingreifen bzw. gegen das Elternrecht des Art. 6 II 1 GG verstoßen. Zu beachten wäre allerdings, daß das Elternrecht nur bis dorthin reicht, wo die Schulhoheit des Staates (Art. 7 I GG) beginnt. Ferner ist auf § 13 II 2 BDSG hinzuweisen, der verschiedene Einschränkungsmöglichkeiten (bei der Mitwirkungspflicht) vorsieht.

Aktivitäten mit dem Zweck der Erhebung übereinstimmten und zur Aufgabenverfolgung der öffentlichen Stelle erforderlich wären. Die Daten ließen sich allerdings nur dann in sportlicher Hinsicht gewinnbringend nutzen, wenn diese auch nicht-öffentlichen Stellen zugänglich gemacht werden könnten. Hier in Betracht kämen im wesentlichen die Untergliederungen der Sportbewegung (des DSB). Wenn also z.B. die Meßdaten allen Vereinen vor Ort (zumindest auf Nachfrage) einsehbar wären, könnte es bei aus den Erhebungsergebnissen abzulesender gleicher Eignung für verschiedene Sportarten zu einem „Konkurrenzwettbewerb" der diese Sportarten anbietenden Vereine oder Abteilungen um den Nachwuchssportler kommen. Diese Konkurrenzform wäre unschädlich und marktwirtschaftsbezogen, vor allem aber wirkungsvoller als das jetzige Modell, das (wie bereits aufgezeigt) ausschließlich auf dem Prinzip zufälliger Entdeckung basiert. Die Zulässigkeit personenbezogener Datenübermittlungen an nicht-öffentliche Stellen orientiert sich an § 16 I BDSG. Im konkreten Fall wäre primär § 16 I Nr.2 zu beachten, wonach der Empfänger (also z.B. ein örtlicher Verein) ein berechtigtes *Interesse* an der Kenntnis der zu übermittelnden Daten glaubhaft darzulegen hätte. Als *berechtigt* ist jedes ideelle und wirtschaftliche Interesse einzustufen, das auf sachlichen Erwägungen beruht (und mit der Rechtsordnung in Einklang steht).[1464] Bei Darlegung in schlüssiger Form kämen beide Interessenskategorien in Betracht. Im Einzelfall könnten allerdings *schutzwürdige Belange* der Betroffenen einer Übermittlung entgegenstehen, wenn z.B. zu erwarten wäre, daß diese durch die Informationsweiterleitung Nachteile erleiden, etwa eine gesellschaftliche Ächtung aufgrund bestimmter, erstmals bei den Untersuchungen festgestellter Krankheiten; in solchen Fällen wäre ein Datentransfer unzulässig bzw. dürfte nur aufgrund zusätzlicher Einwilligung erfolgen.[1465] *Fazit* insoweit: Unter Beachtung der genannten Vorgaben stünden dem o.a. Modellprojekt keine durchgreifenden datenschutzrechtlichen Bedenken entgegen.

Weiterhin ist anzusprechen, daß bei den in Rede stehenden Sichtungsmaßnahmen die Kultur- bzw. Schulhoheit der Länder betroffen wäre (Art. 30, 70 I GG), daraus resultierend, daß die Datenermittler ihre Erhebungen auf dem Schulgelände bzw. während des Unterrichts vorzunehmen hätten[1466] (und das Grundgesetz im konkreten Bereich in den Art. 72 ff. keine Bundes-Zuständigkeiten vorsieht). Eine gleichmäßige Handhabung ließe sich über entsprechende Beschlüsse der Kultusminister-

---

1463 Die Einwilligung wäre auch insoweit relevant, als nicht durch Rechtsnormen die weitere Verarbeitung/Nutzung der Daten erlaubt oder angeordnet werden sollte (vgl. § 4 I BDSG).

1464 Ordemann, BDSG, § 16 Rdnr.3.2.

1465 Weitere Vorgaben für die Datenverarbeitung nicht-öffentlicher Stellen sind den §§ 27 ff. BDSG zu entnehmen. Da es konkret vor allem darum geht, durch Einsichtnahme in Datenbestände Talentsichtung zu betreiben und z.B. nicht darum, Daten geschäftsmäßig zu speichern, weiterzuübermitteln etc. wird auf nähere Ausführungen zu den §§ 27 ff. BDSG verzichtet.

1466 Ein Modell der Art, daß über eine zentrale Datenbank alle minderjährigen Kinder automatisch erfaßt und zudem verpflichtet werden, z.B. beim Gesundheitsamt vorstellig zu werden, um sich dort sportbezogen untersuchen zu lassen, soll hier nicht diskutiert werden. Es stünde aber zu erwarten, daß bei der vorzunehmenden Abwägung individualrechtlicher Güter mit dem öffentlichen Interesse eine verfassungsrechtliche Rechtfertigung des Gesetzgebers kaum zu finden wäre; siehe auch Fn.1462.

konferenz (KMK) erzielen;[1467] notfalls könnte vereinbart werden, einigen Bundesländern eine Pilotfunktion zu übertragen, wenn z.B. bei geplanter materieller Beteiligung der Länder aufgrund des Vetos der Finanzressorts eine einheitliche Regelung zu scheitern drohte. Die Beantwortung der Frage, wer als Schirmherr des möglichen Gemeinschafts-Projektes (Bund, Länder, Sportbewegung) fungieren sollte, kann an dieser Stelle offenbleiben. Zu beachten wäre lediglich, daß die Federführung staatlicher Stellen bedeutete, daß diese sich in einem Bereich bewegten, der dem Grunde nach der autonomen Sportbewegung unterliegt. Es spricht andererseits nichts dagegen, ausnahmsweise autonome Aufgaben durch staatliche Stellen ausführen zu lassen, wenn nur dieser Weg sinnvoll erscheint bzw. diese Art der Verrichtung einvernehmlich aufgrund eindeutiger Absprachen erfolgt.[1468] Da somit rechtliche Gründe der Umsetzung eines in Anlehnung an ESA konzipierten, punktuell modifizierten Sichtungssystems nicht im Wege stünden sowie ein Autonomieverlust der Sportorganisationen nicht zu befürchten wäre (bzw. per Vereinbarung - im Interesse der Sache - ggf. verschmerzt werden könnte), muß als Ursache des Stillstandes mangelnder politischer Wille bzw. fehlender „Druck" von seiten der Sportbewegung ausgemacht werden (das Einigungskonzept hat z.B. den Aspekt der Talentsichtung nur unzureichend aufgegriffen). Allenfalls ist ein Hinweis auf die (u.a. wiedervereinigungsbedingt) schlechte Finanzlage der öffentlichen Haushalte erlaubt, da ein Sichtungssystem der angesprochenen Art kostenträchtig (da z.B. personalintensiv) wäre.[1469] Diesem Argument kann jedoch die o.a. (alternativ oder kumulativ zu erwägende) Privat-Finanzierungs-Variante (gezielte Vereinnahmung von Sponsorengeldern) entgegengehalten werden. Im übrigen ist festzustellen, daß selbst im engsten Bereich der Verknüpfung von Schule und Sport, im (zur Sichtung durch Lehrer geeigneten) Unterrichtsfach „Sport",[1470] die Bemühungen der Bundesländer zurückgehen, den quantitativen Forderungen der Sportbewegung (weitere Sportstunde) nachzukommen bzw. den status quo beizubehalten.[1471] Kostengründe spielen hierbei eine nur untergeordnete Rolle.

Der Aspekt der Kanalisierung, also der lenkenden Hinführung auf die „richtige" Sportart, ist oben schon angesprochen worden. Ergänzend ist anzumerken, daß in einem freiheitlichen Staatssystem die Möglichkeiten der Einflußnahme naturgemäß beschränkter sind als in einem totalitären Staat. So wäre es weder möglich, Zwangsdelegierungen vorzunehmen noch (sonstige) Nötigungsmittel einzusetzen. Deshalb könnte allenfalls im Wege psychologischer Einflußnahmen bzw. über Anreizwirkungen eine Steuerung im gewünschten Sinne erfolgen.[1472]

[1467] In anderen Bereichen (z.B. Abiturregelungen, Rechtschreibreform) ist ein breites Einvernehmen ebenso notwendig - und wird auf dem Kompromißwege letztlich erzielt.

[1468] Auf die obigen Ausführungen zum Systemmerkmal „Sport in der Verfassung / Gesetzgebung" ist zu verweisen. Dort wurde vor einem Autonomieverlust (ohne Not) gewarnt.

[1469] Vgl. hierzu NOK-Präsident Tröger in der Leipziger Volkszeitung vom 20.01.96.

[1470] Teil des Erziehungs- und Bildungsauftrags der Schule. Die Schulgesetze rechnen den Bereich der körperlich-charakterlichen Erziehung zu den Schulzielen (siehe exemplarisch § 4 II Schulgesetz Schleswig-Holstein); Pfister/Steiner, Sportrecht, S.150.

[1471] Vgl. Fn.1304.

[1472] Vgl. auch Fn.1150 („Weitergabe" von Sportlern im westdeutschen Sportbetrieb).

Der Selektion hat eine spezifische ***Förderung*** (in den Vereinen, Stützpunkten und Sportinternaten) nachzufolgen; da die Qualität des Vereinstrainings weitgehend von den örtlichen Gegebenheiten abhängt (z.B. davon, ob geeignete Sportstätten oder Jugendtrainer vorhanden sind),[1473] ferner der Bereich des Stützpunkttrainings bereits angesprochen wurde,[1474] soll nachfolgend nur auf den Komplex Sportschulen bzw. Sportinternate näher eingegangen werden.[1475] Die Beschränkung hierauf ist auch deshalb sinnvoll, weil in den KJS der DDR, wie aufgezeigt, die zentrale Nachwuchsarbeit des DDR-Sports geleistet wurde, mithin die wichtigsten Grundlagen aller späteren Erfolge gelegt wurden. Die Sportinternate im Gebiet der ehemaligen DDR sind Nachfolgeeinrichtungen der KJS,[1476] wobei einschränkend darauf hinzuweisen ist, daß nicht alle KJS (in modifizierter Form) weitergeführt werden (die restlichen KJS wurden aufgelöst).[1477] Es ist im übrigen kaum erkennbar, daß KJS-Prinzipien auf westdeutsche Einrichtungen übertragen worden wären, der Empfehlung des Einigungskonzepts - Ziffer 3.3 - folgend, bzw. daß im Westen Schulen neu errichtet worden sind, die sich an KJS-Grundsätzen orientieren.[1478]

[1473] Stichwort Jugendtrainer: Hier liegt bei den Vereinen (in der Gewichtung) so manches im argen. Das Sportjournal des LSB Baden-Württemberg beklagt z.B. in seiner Ausgabe vom 08.02.96 (S.3), daß ein renommierter Verein der Region zwar die Verpflichtung eines teuren Athleten (öffentlich) herausstelle, andererseits sich finanziell außerstande sehe, einen (ungleich preiswerteren) Nachwuchstrainer zu verpflichten.

[1474] Oben bei § 8.III wurde festgestellt, daß hinsichtlich des Stützpunktsystems die Vorgaben des Einigungskonzeptes erfüllt wurden.

[1475] Keine nähere Erörterung findet ferner der Aspekt der „inneren Einstellung", bei dem es sich um eine gesamtgesellschaftliche Frage handelt. Hier sei nur darauf hingewiesen, daß der in der Bundesrepublik zumeist propagierte Leitgedanke, „Dabei sein ist alles", in anderen Nationen kaum Bedeutung hat: Wie z.B. eine groß angelegte Studie (der FU Berlin in Zusammenarbeit mit der New Yorker Adelphi Universität) ergeben hat, werden Kinder und Jugendliche in den USA von unbedingtem Siegeswillen angetrieben (während deutsche Jugendliche sportliche Aktivitäten eher entspannt angehen), Berliner Morgenpost vom 06.03.96.

[1476] Sie unterscheiden sich von den KJS vor allem durch das Fehlen ideologischer Komponenten, durch mangelnde Wehrerziehung und den Wegfall zentralistischer Leitungsstrukturen. Im Verhältnis von Schule und Sport hat der Sport seinen Primat verloren; 26 (der z.Zt. 59) Internate haben einen externen Schulanschluß, 18 sind internen angeschlossen, bei den restlichen sind beide Varianten vertreten. Die Sportinternate bieten umfangreiche Betreuungsmaßnahmen (Hausaufgabenbetreuung, Laufbahnberatung, physiotherapeutische Behandlung, pädagogische Betreuung, sportmedizinische Untersuchungen), wobei in manchen Einrichtungen der Sport nur einen deutlich untergeordneten Stellenwert einnimmt, vgl. KMK, Sportinternate, S.68,69.

[1477] Zur Reduzierung der Schulanzahl (entsprechend zu den Schülerzahlen) siehe Fn.1301. Die mitunter in West-Deutschland anzutreffende Auflösung von Sportinternaten ist zumeist auf die fehlende Einbindung in das Umfeld, die nicht genügend qualifizierte Betreuung über Schule und Sport hinaus sowie auf Kostengesichtspunkte zurückzuführen, vgl. FAZ vom 05.01.96. Kein Grund zur Auflösung sind zu geringe Schülerzahlen, wie der Umstand beweist, daß ca. 40 Prozent der Anmeldungen in den Sportgymnasien der neuen Länder aus den alten Ländern stammen. Hier droht im Gegensatz zur zeitweiligen Athletenwanderwelle gen Westen eine Abwanderung in Richtung Osten.

[1478] Ein Pilot-Projekt (mit KJS-ähnlichen Strukturen) wird im bayerischen Abensberg durchgeführt: In einer Sportschule mit Schwerpunkt Judo werden Schule und Ausbildung *an die sportlichen Erfordernisse* angepaßt.

Die Ursachen dieser speziellen „Verschlankung" liegen (erneut) nicht im rechtlichen Bereich: Zunächst ist festzustellen, daß es keine im Grundgesetz / Bundesrecht statuierten Gründe gibt, die einer Fortführung der KJS in Gestalt von Sportinternaten bzw. der Übernahme neutraler[1479] KJS-Grundsätze entgegenstehen (eine Fortführung in ihrer ursprünglichen Form, mit allen ideologischen bzw. zentralistischen Bestandteilen, kommt nach Wegfall der Gesellschaftsstrukturen der DDR nicht mehr in Betracht).[1480] Da Sportinternate dem öffentlichen Schulrecht (mithin Landesrecht) unterliegen, sind eventuelle Hindernisse allenfalls in diesem Bereich auszuloten. Aber auch hier können, selbst unter Berücksichtigung landesrechtlicher Verschiedenheiten bzw. des Umstandes, daß ggf. die Vorschriften über Privatschulen zur Anwendung kommen (soweit in den Sportinternaten Schulunterricht stattfindet und die Schulen in freier Trägerschaft geführt werden),[1481] keine grundsätzlichen Bedenken angemeldet werden.[1482] Die Entscheidung über eine Fortführung der KJS als Sportschulen / Anwendung ihrer Grundsätze auf bestehende Einrichtungen / Errichtung neuer Schulen ist folglich in die freie („bedürfnisorientierte") Entscheidung der Länder (Schulträger[1483]) gestellt - die allerdings, nach Maßgabe ihrer jeweiligen Rechtsvorschriften, den entsprechenden Willen zur Fortführung etc. aufbringen müssen.[1484] Hieran scheint es mitunter zu mangeln. Ein Beweis für diese These ist das (nur vordergründig überzeugende) haushaltsrechtliche Argument, daß sich kostenintensive Einrichtungen des Sports in Zeiten knapper Kassen nur schwer rechtfertigen ließen, insbesondere deshalb, weil es generell nicht gelungen sei, der Öffentlichkeit eine differenzierende Sichtweise zwischen gut verdienenden Profis (Fußball- und Tennisspieler, Boxer, Motorsportler) und dem Rest der Sportszene zu vermitteln. Unter diesen (allgemeinen) Rechtfertigungszwängen habe der Nachwuchsbereich in gleichem Maße zu leiden (soweit es um seine Einrichtungen geht). Das Argument vermag jedoch nicht zu überzeugen, da gerade bei den Sportschulen eine kombinierte Finanzierung üblich ist -Bund, Länder, Gemeinden, Verbände, Vereine, LSB, DSH, Sponsoren, Förderkreise, Eltern, Spenden.[1485] Da insofern die Lasten auf viele Schultern verteilt sind, tritt das reine Kostenargument

---

1479 Siehe Fn.1498.

1480 Hierarchische Strukturen und ideologische Überzeugungsarbeit waren wichtige Elemente im Gesamtkonzept der KJS, vgl. Der Spiegel, Ausgabe 42/94.

1481 Vgl. Art. 30 Verfassung Rheinland-Pfalz; mitunter wird im Landesrecht auf die Einrichtungsgarantie des Art. 7 IV GG (zurück)verwiesen (Art. 8 IV Verfassung Nordrhein-Westfalen); siehe auch Pfister/Steiner, Sportrecht, S.150.
Wie einer Übersicht (KMK, Sportinternate, S.68, Stand: 01.12.92) zu entnehmen ist, tritt bei insgesamt 59 Teil- und Vollinternaten das jeweilige Land nur achtzehnmal als alleiniger Träger auf, zwölfmal ist eine kombinierte Trägerschaft (z.B. Land/Verband) zu beobachten. In den restlichen Fällen fungieren private Träger (in den verschiedensten Kombinationen).

1482 Es ist nicht erkennbar, daß in Schleswig-Holstein, Niedersachsen und Bremen - die drei Länder, in denen es keine Sportinternate zur Förderung jugendlicher Sportler gibt - landesrechtliche Bestimmungen einer Errichtung entgegenstünden.

1483 Siehe z.B. § 63 Schulgesetz Rheinland-Pfalz.

1484 Vgl. § 79 Schulgesetz Rheinland-Pfalz (hiernach errichtet die Schulbehörde die Schulen nach dem schulischen Bedürfnis und legt den Schulträger fest).

1485 KMK, Sportinternate, S.68.

(zur Begründung einer Reduzierung) in den Hintergrund. Deshalb steht eher zu vermuten, daß ideologische Vorbehalte / die Abneigung, typische DDR-Einrichtungen beizubehalten, (mit)bestimmend waren.[1486]

Losgelöst vom Auszehrungsprozeß der KJS-Landschaft ist bei den noch vorhandenen (Internats-) Plätzen zu bemängeln, daß auch hier nur eingeschränkte Möglichkeiten bestehen, Schule und Sport optimal miteinander zu verbinden. Dies wiederum ist in erster Linie darauf zurückzuführen, daß einer der wichtigsten KJS-Grundsätze, der Primat des Sports, nicht mehr gilt.[1487] Vielmehr wird zumeist den schulischen Belangen Vorrang eingeräumt, bindende Beschlüsse der KMK stehen einer Flexibilisierung im Wege: So gibt z.B. das bestehende Kurssystem der gymnasialen Oberstufe einen „starren" Rahmen vor, der sich hinderlich auswirkt, wenn individuelle Lösungen nötig werden.[1488] Insbesondere an den externen Schulen, denen auch „ganz normale" Schüler angehören, treten organisatorische Probleme auf;[1489] Trainings- und Schulzeiten ließen sich erheblich besser aufeinander abstimmen, wenn es *den Schulen* gestattet wäre, Wahlmöglichkeiten der Schüler bei der Kurszusammenstellung zu beschränken bzw. Klassenverbände wiedereinzuführen. Derartige Maßnahmen sind jedoch aufgrund der o.a. KMK-Vorgaben (zur Kursbelegung) nur erschwert durchführbar.[1490] Die bestehenden Kurszwänge, also die Notwendigkeit, bestimmte Kurse mit anderen Kursen kombinieren zu müssen, verhindern manchenorts selbst das Zustandekommen von Sport-Leistungskursen,[1491] die, sieht man einmal von der erhöhten Verletzungsgefahr ab, grundsätzlich zu den attraktivsten Belegungsangeboten für Sportler gehören).[1492] Die Kurszwänge sind aber nicht das

---

[1486] Der Behauptung von Busse, Erwartungen & Entwicklungen, S.10, daß bei den westdeutschen Sportorganisationen eine Abneigung bestehe, selbst international gängige Standards einzuführen, sofern sie Bestandteil des DDR-Sports waren, ist (empirisch belegt) nicht zu widersprechen. Vor allem aber läßt sich diese Einschätzung (in entsprechender Weise) auf politische Handlungsfelder übertragen - so auch im konkreten Fall.

[1487] Vgl. Aussage des Direktors der Werner-Seelenbinder-(Sport-)Schule („Ost"-Berlin): „Ein guter Schulabschluß sollte in jedem Fall absolute Priorität genießen", zitiert nach der Berliner Morgenpost vom 04.02.96. Zum Primat der Schulbildung (und den sonstigen wendebedingten Veränderungen) siehe Helfritsch/Becker, Dokumentationsstudie, S.30,31.

[1488] Senatsverwaltung Berlin, Modellversuch, S.8,32,46 („Das bestehende Kurssystem ist das Kernproblem").

[1489] Siehe z.B. das Modell „Partnerschule des Leistungssports" in Zusammenarbeit von OSP und städtischem Gymnasium (Senatsverwaltung Berlin, Modellversuch, S.10 ff.).

[1490] So ist die Beschränkung von Wahlmöglichkeiten für Sportschüler nur möglich, wenn dies in einem Organisationserlaß des Kultusministeriums ausdrücklich erlaubt wird. Aber auch hier gibt es Grenzen: Nötig ist die generelle Übereinstimmung mit den KMK-Vorgaben, da Abweichungen von deren Rahmenrichtlinie („Vereinbarung zur Neuregelung der gymnasialen Oberstufe der Sekundarstufe II") ansonsten die Nichtanerkennung des Abiturzeugnisses in anderen Ländern nach sich ziehen kann; vgl. die Berichte zu den Gymnasien in Kaiserslautern und Dresden, Senatsverwaltung Berlin, Modellversuch, S.8, 9. Mangelnde Koordination kann den vermehrten Rückgriff auf sog. Nachführunterricht (also die Nachholung versäumter Schulstunden) notwendig machen. Hierbei fällt es jedoch schwer, den Einsatz beamteter Lehrer an den Bedürfnissen der Leistungssportler auszurichten.

[1491] Siehe das in der vorstehenden Fn. aufgeführte Beispiel des Sportgymnasiums Dresden.

[1492] Zu den Gestaltungsproblemen für das Fach Sport im Hinblick auf das „Numerus-clausus-Urteil" des BVerfG (E 33, S.303 ff.) vgl. Senatsverwaltung Berlin, Modellversuch, S.28.

einzige Problem: Generell kann man sagen, daß es für Leistungssportler, die das Abitur erfolgreich abschließen möchten, in zeitlicher Hinsicht schwierig ist, Schule und Training miteinander zu verbinden. Deshalb wäre es vorteilhaft, z.B. durch eine Schulzeitstreckung[1493] (analog zur Regelung in der früheren DDR)[1494] eine Ausdehnung des Zeitrahmens bewirken zu können. Obwohl sich insbesondere in der Sekundarstufe II eine solche Option als sinnvoll erweisen könnte, ist sie aufgrund verbindlicher KMK-Regelungen verboten.[1495] Insofern bleibt den Sportlern normalerweise nur der Ausweg, sich von ihrer jeweiligen Schulleitung (bis zu zwei Monate im Schuljahr) beurlauben zu lassen.[1496] Dies reicht im Einzelfall aus - in anderen Fällen ist es notwendig, entweder das Trainingsprogramm zu reduzieren oder eine Jahrgangsstufe zu wiederholen.

Sowohl die Reduzierung der Sportschul- / Sportinternatsplätze als auch die (gemessen an der Wertigkeit schulischer Vorgaben) eher nachrangige Gewichtung sportlicher Belange sind dafür verantwortlich, daß die Nachwuchsförderung (an zentralen Stellen[1497]) letztlich als nicht befriedigend einzustufen ist. Ein solches Fazit ist jedenfalls dann zu ziehen, wenn man den Ist-Zustand am Maßstab der zur Übernahme geeigneten KJS-Kriterien[1498] bewertet (die Heranziehung dieses Maßstabes liegt wiederum nahe, da im Einigungskonzept der Erhalt des KJS-Systems empfohlen wurde - Ziffer 3.3). Eine Mitschuld der Sportbewegung an diesem defizitären Zustand besteht allenfalls darin, nicht noch lauter und eindringlicher die Konzepterfüllung angemahnt und auf Realisierung gedrängt zu haben.[1499] Ansonsten sind in erster Linie den Bundesländern Versäumnisse anzulasten (bei der Umgestaltung / Flexibilisierung ihrer schulischen Normen und Beschlüsse) bzw. ist der Vorwuf zu formulieren, daß die Länder nach wie vor unzureichend zum Erhalt und Ausbau dieses speziellen Schultyps beitragen.[1500] Beim Versuch, diese Versäumnisse zu ergrün-

---

[1493] Eine Streckung der Schulzeit ist in dem Sinne zu verstehen, daß z.B. die Lernanforderungen eines Schuljahres auf zwei Jahre verteilt werden.

[1494] Beispiele: Die Schwimmerin Manuela Stellmach beendete die Schule mit 22 Jahren; die Fußballspieler Thom und Riediger benötigten noch längere Zeit (vgl. Berliner Morgenpost vom 04.02.96).

[1495] Hierzu Senatsverwaltung Berlin, Modellversuch, S.33.

[1496] Vgl. z.B. die Regelung des § 10 der ASchO Nordrhein-Westfalen.

[1497] Strube in Senatsverwaltung Berlin, Modellversuch, S.42: „Die Verzahnung von Bildungsaufgaben mit der Förderung sportlicher Talente wird als der *entscheidende* Weg angesehen, um zu Spitzenleistungen zu gelangen".

[1498] In Betracht kommen die optimierte personelle und räumliche Verzahnung von Lernen, Trainieren und Wohnen orientiert am Grundsatz des Primats des Sports. Ferner ist die Qualität der wissenschaftlichen und medizinischen Betreuung relevant, sowie die Quantität, also die Anzahl der Sportschulen und der hier verfügbaren (Internats-) Plätze. Eine Übersicht über die KJS-Charakteristika und Arbeitsweisen ist der Dokumentationsstudie von Helfritsch/Becker (S.18,19) zu entnehmen.

[1499] Mitunter wird dem Spitzensport (bzw. dessen Vertretern) angelastet, kein hinreichend eindeutiges Bekenntnis zum Nachwuchsleistungssport abgelegt zu haben (so z.B. Baumgarten in Senatsverwaltung Berlin, Modellversuch, S.46).

[1500] Senatsverwaltung Berlin, Modellversuch, S.19 - Aussage eines Schulleiters: „Wenn diese Schulen Bestand in der Schullandschaft der Bundesrepublik haben sollen, dann muß, so mein Eindruck, in einigen Ländern mehr für sie getan werden". Eine Handhabe hierzu

den, bleibt letztlich zu vermuten, daß auf der landespolitischen Ebene die Bedeutung der Sportschulen / Sportinternate nach wie vor verkannt wird, bzw. ist zu befürchten, daß sich hinter fiskalischen Argumenten in Wahrheit Vorbehalte gegen die in den KJS vorgelebte Form der Nachwuchsförderung verbergen.[1501] Ähnliche Kausal-Hypothesen wurden oben bereits zur Talentsichtung aufgestellt - und müssen auch Platz greifen im Bemühen, eine Begründung für die mangelnde Neukonzeption der Wettkampfsysteme „Spartakiade" und „Jugend trainiert für Olympia" zu finden. Denn wiederum ist juristisch nicht erklärbar, warum an der Schnittstelle von Talentsichtung und Talentförderung kein geeigneter Wettbewerb installiert ist.[1502] [1503] So könnte z.B. ein überarbeitetes, mit neuem Namen ausgestattetes, von ideologischem Blendwerk befreites Spartakiadesystem als „Mini-Olympiade" für neue Motivation sorgen / Anreizwirkungen zur Teilnahme ausstrahlen. Die Bundesländer könnten hierbei weiterhin ihre Qualifikationsspiele abhalten, die in einem großen Bundesfinale mündeten (insoweit der gleiche konzeptionelle Ansatz wie bei „Jugend trainiert für Olympia"; ansonsten wären im Hinblick auf Struktur und Konzeption aber beim ehemaligen Spartakiadesystem der DDR Anleihen zu nehmen).[1504]

S: Zusammenfassend ist leider festzustellen, daß die (in der DDR) gesammelten Erfahrungen verlorenzugehen drohen.[1505] Der bundesdeutsche Schulsport vermag weder auf der Ebene der Selektion noch der Talentförderung leistungssportliche Hilfestellungen zu geben. Der selbstgesetzte Anspruch, „durch sportbetonte Schulen leistungssportlich trainierenden Schülerinnen und Schülern solche Bedingungen zu gewährleisten, daß schulische und sportliche Belange *optimal* in Einklang gebracht werden können",[1506] wird nicht erfüllt. Eine durchgreifende Änderung wird erst dann eintreten können, wenn sich auf breiter Ebene die Auffassung durchsetzt, daß nur eine konstante und beharrliche, von wissenschaftlichen Erkenntnissen getragene Nachwuchsförderung dauerhafte Erfolge ermöglicht. Andere Staaten (auch west-

---

böten ggf. die Landesverfassungen, die mitunter explizit anordnen, daß begabte Jugendliche besonders zu fördern sind (vgl. z.B. Art. 6 I 2 Verfassung NRW).

1501 Vgl. Neues Deutschland vom 30.03.95 („... stoßen die Erben der KJS auf grenzenlose altbundesdeutsche Vorbehalte").

1502 „Schnittstelle" deshalb, weil ein solches Jugend-Wettkampfsystem zum einen zur Sichtung von Talenten dienen kann und sich zum andern auch als Bewährungs-Plattform für bereits erkannte und geförderte Talente eignet.

1503 Die „Jugend trainiert für Olympia"-Veranstaltungen sind gedacht als Krönung des außerunterrichtlichen Schulsports; die Spartakiaden waren konzipiert als Hochbegabtenwettbewerbe. Aufgrund dieser Unterschiede können keine Surrogateffekte entstehen.

1503 Die genauen Inhalte können aus Raumgründen hier nicht aufgeführt werden. Deshalb sei einerseits auf das Olympiade-Prinzip verwiesen (die Spartakiaden waren ja in Zeremoniell und Wettkampfprogramm weitgehend den Olympischen Spielen angeglichen), zum anderen auf die Systembeschreibungen bei Melchert, Sport/Recht, S.173, 211-213 bzw. im Handbuch der DDR, S.1008,1009.

1504 Auf Landesebene (Mecklenburg-Vorpommern) gibt es bereits Ansätze, zu einer Art Spartakiade zurückzukehren (zu den sog. „Jugendspielen" siehe die Schweriner Volkszeitung vom 31.01.96).

1505 E.Friedrich in der FAZ vom 10.10.94: „Das gesamte Nachwuchssystem ist plattgemacht"; Busse, Erwartungen & Entwicklungen, S.109 ff.

1506 Senatsverwaltung Berlin, Modellversuch, S.32.

liche Demokratien - z.B. Norwegen) haben diesen Meinungsbildungsprozeß bereits abgeschlossen - und sich die Erkenntnisse der DDR-Nachwuchsförderung in großem Maße zu Nutzen gemacht.[1507] Die im „Förderkonzept 2000" enthaltene Nachwuchskomponente, wonach bei mangelnden Erfolgen in der Leistungsspitze eine Rückstufung in Fördergruppe III erfolgt, die wiederum den gezielten Mitteleinsatz im Nachwuchsbereich vorsieht,[1508] ist zwar zu begrüßen, kann aber als isolierte Maßnahme ebensowenig bewirken, wie das im Zusammenhang mit dem „Runden Tisch" diskutierte Modell der „Eliteförderung".[1509] [1510] Notwendig wäre vielmehr ein reformiertes Gesamtsystem, das folgende Elemente berücksichtigen sollte:

- ein institutionalisiertes System der Talentsichtung und Eignungsdiagnostik;
- sportartspezifische Trainingskonzeptionen von der Grundausbildung über Grundlagen- und Aufbautraining bis zum Spitzensport;
- ein etappenbezogenes Wettkampfsystem;
- die Einordnung in Kaderpyramiden;
- die Kooperation zwischen Schule und Sport;
- pädagogische und soziale Maßnahmen zur Integration des Leistungssports in das Lebensumfeld des Nachwuchses.[1511]

Förderquotierungen

SM: Die Spitzensportförderung in der DDR hat einem Konzentrationsprozeß unterlegen, bei dem bestimmte (olympische / medaillenträchtige) Sportarten (zu Lasten anderer Disziplinen) besondere Förderung erfuhren.

EK: Bei im übrigen gleichbleibenden Voraussetzungen ist durch Beschränkung auf eine geringere Anzahl zu fördernder Sportarten eine Steigerung von Effektivität und Betreuungsleistung zu erzielen.

Ü: EVertr und Einigungskonzept treffen hierzu keine Aussage. Die Abkehr vom westdeutschen „Gießkannenprinzip" wird mit dem o.a. Förderkonzept 2000 ansatzweise ihre Realisierung finden, wobei den weniger erfolgreichen Sportarten lediglich eine Grundförderung verbleiben soll. Ein weitergehender Verengungsprozeß auf wenige Förder-Sportarten ist nicht geplant.

[1507] Busse, Erwartungen & Entwicklungen, S.110.

[1508] Siehe oben Fn.1288.

[1509] Zum „Runden Tisch" siehe Fn.1374; Zur „Eliteförderung": Gemeint ist eine vom Initiativkreis zu initiierende Kampagne (sog. Schülerolympiade), wie junge Leistungssportler, die auch in der Schule überdurchschnittliche Leistungen vorweisen, protegiert werden können (hierzu Stuttgarter Nachrichten vom 13.02.96).

[1510] Es bleibt abzuwarten, welche Ideen der Initiativkreis zu den Themenkomplexen „Kooperation von Schule und Vereinen" und „Förderung von Schulen mit sportlichem Schwerpunkt" entwickeln *und umsetzen* kann. Letzteres vor dem Hintergrund, daß viele Ansätze der Vergangenheit (z.B. derjeinige, den Vereinen nur noch gekürzte Fördermittel zu überlassen, wenn nicht Mindestmitgliederzahen Jugendlicher unter 18 Jahren vorherrschen) nach wie vor ihrer Realisierung harren.

[1511] Vgl. Martin (Leiter des IAT) in der FAZ vom 08.12.95.

G: Der Einführung einer selektierenden Förderpraxis im DDR-Sinne stünden rechtliche Bedenken insofern entgegen, als hiermit ggf. gegen Art. 3 I GG verstoßen würde. Wie bereits an anderer Stelle ausgeführt,[1512] sind die öffentlichen Hände zwar nicht verpflichtet, alle Sportarten gleichmäßig zu fördern,[1513] jedoch verbietet Art. 3 I GG die willkürliche Versagung von Subventionsgunst. Die Verwaltung unterliegt einer strengen Selbstbindung: Es ist ihr nicht gestattet, von einer früheren Verwaltungspraxis[1514] ohne sachlichen Grund abzuweichen. Konkret sind (auf der Ebene der Bundesförderung) die Grundzüge des bisherigen Verwaltungsgebrauchs im Leistungssportprogramm des BMI fixiert. Dort wird z.B. in den Ziffern 2.2 und 2.3 angemerkt, daß sich die Förderung des Spitzensports nach einem abgestuften (olympische Sportarten bevorzugenden) Konzept richtet, wobei u.a. Kriterien wie Leistungsstärke im internationalen Vergleich, Öffentlichkeitswirksamkeit bzw. Entwicklungsaussichten der Sportarten eine entscheidende Rolle spielen. Wenn beispielsweise - trotz gleichgebliebener Voraussetzungen / fortlaufender Erfüllung der Kriterien - die Mittelvergabe an eine bislang geförderte Sportart eingestellt würde, wäre hierin eine Ungleichbehandlung gegenüber den Sportarten zu erblicken, die auch weiterhin Fördergelder beziehen. Ein solches Verfahren ließe sich im Einzelfall nur rechtfertigen, wenn es hierfür legitime Gründe gäbe, und der eingeschlagene Weg geeignet und notwendig wäre, den verfolgten Zweck zu erreichen. Weiterhin müßte die neue Handhabung in angemessenem Verhältnis zur Wertigkeit des Zwecks stehen.[1515]

Anders, wenn eine neue Verwaltungspraxis begründet würde. So könnte durch Erlaß und Bekanntgabe allgemeingültiger neuer Richtlinien festgelegt werden, daß in Zukunft nur noch olympische Sportarten Fördermittel empfangen sollen bzw. daß künftig nur noch eine Auswahl von z.B. 20 medaillenträchtigen Sportarten als förderungswürdig befunden wird. Allerdings müßte dann die Herausnahme bisher geförderter Verbände durch Übergangsfristen abgefedert werden, um dem rechtsstaatlichen Aspekt des Vertrauensschutzes zu genügen.[1516]

1512 Oben § 4.II.2.c.dd.

1513 Mögliche Ausnahme: In Rechtsnormen sind (einklagbare) Rechtsansprüche fixiert.

1514 Gemeint ist die bisher in vergleichbaren Fällen eingehaltene ständige Praxis.

1515 Welche „legitimen Zwecke" in Betracht kommen, um im Einzelfall eine bestehende Verwaltungspraxis rechtfertigend zu durchbrechen, soll hier (mit einer Ausnahme - nachstehend) nicht näher untersucht werden. Der Aspekt „Stärkung der nationalen Repräsentation durch konzentrierten Mitteleinsatz" könnte ggf. ein solcher Zweck sein. Zu beachten wäre einerseits, daß der Gesetzgeber bei der Frage, welche Zwecke er verfolgen darf, viel freier ist als die Verwaltung. Andererseits wäre in Zweifel zu ziehen, ob z.B. die Streichung einer geringen Fördersumme in einer Randsportart *geeignet* ist, bei gleichzeitiger Verteilung der eingesparten Summe auf alle anderen zu fördernden Verbände, den Zweck „Stärkung der nationalen Repräsentation" zu erreichen.

1516 Zwar ist anders als bei den sog. „Kettenverwaltungsakten" bei jeder Mittel-Bewilligung in eine gutachterlich gestützte erneute Überprüfung auf Erfüllung von Förderkriterien und festzusetzender Höhe einzutreten, doch handelte es sich auch hier (zumindest bislang) in gewisser Weise um Routineüberprüfungen. Bei Verbänden, die jahre- oder jahrzehntelang gefördert wurden, sind regelmäßig in die Zukunft gerichtete Dispositionen getroffen worden (z.B. längerfristige Trainerverträge), die einen Vertrauenstatbestand begründet haben. Dem hätte eine Veränderung der Vergabepraxis Rechnung zu tragen.

S: Im Ergebnis ist festzuhalten, daß der Staat aus sachbezogenen Gründen (ggf. unter Beachtung von Übergangsfristen) die Förderung einzelner Sportarten beschränken oder einstellen könnte. Daß ein solcher Konzentrationsprozeß bislang nicht eingeleitet wurde, ist neben dem befürchteten politischen Ärger primär auf die Entschlußschwäche der Entscheidungsträger zurückzuführen, die die Augen davor verschließen, daß Entwicklungsverläufe dieser Art zunehmend notwendiger werden.[1517] Der Spagat, einerseits zu den führenden Sportnationen gehören zu wollen, andererseits möglichst breit zu fördern, wird künftig noch schwerer fallen.[1518] Bislang will niemand die Verantwortung dafür übernehmen, einzelne Disziplinen im Bereich Leistungssport durch Wegfall / starke Reduzierung von Fördermitteln weitgehend aus dem Licht der Öffentlichkeit zu verdrängen. Denn dies wäre die Konsequenz: Ähnlich wie in der DDR müßten die nicht mehr geförderten Verbände damit rechnen, den Anschluß zur Weltspitze zu verlieren.[1519] Eine Kompensation durch Vermarktungserträge dürfte zumeist nicht gelingen, da mangelnde sportliche Erfolge gleichzeitig auch den Wegfall von Vermarktungschancen bedingen.

Sportwissenschaft / Sportmedizin

SM: Die DDR verfügte über ein großes Potential gut ausgebildeter Wissenschaftler und Mediziner, die in speziellen Instituten und Einrichtungen (FKS, FES, TZGA, WTZ, SMD usw.) im Dienste des Leistungssports tätig und bei ihrer Arbeit mit dem Trainings- und Wettkampfbetrieb verzahnt waren.

EK: Der verstärkte und zielgerichtete Einsatz von Wissenschaftlichkeit in allen Bereichen des (Leistungs-) Sports hat sich, im Hinblick auf Materialentwicklung, Physis und Psyche der Athleten, als förderlich erwiesen.[1520]

Ü: Gemäß Art. 39 II EVertr und Ziffer 3.8 bzw. 3.9 Einigungskonzept werden FES, FKS (in Gestalt des IAT) und das Labor in Kreischa als Institute fortgeführt; der hohe auch personalintensive DDR-Standard im Bereich wissenschaftlicher und medizinischer Betreuung wurde nicht erhalten.

[1517] In Betracht käme z.B. eine Fokussierung auf traditionelle, „typisch deutsche" Sportarten.

[1518] Denn viele Nationen machen sich das DDR-Förder-Modell inzwischen zu eigen, setzen ihre Mittel nur noch in ausgewählten Bereichen ein - und sind dort erfolgreich. In der Bundesrepublik sind eher gegenläufige Tendenzen zu beobachten, da die Zahl der zu fördernden Verbände weiter zugenommen hat. Es gibt mittlerweile kaum noch ein Land, das an Olympischen Spielen in so vielen Disziplinen teilnimmt wie die Bundesrepublik, vgl. Busse, Erwartungen & Entwicklungen, S.115,116.

[1519] Das weiter unten anzusprechende Anreizsystem (siehe auch oben §§ 5.IV.6, 7) spielte in der DDR hierbei die entscheidende Rolle: Dadurch, daß mitunter „über Nacht" einzelne Sportarten aus der Optimalförderung herausfielen (z.B. Basketball Ende der 60er Jahre), reduzierten sich für den Nachwuchs die Anreize, in dieser Sportart „groß zu werden". Denn die Rückstufung in der Fördergruppierung bedeutete: keine internationalen Wettbewerbe und bei der Vergabe von Trainingsstätten zu kurz zu kommen. Ähnliches würde in der Bundesrepublik gelten: Einer Randsportart, der die bisherigen Fördermittel entzogen würden, „liefe der Nachwuchs weg".

[1520] Dopingmaßnahmen sind hiermit zwar explizit nicht gemeint - ihre leistungsfördernde Auswirkung ist, ungeachtet aller ethischen und medizinischen Bedenken, aber unbestritten.

G: Die Frage des „warum" ist (ähnlich wie schon an manch anderer Stelle dieser Arbeit) nicht unter Hinweis auf rechtliche Bedenken zu beantworten, sondern eher im Hinblick auf fehlenden politischen Willen bzw. finanzielle Engpässe.[1521]

S: Wenn das leistungssportliche Niveau der ehemaligen DDR (unter Verzicht auf uM) auch nur annähernd gehalten werden soll, ist der Einsatz zusätzlicher wissenschaftlicher Kräfte notwendig; hierbei muß sichergestellt werden, daß deren Erkenntnisse auch in die Vereine und Stützpunkte gelangen. Die Vernetzung der vorhandenen Kapazitäten ist nämlich bislang ebensowenig sichergestellt[1522] wie die fortwährende Einbeziehung der Verbände in spezifische Forschungsvorhaben.[1523] Solange FES und IAT zudem nur über einen Sparhaushalt finanziert werden,[1524] sind von diesen Instituten weder revolutionäre Entwicklungen im Materialbereich zu erwarten, noch ist davon auszugehen, daß in trainingswissenschaftlicher Hinsicht nachhaltige Impulse zur Leistungssteigerung gegeben werden. Gleiches gilt für das Sportzentrum in Kienbaum; hier war die Finanzierung lange ungewiß bzw. wurden notwendige Sanierungsmaßnahmen, z.B. die Installation einer neuen Heizungsanlage, zurückgestellt. Im Hinblick auf die enorme Bedeutung der Einrichtung[1525] stellt dies den Nachlaßverwaltern des DDR-Sports kein gutes Zeugnis aus. Zudem läßt sich der Eindruck nicht verwischen, daß seit längerem fahrlässig nicht alle Möglichkeiten des Stützpunktes genutzt wurden.[1526] Bezeichnend ist auch, daß für das Dopingkontroll-Labor in Kreischa über Jahre hinweg nach einer Träger-Institution gesucht werden mußte, die bereit ist, die arbeitsrechtlichen Folgewirkungen zu tragen, die mit der Beschäftigung der Wissenschaftler verbunden sind; der LSB Sachsen hatte sich von vornherein gegen das Modell gewehrt, hier dauerhaft in entsprechende Funktionen einzutreten. Die Konsequenzen für den Arbeitgeber (jetzt wohl ein Träger-Verein) bestehen darin, Labor-Mitarbeiter trotz Befristung ihrer Arbeitsverträge, bei ungesicherter Finanzierung, (weiter) beschäftigen zu müssen.[1527] Zwar kann der Drittmittelbezug bei zeitlich begrenzten Forschungs-

---

1521 Zur Vermeidung von Wiederholungen wird auf nähere Ausführungen hierzu verzichtet.

1522 Beispielhaft erwähnt sei die mangelnde Koordination zwischen BISp, FES und IAT sowie zwischen dem BISp und der Trainerakademie.

1523 Es sei daran erinnert, daß die zu fördernden DDR-Verbände am FKS eigene Forschungsgruppen unterhielten.

1524 Nach der deutschen Vereinigung belief sich der Etat beider Einrichtungen auf zunächst 20 Mio. DM, der Haushalt 1995 ist auf rund 11 Mio. DM festgesetzt (Die Welt vom 15.07. 95); der Personalabbau seit 1992 beträgt rund 30 %. Siehe im übrigen oben § 8.III.

1525 „Einst die wichtigste Trainingsstätte für den Hochleistungssport der DDR", Der Tagesspiegel vom 09.11.94.

1526 Schweden, Norweger und Finnen bilden derzeit im Ausdauerbereich das Maß aller Dinge. Sie bedienen sich im Training eines Tricks, der die Übungseinheit effektiver macht: Gemeint ist Künstliches Höhentraining in Unterdruckkammern. Die Folge: Mehr rote Blutkörperchen (siehe hierzu Fn.1162). Eine solche Anlage besteht im Trainingszentrum Kienbaum seit 1980. Zum fünften Jahrestag des Mauerfalls am 09.11.94 vermeldete die SZ (unter Hinweis auf die Erfolge der Skandinavier): Die Unterdruckkammern von Kienbaum dagegen sind (*aus Kostengründen*) seit vier Jahren stillgelegt" (*Hervorhebung bzw. Ergänzung durch den Verfasser*).

1527 Die Befristung wird vorgenommen, da die Finanzzuweisungen für das Labor jährlich aufs neue durch das BISp festgesetzt werden, das seinerseits wiederum vom Bundeshaushalt

vorhaben einen Sachgrund für die Befristung von Arbeitsverhältnissen darstellen,[1528] jedoch rechtfertigt diese Finanzierungsart nach einer über fünfjährigen Beschäftigung die Befristung nur noch in eingeschränktem Maße.[1529] Fehlt der sachliche Grund, wandelt sich das befristete in ein unbefristetes Arbeitsverhältnis um.[1530]

Die sportmedizinische Versorgung muß verbessert werden.[1531] So hat vor kurzem die SMK einen Beschluß gefaßt, der die Sicherung der sportmedizinischen Betreuung als integralen Bestandteil der Leistungssportförderung erachtet.[1532] Fachverbände und Landessportbünde werden hierin u.a. aufgefordert, so schnell wie möglich zu veranlassen, daß

- entsprechende Untersuchungen zur Voraussetzung einer Aufnahme in den D-Kader erklärt werden,
- Untersuchungen nur durch qualifizierte und erfahrene Ärzte durchgeführt werden,
- Untersuchungen möglichst an einer oder mehreren Untersuchungsstellen oder bei entsprechenden Untersuchungsanlässen zentralisiert werden,
- die Untersuchungsergebnisse im Hinblick auf die Mobilität der Sportler durch abgestimmte Checklisten vereinheitlicht werden.

---

abhängig ist. Eine gewisse Sicherheit für den neuen Träger soll nunmehr durch Verpflichtungsermächtigungen erreicht werden, die mehrere Jahre abdecken.

1528 Das BAG löst seit seiner Entscheidung vom 12.10.60 (BAG, AP § 620 BGB - Befristeter Arbeitsvertrag - Nr.16) das Spannungsverhältnis zwischen § 620 BGB, der zeitbestimmte Arbeitsverhältnisse ohne Einschränkung zuläßt, und den gesetzlichen Beschränkungen des Arbeitgeberrechts zur Kündigung dahingehend auf, daß ein sachlicher Grund zur Befristung kündigungsgeschützter Arbeitsverhältnisse verlangt wird.

1529 Und zwar nur noch insoweit, als im Zeitpunkt des letzten Vertrages hinreichend sichere Anhaltspunkte dafür vorliegen, daß die Drittmittelfinanzierung mit dem Endzeitpunkt des Vertrages endgültig ausläuft (vgl. Darstellung von Koch - bezugnehmend auf die Rechtsprechung des BAG - NZA 1992, S.157).

1530 Die deutschen Sportverbände „leiden" generell unter einem „Kündigungsschutz-Syndrom", das darin besteht, nicht ohne weiteres erfolglose (Bundes-) Trainer entlassen zu können (vgl. Digel in den Stuttgarter Nachrichten vom 26.07.95: „... *Verträge sind* eine völlige Fehlkonstruktion. So wie der Athlet ein Risiko hat, muß auch der Trainer ein Risiko haben"). Da die Finanzmittel zur Neueinstellung junger „hungriger" Sportlehrer (bei gleichzeitiger Weiterbeschäftigung „ausgebrannter" Trainer) oftmals nicht ausreichen, bleibt der bisherige Stelleninhaber im Amt (Ausnahmen, z.B. im Profi-Fußball, bestätigen die Regel; es ist müßig zu erwähnen, daß erfolglose Trainer im DDR-Sport rasch ausdelegiert wurden). Zum „Verschleißtatbestand" als sachlichem Befristungsgrund siehe die in SpuRt 1/96, S.21 ff. abgedruckte Entscheidung des BAG, sowie Prokop, SpuRt 6/95, S.264. Die (drohenden) arbeitsrechtlichen Konsequenzen sind übrigens auch dafür verantwortlich, daß im Wiedervereinigungsprozeß nicht mehr ehemalige DTSB-Mitarbeiter übernommen wurden, bzw. belasten diejenigen Verbände, die durch „sanften Druck" der Bundesregierung drittmittelfinanziert Personal eingestellt haben und nunmehr, nach Auslaufen der Finanzierung, diese Mitarbeiter weiterbeschäftigen müssen.

1531 Der Umstand, daß trotz vorhandenen Angebots z.B. in den OSP manch ein Athlet „durch die halbe Republik fährt", um den Arzt seines Vertrauens aufzusuchen, spricht nicht dafür, daß die Qualität der sportärztlichen Versorgung stets hinreichend ist.

1532 Ergebnisniederschrift der 7.(19.) SMK, TOP 5, S.16 ff.

Die Aufforderung der SMK zeigt exemplarisch verschiedene Mängelzustände auf, deren Beseitigung zwar in gewissem Umfang durch eine sportintern verbesserte Koordination / Kooperation erfolgen kann - wie im übrigen aber ohne Erschließung zusätzlicher Finanzquellen eine Erhöhung wissenschaftlicher / medizinischer Betreuungsleistungen zu bewirken sein wird, bleibt rätselhaft.

Anreizsystem

SM: Der DDR-Sportbetrieb wurde (neben sonstigen Steuerungsmechanismen) über ein System materieller und immaterieller Anreize gelenkt.

EK: Das marktwirtschaftlich geprägte Anreiz- und Belohnungsgefüge war der eigentliche Katalysator zur Bestandswahrung der Leistungssportstrukturen.

Ü: Das System ist in keiner einigungsrelevanten Vereinbarung erwähnt und wurde dementsprechend auch nicht übernommen.

G: Der Hauptgrund hierfür ist leicht nachvollziehbar: Da ein (offiziell gar nicht existentes) DDR-spezifisches Phänomen der Leistungssteuerung vorlag, sich zusammensetzend aus einer Vielzahl von Einzelfaktoren, war das System als solches weder greifbar noch übertragbar.

Ob die „Übernahme" von Einzelfaktoren in Betracht gekommen wäre, ist zu prüfen:[1533] In der marktwirtschaftlich orientierten Bundesrepublik stoßen zumindest materielle Motivationsformen stets auf fruchtbaren Boden.[1534] In diesem Teilaspekt der „Subsysteme Sport" bestanden Berührungspunkte zwischen beiden Staaten. Ein Unterschied war allenfalls darin zu sehen, daß in der bundesdeutschen Sportszene relativ offen über Geld- und sonstige Anreize gesprochen wurde (wird).[1535] Im Hinblick auf die hier in Rede stehende „Übernahme-Problematik" ist letztlich aber gerade wegen dieser Gemeinsamkeiten auf materielle Belohnungen nicht näher einzugehen (Geld und Sachleistungen sind „Standard-Motivatoren" des Kapitalismus).

[1533] Der Begriff „Übernahme" wurde konkret in Anführungszeichen gesetzt, da es letztlich nur um die *Erzeugung* von Anreizen nach DDR-Vorbild gehen kann.

[1534] Insbesondere im Profisport (Tennis, Fußball) hat es den Anschein, daß die wirtschaftliche Seite den sportlichen Bereich (weitgehend kritiklos) völlig dominiert; dies mag (auch) damit zusammenhängen, daß die „Vorherrschaft" des Geldes in der Marktwirtschaft (in Abgrenzung zum Kommunismus / Sozialismus) gewissermaßen einen dogmatischen Nährboden findet.

[1535] Wie bereits oben bei § 5.IV.6 angedeutet, wurde die Sonderbehandlung der Sportstars in der DDR geheimgehalten - um in der Bevölkerung die Illusion von Gleichheit aufrechtzuerhalten. Im Subsystem Sport selbst war die „Regentschaft des Geldes" indes kein Geheimnis: Sportler und Sportgemeinschaften fügten sich u.a. deshalb optimal in die vorgegebenen Abläufe, da ihnen ansonsten individuelle Zuwendungen vorenthalten geblieben wären. Überspitzt formuliert könnte man sagen, daß das System Sport weniger über seine Rechtsstrukturen „funktionierte", sondern mehr über den *Willen* der Beteiligten, den Sport als Plattform zu nutzen, auch in anderen Lebensbereichen „voranzukommen". Hiermit ist nicht nur die Triebfeder der Athleten umschrieben, sondern auch die der Trainer, Masseure, Techniker, Ärzte usw., da jeder, der einen anderen voranbrachte, seinen Anteil bekam (erinnert sei z.B. an die „Kopfprämien" der Trainer, die ausgeschüttet wurden, wenn ein Schützling in die KJS delegiert werden konnte, Fn.911).

Auch bei den immateriellen / mittelbar materiellen DDR-Anreizformen gibt es solche, auf die westliche Systeme seit jeher zurückgreifen bzw. die aufgrund gesamtgesellschaftlicher Strukturunterschiede hierzulande keine oder eine nur verminderte Wirkung zeigen. Letzteres gilt z.B. für Auslandsreisen. Hier dürfte einerseits unbestritten sein, daß z.B. Nachwuchssportler durch die Aussicht, in sportlicher Angelegenheit „die Welt zu bereisen", motivierbar sind. Andererseits besteht eine uneingeschränkte Reisemöglichkeit auch unabhängig vom Sport (anders in der ehemaligen DDR, wo Sportlerreisen nahezu die einzige Chance boten, vor dem Rentenalter ins kapitalistische Ausland zu gelangen). Weiterhin spielt die den DDR-Spitzensportlern eingeräumte Möglichkeit, bevorzugt an Konsumgüter zu gelangen, bei der Warenvielfalt der Bundesrepublik keine Rolle.

Ganz anders der Bereich der sozialen Absicherung: Dieser Gesichtspunkt führt im bundesdeutschen Sportsystem ein Schattendasein - in der DDR hingegen handelte es sich um einen wichtigen Begleitaspekt zu den vorgenannten Anreizfaktoren. Nahezu vorbildhaft wurde dafür gesorgt, daß Spitzensportler Gelegenheit erhielten, eine Berufsausbildung zu absolvieren, bzw. hatte der Sportler die Gewißheit, nach dem Ende seiner Karriere eine berufliche Perspektive zu besitzen. Der Athlet vermochte sich insofern während seiner aktiven Zeit vornehmlich auf sportliche Ziele zu konzentrieren, ohne jemals der Gefahr zu erliegen, durch das soziale Netz zu fallen. In der Bundesrepublik sind Ausbildungsplätze, der erleichterte Zugang zu numerus-clausus-Studienplätzen, berufliche Perspektiven usw. für Leistungssportler nicht a priori staatlich garantiert, sondern ist die erfolgreiche Realisierung oftmals Gegenstand einer privaten Initiative. Insbesondere bei denjenigen Athleten, die aus ihrer sportlichen Aktivität heraus nur einen geringen Verdienst erzielen können, die aber dennoch zeitaufwendig trainieren müssen, wäre durch entsprechende Garantien eine Motivationssteigerung zu erzielen. Hierzu müßten in stärkerem Maße als bisher Sonderregelungen für Spitzensportler geschaffen, bestehende Härteklauseln auf sportliche Belange erweitert, öffentliche Stellen freigehalten und diese mit ehemaligen Sportlern besetzt werden,[1536] in den Grenzen des Art. 33 II GG, oder alternativ hierzu, privatwirtschaftliche Arbeitsplätze gezielt subventioniert werden, um zu bewirken, daß „verdiente" Sportler in jedem Fall eine Anstellung finden. All dies wäre möglich unter Betonung des besonderen öffentlichen Interesses an solchen Regelungen;[1537] daß entsprechende Veränderungen bislang nicht erfolgt sind, zeigt, daß die soziale Verantwortung gegenüber den Sportlern (die bei ihren internationalen Auftritten nationale Repräsentationsfunktionen übernehmen) noch nicht hinreichend ausgeprägt ist.[1538]

[1536] Zu den sog. "Phantomstellen" vgl. Pfister/Steiner, Sportrecht, S.192 (die die Zulässigkeit im Rahmen der kommunalen Daseinsvorsorge hervorheben).

[1537] So wird unter Betonung eines gesamtgesellschaftlichen (sozialen) Interesses z.B. im Hinblick auf behinderte Arbeitnehmer das Einstellungs- und Beschäftigungsverhalten der Arbeitgeber (über finanzielle Verpflichtungen / Anreize) gesteuert (vgl. z.B. §§ 54,60 AFG).

[1538] Zumindest staatlicherseits - dokumentiert durch den Umstand, daß die öffentliche Sportförderung im wesentlichen eine Organisationsförderung ist (Vereine / Verbände); die Förderung der (aktiven) Sportler erfolgt durch eine private Institution (DSH).

S: Das ostdeutsche Anreizsystem und die westdeutschen Mechanismen zur Motivationsförderung weisen verschiedene Gemeinsamkeiten auf, wobei die spezifische Wirksamkeit des DDR-Systems in der Bundesrepublik nicht zu erzielen wäre. Ein gewisser Bedürfnisstau, der für den einzelnen in der DDR nur über die Segnungen einer erfolgreichen Sportlerkarriere aufzulösen war,[1539] entsteht in West-Deutschland gar nicht erst (bzw. nur in verminderter Form), da sich infolge des höheren Lebensstandards die Normalität hier anders definiert. Ein Mangelzustand im Westen besteht in erster Linie im Hinblick auf die soziale Absicherung der Sportler. Die vorhandenen Defizite sind mitursächlich dafür, daß sich das Leistungspotential der ehemaligen DDR-Sportler im gesamtdeutschen System nicht mehr voll entfalten kann.[1540] Viele Ex-DDR-Atheten sind (im Gegensatz zu früher) nunmehr dazu gezwungen, sich verstärkt mit ihrer aktuellen und zukünftigen Existenzsicherung zu beschäftigen (und haben hierdurch bedingt ihr Trainingsprogramm umgestellt / ihr Pensum reduziert).[1541] Bei all dem ließe sich durch Innovation der „Absicherungssysteme" ein spürbarer Motivationsschub erzielen.

------------------------ Ergebnis --

Zur Frage - Sportvereinigung gelungen oder mißraten - ist festzustellen, daß auch nach Überprüfung der Gründe für die konkrete Realisierung eine klare Antwort nicht möglich ist: Denn einerseits ist die Einigung gelungen, da ein funktionierender Sportbetrieb auf gesamtdeutscher Ebene installiert werden konnte. Andererseits wurde vom „Modellbaukasten DDR-Sport" weniger erfaßt (und realisiert), als sinnvoll und möglich gewesen wäre; der Verzicht auf manche Elemente des DDR-Sports - z.B. die Mechanismen der Nachwuchsselektion und -förderung - ist rechtlich nicht zu erklären, auch finanzielle Erwägungen greifen nicht immer;[1542] gleiches gilt für die entstandenen Vollzugsdefizite bzw. Umsetzungs-Widerstände. Als Metapher formuliert fällt ein kurzgefaßtes Fazit leichter:

Es wurde eine (*Sport-)* Straße gebaut, die befahrbar ist und ihre Lasten trägt, allerdings keine Autobahn, ferner sind Schlaglöcher zu verzeichnen.

[1539] Hinsching, Alltagskultur, S.47, spricht von einer „Diktatur über Bedürfnisse" (vgl. auch Fn. 1535).

[1540] Andere Ursachen: Verminderung der Betreuungsleistung, Veränderung des allgemeinen sozialen Klimas - Orientierungsschwierigkeiten im West-System, Zurückführung des Konsums von uM.

[1541] „Ohne Sicherheit im täglichen Leben, notwendig fürs psychische Gleichgewicht, kann kein Sportler Hochleistung bringen", Ex-Hochspringer H.Lauterbach im Gespräch mit der Thüringer Allgemeinen (vom 18.12.95).

[1542] Die übernahmefähigen Elemente werden bei der nachstehenden Schlußbetrachtung zusammengefaßt.

Sechster Teil
GESAMTERGEBNIS

Die freiheitliche Grundordnung der Bundesrepublik erlaubt es auch dem Sport, sich freiheitlich zu organisieren. In der DDR war der Sport integriert in die totalitäre Struktur des Gemeinwesens; der Sport wurde zentral gesteuert, unterlag hierbei den (von wenigen Personen bestimmten) Zielvorgaben der SED-Parteipolitik, war (leistungssportlich) erfolgreich(er) - aber unfrei. Der Sport und die ihn tragenden Organisationen in der (alten und neuen) Bundesrepublik unterliegen keinen verstärkt reglementierenden bzw. dirigistischen Einflüssen, sondern werden (soweit dies möglich ist) partnerschaftlich behandelt. Der Staat stellt in erster Linie die Rahmenbedingungen bereit, und beschränkt sich - die Autonomie des Sports respektierend - auf die Ausübung subsidiärer Förderfunktionen. Ausdruck dieses Rollenverständnisses ist, daß staatliche Lenkungsmaßnahmen bei Sportinterna nur sparsam eingesetzt werden („Goldener Zügel"). Dennoch ist gewährleistet, daß die (z.B. Rechtsschutz-) Interessen des Einzelnen gegenüber den Sportorganisationen hinreichend gewahrt bleiben. Der untergeordneten Bedeutung des Rechts in der DDR entsprechend, wurde sowohl dem Individualschutz des einzelnen (gegenüber den Organisationen) als auch kollektiven Schutzinteressen (gegenüber dem Staat) wenig Beachtung geschenkt. Die politisch lancierte hohe Wertigkeit des Sports im DDR-Gemeinwesen, untermauert durch die Verfassung / sonstige Normierungen, stand hierzu nicht im Widerspruch, da relative Rechtlosigkeit (und vollständige finanzielle Abhängigkeit) wichtige Garanten dafür waren, daß der Sport steuerbar blieb - und somit den in ihn gesetzten Erwartungen gerecht werden konnte.[1543]

Die Zusammenführung der beiden konträren Systeme ist nur bedingt gelungen.

Zwar wurde das Hauptziel erreicht, im Gebiet der neuen Bundesrepublik einen einheitlichen und funktionsfähigen Sportbetrieb zu installieren, jedoch muß bemängelt werden, daß im wesentlichen ein Rückgriff auf das westdeutsche Modell erfolgte, dessen Strukturen erhalten blieben, wohingegen die meisten Elemente des früheren DDR-Sports (obwohl sie zumindest teilweise zur Übernahme / Fortführung geeignet gewesen wären) keine Berücksichtigung fanden.[1544] Ferner ist es bislang nicht gelungen, die innere Einheit der Sportbewegung herzustellen.[1545] Hierzu mag beigetragen haben, daß die Bewältigung der Doping- bzw. Stasi-Vergangenheit nach wie vor Probleme bereitet.

[1543] Da die strukturellen Merkmale beider Systeme oben in § 6 (sowohl ausführlich als auch komprimiert - in Leitsatzform) einander gegenübergestellt wurden, wird (zur Vermeidung von Wiederholungen) an dieser Stelle nur noch einmal die Essenz betont; auf die Ausführungen in § 6 wird verwiesen.

[1544] Der Kommentierung von Busse, Erwartungen & Entwicklungen, S.100, „... daß die Wiedervereinigung im Sport allenfalls zu einigen Randmodifizierungen (Kosmetik) am westlichen System geführt hat ..." ist insoweit nichts hinzuzufügen.

[1545] Satzungsziel des DSB (§ 3 I); vgl. auch oben § 4.III.

Die Sportvereinigung orientierte sich primär an einer konzeptionellen Vereinbarung der beiden Dachverbände DSB und DTSB - staatliche Stellen haben sich, da innere Angelegenheiten der Sportbewegung betreffend, aus diesem Prozeß weitgehend rausgehalten. Der Einigungsvertrag zwischen beiden Staaten bestätigt(e) in seinem Art. 39 (indirekt) die getroffenen Vereinbarungen, untermauert(e) die westdeutsche Dominanz und verfestigt(e) die bisherigen West-Strukturen.

Defizite in der Umsetzung des EVertr sind nicht erkennbar; insbesondere konnte der Fortbestand der namentlich aufgeführten Institutionen - FKS, FES, Dopingkontrollabor Kreischa - in abgewandelter Form sichergestellt werden. Das Einigungskonzept des Sports weist hingegen Vollzugsdefizite auf, die sich in erster Linie auf die vorgesehene Optimierung der Leistungssportstrukturen und den Bereich der Nachwuchsförderung beziehen. So ist festzustellen, daß die Integration modifizierter KJS in das bestehende Sportschul- / Sportinternats-Gefüge den gleichzeitigen Wegfall des Nachwuchsfördersystems der DDR nicht kompensieren kann. Da zudem im Bereich der Talentauswahl, bei der Kooperation von Schulen und Vereinen sowie beim schulischen Wettkampfsystem keine Fortschritte gegenüber dem früheren West-Zustand erzielt wurden, es auch ansonsten unterlassen wurde, Anleihen beim DDR-(Nachwuchs-) Sport zu nehmen, ist das Resultat in toto unbefriedigend.

Im Ergebnis ist die mangelnde Optimierung der Leistungssportstrukturen durch die Sportbewegung selbst verursacht; die defizitären Entwicklungen im Nachwuchsbereich sind hingegen auch landespolitischen Versäumnissen zuzuschreiben.

Die vorgenannten Fehlentwicklungen berücksichtigend, wird nunmehr versucht, über neue Stützpunkt- und Förderkonzepte Wege zu finden, einerseits die gesamten Leistungssport-Strukturen zu straffen, andererseits auch die Nachwuchsförderung zu stärken. Hiermit werden Ansätze in die richtige Richtung verfolgt; alle Bemühungen kranken jedoch letztlich daran, daß sie nicht in ein erneuertes Gesamtkonzept des Sports einmünden.

Ein solches zu entwickeln entsprach nicht der Aufgabenstellung dieser Arbeit. Insofern kann hier lediglich die Erkenntnis vermittelt werden, daß bestimmte erfolgskausale Elemente des DDR-Sportsystems ohne Rechtsbedenken in eine neue Gesamtstrategie eingebunden werden könnten.[1546]

Dieses Ziel verfolgend, sollte eine Neukonzeption im Verbands- bzw. Dachverbandsbereich ansetzen, dem Dachverband größere Kompetenzen zuerkennen, zu einer Gremienstraffung bzw. zum vermehrten Einsatz von Hauptamtlichkeit (an verantwortlicher Stelle) führen sowie den politischen Macht- und Einflußbereich an der Spitze stärken. Im sportwissenschaftlichen bzw. sportmedizinischen Bereich ist eine verbesserte Kooperation der Institute untereinander bzw. mit den Sportverbänden notwendig, ferner eine qualitative und quantitative Anhebung der Versorgungsleistungen (insbesondere im Kinder- und Jugendsportbereich). Die Planungsinter-

[1546] Die als notwendig erachteten Elemente einer veränderten Nachwuchskonzeption wurden oben bei § 9, „Nachwuchsprogramme“, Gliederungspunkt „S“, angesprochen; hierauf wird verwiesen.

valle (u.a. im trainingskonzeptionellen Bereich) sollten verlängert werden. Schließlich ist eine Reform der sozialen Sicherungssysteme der Athleten geboten, um diesen eine motiviertere und konzentriertere Ausübung ihres sportlichen „Zwischenberufes" zu ermöglichen.

Zwar steht all dies unter dem Vorbehalt seiner Finanzierbarkeit - zumal wenn aufgrund gesteigerter Legitimationszwänge auch sog. „Heilige Kühe" einer öffentlichen Subventionsdiskussion unterliegen - vieles ist aber ohne Erhöhung von Zuwendungen, durch eine schlichte Veränderung der Strukturen, verstärkte Zusammenarbeit und Koordination möglich. Auch wenn einzuräumen ist, daß in der DDR viel Geld in den Spitzensport geflossen ist (vergleichsweise viel mehr als in der Bundesrepublik),[1547] so hat doch insbesondere die Verzahnung der Lebensbereiche kostensparend und effektivitätserhöhend gewirkt. Das Modell der Förderquotierungen hat zudem gezeigt, wie vorhandene Geldmittel erfolgsorientierter eingesetzt werden können. Völlig kostenlos zu haben wäre die Einbeziehung des Sports ins Grundgesetz (bzw. in die Landesverfassungen); speziell dieser „Sportfördermaßnahmen" hat sich der (jeweilige) Gesetzgeber bislang aber noch nicht hinreichend zugewandt.

Das Modell des DDR-Sportbetriebes insgesamt (unter Elimination seiner Schattenseiten - z.B. Doping, MfS, ideologische Überfrachtung) war und ist nicht kopierbar. Denn der Versuch hierzu würde voraussetzen, daß der Sport seine „Nische" als autonomer Lebensbereich verlassen und sich in staatliche Obhut begeben müßte. Ungeachtet der skizzierten rechtlichen Problemlagen wäre es kein erstrebenswertes Ziel, zum Spielball staatlicher Interessen zu werden. Deshalb kommt die Übernahme der o.a. Teilelemente des DDR-Sports zwar nach wie vor in Betracht, weitergehende, autonomiegefährdende Veränderungen sind aber tunlichst zu unterlassen. Inwieweit eine Annäherung an die leistungssportliche Konzentration und Systematik des DDR-Sports künftig möglich sein wird, um in Kombination mit den „finanziellen Möglichkeiten des Westens ... überragende Erfolge zu erzielen",[1548] ist völlig offen; Zweifel, ob dies jemals gelingen wird, sind angebracht.

[1547] Es wird behauptet, daß das DDR-Sport-Modell, auf das vereinigte Deutschland übertragen, mindestens fünf Milliarden Mark kosten würde, Schweriner Volkszeitung vom 14.09. 95. Die Berechnungsgrundlagen werden leider nicht offengelegt.

[1548] So ehemalige DDR-Trainer und Betreuer, die gleichzeitig die materielle Not des ostdeutschen Sports mit seinen verrotteten Anlagen sowie die Inkompetenz und Managementfehler westdeutscher Funktionäre beklagen (FAZ vom 09.11.94).

Literaturverzeichnis

Akademie für Staats- und Rechtswissenschaft der DDR, Potsdam-Babelsberg (Hg.), Staatsrecht der DDR, Lehrbuch, Berlin 1977, zit.: Akademie, Staatsrechtslehrbuch DDR

Auernhammer, Herbert, Bundesdatenschutzgesetz, Kommentar, 3.Auflage, Köln, Berlin, Bonn, Mainz 1993, zit.: Bundesdatenschutzgesetz

Badura, Peter, Der Sozialstaat, in: DÖV 1989, S.491 ff.

Baecker, Wolfgang, Grenzen der Vereinsautonomie im deutschen Sportverbandswesen, Münstersche Beiträge zur Rechtswissenschaft, Band 9, Berlin 1985, zit.: Grenzen

- Zur Nachprüfbarkeit von Vereinsstrafen, in: NJW 1984, S.906,907 (Urteilsanmerkung zu BGH NJW 1984, S.918 ff.)

Baeskau, Heinz, 25 Jahre DTSB der DDR, in: Koerpererziehung 1982, S.145 ff.

Baumbach, Adolf / Lauterbach, Wolfgang / Albers, Jan / Hartmann, Peter, Zivilprozeßordnung mit Gerichtsverfassungsgesetz und anderen Nebengesetzen, 54. Auflage, München 1996, zit.: Baumbach/Lauterbach, Zivilprozeßordnung

Berendonk, Brigitte, Doping - Von der Forschung zum Betrug, Hamburg 1992, zit.: Doping

Bernett, Hajo, Nationalsozialistische Leibeserziehung, Schorndorf 1966, zit.: Leibeserziehung

- Sportpolitik im Dritten Reich, Schorndorf 1971, zit.: Sportpolitik

- Körperkultur und Sport in der DDR, Texte - Quellen - Dokumente zur Sportwissenschaft Band 27, Schorndorf 1994, zit.: Körperkultur

Beuker, Friedrich, Sport für alle in der DDR, in: Sport im geteilten Deutschland III, Führungs- und Verwaltungsakademie des DSB (Hg.), Akademieschrift 22, Frankfurt a.M. 1984, S.25 ff., zit.: Sport für alle

Blank, Eberhard, Sportförderung in den Gemeinden, in: Der Sport in der Bundesrepublik Deutschland, Gieseler, Karlheinz (Hg.), Verbände in der Bundesrepublik Deutschland Band 6, Wiesbaden 1983, S.177 ff., zit.: Sportförderung der Gemeinden

Bleckmann, Albert, Neue Aspekte der Drittwirkung der Grundrechte, in: DVBl 1988, S.938 ff.

- Staatsrecht II - Die Grundrechte, 3.Auflage, Köln, Berlin, Bonn, München 1989, zit.: Staatsrecht II

Brunner, Georg, Einführung in das Recht der DDR, 2.Auflage, München 1979, zit.: Einführung

Bull, Hans Peter, Die Staatsaufgaben nach dem Grundgesetz, 2.Auflage, Kronberg 1977, zit: Staatsaufgaben

Bundesministerium des Innern (Hg.), Fünfter Sportbericht der Bundesregierung, Bonn 1982, zit.: Fünfter Sportbericht

- Siebter Sportbericht der Bundesregierung, Bonn 1991, zit.: Siebter Sportbericht

- Achter Sportbericht der Bundesregierung, Bonn 1995, zit.: Achter Sportbericht

Bundesministerium für innerdeutsche Beziehungen (Hg.), DDR-Handbuch, 2. Auflage, Köln 1979, zit.: DDR-Handbuch

Burmeister, Joachim, Voraussetzungen und Grenzen der Verbandsautonomie aus der Sicht des Staats- und Verwaltungsrechts, in: Verbandsautonomie und Verfassungsrecht, Deutscher Sportbund (Hg.), Schriftenreihe Berichte und Analysen Heft 52, Frankfurt a.M. 1979, S.30 ff., zit.: Voraussetzungen

- Sport als Aufgabe kommunaler Selbstverwaltung?, in: Sport im kommunalen Wirkungskreis, Burmeister, Joachim (Hg.), Recht und Sport Band 9, Heidelberg 1988, S.37 ff., zit.: Selbstverwaltung

- Sportverbandswesen und Verfassungsrecht, in: DÖV 1978, S.1 ff.

Busse, Peter, „Erwartungen an die Gesprächsrunden aus der Sicht des BMI“ und „Entwicklungen und Chancen des Sports nach der Wende unter der besonderen Berücksichtigung des Leistungssports“, in: Verständigung und Gemeinsamkeit durch Sport?; Referate einer Tagung in der Evangelischen Akademie Bad Boll, Protokolldienst Bad Boll 3/95, S.99 ff., zit: Erwartungen & Entwicklungen

Christoph, Karl-Heinz, Vereine im Vereinigungsprozeß, in: DtZ 1991, S.234 ff.

Coester, Michael, Familienrechtliche Aspekte des Kinderhochleistungssports, in: Kinderhochleistungssport, Steiner, Udo (Hg.), Recht und Sport Band 1, Heidelberg 1984, S.15 ff., zit.: Familienrechtliche Aspekte

Creifelds, Carl / Kauffmann, Hans (Hg.), Rechtswörterbuch, 12.Auflage, München 1994, zit.: Creifelds, Rechtswörterbuch

De Marees, Horst, Der Mensch im kommunistischen System der DDR, in: Sport im geteilten Deutschland, Führungs- und Verwaltungsakademie Berlin des Deutschen Sportbundes (Hg.), Akademieschrift 2, Berlin 1981, S.11 ff., zit.: Mensch & System

Dellmann, Hans Jörg, Sportförderung des Bundes, in: Der Sport in der Bundesrepublik Deutschland, Gieseler, Karlheinz (Hg./V), Verbände in der Bundesrepublik Deutschland Band 6, Wiesbaden 1983, S.109 ff., zit.: Sportförderung (Bund)

Deutscher Sportbund (Hg.), Lehrbriefe für Organisationsleiter, Frankfurt a.M. 1985, zit.: Bearbeiter, Organisationsleiterhandbuch

- Deutscher Sportbund 1986-1990, Bericht des Präsidiums, Frankfurt a.M. 1990, zit.: Deutscher Sportbund 1986-990

- Deutscher Sportbund 1990-1994, Bericht des Präsidiums, Frankfurt a.M. 1994, zit.: Deutscher Sportbund 1990-1994

Diem, Carl, Weltgeschichte des Sports und der Leibeserziehung, Stuttgart 1960, zit.: Weltgeschichte

Digel, Helmut, Die öffentliche Sportverwaltung in der Bundesrepublik Deutschland, in: Sport im Verein und im Verband, Digel, Helmut (Hg.), Texte - Quellen - Dokumente zur Sportwissenschaft Band 22, Schorndorf 1988, S.60 ff., zit.: Sportverwaltung

- Die Sportselbstverwaltung und ihre Partner, in: Sport im Verein und im Verband, Digel, Helmut (Hg.), Texte - Quellen - Dokumente zur Sportwissenschaft Band 22, Schorndorf 1988, S.90 ff., zit: Sportselbstverwaltung

Ehrich, Dieter, Leistungssport in der DDR unter besonderer Berücksichtigung der Talentsuche und der Talentförderung, in: Die DDR - Breiten- und Spitzensport, Riemer, Rudolf (Hg.), Schriften des Studienzentrums für Ost-West-Probleme Band 6, München 1981, S.23 ff., zit.: Leistungssport DDR

Eichel, Wolfgang (Hg./V.), Geschichte der Körperkultur in Deutschland 1789 - 1917, Band 2, Berlin 1965, zit.: Geschichte bis 1917

- Geschichte der Körperkultur in Deutschland 1917-1945, Band 3, Berlin 1969, zit.: Geschichte bis 1945

Engel, Ingrid, Zu einigen Hauptaufgaben bei der Realisierung der Beschlüsse der Volksvertretungen zur planmäßigen Förderung von Körperkultur und Sport im Bezirk Rostock, in: Theorie und Praxis der Körperkultur 1981, S.254 ff., zit.: Hauptaufgaben

Erman, Walter (Hg. bis 4.Auflage); Westermann, Harm Peter (Hg. ab 5.Auflage), Handkommentar zum Bürgerlichen Gesetzbuch, 1.Band §§ 1-853, 9.Auflage, Münster 1993, zit.: Erman-Bearbeiter

Ewald, Manfred, Ich war der Sport, Berlin 1994, zit.: Ich war der Sport

Fahlbusch-Wendler, Christine, Die Zulässigkeit der staatlichen Förderung des Kinderhochleistungssports in der Bundesrepublik Deutschland, in: Kinderhochleistungssport, Steiner, Udo (Hg.), Recht und Sport Band 1, Heidelberg 1984, S.33 ff., zit.: Förderung des Kinderhochleistungssports

Forsthoff, Ernst, Begriff und Wesen des sozialen Rechtsstaats, in: Veröffentlichungen der Vereinigung Deutscher Staatsrechtslehrer, Heft 12 (1954), S.8 ff., zit.: VVDStRL

Friedrich, Eduard, Der Spitzensport in der DDR - Olympische Perspektiven '84, in: Sport im geteilten Deutschland III, Führungs- und Verwaltungsakademie Berlin des Deutschen Sportbundes (Hg.), Akademieschrift 22, Frankfurt a.M. 1984, S.15 ff., zit.: Spitzensport DDR

Friedrich-Ebert-Stiftung (Hg.), Der Sport in der Deutschen Demokratischen Republik, Bonn 1975, zit.: Sport

- Honeckers Parteiprogramm, Bonn 1980, zit.: Honeckers Parteiprogramm

- Honeckers Verfassung, Bonn 1981, zit.: Honeckers Verfassung

- Die SED von A bis Z, Bonn 1982, zit.: SED von A bis Z

- Wie wird der DDR-Bürger überwacht?, Bonn 1984, zit.: Überwachung

- Der demokratische Zentralismus, Bonn 1984, zit.: Zentralismus

- Das Arbeitsgesetzbuch der DDR, 2.Auflage, Bonn 1985, zit.: Arbeitsgesetzbuch

- Die Grundrechte in beiden deutschen Staaten, Bonn 1985, zit.: Die Grundrechte

Fritzweiler, Jochen, Gefährliches Boxen und staatliches Verbot?, in: SpuRt 4/95, S.156 ff.

Fuhrmann, Claas, Idealverein oder Kapitalgesellschaft im bezahlten Fußball, in: SpuRt 1-2/95, S.12 ff.

Führungs- u. Verwaltungsakademie Berlin des Deutschen Sportbundes (Hg.), Sport im geteilten Deutschland, Akademieschrift 2, Berlin 1981, zit.: Teilnehmer Akademiegespräch, Akademieschrift 2

- Sport im geteilten Deutschland II, Akademieschrift 8, Berlin 1982, zit.: Teilnehmer Akademiegespräch, Akademieschrift 8

- Sport im geteilten Deutschland III, Akademieschrift 22, Berlin 1984, zit.: Teilnehmer Akademiegespräch, Akademieschrift 22

Gieseler, Karlheinz / Grupe, Ommo / Heinemann, Klaus, Menschen im Sport 2000, Dokumentation des Kongresses „Menschen im Sport 2000", Schorndorf 1988, zit.: Gieseler, Dokumentationsbroschüre

Gieseler, Karlheinz, Das Leitungs- und Leistungssystem der Körperkultur in der DDR, in: Sportwissenschaft 1983, S.113 ff., zit: Leitungssystem

- Sportpläne des DTSB der DDR, in: Sport im geteilten Deutschland II, Führungs- und Verwaltungsakademie Berlin des Deutschen Sportbundes (Hg.), Akademieschrift 8, Berlin 1982, S.57 ff., zit.: Sportpläne DTSB

- Deutscher Sportbund, in: Der Sport in der Bundesrepublik Deutschland, Gieseler, Karlheinz (Hg.), Verbände in der Bundesrepublik Deutschland Band 6, Wiesbaden 1983, S.25 ff., zit.: Deutscher Sportbund

- Abriss der Geschichte des Sports, in: Der Sport in der Bundesrepublik Deutschland, Gieseler, Karlheinz (Hg.),Verbände in der Bundesrepublik Deutschland Band 6, Wiesbaden 1983, S.11 ff., zit.: Abriss der Geschichte

- Die vertrauensbildende Kraft des Sports, in: Führungs- und Verwaltungsakademie Berlin des Deutschen Sportbundes (Hg.), Akademieschrift 22, Frankfurt a.M. 1984, S.7ff., zit.: Kraft des Sports

- Gründung, Entwicklung und Strukturen der Sportselbstverwaltung, in: Sport im Verein und im Verband, Digel, Helmut (Hg.), Texte - Quellen - Dokumente zur Sportwissenschaft Band 22, Schorndorf 1988, S.35 ff., zit.: Gründung

- Sport und staatliche Institutionen, in: Die Gründerjahre des Deutschen Sportbundes, Deutscher Sportbund /Hg., Schorndorf 1990, S.329 ff., zit.: Institutionen

- Sport in der Bundesrepublik Deutschland, Deutscher Sportbund (Hg.), 18.Auflage, Frankfurt a.M. 1992, zit.: DSB-Sport

Gießelmann-Goetze, Gudrun, Das Ein-Platz-Prinzip, in: Sport und Recht in Europa, Will, Michael (Hg.), Vorträge, Reden und Berichte aus dem Europa-Institut Nr.116, Saarbrücken 1988, S.15 ff., zit.: Das Ein-Platz-Prinzip

Glaeßner, Gert-Joachim, Partei und Staat in der DDR, Landeszentrale für politische Bildung (Hg.), Band 1064, zit.: Partei und Staat

Gramlich, Ludwig, Verfassungsrechtliche Grundlagen und Grenzen des Telefon-Marketing, Schriftenreihe der Wirtschaftswissenschaftlichen Fakultät Band 2, Chemnitz 1994, zit.: Telefon-Marketing

Grunewald, Barbara, Vereinsordnungen - praktische Bedeutung und Kontrolle, in: ZHR 152 (1988), S.242 ff.

Grunsky, Wolfgang, Die Befugnis der Sportverbände zur Regelung der Werbetätigkeit durch die Mitgliedsvereine, in: Werbetätigkeit und Sportvermarktung, Grunsky, Wolfgang (Hg.), Recht und Sport Band 3, Heidelberg 1985, S.13 ff., zit.: Werbetätigkeit

- Tatsachenfeststellungen im Sportrecht zwischen staatlichen Gerichten und Verbandsgerichten, in: Verbandsrechtsprechung u. staatliche Gerichtsbarkeit, Württembergischer Fußballverband e.V. (Hg.), Schriftenreihe Nr.24, S.63 ff., zit.: Tatsachenfeststellungen

Grupe, Ommo, Der neue Weg im deutschen Sport. Über Sinn und Organisation des Sports, in: Die Gründerjahre des Deutschen Sportbundes, Deutscher Sportbund (Hg.), Schorndorf 1990, S.16 ff., zit.: Neuer Weg

Häberle, Peter, Sport als Thema neuerer verfassungsstaatlicher Verfassungen, in: Festschrift für Werner Thieme, Köln, Berlin, Bonn, München 1993, S.25 ff., zit.: Sport als Verfassungsthema

Hansen, Hans, Entwicklungen und Chancen des Sports nach der Wende, in: Verständigung und Gemeinsamkeit durch Sport? Referate einer Tagung in der Evangelischen Akademie Bad Boll, Protokolldienst Bad Boll 3/95, S.4 ff., zit.: Entwicklungen

Heimann, Norbert, Die Schiedsgerichtsbarkeit der politischen Parteien in der Bundesrepublik Deutschland, Köln 1976, zit.: Politische Parteien

Heinemann, Klaus / Horch, Heinz-Dieter, Strukturbesonderheiten des Sportvereins, in: Sport im Verein und im Verband, Digel, Helmut (Hg.), Texte - Quellen - Dokumente zur Sportwissenschaft Band 22, Schorndorf 1988, S.108 ff., zit.: Strukturbesonderheiten

Helfritsch, Wolfgang / Becker, Ulrich, Dokumentationsstudie Pädagogische KJS-Forschung, Berichte und Materialien des Bundesinstituts für Sportwissenschaft, Köln 1993, zit.: Dokumentationsstudie

Henne, Thomas, Strukturorientierte Betrachtungsweise des Deutschen Sportbundes als Verbandsorganisation aus organisationstheoretischer Sicht, Diplomarbeit, Köln 1989, zit.: Organisationstheorie

Herder-Verlag, Das große Buch vom Sport, Freiburg im Breisgau 1959, zit.: Herder, Das große Buch vom Sport

Hermes, Georg, Das Grundrecht auf Schutz von Leben und Gesundheit, Heidelberg 1987, zit.: Leben und Gesundheit

Hesse, Konrad, Grundzüge des Verfassungsrechts der Bundesrepublik Deutschland, 19.Auflage, Heidelberg 1993, zit.: Grundzüge

Heuer, Uwe-Jens, Die Rechtsordnung der DDR, Baden-Baden 1995, zit.: Rechtsordnung

Hilpert, Horst, Organisation und Tätigkeit von Verbandsgerichten, in: BayVBl 1988, S.161 ff.

Hinsching, Jochen, Der Sport - Ein Teil der Alltagskultur der Menschen in den neuen Bundesländern, in: Verständigung und Gemeinsamkeit durch Sport? Referate einer Tagung in der Evangelischen Akademie Bad Boll, Protokolldienst Bad Boll 3/95, S.31 ff., zit.: Alltagskultur

Hochbaum, Hans-Ulrich, Einführung zum DDR-Schönfelder, Zivil-, Wirtschafts- und Justizgesetze der DDR, 4.Auflage, München 1994, zit.: Einführung

Hohl, Michael, Rechtliche Probleme der Nominierung von Leistungssportlern, Bayreuth 1992, zit.: Nominierung

Holzweißig, Gunter, Diplomatie im Trainingsanzug, Schriften des Forschungsinstituts der Deutschen Gesellschaft für Auswärtige Politik e.V. Band 46, München, Wien, Oldenbourg 1981, zit.: Diplomatie

- Sport und Politik in der DDR, Berlin 1988, zit.: Sport und Politik

- Staatliche Anerkennung aus sportlichen Erfolgen der DDR, in: Sport im geteilten Deutschland, Führungs- und Verwaltungsakademie Berlin des Deutschen Sportbundes (Hg.), Akademieschrift 2, Berlin 1981, S.33 ff., zit.: Staatliche Anerkennung

Humboldt-Universität Berlin, Sektion Rechtswissenschaft / Hg., Strafrecht, Allgemeiner Teil, Lehrbuch, Berlin 1976, zit.: Strafrechts-Lehrbuch

Isensee, Josef, Subsidiaritätsprinzip und Verfassungsrecht, Schriften zum öffentlichen Recht Band 80, Berlin 1968, zit.: Subsidiaritätsprinzip

Isensee, Josef / Kirchhof, Paul, Handbuch des Staatsrechts der Bundesrepublik Deutschland, Band III, Heidelberg 1988; Band VIII, Heidelberg 1995, zit.: Bearbeiter in Isensee/Kirchhof, Staatsrecht III bzw. VIII

Jötten, Wolfgang Jürgen, Vereinsautonomie und Grundrechtsschutz der Vereinsmitglieder, Köln 1976, zit.: Vereinsmitglieder

Kauffmann, Hans, Verbandsrechtsprechung im Sport, in:Verbandsrechtsprechung und staatliche Gerichtsbarkeit, Württembergischer Fußballverband e.V. (Hg.), Schriftenreihe Nr. 24, Stuttgart 1988, S.6 ff., zit.: Verbandsrechtsprechung

Kilian, Martin, Zusammenschluß von DSB und DTSB, in: Referate auf der Tagung „Wiedervereinigung als Organisationsproblem", Ruhruniversität Bochum (Hg.), 1991, zit.: Sportverbände

Klein, Hans, Staatsziele im Verfassungsgesetz - Empfiehlt es sich, ein Staatsziel Umweltschutz in das Grundgesetz aufzunehmen?, in: DVBl 1991, S.729 ff.

Knecht, Willi, Versäumnisse u. Perspektiven bundesdeutscher Sportpolitik, Frankfurt a.M. 1970, zit.: Versäumnisse

- Partnerschaft auf Raten; Versäumnisse und Perspektiven bundesdeutscher Sportpolitik, Frankfurt a.M. 1970, zit.: Partnerschaft

- Die ungleichen Brüder, Mainz 1971, zit.: Ungleiche Brüder

- Das Medaillenkollektiv, Berlin 1978, zit.: Medaillenkollektiv

- Wege nach Olympia, Dortmund 1980, zit.: Wege nach Olympia

Koch, Hartmut, Die Rechtsprechung des BAG zur Zulässigkeit befristeter Arbeitsverhältnisse, in: NZA 1992, S.154 ff.

Kohler, Friedemann, Wiedervereinigung als Organisationsproblem, in: Das Parlament 1991, Nr.7-8, S.17 ff.

Korber, Horst, Die politischen Probleme des Berliner Sports, Berlin 1982, zit.: Politische Probleme

Krebs, Hans-Dieter, Von den Lasten der Einheit im Sport, in: Deutschland-Archiv 1991, S.457 ff.

Kregel, Wilhelm, Organisation und Aufgaben des Sports in der Bundesrepublik Deutschland, in: Sport und Recht, Schroeder, Friedrich-Christian und Kauffmann, Hans (Hg.), Berlin, New York 1972, S.117 ff., zit.: Organisation

Kröning, Volker, Kernfragen der Verfassungsreform, in: ZRP 1991, S.161 ff.

Krüger, Arnd, Sport und Politik, Hannover 1975, zit.: Sport und Politik

Kühnst, Peter, Der mißbrauchte Sport, Köln 1982, zit.: Der mißbrauchte Sport

Langenfeld, Hans, Wie sich der Sport in Deutschland seit 200 Jahren organisatorisch entwickelt hat, in: Sport im Verein und im Verband, Digel, Helmut (Hg.), Texte - Quellen - Dokumente zur Sportwissenschaft Band 22, Schorndorf 1988, zit.: Organisatorische Entwicklung

Lapp, Peter Joachim, Der Ministerrat der DDR, Opladen 1982, zit.: Ministerrat

Lehmann, Norbert, Internationale Sportbeziehungen u. Sportpolitik in der DDR, Teil II, Studien zur Politikwissenschaft Band 6, Münster 1986, zit.: Internationale Sportbeziehungen

Lehner, Michael / Freibüchler, Torsten, Doping im DDR-Sportsystem - Schadensersatzansprüche der Opfer?, in: SpuRt 1-2/95, S.2 ff.

Leisner, Walter, Grundrechte und Privatrecht, München 1960, zit.: Grundrechte und Privatrecht

Leonhard, Wolfgang, Die Revolution entläßt ihre Kinder, Köln, Berlin 1955, zit.: Revolution

Lieser-Triebnigg, Erika, Recht in der DDR, Köln 1985, zit.: Recht in der DDR

Lindemann, Hansjörg, Sportgerichtsbarkeit - Aufbau, Zugang und Verfahren in: SpuRt 1-2/94, S.17 ff.

Lohbeck, Eckhart, Das Recht der Sportverbände, Marburg/Lahn 1971, zit.: Sportverbände

Lüke, Gerhard, Einstweiliger Rechtsschutz in der Verbands- u. Schiedsgerichtsbarkeit, in: Einstweiliger Rechtsschutz im Sport, Württembergischer Fußballverband e.V. (Hg.), Schriftenreihe Nr.22, Osterfildern 1986, S.38 ff., zit.: Rechtsschutz

Lukes, Rudolf, Der Satzungsinhalt beim eingetragenen Verein und die Abgrenzung zu sonstigen Vereinsregelungen, in: NJW 1972, S.121 ff.

Lutz, Willi, Ideologie und Wissenschaft in der Sportsoziologie der DDR, Bochum 1988, zit.: Sportsoziologie

Madl, Roland, Der Sportverein als Unternehmen, Wiesbaden 1994, zit.: Unternehmen

Mai, Gunther, Die Entstehung der Kontrollratsdirektive Nr. 23, in: Die Gründerjahre des Deutschen Sportbundes, Deutscher Sportbund (Hg.), Schorndorf 1990, S.95 ff., zit.: Kontrollratsdirektive Nr.23

Mampel, Siegfried, Herrschaftssystem und Verfassungsstruktur in Mitteldeutschland, Köln 1968, zit.: Herrschaftssystem

- Die sozialistische Verfassung der Deutschen Demokratischen Republik, Kommentar, 2.Auflage, Frankfurt a.M. 1982, zit.: Verfassung

Maunz, Theodor / Dürig, Günter / Herzog, Roman / Scholz, Rupert, Grundgesetz Kommentar, Band I, Art. 1 bis 12, München 1994; Band II, Art. 12 a bis 37, München 1994; Band IV, Art. 91 a bis 146, München 1993, zit.: Bearbeiter in Maunz/Dürig GGK

Maus, Wolfgang, Zum Grundrecht auf Umweltschutz, Individualrecht od. Staatsziel, in: JA 1979, S.287 ff.

Meissner, Boris, Die Rechtsstellung der SED und ihrer Gefolgsparteien, in: Probleme des DDR-Rechts, Lange, Richard / Meissner, Boris / Pleyer, Klemens (Hg.), Köln 1973, S.9 ff., zit.: Rechtsstellung

Melchert, Siegfried, Sport und Recht, 2.Auflage, Berlin 1986, zit.: Sport/Recht

Messing, Manfred / Voigt, Dieter, Das gesellschaftliche System der DDR als Grundlage sportlicher Leistungsförderung, in: Geschichte der Leibesübungen,

Teilband 2, Ueberhorst, Horst (Hg.), Berlin 1982, S. 895 ff., zit.: Gesellschaftliches System

Meyer-Cording, Ulrich, Betriebsstrafe und Vereinsstrafe im Rechtsstaat, in: NJW 1966, S.225 ff.

Ministerium der Justiz der DDR (Hg.), Kommentar zum Zivilgesetzbuch der Deutschen Demokratischen Republik, Berlin 1983, zit.: DDR-Justizministerium, Kommentar zum ZGB

Mocker, Kurt, Was wissen wir über den Sport in der DDR?, in: Sport im geteilten Deutschland IV, Führungs- und Verwaltungsakademie Berlin des Deutschen Sportbundes (Hg.), Akademieschrift 36, Frankfurt a.M. 1986, S.7 ff., zit.: Sport in der DDR

von Münch, Ingo (Hg.), Grundgesetz Kommentar, Band 1 Präambel - Art. 20, 4. Auflage, München 1992; Band 2 Art. 21 - Art. 69, 2.Auflage, München 1983; Band 3, Art. 70 - Art. 146, 2.Auflage, München 1983, zit.: Bearbeiter in von Münch GGK

von Münch, Ingo, Die Stellung des Sports in der modernen Verfassungsordnung unseres Sozial- und Kulturstaates, Rechtsgutachten erstellt im Auftrag des Deutschen Sportbundes, Hamburg 1986, zit.: Stellung des Sports

Nicklisch, Fritz, Schiedsgerichtsklauseln u. Gerichtsstandsvereinbarungen in Verbandssatzungen und Allgemeinen Geschäftsbedingungen, in: BB 1972, S.1285 ff.

- Der verbandsrechtliche Aufnahmezwang und die Inhaltskontrolle satzungsmäßiger Aufnahmevoraussetzungen, in: JZ 1976, S.105 ff.

- Selbstordnung des Sports durch die Verbände aus der Sicht des Zivilrechts, in: Verbandsautonomie und Verfassungsrecht, Deutscher Sportbund (Hg.), Schriftenreihe Berichte und Analysen Heft 52, Frankfurt a.M. 1979, S.4 ff., zit.: Selbstordnung

Nipperdey, Hans Carl, Gleicher Lohn der Frau für gleiche Leistung - ein Beitrag zur Auslegung der Grundrechte, in: RdA 1950, S.121 ff.

Nitsch, Franz, Traditionslinien und Brüche. Stationen der Sportentwicklung nach dem Zweiten Weltkrieg, in: Die Gründerjahre des Deutschen Sportbundes, Deutscher Sportbund (Hg.), Schorndorf 1990, S.29 ff., zit.: Traditionslinien

Ordemann, Hans-Joachim, (bis zur 4.Auflage); **Schomerus, Rudolf / Gola, Peter** (ab der 5.Aufl.), Bundesdatenschutzgesetz (BDSG), 5.Auflage, München 1992, zit.: Ordemann, BDSG

Ossenbühl, Fritz, Staatshaftungsrecht, 4.Auflage, München 1991, zit.: Staatshaftungsrecht

- Das Staatshaftungsrecht in den neuen Bundesländern, in: NJW 1991, S.1201 ff.

Palandt, Otto, Bürgerliches Gesetzbuch, Kommentar, 54.Auflage, München 1995, zit.: Palandt-Bearbeiter

Panorama DDR, Auslandspresseagentur GmbH (Hg.), Sport in der DDR, Berlin 1984, zit.: Panorama, Sport in der DDR

Peters, Hans, Öffentliche und staatliche Aufgaben, in: Festschrift für Nipperdey, Band 2, Dietz, Rolf, Hübner, Heinz (Hg.), München 1965, S.877 ff., zit.: Öffentliche Aufgaben

Pfeiffer, Rolf, Sport und Politik, Frankfurt a.M. 1987, zit.: Boykott

Pfetsch, Frank, Leistungssport und Gesellschaftssystem, Schorndorf 1975, zit.: Gesellschaftssystem

Pfister, Bernhard, Autonomie des Sports, sport-typisches Verhalten und staatliches Recht, in: Festschrift für Werner Lorenz, Pfister, Bernhard (Hg.), Tübingen 1991, S.171 ff., zit.: Autonomie

- Das „Krabbe-Urteil“ - Urteilsanmerkung 2.Teil: Kollisions- und materiellrechtliche Probleme, in: SpuRt 6/95, S.250 ff.

Pfister, Bernhard / Steiner, Udo, Sportrecht von A - Z, München 1995, zit.: Sportrecht

Pfister, Gertrud, Einstellungen zum sportlichen Leisten in der Bundesrepublik Deutschland und in der DDR, in: Sport im geteilten Deutschland II, Führungs- und Verwaltungsakademie Berlin des Deutschen Sportbundes (Hg.), Akademieschrift 8, Berlin 1982, S.27 ff., zit.: Einstellungen

Piduch, Adolf, Bundeshaushaltsrecht, 2.Auflage, Stuttgart, Berlin, Köln 1995, zit.: Bundeshaushaltsrecht

Pieroth, Bodo / Schlink, Bernhard, Grundrechte Staatsrecht II, 10.Auflage, Heidelberg 1994, zit.: Grundrechte

Poppe, Eberhard, Politische und persönliche Grundrechte in den Kämpfen unserer Zeit, Berlin 1984, zit.: Politische Grundrechte

Prokop, Clemens, Trainer auf Abruf - Die Zulässigkeit der zeitlichen Begrenzung von Trainerverträgen, in: SpuRt 6/95, S.263 ff.

Randelzhofer, Albrecht, Versammlungs-, Vereinigungs- u. Koalitionsfreiheit, in: Menschenrechte in der DDR, Brunner, Georg (Hg.), Baden-Baden 1989, S.73 ff., zit.: Vereinigungsfreiheit

Raupach, Arndt, „Structure follows Strategy", Grundfragen der Organisation des Zivil- und Steurrechts im Sport - dargestellt am Thema „Profigesellschaften", in: SpuRt 6/95 und 1/96, S.241 ff. bzw. S.1 ff.

Rebmann, Kurt (Hg.) / Säcker, Franz Jürgen, Münchener Kommentar zum Bürgerlichen Gesetzbuch, Band 1 Allgemeiner Teil (§§ 1 - 240), AGB-G, 3.Auflage, München 1994; Band 2 Schuldrecht Allgemeiner Teil §§ 241 - 432, 3.Auflage, München 1994, zit.: MüKo-Bearbeiter

Reichert, Bernhard, Rechtsfragen beim Konkurs von Sportvereinen mit Profi- u. Amateurabteilungen, in: Der Sportverein in der wirtschaftlichen Krise, Grunsky, Wolfgang (Hg.), Recht u. Sport Band 12, Heidelberg 1990, S.1 ff., zit.: Rechtsfragen

Reichert, Bernhard / Dannecker, Franz J., Handbuch des Vereins- u. Verbandsrechts, 5. Auflage, Neuwied, Kriftel, Berlin 1993, zit.: Handbuch

Reschke, Eike, Handbuch des Sportrechts, Neuwied, Darmstadt 1986, Loseblattsammlung - Stand 03/94, Band 1, Erläuterungen, Gruppen 01 bis 19, Band 2, Gruppen 20 bis 91, zit.: Sportrecht I, II

Reuter, Dieter, Voraussetzungen und Grenzen der Verbindlichkeit internationalen Sportrechts für Sportvereine und Sportler, in: Einbindung des nationalen Sportrechts in internationale Bezüge, Reuter, Dieter (Hg.), Recht und Sport Band 7, Heidelberg 1987, zit.: Verbindlichkeit

- Probleme der Transferentschädigung im Fußballsport, in: NJW 1983, S.649 ff.

Rittner, Volker, Sport als ökonomisches Interessenobjekt, in: Sport im Verein und im Verband, Digel, Helmut (Hg.), Texte - Quellen - Dokumente zur Sportwissenschaft, Band 22, Schorndorf 1988, S.158 ff., zit.: Interessenobjekt

- Der Stellenwert des Sports in der modernen Gesellschaft, Gutachten im Auftrag des LSB Nordrhein-Westfalen, Köln 1991, zit.: Stellenwert

Roggemann, Herwig, Die DDR-Verfassungen, 3.Auflage, Berlin 1980, zit.: DDR-Verfassungen

Röhricht, Volker, Inhaltskontrolle verbandsrechtlicher Entscheidungen; Bestandsaufnahme u. Ausblick, in: Verbandsrechtsprechung und staatliche Gerichtsbarkeit, Württembergischer Fußballverband e.V. (Hg.), Schriftenreihe Nr.24, S.75 ff., zit.: Inhaltskontrolle

- Satzungsrechtliche und individualrechtliche Absicherung von Zulassungssperren als wesentlicher Bestandteil des DSB-Sanktionskatalogs, in: Verbandsrecht und Zulassungssperren, Führungs- u. Verwaltungsakademie Berlin des Deutschen Sportbundes (Hg.), Akademieschrift 39, S.12 ff., zit.: Absicherung

Rossade, Werner, Sport und Kultur in der DDR, München 1987, zit.: Sport und Kultur

Roth, Fritz, Die Teilnahme am Sport aus der Sicht eines Sportverbandes. Dargestellt am Beispiel des DLV, in: Teilnahme am Sport als Rechtsproblem, Deutsch, Erwin (Hg.), Recht und Sport Band 16, Heidelberg 1993, S.1 ff., zit.: Teilnahme

Rubresch, Hermanus Johannes, Die verbandsrechtliche Doping-Problematik im Sport, Diplomarbeit, Bayreuth 1994, zit.: Doping-Problematik

Rummelt, Peter, Sportsystem und Sportstrukturen der DDR, Kultusministerium des Landes Nordrhein-Westfalen (Hg.), Düsseldorf 1990, zit.: Sportsystem DDR

Rutsch, Hans Joachim, Der Begriff der kommunalen Selbstverwaltung i.d. marxistisch-leninistischen Verwaltungslehre, Münster 1968, zit.: Kommunale Selbstverwaltung

Sauter, Egon / Schweyer, Gerhard / Waldner, Wolfram / Röseler, Diana, Der eingetragene Verein, 15.Auflage, München 1994, zit.: Sauter/Schweyer, Verein

Schauhoff, Karl-Friedrich, Was ist eigentlich ein Schiedsgericht?, in: SpuRt 1-2/95, S.24 ff.

Schiele, Heinz, Zu Rolle, Verantwortung und Aufgaben des Deutschen Tischtennis-Verbandes der DDR und besonders seiner Fachausschüsse, in: Theorie und Praxis der Körperkultur 1980, S.645 ff., zit.: Verbandsaufgaben

Schlegel, Roger / Hiller, Jürgen, Ein Wort zum Sport, Berlin 1987, zit.: Wort zum Sport

Schmid, Karin, Die Verfassungssysteme der Bundesrepublik Deutschland und der

DDR, Politologische Studien Band 25, Berlin 1982, zit.: Verfassungssysteme

Schmidt, Karl, Die Sportförderung in den Bundesländern, in: Der Sport in der Bundesrepublik Deutschland, Gieseler, Karlheinz (Hg.), Verbände in der Bundesrepublik Deutschland Band 6, Wiesbaden 1983, S.151 ff., zit.: Sportförderung i.d. Bundesländern

- Voraussetzung und Formen staatlicher Sportförderung, in: Subventionierung des Sports, Tettinger, Peter J. (Hg.), Recht und Sport Band 6, Heidelberg 1987, S.17 ff., zit.: Förderformen

Schütz, Gertrud (Hg.), Kleines Politisches Wörterbuch, 4.Auflage, Berlin 1983, zit.: Politisches Wörterbuch

Schwab, Karl Heinz, Schiedsgerichtsbarkeit, 5.Auflage, München 1995, zit.: Schiedsgerichtsbarkeit

Schwabe, Jürgen, Verfassungswidrigkeit von Wettbewerbsverboten, in: JZ 1976, S.439 ff.

Sehling, Michael / Pollert, Reinhold / Hackfort, Dieter, Doping im Sport, München 1989, zit.: Doping im Sport

Semder, Manfred, Organisationssoziologische Lotstudie des Deutschen Sportbundes und seiner Mitgliedsorganisationen, Kiel 1977, zit.: Lotstudie

Sieger, Gerd Joachim, Verfassung der DDR, 4.Auflage, München 1980, zit.: Verfassung DDR

Sommer, Siegfried, Körperkultur und Sport überall und mit allen, Berlin 1984, zit.: Sport überall

Sorgenicht, Klaus / Weichelt, Wolfgang / Riemann, Tord / Semler, Hans-Joachim (Hg.), Verfassung der Deutschen Demokratischen Republik, Band 2, Berlin 1969, zit.: Sorgenicht/Weichelt, Verfassung der DDR

Spassov-Neufeld, Renate, Der politische Auftrag des Spitzensportlers in der DDR, in: Sport im geteilten Deutschland, Führungs- und Verwaltungsakademie Berlin des Deutschen Sportbundes (Hg.), Akademieschrift 2, Berlin 1981, S.23 ff., zit.: Politischer Auftrag

Spitzer, Giselher, Der innerste Zirkel - Von der Leistungssportkommission des Deutschen Turn- und Sportbundes zur LSK der DDR, in: Sportwissenschaft 1995, S.360 ff.

Staudinger, Kommentar zum Bürgerlichen Gesetzbuch, Erstes Buch, Allgemeiner Teil §§ 1 - 89, 12. Auflage, Berlin 1980, zit.: Staudinger-Bearbeiter

Stein, Friedrich / Jonas, Martin, Kommentar zur Zivilprozeßordnung, Band 7 / II §§ 946 - 1048, Tübingen 1994, zit.: Bearbeiter in Stein/Jonas

Steiner, Udo, Staat, Sport und Verfassung, in: DÖV 1983, S.173 ff.

- Verfassungsrechtliche Aspekte des Kinderhochleistungssports, in: Kinderhochleistungssport, Steiner, Udo (Hg.), Recht und Sport Band 1, Heidelberg 1984, S.41 ff., zit.: Verfassungsrechtliche Aspekte

- Verfassungsfragen des Sports, in: NJW 1991, S.2729 ff.

- Der Sport auf dem Weg ins Verfassungsrecht - Sportförderung als Staatsziel, in: SpuRt 1-2/94, S.2 ff.

- Aktuelle Entwicklungen des Verhältnisses von Sport und Recht, in: BayVBl 1995, S.418 ff.

Stern, Klaus, Das Staatsrecht der Bundesrepublik Deutschland, Band I, 2.Auflage, München 1984; Band II, München 1980; Band III/1, München 1988, zit.: Staatsrecht I, II bzw. III/1

- Verfassungsrechtliche und verfassungspolitische Grundfragen zur Aufnahme des Sports in die Verfassung des Landes Nordrhein-Westfalen, Rechtsgutachten im Auftrag des LSB Nordrhein-Westfalen, Köln 1992, zit.: Grundfragen

- Voraussetzungen u. Grenzen der Verbandsautonomie aus der Sicht des Öffentlichen Rechts, in: Verbandsautonomie und Verfassungsrecht, Deutscher Sportbund (Hg.), Frankfurt a.M. 1979, S.23 ff., zit.: Voraussetzungen und Grenzen

Stern, Klaus / Schmidt-Bleibtreu, Bruno, Einigungsvertrag und Wahlvertrag, München 1990, zit.: Einigungsvertrag

Suhr, Dieter, Entfaltung der Menschen durch die Menschen. Zur Grundrechtsdogmatik der Persönlichkeitsentfaltung der Ausübungsgemeinschaft und des Eigentums, Berlin 1976, zit.: Entfaltung

Summerer, Thomas, Internationales Sportrecht vor dem staatlichen Richter, München 1990, zit.: Internationales Sportrecht

Tettinger, Peter J., Rechtsprobleme der Subventionierung des Sports, in: Subventionierung des Sports, Peter J.Tettinger (Hg.), Recht und Sport Band 6, Heidelberg 1987, S.33 ff., zit.: Subventionierung

Thom, Volker, Sportförderung u. Sportförderungsrecht als Staatsaufgabe, Frankfurt a.M. 1992, zit.: Sportförderung

Thomas, Heinz / Putzo, Hans, Zivilprozeßordnung, 18.Auflage, München 1993, zit.: ZPO

Traub, Fritz, Verbandsautonomie und Diskriminierung, in: WRP 1985, S.591 ff.

Turner, George, Rechtsprobleme beim Doping im Sport, in: MDR 1991, S.569 ff.

Vedder, Christoph / Tröger, Walther, Rechtsqualität der IOC-Zulassungsregel - Anspruch und Wirklichkeit, in: Einbindung des nationalen Sportrechts in internationale Bezüge, Reuter, Dieter (Hg.), Recht und Sport Band 7, Heidelberg 1987, S.1 ff., zit.: IOC-Zulassungsregel

Vieweg, Klaus, Normsetzung und -anwendung deutscher und internationaler Verbände, Berlin 1990, zit.: Normsetzung

- Doping und Verbandsrecht, in: NJW 1991, S.1511 ff

- Doping und Verbandsrecht - Zum Beschluß des DLV-Rechtsauschusses im Fall Breuer, Krabbe, Möller, in: NJW 1992, S.2539 ff.

- Disziplinargewalt und Inhaltskontrolle - Zum „Reiter-Urteil“ des BGH, in: SpuRt 3/95, S.97 ff.

- Teilnahmerechte und -pflichten der Vereine und Verbände, in: Teilnahme am Sport als Rechtsproblem, Deutsch, Erwin (Hg.), Recht und Sport Band 16, Heidelberg 1993, zit.: Teilnahmerechte

Vollmer, Lothar, Satzungsmäßige Schiedsklauseln - zugleich ein Beitrag zum Rechtsschutz in inneren Vereinsangelegenheiten, Bad Homburg v.d.H., Berlin, Zürich 1970, zit.: Satzungsmäßige Schiedsklauseln

Weber, Wolfgang / Schnieder, Claudia / Kortlüke, Norbert / Horak, Birgit, Die wirtschaftliche Bedeutung des Sports, Schriftenreihe des Bundesinstituts für Sportwissenschaft Band 81, Schorndorf 1985, zit.: Weber, Wirtschaftliche Bedeutung

Weiland, Bernd H., Die Rechtsstellung des Lizenzspielers in der Fußball-Bundesliga - zugleich ein Beitrag zur allgemeinen Verbände-Diskussion, Frankfurt 1980, zit.: Bundesliga

Weißpfennig, Gerd, Der Neuaufbau des Sports in Westdeutschland bis zur Gründung des Deutschen Sportbundes, in: Geschichte der Leibesübungen, Teilband 2, Ueberhorst, Horst (Hg.), Berlin 1982, S.759 ff., zit.: Neuaufbau

Werner, Olaf, Die Aufnahmepflicht privatrechtlicher Vereine und Verbände - zugleich ein Beitrag zum Spannungsverhältnis zwischen privater Macht und Privatautonomie, Göttingen 1982, zit.: Die Aufnahmepflicht privatrechtlicher Vereine und Verbände

Westen, Klaus / Schleider, Joachim (Hg.), Zivilrecht im Systemvergleich, Berlin 1984, zit: Systemvergleich

Westermann, Harm Peter, Die Verbandsstrafgewalt und das allgemeine Recht, Bielefeld 1972, zit.: Verbandsstrafgewalt

- Verbandsautonomie u. staatliches Rechtsprechungsmonopol, in: Verbandsrechtsprechung und staatliche Gerichtsbarkeit, Württembergischer Fußballverband e. V. (Hg.), Schriftenreihe Nr.24, S.41 ff., zit.: Rechtsprechungsmonopol

Weyer, Wolfgang, Anti-Doping im deutschen Sport - Stand und Perspektiven, in: Olympische Jugend 1994, Heft 7, S.6 ff.

Winkler, Joachim, Verbände im Sport, Köln 1985, zit.: Verbände

Wokalek, Astrid, Zum Transformationsprozeß des Sports in der DDR, Gesamtdeutsches Institut (Hg.), Bonn 1991, zit.: Transformationsprozeß

Wonneberger, Günther (Hg./V), Körperkultur und Sport in der DDR, Berlin 1982, zit.: Körperkultur / Sport

Materialienverzeichnis

- BAL Ist-Analyse Olympiastützpunkte, 1992
- BDR-Satzung, 1992
- BDR-Sportordnung, 1984
- Bericht der ad-hoc-Kommission zur Beratung in aktuellen Doping-Fragen (zit.: Richthofen-Kommission), 1991
- Bericht der Bundesregierung zur Schaffung einer Sportinfrastruktur in den neuen Ländern (BMI Referat SM 1-370131/2 - zit.: Bericht der Bundesregierung zur Sportinfrastruktur), 1993
- Bericht der Sachverständigen-Kommission „Staatszielbestimmungen / Gesetzgebungsaufträge", 1983
- Bericht der Unabhängigen Dopingkommission (zit.: Reiter-Kommisssion), 1991
- Beschluß des DTSB-Präsidiums über die „Neufassung der Normen zur Auszeichnung mit dem Ehrentitel - Meister des Sports", 1975
- Broschüre „Doping-Kontroll-System (DKS)" der ADK, der gemeinsamen Anti-Doping-Kommission von DSB/NOK, 1994; zit.: DKS-Broschüre
- DBSV-Satzung, 1973, 1992, 1993
- Deutscher Bundestag, 11. Wahlperiode, 224. Sitzung, Plenarprotokoll 11/224, Stenographischer Bericht (zit: Referent, Plenarprotokoll BT), 1990
- Deutscher Bundestag, 12. Wahlperiode, Sportausschuß, Wortprotokoll zur 35. Sitzung, Öffentliche Anhörung zum Thema „Rolle des Sports in der DDR" (zit.: Referent, Wortprotokoll BT), 1993
- Deutscher Bundestag, 12. Wahlperiode, Unterrichtung durch die Bundesregierung, BT-Drucksache 12/7540 (zit.: Anti-Doping-Bericht der Bundesregierung), 1994
- Deutscher Bundestag, 13. Wahlperiode, Sportausschuß, Kurzprotokoll zur 11. Sitzung (zit.: Kurzprotokoll Sportausschuß), 1995
- DFB-Satzung und Lizenzspielerstatut (Stand: 01.02.1993)
- Die Rolle und die weiteren Aufgaben der Sportgemeinschaften des DTSB der DDR, 1977
- Diskussionspapier(e) des Neuen Forums Leipzig zur Reorganisierung des Sports in der DDR (zit.: Diskussionspapier Neues Forum), Stand: Dezember 1989 bzw. Januar 1990, veröffentlicht in: Deutschland-Archiv 1991, S.93 ff.
- DKV-Rechtsordnung, 1977
- DKV-Satzung, 1993
- DOG-Broschüre „Fair geht vor", 1990
- DRL-Satzung, 1936

- DSB-Aufnahmerichtlinien, 1988
- DSB-Bestandserhebung, 1994
- DSB-Grundsatzerklärung „Kinder im Hochleistungssport“, 1983
- DSB-Memorandum „Goldener Plan Ost“, 1992
- DSB-Satzung, 1950, 1988, 1990, 1992 und 1994
- DSH-Satzung, 1967
- DTTB-Satzung, 1993
- Einmaleins der Sporthilfe-Förderung, 1994
- Empfehlungen des Komitees für Körperkultur und Sport der DDR zur weiteren Entwicklung der physischen Leistungsfähigkeit der jungen Generation durch eine regelmäßige sportliche Betätigung, 1980
- Ergebnisniederschrift der 6. (18.) Sportministerkonferenz am 11./12.01.1995 in Berlin (zit.: Ergebnisniederschrift der 6.(18.) SMK)
- Ergebnisniederschrift der 7. (19.) Sportministerkonferenz am 06./07.12.1995 in Dresden (zit.: Ergebnisniederschrift der 7.(19.) SMK)
- Finanz- und Strukturanalyse der deutschen Sportvereine (zit.: FISAS-Studie), 1991
- Große Anfrage der Abgeordneten Wilhelm Schmidt (Salzgitter), Angelika Barbe, Holger Bartsch, Friedhelm Julius Beucher u.a. und der Fraktion der SPD (Goldener Plan Ost zur Sportstättensanierung in den neuen Ländern) - Antwort der Bundesregierung, BT-Drucksache 12/6158, 1994; zit.: Große Anfrage der SPD-Fraktion zur Sportstättensanierung
- Gründungsurkunde des Deutschen Turn- und Sportbundes, 1957
- Gutachten der Unabhängigen Sachverständigenkommission zur Prüfung des Gemeinnützigkeits- und Spendenrechts, Schriftenreihe des Bundesministeriums der Finanzen (Band 40), 1988
- Haushaltspläne DSB, 1990 - 1994
- Information über den Sechsten Sportbericht der Bundesregierung der BRD, herausgegeben vom Zentrum für Wissenschaftsinformation Körperkultur / Sport, Leipzig, 1987; zit: Analyse zum Sechsten Sportbericht der Bundesregierung
- LSB Niedersachsen-Satzung, 1992
- Modellversuch „Schulen mit sportlichem Schwerpunkt“, Dokumentation des 2. Treffens der Schulleiter sportbetonter Schulen am 01./02.12.1994 in Berlin, Senatsverwaltung für Schule, Berufsbildung und Sport des Landes Berlin (Hg.), zit.: Senatsverwaltung Berlin, Modellversuch
- Niederschrift eines Gespräches zwischen Mielke (MfS) und Ewald (DTSB) vom 31.3.1986

- Niederschrift über die 5. Sitzung der Arbeitsgruppe „Sportstätten" in der Sportministerkonferenz (SMK) am 30./31.08.1990 in Hannover
- Planungsordnung des DTSB der DDR, 1979
- Plenarprotokoll 11/224 (zugleich zit.) des Deutschen Bundestages, Stenographischer Bericht der 224. Sitzung vom 13.09.1990
- Protokoll des 9. SED-Parteitages, Band 2, 1976 (auch Statut der SED vom 22. 05.1976)
- Rahmen-Richtlinien des DSB zur Bekämpfung des Dopings vom 26.09.1970 (zuletzt geändert am 30.11.1996)
- Referat von Martin Kilian zum Zusammenschluß von DSB und DTSB auf der Tagung „Wiedervereinigung als Organisationsproblem" der Ruhruniversität Bochum vom 15.01.1991; zit.: Sportverbände
- Satzung für den Verein „Institut für Angewandte Trainingswissenschaft (IAT)", 1991
- Satzung für den Verein „Institut für Forschung und Entwicklung von Sportgeräten (FES)", 1991
- SMK-Broschüre, 1988
- Sportinternate in der Bundesrepublik Deutschland, Ergebnisse einer Bestandsaufnahme, Sekretariat der Ständigen Konferenz der Kultusminister der Länder in der Bundesrepublik Deutschland (Hg.), 1993; zit.: KMK, Sportinternate
- Sportordnung des Deutschen Turn- und Sportbundes der DDR, 1976
- Sportprogramme CDU (1990), CSU (1990), SPD (1993), FDP (18 Thesen zur Sportpolitik, 1994)
- Sportstafette DDR 40, 1988
- Statut der Sozialistischen Einheitspartei Deutschlands, 1976
- Statut des Deutschen Turn- und Sportbundes der DDR, 1978
- Übereinkommen des Europarates gegen Doping (BT-Drucksache 12/4327), 1990
- Ungarischer Korrespondentenbericht (zur Sportentwicklung in der DDR), 1989
- Voraussetzungen und Bedingungen für medizinische Versuche am Menschen in der DDR, 1976
- Vorläufiges Rechercheergebnis des Bundesbeauftragten für die Unterlagen des Staatssicherheitsdienstes der DDR („Zur Tätigkeit des Ministeriums für Staatssicherheit im Leistungssport der DDR"; zit.: MfS-Recherche); Anmerkung: Die in der Ausarbeitung zitierten internen MfS-Dokumente, Dienstanweisungen usw. sind Anlagen zum „Vorläufigen Rechercheergebnis", 1994

Verzeichnis der Zeitungen und Zeitschriften

Berliner Morgenpost
Berliner Zeitung
Darmstädter Echo
Der Spiegel (Magazin), Hamburg
Der Sport (Magazin des LSB Württemberg), Stuttgart
Der Tagesspiegel, Berlin
Der Verein aktuell (Zeitschrift, Beilage zu „Der Verein“, Loseblatt), München
Deutsches Sportecho, Berlin
Die Welt, Bonn
Dresdner Neueste Nachrichten
DFB-Journal (Magazin), Frankfurt
DSB-Presse (Info-Heft), Frankfurt
Frankfurter Allgemeine Zeitung
Frankfurter Rundschau
Freiburger Kreis (Info-Heft), Stuttgart
Hamburger Abendblatt
Hannoversche Allgemeine Zeitung
Informationen des Bundesinstituts für Sportwissenschaft (Info-Heft), Köln
Kicker Sportmagazin, Nürnberg
Kölner Stadt-Anzeiger
Kölnische Rundschau
Märkische Allgemeine, Potsdam
Neue Rhein-Zeitung, Düsseldorf
Neues Deutschland, Berlin
Saarbrücker Zeitung
Sächsische Zeitung, Dresden
Schweriner Volkszeitung
Sports (Magazin), Hamburg
Sportjournal (Zeitschrift des LSB Baden-Württemberg), Osterfildern
Sport Kurier, Augsburg
Stuttgarter Nachrichten
Stuttgarter Zeitung
Süddeutsche Zeitung, München
Thüringer Allgemeine, Erfurt

Fundstellenverzeichnis (Normtexte)

Alle hier nicht namentlich aufgeführten Normtexte sind den Gesetzessammlungen

- Schönfelder, Deutsche Gesetze, Loseblatt-Textsammlung des Zivil-, Straf- u. Verfahrensrechts, 87.Auflage, München 1995,
- Schönfelder II, Zivil-, Wirtschafts- u. Justizgesetze, Ergänzungsband für die neuen Bundesländer), Loseblatt-Textausgabe, 5.Auflage, München 1995,
- Sartorius I, Verfassungs- u. Verwaltungsgesetze der Bundesrepublik Deutschland, Loseblatt-Textausgabe, 63.Auflage, München 1995,
- Sartorius III, Verwaltungsgesetze, Ergänzungsband für die neuen Bundesländer, Loseblatt-Textausgabe, 4.Auflage, München 1995

zu entnehmen.

Regelungsinhalt	**Zeitpunkt**	**Fundstelle**
Allgemeine Schulordnung (Nordrhein-Westfalen)	08.11.1978	GV NW, S.552
Anordnung über das Statut des Sportmedizinischen Dienstes	10.09.1963	GBl. Teil II, S.695
Anordnung über das Statut des Wissenschaftlichen Rates beim SKS	20.05.1971	Zeitschrift Theorie und Praxis der Körperkultur 20 (1971), S.1028 ff.
Anordnung über die Approbation als Arzt	12.01.1977	GBl. Teil I, S.30
Anordnung über die Arbeitsfreistellungen von Sportlern und Funktionären zur Teilnahme an Sportlehrgängen und Sportveranstaltungen	06.08.1958	GBl. Teil I, S.64
Anordnung über d. Rechtsfähigkeit des Deutschen Turn- und Sportbundes der DDR	12.12.1979	GBl. Teil I, S.456
Anordnung über die Verleihung der Rechtsfähigkeit an Verbände und Gesellschaften auf dem Gebiet der Kultur	23.03.1976	GBl. Teil I, S.198
Anordnung über die Verleihung des Sportabzeichens der DDR (Bereit zur Arbeit und zur Verteidigung der Heimat)	01.12.1976	GBl. Teil I, S.548

Anordnung über die Wahrnehmung der Verantwortung der Betriebe und staatlichen Einrichtungen auf dem Gebiet von Körperkultur und Sport	30.11.1972	GBl. Teil II, S.835
Arbeitsförderungsgesetz	25.06.1969	BGBl. Teil I, S.582
Arbeitsgesetzbuch der Deutschen Demokratischen Republik	16.06.1977	GBl. Teil I, S.185
Beschluß des Staatsrates der Deutschen Demokratischen Republik - Die Aufgaben der Körperkultur und des Sports bei der Gestaltung des entwickelten gesellschaftlichen Systems des Sozialismus in der Deutschen Demokratischen Republik	20.09.1968	GBl. Teil I, S.279
Beschluß über die weitere Entwicklung der Körperkultur und des Sports in der Deutschen Demokratischen Republik	09.02.1956	GBl. Teil I, S.181
Bundeskindergeldgesetz	30.01.1990	BGBl. Teil I, S.149
Einbürgerungsrichtlinien,	01.07.1977	GMBl.1978, S.16
geändert mit Rundschreiben vom	07.03.1989	GMBl.1989, S.195
Entschließung des ZK der SED: „Die Aufgaben auf dem Gebiet der Körperkultur und des Sports“	17.03.1951	Zeitschrift Theorie und Praxis der Körperkultur 1 (1952), S.80-89
Erstes Gesetz zur Umsetzung des Spar-, Konsolidierungs- und Wachstumsprogramms	21.12.1993	BGBl. Teil I, S.2353
Geschäftsordnung der Volkskammer	07.10.1974	GBl. Teil I, S.469
Gesetz Nr.2 des Allierten Kontrollrates	29.10.1945	ABl. Nr.1, S.19
Gesetz über das einheitliche sozialistische Bildungssystem vom	25.02.1965	GBl. Teil I, S.83
i.d.F. des Beschlusses vom	30.06.1966	GBl.Teil II, S.571
Gesetz über den Ministerrat der Deutschen Demokratischen Republik	16.10.1972	GBl. Teil I, S.253
Gesetz über den Vereinssport im Saarland	13.07.1950	ABl., S.923
Gesetz über den Verkehr mit Arzneimitteln	28.05.1964	GBl. Teil I, S.101

Gesetz über die Bildung eines Ministeriums für Staatssicherheit	08.02.1950	GBl., S.95
Gesetz über die Förderung des Sports im Lande Berlin	06.01.1989	GVBl., S.122
Gesetz über die landwirtschaftlichen Produktionsgenossenschaften	02.07.1982	GBl. Teil I, S.443
Gesetz über die örtlichen Organe der Staatsmacht	17.01.1957	GBl. Teil I, S.65
Gesetz über die örtlichen Volksvertretungen in der Deutschen Demokratischen Republik	04.07.1985	GBl. Teil I, S.213
Gesetz über die Sportförderung im Lande Brandenburg	10.12.1992	GVBl., S.498
Gesetz über die Teilnahme der Jugend am Kampf um den umfassenden Aufbau des Sozialismus	06.05.1964	GBl. Teil I, S.75
Gesetz über die Teilnahme der Jugend an der Gestaltung der entwickelten sozialistischen Gesellschaft und über ihre allseitige Förderung in der DDR	28.01.1974	GBl. Teil I, S.45
Gesetz über die Unterlagen des Staatssicherheitsdienstes der ehemaligen Deutschen Demokratischen Republik	20.12.1991	BGBl. Teil I, S.2272
Gesetz über die weitere Demokratisierung des Aufbaus und der Arbeitsweise der staatlichen Organe in den Ländern der Deutschen Demokratischen Republik	23.07.1952	GBl., S.613
Gesetz über Vereinigungen - Vereinigungsgesetz	21.02.1990	GBl. Teil I, S.75
Gesetz zu dem Übereinkommen des Europarates gegen Doping	11.02.1993	BT-Drs. 12/4327
Gesetz zum Ausgleich unterschiedlicher Wirtschaftskraft u. zur Förderung des wirtschaftlichen Wachstums in den neuen Ländern (Investitionsfördergesetz Aufbau Ost)	23.06.1993	BGBl. Teil I, S.982
Gesetz zur Förderung des Sports im Lande Bremen	29.06.1976	GBl., S.173
Gesetz zur Regelung der Staatshaftung in der DDR	12.05.1969	GBl. Teil I, S.34

Gesetz zur Verbesserung und Vereinfachung der Vereinsbesteuerung; Vereinsfördergesetz	18.12.1989	BGBl. Teil I, S.2212
Internationale Konvention über zivile u. politische Rechte,	16.12.1966	s.Inkrafttreten
Bekanntmachung über die Ratifikation; DDR	14.01.1974	GBl. Teil II, S.57
Bekanntmachung über das Inkrafttreten; DDR	01.03.1976	GBl. Teil II, S.108
Landesgesetz über die öffentliche Förderung von Sport und Spiel in Rheinland-Pfalz	09.12.1974	GVBl., S.597
Landesgesetz über die Schulen in Rheinland-Pfalz	06.11.1974	GVBl., S.487
Sachenrechtsänderungsgesetz	21.09.1994	BGBl. Teil I, S.2457
Schulgesetz von Schleswig-Holstein	02.08.1978	GVOBl., S.255
Staatsvertrag über den Rundfunk im vereinigten Deutschland (Beispiel: Berlin)	31.08.1991	GVBl., S.310
Strafgesetzbuch der DDR vom 12.01.1968 i.d. F. der Bekanntmachung vom	14.12.1988	GBl. Teil I, S.33
Thüringer Sportfördergesetz	10.05.1994	GVBl., S.808
Thüringer Staatslotterie- u. Sportwettengesetz	03.01.1994	GVBl., S.10
Verfassung der DDR vom 06.04.1968 i.d.F. des Gesetzes zur Ergänzung und Änderung der Verfassung der Deutschen Demokratischen Republik vom	07.10.1974	GBl. Teil I, S.432
Verfassung des Freistaates Sachsen	27.05.1992	GVBl., S.243
Verfassung des Freistaats Thüringen	25.10.1993	GVBl., S.625
Verfassung des Landes Brandenburg	20.08.1992	GVBl. Teil I, S.298
Verfassung des Landes Mecklenburg-Vorpommern	23.05.1993	GVBl., S.372
Verfassung des Landes Nordrhein-Westfalen	18.06.1950	GV NW, S.127
Verfassung des Landes Sachsen-Anhalt	16.07.1992	GVBl., S.600
Verfassung von Berlin	01.09.1950	VOBl. Teil I, S.433
Verordnung d. Reichspräsidenten zum Schutz von Volk und Staat	28.02.1933	RGBl. Teil I, S.83

Verordnung über das Statut des Staatssekretariats für Körperkultur und Sport	17.06.1970	GBl. Teil II, S.423
Verordnung über die Aufgaben, Rechte und Pflichten der volkseigenen Betriebe, Kombinate und VVB	28.03.1973	GBl. Teil I, S.129
Verordnung über die Gesellschaft für Sport und Technik	10.09.1968	GBl. Teil I, S.779
Verordnung über die Gründung und Tätigkeit von Vereinigungen	26.11.1975	GBl. Teil I, S.723
Verordnung über die körperliche Erziehung der Schüler an den allgemeinbildenden Schulen	07.05.1953	GBl. Teil I, Nr.60
Verordnung zur Registrierung von Vereinigungen	09.11.1967	GBl. Teil II, S.861
Zivilgesetzbuch der DDR	19.06.1975	GBl. Teil I, S.465
12. Durchführungsbestimmung zum Arzneimittelgesetz	17.05.1962	GBl. Teil I, S.248

Abschließender Hinweis:

Zur Vereinfachung ist sowohl bei den zitierten Vorschriften als auch bei sonstigen Benennungen jeweils nur die männliche Sprachform verwendet worden.

Stichwortverzeichnis